불교교단사론

佛敎敎團史論

불교 교단 사론

佛教教團史論

하카마야 노리아키(袴谷憲昭) 지음
이자랑·양경인 옮김

새로운 시점에서 독자적으로 제시한 '대승불교출가교단기원설'

씨아이알

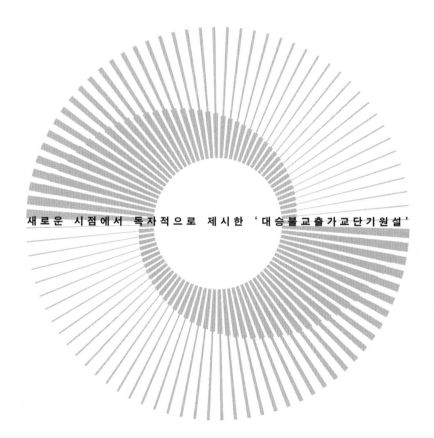

서문

히라카와 아키라平川彰 박사가 돌아가셨다. 올해 3월 31일이었다. 필자는 그 일을 4월 1일 이른 아침에 신문을 통해 알게 되었다. 그리고 바로 그 날 출판사로부터 전화 연락도 받았다. 필자는 이 책의 내용 중 새로 집필한 부분인 제1부를 이미 출판사에 전달한 상태였으며, 이전에 발간했던 졸고로 구성된 제2부의 점검을 이날 마치기로 예정하고 있었다. 이 책은 어떤 의미에서는 히라카와 박사의 '대승불교재가교단기원설大乘佛教在家教團起源說'을 비판하는 책이지만, 그것을 전면적으로 부정한 것은 결코 아니다. 앞서 발간한 논문에서 비판을 개진한 이래 아쉽게도 오해가 없지 않았지만, 필자로서는 본서 전체를 공개하여 그 오해를 풀고, 히라카와 박사의 업적을 현창顯彰하고 싶은 마음이 더 컸다. 그러나 이미 그것은 이룰 수 없는 꿈이 되었다. 다만 이 책을 읽게 될 독자는 필자의 '대승불교출가교단기원설'이, 이를테면 쇼펜 교수의 '대승불교주변지역기원설大乘佛教周邊地域起源說'보다는 히라카와설에 한층 가깝다고 이해해줄 것으로 생각한다. 왜냐하면 대승불교뿐만 아니라 어떤 불교라도 기본적으로 주변 지역 등에서 기원하는 일은 결코 없으며, 분명 그 중추라고 할 수 있는 전통적 불교교단에서만 전개될 수 있다는 것이 이 책에서 필자의 일관된 주장이기 때문이다.

이 책에 기존에 없었던 독창적인 점이 있다면, 그것은 대승불교를 포함하여 그 전후의 불교사 전개가 왜 전통적인 불교교단만을 무대로 가능했는가를 구체적으로 추측함과 동시에, 그 전개 과정에서 '사상'과 '습관'의 대립과 타협이 어떠한 것이었는가를, 이상적인 형태로서의 '전 교단(全教團, cāturdiśa-saṃgha, 四方僧伽)'을 부단히 상정想定하면서 '사상'적 측면에서 교단사를 논구하고자 노력해왔다는 것이다.

제1부는 이러한 측면에서 필자 자신의 기존 성과를 토대로 하면서, 나아가 현 시점에서의 필자의 생각도 명확히 밝히며 불교교단사를 불교사상사적 측면에서 논술한 것이다. 제1장에서는 고고학적인 견해를 도입하여 교단사적 문제를 설정하고, 제2장에서는 교단 분열의 문제를 '사상'과 '습관'의 대립과 타협이라는 관점에서 논해보았다. 제3장에서는 불교가 인도적 '습관'을 받아들인 형태로 확립한 '작선주의作善主義'의 기본적인 구조를 고찰하였다. 제4장에서는 이 '작선주의'가 전통적 불교교단 내에서 '악업불식惡業拂拭의 의식'으로 확립된 것이 곧 대승불교라는 점을 논증하였다. 제5장에서는 전통적 불교교단의 실태를 장례의식과 포살의 채용이라는 면에서 명확히 하고, 그 연장선상에서 '전 교단'을 상정하여 불교의 '사상' 전개를 앞으로 존재해야 할 이상적 모습도 포함하여 논하였다.

제1부는 현 시점에서 새롭게 쓴 것인데, 이와 달리 제2부의 경우에는 꺾쇠괄호, 즉 [ ] 안에 보충한 내용이나 각장 말미의 '연구 보충 메모'를 제외하고는 원칙적으로 예전에 이미 발표한 원고를 그대로 다시 실었다. 그러나 제2부의 서문에서도 밝힌 바와 같이, 옛 원고의 제목인 '惡業拂拭の儀式關連經典雜考'는 '악업불식의 의식과 작선주의의 고찰'로 바꾸었다. 또한 제2부는 처음부터 치밀한 계획을 세우고 착수한 것이 아니기 때문에 집필 과정에서 실로 많은 분들의 교시와 도움을 받게 되었다. 유감스럽게도 여기서 그 모든 분들의 성함을 밝히는 것은 불가능하지만, 특히 제10장 주3)에서 언급한 분들, 그중에서도 당시뿐만 아니라 그 전후로 가르침 외에 여러 가지 자료도 제공

해주신 엔도우 야스시遠藤康 그리고 닥시나(dakṣiṇā, 嚫嚫)를 고찰할 때 필자가 의미를 최종 결정하는 데 있어 중대한 힌트를 주신 마츠바라 코보松原光法 박사에게 이 자리를 빌려 깊이 감사의 마음을 전한다. 제2부는 이런 저런 우여곡절이 있었는데, 총 13장의 내용은 각 장의 제목에서 잘 드러난다고 생각하므로 여기서는 각 장별 요약은 생략한다.

이 책 전체가 이런 모습으로 발간된 것에 관해서는 제2부의 비판적 집필의 계기를 몸소 보여주시며, 제2부를 포함하여 『불교교단사론』을 가능한 한 빨리 세상에 발표해야 한다고 권해주신 야마구치 즈이호山口瑞鳳 선생님과 『고승전高僧傳』의 아서 링크 교수의 영역英譯 유고遺稿와의 인연으로 『고승전』 주석 연구에 착수하기는 했지만, 당시에는 아직 그 연구의 의의에 거의 관심을 보이지 않았던 불초의 제자에게 마지막 강의에서 『고승전』의 교단사적 중요성을 여러 가지로 실감시켜주신 히라이 슌에이平井俊榮 선생님께는 이전부터 알게 모르게 많은 도움을 받았다. 그 학은學恩을 본서로 조금이나마 갚을 수 있기를 바라며, 이 자리를 빌려 깊은 감사의 마음을 전하는 바이다.

이 책의 실제 간행에 있어 지금까지와 마찬가지로 다이쇼大藏 출판의 이노우에 토시미츠井上敏光에게는 필설로 다할 수 없는 큰 신세를 졌다. 이에 대해서는 그간의 경위를 포함하여 '후기'에 써두었지만, 먼저 이 서문에서 진심으로 감사의 마음을 전하고 싶다. '언제나'라고 쓰면 신선미가 떨어질지 모르겠지만, 이 책이 이렇듯 신속히 간행될 수 있었던 것은 역시 이노우에가 있기에 가능한 일이었다.

본서의 집필에서 특히 제2부의 경우 우여곡절이 많았다는 것은 앞서 서술한 바와 같다. 그만큼 입수 곤란한 문헌을 찾아다녀야 할 때도 많았는데, 그때 고마자와駒澤 대학의 도서관 사서였던 스즈키 에이코鈴木榮子에게 많은 신세를 졌다. 특히 제1부의 집필을 구상한 연말부터 정월에 걸친 기간에 그러했는데, 여기에 기록하여 지금까지의 부분도 포함하여 깊이 감사드린다.

이 책 같은 성격의 저서는 색인이 있는 쪽이 좋을지도 모르겠다. 하지만 그렇게 하지 않은 것은 공간을 가능한 줄이고 싶은 물리적 사정도 있지만, 또 한편으로는 필요한 부분만 발췌하여 읽지 않고 처음부터 차례대로 읽어 주었으면 좋겠다는 필자의 바람이 있었기 때문이다. 다만 조금이라도 색인의 대용이 될 수 있도록 가능한 관련 사항은 연결해두었으므로, 이런 사정을 양해해주기 바란다. 이 책은 제목처럼 불교교단사 그 자체를 연구한 것은 아니며, 설일체유부說一切有部의 견해처럼 '사상'은 선악을 결정지을 수 있지만 '습관'은 무기無記라는 입장에서 교단사를 논한 것이다. 만약 이것에 의해 '전 교단'적 관점에서 '사상'상의 논쟁을 한층 쉽게 이해할 수 있다면, 필자로서 이보다 더한 기쁨은 없을 것이다.

2002년 5월 19일

저자

차례

제1부

불교사상사와 불교교단사

1/
여러 문제와 문제의 설정

21세기가 시작된 그해 3월, 바미안Bāmiyān 대석불大石佛이 탈레반에 의해 파괴되었다는 소식이 전해졌다.[1] 바미얀 석불은 이 증오할 만행이 자행되기 먼 이전에 이미 고고학적으로 폐허화廢墟化하고 있었다. 하지만 바미얀을 포함한 카피시Kapiśi나 간다라Gandhāra 일대야말로 불교가 동쪽으로 전파된 출발점이기도 했고, 동시에 처음 인도 중원의 마가다를 중심으로 발생한 불교가 다시 중원으로 되돌아올 때까지 인도불교 자체의 거점이기도 했다. 따라서 이 일대에서 전개되었던 불교교단의 활황活況을 보지 않고는 불교를 언급할 수 없다. 게다가 불교사적인 관점에서 말하자면, 파괴된 석불보다 석불의 조영을 지지했던 바미얀의 불교교단과 그곳에서 배우고 있었을 출가자들의 불교 연구 혹은 실천 방법이 더 큰 의미를 갖는다. 물론 이 모두는 6세기 중엽에 에프탈Ephtal족의 지배라는 변화로 인해 교통로가 변화하면서 몰락한 간다라를 대신하여 바미얀의 경제가 급속도로 부유해졌기 때문에 가능한 일이었다. 이때 바미얀과 함께 급부상한 곳이 카피시인데, 이 지역을 번영시키는 주요 도로가 된 힌두쿠시 서맥도西脈道와 그 이전에 번영한 카라코룸 Karakorum 서맥도와 관련하여, 이 지역 일대에서의 후자로부터 전자로의 변화의 의미에 관해 구와야마 쇼신桑山正進은 다음과 같이 지적하고 있다.[2] 이하 인용한 지도는 구와야마가 각각 다른 페이지에 게재한 세 개의 지도를 이 땅의 지명의 위치대로 이해할 수 있도록 한 장으로 재구성하여 제시한 것이다.[3]

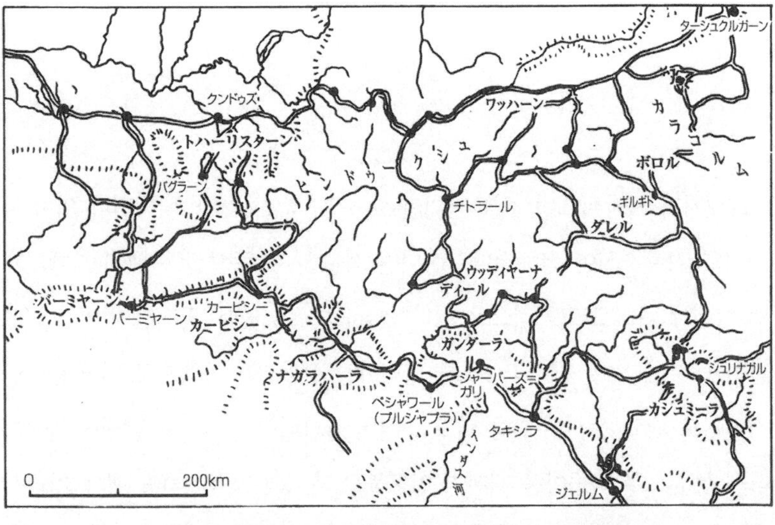

서북인도 교역로(桑山正進, 『카피시 · 간다라사 연구』로부터)

이곳[바미얀]은 중앙아시아와 인도의 중간에 위치하며, 예로부터 교통의 요지였다고 전해진다. 분명 지역적인 의미에서 본다면 산에 남북을 세세하게 이어 주는 도로가 없었다고 말할 수는 없다. 그러나 이렇게 세세한 도로만으로 대상大像을 조립할 수는 없다. 즉, 역사적으로 의미를 갖는 길은 6세기 중엽 이전에는 카라코룸 서맥도이다. 이는 간다라를 인도의 출구로 본다면, 그곳에서 북상하면 와칸Wakhan에 이르고, 와칸에서 한쪽은 현재의 타슈쿠르간Tashkurgan으로 나가고, 한쪽은 토카리스탄Tokharistan으로 나가는 교통로이다. 토카리스탄에서 소그드Sogd로 통하고 타슈쿠르간에서는 이른바 중국의 강역疆域으로 통했다. 바미얀이나 카피시는 이 도로상에서 완전히 벗어나 있다. 그러나 에프탈이 쇠퇴해감과 동시에 간다라의 위치가 인도의 요충지로서의 의미를 잃게 되면서 주요 도로로서의 의미를 잃고, 카라코룸 서맥도가 불통이 되면서 힌두쿠시 서맥도가 별안간 무대에 등장한다. 이는 승전僧傳에 나타난 '설산서족雪山西足'을 통과하는 도로이다. 카라코룸 서맥도는 그 후 거의 불통 상태를 이어갔다. 토카리스탄에서 와칸을 통하여 토번吐蕃에 이른다고 하듯이 이 도로의 북방지역은 그 후, 말하자면 동서東西, 즉 횡방향橫方向으로의 연락은 있었던 것 같다. 그러나 결국 남북南北의 종방향縱方向으로의 재개통은 근대의 고속도로를 기다려야만 했다. 이에 반해 힌두쿠시 서맥도는 인도에서, 자브리스탄Zaburistan에서 북상해서 토카리스탄으로 통하고, 토카리스탄에서 한쪽은 와칸을 경유해서 타림Tarim 분지로, 한쪽은 테르메즈Termez를 그 주요 도하渡河 지점으로 해서 소그드로 통했다. 원거리 상업 활동이 산기슭의 카피시와 산속의 바미얀에 활황活況을 가져다준 것이다.

그런데 힌두쿠시 서맥도의 등장과 함께 활황을 누린 바미얀 불교의 정점이 한 시기에 국한된데 비해, 카라코룸 서맥도와 함께 번영한 간다라 불교의 역사는 훨씬 길고 게다가 중요하다. 그곳은 중앙아시아를 향해 열려 있는 원거리 무역의 주요 교통도로였을뿐만 아니라, 그 중심이야말로 인도 북부를 정벌하여 불교의 활동에도 이해를 보인 카니시카왕 이래 쿠샨왕조의 수도였던 푸루샤푸라(페샤와르)이기 때문이다. 이러한 간다라 지역이 중국 측 문헌에서는 '건타라乾陀羅', '건타라健馱羅' 등으로 음사되고 있는데, 구와야마에 의하면[4] 일반적으로 '카슈미르Kāśmīra'에 해당한다고 생각되는 '계빈罽賓'이라는 지명도 실제로는 이 간다라를 가리키는 것이라고 한다. 구와야마는 계빈이라고 하면 전체를 간다라로 간주하는, 한 가지를 보고 만 가지를 부연하는 식의 해석 방법에 대해 주의를 촉구하면서도, 혜교慧皎의 『고승전』에 나오는 계빈은 간다라를 가리킨다는 입장에서 4세기 중엽 이후 5세기가 되어 급속도로 증가한 불교승려의 인도·중국 간의 직접적인 왕래로 주목받게 된 계빈에 주목한다. 그리고 그 지역과 깊은 연관이 있는 10명의 불교승려, 즉 불도징(佛圖澄 *Buddhadāna), 구마라집(鳩摩羅什, Kumārajīva), 불타야사(佛陀耶舍, *Buddhayaśas), 불타발타라(佛陀跋陀羅, Buddhabhadra), 담무참(曇無讖, *Dharmarakṣa), 비마라차(卑摩羅叉, *Vimalākṣa), 담마밀다(曇摩密多, Dharmamitra), 승가발징(僧伽跋澄, *Saṃghabhūti), 승가제바(僧伽提婆, Saṃghadeva), 불약다라(弗若多羅, Puṇyatāra)를 거론하며, 문제의 '계빈'이 간다라라는 점을 '계빈' 문화의 중심적 상징이었던, 석가모니가 사천왕으로부터 받은 4개의 발우를 하나의 발우로 모았다고 하는 '사제화연四際畫然'인 '불발佛鉢'을 중심으로 고고학적으로 논증하였다. 이하, 그 결론에 해당하는 한 구절을 제시한다.[5]

> 중국 일부에서 계빈으로 불렸던 간다라불교는 늦어도 4세기부터 5세기 전반에 걸쳐서 불법 흥륭興隆의 상징인 사천왕이 바쳤다고 하는 불발佛鉢을 중심축으로 번영하였다. 그곳은 석가의 본지本地인 중인도에서 조차도 불교승려들을 유치시켜 그곳에서 학습시킬 정도였다. 한편, 간다라 출신의 불교승려들도 다수 배출되었고, 그들 중에는 다른 인도지역 출신 승려와 함께 중국으로 건너간 자들도 다수 있었다.

간다라는 이와 같은 의미에서 분명 당시 아시아 전역의 문화의 정점 중 하나로 군림했다. 특히 불교의 경우에는 그 중심이 다시 인도 중원인 마가다로 돌아가기까지, 간다라를 연원으로 한 불교가 아시아 전역을 향해 발전을 이어갔던 것이다. 그 이동의 증거를 여기서 하나하나 지적할 필요는 없겠지만, 우리들에게 가장 가까운 하나의 예를 들자면, 7세기 전반에 일본에 출현한 '미륵반가사유상彌勒半跏思惟像'이다. 주지하는 바와 같이, 그 연원이 3, 4세기경의 간다라 조상彫像에 있기 때문이다.[6] 그리고 불교가 간다라로부터 북쪽으로만 나아간 것이 아니라는 점을 보여주기 위해서는 북쪽을 거쳐 동진해간 불교 정도는 아니지만, 계빈에서 남쪽을 경유한 불교 전래의 한 예를 『고승전』에서 찾아보면, 구나발마(求那跋摩, Guṇavarman, 367~431)가 있다.[7] 그도 '계빈'의 불교승려였지만, 다른 많은 사례와 마찬가지로 육로를 통해 중국에 들어오지 않았으며, 남하하여 일단 스리랑카[師子國]에 체재한 후, 원가원년元嘉元年(424)에 해로로 남조유송南朝劉宋의 광주廣州로 들어갔다는 점이 주목된다. 구나발마는 특히 길장吉藏이 애호했던 것으로 유명한 '무쟁無諍' 게송을 포함한 유게遺偈를 남긴 것으로도 알려져 있다. 이 유게와 관련하여 이후 『고승전』의 성립사적 문제도 여러 가지 논의의 대상이 될지 모르지만, 구나발마와 같은 '계빈' 출신으로 해로를 경유한 불교승도 있다는 사례까지 철회할 필요는 없다고 생각하므로 감히 한 예로 덧붙여둔다.[8]

그런데 위와 같이 '계빈'이라는 지역이 당시 아시아 불교의 최고 중심지였다는 것을 고려하면, 그것은 산간에 둘러싸인 스리나가르(Srinagar, Śrinagar, Śrinagara) 분지에 있는 카슈미르보다는, 열려 있는 교통의 요지이기도 했던 간다라로 보는 것이 훨씬 납득할 만하다. 하지만 불교사상을 연구하는 사람의 입장에서 본다면, 결코 카슈미르[罽賓]를 간다라에 포함해서 이해할 수는 없다. 왜냐하면 당시의 불교사상연구의 일대집성서인 『대비바사론(大毘婆沙論, *Mahā-Vibhāṣā*)』에서는 불교의 중요한 교의에 관해 같은 설일체유부(說一切有部, Sarvāstivāda)라고 하더라도 간다라 학파와 카슈미르 학파 간에 종종 심각한 견해의 대립이 나타나고, 그것을 오늘날의 연구자들도 쉽게 해결하기 어렵기 때문이다.[9] 여기서는 그 견해의 대립을 망라하여 다룰 필요는 없다고 생각하므로 최근에 가토 준쇼加藤純章가 지적한 전형적인 예 하나만 제시해둔다.[10]

(a) 健駄羅(Gandhāra)國諸論師言. 唯受三歸, 及律儀欠減, 悉成近事.

(b) 迦濕彌羅(Kaśmīra)國諸論師言. 無有, 唯受三歸, 及欠減律儀, 名爲近事.

불교신자(upāsaka, 優婆塞, 近事)가 되는 요건에 관한 것으로, (a)가 간다라 학파의 견해, (b)가 카슈미르 학파의 견해이다. 불교신자가 되기 위해서는 일반적으로 불교 승려가 삼보에 귀의하는 삼귀의śaraṇa-traya를 받는 동시에 각각의 율의(律儀, saṃvara, 이 경우는 오계五戒)를 지키지 않으면 안 되는데, (b)가 이것을 엄격하게 요구하고 있는데 반해서 (a)는 이것을 관대하게 여겨 삼귀의만으로도 괜찮다고 본다. 대체로 카슈미르 학파가 설일체유부의 전통설에 대해 보수적인데 비해 간다라 학파는 진보적이라고 볼 수 있는데, 이런 경향은 이것만 보아도 알 수 있을 것이다. 게다가 이런 경향은 간다라나 카슈미르 일대의 경제나 문화의 전이와 함께 보조를 맞춘 것처럼 보인다. 개방되어 있어서 여러 문화가 오랫동안 번영하며 북인도에서 군림한 간다라도, 앞서 구와야마의 지적처럼 교통로의 중심이 카라코룸 서맥도에서 힌두쿠시 서맥도로 전이하자 곧 조락凋落하기 시작했는데, 산간에 남아 있던 카슈미르는 면면히 그 전통을 지킨 것이다. 이런 경위로 7세기 전반에 이 주변 일대를 왕복한 현장玄奘은 이 카슈미르에 햇수로 2년간 체재하며 설일체유부의 정통설을 연구했는데,[11] 그가 실제로 본 간다라는 일찍이 영광이 있었다고는 믿을 수 없을 만큼 무참한 것이었다. 그 정황을 현장은 『서역기西域記』에서 다음과

같이 전하고 있다.[12]

> 健馱邏國. 東西千餘里, 南北八百餘里. 東臨信度(Sindhu=Indus)河. 國大都城, 號布路沙布邏(Puruṣapura=Peshawar), 周四十餘里. 王族絶嗣, 役屬迦畢試(Kāpiśī)國. 邑里空荒, 居人稀少. 宮城一隅, 有千餘戶. 穀稼殷盛, 花果繁茂. 多甘蔗, 出石蜜. 氣序溫暑, 略無霜雪. 人性恇怯, 好習典藝. 多敬異道, 少信正法. 自古已來, 印度之境. 作論諸師則有, *迦多衍那(Kātyāyanīputra)·無著(Asaṅga)菩薩·世親(Vasubandhu)菩薩·法救(Dharmatrāta)·如意(Manoratha)·脇(Pārśva)尊者等, 本生處也. 僧伽藍(saṃghārāma), 千餘所, 摧殘荒廢, 蕪漫蕭條. 諸窣堵波(stūpa), 頗多頹圮. 天祠(caitya), 百數, 異道雜居.

한때는 설일체유부의 대표적인 논사를 배출한 간다라의 불교교단도 지금은 상가라마saṃghārama나 스투파stūpa로 과거의 위용을 남길 정도로 폐허가 되었고, 간신히 존속했던 백여 개의 차이티야caitya에는 불교 외의 종도宗徒가 잡거雜居하고 있었다. 그런데 이런 간다라 불교의 상황은 7세기 이후의 인도에서는 불교의 중심지가 다시 인도 중원의 마가다지역으로 완전히 돌아오고, 그 중심의 중심이야말로 현장이 최종 목적지로 삼은 날란다 사원이었다는 것을 말해주고 있다는 점에 주목해야 한다.

따라서 불교의 중요한 교의에 관해 설일체유부의 카슈미르 학파와 간다라 학파 사이에 명확한 견해의 차이가 있다고 알려진 것처럼, 적어도 현장에게 있어서는 지리적으로도 두 지역의 경계에 관해 나름대로의 명확한 구분은 이루어지고 있었다고 생각된다.[13] 그러므로 진제眞諦가 '계빈'으로 번역하고 현장이 '가습미라'라고 번역한 카슈미르를 단순히 간다라로 이해해버리는 것은 매우 곤란하다. 그럼에도 불구하고 이 두 지역이 서로 근접해 있어 때로는 겹쳐지는 듯한 애매한 면을 갖고 있는 것 역시 사실이다. 예를 들어 인도에서 불교의 중심이 간다라에서 마가다의 날란다사로 크게 이행移行하기 직전의 시기에, 불교 사상의 전개에서 중요한 역할을 한 아상가無著와 바수반두世親 형제에 관해 서술한 진제 역 『바수반두법사전婆藪槃豆法師傳』[14]에서는 서두에서 "婆藪槃豆法師者, 北天竺富婁沙富羅(Puruṣapura)國人也. 富婁沙(Puruṣa)譯爲丈夫, 富羅(pura)譯爲土.(p.188a)"라고 서술하고 있다. 여기서 그들의 전기가 푸루샤푸라를 수도로 한 간다라에서의 일이라 생각하며 읽어나가다 보면, 갑자기 설일체유부의 역사적인 주역이라고 할 만한 카티야야니푸트라(Kātyāyanīputra, 迦旃延子, 迦多衍尼子)의 이야기가 등장한다. 여기서는 "本是天竺人, 後往罽賓國. 罽賓在天竺之西北."(p.189a)으로 그를 설명하고 있어, 이를 보면 '계빈'이 무대이지만, 인도의 중앙에 시점을 두고 읽는 사람에게 있어서는 이 '天竺之西北'이라는 '계빈'은 '북천축北天竺'이라는 푸루샤푸라보다 서쪽에 있는 것 같은 착각을 일으킬 정도로 애매함이 느껴진다. 왜냐하면, 서두에서의 기술이 푸루샤푸라인 이상, 이 직후의 기술에서 카슈미르가 등장했다면 그 위치는 푸루샤푸라의 동쪽에 있다고 하는 편이 훨씬 명확해진다고 생각되기 때문이다.

그러나 그것을 굳이 그렇게 하지 않는 것은, 간다라의 일부로 보아도 좋을 듯한 '계빈'에 간다라 학파와는 완전히 별개인 설일체유부의 정통설로서의 카슈미르 학파의 권위를 부여하기 위해 '계빈'이라는 명목하에 전통에 갇힌 정통설의 문외불출門外不出의 인상을 안겨주려는 의도가 있었을지도 모른다. 사실 이와 같은 전승은 카티야야니푸트라가 쓴 『발지론(發智論, *Jñāna-prasthāna*)』을 기반으로 한 주석 『대비바사론』이 완성되었을 때에 그것이 외부에 유출되지 않도록 "今去, 學此諸人, 不得出罽賓國. 八結文句(『발지론』) 及毘婆沙文句(『대비바사론』), 亦悉不得出國. 恐餘部及大乘汚壞此正法."(p.189a)이라고 기록한 비문이 세워졌다는 것을 전하고 있다.

그러나 『대비바사론』이 카슈미르 논사들에 의해 작성되어 그곳에서 전승되어간 것이 사실이라 해도, 이와 같이 큰 사업에는 교단 전체를 아우를 만한 큰 경제적 지원이 필요하다. 그러므로 『대비바사론』의 최종 결정판이라고 할 수 있는 후대의 산스크리트 원전을 당唐에서 번역하도록 한 현장이 인정하고 있듯이[15] 이 편찬사업에는 간다라의 푸루샤푸라를 수도로 한 카슈미르를 지배한 카니시카(Kaniṣka, 迦膩色迦)왕 이하 쿠샤나 왕조의 비호도 큰 힘이 되었을 것으로 생각된다. 하지만 그 후에 아상가나 바수반두가 푸루샤푸라에 태어났을 때에는 이미 이전의 쿠샨왕조가 아니었다고 생각되는데,[16] 이 때문일까, 바수반두가 아요디야(Ayodhyā, 阿緰闍)의 교단으로 옮겨가서 『구사론』을 저작하고 이를 완성했을 때에 그 뛰어난 결과물의 영광에 대해 아요디야의 왕과 왕모王母는 합계 3락사(lakṣa, 洛沙, 10만을 나타낸다)의 보수금報酬金을 그에게 주었다. 그런데 『바수반두법사전』에는 "分此金爲三分, 於丈夫(Puruṣapura)國·罽賓(Kaśmīra)國·阿緰闍(Ayodhyā)國, 各起一寺."(p.190c)라고 기술되어 있다. 이 이야기는 어디까지나 하나의 전설로 받아들여야 할지도 모르겠다. 하지만 출가자인 논사가 왕족으로부터 금전金錢을 수령하는 것도, 논사가 절을 건립하는 것도, 당시의 불교교단에 있어서는 조금도 기이한 일이 아니었다는 점을 여기서 명기해두는 일은 결코 헛되지 않을 것이다.

이상 약간 길어진 감도 없지 않지만, 카니시카왕 이후의 간다라를 중심으로 한, 인도 북부의 변방이라고 하기 보다는 오늘날의 감각으로 말하자면 오히려 중앙아시아라고 불러야 할 지역의 불교를 인도 중원의 불교도 훨씬 능가한 중심적인 불교로 파악하고, 또한 구와야마의 고고학적 최근 성과도 참조하며 개략해왔다. 해당 지역의 당시의 불교에 관해 구와야마는 다음과 같이 견해를 밝히고 있다. 그것은 통상적인 불교연구자의 지견知見과는 완전히 다른 것이라고 생각하는 까닭에 중요하므로, 각각 조금 길지도 모르지만 두 곳 모두 인용하여 둔다.[17]

(1) 불교가 거의 처음부터 가지고 있던 두 가지 경향, 철학[抽象]과 토속신앙[具體] 가운데 불교를 광대한 지역으로 발전해가게 만든 힘은 목부터 위쪽 부분이 한 역할은 아니며, 배꼽 아래 부분의 역할이다. 깊은 교리의 연찬은 소수의 출가자의 전유물이며, 오히려 9할을 넘는 승려들과 재가신자들은 이 부분에 참여하지 않았거나, 혹은 참여할 수 없었다. 그들은 오로지 보시, 예배라고 하는 구체具體에 의지했고, 불타 자신의 유골을 옛날부터 지금까지 그들이 보유해온 수목신앙 등의 풍요豐饒, 재생산再生産, 증식의례增殖儀禮 속에 포함시켜 불탑(스투파)을 창조하고 전개시키며, 다시 역사상의 불타를 조상彫像으로 재구성하고 재확인하였다. 불상을 창시한 것은 바로 서북인도의 풍토이며, 그것을 다불多佛로 넓힌 것도 서북인도였다. 그 과정이 다시 역으로 교리 위에 반영된 것도 충분히 생각해볼 수 있다. 4, 5세기의 간다라와 중국을 엮는 불승佛僧의 움직임이 전대와 비교할 수 없을 정도로 커졌을 때 중국불교에 전해진 인도불교의 의미는 간다라·붓디야나·나가라하라에서 볼 수 있고 만질 수 있는 불교의 충격이었다.

(2) 원래 중앙아시아의 강렬한 자연 속에서 고도의 철학과 명상은 얻어질 수 없다. 처음부터 그곳에서 이론불교는 마이너스였다. 백보 양보해서 그렇지 않은 시기가 있었다 하더라도 승단의 중심이 계행戒行이나 불교교학 일색이었을 리 만무하다. 예로부터 그 토지의 신앙을 선

천적으로 지닌 재속在俗의 불교도가 고도의 추상이나 이론과 관련이 없듯이, 출가집단에서도 그 대다수는 재속신자와 거의 다르지 않은 사람들이었을 것이다. 원래 스투파는 재속신자의 것이고, 거기에 그들이 가진 예로부터의 토착신앙이 드러난 것이지만, 서북인도에서는 대부분 불교의 유행이 당초부터 이미 스투파는 출가집단의 장소인 승방僧坊과 밀착하여 세트가 되어 있었다. 현장은 승가람(僧伽藍, 건물)과 스투파를 반드시 별개로 기록하고, 마치 양자가 독립하여 기능했던 것처럼 기술하고 있지만, 이들은 하나의 장소를 구성하고 있었던 것이다. 이와 같이 스투파와 상가라마라고 하는 본래 엄격히 구별되어야 할 건조물이 한곳에 함께 형성된 것처럼 압도적으로 우세한 속계俗界의 상황이 출가자 측에 들어온 것은 조금도 이상한 사태는 아니다. 출가자 측의 평범한 대다수는 재가신자와 '구체성具體性'이라는 하나의 중요한 사태를 공유하고 있기 때문이다. 재가신자는 특히 그 신앙 위에서 이 구체성을 의지처로 삼고 있다. 토카리스탄의 일부로부터 힌두쿠시의 남부에서는 유독 이러한 현상이 강렬했다. 불교의 성스러운 유물을 대하는 신앙이다. 간다라는 불타의 탄생지도 아니고, 또한 불타의 활동지도 아니었지만 그곳이 인도불교의 센터로서의 역할을 하게 되었을 때 본지수적本地垂迹의 땅이 많이 만들어지게 된 현상과 통하는 점이 있다.

위에서 인용한 구와야마의 주장은 시대 순으로 말하자면 (1)은 간다라가 아직 활황을 보이고 있던 4, 5세기의 시기, (2)는 현장이 왕래했던 7세기 전반부터 8세기경까지의 간다라 쇠락 이후의 시기를 염두에 두고 서술되고 있다는 차이는 있지만, 서북인도라는 같은 지역에서 전개된 불교의 특성에 관해 공통된 지견이 쌓여 제시된 것이라고 볼 수 있을 것이다. 구와야마에 의하면 그곳에는 철학과 토속신앙의 대립, 소수자의 이론과 대다수 현상과의 대립이 있다 하더라도, 불교의 다이나믹한 전개는 그 대립하는 둘 중에 목 윗부분과 같은 전자에 대한 배꼽 아랫부분과 같은 후자의 압도적 우세에 의해 초래된 것이라고 한다. 이 둘은 불교 술어로, 더욱이 필자가 본서에서 비교적 많이 사용하게 될 용어로 말하자면 '사상(思想, diṭṭhi, dṛṣṭi, 見)과 습관(習慣, sīla, śīla, 戒)'에 거의 일치한다.

실제 문제로서는 불교연구자도 구와야마가 주장한 바와 같이, 전자에 대한 후자의 우위는 솔직하게 인정해야 할 것이다. 완강하게 하나를 고집하는 것은 불교 연구자에게 있어서도 역사 연구자에게 있어서도 불행한 일이다. 따라서 필자 자신은 실제 문제로서 후자의 압도적 우위를 당연한 것으로 인정하는 입장에 선다. 하지만 배꼽 아래의 후자의 역할이 모든 것을 결정하는 것은 아니라고 생각하므로, 설사 아무리 전자가 실제 문제로서는 열세로 보인다고 하더라도 끊임없이 전자를 통해 후자를 비추어봄으로써 후자의 '사상'적 의미에 지속적으로 물음을 던져보고자 한다. 왜냐하면 불교 자체가 이런 '사상'적 영위야말로 불교라고 주장하고 있다고 생각하기 때문이다. 또한 그렇지 않다면 '습관'이라는 비근卑近한 이론화를 들어 그 단순한 통속설에 지나지 않는 것을 마치 불교의 숭고한 '사상'이라도 되는 듯이 떠받들게 될지도 모르기 때문이다.

게다가 이런 불교 자체의 '사상'적 영위는 특히 기원전 1, 2세기경부터 간다라를 중심으로 한 서북인도에서 현저해졌다고 생각한다. 『발지론(發智論, *jñānaprasthāna*)』을 저술한 카티야야니푸트라 등의 설일체유부 논사의 활약에 의해 불교연구가 축적되어 『대비바사론』의 편찬이 진행되고, 이와 평행하여 '철학(abhidharma, métaphysique, philosophie)'이 형성되어 '생활(abhisamācāra, morale)'도

세워지게 되었다. 하지만 『발지론』이나 『대비바사론』에 의하면, 불교buddha-vacana란 여래(如來, Tathāgata=釋尊)의 말씀이며, 그 집대성인 삼장(三藏, tri-piṭaka)이다. 이 가운데 여래가 '사상'에 관해서 직접 이야기했다고 믿어졌던 말의 집대성인 경장sūtra-piṭaka과 그것에 관한 논사들의 연구의 집대성인 논장(論藏, abhidharma-piṭaka)이라는 것은 다분히 선(善, kuśala)으로 여겨지고, 여래가 '습관'에 관해 정했다고 믿어졌던 말의 집대성인 율장(律藏, vinaya-piṭaka)은 다분히 무기(無記, avyākṛta)라고 여겨졌다.[18] 왜 이와 같이 간주되었는가 하면, 불교에서는 '사상'에 관해 음미되는 언설言說은 대부분 논리적으로 타당하고 윤리적으로 선한 것이라고 생각되는데 비해, '습관'에 관해서 생활상의 필요에서 규정된 언설은 대부분 논리적으로도 윤리적으로도 선악 중 어느 쪽도 아닌 '무기'라고 생각했기 때문일 것이라고 판단된다.

따라서 설일체유부의 생각에 따르면, '무기'의 문제에 관해 어떤 특정한 '습관'만을 '사상'적으로 옳다고 결정해버리는 것은 용납될 수 없으며, 그 때문에 '사상'적 문제는 '경장'에 근거하여 오로지 말만의 논쟁에 의해 '철학abhidharma'적으로 정사正邪가 결정되어야 한다. 그러기 위해서는 세간적인 '습관'과 '생활'에 좌지우지되기 쉬운 '사람pudgala'에 의지해서는 안 되며, '사상'이나 '철학'의 대상으로서도 충분히 고찰될 수 있는 '법(法, dharma)'을 기준으로 삼아야 한다고 한다. 그것이 "법은 의지처[依]이지만, 사람은 그렇지 않다(dharmaḥ pratisaraṇaṃ na pudgalaḥ, 依法不依人)"라는 원칙이다.[19] 게다가 설일체유부의 '철학'에 의하면 이런 '사람(pudgala=ātman)은 존재하지 않는nāstyātmā' 것이고, '[오]온蘊만이 사람이다skandhā eva pudgalāḥ'[20]라고 한다. 따라서 세간에 있어서의 기진 행위에 관해서도 개인pudgala 숭배를 피해야 하며, 이 '철학'에 있어서는 전 교단(全敎團, cāturdiśa-saṃgha, 四方僧衆)에 대한 기진이 개인적인 것보다 효과가 크다고 하는 것이다. 그와 같은 사고방식을 보여주는 한 구절을 『대비바사

론』에서 인용하면 다음과 같다.[21]

> 此經復言. 若以飲食奉施如來, 有造僧伽藍(saṃghārāma) 施四方僧衆(cāturdiśa-saṃgha-). 此獲施福果, 大於彼. 以僧伽藍無障礙故. 問. 施佛功德, 勝於施僧. 此中施福, 皆先擧劣, 後擧其勝, 何故此中, 先佛後僧. 答. 即以是故, 先佛後僧. 所以者何. 若聲聞僧便不攝佛, 若四方僧則亦攝佛. 是福田僧苾芻僧故. 若唯施佛, 但佛應受僧衆不受, 故福爲劣. 若施僧衆, 僧衆與佛俱應納受, 故福爲勝. 無障礙故, 獲福無限故, 雖所擧先佛後僧, 而猶得名先劣後勝.

이 주장에 설일체유부의 '철학'이 완벽하게 관철되어 있다고 말하기는 어렵지만, 개인숭배의 연장이 되기 쉬운 불佛에 대한 기진보다는 전 교단에 대한 기진을 중시한 설일체유부의 자세는 여기서도 명백하게 드러난다고 생각한다. 게다가 앞의 인용문에서 구와야마는 현장이 따로따로 기록하여 마치 독립해서 기능하고 있는 듯이 묘사한 스투파와 상가라마에 관해, 실은 "이 둘은 하나의 불교의 장場을 구성하고 있던 것이다."라고 지적한 배경도 바로 이 '철학'에 의해 지지되고 있었다고 보아야 한다.

그런데 목 위의 '사상'이나 '철학'을 단순히 상위에 두는 불교연구자는 자칫하면 배꼽 아래의 '습관'이나 '생활'을 음미하지 못한 채 경시하기 쉽지만 자성自省해야 한다. '습관'이나 '생활'도 상세하게 알면 알수록 좋은 것이다. 단, 지나치게 거기에 빠져서 배꼽 아래의 일밖에 알지 못하게 되어 불교의 '사상'이나 '철학'은 아무래도 좋다고 생각하는 상황이 되어 버린다면, '불교'에 몸을 둔 자라면 자일수록 한심한 상황에 안주해버릴 수밖에 없게 될 것이다. 현장이 서북인도를 왕복했을 무렵 혹은 일본에 불교가 정착한 즈음부터 천 년 가까운 시간이 지난 영록永祿 12년(1569)에 입경入京해 있던 오다 노부나가織田信長 앞에서 이러한 한심한 상황이 연출되었다. 루이스 프로이스의 『일본사Historia de Japan』가 전하는 바에 따르면, 그 당시 키리스탄(역자 주: 16세기에 일본에 들어온 가톨릭교의 일파)의 프로이스 일행 중 일본인 수도사(修道士, irmão) 로렌소Lourenço와 불교 측 일승日乘과의 논쟁이다. 다음과 같다.[22]

[로렌소가 말하기를] "전하의 명령으로 하늘[에 계시는] 주主에 대해 귀승에게 조금 말씀드리기 위해, 먼저 귀승은 일본의 종교seita에 관해 어떤 견해opinião를 가지고 계신지 여쭙고 싶습니다. 이렇게 말씀드리는 것은 통상 [자신의 생각보다] 중요하고 또 긴요한 타인의 생각을 알고 싶은 사람은 먼저 자신이 어떻게 생각하고 있는가를 말하지 않는[다고 하기] 때문입니다. 즉, 만약 그것이 우리들이 이야기하고 있는 [가르침]보다 못한 것이라면, 우리들은 그것을 무시할 것입니다. 그렇지만 만약 더욱 고도高度의 것이라면 기꺼이 받들고 [싶기] 때문입니다. 일본의 팔종(八宗, seita) 구종九宗 중 귀승은 어디에 귀의하고 있습니까?"

일승은 크게 거짓으로 가장하여 먼저 태연한 표정으로 "졸승은 어느 종에도 속해 있지 않고, 알지도 못합니다."라고 대답했다.

로렌소가 [말하기를] "그러면 귀승은 속인도 아닌데 왜 머리를 깎고 수도승(修道僧, pessoa religioza)을 가장하는 것입니까?"

일승이 [말하기를] "졸승이 이와 같이 꾸민 것은 [불교의] 계율이나 신(神, camis) 불(佛, fotoques)을 돌아보아서 그런 것이 아닙니다. 또한 순례를 하거나 참회의 수행exercicios de penitencia을 하기 위해서도 아닙니다. 단지 졸승은 세상의 번잡함이나 쉽게 변하는 세상물정에 싫증을 느꼈기 때문에 이렇듯 근심 없이 마음이 향하는 대로 생활할 뿐입니다."

로렌소가 [말하기를] "저는 귀승이 히에노야마比叡山의 승원mosteiros de Fiyenoyama에서 한동안 저명한 승려 심해상인(心海上人, Xincai Xonin)의 가르침을 받으며 생활했던 것을 잘 알고 있습니다. 그런데 [그 상인]은 귀승에게 틀림없이 부처님의 가르침을 주었을텐데 도대체 무엇을 귀승에게 가르쳤는지 알고 싶습니다."

일승은 [말하기를] "졸승은 [그 상인]의 곁에서 가르침을 받았지만 무엇을 배웠는지 알지 못합니다. 지금은 전부 잊어버렸습니다."

로렌소는 [말하기를] "저도 [귀승과] 마찬가지로 일찍이 히에노야마에 가서 심해상인을 뵙고 이야기를 나눈 적이 있습니다. 그런데 제가 [부처님의] 가르침[教]의 성인成因은 무엇이냐고 [그분에게] 물었더니 [심해는] 이렇게 대답했습니다. '우리의 지금 몸을 이루고 있는 [여러 가지] 요소elementos는 최후에는 [우리들로부터] 떠나감이 틀림없는 것이다. 그러나 불성(佛性, buxxo) [우리들의 견해로는 영혼alma을 의미한다]은 어떠한가, 그것은 죽음의 최후의 한 걸음[을 내딛고 난] 후에도 가지도 않고 오지도 않고 하물며 머물지도 않는다. 그리고 그것은 실체sustancia도 형태figura도 색채cor도 갖추지 않았고, 흑백의 구별도 없는 것으로, 요컨대 고통이나 즐거움에 걸리지 않는 것이다.' 귀승의 스승[인 심해상인]은 이와 같은 표현으로 저에게 대답해주셨는데 저는 귀승이 그 스승의 가르침대로 지금도 따르고 계신지를 알고 싶습니다. 왜냐하면 그것에 대해서 저는 귀승에게 우리들의 것(가르침)을 밝히고, 귀승이 그 [가르침의] 진리를 확실히 판가름해주시기를 바라기 때문입니다."

일승은 [말하기를] "그럴 필요는 없습니다. 졸승은 그것[에 관해] 식별할 수 없고, 어떻게도 판단할 수 없는 것이라고 보고 있습니다. 따라서 당신은 졸승이 어떻게 생각할까 등을 묻거나 하지 말고, 먼저 당신의 가르침의 안목, 즉 요점을 풀어보는 것이 좋을 것입니다."

이와 같이 일승은 논쟁의 서두에서 스스로의 '사상'적 입장이 무엇인가를 명시하는 일을 제멋대로 방기하고, 히에比叡의 승원(mosterio=monastery)에서 배운 불교가 어떤 것인가 조차도 말하지 않으며, 자못 자유활달自由豁達하게 아무것도 모르는 척 무집착인 듯한 모습을 자랑스럽게 과시하고 있다. 하지만 결국에는 화를 내며 노부나가의 면전에서 로렌소를 칼로 베며 '그 영혼을 보이라mostrai-me esta alma'며 마구 호통을 쳐서 주변의 빈축을 산다. 이 후반 장면은 직접 읽어보는 편이 좋을 것이다. 단 여기서 지적해두고 싶은 점은 일승처럼 어떤 입장에도 사로잡히지 않는 태도야말로 불교의 심오한 경지인 듯 많은 일본인이 생각하게 되어, 그것이 다시 기독교와 만나게 되는 메이지 유신의 근대까지는 물론이거니와 오늘날에 이르기까지도 계속되고 있을지 모른다는 점이다. 하지만 프로이스 일행이 일본불교 전체를 일승과 같은 것으로 여긴 것은 전혀 아니다. 그들이 히에노야마와 같은 일본의 절을 유럽의 '일종의 대학alguma universidade'과 같은 의미에서 '승원'이라고 부르고 있었던 흔적까지 있지만, 그것을 우리들이 재인식하기 위해서는 히에노야마 교단의 교학의 대성자인 겐신源信의 '사상' 등을 다시 한번 허심탄회하게 공부할 필요가 있다고 생각한다. 이에 대해서는 다음을 기약하지 않을 수 없다.[23]

하지만 이보다는 지금 당장 중요한 본서의 문제에 대해 서술해야 한다. 목 위와 배꼽 아래의 문제에 대해서는 일단 결론을 내렸다고 생각하므로, 다음은 교단의 문제이다. 지금까지는 팔리어나 산스크리트어의 상가saṃgha를 마음대로 상상하며 막연히 '교단'이라는 말을 사용해왔다. 그러나 그 엄격한 의미의 전개를 추적하고자 한다면, 당연히 이야기의 기점基点을 불교의 발상지인 마가다를 중심으로 한 기원전 5~6세기의 갠지스강 중류지역에 두지 않으면 안 된다. 갠지스강 유역 전체를 나타내면, 다음 지도와 같다.[24] 이 주변을 현재 인도의 지리감각에서 북인도라고 부르며 기원전 6세기경의 종교 상황을 S. 덧트는 다음과 같이 서술하고 있다.[25]

그래서 만약 우리들이 불교의 삼장이나 자이나교의 성전을 기원전 6세기 북인도의 생활을 보여주는 것이라고 생각한다면, 거기에는 어떤 현저한 특징이 두드러진다. 그것은 사회조직 밖에서 사는 사람들로 넘쳐나는 공동체의 존재이다. 그들은 유행자(遊行者, paribbājaka), 비구(比丘, bhikkhu), 사문(沙門, samaṇa), 행자(行者, yati), 방척자(放擲者, saṃnyāsin) 등의 다양한 명칭으로 불렸는데, 마지막 명칭은 불교와 자이나교의 문헌에서 거의 사용되지 않는다. 그들은 공통적으로 하나의 본질적인 특성을 갖고 있었다. 그것은 바로 그들이 전부 공공연한 종교상 집 없는 방랑자였다는 것이다. 이 생활양식을 받드는 사람들을 위한 정형구가 "agārasmā anagāriyaṃ pabbajati(집으로부터 집이 없는 상태로 출가한다)"라고 하여, 팔리 성전 속에 보이는 표현이다. 따라서 우리들은 이하에서도 이 방랑하는 종교적 공동체의 모든 종류의 사람을 [팔리어 파립바자카paribbājaka의 산스크리트어에 해당하는 말인] 유행자parivrājaka라는 일반적인 명칭으로 부르는 것이다.

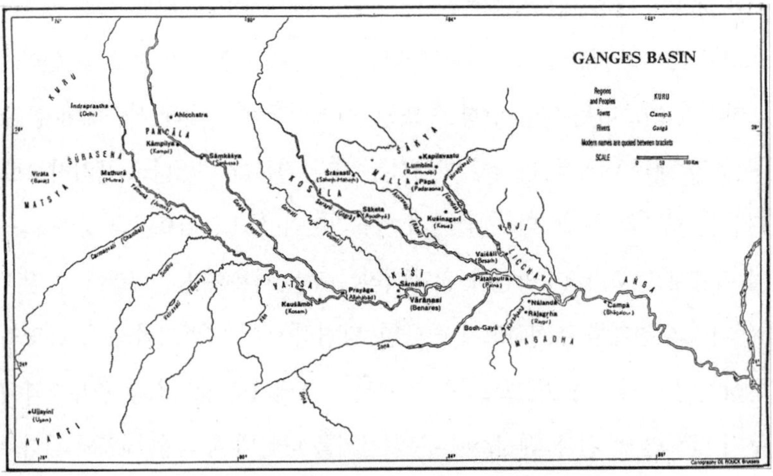

[지도] 갠지스강 유역 지도(É. Lamotte, 『인도불교의 역사』로부터)

게다가 S. 덧트에 의하면, 상가saṃgha나 가나gaṇa의 원래 의미는 이와 같이 방랑하는 유행자들의 집단을 가리키는 것이었으며, 그 집단의 지도자들이야말로 석존과 거의 동시대에 육사외도六師外道라고 부른 대표적인 여섯 사문집단의 스승satthā이다. 따라서 그들은 예를 들어 불전의 『사문과경(沙門果經, *Sāmaññaphala-sutta*)』에서도 상긴(saṃghin, 상가를 가진 사람), 가닌(gaṇin, 가나를 가진 사람), 가나차리야(gaṇācariya, 가나의 선생) 등으로 불린 것이라고 한다.[26] 그러나 우기의 일정기간, 특정한 같은 승원에서 체재하며 생활하는 것이 승인되고, 그와 같은 생활양식이 일반적으로 정착한 것에 대해서는 불교의 동향이 다른 종교집단보다 압도적으로 먼저 행해졌다고 여겨진다. 그 때문에 불교에서는 신속하게 상가라는 '특정 승원에 거주하는 승려의 조직체(a body of resident monks at a particular monastery)'를 의미하게 되고, 이에 동반하여 이러한 특정 승원을 뛰어넘은 보편적인 '이상동맹체(理想同盟體, an ideal confederation)'가 '전 교단(cātuddisa-bhikkhu-saṅgha-, cāturdiśa-bhikṣu-saṃgha, 四方僧伽, 招提僧)'이라고 불리게 되었다.[27]

여기서, 말하자면 불교 '교단'의 '승원화'가 있는데, S. 덧트는 이것을 '발전development'이라고 보고, 『초기불교승원제도(初期佛敎僧院制度, *Early Buddhist Monachism*)』를 저술한 것이다. 그런데 그 제5장의 '불교 공주제共住制의 성장The Growth of the Buddhist Cœnobium'이라는 장의 서두에서, 그는 기독교의 『성베네딕트 회칙』에 의한 4종 승려의 구분, 즉 '공주자(共住者, cenobite)'와 '독주자(獨住者, anchorite)'와 '부적자(不適者, sarabite)'와 '편력자(遍歷者, gyrovagus)'에 대해 언급한 후에, 그 '독주자' 겸 '편력자'의 관념에 거의 부합하는 '유행자'와 같은 말밖에 없는 불교 집단에는 원래 '공주적 이상(理想, the cenobitical ideal)'은 알려져 있지 않았지만, '시간의 경과와 불교교단의 성장에 따라 비구들의 공동생활은 점점 더 공주제cœnobium의 방향으로 끌려들어가게 되었다.'고 서술하고 있다.[28] 하지만 그 방향이 반드시 일직선으로 진행된 것은 아닌 듯한데, 이 점에 관해 S. 덧트는 다음과 같은 매우 시사적인 견해를 표명하고 있다.[29]

> 이리하여 [사四]의(依, nissaya)는 지금도 여전히 현재의 불교입문자에게도 형식적으로는 권장되고 있지만 [당시 이미] 실질적으로는 단순한 기호嗜好나 수의隨意의 문제에 지나지 않았다. 즉, 데바닷타(Devadatta, 提婆達多, 調達, 天授)는 사의 중 몇 가지에 엄격함을 부과하려고 했지만, 전혀 인정받지 못했던 것이다. 하지만 이렇다 해도 오랜 기간 은둔주의the eremitical principle는 승원주의the cenobitical principle와 경합하며 필시 전자가 후자보다 우위를 점했던 것은 아닐까 생각된다. 그리고 그 두 주의 간의 최초의 논쟁에 대한 삽화가 데바닷타 이야기 속에 화석화되어 있는지도 모른다. 그는 과거의 이상의 부활을 시도했지만 성공하지 못했다고 생각한다. [그러나 은둔주의의 우위는 뿌리 깊었기 때문에] 승원 설립 이후에 조차 많은 비구들은 그들의 은둔적 습관[인 사의], 즉 삼림주(森林住, āraññaka, living in forests)·상걸식(常乞食, piṇḍapātika, feeding solely on alms)·분소의(糞掃衣, paṃsukūlika, dressing in cast-off rags)·삼의(三衣, tecīvarika, possessing only three pieces of cloth)를 유지한 것이다.

이 인용문에서 언급되고 있는 데바닷타의 삽화에 관해서는 다음 장에서 아쇼카왕 치하의 교단 분열 문제와 관련하여 다루기로 하고, 여기서는 불교교단의 승원화가 진행해가는 과정에서도 여전히 승원주의에 대해 은둔주의가 은연 중에 세력을 유지하고 있었다고 하는 S. 덧트의 지적에 관해 약간의 사견을 기술해두고자 한다.

이 승원주의 대 은둔주의의 대립에 관해서는, 예를 들어 『로마제국흥망사』

를 저술한 에드워드 기번Edward Gibbon도 이 책의 제37장에서 "공통적으로 정한 규율하에서 생활한(who lived under a common and regular discipline)" "공주자coenobite"와 "비사교적인 독립적 광신狂信에 몰두한(who indulged their unsocial, independent fanaticism)" "독주자anachoret"라는 말로 바꾸어서 대비시키며 논할 정도이므로,[30] '공주자'에 근거한 '승원주의'라는 전자에 대해 '독주자'에 근거한 '은둔주의'는 중세의 서구 기독교에서조차 뿌리 깊었음을 알 수 있다. 하지만 이 문제는 또 중세 기독교의 정통설orthodoxy과 이단설heterodoxy의 논쟁과도 관련이 있다. 이 논쟁에서 논점이 되는 것은 세례洗禮와 서품敍品 등의 비적(秘蹟, sacramentum, sacrament)의 효력efficacia은 '만들어진 작용에 의한(ex opere operato, 事效論)' 것인가, '작자作者의 작용에 의한(ex opere operantis, 人效論)' 것인가 라는 문제이다. 신이 기독교를 통해 교회에 효력을 미치고 있다고 생각하는 가톨릭교회는 '만들어진 작용(opus operatum)'을 중시하는 외재주의적 성무중시론外在主義的聖務重視論에 서서 전자를 정통설이라 주장하고, '작자의 작용(opus operans)'을 중시하는 내재주의적 집행자중시론內在主義的執行者重視論에 선 후자를 이단설이라고 배척하는 것이다.[31] 그렇지만 여기에서 필자가 서술하고 싶은 것은 물론 중세의 가톨릭 논쟁 문제는 아니다. 필자는 '승원주의'와 '은둔주의'의 대립이 중세 기독교에서도 나타난다는 유사한 사실을 지적함으로써 불교교단사에서 이런 종류의 대립을 해명하는 데 도움이 될 만한 것을 약간 서술해두고 싶었을 뿐이다. 내재주의적 집행자중시론에 서있는 이단설은 성무 집행자 개인에 대해 품행방정하고 덕이 높을 것을 강하게 요구하기 마련이므로, 아무래도 고고하게 세속의 권위를 단절하고 수행에 매진하는 '은둔주의' 쪽을 압도적으로 지지하지만, 이러한 경향은 인도를 토양으로 꽃을 피운 불교의 경우에는 한층 더 강렬하게 나타나고 있다고 말하지 않을 수 없다.

베다 이래의 순결행(純潔行, brahma-carya, 梵行) 지상주의는 인도에서 보다 깊게 뿌리를 내리고 있기 때문이다. 이런 토양은 개인숭배를 낳기 쉬우며, 열광적인 숭배자들이 특정 구루guru를 모시며 급진적으로 행동하는 것은 종종 일어나는 일이었다. 데바닷타에 의한 교단 분열도 이런 동향 중 하나라고 말할 수 없는 것은 아니지만, 이런 급진적인 행동은 현대사회에서조차 종교가 원초 형태로 회귀하는 것을 이유로 정의正義라 여기는 원리주의(原理主義, fundamentalism)가 되어 나타나기 쉬우므로 충분히 경계하지 않으면 안 된다. 필자 자신은 '법은 의지처이지만 사람은 그렇지 않다'고 하는 불교의 사고방식에 따라 내재주의적인 개인숭배를 멀리하고 외재주의적인 '법'에 기초하여 교단사를 '습관'을 분석하며 '사상'을 축적해가는 '발전development'의 총체로 생각해가고자 한다. 그런 의미에서 필자는 J. 뉴먼(J. Newman)이나 도미나가 나카모토富永仲基에게 동의하지만,[32] '역사'관에 관해서는 K. 포퍼의 다음과 같은 주장[33]에 따라 그것을 필자 자신의 연구에도 활용할 수 있기를 희망한다.

> 필자는 역사는 어떤 의미도 갖고 있지 않다(History has no meaning)고 주장한다. 그러나 이 주장에 담긴 뜻은, 우리들이 기껏해야 정신없이 권력사權力史에 취하거나 혹은 역사를 잔혹한 농담으로밖에 볼 수 없다는 것은 아니다. 왜냐하면, 우리들의 시대에 해결해야 할 선택된 권력정치상의 문제들을 시야에 넣어 우리는 역사를 해석할 수 있기 때문이다. 우리는 권력정치사를 열린 사회, 이성의 지배, 정의, 자유, 평등 그리고 국제적 범죄의 통제를 향해 우리들의 투쟁이라는 관점에서 해석할 수 있다. 역사는 아무런 목적도 갖지 않는다고 해도, 우리는 역사에 이러한 우리들의 목적을 달성할 수 있다. 역사는 어떤 의미도 갖지 않는다 해도, 우리들은 역사에 의미를 부여할 수 있는 것이다.

우리가 여기에서 다시 맞닥뜨리는 것은 자연nature과 규약convention의 문제이다. 자연도 역사도 우리에게 무엇을 해야만 하는지 알려 줄 수는 없다. 자연적 사실이든 역사적 사실이든 많은 사실facts은 우리를 위해 결정decision 내릴 수 없다. 그것들은 우리가 선택하고자 하는 목적들을 결정할 수 없는 것이다. 자연과 역사에 목적과 의미를 도입하는 것은 우리들이다. 인간은 평등하지 않다. 그러나 우리들은 평등이라는 권리를 향해 싸우고자 결정할 수는 있다. (중략)
이 사실과 결정의 이원론은 근본적이라고 필자는 믿고 있다. 사실 그 자체는 의미를 갖지 않는다. 사실은 우리들의 결정들을 통해서만 의미를 획득할 수 있는 것이다. 역사신앙(歷史信仰, historicism)은 이런 이원론을 빠져나가기 위한 다수의 시도 가운데 하나에 불과하다.

이제 본 장을 마무리할 때가 되었다. 이 장에서는 원래 인도의 갠지스강 중류지역에서 성립한 불교가 아쇼카왕 치하의 기원전 3세기경에는 인도반도 전체로 널리 퍼졌지만, 기원후 2세기의 카니시카왕 이후가 되면 불교의 중심 거점이 점차 간다라로 옮겨간 것을 염두에 두고, 불교교단의 승원화에 동반된 다양한 문제를 언급하며 교단사에 관해 사상사적 측면도 고려하며 약간의 문제 설정을 시도해왔다. 그런데 불교의 중심이 마가다에서 간다라로 옮겨갔을 때, 후자의 번영을 보여주는 구체적 상징이 석존에게 사천왕(cattāro mahā-rājāno, catvāro mahā-rājāḥ=catvāro loka-pālāḥ, 네 명의 護世神, 四天王)이 바친 발우(鉢, patta, pātra), 즉 불발佛鉢이라는 것은 앞서 소개한 구와야마의 견해였다.[34] 이 불발이야기는 다시 석존이 이것으로 타풋사(Tapussa, 산스크리트어 이름은 트리푸샤Trapuṣa, 트리푸사Trapusa 혹은 트리푸사Tripusa, 黃苽)와 발리카(Bhallika, 村落)라는 두 상인으로부터 음식 공양을 받았다는 이야기를 골자로 하는데, 전체 불발담佛鉢譚은 석존에 대한 재가자의 최초의 기진이라는 점을 중심으로 다양한 변화를 동반하며 대부분의 불전 속에서 중시되고 있다.[35] 여러 문헌에서 그 변화를 극명하게 추적해보는 것도 흥미로운 일이겠지만, 지금은 그럴 여유가 없다. 다만 후대의 '가상加上'의 특징을 한마디로 말하자면, 그것은 교단의 승원화에 동반한 교단의 금품 수령(paṭiggaha, pratigraha)의 증대를 반영하고 있다는 점이다. 여기서는 이 점을 어느 정도 상세하게, 또한 선명하게 보여주기 위해 가장 간단하고 오래된 형식을 띄는 남방분별설부南方分別說部[36]가 전하는 율장 『대품(大品, *Mahāvagga*)』의 불발담[37] 전체를 번역해서 먼저 제시하고, 이어 가장 후대의 증광 부분을 담고 있다고 생각되는 설일체유부[38]가 전하는 경장 가운데 『사중경(四衆經, *Catuṣpariṣat-sūtra*)』 혹은 율장 중 『파승사(破僧事, *Saṃghabheda-vastu*)』에 기술되어 있는 불발담[39]을 전자와 비교하며 큰 차이를 간단하게 지적하는 방법을 채용하였다. 한편, 그 과정에서 대중부(大衆部, Mahāsāṃghika)의 설출세부(說出世部, Lokottaravādin)가 전하는 『대사(大事, *Mahāvastu*)』의 이야기[40]도 약간 살펴보았는데, 이는 위에서 언급한 남북을 대표하는 두 교단과 가장 큰 차이가 있다고 여겨지는 대중부의 문헌에서는 어떻게 서술하고 있는 지 궁금했기 때문이다. 또한 이하의 인용에서 제시한 분절 번호는 H. 올덴베르크 교정본을 따른 것이다.

I41. 실로 그로부터 세존은 7일을 보낸 후에, 그 정신집중에서 일어나서 무찰린다 나무 아래에서 라자야타나 나무가 있는 곳으로 다가갔다. 다가가서 라자야타나 나무 아래서 단 한 번의 결가부좌로 7일 동안 해방감을 즐기며 앉아 있었다.

I42. 그런데 실로 그때 타풋사와 발리카라는 두 상인vāṇija은 웃카라에서 그곳을 향해 오던 중이었다. 실로 그때 타풋사와 발리카라는 두 상인의

친족혈연인 신이 타풋사와 발리카라고 불리는 두 상인에게 다음과 같이 말했다. “내 벗이여! 여기 세존이 처음 현등각現等覺하셔서 라자야타나 나무 아래에 머물고 계십니다. 가서 그 세존에게 보리과자mantha와 꿀경단(蜜團子, madhu-piṇḍika)을 올리세요. 그것은 당신들에게 오래도록 이익과 안락을 가져다줄 것입니다.”

I43. 실로 그러자 타풋사와 발리카라는 두 상인은 보리과자와 꿀경단을 가지고 세존이 계시는 곳으로 다가갔다. 다가가서 세존에게 인사드린 후 한쪽에 섰다. 실로 한쪽에 선 타풋사와 발리카라는 두 상인은 세존에게 이렇게 말씀드렸다. “존자시여, 세존은 저희들을 위해 보리과자와 꿀경단을 받아 주십시오paṭigaṇhātu. 그것이 우리들에게 오랫동안 이익과 안락을 가져다줄 수 있도록…”

I44. 실로 그러자 세존은 [다음과 같이] 생각했다. “여래들은 [직접] 손으로 받지 않는 법이다. 그렇다면 도대체 [여래인] 나는 무엇을 가지고 보리과자와 꿀경단을 받으면 좋을까?” 실로 그때 사대왕은 세존의 마음을 검토하여 마음으로 알고 사방에서 네 개의 돌로 만들어진sela-maya 발우patta를 세존에게 바쳤다. “존사시여, 세존은 이것으로 보리과자와 꿀경단을 받아주십시오.” 세존은 새로운 돌로 만들어진 발우로 보리과자와 꿀경단을 받아서 드셨다.

I45. 실로 그러자 타풋사와 발리카라는 두 상인은 세존이 발우와 손을 씻으신 것을 알고 세존의 두 발에 머리로 예를 갖추고 세존에게 이렇게 말씀드렸다. “세존이시여, 여기 저희들은 세존과 법에 귀의합니다. 세존은 저희들을 재가신자upāsaka로 허가해주십시오. 우리들은 오늘 이후 살아 있는 한 귀의하겠습니다.” 그들이야말로 이 세상에서 처음으로 이[귀의]를 읊은dvevācika 재가신자였다.

남방분별설부의 팔리본 『대품』의 불발담은 위의 내용이 전부이지만, 이와 비교해보면 설일체유부가 전하는 그것은 해당하는 대응 부분뿐만 아니라 전후에 걸쳐 크게 증광된 흔적이 보인다. 그 대부분은 교단의 승원화의 흔적을 농후하게 말해주고 있다. 투르판 출토의 산스크리트본 『사중경』의 불발담과, 이와 거의 동문同文인 길기트 출토의 산스크리트본 『파승사』의 그것, 혹은 후자의 의정 역이나 티베트역의 그것 사이에는 이미 E. 발트슈미트의 대조본에서도 제시되고 있는 바와 같이 큰 차이는 없다. 하지만 이들 후자와 전자인 팔리본 사이에는 앞서 언급한 바와 같은 현저한 증광의 흔적이 보이므로 여기서는 그것을 요약하여 지적해두고자 한다.

먼저 불발담 이야기의 순서가 전자에서는 석존이 연기를 처음으로 생각하는 장면 다음에 전개되고 있어 자연스러운 데 비해, 후자에서는 같은 장면의 앞에 삽입되어 있어 재가신자의 기진을 우선시하려는 의도가 느껴진다.[41] 또한 전자의 I45의 말미가 재가신자에 의한 최초의 이귀의라는 점을 강조하는데 비해, 후자의 그 부분은 "무릇 또한 이것은 미래세에 교단이라고 불리는 것이 되겠지만, 그것에 대해서도 우리들은 귀의하겠습니다(yo' py asau bhaviṣyaty anāgate 'dhvani saṅgho nāma tam api śaraṇaṃ gacchāvaḥ)"라는 한 문장을 추가하여 삼귀의로 되어 있는데, 이 역시 이미 승원화하고 있던 교단의 존재를 미리 호소해 둘 필요가 있었기 때문이라고 생각한다.

게다가 그 최초의 재가신자도 전자에서는 단지 '상인'이라고만 되어 있던 것이 후자에서는 상당히 큰 부자인 듯 "오백 대 정도의 짐수레를 끌고 다니던 상인(vaṇijau pañca-mātraiḥ śakaṭa-śataiḥ sārdham anuvyavaharamāṇau)"이라고 되어 있다. 한편, 사천왕이 바친 불발도 전자와 마찬가지로 후자에서도 '돌로 된 발우(śaila-mayāni pātrāni)'라고는 하지만, 그러면서도 역시 인간의 것이라고는 생각할 수 없는 맑고 아름다운 것이라는 점이 강조되고 있다. 그런데 간다라에서 '사제화연四際畫然'으로 만들어지게 된 불발로서는 가장 중요한 점인, 석존이 사대왕을 평등하게 대하기 위해 '네 개의 발우를 받아 하나의 발우로 변형했다(catvāri pātrāṇi pratigṛhya ekaṃ pātram adhimuktavān)"고 하는[42] 이야기는 전자에는 없으며, 후자를 포함한 후대의 문헌에 이르러서야 삽입된다. 소위 아쇼카 아바다나에서 우파굽타 상좌가 아쇼카왕에게 이 이야기를 했다고 되어 있는 것을 보면,[43] 역시 이 이야기는 유명해졌던 것 같다. 여하튼 이상의 증광가필이 교단의 승원화를 배경으로 한 것은 명백한데, 후자의 이런 경향은 앞서 언급한 대중부의 『대사』의 해당 부분과 비교해보면, 그것이 다시 증폭된 형태로 나타나고 있는 점은 매우 흥미롭다. 타풋사와 발리카라는 두 사람이 삼귀의의 형태를 취한 것은 말할 것도 없으며, 그들이 막대한 재산을 소유한 무역상주(貿易商主, sārthavāha)로 묘사되고, 석존에게 바친 음식도 고가의 것임을 시사하는 형용사를 동반한 '꿀과 버터를 포함한 다과(madhu-sarpi-saṃyuktaṃ tarpaṇam)'라는 표현으로 바뀌어 있다. 또한 사천왕이 바친 발우도 돌로 된 것을 수령할 때까지 끝내 석존이 허용하지 않았다고는 해도 차례대로 금suvarṇa, 은rūpya, 진주muktā, 유리vaiḍūryā, 수정sphaṭika, 호박musāragalva, 적진주lohitikā로 만들어진 호화로운 보발(寶鉢, ratana-pātra)이 제공된 것으로 되어 있다. 그리고 또한 『대사』에서는 하나로 변형된 발우에 네 가지 각 발우의 가장자리가 남았다(catvāri pātra-koṭīni dṛśyanti)는 것도 명료하게 기술하고 있는데, 그 외의 세세한 차이에 관해서는 여기서는 생략한다. 단 『사중경』, 『파승사』, 『대사』의 불발담에서 발견되는 이른바 '주원송呪願誦'에 관해서는 '작선주의'의 확립과 관련이 있으므로 제3장에서 다루고자 한다.[44]

1 당시 이 사건은 여러 매체를 통해 보도되었지만, 필자는 2001년 3월 19일(월)자 『毎日新聞』(夕刊)의 기사를 통해 처음 알았다.

2 桑山正進, 『カ-ピシー·ガンダーラ史研究』, 京都: 京都大學人文科學研究所, 1990, p.342. 필자는 본서의 존재를 伊藤義教, 『ゾロアスター教論集』, 東京: 平河出版社, 2001, p.493에서 알게 되었지만, 통상적인 판매 루트를 통해 입수하기 어려워 애를 먹었다. 결국 구와야마에게 부탁했는데, 기꺼이 호의를 베풀어 인문과학 연구소에 추천해주었다. 2002년 1월 28일에 구와야마로부터 편지가 왔고, 같은 해 1월 30일에는 연구소로부터 책이 배달되었다. 이 자리를 빌려 깊이 감사의 마음을 전한다.

3 桑山, 앞의 책, 1990, p.61, p.104, p.124의 그림을 약간 수정하여 게재한 점에 대해 양해를 구하는 바이다.

4 桑山, 앞의 책, 1990. 특히 pp.43-59를 참조. 이것은 주로 白鳥庫吉, 「罽賓國考」, 『西域史研究』上, 白鳥庫吉全集 6, 東京: 岩波書店, 1970, pp.295-359 등의 선행연구를 따르며 구와야마 자신의 견해를 제시한 것이다. 그리고 이에 앞서 桑山, 「罽賓と佛鉢」, 樋口隆康教授退官記念論集, 『展望アジアの考古學』, 東京: 新潮社, 1983, pp.598-607도 있으므로 참조하기 바란다. 그리고 하나를 보고 만 가지를 부연하는 것에 대한 경고에 관해서는 桑山, 앞의 책, 1990, pp.356-357, 주13)을 참조하기 바란다.

5 桑山, 앞의 책, 1990, p.60. 이에 앞서 계빈을 중심으로 한 來支僧에 관해서는 같은 책, pp.35-42를 참조. 그리고 僧名 옆 괄호 안에 표기해둔 산스크리트는 필자에 의한 것이지만, 추정의 범위를 벗어나지 않는 것에 한해 별표(*)기호를 달아두었다. 또한 이들 내지승에 관해서는 鎌田茂雄, 『中国佛教史』 1, 東京: 東京大學出版会, 1982. pp.307-337; 같은 책 2, 同, 1983, pp.209-383; 같은 책 3, 同, 1984 전체를 참조하기 바란다.

6 졸고, 「彌勒菩薩半跏思惟像考」, 木村清孝博士還暦記念論集, 『東アジア佛教の形成』, 東京: 春秋社, 2002를 참조하기 바란다.

7 『高僧伝』, 대정장 50, pp.340a-342b를 참조하기 바란다.

8 求那跋摩가 지었다고 하는 遺偈에 관해서는 졸고, 「「善惡不二, 邪正一如」の思想的背景に関する覺え書」, 『駒澤短期大學研究紀要』 30, 2002, pp.169-191을 참조. 또한 『고승전』의 성립사적 문제의 가능성에 대해서는 이 졸고의 말미에서 보충해두었으므로 참조하기 바란다.

9 이 점에 대해서는 다소 오래되기는 했지만, 오늘날에도 이를 뛰어넘을 만한 정리된 연구는 없다고 생각하므로 木村泰賢, 「大毘婆沙論結集の因緣について」, 『阿毘達

磨論の研究』, 木村泰賢全集 4, 東京: 大法輪閣, 1968, pp.175-211을 참조하기 바란다. 이것의 초판본 출판은 1922년이다.

10 『阿毘達磨大毘婆沙論』, 대정장 27, pp.645c-646a. 그리고 이 해석을 포함하여 加藤純章, 『經量部の研究』, 東京: 春秋社, 1989, pp.29-30도 참조하기 바란다.

11 현장의 카슈미르 체재에 관해서는 桑山正進·袴谷憲昭, 『玄奘』, 人物中國の佛教, 東京: 大藏出版, 1981, 新裝版, 1991, pp.97-99, pp.198-199, p.222를 참조. 그리고 桑山의 앞의 책(앞의 주2)), pp.285-288에는 현장의 就學地와 공부했을 텍스트가 대비되어 있어 편리하다.

12 『大唐西域記』, 대정장 51, p.879b-c. 이 현대어 번역에 대해서는 水谷眞成 역, 『大唐西域記』, 中國古典文學大系 22, 東京: 平凡社, 1971, pp.81-82; 구와야마, 앞의 책(앞의 주2)), pp.146-147을 참조. 또한 인용에서 간다라와 인연이 있는 논사를 열거하는 가운데 가장 처음에 별 표시를 단 것은 원 한문에서는 '那羅延天'으로 되어 있다. 이것을 미즈타니 역에서 Nārāyaṇadeva로 추정한 것이다. 어느 정도 맞다고는 생각하지만, 필자가 보기에는 아무래도 실재한 논사의 이름 같지는 않아서, 원래 설일체유부 초기의 대표적 논사인 Kātyāyanīputra였던 것은 아닐까 생각하여 억지스럽다고 느끼면서도 굳이 정정을 시도하였다.

13 에피탈 침입 후의 간다라와 카슈미르의 위치 관계 및 간다라를 인더스의 서쪽까지로 본 현장의 견해에 관해서는 桑山, 앞의 책(앞의 주2)), pp.136-140을 참조.

14 『婆藪槃豆法師傳』, 대정장 50, pp.188a-191a를 참조. 이하의 본문 중 인용 말미 괄호 ( ) 안에 제시한 쪽수는 이에 따른다. 그리고 이에 대한 현대어 번역은 三枝充悳, 『ヴァスバンドゥ』, 人類の知的遺産 14, 東京: 講談社, 1983, pp.20-49, 그리고 부분 역은 定方晟, 『カニシカ王と菩薩たち』, 大東名著選 4, 東京: 大東出版社, 1983, pp.87-92, pp.96-108이 있으므로 함께 참조하기 바란다.

15 『阿毘達磨大毘婆沙論』의 마지막 부분, 대정장 27, p.1004a에 "佛涅槃後四百年 迦膩色迦王贍部 召集五百應眞士 迦濕彌羅釋三藏 其中對法毘婆沙 具獲本文今譯訖 願此等潤諸含識 速證圓寂妙菩提"라고 되어 있다. 단, 이 識語를 포함한 현장의 견해에 문제가 있는 점에 관해서는 木村, 앞의 논문(앞의 주9))을 참조하기 바란다.

16 카니시카왕 치하의 쿠샨왕조부터 3세기 이후 왕조 말기의 쇠락 시기에 이르기까지 서북인도의 상황에 관해서는 中村元, 『インド史 III』, 中村元選集 [決定版] 7, 東京: 春秋社, 1998, pp.237-280을 참조하기 바란다.

17 桑山, 앞의 책(앞의 주2)), p.90, pp.289-290.

18 이와 관련하여 『발지론』의 회수된 산스크리트 원문 및 번역 그리고 『대비바사론』

에 근거한 필자의 해석에 관해서는 졸저, 『法然と明恵 -日本佛教思想史序說-』, 東京: 大藏出版, 1998, pp.394-395를 참조하기 바란다.

19 이 원칙에 관해서는 졸저, 『唯識思想論考』, 東京: 大藏出版, 2001, p.21을 중심으로 전후를 참조하기 바란다.

20 *Abhidharmakośabhāṣya*, Pradhan ed., p.462, 1.22에 근거한 것으로, 이 한 구절을 포함한 「破我品」에 관해서는 졸고, 「無我說と主張命題 -「破我品」の一考察-」, 前田專學博士還曆記念論集, 『'我'の思想』, 東京: 春秋社, 1991, pp.155-167을 참조하기 바란다.

21 대정장 27, p.678b-c. 또한 이 한 구절의 해석에 관해서는 平川彰, 『初期大乘佛教の研究』, 東京: 春秋社, 1968, pp.611-612; 同, 『初期大乘佛教の研究 II』, 平川彰著作集 4, 東京: 春秋社, 1990, pp.264-265를 참조. 그런데 『대비바사론』의 이 부분을 해석한 경전이 무엇을 가리키는지 명확히 밝혀져 있지 않은 듯한데, "cātuddisaṃ saṃghaṃ uddissa vihāraṃ karoti(전 교단 名義로 사원을 세운다)"는 것이 "maha-pphalataro ca mahānisaṃsataro ca(보다 과보가 크고, 보다 공덕이 크다)"고 하는 한 구절(*D.N.*, I, p.145, II, 11-16)을 가진 *Kūṭadanta-sutta*와 같은 계통의 설일체유부에서 전하는 경전이었을지 모르겠다.

22 P. Luís Fróis, S. J., *Historia de japan*, II, Edição anotada por José Wicki, S. J., Biblioteca Nacional, Lisboa, 1981, pp.283-284: 松田毅一·川崎桃太 역, 『フロイス日本史』 4, 東京: 中央公論社, 1978, pp.172-173. 인용은 후자를 따른다. 그리고 인용 가운데 '心海'에 관해서는 同, 3, 1978, p.37, 주15)에서 『陰德太平記』 권17의 「帝釋寺의 心海라고 하는 老僧」에 해당한다고 되어 있다.

23 졸고, 「源信思想研究 -第一部: 『大乘對俱舍抄』の註釋的研究- (1)」, 『駒澤短期大學佛教論集』 8, 2002를 참조. 그리고 Fróis, *op. cit.*, I, p.81에서는 "universidade de Fiyenoyama"라고 比叡山이 '대학'이라고 불리며, II, p.23에서는 교토의 東福寺가 "alguma universidade"로 되어 있다.

24 É. Lamotte, *Histoire du Bouddhisme Indien*, Louvain, 1958, réimpr., 1967, p.862의 직후에 붙여놓은 지도에서 지명 표기를 가타카나로 고치고, 약간 지명을 생략하여 실은 점에 대해 양해를 구한다.

25 Sukumar Dutt, *Early Buddhist Monachism*, London, 1924, p.40; First Indian Edition, Asia Publishing House, 1960, p.31. 표현상 상당히 차이가 보이는 곳이 있지만, 처음 나온 것을 중시하여 본고에서는 전자를 번역하여 인용하였다. 또한 인용 가운데 소개한 "agārasmā anagāriyaṃ pabbajati"라는 문구에 대해서는 졸고, 「貧女の一燈物語 -'小善成佛'の背景(1)-」, 『駒澤短期大學紀要』 29, 2001, pp.454-455 및 阪本(後藤)純

子, 「髪と髭」, 『日本佛教學會年報』 59, 1994, pp.77-90(横)을 참조할 것.

26 S. Dutt, *op. cit.*, pp.76-79: pp.62-64를 참조.

27 S. Dutt, *op. cit.*, pp.82-87: pp.67-71을 참조. 그리고 이 '전 교단'과 관련하여 四方僧伽와 現前僧伽의 대비에 관해서는 佐藤密雄, 『原始佛教教團の研究』, 東京: 山喜房佛書林, 1963, pp.293-294; 平川彰, 『原始佛教の研究』, 東京: 春秋社, 1964, pp.293-396; 同, 『原始佛教の教團組織II』, 平川彰著作集 12, 東京: 春秋社, 2000, pp.3-117을 참조 바란다.

28 S. Dutt, *op. cit.*, pp.110-112, 90-91을 참조. 이 4종의 승려에 관해서는 각주에서 "The Cenobites are those who live in a monastery under a Rule or an Abbot. The Anchorites are in effect those who do not belong to any cenobitical society. The Sarabites are unschooled and undisciplined monks who 'lie to God by their tonsure'. The Gyrovagi are those who move about all their lives through various countries, 'who are always on the move and never settle down."이라고 설명한다. 그리고 베네딕트회를 중심으로 한 승원 규칙에 관해서는 John Henry Cardinal Newman, *An Essay on the Development of Christian Doctrine*, Oxford, 1878, Notre Dame Series in the Great Books, University of Notre Dame Press, Notre Dame, 1989, pp.395-399를 참조하기 바란다.

29 S. Dutt, *op. cit.*, pp.117-118, p.96. 제시한 번역은 전자에 따른다. 그리고 이 S. 덧트의 언급에 관해서는 이전에 田賀龍彦, 『授記思想の源流と展開-大乘經典形成の思想史的背景-』, 京都: 平樂寺書店, 1974, p.241에서도 후자를 인용한 후에 견해를 밝히고 있다. 필자 역시 참조하여 크게 교시 받았다. 그런데 이 四依의 전거로 S. 덧트는 *Mahāvagga*, vii, 1, 1 (*Vinaya*, I, p.253); *Cullavagga*, XII, 1, 8 (Vinaya, II, p.299)를 제시하고 있다. 불교사전 등에 설명되어 있는 통상의 사의에서는 tecīvarika 대신에 pūtimutta(진기약)를 채택하는 경우가 많지만, 이 사의도 버리기 어렵다. 통상의 사의에 관해서는 佐々木閑, 『出家とはなにか』, 東京: 大藏出版, 1999, pp.24-27, pp.105-106 및 본서 제2부 제4장, p.264 참조.

30 Edward Gibbon, *The Decline and Fall of the Roman Empire* (in Six Volumes), Everyman's Library, IV, p.20: 村山勇三 역, 『ローマ帝國衰亡史』 (5), 東京: 岩波文庫, p.307 참조. coenobite, anachoret가 村山 역에서는 각각 '教團員', '고독한 隱者'라고 번역되어 있지만, 비슷한 다른 말과 구별해서 번역할 필요도 있고, 필자 나름의 역어 통일 방법도 있어서 이 두 단어만은 村山의 번역에 따르지 않았음을 양해 바란다. 그리고 이 한 구절에 대한 사견에 대해서는 졸고, 「グレゴリー・ショペン著, 小谷信千代 역, 『大乘佛教興起時代・インドの僧院生活』」, 『佛教學セミナー』 73, 2001, pp.74-75를 참조 바란다.

31 이상의 정통설과 이단설, 事効論과 人効論에 관해서는 堀米庸三, 『正統と異端 - ヨーロッパ精神の底流-』, 東京: 中公新書, 1964, 특히 pp.29-82, Colman o'Neill, "The Role of the Recipient and Sacramental Signification", *The Thomist: A Speculative Quarterly Review of Theology and Philosophy*, Vol. XXI (1958), pp.257-301, pp.508-540, esp., pp.296-301, pp.539-540을 참조. 그리고 이 문제에 관해 필자는 앞서 P. 그릿피스 교수의 도움을 받았는데, 그 경위 등에 관해서는 졸고, 「自己批判としての佛教」, 『駒澤短期大學佛教論集』 1, 1995, p.127, 주62)를 참조할 것.

32 전자에 관해서는 J. Newman, *op. cit.*(앞의 주 28)), esp., pp.31-54, 후자에 관해서는 富永仲基, 『出定後語』, 日本思想大系 43, 東京: 岩波書店, 특히 pp.14-15; 同, 『翁の文』, 日本古典文學大系 97, 東京: 岩波書店, 특히 p.554를 참조. 전자는 "This process, whether it be longer or shorter in point of time, by which the aspects of an idea are brought into consistency and form, I call its development, being the germination and maturation of some truth or apparent truth on a large mental field."(p.38)라고 하며, 후자는 "모두 서로 加上한 것을 가지고 설을 이루었다."라고 한다. 후자는 이른바 '가상설'로 일반적으로 마이너스 방면에서만 말해진다. 사실 도미나가는 그런 측면에서 논구하고 있지만, '사상'은 물론 플러스적인 측면에서도 '가상'할 수 있다.

33 Karl R. Popper, *The Open Society and Its Enemies*, Vol. II, Princeton University Press, Princeton, 1971, pp.278-279: 小河原誠·内田詔夫, 『開かれた社會とその敵』 제2부, 東京: 未来社, 1980, pp.257-258. 인용은 후자를 따른다.

34 앞에서 주5)가 달린 본문에서 인용한 桑山의 견해를 참조. 또한 그는 이 불발담의 전거에 관해 桑山, 앞의 책(앞의 주5)), pp.45-47에서 몇 가지 지적하고 있는데, 현장의 『大唐西域記』에 보이는 그것에 관해서는 "隋天竺三藏 지나굽타 역 『佛本行集経』 권32의 二商主奉食品하에서 채용했을 가능성이 높다."(p.47)고 한다. 그러나 이 책의 골격의 일부를 이루고 있는 구와야마의 선행논문, 「バーミヤーン大佛成立にかかわるふたつの道」, 『東方學報』 京都 57, 1985, p.120에서는 "귀국하여 『대당서역기』를 편찬할 때 어딘가에서 인용했겠지만, 출전은 확실하지 않다."라며 굳이 특정하려 하지 않는다. 필자가 볼 때, 현장 이전의 것이라 해도 불전에서 이 이야기는 상당한 숫자에 이를 것으로 생각된다. 따라서 특정은 어려웠을 것이다.

35 여기서 그 불발담의 전거를 하나하나 지적하지는 않겠다. 그것들에 관해서는 편의상 赤沼智善, 『印度佛教固有名詞辭典』, 京都: 法蔵館 複刊, 1967, p.92, Bhalliya항, pp.680-681, Tappussa[1]항을 참조 바란다. 그런데 본서의 집필을 완전히 마친 후 초교를 볼 때, 이 불발담의 거의 모든 관련 문헌을 망라한 논문이 공개되었으므로 보충해둔다. 定方晟, 「二商人奉食の傳說について」, 『東海大學紀要文學部』 76, 2002,

pp.120-177이 그것이다. 이 논문에서는 필자가 거의 언급하지 않았던 *Lalitavistara*에 관해, 그 해당 부분의 산스크리트문, 티베트역이 제시되어 있으며, 定方晟 자신의 번역도 제공되고 있다. 또한 같이 제시된 한역 등의 다른 관련 문헌과도 비교해본다면, 본서의 결점을 보충할 수 있다고 생각하므로 반드시 참조하기 바란다.

36 '현재 스리랑카를 비롯한 남아시아의 여러 나라에 전해진 불교부파'를 뭐라고 불러야 하는가에 관해서는 佐々木閑, 『インド佛教變移論-なぜ佛教は多様化したのか-』, 東京: 大藏出版, 2000, p.386, 주1)에서 문제 제기가 이루어지고 있다. 사사키는 편의상이라고 양해를 구하며 '南方分別說部'라는 호칭을 채용한다. 필자가 사용한 호칭은 이에 따른 것이다. 또한 이 호칭은 이하에서도 사용된다.

37 *Mahāvagga*, Vinaya Piṭakaṃ, H. Oldenberg ed., Vol.I, pp.3-4; 渡邊照宏 역, 『남전대장경』 3, pp.6-7; 前田恵學 역, 「ブッダの開教 -マハーヴァッガ-」, 『インド集』, 世界文學大系 4, 東京: 筑摩書房, pp.112-113. 이하의 인용은 渡邊 역, 前田 역을 참조하며 필자가 번역한 것이다.

38 이것은 종래의 엄밀한 호칭을 따르면 '根本說一切有部'라고 해야 하지만, 필자는 서북인도의 카슈미르나 간다라에서 확립된 '설일체유부'의 '철학'이 다시 인도 중앙의 날란다를 거점으로 재발전했을 때에 그 교단이 스스로 '근본'이라는 것을 의식하여 '근본설일체유부'라고 부르게 되었다고 생각하므로, '교단사'적으로는 교단의 '발전'을 인정하기만 한다면 일단은 동일 '교단'으로 간주하여 같은 호칭으로 불러도 좋다고 생각한다. 또한 필자와 같은 견해는 아닐지도 모르지만, 이 분야의 최근 연구로 榎本文雄, 「'根本說一切有部'と'說一切有部'」, 『印度學佛教學研究』 47-1, 1998, pp.400-392가 있다. 이 에노모토의 설에 대한 의견으로는 平岡聰, 「血脈か法脈か - 根本有部律破僧事と*Mahāvastu*とに見る釈尊の系譜」, 『印度哲學佛教學』, 2000, p.333의 주2); 앞의 졸고 (앞의 주25)), pp.451-453; 졸고, 「貧女の一燈物語 - '小善成佛'の背景(2)-」, 『駒澤短期大學佛教論集』 7, 2001, p.287의 주13)이 있으므로 참조하기 바란다. 단, 『십송률』과 『근본유부율』의 관계에 관해서는 에노모토의 설이 동일한 유부율의 '부분과 전체'로 보고 있는 것처럼 필자가 기술한 것에 대해, 나중에 에노모토로부터 그렇게 쓴 기억은 없다는 지적을 담은 편지를 받았다(2001.11.19. 수령). 확인해보니 그러한 구절은 없었다. 이에 여기서 사죄하며 철회하고자 한다. 또한, 한역 제율을 비교하지도 않고 티베트역 『근본유부율』을 가장 오래된 廣律인 것처럼 주장하는 쇼펜설은 도저히 인정하기 어렵다는 점에 대해서는 앞서 든 필자의 서평(앞의 주30)) pp.72-86을 참조하기 바란다. 또한 본서 제2부를 모두 마친 후에 알아차렸기 때문에 본서에서 활용하지 못한 점은 유감인데 桑山, 앞의 책(앞의 주2))보다 나중에 나온 카슈미르 관계의 논고로는 榎本文雄, 「罽賓-インド佛教の一中心地の所在-」, 塚本啓祥教授還暦記念論文集, 『知の邂逅-佛教と科學』,

東京: 佼成出版社, 1993, pp.259-269가 있다.

39 Ernst Waldschmidt, *Das Catuṣpariṣatsūtra: Eine kanonische Lehrschrift über die Begründung der buddhistischen Gemeinde*, Akademie-Verlag, Berlin, 1957, pp.78-91을 참조. 최소한 필요한 것은 모두 여기서 대조되고 있다. 단, 『파승사』의 의정 역 한문에 관해서는 대정장 24, p.125a23-c10을 참조. 또한 그 후에 출판된 길기트본에 대해서는 Raniero Gnoli, *The Gilgit Manuscript of the Saṅghabhedavastu*, Pt. 1, Roma, 1977, pp.122-124를 참조하기 바란다. 그리고 지금의 문제와 직접 관련된 것은 아니지만, 이 불발담도 시야에 넣으면서 불사리탑 이전의 불탑에 대해 논한 것으로 杉本卓洲, 『インド佛塔の研究 - 佛塔崇拝の生成と基盤』, 京都: 平樂寺書店, 1984, pp.249-257이 있다. 참조할 필요가 있다.

40 É. Senart (ed.), *Le Mahâvastu*, Tome III, Paris, 1897; Meicho-fukyū-kai, repr., Tokyo, 1977, pp.303-311을 참조. 또한 이 문헌의 배경에 관해서는 水野弘元, 「梵文『大事』について」, 『佛教文献研究』, 水野弘元著作選集 1, 東京: 春秋社, 1996, pp.291-317을 참조. 미즈노가 한 내용 구분에 의하면, 이 이야기는 3의 27에 해당한다. 그런데 부끄럽게도 앞의 저작집, pp.61-83에 수록된 水野弘元, 「佛教聖典とその翻譯」은 반세기 이상이나 전인 1948년에 처음 출판되었음에도 불구하고 불교성전을 '전 교단'사적으로 볼 경우에 매우 시사적이라는 점을 이번에 통감하였다. 이 점을 이번 기회에 알게 된 필자의 어설픔을 부끄러워하며 이 자리를 빌려 참조를 권유하는 바이다.

41 그 결과 『四衆經』과 『破僧事』에서는 이 이야기 이후에 석존이 연기를 생각하는 장면이 전개되는데, 이 부분에 대해서는 앞서 서술한 졸저(앞의 주19)), p.23을 참조하기 바란다. 또한 본 장의 이 이하 본문에서 제시한 산스크리트는 양자 가운데 후자, 즉 『파승사』의 Gnoli. ed.에 의한 것이다.

42 adhimukta의 "changed magically"라는 의미에 관해서는 F. Edgerton, *Buddhist Hybrid Sanskrit Dictionary*, p.14, col.1을 참조. 다만 *Lalitavistara*, Lefmann ed., p.385, ll.4-5의 이 용어에 해당하는 부분에는 "adhitiṣṭhati sma/ adhimukti-balena"라고 되어 있다.

43 *Divyāvadāna*, Cowell and Neil ed., p.393; 定方, 앞의 책 (앞의 주14)), p.75를 참조.

44 본서 제1부 제3장, pp.72-77을 참조.

2/
사상, 습관, 교단 분열

기원전 268년경에 즉위한 것으로 추정되는 아쇼카Aśoka왕[1]에 의해, 조부 찬드라굽타왕이 창시한 마우리아 왕조는 인도 최초의 막강한 통일 국가로 점차 발전하여, 마가다를 중심으로 그 영토는 인도 역사상 가장 넓었다고 한다. 갠지스강 중류지역의 마가다에서 성립한 불교는 아마도 아쇼카왕이 즉위하기 이전에도 서서히 인도 전역으로 확대될 기미를 보이고 있었다고 생각하지만, 즉위 후 10년 정도에 신심 깊은 불교 재가신자upāsaka가 되었다고 하는 아쇼카왕이 인도 전역에 법칙法勅을 건립함으로써 불교가 인도 전역으로 전파하는 데 결정적인 역할을 했다.[2] 이러한 아쇼카왕의 공적으로 인해 불교도는 아쇼카왕이 즉위한 해를 기준으로 개조인 석존釋尊의 열반연도[佛滅]를 계산하는데, 이 두 사건의 시차를 북전北傳은 약 100년으로 보는데 반해 남전南傳은 약 200년으로 추정하므로 주로 어떤 전승에 근거하는가에 따라 석존의 생존 연대에 관해서도 약 100년의 차이가 생긴다. 이 석존의 생존에 관한 불멸연도 논쟁을 '불멸연대론佛滅年代論'이라고 학계에서는 칭하고 있는데, 본서에서는 이 문제는 다루지 않는다. 다만 불교교단사적 관점에서 말하자면, 필자는 아쇼카왕 즉위 이전에 불교교단 최초의 큰 분열이 일어났을 것이라고 생각하는 입장에 동의한다. 따라서 불멸과 아쇼카왕 즉위 사이의 기간을 약 200년이라고 전하는 남전의 추정이 자연스럽다고 생각한다.[3]

그런데 이 최초의 대규모 교단 분열에 관한 획기적인 연구 성과가 최근 사사키 시즈카佐々木閑에 의해 그간의 논문을 새롭게 한 권으로 정리하여 『インド佛教變移論』이라는 형태로 세상의 평가를 받게 되었다.[4] 이 책은 아쇼카왕 법칙비문 중 '분열법칙Schism Edict'이라 불리는 세 개의 비문에 기술된 내용이 대중부(大衆部, Mahāsāṃghika) 전승의 율장의 한역인 『마하승기율摩訶僧祇律』 가운데 교단 분열의 위기를 모면하기 위한 절차를 서술한 한 구절과 완전히 일치하는 것을 논증하고 있다. 그리고 이어 이와 관련이 있기는 하지만, 방법론적으로는 일단 별개로 여러 부파에 있어 '파승(破僧, saṃgha-bheda)' 정의의 변화를 고찰하고, 거기에 차크라베다cakra-bheda와 카르마베다karma-bheda라고 하는 전혀 성질이 다른 두 종류의 개념이 있음을 지적한 후, '파승'이라 불리는 것은 차크라베다에서 카르마베다로 기본적으로 변화해갔음을 명확히 하였다. 그리고 그 변화가 부파 간에 차이가 있음을 명확히 하고, 나아가 발단은 차치하더라도 그 후에 일관되게 카르마베다를 채택하고 있는 점에서 다른 율장과 완전히 다른 『마하승기율』의 특이성을 전체 구성의 분석을 통해 해명하고 있다. 그 후에 '화합 포살(和合布薩, sāmaggiuposatha)'과 2종의 '파승'의 관계에 관한 고찰을 개입시켜, 이제까지 각각 별도로 논의되어온 것을 결론으로 정리하면서 이를 가설로 제시한 것이다. 이 사사키의 책은 이어 남전 사료인 『디파밤사*Dīpavaṃsa*』와 북전北傳 자료인 『대비바사론大毘婆沙論』, 『사리불문경舍利弗問經』을 분석하고, 나아가 부록으로 '노만에 대한 재반론'과 '대승불교재가기원설의 문제점'을 덧붙여 전체적으로 훌륭하게 정리하고 있다. 각각의 대상에 따라 개별적으로 선택하여 논리적으로 엄밀을 기하는 연구 방법을 취하지만, 연구 대상은 지극히 엄격하다 할 정도로 역사적 사실에만 한정하고 있다. 따라서 사사키의 이 책은 교단사를 기반으로 한 향후 사상사 연구에도 큰 전망을 열어준 것으로 높이 평가할 수 있다. 따라서 필자도 이 획기적인 연구 성과를, 수년 전부터 알게 된 사사키의 모든 논문도 포함하여, 필자 자신의 '사상'과 '습관'이라는 관점에서 비판적으로 활용하고자 한다. 논의를 전개하기에 앞서, 사사키가 명확하게 밝힌 ①차크라베다와 ②카르마베다의 두 개념 규정을 소개해두는 것이 좋을 것이다.[5]

① 차크라베다란 예를 들어, 데바닷타 같은 주동자가 붓다의 교설에 반하는 교의를 주장하여 뜻을 같이하는 사람들을 모아 독자적인 승단을 만드는 것이라고 한다. 독립된 승단을 만들기 위해서는 최소한 4명의 비구가 필요하기 때문에 차크라베다가 성립하기 위해서는 상대편과 자기편을 합해서 적어도 총 8명의 비구가 있어야 한다. 게다가 파승의 주동자(예를 들면 데바닷타)는 붓다와 동등한 입장으로 승단의 멤버로 산정되지 않기 때문에 그만큼 별개로 추가되어 총 9명의 비구가 필요하다. 최소한 9명의 비구가 없으면 차크라베다는 일어날 수 없는 것이다. 즉 차크라베다는 '불설에 반하는 의견을 주장함으로써 뜻을 같이하는 이들을 모아 독자적인 승단을 만드는 것'[이다].

② 카르마베다는 동일 승단 내의 비구들이 두 파로 나뉘어 각각 별개로 승단행사를 하는 것이라고 정의된다. 야쇼미트라Yaśomitra에 따르면 승단 행사[羯磨]란 포살布薩 등의 행사를 가리킨다고 한다. 카르마베다의 경우는 특정한 주동자가 없으므로 최소 8명의 비구가 있으면 일어

> 날 수 있다. 차크라베다에 비해 필요한 비구가 1명이 적은 것이다. [즉] 카르마베다는 '하나의 승단 내에서 각각 별도로 포살 등의 행사를 실행하는 것'이다. [그래서 카르마베다에 의하면] '의견이 달라도 포살 등의 승단 행사를 함께 하면 파승이 되지 않는다.'[라는 것이 된다.]

사사키의 이 두 정의는 그 자신도 언급하고 있듯이, 기본적으로는 바수반두의 『구사론(俱舍論, *Abhidharma-kośabhāṣya*)』의 정의에 근거하면서도 이를 검토하여 명확한 형태로 도출해낸 것이다. 바수반두가 출가했던 설일체유부의 전통에서는 원래 파승의 정의는 일관되게 차크라베다에만 의존해 있었지만, 아쇼카왕 시대에 일어난 것으로 추정되는 ①에서 ②로의 파승 개념의 전환에 따라 그 영향이 점차 설일체유부에도 미치게 되어, 나중에는 카르마베다에 의한 파승의 정의도 병존하게 되었다고 한다.[6] 이러한 파승 개념의 전환을 염두에 두고 사사키가 '가설의 제시'로 내린 결론의 한 구절은 다음과 같다. 조금 길지만, 필자가 요약하는 것보다는 그 자신이 신중하게 선택한 말을 그대로 제시하는 것이 좋을 것 같아 일부러 장문을 인용하게 된 점, 이해해주기 바란다.[7]

> 지금 필자가 확실하게 말할 수 있는 것은 아쇼카왕 이전의 어느 시점에 대중부, 남방분별설부南方分別說部, 법장부法藏部, 화지부化地部, 설일체유부의 다섯 부파가 함께 병존하고 있었다는 점이다. 그리고 이 다섯 부파가 가지고 있던 율장의 파승 정의는 모두 차크라베다였다. 따라서 이 다섯 부파는 동일 승단 내에서 공존하는 것이 불가능했을 것이다. 또한 어떤 부파의 출가자 입장에서 보면 다른 부파의 출가자들은 불설, 즉 자신들이 주장하는 교의와는 다른 교의를 주장하고, 별개의 승단을 만들고 있

기 때문에 파승인破僧人인 것이다. 물론 그 가운데에는 우호적인 관계의 부파도 있었을지 모르지만, 차크라베다를 고수하는 한, 모든 부파가 단일한 종교집단으로 행동하는 것은 불가능했을 것이다. 이러한 상태의 시기에 아쇼카왕이 등장한다. 아쇼카왕은 불교신자가 되고, 승단이 이러한 분열 상태에 있는 것을 우려하여 승단의 통일에 힘을 쏟게 된다. 불교승단의 통일화 운동이 아쇼카왕 개인의 발상에 의해서 일어난 것인지, 혹은 이미 그러한 움직임이 일어나고 있던 중에 아쇼카왕이 이후에 협력하게 된 것이지는 명확하지 않지만, 어쨌든 아쇼카왕은 불교 승단의 통일에 힘을 실어준 것이다.

이때 통일은 각파의 교의를 일원화하고 불교계를 완전하고 균일한 상태로 복원하는 것이 아니라 분열 상태에 있는 불교계를, 율의 규정에 있는 사막기우포사타(sāmaggiuposatha, 화합 포살)의 공동 집행으로 형식상 화합시키는 것이 목적이었다. 이 화합에는 당연히 율 전문가가 중요한 역할을 했을 것이므로, 사막기우포사타에 의해서 형식적으로 화합한다고 하더라도 차크라베다가 유지되고 있는 한 파승 상태를 면치 못한다는 것은 알고 있었을 것이다. 따라서 사막기우포사타에 의한 화합이 집행되는 시점에서 차크라베다를 변경시키는 것이 이미 모두가 승인한 것임을 예측할 수 있다. 즉, 파승 정의를 변경해서 대립하는 부파가 공존할 수 있게 하자는 방안에 찬성하는 부파가 모여서 사막기우포사타에 의한 화합을 집행했다고 생각할 수 있다. 이 움직임에 동조한 것은 남방분별설부, 법장부, 화지부이고, 이 방안에 반대하고, 화합에 가담하지 않은 것이 설일체유부이다.

율의 개편 상황에서 보면 화합에 가장 열심이었던 부파는 대중부이다. 아쇼카왕이 이 화합에 협력하고 있는 점을 감안한다면, 아쇼카왕의 주선으로 대중부가 활동의 중심이 되어 남방분별설부, 법장부, 화지부를 포섭하여 화합을 달성했을 가능성은 충분히 생각해볼 수 있다. 어쨌든 이들 네 개의 부파는 파승 정의를 차크라베다에서 카르마베다로 변경하는 것을 승인하고 화합했다. 이에 따라 그들은 각자의 교의를 변경하지 않고 불교라는 이름하에 공존하는 길을 획득했던 것이다. 그 후 그들은 자신들의 율장을 각각의 방식으로 개변하고 새로운 파승 정의인 카르마베다를 도입했다. 그때 남방분별설부, 법장부, 화지부라는 상좌부 계통의 모든 부파는 대중부와 같은 근본적 개편은 하지 않고, 원래 있던 차크라베다 뒤에 카르마베다를 부가한다는 방침을 채용하여 최소한의 개편으로 카르마베다를 도입했다. 이후 화합한 이들의 부파는 각각의 승단에서 실행되는 포살 등의 승단행사에 상호 참여를 승인하고 단일종교단체로 자유롭게 교류할 수 있게 된 것이다.

새삼 다시 말할 필요도 없이, 이는 앞서 말한 바와 같이 부파에 속한 비구(비구니)들이 모두 한곳에 모여 승단행사를 했다는 의미는 아니다. 그런 것은 현실적으로 불가능하다. 필자가 상정하고 있는 상황은 다음과 같다. 그때까지 서로 상대를 파승승단으로 비난하고 있던 각 부파가 사막기우포사타에 의해 화합하고 파승 정의를 변경함으로써 승단행사의 공동 집행을 화합의 필요조건으로 설정했다. 이에 따라 서로 다른 교의를 주장하는 승단이 병존하더라도 이들은 모두 불교 승단이라는 공통인식이 생겨났다.

일반사회에 대해서도 교의教義상의 차이점은 불교계의 분열이 아니라고 주장할 수 있게 되고, 그것이야말로 각각의 부파는 그렇게까지 변하지 않은 상태를 유지하면서 전체가 하나의 불교승단[사방승가, cāturdiśa-saṃgha-]으로 자립해나갈 수 있게 된 것이다. 사막기우포사타의 집행에 관해서도 모든 비구가 한곳에 모여 포살을 했다고 생각할 필요는 없을 것이다. 가령 각 부파의 대표자가 모여 포살을 실행함에 따라 화합이 달성된다 해도 불합리한 것은 아니다. 그때의 포살이 보름에 한 번 정기적인 포살 이외의 특별한 기회로 실행된 것이라면 그것은 사막기우포사타이지만, 만약 정기적인 포살 의식의 기회를 이용하여 이루어졌다면, 사막기우포사타라고 불리지 않았을 가능성이 있다.

각지에는 특정한 계를 가진 현실의 개별 승단[現前僧伽]이 존재했겠지만, 화합이 이루어지기 전에는 단일 승단 안에 의견이 다른 비구가 공주共住하는 일은 없었다. 즉 하나의 승단은 반드시 하나의 부파에 속해 있었다. 그리고 어느 한 승단에 있던 비구가 다른 부파에 속한 다른 승단에 가서 생활할 수 없었다. 물론 이런 일은 인간 활동의 차원이므로 거기에는 어느 정도의 융통성도 있었을 것이다. 그러나 적어도 한 부파 속으로 다른 부파의 비구가 들어온 경우 그는 정통 불교 비구로서 동등하게 취급되는 일은 없었을 것이다.

그러나 화합이 성립하고 파승 정의가 변경된 결과, 다른 부파 간 비구의 교류는 자유로워졌다. 포살 등 집단 행사에만 참석한다면 어느 승단에서도 생활할 수 있게 된 것이다.

이상의 긴 인용은 사사키 자신이 이전까지의 개별적인 분석을 처음으로 하나로 정리하면서 '가설의 제시'라는 형태의 결론으로 기술하고 있는 것인 만큼 충분히 설득력이 있으며, 필자도 이를 기본적으로는 거의 승인하며 조금이라도 진전이 있기를 바라고 있다. 그런데 사사키에게는 너무나도 자명한 일이었기 때문인지 모르겠지만, '파승'과 그 정의에 얽힌 차크라베다와 카르마베다라는 중요한 두 개념, 이 세 용어 자체에 대한 설명은 의외로 어디서도 명확한 형태로 제시되고 있지 않은 것 같으므로 여기서 간단히 언급해두고자 한다.

필자도 현대어로 '교단 분열'이라고 했을 때 상가베다라는 팔리어나 산스크리트어를 떠올릴지 모르지만, 이 복합어의 뒷부분인 베다bheda는 하나의 교단이 자연스럽게 둘로 '분열'한다고 하는 의미의 자동사적 기능을 의미하는 말은 아니라는 점에 주의해야 한다. 'śrāvaka-saṃghaṃ bhittvā(성문 교단을 파괴하고)'와 'saṃghaṃ bhinatti(교단을 파괴한다)' 등의 표현으로부터[8] 알 수 있듯이, 베다는 어떤 사람이 구체적인 대상을 목적어로 해서 '파괴한다'는 것을 표현하는 동사가 명사화된 단어이다. 따라서 만약 상가베다에 대해 '교단 분열'이라는 번역어를 사용한다면, 그것은 '교단을 분열시키는 것'이라는 의미여야 한다. 이처럼 이 경우의 복합어에서는 뒷부분인 베다는 앞부분을 목적어로 하는 타트푸르샤(tatpuruṣa, 依主釋) 복합어를 구성하고 있는데, 이것은 차크라베다의 경우에도 카르마베다의 경우에도 마찬가지이다. 남은 문제는 이 두 단어의 앞부분의 의미 내용이다. 사사키도 거듭 명시하고 있듯이, 이 경우 카르만karman은 '(승단)행사'를 가리키므로, 이 복합어는 그러한 의미에서의 '행사파괴'를 나타낸다. 그렇다면 차크라베다의 차크라cakra는 어떤 의미일까? 이것은 바수반두가 『구사론』을 설명하는 가운데 차크라를 '다르마차크라(dharma-cakra, 法輪)'로 바꾸어 말하고 있듯이[9] '법륜'을 의미하므로, 차크라베다는 단적으로는 '법륜파괴'를 의미한다. 물론 '법륜'이라는 것은 불교도에게 있어 새삼 다시 말할 필요도 없이, 석존이 바라나시에서 처음 설법한 것, 그리고 그 이후에도 계속 전해진 설법을 상징적으로 가리키는 말로서 '전법륜(轉法輪, dhamma-cakka-ppavattana, dharma-cakra-pravartana)'과 실질적으로는 같은 것을 가리킨다.[10] 그래서 '법륜파괴'란 사사키도 앞서 제시한 긴 인용문 중 서두에서 지적한 바와 같이, 어떤 비구들(다섯 명 이상 집단)이 '불설, 즉 자신들이 주장하는 교의와는 다른 교의를 주장하여 별개의 승단을 만드는 것'이라고 말할 수 있는 것이다.

그런데 필자가 도입하고자 하는 '사상' 대 '습관'이라는 대비의 관점에서 차크라베다를 볼 때, 문제는 오히려 그 이후에 있다고 생각된다. 왜냐하면 차크라베다는 석존에 의해 굴려진 '법륜', 즉 불설로서의 경장經藏과 그 계승 분석의 전개로서의 논장論藏이라고 하는 지극히 '사상'적인 영위를 파괴하는 행위인데, 이를 다루는 문헌에서는 '사상'적인 요소가 거의 인정되고 있지 않기 때문이다. 교단 분열과 관련하여 구체적인 예로 거의 모든 교단의 율장에서 그 유명한 데바닷타의 파괴 행동을 언급하지만, 이것은 어떠한 경우를 예로 들더라도 필자의 눈에는 결코 '사상'적 대립으로서의 '법륜파괴'로 보이지 않으며, 그의 행위는 그저 단순히 인도의 종교 '습관'에 기인하는 파괴 행동을 보여준다고 생각된다. 왜냐하면 데바닷타의 주장은 불설인 '법륜'과는 전혀 관련이 없으며, 당시 불교 외의 고행자가 더 찬미했을 법한 비불교적인 '습관'상의 '오사(五事, pañca vatthūni)'에 다름 아니기 때문이다.[11] 분명 '습관'을 중시해야 한다는 주장도 '사상'일 수는 있지만, 무기無記의 '습관'을 '사상'적인 결택도 하지 않고 일방적으로 찬미하는 것은 설일체유부의 교의에서는 '오견五見'의 하나인 '습관과 습벽에 대한 편집偏執(śīla-vrata-parāmarśa, 戒禁取)'이므로 기피되고 있다. 그러나 일반적으로 압도적인 지지를 얻었다고 하는 대중부는 '사상'적인 결택에는 느슨하고, 오히려 '습관'을 용인하는 경향이었다고 생각된다. 사사키도 지적한 바와 같이 '교단파괴'에 관해서도 '행사파괴'를 하지 않는 한 파괴 행위는 아니라는 관용적인 입장을 재빨리 채용하고 있었던 것이다. 따라서 사사키도 대중부의 율장인 『마하승기율』은 데바닷타를 '교단파괴'자로서 나쁘게 매도하는 듯한 큰 관심은 보이지 않으며, 다만 "비구가 함께 포살을 하고 있는 한은 비록 교의를 달리하는 자가 다투면서 공주하고 있다 해도 파승은 되지 않는다.”라는 해석을 정당화하기 위해서만 데바닷타 이야기를 다루고 있다고 분석하고 있다.[12] 그런데 이와는 정반대인 설일체유부의 율장인 『십송률』과 『파승사破僧事』는 ‘사상’ 중시의 적이라고도 할 만한 데바닷타를 마치 극악인처럼 취급한다. 이 점에 대해서도 사사키는 상세한 분석을 시도하고 있는데, 여기서는 그의 ‘천려일실千慮一失’이라고 할 만한 아주 사소한 결점을[13] 언급하며, 동시에 설일체유부의 데바닷타 이야기에 대한 특징까지도 파악할 수 있다는 이점을 고려하여 『십송률』의 다음 구절을[14] 필자의 번역과 함께 제시하고자 한다. 이는 석존이 데바닷타의 ‘오사’ 주장에 의한 ‘교단파괴’ 행위를 알게 된 직후의 장면이다.

世尊, 晡時, 從禪室起, 於僧中坐, 告諸比丘. ‘調達, 以八邪法覆心, 不覺破僧. 何等八, 利衰毁譽稱譏苦樂.’ 惡知識惡伴黨調達, 聞佛說其破僧壞轉法輪, 歡喜作是念. ‘瞿曇沙門有大神通力勢. 我能破彼和合僧. 我好名聲流布四方. ‘瞿曇沙門有大神通力勢. 調達能破彼和合僧.’

세존은 새벽에 선실(禪室, prahāṇa-śālā)에서 나와 교단 안에 앉아서 비구들에게 말씀하셨다. “데바닷타는 여덟 가지의 사법邪法으로 마음이 뒤덮여 교단파괴를 자각할 수 없었던 것이다. 여덟 가지란 무엇인가? 소득(所得, lābha, 利)과 불득(不得, alābha, 衰), 명예(名譽, yaśas, 譽)와 불명(不名, ayaśas, 毁), 비난(非難, nindā, 譏)과 칭찬(praśaṃsā, 稱), 안락함(sukha, 樂)과 고뇌(duḥkha, 苦)이다.” 그러자 악지식惡知識이자 악반당惡伴党인 데바닷타는 붓다가 그의 교단파괴(saṃgha-bheda)와 전법륜파괴(dharma-cakra-bheda)를 설했다는 말을 듣고 크게 기뻐하며 생각했다. “사문śramaṇa 가우타마(Gautama, Gotama, 瞿曇)는 강력한 신통神通과 위력(威力, mahârdhikânubhāva, 大神通力勢)을 갖고 있지만, 나는 그의 화합한 교단(samagraḥ saṃghaḥ)을 파괴할 수 있었다. 나의 훌륭한 명성은 사방에 퍼질 것이다. '사문 고타마는 강력한 신통과 위력을 갖고 있지만, 데바닷타는 그의 화합된 교단을 파괴했구나.'라고"

사사키의 '천려일실'이란 앞의 8가지 사법을 잘못 헤아린 것에 불과하다. 데바닷타는 이 하찮은 '세간법(世間法, loka-dharma)'에[15] 미혹된 것에 지나지 않는다고 석존은 지적하고 있다. 실제로 데바닷타의 '오사' 주장이 전혀 '사상'적인 것이 아니었듯이 '세간법'에 미혹된 그의 '교단파괴'도 하등 '사상'적 주장에 기반한 것은 아니다. 그가 동경한 것은 그저 세간적인 명성을 얻기 위해 수행자로서 세간이 찬미해 마지않는 신통ṛddhi이나 위력anubhāva에서 석존을 능가하는 것뿐이었다. 이런 이유로 석존의 교단을 파괴하면 명성은 자신의 것이라고 착각하고 있었음이 틀림없다. 이러한 데바닷타를 설일체유부 측이 '악지식 악반당惡知識惡伴党'이라고 부른 것은 그의 행위에는 전혀 '사상'성은 없고 단지 머릿수에 의지하여 무리를 모은 것밖에 없었기 때문이라고 생각한다. 따라서 설일체유부의 측에서 보면 데바닷타의 '교단파괴'는 불설인 '전법륜'을 파괴하는 '법륜파괴'로 비추어졌기 때문에 아쇼카왕 시대에 이미 존재했다고 생각되는 상가베다에[16] 실질적인 내용을 보여주는 차크라베다를 병치하는 듯한 표기가 한참 후에 시도된 것이라고 추측할 수 있다. 그 때문에 더 먼 후대의 (근본)설일체유부의 『파승사』에서는 이러한 경향이 한층 더 뚜렷해지게 된 것 같다. 다음은 이 점을 확인하면서 직전의 인용을 보강하는 의미까지도 겸하여 앞의 장면과 거의 겹치는 데바닷타 이야기의 한 구절을 『파승사』로부터 의정 역, 산스크리트 원문, 원문에 대한 번역의 순서로 제시한다.[17]

爾時, 天授苾芻語, 四苾芻, 一名孤迦利迦, 二名騫茶達驃, 三名羯吒謨洛迦, 四名三沒達羅達多言, '汝等可來與我同伴, 彼喬答摩沙門, 見今在世. 我等五人同意, 破大衆及破法輪, 我等滅後, 名稱後世, 我得如是名出, '具壽提婆達多等, 昔沙門喬答摩在世, 多有神通威力, 提婆達多等五人, 得破衆僧法輪,' 我名傳流四方.'

atha devadattaḥ kokālika-khaṇḍadravya-kaṭamorakatiṣya-samudradattān āmantrayate: eta evaṃ kokālika-khaṇḍadravya-kaṭamorakatiṣya-samudradattāḥ; tiṣṭhata eva śramaṇasya gautamasya samagraṃ śrāvaka-saṅghaṃ bhetsyāmaḥ; cakra-bhedaṃ kariṣyāmaḥ; tad asmākam abhyatīta-kālagatānāṃ dig-vidikṣu udāraḥ kalyāṇaḥ kīrtiśabda-ślokaḥ abhyudgamiṣyati: tiṣṭhata eva śramaṇasya gautamasya tāvan-mahârdhikasya tāvan-mahânubhāvasya(devadattena, kokālikena, khaṇḍadravyeṇa, kaṭamorakatiṣyeṇa, samudradattena) samagraḥ śrāvaka-saṅghaḥ bhinnaś cakra-bhedaś ca kriyate iti;

그러고 나서 데바닷타(天授, 提婆達多)는 코카리카와 칸다드라비야와 카타모라카티슈야와 사무드라닷타에게 말했다. "여기 있는 분들은 이리하여 코카리카와 칸다드라비야와 카타모라카티슈야와 사무드라닷타인데, 우리들은 바야흐로 지금 활약 중인 사문 가우타마의 화합된 성문교단samagraṃ śrāvaka-saṅgham을 파괴합시다. 우리는 [법]륜파괴cakra-bheda를 합시다. 그러면 우리가 죽은 후에 사방팔방으로 높고 훌륭한 명예와 명망과 명성이 다음과 같이 일어날 것입니다. '바로 지금 활약 중인 모든 강력한 신통mahârddhika을 가지고 있는, 모든 강력한 위력mahânubhāva을 지닌 사문 가우타마의 화합된 성문 교단이 [이들 다섯 명에 의해] 파괴되고 [법]륜파괴가 이루어졌다.'"

여기서도 데바닷타의 의도는 수행자로서의 세간적 명성을 추구하여 '교단파괴'를 일으키고자 하는 것에 있을 뿐이라는 점이 명백하다. 게다가 그 '교단파괴'가 '법륜파괴'여야만 하는 것은 앞서 살펴본 사사키의 규정 ①에서 명확히 하고 있듯이, 상대편과 자기편을 합친 8명 외에 주도자 한 명을 넣어 총 9명이 필요한데, '교단파괴'를 하는 쪽은 5명이어야 한다는 것을 인지하고 주동자인 데바닷타 외에 거기에 가담하는 4명의 이름을 일부러 명기하고 있는 점을 보아도 분명하다고 할 수 있다.[18] 또한 이 점은 이에 완전히 대응하는 『십송률』에서도 같은 이름의 4명이 열거되어 있는 것에 의해 확인될 뿐만 아니라, 거기에는 '교단파괴'는 결코 혼자서는 일으킬 수 없다는 점이 명기되어 있으므로 설일체유부에서 '교단파괴'를 '법륜파괴'로 해석하려 한 것은 분명하다. 그러한 경향은 이미 사사키가 지적하고 있는 바와 같이, 남방분별설부의 경우에도 마찬가지이다.[19] 그런데 아쇼카왕 시대에 이 '법륜파괴'에 의한 '교단파괴'의 정의가 설일체유부를 제외한 대중부를 중심으로 한 다른 부파들에 의해 '행사파괴'에 의한 것으로 바뀌었다는 것이 사사키의 견해였다. 그 변화에 관한 사사키의 견해를 앞의 인용문과는 다른 부분에서 인용하여 재확인해보면 다음과 같다.[20]

> 차크라베다는 의견이 다른 자가 공존하는 것을 인정하지 않지만, 이것을 카르마베다로 변경하면, 포살 등의 승단의식을 함께 하는 한 공존할 수 있다. 차크라베다가 카르마베다로 바뀌었다는 것은 지금까지 공존이 불가능했던 사람들이 서로의 존재를 인정하지 않을 수 없는 상황이 발생했다는 것을 의미한다. 서로의 존재를 인정하게 된 것은 남방분별설부, 법장부, 화지부, 대중부이며, 유부만 홀로 이를 거부했다고 생각된다.

그런데 이 직후에 저자 스스로 "필자는 지금까지 '차크라베다에 의해 공주가 허용되지 않는 사람들이 카르마베다에 의해 공주 가능해졌다.'라는 사실을 몇 번이나 강조해왔다."라고 인정하고 있듯이, 앞의 인용문에서도 제시된 이 견해는『인도불교변이론』에서 빈번하게 등장한다. 그리고 필자 역시 이 사실을 인정하지 않는 것은 아니지만, 그것은 '습관'상의 문제이지 '사상'적으로는 전혀 다른 양상을 보인다고 생각할 수밖에 없다. "차크라베다는 의견이 다른 자가 공존하는 것을 인정하지 않는다"고 사사키는 말하지만, 그것은 데바닷타의 '습관'이나 '생활'상의 주장을 의견으로 인정했을 경우로, 그때는 분명 데바닷타 이야기처럼 공주는 불가능하겠지만, 불설인 '법륜'에 관한 참된 '사상'이나 '철학'상의 의견 대립이나 차이라면 그것은 어디까지나 공주하면서 제대로 논쟁해야 할 일이지, 머릿수를 믿고 도당을 모아서 교단을 떠나는 것과 같은 성질의 것은 아닐 것이다. 그럼에도 불구하고 그와 같은 행동을 취하는 자는 '사상'적으로는 패자가 될 것이다. 하지만 예를 들어 간다라와 카슈미르를 중심으로 서북 인도에서 발전한 승원에서는 필시 카티야야니푸트라를 비롯한 역대 여러 논사들 사이에서 활발한 논쟁으로 설사 적대하고 있었다 해도 '법륜파괴'에 이르는 행동을 취한 자는 거의 알려져 있지 않다. 그러므로 머릿수에 의지하는 행동은 오히려 대중의 지지를 얻기 쉬운 '습관'을 중시하는 수행자나 고행자 측에서 일어나기 쉽다는 점을 알아야 한다. 더구나 그 행동은 이를 지지하는 대중의 입장에서 보면 마치 개인 숭배할 만한 청빈清貧하기 그지없는 종교 '습관'을 준수하는 자로 여겨지지만, 승원 내에서 불교의 학문을 배운 '사상' 중시의 '철학자ābhidhārmika'의 입장에서 보면 단순히 머릿수에 의지한 '악지식 악반당'에 불과하다. 따라서 필자는 이 데바닷타 이야기에 가탁된 '교단파괴'가 언제 일어났는지 특정하기는 어렵지만, 여기에는 분명 교단의 승원화가 반영되어 있다고 생각한다. 이러한 의미에서 필자는 다음에 인용할 다가 류겐田賀龍彦의 견해에 전적으로 찬성한다. 다가는 데바닷타의 '오사[五法]'를 고찰하고 다음과 같이 결론짓고 있다.[21]

> 이상, 제바(提婆, 데바닷타) 오법[=五事]의 역사적 배경에 관해 개관했는데, 결론적으로 말하자면, 근본분열 후 상좌부에서 은둔주의를 신봉하는 사람들과 승원주의를 신봉하는 사람들 간의 수행 태도의 차이에서 승원주의자들이 은둔주의자들의 존재 방식을 거론하며 불교 본래의 취지에 어긋나는 고행이라고 비난했을 것이다. 이 태도는 지말분열枝末分裂 이후에 더 분명해지고, 급기야 『십송률』에서 말하는 바와 같이 '외도의 법'이라고 일컫게 되었을 것이다. 이처럼 근본분열 이후 사회경제의 발전과 더불어 교단 내에서도 안이한 수행 생활이 대세를 차지하기에 이르렀고, 은둔주의를 받들던 사람들을 특이한 존재로서 이단시하며 그들의 수행 태도를 제바의 파승가破僧伽 전승에 부가했다고 볼 수 있을 것이다.

실로 탁견이라고 생각한다. 주지하는 바와 같이 근본분열의 시기는 연구자들 사이에서 아직 의견의 일치를 보지 못하고 있지만, 필자는 사사키의 견해에 따라 아쇼카왕 즉위 이전에 훗날 근본분열이라 불리게 되는 사건은 완전히 끝나 있었다고 생각한다. 따라서 다가가 위의 인용문에서 말하는 '사회경제의 진전'에 동반하여 발생한 은둔주의에서 승원주의로의 변화는 아쇼카왕 즉위 이후의 마우리야 왕조하에서 급속히 진행되었다고 생각한다. 이 마우리야 왕조의 경제 활동과 관련된 토지 문제에 관해 나카무라 하지메는 다음과 같이 기술한다.[22]

> 고타마(Gotama, Gautama, 본서의 가우타마와 같다) 시대에는 도시 귀족Stadtadel이 라고 할 수 있는 부상(富商, śreṣṭhin)이 거대한 부를 장악하고 있어서, 부상이 불교에 대한 최대의 경제적 후원자였다. 그러나 마우리야 왕조 시대가 되면 그와 같은 부상의 사회적 위세가 무너지고, 토지 및 자본은 국가(또는 국왕)의 수중으로 집중되었다. 당시의 부상은 이미 세력이 약화되었기 때문에 경제적으로도 국왕에게 대항할 수 있는 존재가 아니었다. 그래서 국왕은 경제적인 기진(물품의 기진)의 경쟁 상대를 [예를 들어 가우타마 재세시의 아나타핀다다 거사의 기진과 같은] **과거에서** 찾은 것이다.
>
> 그런데 이러한 토지 국유의 원칙도 서서히 붕괴될 수밖에 없었다. 특히 유력한 하나의 원인이 된 것은 불교교단에 대한 마우리야 왕조의 **장원 기진**인데, 정확한 숫자는 알 수 없지만 면적은 거대했던 것으로 보인다.

여기서 주목하고 싶은 점은 땅이 사유私有에서 국유國有화되었다고 하는 점이 아닌, 불교교단이 머지않아 토지국유의 원칙까지 붕괴시킬만한 장원의 소유자가 되었다는 점이다. 게다가 이 같은 배경이 있었기에 비로소 다가가 언급하는 '교단 내에서도 안이한 수행 생활이 대세를 차지하기에 이르렀다'고 하는 상황이 가능했던 것인데, 다만 여기서 우리들 역시 은둔주의자의 입장에서 교단의 승원화와 관련하여 안이한 생활이 곧 방탕한 타락이라고 단정지어버리는 일은 삼가야 한다. 고행주의를 배제하고 '연기緣起'하고 있는 '법dharma'을 전오식前五識이 아닌 제6의 '의식mano-vijñāna'에 의해 인식해가는 것을 중시하는 불교에 있어 '안이한 생활'은 환영해야 할 일이지, 그 자체가 악일 수는 없기 때문이다. 더구나 승원의 경제적 기반의 내실화에 의해 '습관'이나 '생활'상으로도 여유가 생기면 불교의 '법' 연구를 진전시켜가는 '사상'

과 '철학'상, 설사 논쟁상 대립이 있었다 해도 그것이 데바닷타와 같은 '교단파괴', 즉 '법륜파괴'라고 하는 머릿수에 의존하는 행동으로 이어지는 것은 본래 있을 수 없다. 알력은 자기의 '습관'이나 '생활'을 타인에게도 강요하는 은둔주의자에게 오히려 자주 일어나기 쉽다. 이러한 알력을 피하려면 '행사파괴'를 하지 않는, 즉 교단 행사를 방해하지 않고 함께 이에 동참하고 있는 한 '교단파괴'는 되지 않는다고 하는 규칙의 도입은, 따라서 '사상'이나 '철학'의 문제에 대해 하나하나 결택지어가는 것을 꺼리는 은둔주의자의 입장에서는 분명 대환영이었을 것이다. 한편 '습관'이나 '생활'상 고고孤高함을 고수하는 은둔자의 삶의 방식은 오히려 '사상'과 '철학'에 관심 없는 대중의 지지도 얻기 쉬운 법이다. 이러한 의미에서 상가베다의 정의로 차크라베다 대신 카르마베다를 도입한 것은 그 진정한 발안자가 누구였든 간에 수도 파탈리푸트라에서 법칙에 의해 명령을 내리며 인도통일을 도모했던 아쇼카왕에게는 안성맞춤이었고, 당시의 불교 중 최대 다수의 지지를 받고 있었을 대중부에게 최적이었다는 사실은 사사키가 지적한 바와 같이 명백하다고 말할 수 있을 것이다. 그리고 사사키가 앞의 긴 인용문에서 이 상가베다의 카르마베다라는 정의 도입과 함께 전 교단인 '사방승가(cāturdiśa-saṃgha, 四方僧伽, 招提僧)' 관념도 성립한 것처럼 시사하고 있는데, 이 점 역시 동의한다. 한편, 필자가 아는 한 '사방승가'라는 관념이 어떻게 성립되었는지 명확하게 논한 것은 없는 것 같은데, 다음 소개하는 히라카와 아키라의 견해가[23] 종래의 견해 중에서는 가장 구체적이면서도 타당하다고 생각된다.

> 사방승가라는 개념이 어떤 경로를 거쳐 고안되었는지 명확하지 않다. 그러나 그것은 '아함'에서 고안된 것이 아닌 필시 '율장'에서 고안된 것일 것이다. 아마 현전승가와의 대비에서 발생한 개념일 것이다. 아함경에도

사방승가의 용례는 있지만, 이는 율장의 영향일 것이다. 그러나 율장에서도 최고층最古層에서는 발견되지 않는다. 즉, 바라제목차波羅提木叉에서는 현전승, 사방승 모두 나타나지 않는다. '상가'라는 용어가 바라제목차에 나타난다는 점은 이미 지적했지만, 그중에는 내용적으로 사방승가인 것이 단지 '상가'라는 용어로 표현되고 있는 경우가 있다. (중략) 즉 최초에는 '상가'라는 하나의 단어로 불리던 것이 내용이 복잡해지면서 현전승가와 사방승가로 분화되었을 것이라고 생각한다. 그것이 언제쯤이었는지 명확히 말하기 어렵지만, 많은 율장에서 모두 사방승가를 설하고 있는 점을 고려하면, 부파분열 이전, 즉 원시불교 시대부터 '사방승'이라는 생각이 있었다고 보아도 좋을 것이다. 즉, 모든 율장에 사방승의 용례가 나타난다.

모든 율장에 설해져 있다고 해서 그것이 곧 부파분열 이전에 성립했음을 증명해주는 것인지는 의문이지만, 히라카와가 '원시불교'라고 할 때는 아쇼카왕 시대의 불교까지 포함하는 경우가 대부분이라고 생각되므로,[24] 사사키나 그에 따르는 필자처럼 아쇼카왕 즉위 이전에 소위 근본분열이 끝나고, 그 무렵에 '사방승가'라는 관념도 성립했다고 생각하면, 앞의 인용문 말미에서 히라카와가 제시한 그 관념의 성립 시기에 관한 견해와는 다소 차이가 생길 수밖에 없다. 하지만 필자로서는 '사방승가'의 용례가 율장의 최고층에는 나타나지 않고 경장에서 발견되는 예도 오히려 새로운 율장의 영향이라고 지적하는 히라카와의 견해를 중시하고 싶다. 한편, 이보다 40년 정도 앞서서 '사방승가'에 대해 논한 S. 덧트는 히라카와와 같은 문헌비판적 시점은 거의 취하지 않았기 때문에 '사방승가'라는 관념의 성립을 상당히 오래된 것으로 상정하기 쉽다는 결점은 있지만, 그 관념의 전체적인 전개에 관해서

는 다음과 같이 서술하고 있다.[25]

> 본래의 차투디사 상가(cātuddisa sangha, 四方僧伽)는 끊임없이 해체되어 다른 주소(住所, āvāsa)에 속하는 많은 상가[승가]가 만들어져 서로 구별되게 되었다. [후대에는 그 '사방승가'가 이미 지적한 것처럼, 이상단체(理想團體, an ideal confraternity)의 명칭인 한편, 하나의 상가는 어떤 주소 혹은 승원vihāra에 있는 승려들의 실제 거주 조직체를 의미했다.]

그리고 이 '이상단체'로서의 사방승가와 '실제 거주 조직체'로서의 상가의 용례로 S. 덧트가 비교적 상세히 언급하고 있는 것이 나시크Nāsik 비문이다. 이를 츠카모토 게이쇼塚本啓祥의 번역으로 제시해보면 다음과 같다.[26]

> [이] 굴원leṇa은 차칼레파Chākalepa의 [주민] 벨리다타Velīdāta[Vellidatta]의 아들인 상인 라마나카Rāmaṇaka의 사방비구승가catudisa-bhikkhu-saṃgha-, cāturdiśa-saṃgha-에 대한 기진물(寄進物, deya-dhaṃma)로 증여되었다. 그리고 그에 의해서 100카하파나kāhāpaṇa의 영대기부永代寄附(akhaya-nivi, akṣaya-nīvī)가 승가에 주어졌다. 이 중에서 우안거雨安居에 든 출가자에 대해 12[카하파나]의 의복비가 주어져야 한다.

이 나시크의 비문은 고고학적인 견해에 의하면 기원후 3세기의 것으로 추정되는데, 이 시대가 되면 '이상단체'로서의 '전 교단(全教團, cāturdiśa-saṃgha-)'과 '실제 거주 조직체'로서의 '교단saṃgha'이라는 관념이 교단의 승원화가 정착되면서 명확해져 기진 대상이 명기되는 것도 당연한 일이지만, 히라카와가 필시 아쇼카왕 무렵이라고 추정한 율장의 새로운 층에서 발견되는 '전

교단'의 용례 또한 기진 대상 혹은 소속과 관련된 것이라는 점에는 주의할 필요가 있다. 이들 용례는 "āgatânāgatassa cātuddisassa saṃghassa avissajjikaṃ avebhaṅgikam([기진물 x는] 과거와 미래의[已來未來] 사방승가에 속하며, 양도되는 것도 아니고 분배되는 것도 아니다.)", "āgatânāgatassa cātuddisassa saṃghassa patiṭṭhāpesi([기진물 x를] 과거와 미래의 사방승가에 봉헌했다.)"와 같은 표현[27]으로 유형화할 수 있는데, '전 교단'에 기진된 기진물 x는 무엇이든 가능한 것은 아니며, 당연히 부동산 같은 것에 한정된 것 같다. 여기서는 부동산과 같은 기진물을 수령하는 '전 교단'이 존재한다고 하는 관념이 그것을 영속적으로 유지 관리할 수 있는 '실제 거주 조직체'로서의 교단의 승원화가 진전되고 정착해 있지 않으면 일어날 수 없다는 점만 확인해둔다.

이렇게 교단의 승원화가 진행되어가는 가운데 승원주의의 경향에 대항하여 '습관'이나 '생활'의 순결을 주장하며 자파自派의 결속을 도모한 은둔주의자들은 오히려 '교단파괴'적 행동에 이르렀겠지만, 최대 규모의 근본 분열이라고도 할 만한 것을 대중부 혹은 아쇼카왕은 '교단파괴'의 정의를 '행사파괴'로 변경함으로써 회피하였다는 것이 사사키의 견해이며, 필자는 그것에 전적으로 따랐다. 다만 '사상'이나 '철학'을 중시하는 설일체유부에서는 '법륜파괴'에 의한 정의를 그대로 사용해도 '교단파괴'적 행동은 일어나지 않았을 것이라는 점만은 사사키와 다른 필자의 생각이다. 이러한 필자에게 있어 설일체유부는 '사상'이나 '철학'에 있어 온갖 교의 논쟁을 전개해도 '습관'이나 '생활'에 있어 가장 엄중한 죄인 네 가지 '교단추방죄(教團追放罪, pārājika, 波羅夷)'를 범하지 않는 한 특정 논쟁 상대를 '공주共住 불가능한asaṃvāsa' 것으로 배척할 수 없었던 이상, 교의상의 대립자도 아무 문제없이 '교단' 내에서 '공주saṃvāsa'할 수 있었다고 생각할 수밖에 없다.[28]

그러나 그와 같은 일이 일어나지 않았을 가능성이 큰 다른 부파에서는 '습관'이나 '생활'상의 알력에 관해, '교단파괴'의 정의를 '행사파괴'에 의한 것으로 변경하는 것과 같은 대처가 필요했던 것이다. 그런데 이러한 대처의 일환이 아쇼카왕 법칙비문 가운데 '분열법칙'이라 불리는 것이라면, 거기에는 '사상'성이 희박하기 때문에 이 교단 분열은 기독교에 있어 동방정교회東方正教會의 로마 가톨릭 교회로부터의 분리Schism of the East를 의미할 경우의 '분열Schism'[29]과 같은 의미는 될 수 없지만, 설일체유부의 입장에서 보면 문제의 근본분열은 '사상'상의 분열처럼 생각되고 있었던 것 같다. 데바닷타가 주장한 '오사'나 근본분열, 제2결집과 연관이 있을 것으로 생각되는 '십사十事'[30]는 '습관'이나 '생활'상의 알력을 보여주는 데 비해, 설일체유부가 근본분열의 원인이라고 간주하는 마하데바(Mahādeva, 大天)의 '오사'[31]는 반드시 고도의 '사상'이나 '철학'에 얽힌 문제라고 할 수는 없다 해도 설일체유부의 아라한(阿羅漢, arhat) 규정에 관한 정통설에 대한 이단설임은 분명하다. 따라서 왜 마하데바의 오사를 선택했는지 그 이유는 명확하지 않지만, 설일체유부가 분열의 원인을 '사상'적 문제에서 찾고자 했던 것은 분명하다고 할 수밖에 없기 때문이다. 이 '오사'는 『대비바사론』에서도 논구되고 있는데, 이에 대한 상세한 검토는 사사키가 이미 하고 있으므로,[32] 여기서는 이 '오사'를 근본에 두고 부파의 교의 차이를 '사상'적인 측면에서 파악하고자 했던 『교의구별형성륜(教義區別形成輪, *gZhung lugs kyi bye brag bkod pa'i 'khor lo*, **Samayabhedoparacanacakra*, 異部宗輪論, 部執異論, 十八部論)』이라는 명칭의 설일체유부 논서에서 '분열을 요약한 서론'[33]을 잠시 살펴보겠다.

(A) 다음과 같이 전해진다. 불세존佛世尊이 입멸하여(yongs su mya ngan las 'das, parinirvṛta) 승자(勝者, rgyal po, jina)의 날이 저문 이래, 100년이 지나

조금 더 시간이 흐른 후에 쿠수마푸라(Me tog gi grong, Kusumapura, 俱蘇摩城)를 중간 기점(依處, bar gyi rten)으로 하는 파탈리푸트라(Shing skya nar gyi bu, Pāṭaliputra)에서[34] 아쇼카(Mya ngan med, Aśoka)왕이 하나의 산하의 영지를 수호하고 정치를 하고 있을 때, 교단(教團, dge 'dun, saṃgha)의 대다수phal chen pa가 분열하는gyes pa 사건이 일어났다. 즉 '[아라한에게는] (1)타인에 의한 유혹(誘惑, gzhan gyis nye bar bsgrub pa, parôpasaṃhṛta)이 있고, (2)무지(無知, mi shes pa, ajñāna)가 있고, (3)의혹(疑惑, som nyi, kāṅkṣā)이 있고, (4)타인에 의한 고찰(考察, gzhan gyis[35] rnam par spyod pa, paravicāraṇa)이 있고, (5) 발성發聲을 동반한 도(道,[36] lam sgra 'byin pa dang bcas pa, sa-śabdôddhāraṇo mārgaḥ)가 있다고 하는, 이상이 불설(佛說, sangs rgyas kyi bstan pa, buddhaśāsana)이다.'라는 5가지 논점(gnas lnga, pañca sthānāni, 五事)을 제창하고 선언하여 상좌룡(上座龍, gNas brtan glu, Sthaviranāga)[37]과 동방부(Shar phyogs pa, Prācya)와 다문부(多聞部, Mang du thos pa, Bāhuśrutīya)가 일어났다. 이 다섯 가지 논점이[38] 제창되고 선언된 후에 다시 대중부(dGe 'dun phal chen po'i sde, Mahāsāṃghika)와 상좌부(gNas brtan pa'i sde, Sthaviraka)라고 하는 두 부파(sde pa, nikāya)가 설립되었다(rnam par bzhag).

(B) 그와 동일한 100년 동안 부파 대중부에서 일설부(一說部, Tha snyad gcig pa'i sde, Ekavyavahārika)와 설출세부(說出世部, 'Jig rten 'das smra'i sde, Lokottaravādin)와 계윤부(鷄胤部, Bya gag ris kyi sde, Kaukkuṭika, Kaurukullaka)라는 다른 부파도 형성되었다rnam par bkod. 또 같은 100년 동안에 부파 대중부로부터 다문부Mang du thos pa'i sde라는 다른 부파도 설립되었다rnam par bzhag. 또 같은 100년 동안 부파 대중부로부터 설가부(說假部, bTags par smra ba'i sde, Prajñaptivādin)라는 다른 부파도 설립되었다. 제200년 사이에 마하데바(lHa chen po, Mahādeva, 大天)라는 이름의 유행자(kun du rgyu, parivrājaka)가 출가하여 차이티야기리(mChod rten gyi ri, Caityagiri, 制多山)에 살며, 대중

부의 다섯 가지 교칙(敎則, lugs, naya)이 바르게 제창되고 선언되어 제다산부(制多山部, mChod rten pa'i sde, Caityaka)와 서산주부(西山住部, Nub kyi ri bo'i sde, Aparaśaila)와 북산주부(北山住部, Byang gi ri bo'i sde, Uttaraśaila)라는 세 부파가 형성되었다. 이와같이 교단의 대다수(dge 'dun phal chen pa)인 그 부파(sde pa, nikāya)는 대중부(dGe 'dun phal chen pa'i sde, Mahāsāṃghika)와 일설부, 설출세부, 계윤부, 다문부, 설가부, 제다산부, 서산주부, [북산주부][39]라고 하는 [전반의] 4부파와 [후반의] 5부파로 형성되었다.

(C) 부파의 상좌부와 한동안은 일치해서 지내다가, 그 후 제300년 사이에 어떤 논쟁 때문에[40] 설일체유부(Thams cad yod par smra ba, Sarvāstivāda)에서 설인부(說因部, rGyur smra ba'i sde, Hetuvādin)라는 부파와 이전의[41] 상좌부(sngon gNas brtan pa'i sde, pūrva-Sthaviraka)에서 설산부(雪山部, Gangs ri pa'i sde, Haimavata)라는 두 부파가 성립되었다. 똑같이 제300년 동안 부파 설일체유부로부터 독자부(犢子部, gNas ma'i bu, Vātsīputrīya)라는 다른 부파가 성립되었다. 그와 같은 100년 사이에 부파 독자부로부터 법상부(法上部, Chos mchog pa'i sde, Dharmottarīya)와 현주부(賢胄部, bZang po'i bu'i sde, Bhadrāyanīya)와 정량부(正量部, Kun gyis bkur ba'i sde, Saṃmatīya)와 밀림산부(密林山部, Grong khyer drug pa'i sde, Ṣaṇṇagarika)라는 다른 부파가 형성되었다. 그와 같은 100년 동안 부파 설일체유부로부터 화지부(化地部, Sa ston gyi sde, Mahīśāsaka)라는 다른 부파가 성립되었다. 그와 같은 100년 동안 부파 화지부로부터 그들에 의해[42] 논사(slob dpon, ācārya)는 마우드갈야야나(Maud gal, Maudgalyāyana)라고 제시되며 법장부(Chos srung sde, Dharmaguptaka)라는 다른 부파가 성립하였다. 그와 같은 100년 동안 부파 설일체유부로부터 어떤 경우에는 음광부(飮光部, 'Od srungs kyi sde, Kāśyapīya)라고 불리고, [어떤 경우에는] 선세부(善歲部, Lo bzang ba'i sde, Sauvarṣaka)라고 불리는 다른 부파도 생겨났다. 그리고 [제]400년

동안 부파 설일체유부로부터 그들은 논사는 다르못타라(Chos mchog, Dharmottara)라고 제시되며, 어떤 경우에는 경량부(經量部, mDo sde smra ba'i sde, Sautrāntika)라고 불리고 [어떤 경우에는] 설전부(說轉部, 'Pho bar smra ba'i sde, Saṃkrāntika)라고 불리는 다른 부파도 성립하였다. 이와 같이 상좌부라고 불리는 이 부파는 설일체유부와 설산부와 독자부와 법상부와 현주부와 정량부와 밀림산부와 화지부와 법장부와 음광부와 설전부라고 하는 11종의 부파가 성립된 것이다.

앞의 인용 가운데 (A)는 총론, (B)는 대중부 9부파의 형성 각론, (C)는 상좌부 11부파의 형성 각론을 설명한 것이다. 본 문헌에서는 이 서론에 이어 교의 내용의 구별에 관해 서술하는 본론으로 들어가지만, 이에 대해서는 지금 언급하지 않는다. 여기서는 앞에서 인용한 서론 부분에만 주목해서 이를 가능한 충실하게 표로 재현해보면 오른쪽 표와 같다. 이 표를 작성할 때, 사사키가 「부파분열도의 표기방법」이라는 논문에서 팔리 문헌인 『도사』에만 근거해서 그것이 의도하는 대로 그림을 작성하려 했던 시도[43]에 필자도 자극을 받았으므로, 그 그림과 다음 그림을 비교해보기 바란다.

그런데 사사키가 이러한 도식화와 병행하여 명확히 밝혀낸 것은, 『도사』에 의하면 불교는 총 18개의 부파이지만, 그 기술의 기본은 그림에도 나타나듯이, 자파自派인 상좌부Theravāda를 유일한 정통설로 간주하고, 그것이 마치 하나의 거대한 기둥처럼 중심을 관통하고, 다른 17개의 부파는 그로부터 분열해 나온 것처럼 묘사하고 있다는 점이다. 다만 사사키는 이를 『교의구별형성륜』이 보여주는 설일체유부의 그것과 대척 관계에 있는 특징으로 지적하고 있지만, 필자가 이해한 바에 의하면, 이 역시 앞에서 든 그림처럼 『도사』의 의도에 가까운 것이다. 확실히 앞의 그림에서는 『도사』처럼 상좌부가 굵은

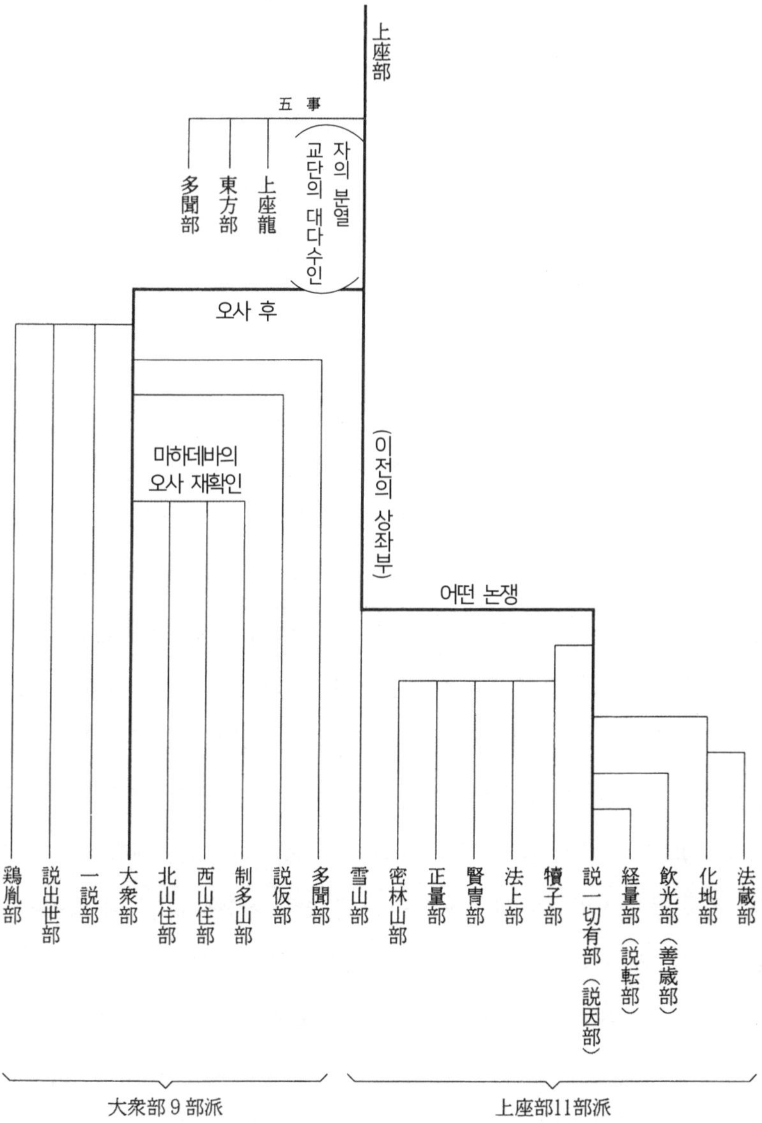

『교의구별형성륜』에 기반한 불교 20부파 형성도

하나의 기둥처럼 그림 중앙을 곧게 관통하고 있다고 말하기는 어렵지만, 어떤 논쟁을 거친 결과, 비록 일직선은 아니라 하더라도, 역시 상좌부가 설일체유부로서 굵은 선으로 계승되고 있다고 말할 수 있을 것이다. 또한 부파의 숫자는 『도사』에서는 18개, 『교의구별형성륜』에서는 20개로 다른데다, 후자는 '경량부 혹은 설전부'를 하나로 헤아리지만, 전자에서는 숫타와다Suttavāda와 삼칸티카Saṃkantika의 두 개로 헤아려서 18개[44]이기 때문에 실질적으로 전자는 후자보다 세 개가 적은 것이 된다. 덧붙여 말하자면, 이 세 개란 서산주부와 북산주부와 설출세부인데, 이 가운데 앞의 두 개는 후자만이 전하는 마하데바와 오사의 재확인이라는 기술에서 언급되는 것이므로, 역시 여기에는 설일체유부 특유의 사고가 반영되어 있을지도 모르겠다.

그렇다면 이상과 같이 『도사』와 『교의구별형성륜』에서는 부파형성에 관해 약간의 차이는 있다 해도 '사상'적으로 자파를 정통설이라고 간주하려는 자세에 의외로 공통점이 있다는 점은 중요하다. 양자의 기술이 보여주는 부파형성이 아쇼카왕 시대에 어디까지 진전하고 있었는지 여기서 확정할 수는 없지만, 대규모 '교단파괴'가 있었다는 것은 사사키의 지적대로 필자 역시 분명하다고 생각한다. 그런데 이러한 파괴를 꾀한 자는 '사상'적 결택을 시도하지 않고 머릿수에 의존하여 '습관'의 좋고 나쁨에 호소하며 선택해서 행동하려는 것이, 마치 데바닷타가 세간적 명성을 구해서 '세간법'에 현혹되어 있다고 석존이 지적한 것과 같다. 이 점에 대해서는 앞서 이미 언급했지만, 이 장면의 앞부분에 해당하는 『파승사』의 기술에서는 '교단파괴'를 획책하고 있는 데바닷타가 빔비사라Bimbisāra왕의 아들 아자타샤트루Ajātaśatru의 환심을 사서 그로부터 막대한 '소득과 존경(lābha-satkāra, 利養)'을 차지한 이야기가 담겨 있다.[45] 이 '소득'과 '존경'이라는 것은 이른바 '세간법'처럼, 인도의 종교인이 '습관'상 세속적 명성을 넓히는 기준이 될 수도 있는 중요한 말이다. 따라서 '소득'이나 '존경'에 탐착icchā하지 않는 소욕인(appiccha, alpêccha)은 오히려 '소득'이나 '존경'을 받아야 마땅하지만, 그렇지 않은 사람은 잇찬티카icchantika로서 배척되어야 할 사람이 된다.[46] 게다가 소득이나 존경이 이러한 뉘앙스로 『도사』의 교단 흥망에 관한 기술에도 나타나 있는 것은[47] 주목해야 할 것이다.

1 아쇼카왕의 즉위에 대해서는 中村元,『インド史II』, 中村元選集[決定版], 제6권, 東京: 春秋社, 1997, pp.62-63을 참조.

2 아쇼카왕에 대해서는 中村의 앞의 책 전체를 참조해야 하겠지만, 그것과는 상당히 다른 관점을 제시한 것으로 山崎元一,『アショーカ王傳說の研究』, 東京: 春秋社, 1979도 있으므로 참조하기 바란다.

3 불멸연대론에 대해서는 中村, 앞의 책, pp.581-619; 山崎, 앞의 책, pp.207-211을 참조. 전자는 북전을 중시하여 기원전 383년 불멸설을 채택하고, 후자는 남전을 중시하여 아쇼카왕 즉위를 '불멸 후 218년'으로 보는 설을 채택한다. 또한 이 문제에 대해서는 山崎元一,『アショーカ王とその時代』, 東京: 春秋社, 1982, pp.258-282를 참조. 이 외에 최근의 연구 동향에 관해서는 H. Bechert (ed.), *When Did the Buddha Live? The Controversy on the Dating of the Historical Buddha*, Bibliotheca Indo-Buddhica Series No.165, Delhi, 1995를 참조하기 바란다. 또한 佐々木閑의 다음 책 (다음 주4)), pp.383-384, 주11)에는 독자적인 관점에서 이 문제에 대한 저자의 의견이 간결하게 기술되어 있어 유익하다.

4 佐々木閑,『インド佛教變移論-なぜ佛教は多様化したのか』, 東京: 大藏出版, 2000을 참조. 또한 이 책에 대한 비판적인 시점은 제시되고 있지 않지만, 전체를 매우 적확하게 소개한 서평으로 平岡聰,「佐々木閑 저,『インド佛教變移論 -なぜ佛教は多様化したのか』」,『佛教學セミナー』 73, 2001, pp.87-96이 있다.

5 佐々木, 앞의 책, pp.80-81, p.118에서 ①과 ②로 나누어 적절히 인용했다.

6 佐々木, 앞의 책, 특히 pp.167-169를 참조하기 바란다.

7 佐々木, 앞의 책, pp.197-200. 또한 사사키가 아쇼카왕 이전에 있었다고 추정하는 부파와 그 명칭의 관계에 대해 어떻게 생각하는가에 관해서는 같은 책, p.380, 주5)를 참조하기 바란다.

8 이상의 실례 가운데 전자는 R. Gnoli (ed.), *The Gilgit Manuscript of the Saṅghabhedavastu*, Pt.II, Serie Oriental Roma, Roma, 1978, p.273, l.7에 의하며, 후자는 P. Pradhan (ed.), *Abhidharmakośabhāṣya of Vasubandhu*, Tibetan Sanskrit Works Series, Vol. VIII, Patna, 1967, p.261, l.6에 의한다.

9 Pradhan (ed.), *ibid.*, p.261, l.23에 "dharma-cakraṃ hi tadā Bhagavato bhinnaṃ bhavati/" 라고 되어 있다. 또한 이 구절을 포함한『俱舍論』의 관련 부분은 佐々木, 앞의 책 (앞의 주4)), pp.77-82에서 고찰하고 있으므로 참조하기 바란다. 그리고 아비다르마 논서의 한역에서 '破法輪' 및 이에 준하는 표현을 사용한 용례에 관해서는

佐々木, 앞의 책, pp.355-360, 주34)에 인용되어 있는 여러 한역에서 확인하기 바란다.

10 바라나시에서의 첫 설법, 즉 초'전법륜'은 사성제였다고 알려져 있는데, 이로 인해 바라나시는 탄생지·성도지·입적지와 함께 4대 성지의 하나로 꼽힌다. 후세에 이는 예를 들어, "śata-sahasrāṇi dattāni jātau bodhau dharma-cakre parinirvāṇe (십만[금]이 탄생지와 성도지와 전법륜지와 입적지에 보시되었다)"(*Divyāvadāna*, Cowell and Neil ed., p.429, ll.15-16)라는 식으로 표현되기도 한다. 또한 석존 입멸후의 교의 전개가 '전법륜'을 사용하여 '제2전법륜', '제3전법륜' 등과 같이 표현되기도 한다.

11 데바닷타의 '오사'에 대해서는 본서의 제2부 제3장, pp.232-233을 참조. 이것이 『십송률』에서 '외도법'으로 되어 있는 것에 대해서는 田賀龍彦, 『授記思想の源流と展開-大乗経典形成の思想史的背景-』, 京都: 平樂寺書店, 1974, p.236 및 p.248의 주28)을 참조하기 바란다.

12 佐々木, 앞의 책 (앞의 주4)), pp.59-62, pp.70-71을 참조.

13 일일이 지적하지는 않았지만, 오역이라고 생각되는 부분은 표시해두었다. 이하의 본문에서 제시한 필자의 번역과 비교해주기 바란다. "'調達은 여덟 가지 邪法에 마음이 뒤덮여있기 때문에 파승[의 중대함을] 자각할 수 없었던 것이다. 여덟 가지란 이익[利], 쇠약[衰], 폄훼와 명예[毁譽], 칭찬과 기만[稱譏]과 고통[苦], 즐거움[樂], 악지식[惡智識], 악반당[惡伴黨]이다.' 조달이 파승하고 전법륜을 파괴했다고 부처님이 설했다는 것을 듣고 조달은 환희하고"(p.64)가 그 부분이다. 이것은 아마도 『國譯一切經』, 律部 6, p.376의 훈독 오류를 답습한 것으로 생각된다.

14 『십송률』, 대정장 23, p.265a-b.

15 이 여덟 가지 '세간법'에 대해서는 『구사론』에서 "aṣṭau loka-dharmāḥ lābho 'lābhaḥ yaśo 'yaśaḥ nindā praśaṃsā sukhaṃ duḥkham" (Pradhan, *op. cit.* (앞의 주8)), p.199, ll.3-4: 玄奘 역, 대정장 29, p.70a)라고 하며, *Saṅgīti-suttanta*에서는 "Aṭṭha loka-dhammā, Lābho ca alābho ca yaso ca ayaso ca nindā ca pasaṃsā ca sukhañ ca dukkhañ ca." (Dīgha Nikāya, III, p.260, ll.6-7; 대정장 1권, p.233a)라고 한다.

16 다만 아쇼카왕의 법칙비문에서는 이러한 복합어로 나타나는 경우는 없으며, "saṃghaṃ bhākhati"와 같이 목적어와 동사의 형태로만 나타나는 것 같다. 佐々木, 앞의 책 (앞의 주4)), p.40, 3행, 15-16행, p.41, 5행을 참조.

17 『根本說一切有部毘奈耶破僧事』, 대정장 24, p.170b-c; Gnoli, *op. cit.* (앞의 주8)), p.79. 또한 이에 해당하는 티베트역은 P. ed., No.1030, Ce, 157b7-158a1이다. 이와 관련하여 이 부분에 실질적으로 대응하는 『십송률』의 해당 부분은 대정장 23, p.259a이

므로 비교해보기 바란다.

18 이 점에 대해서는 佐々木, 앞의 책 (앞의 주4)), p.363의 주72)에서도 시사되어 있으므로 참조하기 바란다.

19 이상 언급한 것 중 『십송률』에 대해서는 앞의 주17)에서 지적한 부분, 팔리율에 대해서는 佐々木, 앞의 책 (앞의 주4)), pp.104-106의 인용 부분도 참조하기 바란다. 또한 후자에서 사사키가 saṃgha-bheda 뒤에 밑줄을 그어 표시한 cakra-bheda는 필자가 보기에 마치 전자를 바꿔 말한 후세의 보충을 말해주는 것처럼 보인다.

20 佐々木, 앞의 책 (앞의 주4)), p.193.

21 田賀, 앞의 책 (앞의 주11)), pp.243-244. 괄호의 보충은 필자에 의한다.

22 中村, 앞의 책 (앞의 주1)), p.185. 괄호의 보충은 필자에 의한 것이다. 또한 거기서 보충한 아나타핀다다의 기진이야기에 대해 中村는 *Divyāvadāna*, p.429를 거론하고 있는데, 그 부분에 대한 현대어 번역으로는 定方晟, 『アショーカ王傳』, 法藏選書, 京都: 法藏館, 1982, pp.160-161을 참조하기 바란다. 또한 본서 제1부 제4장, pp.109-110도 참조할 것.

23 平川彰, 『原始佛教の研究 -教團組織の原型-』, 東京: 春秋社, 1964, pp.352-353; 同, 『原始佛教の教團組織II』, 平川彰著作集 12, 東京: 春秋社, 2000, pp.68-69. 그리고 佐藤密雄, 『原始佛教教團の研究』, 東京: 山喜房佛書林, 1963, pp.293-296도 참조하기 바란다.

24 平川彰, 『インド佛教史』 上卷, 東京: 春秋社, 1974, p.130을 참조.

25 S. Dutt, *Early Buddhist Monachism*, London, 1924, p.131: First Indian Edition (revised), Asia Publishing House, 1960, p.108. 여기서는 후자를 참조하여 번역하였다. 괄호 안의 것은 전자의 해당 부분에는 없지만 "이미 지적했다"라고 한 부분, 즉 전자 p.85에서 거의 동일한 언급이 이루어지고 있다.

26 塚本啓祥, 『インド佛教碑銘の研究』 I, 京都: 平樂寺書店, 1996, p.505, Nāsik 18 [窟院10 銘文]. 또한 괄호 안의 원어는 츠카모토에 의한 같은 부분의 傳寫에 근거하여 필자가 보충한 것이다.

27 이 표현 가운데 전자는 *Mahāvagga*, Vinaya Piṭakaṃ, I, p.305, 후자는 *Cullavagga*, Vinaya Piṭakaṃ, II, p.147, p.164이다. 이 지적은 이미 많은 학자들이 했지만, 여기서는 필자가 아는 한 가장 오래된 것으로 S. Dutt, *op. cit.* (앞의 주25)), p.83, n.2; p.67, n.17을 지적해두고자 한다.

28 이상 언급한 네 가지 바라이 규정에 대해서는 Vinaya Piṭakaṃ, III, pp.1-109; 『남전대장경』 1, pp.1-184, 그 해석에 대해서는 平川彰, 『二百五十戒の研究』, 平川彰著作集

14, 東京: 春秋社, 1993, pp.101-335; 佐藤, 앞의 책 (앞의 주23)), pp.224-228; 佐々木閑, 『出家とはなにか』, 東京: 大藏出版, 1999, pp.30-31, pp.77-78을 참조하기 바란다. 그리고 佐々木, 앞의 책, p.256의 주46)에 의하면, 필자는 아직 보지 못했지만 최근 S. Clarke가 바라이를 범해도 교단에서 영구 추방되지 않았을 것이라는 견해를 표명하고 있는 것 같다.

29 기독교에서의 schism, sect, heresy라는 이 세 단어의 공통점이나 차이점 등에 관해서는 Jaroslav Pelikan, *The Growth of Medieval Theology* (600-1300), The Christian Tradition 3, The University of Chicago Press, Chicago/London, 1978, pp.17-18, pp.229-242를 참조.

30 이상의 '오사'와 '십사'에 관한 개설은 平川, 앞의 책 (앞의 주24)), pp.146-150을 참조. 또한 데바닷타의 '오사'에 대해서는 佐藤, 앞의 책 (앞의 주23)), pp.779-837, '십사'에 대해서는 金倉圓照, 「十事非法に對する諸部派解釋の異同」, 『インド哲學佛教學研究[I]佛教學篇』, 東京: 春秋社, 1973, pp.263-289를 참조하기 바란다.

31 마하데바의 '오사'에 대해서는 다음 주32)에서 지적한 『대비바사론』의 논술이나 다음 주33) 이하의 본문에서 제시한 『教義區別形成輪』의 기술을 참조하기 바란다. 또한 후자의 서술에 있어 서두의 '오사' 열거 단계에서는 아직 '오사'와 마하데바는 연결되지 않고 있으며, 제200년에 들어선 단계에서 마하데바가 처음 등장해 앞서 일어났던 '오사'를 그가 재확인하고 있는 것에 충분히 주의해야 할 것이다. 또한 마하데바라는 이름으로 불린 복수의 사람에 관해서는 山崎, 앞의 책 (앞의 주2)), pp.138-143도 참조하기 바란다.

32 佐々木, 앞의 책 (앞의 주4)), pp.243-261을 참조.

33 寺本婉雅·平松友嗣, 『藏漢和三譯對校異部宗輪論』, 京都: 黙働社, 1935, 國書刊行會, 1974년 재간, pp.3-21, 横, pp.1-4를 참조. 한역 三本 가운데 『十八部論』은 羅什 역으로 취급된 적도 있는 것 같지만 失譯이다. 同論의 내용은 『開元釋教錄』 권제4, 대정장 55, p.519a에 기재되어 있다. 寺本·平松, 앞의 책, 가로쓰기의 티베트역 교정본은 북경판에만 의거한 것이다. 이하에 제시한 졸역은 티베트역에 의한 것이지만, P. ed., No.5639, U, 169a4-170b2와 함께, D. ed., No. 4138, Su, 141b1-142b1도 참조했다. 이 티베트역은 *lDan dkar ma* 목록, Lalou, No.511에 기재되어 있는 것과 같은 것으로 보이므로 티베트불교의 '前傳期'에는 傳譯되어 있었다고 생각하지만, 티베트역의 제목들이 서로 정확히 일치하지 않는 것이나 현행본의 역어에 *Mahāvyutpatti*의 그것과 일치하지 않는 것도 많이 나타나는 경우가 있는 등, 오래 연구되어 온 것임에도 불구하고 문제는 의외로 많이 남아 있을지도 모르겠다. 역출에 있어 한역 간의 차이는 여기서 특별히 다루지 않고 오로지 티베트역에 근거하도록 심혈을

기울였지만 부파명에 대해서는 현장 역을 채용했다. 또한 부파명의 제본 대조에 관해서는 塚本啓祥, 『初期佛教教團史の研究 -部派の形成に關する文化史的考察-』, 東京: 山喜房佛書林, 1966 (1980년 개정증보판), p.421의 표를 참조. 또한 부파명을 포함한 부파 전반의 문제에 대해서는 앞의 책, pp.413-505를 참조하기 바란다.

34 티베트 구문을 "shing skya nar gyi bu me tog gi grong (gro in P.) bar gyi rten na (ma in D.)"라고 바꿔서 읽었다. 이에 대해서는 寺本·平松, 앞의 책, p.4, 주3)에 약간의 설명이 있지만 해결에는 이르지 못하고 있다. 필자도 자신 있는 것은 아니지만, "중기에 쿠수마푸라라는 이름으로 발전해온 지역을 기반으로 번영한 도시 파탈리푸트라에서'라고 이해하고 있다. 또한 寺本·平松의 해당 부분은 shing을 不明이라고 하는데, 이것은 Pāṭaliputra라는 이름이 유래한 나무를 가리키고 있기 때문에 shing도 포함하여 고유명사로 다루어야 한다. 또한 마가다의 수도로서의 파탈리푸트라에 대해서는 水谷眞成 譯·玄奘, 『大唐西域記』, 中國古典文學大系 22, 東京: 平凡社, 1971, pp.242-243, 특히 p.243, 주2)를 참조하기 바란다.

35 P. ed.에서는 "gyi"인 것을 D. ed.에서는 "gyis"로 한다.

36 이것은 현장 역에서 "道因聲故起"라고 되어 있다. 이 해석에 대해서는 佐々木, 앞의 책 (앞의 주4)), pp.249-250을 참조하기 바란다.

37 寺本·平松, 앞의 책 (앞의 주33)), p.5에서는 '상좌의 龍(派)'라고 한다. 이것은 '오사'를 승인한 측이므로 정통설 측인 '상좌부'와는 전혀 관계가 없다는 인식이 필요하다고 생각한다. 여하튼 이때 '오사'를 승인한 이 상좌룡과 동방부와 다문부는 본문 가운데 이하의 그림(p.61)에서도 제시한 바와 같이 부파의 형성 과정 속에서는 단절되고 있다는 점에 주의할 필요가 있다.

38 티베트역에는 "gnas lnga de dag"의 직후인 여기에 'par'라는 말이 있지만, 필자에게는 불명확한 용어이므로 여기서 다 번역하지 않았다. 이 점 양해 바란다. 덧붙이자면, P. ed.에만 근거하고 있는 寺本·平松의 앞의 책은 이 단어에 대해 전혀 언급하지 않지만, D. ed.에 의하면 'par'가 아닌 'bar'로도 볼 수 있으므로, 이에 따라 '[논점이] 중간에 [隨唱되어]'와 '중간에'를 보충하여 다시 번역해보면 그것으로 좋을지도 모르겠다. 또한 이 단어를 포함한 한 문장은 佐々木의 뒤의 논문 (후주43)), p.377, 주10)에서도 두 부파로의 커다란 분열을 보여주는 것으로 주목하고 있지만, '두 부파가 설립되었다'라고 말하고 있으므로 단순한 균열을 가리키는 것은 아닐 것이다.

39 P. ed., D. ed. 모두 "Byang gi ri bo'i sde"라는 말을 결여하고 있지만, 寺本·平松의 앞의 책과 같이 보충해야 한다.

40 티베트 문장은 "rtsod pa 'ga' zhig gi phyir"이지만, 이것은 문장 끝부분에 보이는 "두 부파가 설립되었다(sde pa gnyis [P. ed.에는 'su'가 있지만 불필요하다고 보아 D. ed.에 따라 삭제] rnam par bzhag go//)"로 이어진다. 논쟁이 중시되고 있는 점에 주의할 필요가 있다.

41 '이전의sngon'라는 의미에는 이전에 상좌부였던 것이 지금은 雪山部라고 하는 言外의 뜻이 담겨있는 것 같다. 그 '설산'이 만약 간다라나 카슈미르 등의 서북인도를 가리킬 수 있다면 '설산부'란 그 주변의 설일체유부를 가리킨다고도 생각할 수 있지만 확실하지는 않다.

42 티베트역의 이 부분에서는 "de dag las"로 되어 있지만, 거의 같은 문형을 제시한 이하의 다르못타라 직전에서는 "de dag"라고 되어 있을 뿐 어느 쪽이 올바른지 정확한 의미는 명확하지 않다.

43 佐々木閑, 「部派分派圖の表記方法」, 『インド學佛教學硏究』 47-1, 1998, pp.385-377을 참조하기 바란다.

44 佐々木, 앞의 논문, p.381의 그림에 보이는 팔리 부파명 18개를 위에서부터 차례대로 현장 역으로 보충하면 Paññati(說假部), Bahussutaka(多聞部), Gokulika(鷄胤部), Ekabyohāra(一說部), Cetiya(制多山部), Mahāsaṃgītika(大衆部), Suttavāda(經量部), Saṃkantika(說轉部), Kassapika(飮光部), Sabbatthavāda(說一切有部), Dhammagutta(法藏部), Mahiṃsāsaka(化地部), Theravāda(上座部), Vajjiputtaka(犢子部), Dhammuttarika(法上部), Bhaddayānika(賢胄部), Chandagārika(密林山部), Sammiti(正量部)이다.

45 Gnoli, *op. cit.* (앞의 주8)), pp. 71-73: 『破僧事』, 대정장 24, pp.168c-169a를 참조.

46 졸고, 「icchantika(一闡提)の意味とlābha-satkāra」, 『佛教學セミナー』 74, 2002, pp.20-34를 참조. 또한 pp.20-21, 주5)의 해당 부분에서도 언급했듯이 望月良晃, 『大乘涅槃經の硏究 -教團史的考察』, 東京: 春秋社, 1988은 필자가 아는 한, 교단사적 관점에서 '소득lābha'과 '존경satkāra'이라는 문제에 대해 논급한 최초의 연구 성과라고 생각하지만, 이 문제가 모치즈키가 당초 생각했던 것 이상의 중요한 의미를 지니고 있다는 것은 본서를 통해 어느 정도 증명되지 않았을까 기대한다.

47 佐々木, 앞의 책 (앞의 주4)), pp.213-217을 참조. 다만 사사키는 lābha를 '이득', sakkāra를 '존경' 혹은 '존중'이라고 번역하고 있다.

3/ 작선주의의 기본 이론

본 장에서는 필자가 불교교단사론에 도입하게 된 '작선주의作善主義'에 관한 기본적인 이론을 그 전제가 되는 관념 배경의 분석을 포함하여 다양한 각도에서 검토하고자 한다. 그 전에 '작선주의'와도 크게 관련이 있다고 생각되는 앞 장 가장 말미에서 언급한 '소득(所得, lābha, 利)'과 '존경(尊敬, sakkāra, satkāra, 養)'이라는 말에 관해 약간 언급해두는 것이 좋을 것 같다. 앞에서는 '소득'이나 '존경'에 탐착하지 않는 소욕少欲하는 사람이야말로 오히려 '소득'이나 '존경'을 받을 만한 가치가 있다는 식으로 언급하였다. 하지만 교단의 승원화가 진행되면서, 예를 들어 카니시카왕 치정治政 이후에 간다라 등에서 불탑stūpa을 갖춘 큰 승원僧院[1]이 번창하게 되면, 그 불탑에 참배하는 재가신자upāsaka는 '사상'이 아닌 '습관'의 극치로서의 불(佛, buddha)이 그곳에 모셔져 있다고 생각하게 된다. 그리고 그 불이야말로 소욕지족의 궁극적인 종교적 달인으로서 참된 '소득'이나 '존경'을 받을 만한 사람이라고 여기게 된다. 게다가 이러한 불을 표현한 전형적인 예 중 하나는 바로 설일체유부의 문헌인 『아바다나

샤타카*Avadānaśataka*』[2]의 서두나 『디비야 아바다나*Divyāvadāna*』에서 자주 반복되는 다음과 같은 상투적인 문구이다. 산스크리트 원문이 중요하므로 먼저 그것을 제시한 후에 필자의 번역도 제시한다.

> buddho bhagavān satkṛto gurukṛto mānitaḥ pūjito rājabhī rājamātrair dhanibhiḥ pauraiḥ śreṣṭhibhiḥ sārthavāhair devair nāgair yakṣair asurair garuḍaiḥ kinnarair mahoragair iti deva-nāga-yakṣâsura-garuḍa-kinnara-mahoragâbhyarcito buddho bhagavān jñāto mahā-puṇyo lābhī cīvara-piṇḍa-pāta-śayanâsana-glāna-pratyaya-bhaiṣajya-pariṣkārāṇāṃ sa-śrāvaka-saṅghaḥ Śrāvastyāṃ viharati Jetavane 'nāthapiṇḍadasyârāme/

> 불(佛, buddha)[a] 세존bhagavat은 국왕rājan들이나 대신rājamātra들, 자산가dhanin들, 시민paura들, 상조합주(商組合主, śreṣṭhin)들, 무역상주(貿易商主, sārthavāha)들,[b] 신deva들, 용nāga들, 약샤yakṣa들, 아수라asura들, 가루다garuḍa들, 킨나라kinnara들, 또한 마호라가mahoraga들에 의해 존경받고satkṛta, 존중받고gurukṛta, 숭배되고mānita, 공양받고 있었기pūjita[c] 때문에 신들, 용, 약샤, 아수라, 가루다, 킨나라, 마호라가[d]에게 존숭받는abhyarcita 불세존은 유명한 대공덕자jñāto mahā-puṇyaḥ[e]이며, 의복cīvara, 음식물piṇḍa-pāta, 침와구(寢臥具, śayanâsana), 의약품glāna-pratyaya-bhaiṣajya, 생활필수품pariṣkāra[f]의 소유자lābhin[g]이다. 성문교단과 동시에sa-śrāvaka-saṅgha 슈라바스티Śrāvastī의 제타숲Jetavana에 있는 아나타핀다다Anāthapiṇḍada의 원림(園林, ārāma)[h]에 체재하고 계셨다.

여기에는 고도로 압축된 정보가 담겨 있다고 생각되므로 그것을 신중하게 해설해가다 보면, 그것만으로 하나의 논문을 쓸 필요가 생기겠지만, 여기서는 꼭 다루어야 할 요점만 지적해둔다. 먼저 이 문장 전체의 주어인 밑줄 친 a의 '불buddha'은 밑줄 친 c의 네 과거분사에 의해 숭경崇敬되어야 할 것이라는 점이 표명되고 있다. 사트카라(satkāra, sakkāra), 구루카라(gurukāra, garukāra), 마나 mānā, 푸자pūjā라는 네 명사를 연달아 거론하기도 하며, 팔리에서는 'sakkareyyuṃ garukareyyuṃ māneyuṃ pūjeyyuṃ', 'sakkaronti garukaronti mānenti pūjenti' 등[3]과도 함께 사용되는 네 개의 말을 필자는 '숭경의 사연어四連語'라고 부르는데,[4] 이를 앞서 언급한 문제의 두 단어, 즉 '소득'과 '존경'에 초점을 맞추어 말하자면, 사연어로 숭경이 표명된 '불'이 그것에 의해 '존경'받는다는 것을 보여줌과 동시에, 또한 밑줄 친 f에서 지시하고 있는 기진물의 '소득자lābhin, 즉 라바lābha를 가진 자'라는 것이 밑줄 친 g의 부분에서 명언되고 있는 것이다. 게다가 그 '불'이 이렇게 '소득'과 '존경'을 받을 수 있는 것은 '소득'이나 '존경'에 탐착하지 않는 소욕의 극치에 있는 밑줄 친 e의 '유명한 대공덕자'이기 때문이다. 필시 그것을 보증하는 역할을 담당하고 있는 것이 밑줄 친 d의 소위 '팔부중'에서 간다르바를 제외한 7부중인 것이다. '팔부중'을 산스크리트 복합어로 열거하면 deva-nāga-yakṣa-gandharvâsura-garuḍa-kiṃnara-mahoraga-(manuṣya)인데,[5] 무슨 이유로 밑줄 친 d가 대부분 간다르바를 결여하고 있는지 그 이유는 지금으로서는 명확하지 않다. 하지만 인간의 존재를 초월한 나머지 칠부중이 '불'이 '대공덕자'라는 것을 보증하고 있는 것은 분명할 것이다. 그리고 틀림없이 '대공덕자'인 그 '불'에게 기진물을 실제로 기진하는 것은 밑줄 친 b를 포함한 인간으로서의 국왕이나 대신인데, 여기서는 그 크샤트리야kṣatriya 계급으로서의 국왕이나 대신이 아닌 밑줄 친 b의 바이슈야vaiśya 계급, 특히 기원후에 점차 사회적 세력을 얻었다고 볼 수 있는 '자산가'나 '상조합주', '무역상주'가 열거되고 있는 점이 주목된다. 왜냐하면 그들은 설일체유부의 「프라티목샤 수트라*Prātimokṣa-sūtra*」의 몰수죄沒收罪 제10조에서 교단에 기진을 행하는 사람으로 후세에 새롭게 추가되어 기록된 사람들의 직명職名이다. 또한 비문에도 명기되게 된 직명이기 때문이다.[6] 그런데 이 사람들이 기진하는 밑줄 친 f의 기진물의 표현은, 예를 들면 팔리 문헌에서 "cīvara-piṇḍa-pāta-senâsana-gilāna-paccaya-bhesajja-parikkhāra"[7]라고 나타나는 것을 답습하면서 실제로는 기진자의 경제적 변화나 성장에 따른 고가의 것들이었을 것이다. 게다가 그것을 수령(pratigraha, parigraha)하는 것은 명목상으로는 불탑에 모셔져 있는 '불'이라 해도 실제로는 지금의 경우라면 당연히 그 불탑을 교단으로 소유하고 있는 설일체유부였을 것이다. 그리고 그 설일체유부가 소유한 아바다나나 율 문헌에서는 큰 기진에 얽힌 장면을 이야기할 때 서두에서 인용한 한 구절처럼 불교교단의 역사상 과거 최대의 기진자로 생각되고 있던 아나타핀다다의 원림을 그 장소로 앞의 밑줄 친 h처럼 선택하고 있는 것으로 추정된다.

그런데 당시의 불교사원이 불탑이 있는 탑지塔地와 승원이 있는 승지僧地로 확연하게 구별되면서도 전체적으로 하나의 결구結構를 이루고 있는 것은 고고학적 성과가 명확히 보여준다.[8] 위의 고찰과 관련하여 기원 1세기경부터 서북인도에서 전개된 설일체유부의 불교사원의 결구의 전형적인 예를 들자면 이하 제시한 칼라완Kālawān 유적이다. 칼라완은 간다라의 푸루샤푸라와 카슈미르의 슈리나가르의 중간 지점에 있는 탁실라의 동남 쪽 근교에 위치했던 것 같다. 이 사원의 결구는 1세기부터 6세기에 걸쳐 최종적으로는 다음 그림의 형태처럼 전개해간 것으로 보인다.

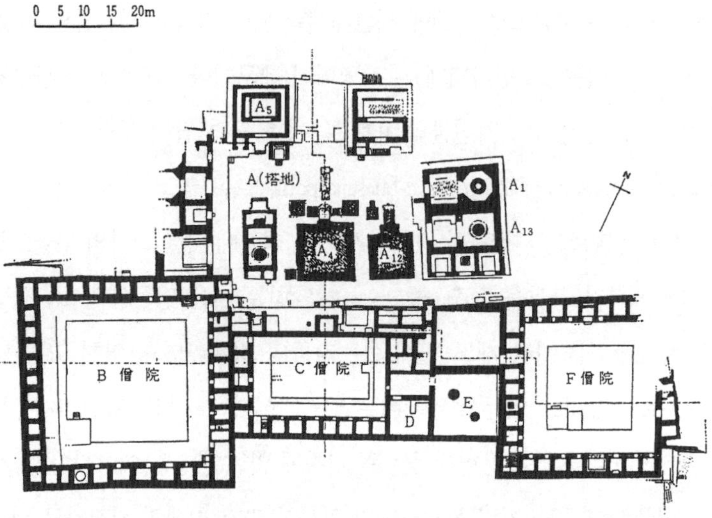

칼라완 유적 사원의 결구(J. Marshall, A Guide to Taxila에 근거)

다카다 오사무高田 修에 따르면 그림에 보이는 탑지 A1의 차이티야 당堂은 고층古層에 속하는 쿠샨왕조 초기의 것인 듯한데, 거기에서 발견된 동판명문에는 '설일체유부의 수령Sarvastivaaṇa parigrahe'이라고 기록되어 있다고 한다. 이하, 그 전문을 츠카모토 게이쇼塚本啓祥의 해석[9]으로 제시한다.

> 아자(Aja, Azes) 134년 슈라와나Śrāvaṇa월 23일에. 이때 다람마(Dhraṃma, Dharma) 장자의 딸이자 바드라왈라(Bhadravala, Bhadrapāla)의 아내인 참드라비(Caṃdrabhi, Candrābhī) 우바이(優婆夷, uasia=upāsikā)는 차다실라Chaḍaśila에 있는 사당 안의 탑gahathuba에 [불]사리를 봉안한다. [그것은 그녀의] 남동생인 남디와다나(Naṃdivaḍhaṇa, Nandivardhana)장자와 함께 [그녀의] 아들 샤마Śama와 사이타(Saita, Sacitta)와 [그녀의] 딸 다라마(Dhramā, Dharmā)와 함께 [그녀의] 딸 라자(Rajā, Rājā)와 이드라(Idrā, Indrā)와 함께 샤마의 아들 지와난딘(Jivaṇaṃdin,

Jīvanandin)과 함께 사르와스디와아(Sarvastivaa, Sarvāstivāda, 설일체유부)의 궤범사軌範師들의 수령parigraha으로서 (혹은 샤마의 아들 지와난딘 및 [그녀의] 궤범사와 함께 사르와스티와다의 수령으로서) 국도國都를 존경하여, 일체중생의 공양을 위해, 열반의 증득을 위해…

이 동판 명문은 탑지에 속하는 차이티야 당에서 발견되었는데, 그 전체가 설일체유부라는 교단에 속해 있었다는 것은 명문 자체의 내용을 보면 명확하다. 그 명문이 기록된 아제스Azes 134년은 서력 77년일 것으로 추정되고 있다. 1세기부터 앞에서 제시한 그림처럼 결구를 이룬 불교사원이 설일체유부를 중심으로 서북인도에서 순차적으로 교세를 확대해 간 것을 여기서 재확인해둔다. 물론 설일체유부의 '사상'이나 '철학'은 승지 쪽 승방에 거주하고 있던 출가 비구에 의해 구축되어 갔겠지만, 위의 명문에서 볼 수 있는 바와 같이 재가신자의 관심은, 그 이유를 포함하여 나중에 보다 상세히 검토하겠지만, 탑지에 있는 불탑stūpa이나 차이티야caitya 쪽에 있었던 것이다.

그런데 재가신자의 관심이 불탑에 있었던 이유를, 앞에서 언급한 범위 안에서 간단히 지적해두자면, 그것은 거기에 '소득'과 '존경'을 받을 만한 가치가 있으면서 전혀 거기에 탐착하지 않는 마력적인 영력을 소유한 분으로 신앙되고 있던 '유명한 대공덕자jñāto mahā-puṇyaḥ'인 '불'이 계신다고 생각했기 때문이다. 그리고 '소득'이나 '존경'에 탐착하지 않는다는 것은 바꾸어 말하자면, 8가지 '세간법loka-dharma'에도 탐착하지 않는다는 것인데, 이는 '불'이라는 말을 카이네야 선인으로부터 처음 듣고 털이 곤두설 만큼 기뻐했던 샤이라 선인의 이야기로 증광되어 [근본]설일체유부의 『약사(藥事, *Bhaiṣajya-vastu*)』에 「카이네야 선인 이야기」로 전해지고 있다. 그 제36송에서 다음과 같이 서술하고 있다.[10]

lābhâlābha-sukhair duḥkhair nindayâtha praśaṃsayā/ yaśo 'yaśobhyām aliptaḥ paṅkajaṃ vāriṇā yathā//

[부처님은] 소득에 의해서도, 불득不得에 의해서도, 안락에 의해서도, 고뇌에 의해서도, 또한 비난에 의해서도, 칭찬에 의해서도, 또한 명예에 의해서도, 불명예에 의해서도, 마치 연꽃이 물에 의해 [더럽혀지지] 않는 것처럼, 더럽혀지지 않는다.

게다가 이와 같이 '불'이 여덟 가지 '세간법'에 의해 더럽혀지지 않는 것은 다음 한 구절에도 나타나듯이 '소욕(少欲, appiccha=alpêcchā)'의 수행의 결과라고 생각되고 있었음이 틀림없다. 그 한 구절은 『증일아함경』「증상품增上品」 및 그에 해당하는 팔리의 『공포경(恐怖經, *Bhayabherava-sutta*)』에 있는데, 이하 양자 모두 제시해둔다. 팔리 원문에는 번역도 함께 달아 둔다.[11] 또한 인용에서 '아我', '나(私, mayhaṃ)'라고 되어 있는 것은 지금의 '불'이 과거의 자신을 가리키고 있다는 점에 주의할 필요가 있다.

諸有沙門, 求於利養, 不能自休. 然我今日, 無有利養之求. 所以然者, 我今無求於人, 亦自知足. 然我知足之中, 我最爲上首. 我觀此義, 已倍復歡喜.

Tassa mayhaṃ brāhmaṇa etad-ahosi: Ye kho keci samaṇā vā brāhmaṇā vā lābha-sakkāra-silokaṃ nikāmayamānā araññe-vana-patthāni pantāni senâsanāni paṭisevanti, lābha-sakkāra-siloka-nikāma-sandosa-hetu have te bhonto samaṇa-brāhmaṇā akusalaṃ bhaya-bheravaṃ avhayanti; na kho panâhaṃ lābha-sakkāra-silokaṃ nikāmayamāno araññe-vana-patthāni pantāni senâsanāni paṭisevāmi, appiccho 'ham-asmi, ye hi vo ariyā appicchā araññe-vana-patthāni pantāni senâsanāni paṭisevanti tesam-ahaṃ aññatamo. Etam-ahaṃ brāhmaṇa appicchataṃ attani sampassamāno bhiyyo pallomam-āpādiṃ araññe vihārāya. 바라문이여, 또한 나에게는 이런 생각이 떠올랐습니다. "어떤 사문이든 바라문이든 소득이나 존경이나 명성을 구하여 숲이나 산림의 멀리 떨어진 침와구를 즐긴다면, 소득이나 존경이나 명성을 구하는 결점 때문에 그 존경해야 할 사문·바라문들은 반드시 불선不善의 공포를 초래하게 된다. 하지만 나는 소득이나 존경이나 명성을 구하여 숲이나 산림의 멀리 떨어진 침와구를 즐기지 않는다. 나는 소욕하는 자이다. 나는 실로 소욕하며 숲이나 산림의 멀리 떨어진 침와구를 즐기는 성자들의 [유]일한 사람이다." 바라문이여, 나는 이 소욕을 자기 안에서 잘 관찰하여 숲에 사는 것에 드디어 평온을 느꼈습니다.

이 두 가지 가운데 전자가 보다 오래된 형태를 보존하고 있으며 후자는 상당히 진전된 양상을 보인다. 전자에 보이는 '이(利, lābha)'와 '양(養, sakkāra)', 이 두 말에 후자는 다시 '명성(名聲, siloka)'을 추가하여 세 말로 하고 있는 것도 이러한 경향을 말해주는 것일지도 모르겠다. 그러나 이것은 오히려 양적인 증광으로 처리할 수 있는데 비해, 이미 지적되고 있는 양자 간의 다음과 같은 차이는 상당히 근본적인 것이다.[12]

(a) (가) 我本未覺無上正盡覺時, 亦如是念.

(나) 我曩昔未成佛道時, 爲菩薩行, 恒作是念.

(b) Mayham-pi kho brāhmaṇa pubbe va sambodhā anabhisambuddhassa bodhisattass' eva sato etad-ahosi:

바라문이여, 나도 성도 이전에 깨달음을 얻지 않은 보살이었을 때에 다음과 같이 생각했습니다.

앞의 인용문 중에서 전자 (a)로 묶어놓은 (가)와 (나)는 엄밀히 말하자면 같은 문헌은 아니다. (a)(가)는 오히려 다른 문헌의 한 구절이라고 할 만한 것인데, '불'이 자신의 과거를 회상하여 설법한다고 하는 형식을 취하는 점에서 일군一群으로 간주하여 언급되는 경우가 많다. 이를 받아들이며 양자를 비교해보면 전자의 (a)(가)는 과거의 자신을 '미각未覺'이라고는 하지만 '보살'이라고까지는 하지 않는다. 이에 비해 (a)(나)는 과거의 자신의 존재 방식을 '위보살행爲菩薩行'이었다고 하며, 후자인 (b)는 그것을 명확히 '보살(bodhisatta=bodhisattva)'이었다고 단언하고 있다. 이들은 히라카와의 지적처럼[13] '불'이 되기 이전의 상태를 '보살'이라고 부르고자 하는 관념이 점차 진전, 증광되어 갔음을 명확히 말해준다. 그리고 이 '보살'이라는 관념의 정착과 더불어 초래된 결정적인 차이야말로 불교에 의한 '윤회(輪廻, saṃsāra)'로부터의 '해탈(解脫, mokṣa)'이라는 '해탈사상'의 긍정적 도입이었다고 말해야 할 것이다. 왜냐하면 '보살(bodhi-satta, bodhi-sattva)'이라는 복합어의 뒷부분을 구성하는 삿타/삿트와(satta/ sattva, 有情)라는 말은 불교에서는 '사상'적 혹은 '철학'적 음미를 거치지 않고는 도저히 엄밀하게 사용할 수 없는 인도 일반의 통속적 용어임에도 불구하고 보디 삿타bodhi-satta, 보디 삿트와bodhisattva라는 관념이 정착했다는 것은 그 통속적인 용법에 따르게 된 것이라고 할 수밖에 없기 때문이다. 영혼 부정설인 '무아anātman'설을 주장한 불교는 '사상', '철학'상으로는 영혼 긍정설과 연속하는 '아(我, ātman)'는 물론이거니와 이와 동의어라고 생각된 '사람pudgala', '유정sattva', '명자(命者, jantu)' 등의 영혼을 의미하는 용어에는 지극히 진중한 태도를 취한 것이며, 그것은 필시 『잡아함*Saṃyuktâgama*』의 영향을 받았다고 생각되는 『인계경(人契經, *Mānuṣyaka-sūtra*)』에 보이는 다음과 같은 표현[14]으로 자주 나타나는 것 같다.

cakṣuḥ pratītya rūpāṇi côtpadyate cakṣur-vijñānaṃ trayānāṃ saṃnipātaḥ sparśaḥ sparśa-sahajātā vedanā saṃjñā cetanā itîme catvāro[']rūpiṇaḥ skandhāś cakṣur-indriyaṃ ca rūpam etāvan manuṣyatvam ucyate/ atrêyaṃ saṃjñā sattvā naro manuṣyo mānavaś ca poṣaḥ puruṣaḥ pudgalo jīvo jantur iti

눈(眼, 시각)과 제색(諸色, 諸物體)에 의해 안식(眼識, 시각에 의한 인식)이 발생하고, 이들 삼자가 결합한 감촉, 감촉과 함께 생겨난 감수, 개념, 의지, 이 네 가지 비물체적 온蘊과 물체적 안근(眼根, 시각기관)이라는, 이것에만 한정하여 인간인 것manuṣyatva이 말해지며, 이것에 대해 유정(有情, sattva), 민(民, nara), 인간manuṣya, 유동(儒童, mānava), 양자(養子, poṣa), 사부(士夫, puruṣa), 사람(人, pudgala), 명자(命者, jīva), 생자(生者, jantu)라는 이 개념이 있을 [뿐]이다.

그러나 '보디 삿타/ 보디 삿트와'라는 복합어의 뒷부분이 의미하는 '삿타/ 삿트와'는 결코 '이것에만 한정하여'라는 '사상'적인 한정을 받는 말은 아니다. 그 때문에 이 말은 인도적인 통념에 익숙한 애니미즘적인 '영혼'을 의미하고 있는 것이 되며, 이것이 '깨달음'을 나타내는 한층 일반적인 인도어로서의 보디bodhi와 하나가 되고, 그것을 앞부분으로 하는 보디 삿타/ 보디 삿트와라는 복합어가 되면 '보살'은 '깨달음을 목표로 하는 영혼'을 의미할 수밖에 없다는 것이 필자의 해석이다.[15] 하지만 이것은 필자의 독자적인 해석은 아니다. 예를 들어 H. 다얄이 '보살'의 의미를 해석한 내용[16] 일부도 이와 합치한다고 생각된다. 또한 본생경(本生經, jātaka)류의 문헌에 근거하여 보살사상의 전개를 고찰한 히카타 류쇼干潟龍祥도 석존 이후 인도에서 본생경과 같은 우화寓話가 융성하게 된 원인을 윤회사상의 배경을 이루는 인도의 '애니머티즘적 내지 애니미즘적 (인간과 이해관계에 있는, 혹은 적어도 인간이 관심을 갖는 동물, 또 때로는 식물에게도 인간과 동일한 영혼과 같은 것이 있다고 생각하

는 사고방식) 경향'에서 찾고 있을 정도이다.[17]

그런데 약간 주제에서 벗어날지 모르겠지만, 여기서 애니미즘적인 영혼의 시비를 둘러싼 문제와 관련하여 끊임없이 되풀이되기 쉬운 오해를 미리 조금이나마 피하기 위해 약간의 의견을 덧붙여둔다. 애니미즘animism이란 말할 것도 없이 라틴어의 아니마(anima, 氣息)에서 유래하는, 종교학 학설로 테일러가 주장한 것이다. 그는 미개인은 동식물에서 미생물에 이르기까지 살아 있는 것에는 모두 영혼anima이 있다고 믿고 있었다고 생각하여, 그 '영적 존재에 대한 신념the belief in spiritual beings'을 핵심으로 하는 미개인의 (경우에 따라 오늘날까지도 잔존하고 있는) 사고방식을 '애니미즘'이라고 부른 것이다. 게다가 그러한 영혼은 육체나 다양한 존재로부터 분리되더라도 불멸한다고 믿어지고 있었기 때문에 여기에 '영혼의 전생(轉生, transmigration of souls)'도 애니미즘에서는 당연한 일로 용인되고 있는 것이다.[18] 그러나 기독교뿐만 아니라, 필자가 보기에는 불교에서도 이러한 지성의 규정과는 무관한 영혼의 전생은 부정되고 있었을 것이다. 지금 이 문제를 포르투칼의 선교사에 의해 16세기 후반에 일본에 전해진 기독교를 예로 들어 『묘정문답妙貞問答』에 근거하여 보면, 영혼(anima, alma)은 세 종류로 나뉘어 서술되고 있다.[19] 즉, alma vegetativa(식물적 영혼)과 alma sensitiva(감각적 영혼)과 alma racional(이성적 영혼)이다. 하지만 '천지만물의 제작자'인 제우스Deus에 의해 인간만이 alma racional을 가진 존재로 창조되었다고 주장하는 기독교로서는 인간만은 사후에도 이성적 영혼으로서 영속한다고 한다. 따라서 다양한 생존 형태로 윤회 전생한다고 하는 애니미즘적인 사고방식은 부정된다. 기독교로부터 본다면 불교는 '다음 생에 지옥에 떨어지거나 극락 등에 간다고 주장하는' 윤회전생을 방편으로 설하면서 궁극적으로는 '사후에 태우면 재가 되고, 매장하면 흙이 되어, 물은 물로 돌아가고, 불은 불로 돌아가서 분산한다.' '후세에 살아남은 자는 없다.'라고 믿고 있었던 것처럼 보였던 것 같다. 하지만 불교는 영혼ātman 긍정설의 인도적인 통념에 따르지 않을 뿐만 아니라, 영혼 부정설의 무아설에 입각하는 한 아트만이나 푸드갈라나 삿트와는 존재하지 않으며 '사상'적으로 음미해본다면 오온skandha만이 그러한 아트만이나 푸드갈라나 삿트바에 불과하다고 생각하였다. 또한 오온 중에 육식六識으로 이루어진 식온(識蘊, vijñāna-skandha)의 제6의식mano-vijñāna은 연기pratītyasamutpāda하고 있는 법dharma을 대상으로 '지성(知性, prajñā)'적으로 판단pravicaya해야 한다고 주장하였다. 그 제6의식의 대상인 법이 삼세에 걸쳐 사후에도 존속하는가 아닌가에 관해서는 복잡한 논쟁도 있었지만, 거기에 '보살'이라는 관념이 도입되어 정착했다는 것은 이런 '사상'적 논쟁조차도 와해시키기에 충분했다.

이 과정을 앞서 살펴본 『공포경』과 관련된 (a)(가)→(a)(나)→(b)의 예문의 변화와 대조해보면 (a)(가)의 단계에서는 '불'도 과거의 자신을 '법'으로 인식하고 있었다고 말할 수 있다 해도, (a)(나)에서는 '보살행'을 인식하고 있었으므로 '깨달음을 목표로 하는 영혼'으로서 수행을 쌓았다고 하는 것이 되며, (b)에서는 바로 '깨달음을 목표로 하는 영혼' 그 자체로서의 '보살'이었으므로 그 아트만/ 삿트와는 전생의 몇 겁에 걸쳐 보디를 구해 선업을 쌓고 있었음이 틀림없다고 생각되어 전개된 자타카의 보디 삿타/ 보디 삿트와의 그것과 마찬가지로 과거세의 윤회전생에 있어 엄청난 선업의 결과 모든 속박에서 해방되어 지금은 '불'이 된 것이라고 생각되었음이 틀림없다. 하지만 이러한 의미에서의 '불'은 결코 불교의 독자적인 생각에 의한 것은 아니다. 오히려 고대부터 인도 일반에 유포되고 있던 매우 통속적인 개념에 불과하다는 점에 주의해야 한다. 이러한 '불buddha'의 통속적인 관념을 일찍이 필자는 나카무라 하지메의 성과에 의존하며 자이나 문헌을 조사한 적이 있다.[20] 그것을 여기서 다시 제시해둔다. 참고로 예문 ①②는 「다사베얄리야 숫타(*Dasaveyāliya-sutta, =Daśavaikālika-sūtra*)」, ③은 「아야랑가 숫타(*Āyāraṅga-sutta, Ācārāṅga-sūtra*)」, ④는 「웃타랒자야나(*Uttarajjhayaṇa, =Uttarādhyayaṇa*)」에 의한다.

① mahukāra-samā buddhā je bhavaṃti aṇissiyā/ nāṇā-piṃḍa-rayā daṃtā teṇa vuccaṃti sāhuṇo//

부처님들은 꿀벌처럼 집착에서 자유로워져(aṇissiya=aniśrita) 잡다한 시식施食에 만족하며 식사하였다. 그 때문에 고행자(sāhu=sādhu)라 불렸다.

② khavettā puvva-kammāiṃ saṃjameṇa taveṇa va/ siddhi-maggam aṇuppattā tāiṇo parinivvuḍa//

자제(自制, saṃjama=saṃyama)와 고행(tava=tapas)으로 과거의 업(puvva-kamma=pūrva-karman)을 멸하고 성취의 길에 도달한 구세자(tāi=tāyin)들은 완전하게 이탈하였다(parinivvuḍa=parinirvṛta).

③ se hu pannāṇamaṃte buddhe āraṃbhôvarae/ sammam etaṃ ti pāsahā/ jeṇa baṃdhaṃ vahaṃ ghoraṃ paritāvaṃ ca dāruṇaṃ/ palichiṃdiya bāhiragaṃ ca sotaṃ ṇikkammadaṃsī iha macciehiṃ/ kammuṇā saphalaṃ daṭṭhuṃ tato ṇijjāti vedavī/

실로 그 지혜로운 사람이 업을 일으키는 것을 정지시킨(āraṁbhovaraya=āraṁbhoparata) 불佛이다. 이것을 올바르다고 관觀하거라. 그것에 의해 지자智者는 속박과 무서운 살해와 엄청난 고통(paritāva=paritāpa)을 [단절하고], 또한 외부로부터의 [업의] 흐름도 끊고, 업 없는 [상태인 영혼]을 보고(ṇikkamma-daṃsi=niṣkarma-darśin), 이 세계에서 사람들 사이에서 업이 과보를 동반하는 것을 보고, 그 [업]에서 이탈한다(ṇijjāti=niryāti).

④ evaṃ karanti saṃbuddhā paṇḍiyā paviyakkhaṇā/ viṇiaṭṭanti bhogesu

Miyāputte jahā-m-isī//

mahā-pabhāvassa mahā-jasassa Miyāi puttassa nisamma bhāsiyaṃ/

tava-ppahāṇaṃ cariyaṃ ca uttamaṃ gai-ppahāṇaṃ ca ti-loga-vissutaṃ//

viyāṇiyā dukkha-vivaddhaṇaṃ dhaṇaṃ mamatta-bandhaṃ ca mahā-bhayâvahaṃ/

suhâvahaṃ dhamma-dhuraṃ aṇuttaraṃ dhārejja nivvāṇa-guṇâvahaṃ mahaṃ//

총명하고 숙련된 등각자saṃbuddha들은 이와 같이 행한다. 그들은 선인(isi=ṛṣi) 미야풋타처럼 향수享受를 사멸謝滅한다(viṇiaṭṭanti=vinivartante). 위대한 위력을 가졌고 위대한 명성을 지닌 미야풋타의 이야기와, 가장 뛰어난 고행(tava-ppahāṇa=tapaḥ-pradhāna)의 최상最上의 행하는 바[所行]와, 삼계三界에 들리는 가장 뛰어난 취(趣, gai-ppahāṇa=gati-pradhāna)를 듣고, 고뇌를 증대시키는 재물과, 큰 공포를 가져오는 집착의 속박을 알아, 안락(suha=sukha)을 가져오는 이탈의 덕(nivvāṇa-guṇa=nirvāṇa-guṇa)을 초래하는 위대한 무상無上의 법의 짐(dhamma-dhura=dharma-dhura)을 너희들은 짊어져야 한다.

위의 인용에서 실선은 문장의 주어인 붓다buddha 혹은 그와 유사한 말을 가리키며, 점선은 그 주어의 성질을 규정하는 술어를 표시한 것이다. 그것을 일괄하여 도시해보면 다음과 같다.

주어 : buddha, sāhu, tāi, vedavī, saṃbuddha

술어 : aṇissiya, khavettā puvva-kammāiṃ, parinivvuḍa, āraṃbhôvaraya, ṇikkamma-daṃsi, tato ṇijjāti, viṇiaṭṭanti bhogesu

그런데 앞의 예문을 보면 의미상 주어끼리 같고 술어끼리도 같다. 술어는 그 주어를 규정하고 있으므로 바로 위에서 도시해서 제시한 용어는 서로 등호等號로 연결시킬 수 있다. 이를 한 문장으로 단순화시켜서 말하면 다음과 같다.

> 불buddha 혹은 등각자saṃbuddha는 업kamma이나 향수bhoga를 단절하고 완전히 이탈한 자parinivvuḍa이다.

하지만 이러한 '불'은 그저 통인도적인 '해탈자'를 의미하는 데 불과하며, 붓다의 그런 종류의 용법은 거슬러 올라가면 『숫타니파타*Suttanipāta*』 등에서도 확인된다. 그러나 앞서 『공포경』의 경우나 유명한 『칠불통계게七佛通戒偈』 등[21]을 거쳐 위에서 인용한 『파승사』 등에도 나타나며, 이 외에 대승경전이 성립한 이후로는 이루 다 헤아릴 수 없을 정도가 되어 버린 것이다. 이와 같이 불교에서도 모든 속박에서 영혼이 이탈한 '해탈자'야말로 다름아닌 '불'이라고 하여, 앞서 본 바와 같이 '불'은 '소득lābha'에도 '존경(sakkāra, satkāra)'에도 탐착하지 않고 여덟 가지 '세간법'에도 물들지 않는 것이라고 하게 되는데, 사실 이런 무관심이야말로 힌두교가 찬미하는 바이다. 힌두교의 성전 『바가바드 기타』에서도 크리슈나신은 이런 무관심의 평등을 즐겨 다음과 같이 말한다.[22]

> samaḥ śatrau ca mitre ca thatā mānâvamānayoḥ/ śītôṣṇa-sukha-duḥkheṣu samaḥ saṅga-vivarjitaḥ//
> tulya-nindā-stutir maunī saṃtuṣṭo yena kenacit/ aniketaḥ sthira-matir bhaktimān me priyo naraḥ//
> 원적과 친구에게 평등하고, 숭배와 모멸에도 이와 같으며, 추위와 더위, 안락과 고뇌에 대해서도 평등하여 집착을 떠나고, 비난과 칭찬(stuti=praśaṃsā)에 대해서도 마찬가지이며, 침묵하고, 어떠한 것에 대해서도 만

족하고, 머무르지 않으며, 지혜가 견고하고, 신애信愛로 가득 찬 백성은 내(크리슈나)가 좋아하는 자이다.

'원친평등怨親平等'이란 실은 힌두교가 이상으로 하는 이러한 무관심을 가리킨다. 이상적으로 팔리 『밀린다왕문경』에서도 한쪽 [팔]을 도끼vāsī로 잘리고 다른 쪽은 향gandha이 칠해진다 해도 증(憎, paṭigha)애(愛, rāga)하지 않는 자가 진정한 사문samaṇa이라는 시구가 불리게 된다.[23] 다니가와 타이쿄谷川泰教는 이것이 『마하바라타』의 한 게송이나 자이나 문헌 속의 문구와 밀접한 관계가 있다는 점을 지적한다.[24] 이하 그 지적에 따라 『마하바라타』의 문제의 한 게송을 제시해둔다.[25]

> vāsyâikaṃ takṣato bāhuṃ candanenâikam ukṣataḥ/ nâkalyāṇaṃ na kalyāṇaṃ cintayann ubhayos tayoḥ//
> 한쪽 팔을 도끼로 잘리고 다른 한쪽 팔에는 전단[향]을 발라도 그 양쪽을 악이라고도 선이라고도 사유하지 않는다.

독일의 인도학자 P. 도이센의 친구인 니체는 그의 영향 때문인지 이러한 사고를 불교 그 자체라고 믿어 석존을 '어느 깊은 생리학자 불타jener tiefe Physiolog Buddha'라고 부르고, 그 종교를 '위생학(衛生學, Hygiene)'이라고 생각하여 이를 '영혼을 원한의 감정으로부터 해방하는 것die Seele davon [von dem Ressentiment] frei machen)'이라고 이해하였다.[26] 아쿠타가와 류노스케芥川 龍之介 역시 『서방 사람』에서 니체처럼 석존을 오해하고 공자를 '지나支那의 그리스도'라고 이해하여 석존을 노자와 교차시켰다.[27] 일본이 불교국가라고 불리는 이상 우리들은 노력해서 이러한 힌두교적 불교관에서 벗어나야 할 것이다.

그러나 이런 오해는 결코 아무런 근거도 없는 것은 아니다. 이미 살펴본 바와 같이 불교 자신이 힌두교의 영향을 수용해버렸기 때문이다. 분명 '사상'이나 '철학'을 중시한 설일체유부는 자신들이 편찬한 『대비바사론』에서 '불'이란 무엇인가라는 문제를, 예를 들어 유설有說로 "若世八法所不能染, 功德彼岸無能逮者, 一切危厄堪能拔濟, 說名爲佛, 二乘不爾"라고 앞의 여덟 가지 '세간법'과 관련하여 '불'을 찬미하는 설이나, 대승의 『열반경』에도 있는 '삼수도하三獸渡河'의 비유에 따라 '불'의 탁월성을 지적하는 설을 제시하면서도 '삼무루근三無漏根' 등의 '지성'의 문제로 규정하려는 태도를 농후하게 보여준다.[28] 같은 학파의 '무기'의 '습관'이나 '생활'을 중시하는 율장에서는 예를 들어 앞서 본 바와 같이 『파승사』의 '소득'과 '존경'에 탐착하지 않는 것이나, 『약사』의 여덟 가지 '세간법'에 물들지 않는 것 등을 가진 '불'을 칭찬하는 힌두교적인 통속성에 이미 충분히 침식되어 있었다고 말할 수밖에 없을 것이다. 게다가 이런 의미에서의 통속적인 '불'의 초속성超俗性과 관련되는 것이 제1장 말미에서 여기로 고찰을 미루었던 『사중경四衆經』, 『파승사』, 『대사』의 불발담佛鉢譚에 보이는 '주원송呪願頌'이다. 지금은 이들 문헌 간의 차이를 문헌학적으로 검토하는 장은 아니므로 이하에서는 그들 가운데 가장 정비되어 있다고 생각되는 『파승사』의 산스크리트본[29]을 편의상 중점적으로 고찰해보고자 한다. 덧붙여 말하자면, 이 '주원송'은 석존이 불발로 두 상인에게서 시식을 받은 직후에 설했다고 전해지는 것이다.

(1) yad-arthaṃ dīyate dānaṃ tad-arthāya bhaviṣyati/ sukhârthaṃ dīyate dānaṃ tat sukhāya bhaviṣyati//

(2) sukho vipākaḥ puṇyānām abhiprāyaḥ ca siddhyati/ kṣipraṃ ca paramāṃ śāntiṃ nirvṛtiṃ câdhigacchati//

(3) parato hy upasargāṃś ca devatā mārakāyikāḥ/ na śaknuvanty antarāyaṃ kṛta-puṇyasya kartu vai//

(4) saced hi sa vyāyamate ārya-prajñayā tyāgavān/ duḥkhasyântakriyāyai sparśo bhavati vipaśyataḥ//

(1) 보시는 어떤 목적을 위해 기진되면 바로 그 목적을 위한 것은 되지 않는다. 보시가 안락을 위해 기진된다면 그것은 안락을 위한 것은 되지 않는다. (2) 복덕(福德, puṇya)의 과보는 안락하며, 또한 희원希願도 성취된다. 이리하여 그는 빠르게 최고의 적정(寂靜, śānti)과 이탈(離脫, nirvṛti)을 증득한다. (3) 신들도 마중魔衆도 작선인kṛta-puṇya에 대해서는 실로 다른 것에 의해 불행도 장해도 일으킬 수 없다. (4) 실로 만약 이런 방사放捨를 하는 자의 성스러운 지성知性으로 정려精勵한다면 고뇌의 종언終焉을 위해 관찰하며 있는 자에게 유열(愉悅, sparśa)이 있다.

제1장에서는 불전佛傳에 가탁하여 불발담이 점차 증광되어 가는 경향을 보았는데, 이 '주원송'은 팔리(남방분별설부)가 전하는 『대품』에는 원래 전혀 없었던 것이다. 그것이 그 후에 부가되어 최종적으로 앞서 인용한 바와 같은 『파승사』의 '주원송'으로 정비되었을 때에는 필자가 말하는 '작선주의'는 이미 충분히 형성되어 있었다고 생각해도 좋다. 제3송에서 '작선인'이라는 의미의 용어가 보이는데, 이를 가리키는 크리타 푼냐kṛta-puṇya가 '작선주의'의 '작선'에 해당한다. 푼야(puṇya, 善)가 만들어진 것kṛta이라는 의미인데, 문제는 푼냐에 함의된 의미 내용에 있다.[30] 매우 복잡한 말로, 설사 '선'이라고 번역할 수 있다 해도 결코 일의적으로 윤리적인 의미에서의 '선'도 논리적인 의미의 '선'도 아니다. 그 때문에 '선'이라고 하기 보다는 '공덕'이나 '복덕'이

라고 번역되는 경우가 많을지도 모른다. 푼냐와 한 쌍으로 생각되는 파파(pāpa, 惡)와 함께 필시 거기에는 마력적인 영력도 기능하고 있다고 믿어지고 있었으며, 그 힘이 (가)'작선인'인 재가신자의 두 상인에 의해 (나)의 '주원송'을 부르고 있는 '해탈자'인 '불'에 도달하는데, 그 '불'은 본 장의 서두에서도 본 바와 같이 문제의 푼냐를 자유롭게 지배할 수 있기 때문에 'jñāto mahāpuṇyaḥ[31](유명한 대공덕자)'로서 '존경받고 존중되고 숭배되며 공양받고 있었던' 것이다. (가)인 재가 신자는 그 (나)의 푼냐의 지배력을 믿기 때문에 (다)안락을 위해 또한 고뇌의 종언을 위해 보시의 기진이라는 '작선'을 쌓고 있는 것이다. 그 결과 (나)가 틀림없는 것이라면 푼냐의 과보도 희원希願도 반드시 안락한 것으로서 (나)로부터는 물론이거니와 (다)로부터도 도리어 (가)에서 결실하고, (가)는 최고의 적정이나 이탈조차 획득할 수 있을지도 모른다. 이와 같은 (가)(나)(다)의 관계[32]가 성립하고 있을 때, 더 상세한 설명은 나중에 하겠지만, 필자는 거기에 '작선주의'가 충분히 기능하고 있다고 생각한다. 게다가 이 (가)(나)(다)의 관계에서 (나)자신이 그 지배력의 틀림없음을 (가)에게 보증할 때, 이 보증의 시구가 '주원송'이라 불리는 것이다. 그 형식은 일찍이 호카조노 코이케外薗幸一가 고찰한 것처럼 반드시 같은 것은 아니다.[33] 여기서는 단순화시켜 두 형식만 들자면 다음과 같다. A는 『파승사』에 보이는 것이며, B는 『대사』에 보이는 것이다.[34] 또한 A의 산스크리트 원문과 졸역 사이에 들어가 있는 것은 차례대로 그에 대응하는 티베트역과 의정역이다. 다시 언급할 필요도 없지만, 졸역은 산스크리트 원문에 따른다.

A. atha Bhagavāṃs Trapuṣa-Bhallikayor vaṇijos tad dānam anayā abhyanumodanayā abhyanumodate

de nas bCom ldan 'das kyis tshong pa Ga gon dang bZang po'i sbyin pa de la rjes su yi rang bas rjes su yi rang bar mdzad de/

[世尊]受商主供, 既受供已, 卽爲商主, 說諸呪願頌曰.

그러고 나서 세존은 트라푸샤와 발리카라는 두 상인의 그 보시를 이하의 수희隨喜[의 송頌]에 의해 수희하셨다.

B. Bhagavāṃ dāni Trapusa-Bhallikānāṃ vāṇijānāṃ madhu-tarpaṇaṃ pītvā pratyagra-praṇīta-varṇa-gandha-rasôpetaṃ dakṣiṇām ādiśati//

지금이야말로 세존은 트라푸사와 발리카라는 상인의 신선하고 훌륭한 색과 향기와 맛으로 가득 찬 꿀과 다과를 마신 후에 보시의 공덕dakṣiṇā을 지명하셨다.

여기서 '수희隨喜[의 게송]'이라고 번역된 아비아누모다나abhyanumodanā와 '보시의 공덕'이라고 번역된 닥시나dakṣiṇā가 우선 문제이다. 호카조노 코이치는 '주원呪願'이라는 한역의 원어로 닥시나도 있다는 점을 지적하고, 그 음사인 '달친達嚫'도 고찰의 대상으로 추가하여 이들 단어가 서로 교차하는 점에 대해 일단 다음과 같이 결론내리고 있다.[35]

공양을 받은 사람[受納者]이 시주에게 그 보시행을 환희 찬탄하는 것을 가지고 '감사의 말[謝辭]'로 삼은 것이 수희였다고 생각된다. 그렇다면 수희의 내용이 시주의 복리福利를 기원하는 것으로서 '길경吉慶의 원願', 즉 '주원呪願'과 같은 것이었다 하더라도 조금도 이상할 것은 없다. 또한 수희든 주원이든 보시행 전반을 향한 것이지 결코 시식 공양에 한정되는 것은 아니다. 예를 들어 신발이나 의복이나 원림 정사 등의 보시에 대해서도 감사의 말로서 '주원' 혹은 '수희게隨喜偈'가 설해졌다.

필자는 이 호카조노의 견해에 전혀 이의가 없으며 당연히 따를 만한 것이라고 생각한다. 다만 닥시나의 의미 규정과 그에 동반하는 아디샤티ādiśati의 의미 내용에 관해서는 아직 검토의 여지가 있다고 생각한다. 호카조노도 지적한 바와 같이 닥시나(팔리어로는 닥키나dakkhiṇā)는 원래 『리그 베다』에 유래하는 인도에서도 오래된 중요한 제식 용어로 당연히 불교 고유의 용어는 아니다. 필시 불전에서 압도적으로 흔적을 남기게 된 것은 네 아함 외라는 의미에서는 장외藏外라고 보아도 좋을 팔리 경장 쿳다카 니카야(Khuddaka-nikāya, 소부小部라고 번역되지만, 실제로는 '사소한 것의 집성'이라는 의미)에 수록된 『천궁사(天宮事, *Vimāna-vatthu*)』나 『아귀사(餓鬼事, *Peta-vatthu*)』 정도였을 것으로 추측된다. 일찍이 이 두 문헌을 중심으로 'dakkhiṇam ādisati'의 의미를 고찰한 사쿠라베 하지메櫻部建는 그것을 '자업자득自業自得'의 원칙을 초월한 '시施를 향한다(회향한다)'라는 의미라고 결론짓고 있다.[36] 필자 역시 이 중 아디사티(ādisati/ ādiśati)에 관해서는 닥시나를 향하는 대상이 구체적으로 누구(무엇)인가를 지시한다는 의미에서 '지명한다'라는 역어를 사용하고 있으므로 사쿠라베의 이해에 가깝지만, 보다 기본적인 문제는 역시 닥시나 그 자체의 의미에 있다고 할 수밖에 없다. 그런데 닥시나도 푼냐와 닮아서 복잡한 면이 있다. 마치 (가)에서 (나)로 보내진 푼냐가 (나)로부터도 (다)로부터도 (가)로 되돌아오는 것이 기대되고 있듯이, 닥시나도 이와 유사한 성격을 가지고 있는 것 같다. 다만 닥시나는 바라문 제관에 대한 '보수(報酬, Lohn, fee)'를 원의로 하고 있기 때문에[37] 의미의 변천을 거친 후에도 이 원의를 유지하며 그 구체적인 내용이 앞서 호카조노가 지적한 바와 같이 시식의 '식食'뿐만 아니라 신발이나 의복이나 원림 정사 등에 이르러도 '보수'라는 점에는 변함없다고 생각된다. 이 점에서 말하자면 '보수'를 내미는 것도 '작선'의 선업puṇya으로 포함해버리는 푼냐 쪽이 의미 내용으로서는 보다 포괄적일 것이다. 따라서 푼냐를 가령 포괄적으로 '공덕' 이라고 번역할 수 있다면 닥시나는 그보다 의미가 한정되어 '보시의 공덕' 등이라고 해야 할 것이며, 실제로 필자 역시 그렇게 사용하고 싶다. 거기서 '작선인'인 (가)는 '공덕' 혹은 '보시의 공덕'을 (나)에게도 (다)에게도 실은 '지명할' 수 있으며, 사실 그러한 의미에서도 사용되고 있다. 하지만 위에서 서술한 바와 같이 진정한 '해탈자'인 '불'로서의 (나)야말로 마력적인 영력을 가지고 그 '공덕' 혹은 '보시의 공덕'을 진정한 의미에서 지배하고, 그것을 (가)나 (다)에게 '지명할' 수 있는 것이므로, 그 지명의 의미도 (가)가 (나)나 (다)에게 '지명하는' 경우와는 자연히 다른 것이 되어버린다. 게다가 그 지명이 시구에 따라 행해지는 형태를 취한다면 그 시구까지도 마력적인 영력이 보유되고 있다고 생각되어, 그것이 '주원송' 혹은 그런 류의 용어로 한역되는 것도 당연하다. 그러므로 dakkhiṇam ādisati/ dakṣiṇām ādiśati는 한역되지 않아도 '보시의 공덕을 지명한다'는 의미에서 '주원송을 노래한다'라는 의미까지도 함의할 수 있다고 생각한다. 닥키나dakkhiṇā/ 닥시나dakṣiṇā는 태고의 베다 이래로 명확한 바라문의 용어이므로 불교에 들어오기는 쉽지 않았을 것이라고 생각되지만, 앞서 본 장외에 준하는 팔리 『천궁사』나 『아귀사』에는 명확한 형태로 도입되어 앞 장에서 본 바와 같이 '사상'적인 결탁에는 느슨했지만 보다 '습관'을 용인하는 경향이 있던 대중부는 발빠르게 그 표현을 이 파의 율장인 『마하승기율』에 채용한 것 같다.[38]

한편 설일체유부는 앞의 A의 측에서도 보듯이 불전의 보다 오래된 표현을 보존하고 있는 듯한 흔적을 남기면서도 율장에 아바다나류의 이야기를 다량으로 받아들이는 시대가 되면 그런 것 같지는 않다. 그들 용법에 관해서는 '카이네야 선인 이야기'나 '가난한 여인의 한 등불 이야기'를 참조하기 바란다.[39] 다만 '지명'이라는 것을 어디까지나 명확하게 형태화하고자 했던 설일체유부의 자세는 그 '지명'을 마련할 수가 없어서 고민하는 코살라국왕 프라세나짓트의 가난한 여인의 한 등불 이야기를 통해서도 알 수 있다.

그런데 이상 설명해온 (가)(나)(다)의 관계에서 (나)가 근간적 역할을 맡고 있다는 것은 저절로 밝혀졌다고 생각한다. 그러므로 (나)는 제공된 '작선'의 '공덕'을 틀림없이 받아들여 증폭시키는 '밭(田, kṣetra)'으로서의 '공덕의 밭' 즉 '복전(福田, puṇya-kṣetra)'이라고도 불린다. 또한 마찬가지로 (나)는 제공된 '보시의 공덕(dakkhiṇā/ dakṣiṇā)'에 가장 어울리는 의지처로서 '보시의 공덕으로 어울리는 것' 혹은 '보수로 어울리는 것'이라는 의미에서 닥키네야dakkhiṇeya/ 닥시니야dakṣiṇīya라고도 불린다. 그 결과 (나)는 푼야 크셰트라와 닥키네야/ 닥시니야라고도 불리게 되어 실제로 한역에서는 전자가 '복전'이라고 번역될 뿐만 아니라 후자도 '복전'이라고 번역되는 경우가 의외로 많다.[40] 또한 불교문헌 중에는 (나)의 역할을 찬미하는 기술도 대승경전이 등장하게 되면서 그 수가 엄청나게 늘어나는데, 여기서는 율 문헌을 중심으로 비교적 많이 발견되는 일종의 정형화된 게송의 기술을 들어 둔다. 여기서 (나)는 이상에서 든 것 중 어떤 것도 아닌 '공희供犧되는 것'이라는 의미에서 야자트yajat/ 이쟈트ijyat가 사용되고 있는데, 그것이 (나)를 가리키므로 한역은 대부분 '복전'이라고 번역하여 특별히 구별하지 않는 점에 주의해야 한다. 또한 게재한 (I)은 팔리 『대품』, (II)(i)은 산스크리트 『파승사』, (II)(ii)는 그 티베트역, (III)은 불약다라弗若多羅 역 『십송률』, (IV)는 의정 역 『파승사』, (V)는 (II)(i)의 졸역이다.[41]

(I) aggi-hutta-mukhā yaññā, sāvitthī chandaso mukhaṃ, rājā mukhaṃ manussānaṃ, nadīnaṃ sāgaro mukhaṃ, nakkhattānaṃ mukhaṃ cando, ādicco tapataṃ mukhaṃ, puññaṃ ākaṅkhamānānaṃ saṃgho ve yajatam mukhan

(II)(i) agni-hotra-mukhā yajñāḥ gāyatrī chandasāṃ mukham/ rājā mukhaṃ manuṣyāṇāṃ nadīnāṃ sāgaro mukham//
nakṣatrāṇāṃ mukhaṃ candra ādityas tapatāṃ mukham/ ūrdhvaṃ tiryag adhaś câpi yāvatī jagato gatiḥ/
sadevakeṣu lokeṣu saṃbuddho hîjyatāṃ varaḥ//

(II)(ii) sbyin sreg mchod sbyin rnams kyi mchog// sdeb sbyor mchog ni nyi ma'i lha//
mi yi mchog ni rgyal po ste// rgya mtsho chu bo rnams kyi mchog//
zla ba rgyu skar rnams kyi gtso// nyi ma snang byed rnams kyi gtso//
steng dang 'og dang thad kar yang// 'gro ba'i 'gro ba ji snyed pa//
lha dang bcas pa'i 'jig rten na// smra ba'i mchog ni rdzogs sangs rgyas//

(III) 若在天祠中 供養火爲最 婆羅門書中 薩鞞帝爲最 一切諸人中 帝王尊爲最 一切江河中 大海深爲最 於諸星宿中 明月第一最 一切照明中 日光曜爲最 十方天人中 佛福田爲最

(IV) 諸祭祀中火爲上 圍陀之中神爲上 世間所尊王爲上 一切衆流海爲上
諸星宿中月爲上 諸耀之中日爲上 上下四維及天等 供養世尊最爲上

(V) 불의 제사는 제사 중에서 최고이다. 가야트리 [찬미]는 신을 찬양하는 찬가 중에서 최고이다. 왕은 인간 중에서 최고이다. 대해는 하천

중에서 최고이다. 달은 성신星辰 중에서 최고이다. 태양은 빛나는 것 중에서 최고이다. 위로나 옆으로나 아래로나 인간들이 갈 수 있는 곳[趣]이 있는 한 신들을 동반한 세간에서 실로 등각자saṃbuddha는 공희받는 것ijyat 중에서 가장 훌륭하다.

이상의 게송에 의해 '공양받는 것', 즉 '복전' 중에서 가장 훌륭한 것이 '불(saṃbuddha=buddha)'이라고 찬미되고 있다. 그러나 예외로 (I)에서는 '교단saṃgha'이 최고라고 설하고 있는 점에 주목해야 한다. 왜냐하면 적어도 여기에는 남방분별설부가 승원주의에 입각하고 있었다고 추측해볼 수 있는 요소가 있기 때문이다. 그렇다면 이 외의 (II)-(IV)의 설일체유부 게송은 은둔주의를 나타내고 있는 것일까? 이들 게송만 본다면 분명 그렇다. 하지만 문제를 설일체유부의 율장 전체나 이 부파의 '사상'적인 면에서 파악해본다면 꼭 그렇다고 할 수도 없다. 왜냐하면 이미 제1장에서도 살펴본 바와 같이 설일체유부는 율장에서도 불전佛傳에 따른 불발담의 경우 두 상인을 일부러 미래의 '교단'에 귀의시키고 있으며, 『대비바사론』의 붓다와 상가를 둘러싼 '사상'적인 논의에서는 전자를 포함한 후자 쪽에 우위를 인정하고 있기 때문이다.[42] 따라서 설일체유부는 필시 경제나 사회의 진전에 동반된 교단의 승원화를 적극적으로 긍정하고 있었을 것이며, 동시에 진행되고 있던 힌두교의 영향에 의한 은둔주의자 중시의 '작선주의'를 용인할 수밖에 없는 현실을 한편에서 안고 있었을 것이다. 그 현실은 예를 들자면 본 장의 서두에서 인용한 칼라완 유적에서 발견된 동판 명문에도 나타나 있으므로, 지금 그것을 이상 고찰한 '작선주의'의 (가)(나)(다)의 관계에서 재차 확인하여 도식화해보면 다음과 같이 될 것이다.

(가) 재가여성신자 찬드라비Caṃdrabhi [동생, 아들, 딸, 손자]

(나) 사당의 [불] 사리, 설일체유부 교단

(다) 일체중생의 공양, 열반의 증득

재가여성신자upāsikā인 (가)찬드라비의 입장에서 본다면 인도인(꼭 그렇지 않을지도 모르지만 인도적인 사회에서 살아가는 사람)으로서 힌두교적 은둔주의의 궁극에 있다고 믿었던 최종 '해탈자'인 (나)의 [불] 사리에 푼냐 혹은 닥시나를 기대하는 것만으로 충분했겠지만, 교단 측은 승원주의를 관통하여 그것을 설일체유부 교단의 '수령(parigraha=pratigraha)'이라고 명기하는 형식을 채용하여 교단이 '불'을 대신해서 (다)를 보증한 것이라고 필자는 생각한다.

그러나 교단이 아무리 승원주의에 입각해도 실제로 숫자상으로도 두드러진 것은 은둔주의적 '작선주의'이며, 그 중심이야말로 말하지 않아도 알 수 있는 (나)의 '불'이다. 그런데 이 (나)와 관련하여 대승경전에서는 '불(들)'이 '(유정들에 대한) 애민哀愍 때문에 수령한다(prati/ pari-GRAH … anukampām upādāya)'[43] 라는 표현이 자주 등장하게 되는데, 여기서는 '작선주의'와 연관지어 이 표현의 배경을 잠시 살펴보고자 한다. 먼저 왜 이러한 표현이 가능한가 하면 '불'은 인도에서는 닥시나를 헛되게 하지 않는 바라문 제관과도 같은 영력을 가지고 있다고 믿어지고 있었기 때문이다. 그 영력 때문에 (나)'부처'는 '애민 때문'에 (가)유정이 제공한 닥시나(보수, 시물)를 '수령'할 수 있는 것이며, 이것을 (가)의 측에서 말하자면 친절하게도 (나)에게 '수령'해주신다라는 것이 된다. 게다가 필시 이런 생각은 태고의 바라문 '제식주의'의 시대로 거슬러 올라가는 것으로, 실제로 『리그 베다』 제1편 제126장 제5송에서는 다음과 같이 서술한다.[44]

pūrvām anu prayatim ā dade vas trīn yuktāṃ aṣṭāv aridhāyaso gāḥ/
subandhavo ye viśyā iva vrā anasvantaḥ śrava eṣanta pajrāḥ//

최초의 그것에 계속해서 우리는 너희들을 위해 증여를 수령하고, [마차에] 묶인 세 마리의 [숫소], 외부자를 기르는 여덟 마리의 암소를. 좋은 인연자로서 부족의 부녀처럼 짐수레를 따라 명성을 구하는 바즈라족 [너희들을 위해서].

여기서 '애민 때문에 수령한다'라고 하는 것과 완전히 똑같은 표현이 나타나고 있는 것은 아니지만, '너희들을 위해서 수령한다(ā-DĀ vas)'라는 표현은 그 주석에서 'yuṣmad-arthaṃ svīkṛtavān asmi(나는 너희들을 위해서 [증여 prayati를] 자신의 소유로 한다'라고 바꾸어 말하듯이, 1인칭으로 제시되는 (나)의 카크시바트Kakṣīvat[45]가 제관이든 시인이든 상관없이 베다의 '제식주의'의 권위를 가지고 (가)를 위해서 증여를 '수령'해준다고 하는 발상은 설사 맹아적이기는 해도 완벽한 형태로 제시되고 있다고 할 수 있다. 그런데 베다나 우파니샤드 시대에 이런 '제식주의' 권위의 체현자體現者로서 절대적 권력을 휘둘렀던 바라문brāhmaṇa도 불교가 성립한 기원전 5, 6세기가 되어 갠지스강 중류지역의 마가다를 중심으로 도시나 농촌이 발전하게 되면 새로운 종교가로서 사마나(samaṇa, śramaṇa, 沙門)가 배출되어 바라문 제식에 의한 영혼 지배가 아닌 사문의 고행tapas에 의한 영혼 지배 쪽이 압도적으로 지지받게 되었다. 그것은 고대적 제식지상주의의 닫힌 사회에서 어느 정도 사람들이 개방된 것을 의미한다. 그 시대의 고행에 의한 영혼의 개인적인 해방을 구가하는 사고방식을 필자는 '고행주의'라고 부르며, 이 '고행주의'를 일단 경유해서 사회나 문화가 다시 진전하고 경제의 화폐화나 사회의 계층화가 진행되면서 종교상으로도 보다 확대된 형태로 차별화된 직능상의 분업이 발전하고, 그것이 교단을 무대로 고행을 스스로에게 부과하여 고행으로 '불'처럼 영혼의 해탈을 얻었다고 믿어지는 출가고행자 (나)와, 스스로 고행을 하지는 않지만 출가고행자 혹은 그것을 옹호하는 교단에 푼냐나 닥시나를 제공하는 것에 의해 영혼의 해방을 도모하고자 하는 재가 기진자 (가)와의 분업이 사회적으로 널리 인지되는 형태로 확립되었다면 필자는 그것을 '작선주의'라고 부르는 것이다.[46] 그리고 그런 일이 가능한 무대로서의 교단이 기원 1세기에 들어서면 서북인도를 중심으로 본 장의 첫 부분에서 제시했던 칼라완 유적을 전형으로 급속도로 퍼져 드디어 인도 전통에 이르렀다고 생각되는 것은 말할 것도 없다.

1 불탑뿐만 아니라 불상과 이들을 포함한 승원의 구조 등에 관해서는 高田修, 『佛像の起源』, 東京: 岩波書店, 1967; 杉本卓洲, 『インド佛塔の研究 -佛塔崇拜の生成と基盤-』, 東京: 平樂寺書店, 1984; 桑山正進, 『カーピシー・ガンダーラ史研究』, 京都: 京都大學人文科學研究所, 1990을 참조하기 바란다.

2 여기서는 J. S. Speyer (ed.), *Avadānaçataka*, Bibliotheca Buddhica III, Vol. I, St. Pétersbourg, 1906-1909, Osnabsück, 1970, p.13, ll.2-6에 따르지만, 이 상투적인 문구가 기본적으로 100화의 서두에 모두 나타난다. 단, 장소는 라자그리하나 바이샬리 등으로 바뀔 때도 있다. 그리고 밑줄 친 d에 해당하는 산스크리트 복합어에서는 대부분의 경우 이른바 '팔부중'에서 간다르바를 제외한 형태로 나타난다. 따라서 이 부분은 오히려 예외적으로 간다르바를 포함하는 예이기는 하지만, 없는 쪽이 본래의 형태라고 판단하여 여기서는 생략했다. 또한 E. B. Cowell and R. A. Neil (ed.), *The Divyāvadāna*, Cambridge, 1886, Indian Second Edition, Delhi/ Varanasi, 1987에 대해서는 일일이 지적하지 않지만, 이 건을 포함하여 이 상투구에 관해서는 졸고, 「『法華經』と『無量壽經』の菩薩成佛論」, 『駒澤短期大學佛教論集』 6, 2000, p.278 및 p.258, 주32)를 참조하기 바란다.

3 팔리 문헌에서 이런 류의 용례는 엄청나게 많을 것으로 생각하지만, 여기서는 *Anaṅgaṇa-sutta*, Majjhima-Nikāya, Vol.I, pp.29-31; 片山一良 역, 『無垢經』, パーリ佛典 第1期 1 『中部 (マッジマニカーヤ) 根本五十經篇 I』, 東京: 大藏出版, 1997, pp.95-101만 지적해둔다.

4 앞의 졸고 (앞의 주2)), pp.280-277을 참조하기 바란다.

5 대승경전에는 특히 이 '팔부중'에 관한 용례가 많다고 생각되는데, 여기서는 Y. Ejima *et al., Index to the Saddharmapuṇḍarīkasūtra-Sanskrit, Tibetan, Chinese-*, Fascicle V, The Reiyukai, 1988, p.491에 따라 그 16 부분을 참조하기 바란다.

6 몰수죄 제10조에서 새롭게 추가된 직명에 대해서는 본서 제2부 제5장, p.279-280을 참조. 또한 당시의 사회경제적인 동향에 대해서는 中村元, 『宗教と社會倫理 -古代宗教の社會理想-』, 東京: 岩波書店, 1959, pp.353-372, 비문에 보이는 직명에 대해서는 G. Schopen, "Two Problems in the History of Indian Buddhism: the Layman/ Monk Distinction and the Doctrines of the Transference of Merit", *Studien zur Indologie und Iranistik, Heft 10 (1985), p.40: do., Bones, Stones, and Buddhist Monks: Collected Papers on the Archaeology, Epigraphy, and Texts of Monastic Buddhism in India*, University of Hawai'i Press, Honolulu, 1997, p.39를 참조하기 바란다.

7 팔리 문헌에는 이 예문도 상당히 많겠지만, 여기서는 Vinaya Piṭakaṃ, Vol. I, p.248;

Majjhima-Nikāya, *op. cit.*, (앞의 주3)), pp.104-108; 片山의 앞의 번역, pp.289-296만을 지적해둔다.

8 高田, 앞의 책; 桑山, 앞의 책 (앞의 주1))을 참조. 또한 본문(p.74)에서 제시한 칼라완 유적사원의 結構 그림에 대해서는 高田, 앞의 책, p.272에 근거한 것(실제로는 J. Marshall의 것과 동일)임을 밝혀둔다. 또한 桑山, 앞의 책, p.22의 그림 좌측에는 이 사원의 발전과 변천의 모습이 세 단계에 걸쳐 제시되어 있다. 그리고 奈良康明, 『佛教史I』, 世界宗教史叢書 7, 東京: 山川出版, 1979, p.339에는 高田, 앞의 책에 근거한 그림과 함께 그 유적 사진도 실려 있으므로 참고가 된다.

9 塚本啓祥, 『インド佛教碑銘の研究』 I, 東京: 平樂寺書店, 1996, p.972. 이 독해 이전의 비문 轉寫, 註記에 관해서는 같은 책, pp.971-972를 참조. 또한 인용 가운데 괄호 안의 uasia=upāsikā, parigraha는 필자가 전사에서 보충한 것이다. 그런데 이 파리그라하를 츠카모토는 '所領'이라고 번역하지만, 필자는 이를 자신의 번역어로 통일하기 위해 '受領'으로 변경하였다. 이 점 양해를 구한다. 실제 문헌에서는 파리그라하도 pratigraha도 같은 의미로 사용되고 있는 것 같다. 또한 독해 가운데 괄호 안의 or 이하에서 제시된 다른 해독에 관해서는 필자에게 판단 자격은 없지만, 의미상으로는 괄호 안의 다른 해독법을 채용하고 싶다. 그런데 앞의 주8)에서 언급한 그림에 관해 말하자면 塚本, 앞의 책, II, 東京: 平樂寺書店, 1998, p.455에서 J. Marshall, *A Guide to Taxila*, 4th ed., Cambridge, 1960, Fig.9에 근거한다고 명기하고, 같은 그림이지만 보다 크고 보기 쉬운 것이 덧붙여져 있다. 다른 유익한 많은 그림과 함께 참조하기 바란다.

10 이 게송을 포함한 『藥事』의 '카이네야 선인 이야기'에 대해서는 역주 연구로 졸고, 「カイネーヤ仙人物語-'一音演說法'の背景-」, 『駒澤短期大學佛教論集』 6, 2000, pp.55-114가 있으므로 이를 참조하기 바란다. 또한 이 논문에서도 언급한 바와 같이 『약사』의 이 부분이 의정 역에 없는 것은 원래 없었던 것이 아닌, 의정의 역출 후에 산일된 것이다. 또한 카이네야(케니야)와 샤이라(세라) 사이에서 '佛'의 훌륭함이 찬양되는, 이와 동일한 종류의 이야기가 *Suttanipāta*, pp.102-112에 있는 것에 관해서도 언급하였다. 이것에 관해서는 中村元, 『ブッダのことば -スッタニパータ-』, 東京: 岩波文庫, 1984 (改譯), pp.117-128을 참조하기 바란다. 다음 주41)을 달아 본문에서 인용한 팔리 『大品』과 같은 게송이 *ibid.*, p.111 (vv.568, 569); 中村元 역, p.127에서 발견된다는 점에도 주의해야 한다. 또한 '佛buddha'이라는 말이 '呪力을 담은 소리'로 생각되어 사용되고 있는 용례를 설일체유부 계통의 설화 자료를 중심으로 고찰한 것으로 平岡聡, 「呪力を秘めた音 "Buddha" -有部系梵文説話資料に見られるBuddhaの用例」, 石上善應教授古稀記念論文集 『佛教文化の基調と展開』, 東京: 山喜房佛書林, 2001, pp.191-202(横)가 있다. 숫타니파타의 예에 대한 언급이 없는 것은

유감스럽지만, 유익하므로 반드시 참조해야 한다.

11 이하의 인용은 대정장 2, p.666a, Majjhima-Nikāya, *op. cit.* (앞의 주3), p.19: 片山, 앞의 책, p.77. 번역은 가타야마를 따랐지만, 다른 부분에 대한 졸역과 역어를 통일하기 위해 '利得'은 '所得'으로 '臥座所'는 '寢臥具'로 바꾸었다.

12 (a)(가)는 『中阿含經』, 「羅摩經」, 대정장 1, p.776a, (a)(나)는 『증일아함경』, 「增上品」, 대정장 2, p.665b, (b)는 Majjhima-Nikāya, *op. cit.* (앞의 주3)), p.17; 片山, 앞의 책, p.72.

13 平川彰, 『初期大乘佛教の研究』, 東京: 春秋社, 1968, pp.140-147; 同, 『初期大乘佛教の研究 I』, 東京: 春秋社, 1989, pp.239-249를 참조.

14 이하의 산스크리트 문장은 P. Pradhan (ed.), *Abhidharmakośabhāṣya of Vasubandhu*, Patna, 1967, p.465, ll.10-15에서 회수한 것이다. 이것을 『잡아함경』에서 근거를 확보한 것은 필자가 아는 한 荻原雲來·木村泰賢 역주, 『國譯大藏經』 論部13, 東京: 國民文庫刊行會, 1921, p.142, 주178)이 처음인 것 같다. 『잡아함경』에 대해서는 대정장 2, pp.87c-88a, 제306경 및 印順 편, 『雜阿含經論會編』 (上), 台北: 正聞出版會, 1983, pp.389-392를 참조.

15 졸고, 「菩薩成佛論と捨身二譚」, 『駒澤短期大學研究紀要』 28, 2000, p.298을 참조.

16 Har Dayal, *The Bodhisattva Doctrine in Buddhist Sanskrit Literature*, London, 1932, repr, Motiral Banarsidass, 1970, pp.4-9를 참조.

17 干潟龍祥, 『本生經類の思想史的研究』, 東京: 東洋文庫, 1954, pp.9-13을 참조. 인용은 p.11.

18 '애니미즘'의 정의에 관해서는 E. B. Tylor, *Religion in Primitive Culture*, Harper Torchbook edition published 1958 as Chapters XI-XIX of *Primitive Culture*, 1871, repr. Peter Smith, Gloucester, 1970, pp.8-12, 83-36, '영혼의 轉生'에 관해서는 *ibid.*, pp.53-63을 참조. 그리고 '氣息breath'에서 유래한 ātman을 비롯한 여러 언어에 있어서의 용어는 *ibid.*, pp.16-17에 열거되어 있다. 또한 원시종교에서 '영혼'의 문제에 대해서는 古野清人, 『原始宗教の構造と展開』, 古野清人著作集 22, 京都: 三一書房, 1973를 참조. Tylor에 대해서는 같은 책, pp.44-48에서 논하고 있다.

19 海老澤有道 외 편저, 『キリシタン教理書』, キリシタン文學雙書, キリシタン研究 30, 東京: 教文館, 1993, pp.394-402를 참조. 『妙貞問答』 전체에 관해서는 상권이 이 시점에 처음 公刊되었으므로 당연히 이에 따라야 하겠지만, 이 부분은 하권에 속하기 때문에 이미 유포되어 있던 日本思想大系 25, 『キリシタン·排耶書』, 東京: 岩波書店, 1970에서 찾아보면 같은 책 pp.155-164가 이에 해당한다. 또한 본문의 인용 중 괄

호 안에는 원문의 假名에 맞춘 라틴어와 포르투갈어가 섞인 표기형이 아닌 포르투갈어만으로 표기를 통일하여 삽입하였다. 또한 기독교와 불교의 문제에 대해서는 졸저, 『法然と明惠 -日本佛教思想史序說-』, 東京: 大藏出版, 1998, pp.118-158을 참조하기 바란다.

20 출처를 포함하여 전부 앞의 논문 (앞의 주2)), pp.273-272에 기술되어 있으므로 자세한 내용은 이를 참조하기 바란다.

21 『숫타니파타』 건에 관해서는 앞의 주10)을 참조. 이 외 앞의 졸고 (앞의 주10)), pp.70-71, pp.91-95, 주67), 75), 76)을 참조하기 바란다. 또한 '七佛通戒偈'에 대해서는 졸고, 「七佛通戒偈ノート」, 『駒澤短期大學佛教論集』 1, 1995, pp.224-181을 참조.

22 *The Mahābhārata, Text as Constituted in Its Critical Edition,* Vol.II, The Bhandarkar Oriental Research Institute. Poona, 1972 p.1177, vv.6.34.18-19 (=*Bhagavadgītā,* vv.12.18-19). 上村勝彦 역, 『バガヴァッド・ギーター』, 東京: 岩波文庫, p.106을 참조.

23 V. Trenckner (ed.), *The Milindapañho,* p.383; 中村元・早島鏡正 역, 『ミリンダ王の問い』 3, 東洋文庫 28, 東京: 平凡社, 1964, pp.240-241을 참조.

24 谷川泰教, 「斧と栴檀-vāsī-caṃdaṇa-kappa考」, 『(高野山大學)佛教學會報』, 1994, pp.1-14 (横)를 참조. 필자는 이 논문의 존재를 너무 늦게 알았다. 이 건을 포함한 약간의 사정에 대해서는 앞의 졸고 (앞의 주2)), pp.253-252, 주56)을 참조하기 바란다.

25 *The Mahābhārata, op. cit.* (앞의 주22)), Vol.III, p.1997, vv.12.9.25. 또한 이것의 제4구인 'cintayann'을 'pradhyāyann'으로 하는 것 외에, 이와 완전히 동일한 게송으로 1.110.14도 알려져 있다. 이 제1편 제110장은 가장 최근에 간행된 上村勝彦 역, 『原典譯マハーバーラタ』 I, 東京: ちくま學藝文庫, 2002에 포함되어 있는 부분인데, 아쉽게도 같은 책, p.359에서 이 제14송을 포함한 제7-24송은 생략되어 있다. 하지만 참조한다면, 여기에 있을 이 게송의 의의에 관해 알 수 있을지도 모른다.

26 F. Nietzsche, *Ecce homo,* "Warum ich so weise bin" 6, G. colli und M. Montinari (ed.), Friedrich Nietzsche Sämtliche Werke, Kritische Studienausgabe in 15 Bänden, Band 6, Berlin/ New York, 1980, pp.272-273: 氷上英廣 역, 『この人を見よ』, 世界文學大系 42, ニーチェ, 東京: 筑摩書房, 1960, pp.365-366을 참조. 덧붙이자면 니체의 친구 도이센(1845-1919)은 앞의 주25)의 한 게송을 전반에 포함한 『마하바라타』 제12편 「寂静篇(Śānti-parvan)」의 후반 Mokṣa-dharma-parvan을 Paul Deussen, *Vier Philosophische Texte des Mahâbhâratam: Sanatsujâta-parvan-Bhagavadgîtâ-Mokṣadharma-Anugîtâ,* Kiel, 1906, repr., Wiesbaden, 1980, pp.111-884에서 독일어로 번역하고 있다. 따라서 간행은 니체 사후에 이루어졌지만 이러한 지식이 친구를 통해 니체에게도 알려졌을

가능성은 있다. 또한 그 당시 19세기 후반의 독일 지식인의 불교 이해에 대해서는 Carl Suneson, *Richard Wagner und die Indische Geisteswelt*, E. J. Brill, 1989, pp.20-44; 吉水千鶴子 역,『ヴァーグナーとインドの精神世界』, 東京: 法政大學出版局, 2001, pp.26-58이 참고가 될 것이다.

27 芥川龍之介,『西方の人』의 마지막 장「37 東方の人」을 참조할 것. 또한 졸저,『批判佛教』, 東京: 大藏出版, 1990, pp.47-52, pp.67-69도 참조하기 바란다.

28『大毘婆沙論』, 대정장 27, pp.728c-742c; 國譯一切經, 毗曇部 14, pp.147-202를 참조. 또한 이 부분을 고찰 대상으로 포함한 아비달마의 불타관에 관해서는 木村泰賢,『小乘佛教思想論』, 木村泰賢全集 5, 東京: 大法輪閣, 1968, pp.111-133을 참조.『대비바사론』에서 '三獸渡河'를 설한 경에 대해 언급한 것으로 같은 책, p.735b이 있다.『대반열반경』에 보이는 이와 유사한 부분에 관해서는 대정장 12, pp.501b-502c, pp.523c-524b; 田上太秀 역,『ブッダ臨終の說法』[完譯大般涅槃經] 3, 東京: 大藏出版, 1997, pp.133-139, pp.267-271을 참조하기 바란다. 또한 이 주제를 둘러싼『대비바사론』과『대반열반경』의 관계에 대해서는『우바새계경』도 고려하며 본서 제2부 제7장, 주23) 및 그 주를 단 본문에서도 논하였으므로 참조하기 바란다.

29 R. Gnoli (ed.), *The Gilgit Manuscript of the Saṅghabhedavastu*, Pt. I, Roma, 1977, p.124. 제(3)송의 제1구의 독해는 E. Waldschmidt (ed.), *Udānavarga*, Göttingen, 1965, p.395, v.XXX, 12의 제1구를 따른다. 다른 교감에 관해서는 E. Waldschmidt (ed.), *Das Catuṣpariṣatsūtra*, Berlin, 1957, pp.88-91에 의한다. 단, 의정이 번역한 원문은 대정장 24, p.125c를 보기 바란다.

30 앞의 졸고 (앞의 주15)), p.345, 주72)를 참조. 그리고 原實,『古典インドの苦行』, 東京: 春秋社, 1979, p.334, 주13)을 중심으로 그 전체 및 櫻部建,「「功德」という語について」,『增補佛教語の硏究』, 京都: 文榮堂書店, 1997, pp.136-144를 참조.

31 이후에 이 표현이 jñāta-mahā-puṇya라는 복합어가 되어 교단 내에서 일종의 직명처럼 사용되었다는 점은『유가사지론』의 용례를 통해 알려져 있다. 이에 대해서는 졸고,「*Yogācārabhūmi*における64種の有情分類リストについて」,『駒澤短期大學硏究紀要』27, 1999, pp.139-172를 참조. 또한 후대의 그 직분의 실질적인 내용에 대해서는 グレゴリー·ショペン 저, 小谷信千代 역,『インドの僧院生活 - 大乘佛教興起時代-』, 東京: 春秋社, 2000, pp.210-214에서 논의하고 있으므로 참고하기 바란다.

32 이 (가), (나), (다)라는 기호는 본서 제2부 제12장에서 사용한 것과 완전히 동일한 의미로 사용하고 있으므로 본서, p.493에서 제시한 '작선주의 그림'과 함께 참조하기 바란다. 또한 여기서 '작선주의'에 대해 부언해두자면, 필자가 그것을 인도의 '습관'을 반영한 것이라고 주장하는 이상, 그 방면의 연구도 게을리해서는 안

될 것이다. 이 점과 관련하여 原實는 Paul Thieme, "Indische Wörter und Sitten" [1939], *Paul Thieme Kleine Schriften*, Glasenapp-Stiftung, Band 5, Wiesbaden, 1984, pp.343-370이 있다는 사실을 알려주었다(2002년 3월 10일자 서신). 하지만 필자가 바로 착수하지 않았기 때문에 입수가 늦어져 본문에서는 활용할 수 없었다. 그 후에 읽고 중요한 것이라고 생각하여 여기에 보충해두었다. 이를 보면 (가)의 (나)에 대한 '공양'의 모습이 satkṛ로 표현되고, '공양' 그 자체인 pūjā가 어떠한 수단에 의해 이루어지는지 명확하며, 또한 그것들이 얼마나 인도적인 것인지도 명확하다.

33 外薗幸一, 「廻施と呪願(Dakṣiṇā)」, 『伊原照蓮博士古稀記念論文集』, 福岡: 同記念會, 1991, pp.193-225(横)를 참조하기 바란다.

34 A의 산스크리트는 앞의 주29)와 같다. 티베트역은 P. ed., No. 1030, Ce, 35a1, 의정역 『破僧事』는 대정장 24, p.125b. B는 É. Senart (ed.), *Le Mahâvastu*, III, Société Asiatique, Paris, 1897, Meicho-Fukyū-kai repr., Tokyo, 1977, p.305, ll.1-2. 단, B는 위치상 대응하는 것으로, 이 이하에서 제시되는 게송은 A 이하와 같은 것을 포함하지 않으며, 또한 대폭 증광된 것이다. 또한 B의 영역에 대해서는 J. J. Jones (tr.), *The Mahāvastu*, III, Sacred Books of the Buddhists, Vol.19, London, 1956, repr. 1978, pp.292-293을 참조하기 바란다. 덧붙이자면 본서의 글이 모두 완성된 후에 간행된 定方晟, 「二商人奉食の傳說について」, 『東海大學紀要文學部』 76, 2002에서는 B는 同, p.111, (IV)절의 서두에서 제시되고 있으므로 이 논문에서 거론한 다른 문헌의 (IV)절 서두와 비교해보는 것이 바람직하다.

35 外薗, 앞의 논문 (앞의 주33)), p.197.

36 櫻部建, 「功德を廻施するという考え方」, 『佛教學セミナー』 20, 1974, pp.93-100을 참조. 덧붙이자면 이 사쿠라베의 논문은 최근에 櫻部建, 『阿含の佛教』, 京都: 文榮堂, 2002, pp.136-146에서 보완하여 재수록하고 있다. 또한 사쿠라베의 논문과는 별도로 티베트역 『근본설일체유부율』이나 비명문 등의 용례를 기반으로 이 표현을 고찰한 쇼펜은 이것에 'direct the reward'라는 거의 동일한 이해를 보여주는 역어를 제시하고 있다. Schopen, *op. cit.* (앞의 주6) 후자), p.78, p.229, n.43, p.231, n.61을 참조하기 바란다.

37 닥시나의 원의에 관한 베다학자나 인도학자의 성과에 대해서는 본서, 제2부 제11장에서 Heesterman, Oguibenine, 原實의 논문에 근거하여 간단하게 고찰하고 있으므로 그것으로 대신한다. 단, 그 후 渡邊重朗가(2000년 6월 21일) Klaus Mylius의 논문 '*dakṣiṇā*: Eine Studie über den altindischen Priesterlohn" [1979], *Das Altindische Opfer*: Ausgewählte Aufsätze und Rezensionen, Jubiläumsausgabe zum 70. Geburtstag

von Klaus Mylius, Wichtrach, 2000, pp.272-321가 있다는 것을 알려 주어 앞의 세 사람과 명확히 다른 견해를 가진 연구 성과에도 시야를 넓히게 되었다. 알았다고 해서 베다학자도 인도학자도 아닌 필자가 서로 다른 그들 연구 성과의 시비를 판단할 수 있는 입장은 아니지만, 와타나베에게 감사의 마음을 전할 생각에 밀리우스 논문의 요점만 간단하게 기술해둔다. 밀리우스 논문의 가장 중요한 논점은 닥시나가 서구적인 의미에서의 fee(사례)나 salary(급여)나 remuneration(보상)이 아니라는 것을 주장한, 특히 Heesterman의 논문 비판에 놓여져 있다는 점이다. 따라서 밀리우스는 닥시나를 마치 Priester(사제자들)가 받는 Lohn(보수)으로 하는 Hillebrandt의 논문(1897)을 비롯한 종래의 베다학자나 인도학자의 '사제자들에 대한 공희의 보수(der Opferlohn für den Priester)'나 '의식의 사례(les honoraires du sacrifice)'라는 해석을 지지하고, 이를 논증하기 위해 베다 문헌을 중심으로 한 상세한 문헌학적 고찰을 전개한다. 그런데 앞서 언급한 바와 같이 필자는 이를 엄밀하게 판단할 자격은 없지만, 밀리우스의 논문은 매우 엄격한 문헌학적 설득성을 보여 주는 것 같다. 하지만 다른 한편으로 불교문헌, 특히 대승경전 이후의 그것에 익숙한 필자에게 있어 Heesterman의 논문의 견해나 주장도 어느 정도는 납득이 간다. 필시 그의 논문의 연구는 베다 문헌 그 자체라기보다는 브라흐마나 문헌이나 힌두 문헌에 중점을 두고, 거기서 얻은 감촉을 베다 문헌의 해석에도 반영시켜버렸기 때문에 이런 차이가 발생하게 된 것은 아닐까 생각된다. 따라서 이 두 가지 해석 중 한쪽을 명확하게 부정하지 않는 필자의 입장은 매우 난해해 보일지도 모르지만, 닥시나의 원의는 밀리우스의 주장에 따라 '보수(Lohn, fee)'라는 의미 쪽을 채택하고 싶다.

38 그 실제 용례에 대해서는 外薗, 앞의 논문 (앞의 주33)), pp.195-196에 *Abhisamācārikā* 나 *Mahāvastu*에도 의거하여 지적되고 있으므로 참조하기 바란다.

39 전자에 대해서는 앞서 기술한 졸고 (앞의 주10)), 후자에 대해서는 졸고, 「貧女の一燈物語 -「小善成佛」の背景(1)(2)-」, 『駒澤短期大學研究紀要』 29, 2001, pp.449-470; 『駒澤短期大學佛教論集』 7, 2001, pp.306-271을 참조하기 바란다.

40 이 건에 대해서는 졸저, 『唯識思想論考』, 東京: 大藏出版, 2001, p.50, 주21)을 참조. 그리고 '복전'에 대해서는 팔리 문헌을 중심으로 한 것이기는 하지만 早島鏡正, 『初期佛教と社會生活』, 東京: 岩波書店, 1964, pp.687-734에 수록된 「福田思想の發達とその意義」에서 매우 상세히 검토하고 있으므로 참조하기 바란다. 또한 그 pp.707-713에서 제시하는 '복전'의 분류 가운데 '佛福田'과 '僧福'은 차례대로 이하 필자가 서술할 dakṣiṇīya로서의 '佛'과 '교단'을 가리키며, 마지막의 '施物福田'은 dakṣiṇīya라기보다는 dakṣiṇā 그 자체를 가리키는 것이라고 생각된다.

41 이하의 인용과 거의 같은 것을 제시한 것으로 이미 앞서 든 졸고 (앞의 주39) 후자(1)), p.456에서 하고 있다. 출처 부분은 (I)은 Vinaya Piṭakaṃ, Vol.I, p.246, (II)(i)은 Gnoli, op. cit. (앞의 주29)), pt. II, p.29, (II)(ii)는 P. ed., No.1030, Ce, 125a7-8, (III)은 대정장 23, p.192b, (IV)는 대정장 23, p.158b. (I)과 같은 게송이 『숫타니파타』에 있다는 점에 관해서는 앞의 주10)을 참조. (III)의 한역자에 대해서는 임시로 弗若多羅로 해두었는데, 이에 대해서는 平川彰, 『律蔵の研究』, 東京: 山喜房佛書林, 1960, pp.121-131을 참조. 또한 세세한 교감에 대해서는 언급하지 않지만, (III)과 같은 게송은 대정장 23, pp.188c-189a; 同, pp.189c-190a에서도 볼 수 있다. 또한 각 게송의 제시방법에 관해 말하자면, (I)은 'imāhi gāthāhi anumodi', (II)는 'anayânumodanayâbhyanumodate', (III)은 '說偈呪願', (IV)는 '隨喜便說偈言'이며, 앞에서 주34)를 달아 인용한 본문에 보이는 A유형이다.

42 순서대로 본서 제1부 제1장, p.28, 주41) 이하의 본문 및 같은 책, p.16, 주21) 이하에서 인용한 『대비바사론』의 한 구절을 참조하기 바란다.

43 여기서는 Ejima, *op. cit.* (앞의 주5)), Fascicle III, p.211. upā-√dā 항목의 용례에서 다루고 있는 『법화경』의 여섯 군데만 지적해둔다. 또한 앞서 거론한 졸고 (앞의 주2)), p.249, 주71)도 참조하기 바란다.

44 *Ṛgveda-Saṁhitā with the Commentary of Sāyaṇācārya*, Vol.I, Second ed., Vaidika Saṁśodhana Maṇḍala, Poona, 1972, pp.797-799에 의한다. 인용한 게송은 p.799. 번역은 辻直四郎, 『リグ·ヴェーダ讃歌』, 東京: 岩波文庫, 1970, p.278에 의한다.

45 이 이름이 나오는 同, 제2송을 츠지의 번역으로 제시하면 "[나에게] 원조를 청한 왕으로부터 나는 하루 안에 수령하였다. 황금 백 편, 말 백 마리를 선물로 나 카쿠시밧트(시인의 이름)는 대왕으로부터 소 백 마리를. 그는 不易의 이름을 천지에 떨쳤다."가 된다.

46 '고행주의'를 경유한 '작선주의'의 존재방식에 대해서는 졸저, 앞의 책 (앞의 주19)), pp.16-23을 참조하기 바란다. 또한 이 책이 原案으로 삼은 것은 본서 제2부 제12장, p.493에서 제시한 그림 및 그 그림을 전후로 한 기술이다.

4/ 대승불교성립론

본 장에서는 앞 장에서 논했던 설일체유부를 중심으로 한 전통적인 불교교단을 무대로 한층 더 침투해간 '작선주의'하에 대승경전이 창작되고, 그 경전의 창작 및 그에 기반을 둔 논술 활동이 훗날 대승불교라 불리게 되었지만, 그 모두가 전통적 불교교단을 거점으로 번영했으며, 대승불교라는 것이 이런 전통적 불교교단과 별개로 존재했던 것은 결코 아니라는 점을 고찰하고자 한다.

『디비야 아바다나』의 성립 상황에 대해서는 아직 충분히 정확하게 해명되지 못한 면이 많지만, 그 편찬이 위와 같이 전통적 불교교단을 대표하는 설일체유부에 의해 기원 1세기 이후에 이루어졌다고 생각하는 것에 대해 별로 이견은 없을 것으로 생각한다.[1] 그런데 이 『디비야 아바다나』와 설일체유부 율장의 관계에 대해 『근본설일체유부율』이 『디비야 아바다나』로부터 차용했다는 생각을 처음 표명한 것으로 보이는 J. 프르질러스키는 일찍이 『대지도론』의 다음과 같은 기술에 주목하고 있다.[2]

毘尼vinaya 名比丘作罪, 佛結戒, 應行是, 不應行是, 作是事, 得是罪. 略說有八十部. 亦有二分. 一者, 摩偸羅Mathurā國毘尼, 合阿波陀那avadāna 本生jātaka, 有八十部. 二者, 罽賓Kaśmīra國毘尼, 除却本生阿波陀那, 但取要, 用作十部. 有八十部毘婆沙解釋.

이에 근거하여 프르질러스키는 다음과 같이 서술한다.

[제34화처럼] 일종의 대승경전을 포함한 『디비야 아바다나』는 필시 나중에 재조작되었을 것이다. 마투라의 아바다나 총서는 아마도 [티베트대장경의] 도델mDo 'grel에 수록된 4개의 아바다나를 포함하고 있었을 텐데, 그중 세 개는 현행 『디비야 아바다나』에서는 찾아볼 수 없다.
위에서 한 고찰은 언뜻 보기에는 근본설일체유부의 율은 카슈미르에서 편찬되었다고 하는 실로 그럴듯한 견해와는 모순된다고 생각한다. 이 기념비적인 율은 많은 아바다나를 포함하고 있는데, 우리들은 또한 『대지도론』에 의하면 카슈미르의 율이 아바다나를 버렸다는 것도 알고 있는 것이다. 그러나 그러한 어려움은 해결할 수 없는 것은 아니다. 근본설일체유부의 율은 일종의 저수지처럼 생각되며, 거기에 설일체유부 문헌의 모든 조류가 흘러들어오고 있는 것이다.

필자는 도델mDo 'grel에 수록된 네 개의 아바다나와 『디비야 아바다나』의 관계에 관한 시사도 지금 다시 재고할 가치가 있다고 생각하지만,[3] 여기서는 위에서 인용한 문장 가운데 설일체유부로부터 근본설일체유부로의 전개를 특별히 다른 부파로의 전개로 생각하지 않는 표현에 주목하고 싶다. 필자 역시 그다지 자각적이지는 않다 해도 왠지 그럴 것 같다는 생각을 하고 있었다. 그런데 프르질러스키 이후 근년에 들어 언제부턴가 '설일체유부와 근본설일체유부는 결코 동일한 실체가 아니'라는 것을 전제로 한 논의가 학계에서 많아진 것 같다. 이에 비판적 견해를 취하는 에노모토 후미오榎本文雄는 프르질러스키에 대해서는 언급하지 않지만, 이 문제를 다음과 같이 결론 내리고 있다. 필자 역시 그 결론에 찬성하며 '설일체유부'라는 호칭에 관해서도 거기서 지적하고 있는 바와 같은 의미로 사용하고 싶다고 생각하므로, 이하 그 한 문장을 인용한다.[4]

> 이와 같이 '근본설일체유부'와 '설일체유부'가 동일한 이상 『근본설일체유부율』과 『십송률』 모두 '설일체유부' 소속이며, 이 점에서는 양자 구별할 수 없다. 따라서 '설일체유부' 내부에 두 종류의 율이 존재한 것이 된다. 『대지도론』에 보이는 '마투라국비니摩偸羅國毘尼'와 '계빈국비니罽賓國毘尼'라는 기록도 양자의 부파적 차이를 보여주는 것이라고 볼 수 없으며, 후자는 『십송률』에 해당한다는 점에서 같은 시대에 지방에 따라 다른 율이 '설일체유부' 내부에 존재한 것을 보여준다고 생각한다. 즉, 율을 달리하는 분파가 '설일체유부' 내부에 존재한 것이 된다.

이 분파가 제2장 말미의 그림에서도 제시한 바와 같이, 상좌부 내부에서의 어떤 논쟁에 의한 설산부와 설일체유부의 형성과 같은 것이었을지도 모른다는 가능성을 포함하여, 다시 『십송률』에서 『근본설일체유부율』로의 전개에는 압도적인 증광이 시도되었다는 것을 명확하게 부대조건으로 삼고, 필자는 위에서와 마찬가지로 에노모토의 견해에 따르고자 한다. 그런데 그 전자로부터 후자로의 증광 과정에서 프르질러스키도 인정하고 있는 바와 같이 『근본설일체유부율』은 『디비야 아바다나』로부터 증광의 소재로 여러 아바다나를 마치 '마투라국비니'가 한 것처럼 차용해간 것이라고 생각한다. 그 『디비야 아바다나』의 현행본 제26~29장은 주지하듯이 이른바 '아쇼카 아바다나'라 불리는 하나의 문헌군을 구성하고 있다.[5] 이것은 역사적 사실로서의 아쇼카왕에게 제재題材를 취하면서 허실虛實을 섞어 한 편의 전승담으로 완성한 것인데, 거기에는 그 문헌을 만들어간 당시 교단의 대규모화한 승원화의 현상이 반영되어 있는 것 같다. 따라서 이하에서는 그 일부를 취하여 대승불교의 성립 배경을 고찰해보고자 한다. '아쇼카 아바다나'의 4장 가운데 마지막 제29장[6]은 아쇼카왕과 마우리야 왕조의 몰락을 서술한 것이다. 과거의 대기진자大寄進者 아나타핀다다 거사를 본받아 쿠르쿠타 아라마(Kurkuṭārāma, 鷄園)사원에 모두 기진해버린 아쇼카왕은 결국 국고를 다 써버려 마지막에 그의 손에는 '반쪽의 아말라카 열매ardhâmalaka'밖에 남지 않았다고 한다. 이 '반쪽의 아말라카 열매'라는 것은 이 보시가 '흙덩어리pāṃśu' 보시와 연결되어 말해지는 것을 보아도 알 수 있듯이, 본 장에서 나중에 언급할 '소선성불小善成佛'의 '소선'[7]을 시사한다고 생각된다. 마지막에 남은 이 '반쪽의 아말라카 열매'를 아쇼카왕이 하인을 시켜서 교단에 기진하도록 의뢰할 때에 교단에 전하도록 지시한 말은 다음과 같다.[8]

> Jambudvīpâiśvaryasya rājña eṣa sāṃpratam vibhava iti idaṃ tāvat paścimaṃ dānaṃ tathā paribhoktavyaṃ yathā me saṃgha-gatā dakṣiṇā vistīrṇā syād
>
> 이 [반쪽의 아말라카 열매]가 지금 잠부드비파를 지배하는 왕의 재산이므로 아무쪼록 이 마지막 보시를 [교단이] 내 보시의 공덕(dakṣiṇā, 報酬)이 교단 소속이 되어saṃgha-gata 널리 퍼지도록 향수享受해주세요.

이 명령에 따라 '그 반쪽의 아말라카 열매를 분말로 만들어 스프에 넣어서 교단에 대접한tad ardhâmalakaṃ cūrṇayitvā yūṣe prakṣipya saṃghe cāritam' 것인데, 왕은 그 후에 대지를 교단에 기진하고 이 세상을 떠난다. 하지만 아쇼카왕을 이은 삼파디왕 때에 그 대지를 다시 사들이고, 왕위는 차례대로 마지막 푸샤미트라까지 계승되었다. 푸샤미트라왕은 세상에 명성을 남기는 일에 부심腐心한다. 다음에 인용할 부분은 그 푸샤미트라왕의 환심을 산 궁정제관과 그에 따른 왕의 거동에 대해 언급한 구절이다. 단순한 이야기이지만 중요하므로 앞서와 마찬가지로 산스크리트 원문도 제시한다.[9]

> tasya brāhmaṇa-purohitaḥ pṛthag-jano 'śrāddhaḥ/ tenâbhihitam/ deva dvābhyāṃ kāraṇābhyāṃ nāma ciraṃ sthāsyati/ [一者作惡, 二者作善.] yāvad rājā Puṣyamitraś catur-aṅga-bala-kāyaṃ saṃnāhayitvā Bhagavac-chāsanaṃ vināśayiṣyāmîti Kukkuṭārāmaṃ nirgataḥ/ dvāre ca siṃha-nādo muktaḥ/ yāvat sa rājā bhītaḥ Pāṭaliputraṃ praviṣṭaḥ/ evaṃ dvir api trir api yāvad bhikṣūṃś ca saṃgham āhūya kathayati/ Bhagavac-chāsanaṃ nāśayiṣyāmîti kim icchatha stūpaṃ saṃghārāmān vā/ bhikṣubhiḥ [stūpāḥ] parigṛhītāḥ/ yāvat Puṣyamitro yāvat saṃghārāmaṃ bhikṣūṃś ca praghātayan prasthitaḥ/
>
> 그 [푸샤미트라]에게는 평범하고 신앙이 없는 바라문 궁정제관이 있었다. 그가 말했다. "왕이시여, 두 가지 원인으로 이름을 영구히 남기게 될 것입니다. 하나는 작악作惡이고, 하나는 작선作善입니다." 그러자 푸샤미트라 왕은 [코끼리와 전차와 기병과 보병의] 네 가지로 이루어진 군대를 무장시켜 "짐은 세존의 교계教誡를 멸망시키자."라고 생각하며 쿳쿠타 아라마(쿠루쿠타 아라마, 계원과 동일) 사원에 도착했다. 그러자 문 근처에서 사자후가 울려 퍼졌고, 왕은 겁에 질려서 파탈리푸트라로 되돌아갔다. 두 번째도 세 번째도 마찬가지였기 때문에 [왕은] 비구들과 교단을 불러들여 말했다. "짐은 세존의 교계를 멸망시키려 하는데, 도대체 너희

들은 불탑stūpa과 승원saṃghārāma 중 어느 쪽을 원하는가?" 비구들이 불탑 쪽을 선택하였다parigṛhīta. 그러자 푸샤미트라는 먼저 승원을, 그리고 나서 비구들을 파괴하기 시작했다.

이 이야기는 전 재산을 기진해버린 아쇼카왕의 '작선'과, 명성 때문에 교단 파괴로 내달린 푸샤미트라왕의 '작악'을 대비시켜 제시하고 있다. 물론 무대는 아쇼카왕 시대가 아닌 필시 기원후 2, 3세기경의 서북인도 어딘가일 것이다. 그리고 이 이야기의 아쇼카왕이 마치 기진의 모범을 아나타핀다다에게서 구했던 것처럼 이 이야기의 작자는 그 본보기를 바로 아쇼카왕에게서 구하여, 작자가 살던 시대의 설일체유부 교단의 상황을 거기에 반영하고 있는 것이라고 생각해야 한다. 또한 필자의 생각으로는 바로 지금 이 이야기가 연출되고 있는 무대에서 이미 대승불교는 성립하고 있었다고 보아야 한다.

대승불교의 성립을 상세히 논한 히라카와 아키라는 가장 오래된 대승경전 중 하나로 고역古譯『법경경法鏡經』에 대해서도 설하는『삼품경(三品經, *Triskandhaka*』이 있다는 점을 지적하고, 그것은 "필시 세 장으로 이루어진 경전으로, 과거의 악을 참회할 것을 서술하는 경전일 것이다."라고 추측하였다.[10] 그 후 기무라 타카야스木村高尉는 도쿄東京대학 소장의「트리스칸다카Triskandhaka」라 불리는 산스크리트 사본에 근거하여 이를 세 개의 한역과 대조하며 교정본을 간행하고, 그 성과로『삼품경』이 소위 '경經'이 아닌 '참회 실수實修를 위한 차제와 같은 것'이라는 견해를 밝혔다.[11] 매우 유감스러운 일이지만 필자는 최근까지 기무라의 이 논문이 있다는 사실을 몰랐다. 따라서 별도로『참회강식懺悔講式』같은 것을 가정하며 그러한 강식에 의해 '악업불식의 의식'이 의식으로 완성되어 있었다면, 거기에는 이미 대승불교가 성립하고 있다고 생각하여 그 생각을 기존에 논증해왔다.[12] 그런데 그 '악업불식의 의식'이란 이런 경위에 더해 지금 필자가 한 말을 가미해서 말한다면 '작선주의' 속에서 확립된 것으로, '작선'에 의해 '작악'을 불식한다고 생각하면 '작선'과 '작악'은 이러한 의미에서 한 쌍이 될 수 있는 것이다. 게다가 이 '작선'과 '작악'이라는 용어는 앞의 인용에서 푸샤미트라왕이 이름을 남기기 위한 2종의 원인으로 궁정제관으로부터 권유받은 것과 같은 말이라는 점에 주의해야 한다. 유감스럽게도 이 두 말에 대한 산스크리트 원문은 없지만, 문맥상으로 보면 결락된 것 같다. 원래 거기에 푼냐 카라puṇya-kara 대 파파 카라pāpa-kara와 같은 두 단어가 있었을 것이다. 한역에 의거한 H. 류더스는 그것을 각각 'Böses zu tun(악을 행하는 것)'과 'Gutes zu tun(선을 행하는 것)'으로 독일어 번역하고 있다.[13] 그리고 그 2종 가운데 '작악'을 선택한 푸샤미트라왕에 관해 서술하는 이야기의 말미는 왕이 '작악'인 채 '작선'으로 향하지 않았기 때문에 마우리야 왕조가 멸망한 것처럼 마무리 짓고 있지만, 실제로 말하려는 핵심은 푸샤미트라왕과 대칭적으로 '작악'에서 '작선'으로 옮겨간 아쇼카왕 쪽에 있었다는 것은 새삼 다시 언급할 필요도 없다. 그런데 그러한 이야기 속에서 게송으로 제시된 아쇼카왕의 참회는 바로 '악업불식의 의식' 그 자체를 명백히 말하고 있는 것이다.[14]

> daśa-bala-suta kṣantum arhasîmaṃ kukṛtam idaṃ ca tavâdya deśayāmi/
> śaraṇam ṛṣim upaimi taṃ ca Buddhaṃ gaṇa-varam ārya-niveditaṃ ca dharmam//
> 십력十力의 아들[子=佛]이여, 용서해주십시오. 저는 이 지은 악을 이제야 당신에게 참회합니다. 저는 선인이신 그 부처님과 최승最勝의 대중[衆]과 성자에게 보여주신 법에 귀의합니다.[15]

이 시점부터 아쇼카왕은 '작선'을 쌓아가는데, 그 결과 전생에서의 적선積善

에 의해 지금의 왕위도 있다는 점을 우파굽타 상좌는 다음과 같이 명확히 한다.

> paśya kṣetrasya māhātmyaṃ pāṃśur yatra viruhyate/ rāja-śrīr yena te prāptā ādhipatyam anuttaram//
>
> [복]전의 위대한 영력(靈力, māhātmya)을 보십시오. 그 [전생에] 흙덩어리가 뿌려져 그것에 의해 당신은 왕의 길상을 얻었습니다. [또한 당신에게는] 무상無上의 통치권이 있습니다.

이상을 보면 소위 「아쇼카 아바다나」에서는 '작악'과 '작선'이 명료하게 한 쌍으로 의식되고 있음을 알 수 있다. 이를 앞서 언급한 「트리스칸다카」의 다음과 같은 구절[16]과 관련지어보면, 당시 실행되고 있었을 '참회강식'의 실상이 명확해질 것이라고 생각한다.

> yathā pariṇāmitam atītair buddhair bhagavadbhiḥ yathā pariṇāmayiṣyanti anāgatā buddhā bhagavanto, yathā pariṇāmayanty etarhi pratyutpannā buddhā bhagavantas tathā 'ham api pariṇāmayāmi. sarva-pāpaṃ pratideśayāmi sarva-puṇyam anumodayāmi. sarvān buddhān adhyeṣayāmi bhavatu me jñānam anuttaram.
>
> 마치 과거의 제불세존이 회향廻向한 것처럼, 그리고 미래의 제불세존이 회향할 것처럼, 또한 현재의 제불세존이 지금 회향하고 있듯이, 그처럼 저 역시 회향할 것입니다. 저는 모든 악업을 참회합니다. 저는 모든 복덕을 수희합니다. 저는 모든 제불을 권청합니다. 저에게 무상의 지智가 있기를 …

짧은 '참회강식' 같은 것이기는 하지만, 『삼품경(三品經, *Triskandhaka*)』 자체에도 시대의 추이가 있었음은 말할 것도 없을 것이다. 하지만 『우그라닷타 파리프릿차*Ugradattaparipṛcchā*』의 가장 오래된 번역인 『법경경』이 시사하는 『삼품경』에 위의 회향(廻向, pariṇāmanā)·참회(懺悔, pratideśanā)·수희(隨喜, anumodanā)·권청(勸請, adhyeṣaṇā)을 사본주四本柱[17]로 하는 중핵 부분에서 큰 증감이 있었다고는 도저히 생각할 수 없다. 게다가 이 『삼품경』에서 언급하는 『법경경』이 말하는 바와 같이 '재가보살(gṛhī bodhisattvaḥ, 開士居家)'이 '출가보살(pravrajito bodhisattvaḥ, 開士去家)'이 있는 교단에 가서 '악업불식의 의식'을 집행해 받을 때에 위의 인용 부분을 중핵으로 한 『삼품경』이 낭송된 것이다.[18] 그런데 그 중핵이 성립하기 위해서는 위대한 영력(靈力, māhātmya)을 지닌 '부처님'들이 미리 '권청' 받아야 하는데, 그 '부처님'을 둘러싸고 당연히 시대의 변천이 현저해진다. 가장 단순한 변화는 열거되는 '부처님'의 이름과 숫자이겠지만, 후대에 가장 안정된 형태로 조정된 것이 삼십오불이었다고 생각해도 될 것이다. 하지만 이하의 『비나야 비니슈차야 우팔리 파리프릿차*Vinayaviniścayopāliparipṛcchā*』와도 일치하는 「트리스칸다카」의 한 구절[19] 역시 후대의 '불佛' 관념이 반영된 매우 본질적인 증광 부분이라고 볼 수 있을 것이다.

> tat sarvaṃ karma'āvaranaṃ teṣāṃ buddhānāṃ bhagavatāṃ jñāna-bhūtānāṃ cakṣur-bhūtānāṃ sākṣī-bhūtānāṃ pramāṇa-bhūtānāṃ jānatāṃ paśyatām agrataḥ pratideśayāmy āviṣkaromi na praticchādayāmi.
> 저는 그 모든 행위(카르마)의 장해障害를 지智이며, 눈이며, 증인이며, 진실의 기준이며, 실제로 알고 있고, 실제로 보고 있는 그들 불세존들 앞에서 참회하고, 발로發露하며, 숨기지 않겠습니다.

① 如是等處, 所作罪障, 今皆懺悔.

② 如是一切業障, 我今對, 一切諸佛世尊, 具一切智者, 具五眼者, 證實際者, 稱量者, 知者, 見者, 前, 我今誠心, 悉皆懺悔, 不敢覆藏.

이 어전에서 '권청'받고 있는 '부처님'들이 위대한 영력을 가지면 가질수록 그 '복전' 앞에서 집행되는 '악업불식 의식'의 효과는 확실한 것이 된다고 믿어지고 있었으므로, 이들 '부처님'들의 숫자나 명칭이나 성질 규정에 역점이 놓여 그것을 중심으로 변화가 보이는 것도 당연하다. 그런데 위에서 인용한 부분에 관해 말하자면, 오래된 쪽의 한역인 ①의 『결정비니경決定毗尼經』과 『대보적경大寶積經』「우바리회優波離會」가 '불'의 성질 규정을 완전히 결여하고 있는데 비해, 새로운 한역 『삼십오불명예참문三十五佛名禮懺文』과 산스크리트본이나 티베트본에는 그 규정이 있는 것을 보아도 후자가 후세에 증광된 것이라는 점은 명확하다. 그 규정을 나타내는 말은 산스크리트로 말하자면 즈냐나 브후타jñāna-bhūta, 착슈르 브후타cakṣur-bhūta, 삭시 브후타sākṣī-bhūta, 프라마나 브후타pramāṇa-bhūta, 자나트jānat, 파슈야트paśyat인데, 이 중 가장 새로운 용어라고 생각되는 것이 삭시 브후타와 프라마나 브후타이다. 그런데 이 두 용어가 설일체유부에 속하는 문헌인 『랄리타 비스타라』에서도 같은 '불' 규정의 용어로 사용되고 있다는 점은 알려져 있다. 그 한 문장에 관해서는 이와 비슷한 『무량수경*Sukhāvatīvyūha*』의 한 문장과 함께 이미 필자도 고찰한 적이 있으므로 이하 ⓐ문제의 한 구절을 졸역과 함께 제시하고, ⓑ그것에 대한 필자의 고찰 일부를 제시하고자 한다.[20]

ⓐ bhagavaṃs tvam eva sa-devakasya lokasya parama-sākṣī-bhūtaḥ pramāṇa-bhūtaś ca

세존이시여, 당신만이 신들과 함께하는 사람들에게 있어 최고의 증인이며 진실의 기준입니다.

ⓑ 그런데 이 [『랄리타 비스타라』와 『무량수경』] 양자의 한 구절이 모두 후세의 부가라고 할 때, 어느 쪽이 보다 후세였는가 하면, 필자는 『랄리타 비스타라』 쪽이 분명 후대의 새로운 요소를 보여준다고 생각한다. 이 한 구절과 관련하여 『무량수경』→『랄리타 비스타라』라는 전개에 관한 필자의 추측을 제시해보면 다음과 같다. 먼저 전자[『무량수경』]에서 '붓다(buddha, 佛)'가 '기준pramāṇa'이자, 삭신sākṣin/ 바신*vaśin(감시자[증인]/ 지배자)이라는 것이 말해지게 된 후에 삭신은 삭시 브후타sākṣībhūta/ 바시 브후타vaśībhūta 등으로도 불리게 되고, 그 후에 프라마나pramāṇa와 삭시 브후타/ 바시 브후타 양쪽이 한 쌍으로 의식되고, 불세존(buddho bhagavān)이 초월적인 존재자로서 뛰어난 자라는 것이 점점 의식되게 되면, 앞의 말에는 뒷부분에 브후타(bhūta, 진실)가 붙고, 뒤의 말에는 앞부분에 파라마(parama, 최고의)가 붙는다. 게다가 그 양쪽의 말이 두 가지 기능을 보여주고 있다는 점이 명료하게 의식되면서 차ca가 첨가된 것이다. 그 결과 후자[『랄리타 비스타라』]에서는 기본적인 구조로 "*bhagavān eva lokasya parama-vaśī[/sākṣī]bhūtaḥ pramāṇa-bhūtaś ca(세존만이 사람들에게 있어 최고의 지배자[증인]이며 진실의 기준이다.)"라는 표현이 주어지게 되었다는 것이다.

위의 인용 가운데 ⓑ에서 제시한 필자의 추측이 만약 성립한다면, 설일체유부에서 현행하는 것과 같은 『랄리타 비스타라』가 성립했을 때에는 이미 현행하는 대승경전인 『무량수경』은 적어도 설일체유부 교단의 주변에 알려져 있었다고 보아야 한다. 그런데 필자는 이 건과 관련하여 대승경전인 『무량수경』조차 설일체유부가 만들었다고 보아도 좋다고 생각한다. 하지만 설일체유부가 대승경전을 만드는 일 등은 있을 수 없다는 선입견을 고집하는 사람의 경우에는 힌두이즘의 영향이 농후한 푸라나나 대승경전적 성격을 보여주는 『랄리타 비스타라』조차도 기존의 전승을 잘못이라고 부정하면서까지 설일체유부 소속일 리는 없다고 주장할 수밖에 없다. 따라서 이하 ⓐ그 전승을 전한 법장부Dharmaguptaka 소속의 『불본행집경佛本行集經』의 한 구절과 ⓑ전승 부정설 중 가장 유력한 것이라고 생각되는 호카조노 코이치外薗幸一의 견해를 병기한다.[21]

ⓐ 摩訶僧祇師(mahāsāṃghika, 大衆部), 名爲大事(*Mahāvastu*). 薩婆多師(Sarvāstivādin, Sarvāstivāda, 說一切有部), 名此經爲大莊嚴(*Lalitavistara*). 迦葉維師(Kāśyapīya, 飮光部), 名爲佛生因緣. 曇無德師(Dharmaguptaka, 法藏部), 名爲釋迦牟尼佛本行. 尼沙塞師(Mahīśāsaka, 化地部), 名爲毘尼藏根本.

ⓑ 현존하는 Lv[『랄리타비스타라』]는 분명 대승경전에 속하는 것이며, 『방광대장엄경方廣大莊嚴經』도 분명 그러하므로, 소승 부파인 유부에 속한다고 생각하는 것에는 명확한 모순이 있다. (중략) 이상과 같은 여러 점에서 볼 때 Lv를 유부계 소속이라고 보는 것은 오랫동안 이어져온 착오라고 보아야 한다.

이와 같이 '오랫동안 이어져온' 전승을 '착오'라고 판단해도 당연시되는 배경에는 대승경전이 전통적인 불교교단 안에서 창작되었을 리 없다고 하는 히라카와의 '대승불교 재가교단 기원설'이 거의 정설로 정착해버렸다는 사정이 있을 것이다. 그러나 그 히라카와설에 대해 최근에야 비로소 다양한 관점에서 의문이 제기되고 있는 것 역시 주지하는 바이다. 필자 역시 히라카와설로부터 큰 은혜를 입었지만 '대승불교 재가교단 기원설'에는 반대해왔다. 필자의 주장은 '대승불교 출가교단 기원설'이라고 불러도 좋을지 모르겠다. 이 자설의 명칭은 히라카와설 외에 쇼펜에 의한 '대승불교 주변지역 기원설'을 염두에 두고, 그 두 설 가운데 어느 쪽도 아닌 필자의 입장을 명확히 하기 위해 사용한 것이다.[22] 필자의 '대승불교 출가교단 기원설'에 의하면, 앞서 살펴본 『법경경』 혹은 그것과 동본이역同本異譯의 경전에서 '재가보살'이 '출가보살'이 있는 교단에 가는 것처럼 기술되어 있다면 그 교단은 전통적인 '출가교단' 외에 다른 것을 가리킬 수 없지만, 히라카와의 '대승불교 재가교단 기원설'에 의하면 그렇게 단순하게 생각할 수는 없다. 그 때문에 히라카와는 『법경경』 혹은 그것과 동본이역인 경전에서 묘사되고 있는 '재가보살'과 '출가보살' 양자가 만나는 무대가 대승불교가 성립할 당초에는 재가교단의 거점으로서의 스투파stūpa였던 것이 나중에 비하라vihāra로 변한 것이라며 여러 번역을 비교하며 해석할 수밖에 없었던 것이다. 그런데 사사키 시즈카는 그 히라카와의 역어 비교에 근거한 해석을 매우 세심하게 검토한 후에 성립하기 어렵다는 점을 논증하며 다음과 같이 결론짓고 있다.[23]

> 이와 같이 보살들의 주처가 스투파라고 확정할 수 없는 이상, 그것이 부파승단 이외의 장소에 존재하고 있었다고 주장할 수는 없다. 히라카와도 지적하고 있듯이, 오히려 그 주처에 성문승聲聞乘 비구라고 생각되는 사람들이 살고 있던 점이나, 보살과 성문승들이 항상 접촉하고 있었다는 점을 고려한다면 출가보살과 성문은 공주共住하고 있었다고 생각하는 편이 합리적일 것이다. (중략) 불탑은 승단 안에 세워지는 경우도 있었을 것이며, 승단과 별개의 장소에 세워지는 경우도 있었을 것이다. 전자의 경우, 재가의 대승교도들은 승단에 가서 출가보살과 함께 불탑 공양이나

경전 독송 등의 수행을 했을 것이며, 후자의 경우라면 정해진 일시에 재가, 출가 양쪽의 대승교도가 불탑에 모여 그러한 활동을 하고 있었던 것이 된다.

필자는 이 사사키설을 전면적으로 지지한다. 전자의 경우, 불탑 장소의 설정에 관해서는 압도적으로, 즉 대개 불탑은 고고학적 지견이 보여주듯이 전통적 출가교단 소속의 것으로서 실제로도 승방(僧房, 僧地)에 인접해서 존재하며, 시가지나 성지에 건립된 불탑은 오히려 예외적이었다고 생각한다.

그렇다면 '재가보살'과 '출가보살'이 만나는 무대가 그와 같은 의미에서의 불탑이었다고 한다면, 거기서 활약하고, 경우에 따라서는 대승경전의 창작에 관여하고 있었을지도 모를 '출가보살'은 어떤 사람들이었을까? 그것은 필시 초기일수록 다양한 군상群像이었을 것이므로 하나의 모습으로 묘사하는 것은 곤란하지만, 점차 모습을 명확히 드러낸 일군一群으로 다르마 바나카 dharma-bhāṇaka라 불리는 자가 있었던 것은 확실하다. 그것에 관해서 호카조노는 다음과 같이 서술한다.[24]

> Lv(『랄리타 비스타라』)가 원래 '초기대승의 작품'이었다고 한다면, 그 저자와 관련하여 새롭게 부언해두어야 할 점이 발생한다. 즉, 대승경전을 편찬한 사람들은 일반적으로 다르마 바나카(dharmabhāṇaka, 法師)라고 불리는 사람들이었다는 점이 인정되고 있기 때문이다. 특히 『법화경』에서 '법사'에 대한 존중을 강조한다는 점이 알려져 있는데, 법사는 '대승경전을 유포하는 역할을 담당한 사람들'이라고 한다. 츠카모토 게이쇼塚本啓祥는 "기원전 2세기에는 이미 불탑을 중심으로 성지聖地를 방문하는 순례자를 위해 송경誦經 등의 찬불 공양의 의식을 집행하고, 다양한 비유(자

타카나 불전)를 사용해서 설하는 바나카라는 존재를 볼 수 있다."라고 기술한다. 또한 스기모토 타쿠슈杉本卓洲는 "이러한 바나카는 불탑과 밀접한 관계가 있고, 주위에 둘러쳐진 문기둥[門柱]이나 난순欄楯에 새기기 위한 자타카나 불전 등을 비롯한 조각의 내용 선정에 있어 그들 그림을 설명하는 역할, 그림을 해설하는 일을 담당하는 자였다. 그들의 이야기 방식은 가요적 특징을 갖추고 방문한 신자들을 매료시키는 것이었다. 그들이야말로 불탑을 생기 있게 하는 역할을 하는 자였던 것이다."라고 한다. 이러한 바나카가 당초부터 '불전'과 깊은 관련을 갖고 있었다는 점은 쉽게 추정 가능한데, 그들은 단순히 '자타카나 불전을 이야기하는' 것뿐만 아니라, '새로운 다르마로 등장한 대승의 교설'을 설하게 되면서 다르마 바나카라 불리게 된 자들인 것 같다. 다르마 바나카에 의해 대승의 정신은 드높이 창도唱道되고, 또한 대승경전의 수지·독송·서사 등의 공덕이 크다는 점이 강조되기에 이르렀으며, 여기에 '불탑신앙에서 경전숭배로'라는 사상적 전개가 일어났다고 생각된다.

위의 인용에서 '불탑신앙에서 경전숭배로'라는 전개와 관련하여 말해지는 바나카에서 다르마 바나카로의 전개도 필자에게는 사상적 전개라기보다는 사회경제적 전개의 반영이라고 생각된다. 만약 그들이 전통적인 출가교단 소속의 불탑을 거점으로 활동하고 있었다고 생각할 수만 있다면, 필자는 앞서 언급한 호카조노의 견해에 전적으로 찬성한다. 그리고 필자는 다르마 바나카도 다르마 카티카dharma-kathika나 다르마 카티카dhārmakathika와 용어법상으로는 차이가 있다 해도 기본적으로 다르지 않다는 입장에서 이미 고찰한 적이 있으므로,[25] 그 소임의 내용에 관해서는 그것에 맡기고, 여기서는 이 소임을 포함한 '출가보살'과 '재가보살'이 교단 안에서 한 건물[一堂]에 모일 경우, 그것을 관리하는 출가비구도 필요했다는 점에 대해 언급하지 않을 수 없다.

그런데 '재가보살'이 교단에 참예參詣하는 것은 '악업불식'을 찾아 가능한 한 확실한 '복전'하에 '악업불식의 의식'이 집행되기를 원해서 닥시나dakṣiṇā나 다나dāna를 '복전'에 기진하는 것인데, 그 닥시나와 다나는 실질적으로는 물질이며 금전이다. 이런 물질이나 금전을 출가비구가 직접 손으로 만져서는 안 된다는 규정이 생겼던 예전에는 그것들을 관리하는 직분인 벳야밧차카라veyyāvaccakara/ 바이야브리트야카라(vaiyāvṛtyakara, 관리인)에 아라미카ārāmika나 우파사카upāsaka라는 재가자가 임시로 지명되었을 가능성이 높다. 그리고 기원후가 되어 교단의 승원화가 급속히 진행하여 힌두이즘이나 대승의 새로운 동향이 교단에도 영향을 미치는 시대가 되면, 그 소임은 바이야브리트야카라는 전통적 불교교단 내부에 상주하는 출가비구에게 맡겨졌다고 생각된다. 그러나 이 점에 대해서도 이미 고찰한 적이 있으므로[26] 여기서는 이 이상 상세히 논할 필요는 없다고 생각하지만, 이번에 새롭게 제2장과 제3장에서 문제 삼은 라브하 사트카라lābha-satkāra나 8개의 '세간법' 등의 관계에 대해서만 약간의 의견을 덧붙여둔다. 바이야브리트야카라는 위와 같은 시대의 변화에 따라 물질이나 금전을 직접 손으로 만지며 관리할 수 있는 비구가 되었는데, 인도적인 통념에 따르면 이러한 관리 자체가 '세간법'에 물든 것이라고 생각되었음이 틀림없다. 사실 이런 관점에서의 추측에 불과하지만, 시대가 흘러 기존에는 바이야브리트야카라가 종사하던 관리 같은 일도 다시 복잡해져 바이야브리트야카라만의 일이 아닌 한층 비근卑近한 잡무에 종사할 필요가 생기게 되면, 그러한 종류의 일을 하는 비구나 사미(śrāmaṇera, 勤策)는 이런 직종 때문에 고가의 금품이나 세간적 명예를 바라는 것처럼 생각되어, 그 직분이 라브하 카마(lābha-kāma, 소득에 탐착하는 자)라든지 사트카라 카마(satkāra-kāma, 존경에 탐착하는 자)라고 불리게 되었던 것 같다. 『요가차라 브후미(*Yogācārabhūmi*, 유가사지론)』에서는 출가교단을 구성하는 역할이 기존의 '칠중(七衆, sapta-naikāyika)' 만으로는 충분하지 않게 되어버려서인지 그것 이외에 불교교단에 소속된 관계자의 역할을 21종 열거하고 있다. 당연한 일이지만 그중에는 바이야브리트야카라도 라브하 카마도 사트카라 카마도 포함되어 있다.[27] 필자가 생각하기에 이들 21종의 출가자 집단은 크게 둘로 나눌 수 있을 것 같다. 하나는 제3장의 '작선주의'와 관련해서 논한 (나)의 출가고행자로 대승적 관점에서 말하면 '출가보살'이라 불리는 출가자이며, 다른 하나는 그들에게 봉사하고 그들을 관리하고 보살펴주는 출가자이다. 게다가 이 전자와 후자를 축으로 한 출가자 집단의 질서는 이른바 '연공서열(年功序列, yathā-vuḍḍham, yathā-vṛddham)' 에 의해 지켜지고 있었다고 생각된다. 출가자 집단의 '습관'이나 '생활'상의 질서가 이 '연공서열'의 원칙에 따라 유지되어야만 한다는 기술은 각 부파의 율에서 다소의 변화를 겪으면서도 모두 인정되지만, 지금은 편의적으로 근본설일체유부의 「샤야나사나 바스투*Śayanāsana-vastu*」에 의하면, 그 취지는 예의 '숭경崇敬의 사연어四連語'를 기반으로 "비구들이여, 여러분에 의해 연공을 쌓은 사람vṛddhataraka이 존경받고, 존중받고, 숭배되며, 공양받아야 합니다 satkartavyo gurukartavyo mānayitavyaḥ pūjayitavyaḥ."라고 서술되고 있다.[28]

그런데 이 '숭경의 사연어'는 제3장 서두에서 고찰한 『아바다나 자타카』와 『디비야 아바다나』 등에서 '불佛'에 대해 사용되고 있던 것과 기본적으로 같은 것이라는 점에 주목해야 한다. 교단 내의 출가자 집단에서 '연공을 쌓은 자'가 모두 출가고행자였던 것은 아닐 것이므로 일률적으로 말할 수는 없지만, 교단 내에서 '불'에게 사용했던 동일한 '숭경의 사연어'를 가지고 대우해야 한다고 여겨졌던 출가고행자는 교단 내에서 다른 출가자에 의해서는 물론이거니와 교단 밖에서도 재가 기진자에 의해 그 고행 때문에 '깨달음bodhi'을 지향하는 '영혼sattva'으로서 보디 사트바(bodhi-sattva, 菩薩)라고 불리고, 출가자이기 때문에 '출가보살pravrajito bodhisattvaḥ'이라고 불렸지만, 그 영혼은 최종적으로 고행에 의해 모든 속박에서 해방되어 마침내는 최종 해탈자인 '불'이 된다고 믿어지고 있었기 때문에, '출가보살'은 '불'에게 사용되고 있던 것과 동일한 '숭경의 사연어'를 가지고 대우해야 한다고 생각되고 있었음이 틀림없다. 그런 의미에서 '출가보살'은 분명 '작선주의'의 (나)의 '복전'에 해당하는데, 그 배후에는 참된 '복전'으로서의 위대한 영력māhātmya을 지닌 '불'이 존재한다고 생각되고 있었던 것이다. 이런 (나)의 '복전'에 대해 그 영혼 지배력을 믿고 닥시나dakṣiṇā나 다나dāna를 기진한 것이 바로 (가)의 재가기진자로서의 '재가보살'이다. 게다가 그들 역시 '보살'이라 불린 것은 그들은 '출가보살'처럼 꼭 '고행'에 의해서는 아니지만, '불'들 앞에서 '작선'에 의해 역시 '성불成佛'하는 일이 가능하다고 생각되었기 때문이다. 이와 같이 '깨달음을 지향하는 영혼'으로서의 보살은 출가든 재가든 모두 반드시 해탈하여 '성불'한다고 여겨지게 되었는데, 그 '영혼(sattva=ātman)으로서의 보살(들)이 불이 된다'는 생각을 필자는 '보살성불론'이라 부르고, 그 경우의 '성불'이라는 관념 자체가 영혼 긍정설의 '해탈사상' 외에는 없다는 것을 기존에 지적해왔다. 여기서는 대승불교의 흥기와 함께 선명해진 '보살성불론' 가운데 '보살 복수설' 쪽에 역점을 두고 그 규정을 다음과 같이 제시해둔다.[29]

(1) '보살 복수설'의 보살은 '보살 단수설'을 계승하면서도 내적인 '보리심(菩提心, bodhi-citta)'의 부동이나 자비가 강조된 내재적인 존재자이다.
(2) '보살 복수설'의 보살도 부처가 되는 것을 최종 목표로 삼고 있는 것

은 말할 것도 없지만, 불이 되겠다는 결의(보리심)만 확고하다면 재가자 쪽이 자연스럽다고 여겨지게 되었다.

(3) '보살 복수설'은 '고행주의'를 경유한 '제식주의'의 부활로서의 '작선주의'의 확립과 함께 유행하고, 거기서는 '출가보살pravrajito bodhisattvaḥ'과 '재가보살gṛhī bodhisattvaḥ'이라는 차별적 역할 분담에 근거한 의식이 집행되었다.

(4) '작선주의' 시대의 '보살성불론'에서는 '출가보살'이든 '재가보살'이든 육바라밀의 수행이 이상이었는데, 그중에서도 '사신捨身'이 중시되어 '출가보살'에게는 '사신' 그 자체와 같은 고행이 요구되고 '재가보살'에게는 '사신'을 대신할 만한 보시dakṣiṇā/ dāna가 요구되었다.

(5) '작선주의'에 의한 의식의 중심이 되는 장소나 사람은 '복전dakṣiṇīya/ puṇya-kṣetra'으로 숭배되고, 그것에 대한 기진에는 어떤 형태로서의 '닥시나 기진의 정형구'가 존재하였다.

자타카류의 문헌처럼 여러 보살이 등장해도 그들은 결국 석존이라는 하나의 '불'이 되는, 전생에서의 다양한 영혼의 존재 방식을 말하고 있는 것에 지나지 않는다고 한다면, 그것 역시 원칙적으로 '보살 단수설'의 '보살성불론'이라고 말하지 않을 수 없다. '성불'의 결과가 석존에게만 한정되지 않고, 나아가 보살도 현재 이 세상을 살아가는 실질적인 개개의 사람이라고 한다면, 그것은 명실공이 '보살 복수설'의 '보살성불론'이라고 말할 수밖에 없다. 게다가 이 '보살성불론'이 성립하고 있었다면 거기에는 이미 대승불교가 성립해 있었다고 보아도 좋다고 생각하는데, 설일체유부 소속의 『디비야 아바다나』에는 이러한 '보살성불론'이 분명 성립하고 있다고 생각된다.

본 장의 서두에서 『디비야 아바다나』에 보이는 이른바 '아쇼카 아바다나'

라 불리는 부분에 관해 언급하였다.[30] 후세에 이름을 남기기 위해 결국 '작악'만을 선택해서 자기 자신뿐만 아니라 마우리야 왕조까지 멸망에 이르게 한 푸샤미트라왕의 일은 차치하고, 그것과는 대조적으로 '작악'을 후회하고 '작선'에 힘쓴 아쇼카왕은 그 결과 전생의 '작선'으로 지금 왕위에 있다는 점이 밝혀졌다. 이러한 아쇼카왕은 거의 '보살성불론'의 '재가보살'이라고 해도 좋은데, 사실史實의 제약 때문일까, 그에게 '성불'의 수기가 명언되지는 않는다. 그런데 같은 『디비야 아바다나』에 보이는 이른바 '가난한 여인의 등불 이야기'로서의 제7장 혹은 이에 상당하는 근본설일체유부의 『약사』 가운데 한 장에서는 역시 지위상 주역인 코살라국의 프라세나지트Prasenajit왕은 '작선'에 힘쓰지만 끝내 '성불'의 수기가 주어지지 않아 "손으로 볼을 감싸고 생각에 잠겨 우두커니 있을kare kapolaṃ dattvā cintā-paro vyavasthitaḥ"수밖에 없었지만, 오히려 주요 이야기를 전후로 등장하는 부수적인 이야기 가운데 조연적인 존재인 도시의 청소부nagarâvalambikā가 환희로 심등정心燈淨하여 생천하거나, 걸식자(koṭṭa-mallaka/ kroḍamallaka)가 세존에 의한 보시 공덕의 지명을 받거나 dakṣiṇā ādiṣṭā, 가난한 여인(도시의 청소부)이 세존에게 공양한 하나의 등불dīpa에 의해 '성불'의 수기를 받고 있다.[31] 무엇보다 설일체유부는 이야기가 여기에 이르러도 '보살 단수설'의 '보살성불론'을 사수하려는 형적形跡이 농후하다. 그러나 이러한 이야기는 대승불교가 설일체유부의 교단 내에 이미 존재하고 있었다는 것을 충분히 증명해준다고 생각한다. 사실 대승경전의 정수라고도 생각되는 '일음연설법一音演說法'이나 『우바새계경』의 한 구절은 분명 설일체유부의 『대비바사론』에도 알려져 있었는데,[32] 앞서 요약했던 『디비야 아바다나』의 이야기 역시 『법화경』이 말하는 '소선성불小善成佛'과도 분명 공통점이 있다.

‘소선성불’의 ‘소선’이란 앞서 살펴본 『디비야 아바다나』에 보이는 아쇼카 왕 전생의 ‘토괴(土塊, pāṃśu)’, 금생의 ‘반쪽 아말라카 열매ardhâmalaka’, 도시 청소부의 미탕(米湯, ācāma), 걸식자의 ‘징정심(澄淨心, abhiprasannaṃ cittam)’ 가난한 여인의 ‘등불 하나’ 혹은 『법화경』의 ‘토괴의 불탑pāṃsu-stūpa’이나 ‘진흙 코끼리 mṛttika-vigraha’ 등과 같이 ‘소小’는 물질적으로 매우 작은 것 혹은 ‘징정심’처럼 물질적으로 제로인 것을 가리키며, 그것과 반비례하듯이 ‘선善’은 광대한 마음에 의한 선업을 의미하고 있다.[33] 그런데 이런 ‘소선성불’을 주축으로 한 이야기는 반드시 가난한 사람이나 권력이 없는 사람을 대상으로 설시된 것은 아니며, 오히려 사회경제적으로 눈부신 시대의 진전과 함께 점점 강대한 권익을 손에 넣은 무사계급kṣatriya이나 사제계급brāhmaṇa이나 대저택의 소유주(gṛhapati, 居士) 등에게 “그 만들어진 악업이 선에 의해 끝난다yasya pāpa-kṛtaṃ karma kuśalena pidhīyate”[34]라는 것처럼 설명된 것은 아닐까 생각된다. 이하, 필시 이러한 권익을 지닌 혹은 그것을 기대한 ‘재가보살’을 염두에 두고 전통적 불교 교단에서 창작, 증광, 편찬되었을 (t)『이만오천송반야(二萬五千頌般若, *Pañcaviṃśatisāhasrikā-prajñāpāramitā*)』의 한 구절[35]과 이에 대한 주석 (c)『대지도론』의 한 구절[36]을 제시해둔다.

(t) punar aparaṃ Śāriputra bodhisattvo mahāsattvaḥ prajñā-pāramitāyāṃ carañ jānāti evaṃ dānaṃ dattaṃ mahā-phalaṃ bhavati/ evaṃ dānaṃ dattaṃ kṣatriya-mahā-śāla-kuleṣûpapādayati/ brāhmaṇa-mahā-śāla-kuleṣûpapādayati/ gṛhapati-mahā-śāla-kuleṣûpapādayati/ … evaṃ dānaṃ dattaṃ para-nirmita-vaśa-vartiṣu deveṣûpapādayati/ evaṃ dānaṃ dattaṃ prathama-dhyāna-pratilambhāya saṃvartate/… evaṃ dānaṃ dattam arhat-phalapratilambhāya saṃvartate/ evaṃ dānaṃ dattaṃ pratyekabuddhatva-pratilambhāya saṃvartate/

evaṃ dānaṃ dattaṃ samyak-saṃbuddhatva-pratilambhāya saṃvartate/

또한 사리푸트라여, 보살대사菩薩大士는 반야바라밀을 행하면서 안다. 이와 같이 보시가 보시된다면 큰 과보가 된다. 이처럼 보시가 보시된다면 [그 사람은] 무사계급이 될 것이다. 이와 같이 보시가 보시된다면, [그 사람은] 무사계급의 훌륭한 양가(kṣatriya-mahā-śāla-kula, 刹利大姓)에 태어나고, 사제계급의 훌륭한 양가(brāhmaṇa-mahā-śāla-kula, 婆羅門大姓)에 태어나고, 대저택 소유주의 훌륭한 양가(gṛhapati-mahā-śāla-kula, 居士大家)에 태어난다. … 이와 같이 보시가 보시된다면, 그는 타화자재천他化自在天에 태어난다. 이와 같이 보시가 보시된다면, 그는 초선初禪을 획득하게 된다. … 이와 같이 보시가 보시된다면, 그는 아라한과阿羅漢果를 획득하게 된다. 이와 같이 보시가 보시된다면, 그는 독각과獨覺果를 획득하게 된다. 이와 같이 보시가 보시된다면, 그는 정등각과正等覺果를 획득하게 된다.

(c) 菩薩摩訶薩, 知, 諸法實相, 無取, 無捨, 無所破壞. 行不可得般若波羅蜜, 以大悲心, 還修福行. 福行初門, 先行布施. 菩薩行般若波羅蜜, 智慧明利, 能分別施福. 施物雖同, 福德多少, 隨心優劣.(1) 如, 舍利弗,(가) 以一鉢飯上佛,(나) 佛(나)即迴施狗,(다) 而問舍利弗. 汝(가)以飯施我,(나) 我(나)以飯施狗,(다) 誰得福多. 舍利弗言. 如我解佛法義, 佛(나)施狗,(다) 得福多. 舍利弗(가)者, 於一切人中, 智慧最上, 而佛福田(나)最爲第一, 不如, 佛(나)施狗惡田,(다) 得福極多. 以是故知, 大福從心生, 不在田也.(2) 如, 舍利弗(가)千萬億倍, 不及佛心.(나) 問曰. 如汝說, 福田妙故, 得福多, 而舍利弗施佛, 不得大福. 答曰. 良田雖復得福多, 而不如心. 所以者何. 心爲內主, 田是外事故.(3) 或時, 布施之福, 在於福田. 如, 億耳(Koṭikarṇa)阿羅漢, 昔以一華, 施於佛塔, 九十一劫 人天中受樂, 餘福德力, 得阿羅漢. 又如, 阿輸迦(Aśoka)王, 小兒時, 以土施佛, 王閻浮提, 起八萬塔, 最後得

> 道. 施物至賤, 小兒心淨, 但以福田妙故, 得大果報,[4] 當知, 大福從良田生. 若大中之上, 三事都具, 心物福田三事皆妙. 如般若波羅蜜初品中說, 佛以好華, 散十方佛. 復次, 又如, 以般若波羅蜜心布施, 無所著故, 得大果報.[5] 復次, 爲涅槃[다]故, 施亦得大報. 以大悲心、爲度一切衆生[다]故, 布施亦得大報. 復次, 大果報者, 如是中說. 生刹利家, 乃至, 得佛者是. 問曰. 云何布施, 得生刹利家, 乃至, 得佛. 答曰. 若有人, 布施及持戒故, 得人天中富貴. 如有人, 至心布施持戒故, 生刹利家, 刹利者王及大臣. 若著於智慧經書, 而不惱衆生, 布施持戒故, 生婆羅門家. 若布施持戒減少, 而樂著世樂, 生居士大家, 居士者小人而巨富. … 若布施時清淨, 持戒轉深, 好樂多聞, 自貴情多, 不能自苦, 從他求樂, 生他化自在天. … 復次, 有人布施持戒, 修布施時, 其心得樂, 若施多樂亦多, 如是思惟, 捨五欲, 除五蓋, 入初禪. … 離三界布施 爲涅槃[다]故, 得聲聞道. 布施時, 惡厭憒鬧, 好樂閑靜, 喜深智慧, 得辟支佛. 布施時, 起大悲心、欲度一切, 爲第一甚深畢竟清淨智慧,[다] 得成佛道.

이상 (t), (c) 모두 상당히 긴 인용이 되었지만, 특히 (t)의 주석인 (c)에는 '복전'사상과 병행하여 '소선성불'의 이론도 거의 완전한 형태로 제시되고 있다고 생각되므로 중요하다. 도세道世가 『법원주림法苑珠林』의 '복전편福田篇'[37] '우열부優劣部'에서 앞서 인용한 『대지도론』의 전반 부분을 제시하고 있는 것도 그 때문이라 생각되며, 『법원주림』 '복전편' 전체도 고찰해볼 만한 가치가 있지만, 여기서 모두 다룰 수는 없다.

『대지도론』에서는 (t)도 (c)도 물론 일괄적으로 제시하고 있지만, 여기서는 일단 구분해서 먼저 (t)를 『반야경』의 전개도 고려하면서 음미해본다. (t)의 『이만오천송반야』의 한 구절은 이와 대응하는 구마라집 역의 『대품반야大品般若』에서는 '서품序品' 중 한 구절인데, 이에 선행해서 존재했다고 생각되는

『팔천송반야』의 제1장이나 『소품반야』의 '초품初品'에서는 이러한 보시를 강조하는 구절은 확인할 수 없으므로, 이 부분은 분명 후세의 증광임을 알 수 있다. 또한 보시가 실행된 경우에 그 과보로 소망되는 신분이 무사계급이나 사제계급이나 대저택 소유주의 훌륭한 양가라고 말해지고 있는 듯한 그 신분은 『팔천송반야』 전체에서도 명확하게 사용되는 일은 없는 것 같으므로, 이 역시 시대의 진전과 함께 유포하게 된 신분의 호칭이라고 생각된다.[38] 단지 이 명칭은 팔리 문헌에서도 후대의 것에는 크핫티야 마하 살라khattiya-mahā-sāla, 브라흐마나 마하 살라brāhmaṇa-mahā-sāla, 가하파티 마하 살라gahapati-mahā-sāla라는 형태로 사용되고 있으므로,[39] 『이만오천송반야』의 그것이, 예를 들면 『반야경』이 유포된 서북인도나 중앙인도에만 한정되는 성격의 호칭은 아니었다는 것도 알 수 있다. 또한 (t)의 인용 말미에 따르면, 이 『이만오천송반야』가 유포하는 시대가 되면 보시에 의해 '성불'을 포함한 삼승三乘의 과보도 얻을 수 있다고 기대되었던 것도 분명하다.

다음의 (c)에 관해서는 인용에 기호를 달아 두었으므로 그것을 사용하면서 설명을 추가한다. 먼저 밑줄 친 (1)~(5)의 부분은 '소선성불'을 의도한 '작선주의'에 의한 과보의 위대함을 이론적으로 강조한 것이라고 생각된다. 그리고 밑줄 친 (1)의 "복전의 많고 적음은 마음의 우열에 따른다.", 밑줄 친 (2)의 "큰 복은 마음에 따라 생겨난다.", 밑줄 친 (3)의 "마음을 내주內主로 해도 전田은 외사外事이다.", 밑줄 친 (4)의 "보시물은 매우 천해도 어린아이의 마음은 청정하다.", 밑줄 친 (5)의 "반야바라밀심般若波羅蜜心'의 '무소착無所著' 등의 어구에 주목한다면, 내재적內在的인 눈에 보이지 않는 정신(내주)으로서의 '심心'이 얼마나 외재적인 눈으로 볼 수 있는 물질[外事]과 반비례하는 형태로 강조되고 있는지 분명할 것이다. 그런데 이런 의미에서의 '소선성불'을 강조하는 '작선주의'의 구조 속에서 앞서 규정한 (가), (나), (다)의 관계를 보면 인용을 달아둔 밑줄 친 (가), (나), (다)가 그 관계를 명확히 보여준다고 생각된다. 이 가운데 밑줄 친 (1) 부분 이하에 예로 제시한 (가)사리불, (나)불, (다)개라는 관계에 관해 말하자면, (나)는 이야기상으로는 실제 살아 있는 불이므로 이는 예를 들자면 『디비야 아바다나』의 '가난한 여인의 등불 이야기' 속에서 (나)세존이 (다)걸식자에게 닥시나를 지명하는ā-DIŚ 것과 같은 경우라고 생각하면 좋을 것이다. 단, 이 경우에는 (다)걸식자의 '징정심(澄淨心, abhiprasannaṃ cittam)'에 화제의 관심이 있는 것이 아닌, (나)불의 '내주'로서의 '불심佛心'쪽에 오로지 관심이 쏠려 있기 때문에 일반적인 (나)의 '복전'의 힘을 넘어선 마력적인 불의 영력만이 강조되고 있는 것이다. 그 결과 (다)구악전狗惡田에 대한 불의 '회시廻施'라는 닥시나의 지명은 '득복극다得福極多'가 되는데, 실은 이것이 대다수의 불탑이 '재가보살'의 열렬한 지지를 받은 이유이기도 하다. 불멸佛滅 후에는 (나)의 '출가보살'을 매개로 불탑에 계신다고 믿었던 불에 의한 (다)에 대한 지명이 틀림없이 과보가 크다고 생각되었음이 틀림없기 때문이다. 그 (다)가 밑줄 친 (5) 부분 이하에서는 추상적이 되고, (가)와 (나)도 명시되어 있지 않지만 추상적인 명목이 (다)에 나타나고 있는 것은 확립된 대승불교의 이상이 반영되고 있기 때문이라고 생각한다. 명시되어 있지 않은 (가), (나) 가운데 (가)가 '재가보살'인 것은 문맥상 명백하다. (나)는 특정하기 어렵지만, 이 전후의 무대가 부처님들이 성문聲聞교단과 함께 라는 설정으로 이루어져 있으므로, 불과 성문교단을 (나)로 상정하는 것이 가장 온당하겠지만, 구체적으로는 교단 내 탑지에 있는 불탑 혹은 교단 비구 중에서 '출가보살'이 (나)로 가정되고 있었을지도 모른다는 가능성을 부정할 수는 없다.

그런데 (c) 가운데 밑줄 친 (3) 부분 이하에 제시된 코티카르나(Koṭikarṇa, 億耳)

아라한과 아쇼카(Aśoka, 阿輸迦)왕의 예화는 분명 '소선성불'을 시사하는 것이지만, 후자는 『디비야 아바다나』「아쇼카 아바다나」에 보이는 아쇼카왕 전생의 '토괴' 보시로 이미 언급한 것이다. 전자에 관해서는 E. 라모트의 상세한 고증이 있다. 그 이름 앞에 슈로나(Śroṇa, Soṇa)를 붙여야 하는가 아닌가 하는 문제는 차치하고라도 슈로나 코티빔샤(Śroṇa-Koṭiviṃśa, Soṇa-Kolivīsa, 二十億耳)와 같은가 혹은 수마나스Sumanas나 카루나스마나Karṇasumana라고도 불릴 수 있는가 하는 문제가 남아 있다. 필자가 보기에는 어느 이야기도 '한 송이 꽃[一華]'의 보시라고 명시하지는 않는 것 같다.[40] 그러나 이런 문제들이 정리되지 않았다 해도 『디비야 아바다나』 제1장의 코티카르나 이야기, 『아바다나 샤타카』 제82장의 수마나스 이야기가[41] 이 『대지도론』 이야기의 유력한 소재가 되었다면, 『반야경』을 전지하고 『이만오천송반야』의 주석 경전으로서 『대지도론』이라는 논전論典을 편찬했던 '출가보살'은 그 논전에서 설일체유부의 논사인 카티야야니 푸트라와 그의 제자들을 언급한 것까지[42] 가미한다면 더더욱 설일체유부 교단 혹은 전통적인 불교교단 중 하나에 속해 있었다고 생각해도 문제없다고 생각한다.

그런데 쇼펜은 '대승불교 경권經卷숭배지 기원설'이라고 할 만한 자신의 이전 설을 버리고 '대승불교 주변지역 기원설', 요컨대 대승경전의 대표주자인 『팔천송반야』조차 인도의 중추에서 중용된 형적은 전혀 없기 때문에 대승불교는 지리적으로도 문화적으로도 인도의 주변에서 일어났으며, 5, 6세기가 되어서야 비로소 인도의 공공연한 장소에 모습을 나타내게 된 것이라고 주장하기에 이르렀다.[43] 이 주장이 '대승불교 주변지역 기원설'이라 불리고 있는 것인데, 이에 필자의 '대승불교 출가교단 기원설'을 대비시켜서 말하자면, 필자에게 있어 대승불교는 인도의 주변 지역은커녕 인도에서 전통적 불교교단이 교세를 확장한 바로 그 중추에서 자란 것이라고 밖에는 말할 수 없다. 그 점에서 필자의 설은 오히려 히라카와의 '대승불교 재가교단 기원설'에 가깝다. 단, 그것은 재가교단bodhisattva-gaṇa이 전통적 불교교단과 별도로 존재하지 않았다는 부대조건하에서 만이다. 게다가 만약 필자가 앞서 서술한 바와 같은 '대승불교 출가교단 기원설'이 맞는다면, 앞으로의 대승경전 연구는 해당 연구대상인 대승경전이 어떤 전통적 불교교단 안에서 형성되어 왔는지 명확히 해야 할 것이다. 그런 의미에서 작지만 오래된 대승경전으로 『로카 아누바르타나 수트라*Lokānuvartanā-sūtra*』라 불리는 지루가참(支婁迦讖, Lokakṣema/Lokarakṣa)에 의해 『내장백보경內藏百寶經』으로 한역된 것이 대중부의 동산주부(東山住部, Shar gyi ri bo'i sde, Pūrvaśaila) 혹은 서산주부(西山住部, Nub kyi ri bo'i sde, Aparaśaila) 소속이라고 전해지고 있는 배경에 최근의 연구자가 주의를 기울이고 있는 것에 필자는 오히려 큰 흥미와 관심을 느낀다.[44]

1 Jean Przyluski, “Fables in the Vinaya-Piṭaka of the Sarvāstivādin School”, *The Indian Historical Quarterly*, Vol.5, No.1, 1929, pp.1-5; 岩本裕, 「後期アヴァダーナ文献の展開について」, 『佛教史學』 11-3·4, 1964, p.78; 中村元, 『原始佛教から大乘佛教へ』, 中村元選集 [決定版] 20, 東京: 春秋社, 1994, pp.888-889를 참조하기 바란다.

2 Przyluski, *op. cit.*, p.2를 참조. 인용한 『大智度論』, 대정장 25, p.756c에 따른다. 또한 이에 근거한 프르질러스키의 본문 인용 부분은 Przyluski, *op. cit.*, pp.4-5에 의한다. 『근본설일체유부율』과 『디비야 아바다나』의 대차 관계에 대해서는 기존에 두 가지 설이 있다. 이에 대해서는 山田龍城, 『梵語佛典の諸文献』, 京都: 平樂寺書店, 1959에서 “일찍이 유벨은 본서[디비야 아바다나]의 원류에 관해 연구하고, 레비 역시 그 구성요소에 관한 연구를 발표했지만 모두 『디비야 아바다나』의 이야기가 유부비나야에서 유래한 것이라고 생각하였다. 하지만 프르질러스키는 이 생각에 반대하며 오히려 율의 편찬은 『디비야 아바다나』에서 이야기를 차용한 것이라고 주장하였다.”(p.64)라고 정리한다. 최근 연구에서는 이 중 프르질러스키 이전의 입장을 택하는 쪽이 많은 것 같다. 예를 들면, 平岡의 후술 논문 (뒤의 주31)), p.83, 주37) 등의 분석을 보면, 입장을 명시하지는 않지만 『디비야 아바다나』가 『근본설일체유부율』의 이야기를 차용했다는 생각에 근거하고 있는 것 같다. 필자는 특히 본 장에서 프르질러스키를 따라 『근본설일체유부율』이 『디비야 아바다나』를 차용한 것처럼 생각하고 있다는 인상을 준 것 같은데, 그것은 설일체유부의 율이 『십송률』에서 『근본설일체유부율』 쪽으로 전개해가는 동안 『디비야 아바다나』로 집약되어간 개개의 아바다나적인 이야기를 설일체유부의 율이 도입해갔다는 상황을 보여주고자 했을 뿐이며 특별히 새로운 견해를 말하려고 한 것은 아니다. 만약 향후에 새로운 견해가 정리되면 필자의 『율장설화연구』에서 말할 기회를 갖고 싶다.

3 Przyluski, *op.cit.*, p.3에 Nos.17-20로 제시되어 있는 것을 현행 북경판으로 말하자면 P.ed., Nos. 5645-5648에 해당한다. 또한, Heinrich Lüders, *Bruchslücke der Kalpanāmaṇḍitikā des Kumāralāta*, Kleine Sanskrit-Texte, Heft II, Leipzig, 1926, pp.71-132, esp. p.73도 참조하기 바란다.

4 榎本文雄, 「「根本説一切有部」と「説一切有部」」, 『印佛研』 47-1, 1998, p.394.

5 E. B. Cowell and R. A. Neil(ed.), *The Divyāvadāna*, Cambridge, 1886, Indian Second Edition, Delhi/ Varanasi, 1987, pp.364-434, E. Burnouf, *Introduction a l’Histoire du Buddhisme Indien*, Deuxième édition, Paris, 1876, pp.319-385; J. Przyluski, *La Légende de l’Empereur Açoka (Açoka-Avadāna) dans les Textes Indiens et Chinois*, Paris, 1923,

pp.225-304를 참조. 또한 이상의 모든 연구를 참조하면서 해당 한역 대조 작업도 소홀히 하지 않은 일본어 역에 定方晟,『アショーカ王傳』, 法藏選書 9, 東京: 法藏館, 1982가 있다. 필자도 많이 참고하였는데 매우 유익하다. 참조하기 바란다.

6 『디비야 아바다나』의 이 장은 본서 제1부 제2장 p.52 및 p.66 주22)에서 지적한 내용에서 시작한다. 定方의 앞의 책 (앞의 주5))을 통해 그 이야기 전체를 읽어보면 좋을 것 같다.

7 '소선성불'의 '소선'의 규정에 대해서는 뒤의 주33)을 달기 직전의 본문(본서, p.126)을 참조하기 바란다.

8 Cowell and Neil (ed.), *op. cit.* (앞의 주5)), p.431, ll.21-23. 또한 이 교정본에서 'tāvad apaścimaṃ'이라고 되어 있는 것은 인용할 때 'tāvat paścimaṃ'으로 고쳤다.

9 Cowell and Neil (ed.), *op. cit.* (앞의 주5)), p.434, ll.2-11. 괄호 안의 한역 보충은 『阿育王經』, 대정장 50, p.149a에 의한다.

10 平川彰,『初期大乘佛教の研究』, 東京: 春秋社, 1968, pp.123-127; 同,『初期大乘佛教の研究 I』, 平川彰 著作集 3, 東京: 春秋社, 1989, pp.217-220을 참조. 인용은 同, p.124, p.218에 의한다.

11 木村高尉,「梵文三品經について」,『大正大學綜合佛教研究所年報』2, 1980, pp.194-179를 참조. 인용은 同, p.194에 의한다. '차제와 같은 것'이라는 말로 소위 '講式'을 의미한다고 필자는 이해하였다. 그런데 필자가 이 논문이 있다는 것을 알게 된 것은 Takayasu Kimura (ed.), *Pañcaviṃśatisākasrikā Prajñāpāramitā*, II-V, Sankibo Busshorin, Tokyo, 1986-1992의 부록 부분을 작년에 우연히 보게 되면서이다. 거기에는 게재 저널이 기술되어 있지 않았는데, 언젠가는 알게 될 것이라고 생각하며 가볍게 넘기고 있는 와중에 본서의 간행 이야기가 구체화하였다. 가장 간편한 길을 선택하여 급히 본인에게 부탁하였고 친절하게도 별쇄본을 직접 받을 수 있었다. 올해 1월의 일이다. (죄송하게도 별쇄본을 받은 수령일을 기록한 편지를 지금 찾지 못해서 정확한 날짜를 기록하지 못하는 점 이해해주길 바란다.) 이 자리를 빌어 필자의 불찰로 지금까지 언급하지 못했던 무례를 사과함과 동시에 호의에 깊이 감사드린다.

12 졸고,「悪業拂拭の儀式關連經典雜考」를 가리키지만, 이것은 이번에 본서 제2부를 구성하게 되었으므로 여기서는 상세히 설명하지 않는다.

13 Lüders, *op. cit.* (앞의 주3)), p.98, l.4를 참조. 定方, 앞의 책 (앞의 주5)), p.170에서는 p.228의 주에서 밝히고 있듯이 한역에 따라 "착한 일을 하는 것과 나쁜 일을 하는 것"이라는 말이 보충되어 있다.

14 Cowell and Neil, *op. cit.* (앞의 주5)), p.380, ll.2-4. 이 교정본에서는 게송 형태로 나타나지 않지만, 바이디야본에 따르면 제84송이다. 定方, 앞의 책 (앞의 주5))은 후자를 따르고 있다.

15 Cowell and Neil, *op. cit.* (앞의 주5)), p.388, ll.29-30. 그리고 定方, 앞의 책, p.63을 참조. 그 전생에 관해서는 *ibid.*, pp.368-369, 384-385; 定方, 앞의 책, pp.19-20, p.53을 참조하기 바란다.

16 木村, 앞의 논문 (앞의 주11)), pp.181-180. 본서 제2부 제2장, p.203, 주17)을 단 본문의 인용문과 같다. 티베트역에 관해서는 이것의 번역은 아니지만 같은 문장을 보여주는 Pierre Python (ed. tr.), *Vinaya-Viniścaya-Upāli-Paripṛcchā: Enquête d'Upāli pour une Exégèse de la Discipline*, Collection Jean Przyluski, Paris, 1973, pp.36-37을 참조하기 바란다.

17 지금 여기서 '四本柱'라고 칭한 것은 본서 제2부 제1장, p.183, (iii)으로 거론한 '四種類型'과 같은 것이다.

18 이상의 부분과 관련해서 연관이 있는 여러 번역의 열거는 생략하고 『法鏡經』을 중심으로 말하자면, 대정장 12, pp.18c-19b를 참조하기 바란다. 괄호 안의 '開士居家'와 '開士去家'는 이것에 의한 것이다. 그런데 티베트역의 현대어 역에 대해서는 櫻部建 역, 「郁伽長者所問經(ウグラ居士の問い)」, 『寶積部經典』, 大乘佛典 9, 東京: 中央公論社, 1974, pp.267-282를 참조. 그런데 이 경이 무슨 이유로 『법경경』이라고 불렸는지 추측해보면, 만약 이것이 팔리나 산스크리트에서도 그렇게 불리고 있었다면 *Dhammādāsa-sutta, Dharmādarśa-sūtra*이겠지만, 악업이나 선업을 부처님 앞에서 '법의 거울'에 비추듯이 본다고 하는 생각이 있었을지 모른다. 그러한 팔리어 경전들에 관해서는 前田惠學, 『原始佛教聖典の成立史研究』, 東京: 山喜房佛書林, 1964, pp.497-499를 참조, 그리고 본서 제2부 제8장, 주25)도 참조하기 바란다.

19 木村, 앞의 논문 (앞의 주11)), p.183. 한역 ①은 『決定毗尼經』, 대정장 12, p.39a와 『대보적경』 「우바리회」, 대정장 11, p.516a, ②는 『三十五佛名禮懺文』, 대정장 12, p.43a로 모두 기무라의 앞의 논문에서 대조하고 있다. 티베트역에 대해서는 Python, *op. cit.* (앞의 주16)), p.35를 참조하기 바란다. 그런데 인용한 산스크리트 문장에서 반복되는 복합어의 후분인 -bhūta를 어떻게 이해하는 것이 좋을지는 어려운 문제이다. 여기서의 티베트역은 모든 경우에 '(du) gyur pa(가 된다)'라는 이해를 보여주지만, 필자는 산스크리트로서 가장 보편적인 이해라고 생각되는 '~이다'라고 해석하였다. 다만 pramāṇa-bhūta만은 전후의 이해를 통해 본다면 부자연스럽지만, 감히 '진실의 기준'이라고 해석하였다. 이것에 관해서는 졸고, 「pramāṇa-bhūtaとkumāra-bhūtaの語義 -bhūtaの用法を中心として」, 『駒澤短期大學佛教論集』 6,

2000, pp.328-299; 同, 「Pramāṇa-bhūta補記」, 『駒澤短期大學研究紀要』 29, 2001, pp.433-448을 참조하기 바란다.

20 앞의 졸고 (앞의 주19)의 전자)에 따라 ⓐ는 p.325, ⓑ는 pp.315-314에서 인용하였다. 또한 ⓐ의 sākṣī-bhūta에 관해 필자는 원래 vaśī-bhūta였을 가능성도 있다는 것을 시사했는데, 이에 대해 山部能宜로부터 반대 의견이 있었다는 점에 대해서는 졸고, 「貧女の一燈物語 -'小善成佛'の背景(1)-」, 『駒澤短期大學研究紀要』 29, 2001, p.468, 주25)에서 언급했다. 앞의 주19)를 단 본문에서 인용한 부분에서는 vaśī-bhūta의 가능성을 고려하기는 어려우므로 역시 야마베의 견해가 옳을지도 모르겠다.

21 ⓐ는 대정장 3, p.932a에 의한다. 괄호 안은 필자의 보충이다. ⓑ는 外薗幸一, 『ラリタヴィスタラの研究』 上卷, 東京: 大東出版社, 1994, p.103, p.106에 의한다. 또한 ⓐ에 관해서는 平川, 앞의 책 (앞의 주10)), pp.167-169, pp.269-270도 참조하기 바란다.

22 졸고, 「グレゴリー・ショペン著, 小谷信千代譯 『大乘佛教興起時代・インドの僧院生活』」, 『佛教學セミナー』 73, 2001, pp.72-86을 참조.

23 佐々木閑, 「インド佛教變移論 -なぜ佛教は多樣化したのか-」, 東京: 大藏出版, 2000, p.331. 또한 이 언급 대상이 되고 있는 히라카와의 앞의 책 (앞의 주10)), pp.549-601; 平川彰, 『初期大乘佛教の研究 II』, 平川彰 著作集 4, 東京: 春秋社, 1990, pp.189-255도 참조하기 바란다.

24 外薗, 앞의 책 (앞의 주21)), p.90.

25 본서 제2부 제12장, pp.483-487을 참조.

26 한 부분에서 집중적으로 고찰한 것은 아니지만, 바이야브리티야카라에 관해서는 특히 본서 제2부 제5장, 제9장을 참조하기 바란다.

27 졸고, 「*Yogācārabhūmi*における64種の有情分類リストについて」, 『駒澤短期大學研究紀要』 27, 1999, pp.139-172를 참조. 21종이란 그중 (35)-(55)인데, 그것들이 모두 중복 없이 직명을 가리키고 있는 것은 아니라는 점에 주의하기 바란다. 예를 들면 (38)-(40)은 '연공서열'을 보여줄 뿐이며, (41)-(44)는 사제관계를 보여줄 뿐이다. 순수한 직명은 아니다.

28 이상의 '연공서열'에 관한 율 문헌에 대해서는 졸고, 「貧女の一燈物語 -「小善成佛」の背景(2)-」, 『駒澤短期大學佛教論集』 7, 2001, pp.304-305, pp.288-289, 주10)- 주15)를 참조하기 바란다. 또한 여기서 그 시점에 참조하지 못했던 Gnoli본을 제시하자면, Raniero Gnoli (ed), *The Gilgit Manuscript of the Śayanāsanavastu the Adhikaraṇavastu: Being the 15th and 16th Sections of the Vinaya of the Mūlasarvāstivādin*, Serie Orientale Roma, Vol. L, Roma, 1978, pp.3-10로 직전의 인용은 p.4, ll.7-8이다.

29 졸고, 「菩薩成佛論と捨身二譚」, 『駒澤短期大學研究紀要』 28, 2000, pp.327-328에서 제시한 규정 후반의 8)-12)를 (1)-(5)로 바꾸어서 인용하였다. 또한 그 규정의 전반 가운데 1)의 정정에 관해서는 졸고, 「『法華經』と『無量壽經』の菩薩成佛論」, 『駒澤短期大學佛教論集』 6, 2000, p.288 및 pp.265-264, 주2), 주3)을 참조하기 바란다.

30 본 장의 주5) 이하의 본문을 참조. 또한 관련 문헌에 관해서는 앞의 주5)에 의해, 특히 이야기의 줄거리에 관해서는 定方의 앞의 책을 참조하기 바란다.

31 『薬事』에 있어서의 이 한 장의 일본어 번역에 관해서는 앞의 졸고 (앞의 주28)), pp.303-271을 참조. '성불'의 수기 장면에 대해서는 同, p.291을 읽어보기 바란다. 그 수기는 해당 貧女가 석가모니불이 된다고 하는 것인데, 거기에서 필자는 이런 통속적인 이야기에서조차도 '보살단수설'의 '보살성불론'을 사수하고자 한 설일체유부의 자세를 읽을 수 있다. 또한 이와 평행하는 문헌인 『디비야 아바다나』에 근거한 일본어 번역으로는 平岡聰, 「町の洗濯婦による布施物語 -『ディヴィヤ·アヴァダーナ』 第7章和譯-」, 『佛教大學総合研究所紀要』 3, 1996, pp.68-88이 있다. 필자는 2001년 12월 18일에 히라오카 본인으로부터 별쇄본을 받을 때까지 이 선행 업적이 있다는 것을 몰랐다. 그 점 여기서 사과한다. 이에 근거하여 졸역을 제시했다면 주석 등을 좀 더 잘 달 수 있었을 텐데 아쉽다. 부족했던 점에 관해서는 앞으로 바로잡을 기회가 있기를 바란다.

32 본서 제2부 제6장, 제7장을 참조하기 바란다.

33 '소선성불'에 대해서는 勝呂信靜, 『法華經の成立と思想』, 東京: 大東出版社, 1993, pp.123-124, pp.165-166을 참조. 필자의 규정에 관해서는 졸고, 「彌勒菩薩半跏思惟像考」, 木村清孝博士還暦記念論集, 『東アジア佛教の形成』, 東京: 春秋社, 2002의 주7) 및 그것을 첨부한 본문을 참조하기 바란다.

34 전후의 맥락과 직접 관련 있는 것은 아니지만, 이 산스크리트 문장은 N. Dutt (ed.), *Gilgit Manuscripts*, Vol.III, Pt.4, p.56, l.6에 의한다. pidhīyate는 api-√DHĀ의 수동태 제3인칭 단수로 보았다. 대응하는 의정 역은 『出家事』, 대정장 23, p.1039b에서 '若人作悪業 修善而能滅'이라고 되어 있다.

35 N. Dutt (ed.), *The Pañcaviṃśatisāhasrikā Prajñāpāramitā*, Culcutta Oriental Series, No.28, London, 1934, p.25. 생략법은 제거하고 인용하였다. 羅什 역, 『摩訶般若波羅蜜經』은 대정장 8, p.220a이다.

36 羅什 역, 『大智度論』, 대정장 25, pp.301a-302a. 또한 Étienne Lamotte, *Le Traité de la Grande Vertu de Sagesse de Nāgārjuna*, Tome V, pp.2218-2225에는 프랑스어 번역뿐만 아니라 필요한 정보도 상세히 제시되어 있으므로 참조하기 바란다.

37 대정장 53, pp.436c-438c를 참조. 이 중 문제의『대지도론』의 한 구절은 同, p.437c에 제시되어 있다. 道世가 제시한 그 이외의 경론도 '福田' 사상의 연구를 위해서는 중요한 문헌이다. 기회가 된다면 필자도 그 개개의 문헌을 검토해보고 싶다. 또한 도세의『법원주림』에 관해서는 鎌田茂雄,『中國佛教史』6, 東京: 東京大學出版會, 1999, pp.512-514도 참조하기 바란다.

38 『八千頌般若』에서는 사용되고 있지 않은 것 같다는 필자의 판단은 Edward Conze, *Materials for a Dictionary of the Prajñāpāramitā Literature*, Suzuki Research Foundation, Tokyo, 1967에 근거한 것이다. 또한 이 신분에 의한 보살 규정에 관한 바수반두의 언급에 관해서는 졸서,『法然と明恵 - 日本佛教思想史序說 -』, 東京: 大藏出版, 1998, pp.380-382를 참조하기 바란다.

39 팔리 문헌에서의 용례에 관해서는 Robert C. Childers, *A Dictionary of the Pali Language*, London, 1875, p.94, brāhmaṇamahāsālo, p.139, gahapatimahāsālo, pp.199-200, khattiyamahāsālo, p.230, mahāsālo를 참조. 그들의 신분은 매우 구체적으로 규정되는 것 같은데, 오래된 교정본의 지시이므로 그 규정 부분을 필자는 확인할 수 없었다.

40 Lamotte, *op. cit.* (앞의 주36)), Tome III, pp.1387-1389, 1426-1427, Tome IV, p.1894: 대정장 25, p.224a, p.228b, p.271b를 참조.

41 이상의 두 이야기 중 전자에 관해서는 本庄良文,「毘婆沙師の三藏觀と億耳アヴァダーナ」,『(浄土宗教學院) 佛教論叢』35, 1991, pp.20-23, 후자에 관해서는 J. S. Speyer (ed.), *Avadānaçataka*, Bibliotheca Buddhica, III, Vol.II, St. Pétersbourg, 1906-1909, repr., Osnabrück, 1970, pp.67-71; 대정장 4, p.245a-b를 참조.

42 그 언급 중 한 부분에 관해서는 졸서,『唯識思想論考』, 東京: 大藏出版, 2001, p.17 및 p.56의 주48)을 참조.

43 グレゴリー·ショペン 저, 小谷信千代 역,『大乘佛教興起時代 - インドの僧院生活』, 東京: 春秋社, 2000, pp.3-30의 '서장'과 同, pp.322-325의 역자인 오타니에 의한 '역자 후기' 가운데「쇼펜교수의 '대승불교 주변지역 기원설'」을 특히 참조하기 바란다. 이에 대한 필자의 서평이 앞의 졸고 (앞의 주22))이다. 또한 필자가 쇼펜의 '대승불교 경권숭배지 기원설'이라 부르려 했던 것은 G. Schopen, "The Phrase '*sa pṛthivīpradeśaś caityabhūto bhavet*' in the *Vajracchedikā*", *Indo-Iranian Journal*, Vol.XVII, 1975, pp.147-181에서 논하고 있는데, 이것은 최근에 간행된 do., *Bones, Stones, and Buddhist Monks: Collected Papers on the Archaeology, Epigraphy, and Texts of Monastic Buddhism in India*, University of Hwai'i Press, Honolulu, 1997에 수록되어 있지 않으므로 철회되었을지도 모르겠다. 그러나 이 설에 대한 필자의 견해에 대

해서는 본서의 제2부 제8장을 참조하기 바란다.

44 그들 최근 연구에 관해서는 下田正弘, 『涅槃経の研究 -大乗経典の研究方法試論』, 東京: 春秋社, 1997, pp.254-256, pp.585-588, 주34)-주38)을 참조. 덧붙여 두자면, 대승불교란 다름 아닌 전통적인 불교교단 내에서 확립된 '작선주의'의 반영이라고 하는 필자의 입장에서 본다면, 최초기의 대승경전뿐만 아니라 초기 대승경전이나 그것들에 기반을 둔 대승논전 역시 새로운 관점에서의 재검토가 필요하다고 생각한다. 그러나 이 문제는 본서에서 적극적으로 고찰하지 않았으므로, 여기서 시사적으로만 언급해둔다. 필자의 관점에 의하면 예를 들어 『십주비바사론』 등도 '재가보살'에 대한 '출가보살'에 의한 '작선주의'의 권유인 「易行品」이나 '작선주의'에 근거한 '악업불식 의식' 그 자체의 開陣인 「除業品」을 중심으로 '작선주의'의 체계화를 시도한 논전으로 보인다. 다른 문제도 포함하여 이런 것도 가까운 장래에 필자의 『대승불교비판』에서 논하고 싶다.

5 / 전통적 불교교단과 사상

앞 장에서는 대승불교처럼 전통적인 불교교단과 완전히 다른 새로운 큰 운동을 전개한 것처럼 보이는 흐름조차 실은 전통적 불교교단 밖에서 운영된 것은 아니었다는 점을 살펴보았다. 대승불교는, 말하자면 교단에 밀어닥쳐 침투해간 통인도적 '습관'의 불교적 변모라고도 말할 수 있다. 그 때문에 불교라는 것이 '사상'인 한, 무기(無記, avyākṛta)이기 때문에 다양한 것으로 전개하기 쉬운 '습관'에 대해, 불교는 '사상'적으로 어떻게 대처해왔는가, 혹은 앞으로 어떻게 대처해가야 하는가를 교단사적인 관점에서 단지 시간적인 확장뿐만 아니라, 공간적인 확장에서도 '전 교단cāturdiśa-saṃgha-'을 염두에 두고 고찰해갈 필요를 필자는 통감하고 있다. 이것은 매우 곤란한 문제이며, 도저히 이 정도 지면에서 논할 수 있는 성질의 것은 아니다. 따라서 본 장에서는 말하자면 '불교 생활 습관'에 대치시키는 형태로의 '불교 철학 사상'에 대한 전망을 교단사론을 다루는 입장에서 서술하고자 한다.

그러나 그 목적을 실행하기 전에 전통적 불교교단의 비교적 후대의 실정을 알기 위한 표본으로 설일체유부의 『잡사(雜事, *Kṣudraka-vastu*)』의 한 구절과 대중부 계통 설출세부의 『위의법(威儀法, *Abhisamācārika-dharma*)』의 한 구절을 들어 약간의 견해를 추가해둔다. 왜 이 두 가지를 선택했는가 하면, 지금까지도 지적해온 바와 같이, 설일체유부는 '습관'이나 '생활' 면에서 관대한 태도를 보이면서도 불교의 '사상'이나 '철학'에 관해서는 그 정통설을 선별vibhāṣā하고 결택해가려는 자세가 현저한데 비해, 대중부는 '습관'이나 '생활'에 관대할 뿐만 아니라 '사상'이나 '철학'에 관해서도 열심히 힌두이즘적인 측면을 받아들였기 때문에, 이 상반된 경향을 가진 두 부파의 율 문헌을 다루는 것에 의해 전통적 불교교단의 대체적인 실정을 파악할 수 있을지도 모른다고 생각했기 때문이다.

먼저 『잡사』의 한 구절은 교단에 있어서의 장례에 관해 그 유래를 다음과 같이 서술한다. 이 한 구절에 관해서는 그레고리 쇼펜이 티베트역의 모든 제본諸本 대조의 교정본을 제시한 후 영역하고, 또한 관련 연구도 상세하게 주기하고 있으므로,[1] 필자 역시 그것들에 의거하면서, 여기서는 내용 이해의 편의를 도모하기 위해 그 티베트역 교정본에 근거한 번역만 제시해둔다.

> 불세존은 슈라바스티의 제타 숲에 있는 아나타핀다다 원림에 머물고 계셨다. 슈라바스티에 한 거사가 있었는데, 그는 같은 가계家系로부터 부인을 얻어, 그는 그녀와 함께라고 하는 부분부터, 한 명의 남자아이가 태어났고, 그가 태어난 생일잔치가 삼칠일인 21일 동안 성대하게 치러졌으며, [그 아이에게는] 가계에 어울리는 이름이 주어졌고, 성장해갔다라고 하는 부분까지는 위에서 서술한 바와 같다.[2] 그럭저럭하는 사이에 올바르게 설해진 법과 율 밑으로 [그는] 출가했는데, 그의 사대四大가 부조화를 이루어 병에 걸리고 말았다. 그는 뿌리와 줄기, 꽃, 열매로 만든 약으

로 간호받았지만[3] 효과가 없어 죽어버리고 말았다. [그러자] 비구들은 그를 발우, 옷과 함께 길가에 내다버렸다. 얼마 뒤 그 길 [저편]에서 바라문과 거사가 찾아왔고, 그들은 그 [시체]를 보았다. 그러자 어떤 사람이 말했다. "여러분, 석가의 제자śākyaputra가 죽어 있어요." 다른 사람들이 말했다. "이쪽으로 와서 보세요." 그들은 보고 확인한 후에 말하기를 "여러분, 이 사람은 저 거사의 아들입니다. 의지할 곳 없는 석가의 제자인 사문들 속으로 출가했기 때문에 이런 상황이 되어버린 것입니다. 이런 자들 속으로 출가하지 않았다면 친족들의 공양을 받았을 텐데."라고 하였다. 그 사례를 세존에게 비구들이 말씀드리자, 세존이 말씀하시기를 "비구들아, 그렇다면 허가하노니, 죽은 비구의 공양을 해야 한다."라고 하셨다. 세존이 "죽은 비구의 공양을 해야 한다."고 말씀하셨지만 비구들은 어떻게 공양해야 하는지 몰랐기 때문에 세존은 "화장하여라."라고 알려주었다. 세존이 "화장하여라."라고 말씀하시자 세존에게 우팔리(Nye ba 'khor, Upāli)가 여쭈었다. "존사여, 세존이 이 몸에는 팔만 마리의 벌레가 있다고 말씀하셨습니다. 그들 [벌레]는 어떻게 되는 것입니까?" 세존은 말씀하셨다. "우팔리야, 그 [사람]이 태어나자마자 그들 [벌레]도 태어나며, 죽었을 때에는 그들 [벌레]도 죽지만, [만약을 대비해] 상처를 살핀 후에 화장하여라." 세존이 "화장하여라."라고 말씀하셨지만, 나무를 마련할 수 없어 그 사례를 비구들이 말씀드리자 세존은 말씀하셨다. "하천에 버려라." 하천이 없자 세존은 말씀하셨다. "땅을 파서 묻어라." [그러나] 여름이라 지면도 단단하고,[4] 나무에도 생물이 많자 세존은 말씀하셨다. "구석진 장소(thiks po'i phyogs, gahana-pradeśa)에서 머리는 북쪽을 향하고 베개로 풀 다발을 두고 오른쪽 옆구리를 대고 눕힌 후, 풀이나 나뭇잎을 쌓아서 덮고, 보수報酬를 지명하고(yon bsngo zhing, dakṣiṇām ādiśya),[a] 삼강식(三講式, rgyun chags gsum, tri-daṇḍaka)의 송법(誦法, chos mnyan pa, dharma-śravaṇa)을 준 후에(byin nas, dattvā)[b] 떠나시오." 비구들이 그렇게 하고 떠나자 바라문과 거사들이 "석가의 제자인 사문들이 사체를 옮기고ro bskyal nas 목욕도 하지 않은 채 그렇게 떠나버렸으니 청정함gtsang sbra, śauca이 없다."라고 매도하였다. 그 사례를 세존에게 비구들이 말씀드리자 세존께서 말씀하셨다. "그렇게 떠나서는 안 되며 목욕을 해야 한다." 그들 모두 목욕하기 시작하자 세존이 말씀하셨다. "모두 목욕해서는 안 되며 [사체에] 접촉한 자들만 옷과 함께 목욕해야 하며, 다른 자들은 손과 발만을 씻어라." 그들이 [사원에 돌아간 후] 불탑(mchod rten, stūpa, caitya)에 예배하지 않자 세존은 말씀하셨다. "불탑을 예배해야 한다."

이 인용문에서 유의할 점은 세 가지이다. 첫 번째는 기존에 비구의 장례식을 집행하지 않았던 설일체유부 교단이 힌두적인 '습관'에 따라 그것을 채용하게 되었을 때의 방법과 그 교단의 실정이며, 두 번째와 세 번째는 그 힌두적인 '습관' 쪽에 확립되어 있던, 차례대로 말하자면 '불살생ahiṃsā'과 더러움의 '정화śauca' 관념이다.[5] 먼저 첫 번째를 보면, 이 문헌에서 세존은 '습관'상의 규정 채용을 허가하기 위해 이야기상 필요할 뿐 실제로는 당연히 세존이 존재하지 않는 아득한 후대의, 게다가 거기에는 돌아가면 예배해야 하는 불탑도 있는 승원화된 교단을 배경으로 하고 있다는 점이다. 그 교단이 장례식을 채용하는데, 최종적인 방법은 '구석진 장소'에, 이른바 '두북면서頭北面西'로 매장하여 장례를 치루는 것으로 결정된 것 같다. 율장을 '습관'으로서 '무기無記'라고 간주하는 설일체유부에게 있어 그 방법은 반드시 '사상'적으로 본질적인 것은 아니므로, 화장火葬도 수장水葬도 토장土葬도 좋다고 써내려가고 있는 점은 흥미롭다. 하지만 훗날 보다 심각한 영향을 불교 측에 주게 된 것은 채용된 측의 힌두이즘적 '불살생'과 '정화'의 관념이라는 두 번째,

세 번째 점이다. 위의 이야기에서 그 힌두이즘적 관념을 대표하는 사람은 바라문과 거사인데, 문제의 두 번째, 세 번째 점은 밀접하게 서로 관련을 갖는다. 여기서는 그 두 관념을 너무 엄격하게 구별하지 않고, 또한 힌두 문헌에 직접 근거하여 잠시 살펴보기 위해 『마누법전』 제5장에서 필요한 관련 게송을 최소한 발췌하여 열거해둔다.[6]

nâkṛtvā prāṇinām hiṃsāṃ māṃsam utpadyate kvacit/
na ca prāṇi-vadhaḥ svargyas tasmān māṃsaṃ vivarjayet//48//
살아 있는 것들을 살해하지 않고 고기가 생기는 일은 결코 없다. 그러나 살생은 생천生天을 담보하지 않는다. 그러므로 고기는 피해야만 한다.

sva-māṃsaṃ para-māṃsena yo vardhayitum icchati/ anabhyarcya pitṝn devāṃs tato 'nyo nâsty a-puṇya-kṛt//52//
조상과 신들을 존경하지 않고 다른 고기로 자신의 고기를 늘리기를 바라는 것보다 더 이상 불작선(不作善, a-puṇya-kṛt)이 심한 것은 없다.

yathêdaṃ śāvam āśaucaṃ sapiṇḍeṣu vidhīyate/ janane 'py evam eva syān nipuṇaṃ śuddhim icchatām//61//
완전한 청정을 바라는 사람들에게 있어 사체에서 유래하는 부정은 사핀다 친족親族[7]에 대해서 규정된 바와 같이 출생에 있어서도 완전히 동일해야 한다.

adbhis tu prokṣaṇaṃ śaucaṃ bahūnāṃ dhānya-vāsasām/ prakṣālanena tv alpānām adbhiḥ śaucaṃ vidhīyate//118//
곡물이나 의복이 많을 때의 정화는 물에 의한 살포이다. 한편, 적을 때의 정화는 물에 의한 세정이라고 규정되어 있다.

설일체유부는 이런 힌두이즘적 '불살생'과 더러움의 '정화'라는 관념에 타협하여 화장해도 사체 속의 벌레를 죽이는 것은 아니라거나, 사체를 만졌다면 목욕을 하여 정화를 해야 한다고 한 것인데, 그 과정에서 채용된 '두북면서'의 장송葬送 중에서 밑줄 친 a, b 부분은 중요한 부분임에도 불구하고 의정역[8]과 다른 부분이 있으므로 이하 의정의 번역을 제시해둔다.

送喪苾芻, 可令能者, <u>誦三啓無常經</u>,[b] 竝<u>說伽他爲其呪願</u>.[a]

분명 어구는 일치하지 않지만, 일단 대응하는 내용을 비교하기 쉽도록 동일하게 밑줄 쳐 두었다. 이를 보면 알 수 있듯이 '說伽他爲其呪願'은 '보수를 지명하고'와 대응하며, '誦三啓無常經'은 '삼강식의 송법을 준 후에'와 대응한다. '送喪苾芻, 可令能者'는 7세기 후반의 날란다에서 이미 확립되어 있던 장례식의 순서를 『남해기귀내법전南海寄歸內法傳』에도 기록되어 있듯이[9] 실제로 보았던 의정이 보충했다고 생각되는데, 위와 동일한 이야기는 필자가 아는 한 보다 오래된 『십송률』에서는 발견할 수 없지만, 위의 이야기에 보이는 비구의 죽음에 관한 이야기나 몸속에 팔만 마리의 벌레가 살고 있다고 하는 속설과 이에 얽힌 '부정' 이야기 등은 다음에 볼 죽은 비구의 소득 분배 lābha-vibhāga 등의 이야기와 함께 『십송률』에서도 볼 수 있다. 따라서 설사 위의 『잡사』에 기록된 내용 자체가 성립한 것은 후대라 해도, 교단에 의한 장례식의 채용은 비교적 오래 전의 일일지도 모르겠다. 그런데 쇼펜은 그 장례식 순서와 관련하여 같은 설일체유부율 『의사(衣事, *Cīvara-vastu*)』에 보이는 소득 분배에 관한 규정에 그 순서가 반영되어 있다는 점을 완벽하게 분석하고 있다. 여기서는 이와 동일한 목적을 위해서가 아닌, 위의 '삼강식의 송법'이라는 것을 조금이라도 명확히 하기 위해 문제의 산스크리트 원문과 번역을 제시해둔다.[10]

> pañca karaṇāni lābha-vibhāge/ katame pañca/ gaṇḍī tri-daṇḍakaṃ caityaṃ śalākā jñaptiḥ pañcakam/ yo mṛtagaṇḍyām ākoṭyamānāyām āgacchati tasya lābho deyaḥ/ evaṃ tri-daṇḍake bhāṣyamāṇe caitya-vandanāyāṃ kriyamāṇāyāṃ śalākā[yām ā]caryamāṇāyām/ tasmāt tarhi bhikṣavaḥ sarvaṃ mṛta-pariṣkāraṃ jñaptim kṛtvā bhājayitavyam/ akopyaṃ bhaviṣyati/
>
> [죽은 비구의] 소득 분배에 관해서는 다섯 가지 상황이 있다. 다섯 가지는 무엇인가? (1)징[揵稚], (2)삼강식, (3)묘탑廟塔, (4)주籌[11] (5)고지告知를 다섯 가지라고 한다. (1)무릇 누구이든 죽은 자를 위해 징을 두들겨 소리를 내고 있을 때에 찾아온 사람이라면, 그에게 소득이 주어져야 한다. 마찬가지로 (2)삼강식이 암송되고 있을 때에, (3)묘탑에 예배를 드리고 있을 때에, (4)주가 분배되고 있을 때에 [찾아온 사람이라면, 그에게도 소득이 주어져야 한다]. 그러므로 비구들아, 그때에 (5)죽은 자의 모든 생활필수품을 고지한 후에 분배가 이루어져야 한다. [그렇게 하면] 죄를 범하지 않은 사람이 될 것이다.

이 인용문에서 앞서 말한 고찰 목적과 직접적으로 관련이 있는 것은 '삼강식'이라고 번역한 (2)의 트리 단다카tri-daṇḍaka인데, 이를 전후로 한 (1)과 (3)도 '삼강식'을 포함한 앞의 밑줄 친 b뿐만 아니라, 밑줄 친 a의 '보수를 지명하고'와 '說伽他爲其呪願'의 해명과도 관련이 있으므로, 그 범위 안에서 쇼펜의 분석을 간단하게 소개하고자 한다. 쇼펜에 의하면 교단의 장례식 채용과 죽은 비구의 소득 분배와의 관계는 다음과 같은 『의사』에 보이는 세 단계의 이야기가 얽혀 있다고 한다.[12] 즉, 분배인이 (a)아직 죽은 자의 운반mṛtâbhinirhāra이 이루어지지 않았을 때, (b)아직 사리공양śarīra-pūjā이 실행되고 있지 않을 때, (c)아직 송법을 주고 보수를 지명하지dharma-śravaṇaṃ dattvā dakṣiṇām ādiśya 않았을 때에 죽은 자의 승방(laya, 個室)에 들어가 분배를 하려 했기 때문에 죽은 자의 영혼이 화가 나서 막대기를 가지고 나타나 그 부적절함을 지적했으므로, 그것을 분배인이 세존에게 보고한 결과, 순서대로 (a)(b)(c)의 단계를 거쳐 장례식의 채용이 정착했다는 것이다. 이렇게 해서 이 『의사』의 세 단계에 걸친 이야기의 전개가 『잡사』의 장례식 채용의 사체를 안치하여 밑줄 친 a, b를 집행하는 장면 및 『의사』의 소득 분배 규정의 (1), (2)의 상황과 대응하고 있는 것이 된다. 이를 정리해보면, 사체를 안치하고, 장례식의 개시를 징을 쳐서 소리를 내어 신호하고, 식의 개시와 함께 사리공양을 행하고, '삼강식'의 식의 순서에 따라 『무상경(無常經, *Anityatā-sūtra*)』 등의 짧은 경을 독송하고 dharma-śravaṇaṃ dattvā, 식이 끝난 후에 분배되었을 소득의 분배에 근거하여 죽은 사람의 생전의 '작선(作善, kṛta-puṇya)'도 가미하여 '작선주의'의 (가), (나), (다)의 관계에 따라 (가)의 죽은 자의 소득을 '보수dakṣiṇā'로서 (나)의 '보수로서 가치 있는 것(dakṣiṇīya, 福田)'인 장례식의 도사導師가 승원을 대표하여 수령하고, 그 '보수'를 명확히 기재하지는 않지만, 죽은 자의 명의로uddiśya (다)인 죽은 자의 사망한 친족을 위해서라거나 깨달음을 위해서라거나 일체중생을 위해서라고 '지명한다ādiśati'고 하는 것이 될 것이다.

이 중 고찰도 없이 자명한 듯 서술해버린 '삼강식'에 대해 말하자면, 이 트리단다카를 고유명사로 취급하여 『무상경』으로 보는 것은 의정의 언급을 중시하는 일본에서는 일반적인 일인데, 쇼펜은 이를 부정하고 다른 견해를 제시한다. 필자 역시 여기서는 암묵적으로 이를 따르고 있다. 그러나 의정이 말한 『삼계三啓[경]』이 『무상경』을 가리킨다고 보는 많은 연구[13] 중에도 버리기 어려운 것이 있고, 게다가 필자 역시 양쪽 해석이 반드시 모순된다고 생각하지는 않기 때문에 기존의 설을 피하려는 의도는 전혀 없다는 점, 미리 양해를 구하며 쇼펜설[14]에 대해 언급해두고자 한다. 쇼펜은 한문 원문이 아닌 다카쿠스Takakusu의 영역이나 후지시마Fujishima의 불어역을 사용하고 있다. 의정의 『남해기귀내법전』의 "初, 可十頌許, 取經意而, 讃歎三尊. 次, 述正經, 是佛親說, 讀誦既了. 更, 陳十餘頌, 論迴向発願, 節段三開, 故云三啓."[15]가 '절단삼개(節段三開, a set from of recitation consisting of three parts)'를 '삼계三啓'라고 기술하고 있는 점에 주목하고, 그것이 장즈머우張怡蓀의 『장한대사전藏漢大辭典』(p.577)의 'rgyun chags gsum pa(*tri-daṇḍaka)' 항목 설명에서 포살(布薩, uposatha, poṣadha) 의식의 일종으로 '귀의 절단(歸依節段, phyag 'tshal ba'i rgyud)'과 '송경 절단(誦經節段, mdo 'don pa'i rgyud)'과 '회향 절단(迴向節段, bsngo ba'i rgyud)'의 세 절단節段을 동반하고 있다는 관점에서 청정계경(淸淨戒經, tshul khrims rnam dag) 등의 법을 설명하고 청문시키는 것이라고 기재되어 있는 내용에 부합한다고 하여, 트리 단다카를 특정 경전이라고 생각하지 않는다. 그리고 왜 의정 이후의 해석이 그것을 『무상경』으로 특정하게 되었는가에 대해서는 '청정계경 등'이라고 하여 수종의 단경短經이 의식의 성질에 맞게 선택되었을 텐데, 의정이 거기에 구체적으로 『무상경』이 삽입되어 있는 승원의 장례식 절차를 중국불교계에 제시했기 때문은 아닐까 추측하고 있다. 필자는 이런 쇼펜의 견해를 살려 트리 단다카(tri-daṇḍaka, rgyun chags sum)를 '세 가지 절단으로 이루어진 식의 순서'라는 의미에서 '삼강식'이라는 번역어를 사용하였다.

이상의 고찰로 '삼강식의 송법tri-daṇḍaka-dharma-śravaṇa'이라는 것이 조금은 명확해졌을 것으로 기대하는데, 그 부록으로 교단의 장례식 채용의 상황에 얽힌 '작선주의'의 실태도 어느 정도 구체적으로 상정했다고 생각한다. 그런데 쇼펜은 필자가 말하는 '작선주의' 측면에서의 죽은 승려의 소득 분배 규칙과 힌두법의 그것과의 일치에 경탄하며 그만큼 한층 더 불교교단의 그러한 측면의 영혼 긍정설과 불교 교의의 '무아(anattan, anātman)'의 영혼 부정설 간의 괴리에 혐의嫌疑의 놀라움을 표명하고 있다. 그러나 이 '습관'과 '사상'의 괴리 문제에 관해서는 본 장의 후반에서 다시 다루기로 한다. 쇼펜의 문제는 오히려 '사리공양śarīra-pūjā'에 관한 힌두이즘적 영혼 긍정설의 이해가 충분하지 않다는 점에 있을 것이다. 쇼펜은 앞의 고찰에서 '사체의 운반ro bskyal ba'과 같은 경우에는 'formal removal of the body', '사리공양ro la mchod pa, ring bsrel la mchod pa'과 같은 경우에는 'worship of the body' 등과 같이 번역하여 '사체'도 '사리'도 같은 body라고 한다. 그 부족함은 자신도 알고 있는 듯 상당히 상세한 주를 달고 있는데,[16] 본질적으로 맘사(māṃsa, 肉)와 샤리라(śarīra, 舍利)와의 차이를 파악하고 있지 않은 것이 문제라고 생각된다. 게다가 힌두이즘에 있어 '불살생'과 더러움의 '정화'가 깊이 관련되어 있는 것은, 위에서 인용한 『마누법전』 제5장 제52송과 제61송에 의해 특히 명확한 바와 같이, 다른 것을 살해hiṃsā하여 '다른 고기māṃsa로 자신의 고기를 늘리는' 것이 더러움이므로 '불살생'이란 그 더러움을 막기 위해 있는 것인데, 그렇게 하지 않고 죽어버린 보통 사체에는 당연히 그것에 유래하는 '부정(āśauca, 더러움)'이 있다. 운반된 사체란 이렇게 더러워져서 마침내 썩어버린 고기를 말한다. 공양의 대상이 되는 샤리라(śarīra, 사리)는 그것이 슈리(ŚRI, 지탱하다)라는 어근에서 파생했다고 사전에서도 설명하고 있듯이, 결코 썩지 않고 태워도 남는 맘사와는 반대인, 오히려 영혼ātman 그 자체인 것이다.[17] 그것을 '공양'하는 것이 '사리공양'이다. 그렇다면 이 '사리공양'의 집행을 요구하는 『의사』의 죽은자 영혼 이야기는 교단에 의한 장례식이 완전히 화장에 의해 실행되고 죽은 자의 영혼을 문자 그대로 '사리'로 모시게 된 시대의 산물이라고도 생각된다. 그러므로 『의사』의 소득 분배 규정인 (3)에 '사리'와의 관계에서 '묘탑에 대한 예배'가 언급되거나, 『잡사』의 교단 장례식 채용의 이야기에서는 역시 같은 관점에서 장례식에서 돌아온 비구들에게 '불탑을 예배해야 한다'고 알려주고 있는 것이라고 생각된다. 그러나 『의사』의 (a), (b), (c) 세 단계를 동반한 소득 분배 규정의 문헌과 『잡사』의 밑줄 친 a, b의 기술을 포함한 교단의 장례식 채용 문헌을 비교하면, 엄밀한 문헌성립사적 관점에서는 여하튼 이야기 그 자체로는 '구석진 장소'에서의 '북두면서'의 장례식을 중심으로 한 후자보다는 대부분 사원(승원)만을 생각하더라도 무대 설정이 가능한 전자 쪽이 새롭다는 인상을 준다. 하지만 그렇다고 해도 후자의 밑줄 친 a, b 부분이나 전자의 소득 분배 규정의 상황 (1), (2), (3)의 부분에는 완전히 '작선주의'가 성립해 있었다는 것을 알 수 있으므로, 여기서도 설일체유부의 교단 내에서 대승불교라고 불리는 현상이 일어나고 있었다고 생각해도 조금도 이상할 것은 없다. 다만 실제로 그렇게 생각할 경우의 약점은 이것이 출가비구의 '생활' 규정으로서의 율이라는 제약 때문에 재가신자의 장례식이나 포살의 실태가 조금도 보이지 않는다는 점이다. 하지만 앞서 고찰한 '삼강식'의 존재방식과 앞 장에서 고찰한 『법경경』에서 언급하는 '참회강식'으로 볼 수 있는 트리 스칸다카*Triskandhaka*의 존재방식과의 혹사한 관계를 부연하자면, 위와 같은 제약에 의한 결락을 메꾸어가는 것은 가능하다고 생각한다.

『잡사』 관련 언급이 상당히 길어졌다. 이어서 대중부계 설출세부 『위의법』

의 한 구절을 다루어보겠다. 이것은 장례식이 아닌 포살을 서술한 한 구절로, 그 일부는 이미 사사키 시즈카가 한역 『마하승기율』 「명위의법」을 중심으로 고찰하고 있다.[18] 여기서는 한역보다 상당히 후대의 성립이기는 하지만, 산스크리트본의 번역을 중심으로 설출세부에서의 후대 포살의 실정을 알아보는 것에 중점을 둔다.

(i) 신들 및 사람들의 교사인 세존은 슈라바스티에 머무르고 계셨다. 인연을 상세하게 다 마치고 나니, 지금이야말로 교단의 포살poṣadha이다. 난다나가 교단의 상좌saṃgha-sthavira이며, 우파난다나는 제2상좌이다. 기진자(寄進者, dāyaka)인 시주(施主, dāna-pati)들이 물었다. "성자시여, 비구교단bhikṣu-saṃgha은 화합하고samagra 있습니까?" 그들 [비구들]은 대답했다. "아니오. 장수하십시오." "지금은 어떤 분이 안 오셨습니까?" 비구들이 대답했다. "교단의 상좌가 오지 않으셨습니다." 그러자 그들은 초조했다. "죄송하지만 살펴봐 주십시오. 우리들은 당장 해야 할 일을 중단하고 왔습니다. 우리들은 화합한 교단의 발아래에 예배드립니다. 그리고 우리들은 보시물deya-dharmma을 안치하고자 합니다 pratiṣṭhāpayiṣyāma. [그런데] 교단의 상좌가 오시지 않다니요." 그런데 그는 나중에 찾아와 사바라이법(四波羅夷法, catvāri pārājikān dharmmān)을 요약하여 제시했다. 하지만 보수dakṣiṇā를 지명하지 않고 [법]화도 하지 않고 일어나서 가버렸다. 신참 비구들navakā bhikṣū은 물었다. "여러분, 교단의 상좌는 안 계십니까?" 비구들은 대답했다. "오셨지만 다시 가버리셨습니다." 다시 그 신참 비구들은 말했다. "교단의 상좌가 오신 것도 가신 것도 전부 몰랐습니다." 비구들은 이 사례prakaraṇa를 세존에게 보고했다. 세존이 말씀하셨다. "난다를 불러오너라." 그가 불려왔다. 세존은 말씀하셨다. "난다야, 이와 같이 교단의 포살이 있었다

는 것이 사실이냐?" [난다로부터 들으신 뒤] 세존은 그와 같은 모든 것을 상세하게 다시 고하셨다. [그러자] 신참 비구들은 초조해하며 [말했]다. "교단의 상좌가 오신 것도 가신 것도 전혀 몰랐습니다." [그 때 다시 한번 세존이 난다에게 [묻자] 그는 말했다. "틀림없습니다. 세존이시여."

(ii) 세존께서 말씀하셨다. "실로 그 때문에 교단의 상좌는 포살에서 다음과 같이 실행해야 한다. 그렇다면, 도대체 무엇을 교단의 상좌는 포살에서 실행해야 하는가? 실로 무엇이든 교단에서 포살이 실행된다면, 실로 그것을 교단의 상좌는 알아야 한다. 도대체 오늘 교단의 포살은 14일 개최cāturddaśika인가, 15일 개최pāñcadaśika인가, 결합포살(結合布薩, sandhi-poṣadha)인가,[19] 도대체 [식 종료] 전의 식사인가, 후의 식사인가, 몇 시인가,[20] 어디서 실행되는가, 선실(禪室, prahāṇa-śālā)인가, 집회실(集會室, upasthāna-śālā)인가, 화실(火室, agni-śālā)인가, 실외의 집회소maṇḍala-māḍa인가? 어느 장소에서 어느 날에 교단에서 포살이 실행된다면, 교단의 상좌는 오편(五篇, pañca sūtrāṇi)을 상세하게 낭독해야 한다. 내지 요약하여 사바라이와 나머지는 반복해서 청문에 도움이 되는abhīkṣṇa-śrutikā 게송[21][을 낭송해야 한다]. 만약 교단을 떠나지 않았다면 [포살이] 실행될 장소에서 교단의 상좌는 보고해야 한다. '여러분, 오늘 교단의 포살은 14일 개최 혹은 15일 개최 혹은 결합포살이며, 어느 선실 혹은 집회실 혹은 실외 집회소에서 실행되며, [식 종료] 전의 식사 혹은 이후의 식사입니다. 여러분, 지금 제가 보고하지 않은 것 등 빠짐없이 들어주세요. 그곳에서는 뛰어다니지 말고 착석해 주세요.'"

(iii) 실로 그러고 나서 [관리인인 비구[22]는] 미리 포살 장소poṣadha-sthāna에 가서 물을 뿌리고, 땅을 쓸고, 소똥 바르기go-maya-kārṣī를 하고, 좌

석을 준비하고,[23] 주(籌, śalākā)를 향수로 씻고, 꽃을 뿌려놓아야 한다. 교단의 상좌는 누가 주를 나누어주고, 누가 [그것을] 회수하고, 누가 승단의 규율조문prātimokṣa-sūtra을 제시하고, 누가 보수를 지명하고 dakṣiṇām ādiśiṣyati, 누가 [법]화parikathā를 하는지 알아야 한다. 누구든 적임자라면 그 사람에게 의뢰해야 한다. "당신이 그들에게 주를 나누어 주세요. 당신이 주를 회수해주세요. 당신이 승단의 규율 조문을 제시해주세요. 당신이 설법해주세요. 당신이 [법]화를 해주세요. 당신이 보수를 지명해주세요." 주는 의뢰받은 사람이 배분해야 하며, 다른 사람이 회수해야 한다. 하지만 주를 나누어주는 사람이 손을 씻지 않고 주를 나누어주는 것은 허용되지 않으며, 베일로 감싼 자oguṇṭhikā-kṛta나 신발을 신은 자upānahârūḍha가 주를 나누어주는 것은 허용되지 않는다. 실로 그 때문에 손을 씻고, 베일을 벗고, 신발을 벗고 (상의를 왼쪽) 어깨에 걸치고 주를 나누어주어야 한다.
그리고 또한 주를 받는 사람도 베일로 감싸거나 신발을 신고 있다면, 주를 받는 것은 허용되지 않는다. 실로 그러므로 [상의를 왼쪽] 어깨에 걸치고, 손을 씻고, 베일을 걷고, 신발을 벗고 주를 받아야 한다. [그러고 나서] 기진자인 시주들에게 물어야 한다. "당신들은 머무십니까, 아니면 돌아가십니까?" (a)만약 우선 그들이 "우리들은 되돌아갑니다."라고 말했다면, 그 후에 [곧바로] 시물을 안치하고 pratiṣṭhāpayitavya, 시물에 수희하고, 법에 맞는 이야기에 의해dhārmmyā kathayā, 설시하고saṃdarśayitavya, 수지하고samādāpayitavya, 장려하고 samuttejayitavya, 기쁘게 하고saṃpraharṣayitavya, 열망시켜야 한다udyojayitavya.[24] (b)그런데 지금 만약 그들이 "우리들은 머물겠습니다."라고 말했다면 다음과 같이 [그들에게] 말해야 한다. "우선 밖으로 나갔다가 잠시 후에 돌아와 주세요. 그동안 비구교단은 포살할 것입니다." 기진자인 시주들이 되돌아 왔을 때에는 그 일을 설계사(說戒師, sūtrôddeśaka)는 알고 있어야 한다.

(iv) (a)만약 일단 너무 춥지도 너무 덥지도 않으며, 승원vihāraka이 당치도 않은 먼 곳에 있는 것도 아니며, 비구들도 늙어서 약해진 것도 아니며, 혹은 병들어 쇠약해 있는 것도 아니며, 사자獅子의 공포도 없으며, 호랑이의 공포도 없으며, 도둑의 공포도 없고, 비구들도 쾌적하게 살고 있어서 당장에 만약 상세히 승단의 규율 조문을 듣기를 원한다면, 상세히 승단의 규율 조문을 제시해야 한다. (b)그런데 지금 만약에 너무 춥거나 혹은 너무 덥거나, 비구들도 늙어 약해져 있거나, 병들어 쇠약해 있거나, 사자의 공포도 있고, 호랑이의 공포도 있고, 도둑의 공포도 있고, 또한 비구들도 상세하게 승단의 규율 조문을 듣고 싶어 하지 않는다면, 요약해서 사바라이법을 제시하고 나머지는 반복에서 청문하는 데 도움이 되는abhīkṣna-śrutikā 게송gāthā으로 [알려주고], 그러고 나서 쾌적하도록 해야 한다.

(v) 그런데 지금 [그 포살이] 밤을 새워야 하는 것이라면, [어떤 비구에게] "당신이 설교하세요."라고 의뢰해야 한다. 의뢰받은 방법 그대로 [그 비구는] 설교하고, 밤새도록 법의 비dharmma-vṛṣṭi 속에서 지내고, 기진자인 시주들을 법에 부합하는 이야기로 설시하고, 수지하고, 장려하고, 기쁘게 하고, 열망시키고, 쾌적하게 해야 한다. 여러분들이 환희하도록 해주세요.

이와 같이 교단의 상좌는 포살에서 실행해야 한다. [만약] 실행하지 않는다면 위의법(威儀法, abhisamācārikāṃ dharmmām)을 위범한 것이 된다.

『위의법』의 원문을 문헌학적으로 엄밀히 독해하기 위해서는 중기인도 아리아어 일반에도 정통할 필요가 있지만, 이러한 소양이 전혀 없는 필자가 감히 원문을 번역하여 길게 인용한 것은 불교교단에서 포살의 실태를 그 분위기까지 포함해서 알리기 위해서는 이 구절이 매우 유효하다고 판단했기 때문이다. 다만 인용이 너무 길어졌기 때문에 초점을 잃지 않도록 위의 구절을 같은 단락 기호하에 요약해둔다.

(i) 교단의 포살 의식의 모든 책임자인 교단의 상좌가 교단 내에서 한 거동을 기진자인 시주dāyaka-dānapati들도 신참 비구들도 몰랐던 사례를 지적한다.

(ii) 지적된 사례와 같은 미비가 없도록 교단의 상좌는 포살의 종류를 명확히 하고, 그것을 일시나 장소 등과 함께 전원에게 보고해야 한다고 하는 마음가짐을 기술한다.

(iii) 관리비구 등에 의한 포살 의식의 준비에 관해 기술한다. 준비 완료 후에 기진자인 시주에게 의식 직전에 돌아갈 것인지 아닌지를 물어 (a)돌아가는 사람과 (b)머무는 사람에 따라 대처 방법을 지시한다.

(iv) 포살 의식 자체에 대한 설명으로 옮겨가서 (a)정식인 경우, (b)약식인 경우를 나누어 설명한다.

(v) 출가자의 의식 종료 후에 포살이 재가자를 위해 밤새 이어질 경우에는 의뢰받은 출가자는 밤새도록 설법하여 기진자인 시주를 즐겁게 해주어야 한다는 것을 제시한다.

『위의법』의 원문과 한역 『마하승기율』의 대응 부분을 비교해보면, 전자에서 상당한 증광이 확인되지만[25] 기본적인 내용에는 변화가 없다. 그것은 위와 같은 부분에서도 마찬가지이다. 위의 인용 중에서 (iii), (iv), (v)에 대응하는 한역을 번역한 사사키는 그 직후에 이 구절에 관해 다음과 같이 서술한다.[26]

> 이 기술로 명확해졌듯이, 비구포살에 재가자가 참가하는 것은 허용되지 않는다. 비구포살이 실행되고 있는 동안은 재가자들은 밖으로 나가 있어야 한다. 왜냐하면, 비구포살을 할 때 낭송되는 바라제목차는 재가자가 들어서는 안 되는 비밀의 법이기 때문이다. 바라제목차가 비구에게만 허용된 비밀의 법이라는 것은 율장의 규정을 보면 알 수 있다.

매우 적절한 지적이라고는 생각하지만, 이대로라면 약간 오해를 불러일으킬 가능성도 있으므로 필자는 여기서 다름 아닌 '비밀의 법'이기 때문에 그 힘을 지닌 포살에 재가신자도 참가할 것을 기대하고, 게다가 어떤 의미에서 본다면 참가할 수 있었다고 하는 측면을 강조해두고자 한다. 분명 출가비구들의 포살에 재가자의 참가가 허용되지 않았다는 것은 앞 인용의 (iii), (b)의 기술을 보면 확실하다. 하지만 밖에 나가 있다고 하는 의미는 당일에 포살이 실행될 예정인 선실이나 집회실이나 야외 집회소 등의 밖이라는 의미일 것이므로, 반드시 재가자가 교단의 부지에서 쫓겨난다는 것을 의미하지는 않을 것이다. 필시 그들은 교단 어딘가에서 대기하고 있다가 출가자의 포살의식이 종료한 시점에 다시 불려와 (iii), (a)에서 자택으로 되돌아가는 사람이 의식 개시 전에 받은 것과 거의 동일한 것을 받고, 만약 그 날의 포살이 밤을 새워 이루어지는 것이라면, 그것에 참가하여 설교를 듣고 '비밀의 법'을 나누어받았다고 생각된다. 그런 의미에서는 일단 밖에서 대기하고 있던 재가자도 필자가 말하는 '작선주의'에 의한 '악업불식의 의식'에 완벽하게 참가하고 있던 것이 된다. 애초에 '포살poṣadha'이란 예전에 S. 덧트도 지적하고 있듯이 만월이나 신월의 신성한 날에 밤을 지새우며 신들과 함께 가깝게upa- 지내는√VAS 우파바사타upavasatha라는, 『아타르바 베다*Atharva-veda*』나 『샤타파타 브라흐마나*Śatapatha-brāhmaṇa*』 등에도 규정되어 있는 바라문의 의식이 불교에 채용된 것[27]이므로, 그 우파바사타upavasatha=포사다poṣadha에 참가하는 인도의 불교재가신자가 바라문 제관을 대신해서 출가고행자의 포살인 '비밀의 법'을 접할 수 있다고 믿고 있던 것도 당연한 일이라고 하지 않을 수 없다. 단지 그것은 확립된 '작선주의'의 범위 안에서의 일이므로 예의 기호를 사용하여 위에서 인용한 장면을 설명한다면, (가)기진자인 시주는 보시물을 지참하고 교단에 와서 포살이 실행되는 교단 혹은 경우에 따라서는 '유명한 대大공덕자jñāto mahā-puṇyaḥ'로 주목받는 출가자를 (나)의 '복전'으로, 그것에 대한 시물을 당일의 소원에 따른 (다)의 명목으로 안치하듯이 prati-ṢṬHĀ 돌봄 담당의 관리자 비구vaiyāvṛtyakaro bhikṣuḥ에게 의뢰하며, 교단의 상좌에 의해 각 임무를 지시받은 비구들은 각 임무에 따라, 또한 기진자가 교단에 체재하는 모습에 따라 보수를 지명하거나 법에 부합하는 이야기로 설시하거나saṃdarśayati 한다는 것이다. 그런데 이것은 대중부 계통의 설출세부 교단에서 실행되고 있던 것으로, 필자는 이러한 전통적 불교교단에서 창작되고 편찬된 대승경전에서 (가)가 '재가보살', (나)가 '출가보살' 혹은 '복전'으로 묘사되고 있는 것이라고 생각한다는 점을 여기서 거듭 강조해둔다. 덧붙여 말하자면, (가)가 (나)에 대해 시물을 기진하는 대가로 (나)는 (가)에게 법을 설시하는 것이다. 이를 포함한 다섯 동사가 연달아 대승경전에 빈출하는 점에도[28] 주의를 기울여야 한다.

이상, 전통적 불교교단의 상반된 경향을 대표한다고 생각되는 두 부파의 율 문헌에 보이는 각 구절에 의거하여, 장례식과 포살이라는 인도적인 종교상의 '습관'이나 '생활'에서도 중요하다고 여겨지는 측면이 전통적 불교교단을 무대로 어떻게 실행되어 왔는지 고찰해보았다. 이하, 이러한 '습관'이나 '생활'이 이루어지고 있던 같은 전통적 불교교단에 속하면서, 불교의 출가자나 재가신자는 '사상'이나 '철학' 상으로 어떻게 그것들과 대결하거나 타협해 왔는지, 이 점을 고려하며 가능하면 이에 대한 필자 나름대로의 모색 결과를 제시해보고자 한다.

그런데 앞서 쇼펜이 설일체유부 교단의 장례식 채용 및 죽은 승려의 소득 분배 측면에서의 영혼 긍정설과 불교 교의인 '무아'의 영혼 부정설과의 괴리에 놀라움을 표명하고 있는 점에 대해 언급하였다. 여기서 그 점을 상세히 다루어보면, 쇼펜은 교단의 소득 분배 규칙과 힌두법의 일치를 언급한 후에 이를 인정하는 형태로 다음과 같이 서술한다.[29]

> 불교승원의 규칙과 힌두법의 이 합치는 흥미 깊을 뿐만 아니라, 또한 그것은 동일한 율 규칙과 공식적인 불교 교의 사이에 합치가 명백하게 결여되어 있다는 점과 뚜렷하게 대조를 이루고 있다. 이 일련의 규칙의 보급이 사후에도 존속하는 개개의 '사람personality'의 존재로의 신념에 기반을 두고 있다는 점은 거의 의심할 여지가 없다. 또한 그 '사람'은 자기 이전의 소유에 대한 적극적인 권익이나 소유자의 권리를 유지하고 있다고 생각되고 있었다. 그 '사람person'의 자격은 그들의 소유물이 어떤 분배가 이루어지든, 그것 이전에 보상되어 있을 필요가 있었다. 이 신념은 ―마음에 담아두는 것이 중요한데― 비구들이 비구들을 다스리는 행위 규약에 있어 가정되고 명기되고 있었다. 게다가 그것은 어떤 막연한 재가나 통속적인 불교의 일부가 아닌, 공식적인 승원불교의 요소인 것이다. 그리고 바로 그러한 이유로 불교의 근본적 교의라고 하는 무아설the absence of a permanent self과의 합치가 외견상으로는 전면적으로 결여되어 있다는 점은 한층 더 눈길을 끈다.

쇼펜이 지적하고 있듯이, 설일체유부의 율이 공식적인 견해로 제시하는 '사후에도 존속하는 개개의 '사람'이라는 존재에 대한 신념'과 불교의 '무아설anātma-vāda'이 외견상 완전히 어긋난다는 것은 명백하다고 하지 않을 수 없다. 여기서 쇼펜이 지적한 전자를 '업karman의 불멸'이라는 관념에서 파악해보면 율에 삽입된 이야기는 모두 그 관념 위에 기반을 두고 있다고 말해도 좋을 정도이며, 실제로 '업의 불멸'을 직접 표명한 유명한 게송은 일일이 셀 수 없을 정도이다. 지금 그 게송을 『잡사』의 첫 부분, 더구나 『디비야아바다나』 제19장 '죠티슈카 아바다나Jyotiṣkâvadāna'와 대응하는 이야기 중에서 산스크리트 원문, 그에 대한 필자의 번역, 티베트역, 의정 역의 순서로 인용해둔다.[30]

> na praṇaśyanti karmāṇi kalpa-koṭi-śatair api/ sāmagrīṃ prāpya kālaṃ ca phalanti khalu dehinām//
> 설사 백겁의 끝에 이르렀다 해도 여러 업이 멸하는 일은 없다. 화합과 시절을 얻어 실로 육체를 가진 것으로 열매를 맺으리라.

> las rnams bskal pa brgyar yang ni// chud mi za ba'ang tshogs dang dus// rnyed na lus can rnams la ni// 'bras bu dag tu 'gyur ba nyid//
> 仮令經百劫 所作業不亡 因緣會遇時 果報還自受

이 인용문은 '업의 불멸'을 서술한 게송이다. 율 문헌이 분명 '사상'적으로 '무기'인 '습관'을 다룬 것이라 해도, 예를 들어 '죠티슈카 아바다나'는 그러한 문헌임에도 불구하고 위의 인용문 바로 앞에서 세존의 입을 빌려 다음과 같이 서술하고 있다는 점을 잊어서는 안 된다.[31]

비구들아, 죠티슈카 그 자에 의해 여러 업이 만들어져 쌓이고, [복지福智의] 자량(資糧, saṃbhāra)이 얻어지고, 모든 조건이 숙성되어pariṇata-pratyaya, [그 결과는] 마치 강한 흐름과 같이 확립되어 필연적인 것이 된다avaśyaṃ-bhāvin. [그렇기 때문에] 죠티슈카에 의해 만들어지고 쌓인 여러 업을 도대체 다른 누가 향수享受할 것인가[. 그 자신만이 향수하는 것이다]. 비구들아, 만들어져 쌓인 여러 업은 외적인 지계(地界, pṛthivī-dhātu)에 이숙異熟하는 일도 없고, 수계(水界, ab-dhātu)도 아니며, 화계(火界, tejo-dhātu)도 아니고, 풍계(風界, vāyu-dhātu)도 아니지만, 청정한 것śubha이든 부정한 것aśubha이든 만들어져 쌓인 여러 업은 집수執受된upātta,[32] [오]온(蘊, skandha)과 [십팔]계(界, dhātu)와 [십이]처(處, āyatana)에서만 이숙하는 것이다.

그런데 설일체유부의 '철학abhidharma'에 의하면 이 온계처skandha-dhātv-āyatana는 '법dharma'을 말하며, 온계처도 설명하자면 결국은 온뿐이라고 말해도 좋은 측면도 있다. 요컨대 이 '철학'에 의하면 '사람(人, pudgala=ātman)'이 존재하는 것이 아닌, 이러한 '법'만이 삼세에 걸쳐 존재한다는 것이므로 '생활'의 국면에서 볼 수 있을 만큼 '무아설無我說'에 저촉하는 것은 아니다. 하지만 이 '사상'이나 '철학'이 '습관'이나 '생활'의 국면에서 반드시 알기 쉬운 것만은 아니다. 아니, 오히려 상당히 이해하기 곤란한 것이었기 때문에 설일체유부를 중심으로 한 불교 사상가나 철학자는 제1장에서도 살펴본 바와 같이 '법은 의지처[依]이지만 사람은 그렇지 않다.'거나 '사람은 존재하지 않는다.' '사람은 [오]온이며' '[오]온만이 사람이다.'라고 계속 주장한 것이다.[33] 그렇지만 그 '사상'이나 '철학'의 추구를 방기하고 '습관'이나 '생활'의 국면에 곧 타협하려 하면, 온계처는 금세 '법'이 아닌 '이 살아 있는 육체, 마음이라는 요소, 그리고 감각기관'이라는 단순한 '사람'이라는 것이 되어버린다. 게다가 이런 '유위有

爲'인 온계처의 '깊은 산[奧山]'[34]으로부터 참된 '사람'은 탈각을 위해 학문이 아닌 수행을 해야 한다고 한다면, 그것은 불교가 피했던 '고행'에 기반을 둔 완전한 '해탈사상'이 되어버린다. 하지만 이러한 함정은 현대인만이 빠지기 쉬운 것은 아니다. 앞의 '죠티슈카 아바다나'에서 세존의 입을 빌려 온계처의 '법'을 말하도록 하기 직전에 죠티슈카라는 '자'의 전생의 선업의 결과로서의 '해탈사상'에 기반을 둔 금생의 '성불'을 이러한 종류의 문헌에서 사용하는 상투적인 구절에 따르며 멋지게 말하고 있는 것을 확인할 수 있다.[35]

> 바로 이 다섯 부분으로 이루어진 윤회의 바퀴의 동動과 부동不動을 알고, 모든 행行의 취趣를 몰락과 함락과 파멸과 섬멸殲滅의 성질을 지닌 것으로서 물리치고, 모든 번뇌를 끊는 것에 의해 아라한과(阿羅漢果, arhattva)를 현성現成하고, [그는] 아라한arhat이 되어 삼계로부터 이욕離欲하고 흙덩어리와 금덩어리를 동등한 것으로 보고sama-loṣṭa-kāñcana, 허공과 손바닥을 동등하다고 보는 마음을 갖고ākāśa-pāṇi-tala-sama-citta, 도끼와 전단栴檀의 법칙에 따라vāsī-candana-kalpa, 명(明, vidya)에 의해 알의 내부[와 같은 세간의 어둠]을 타파하고, 명明과 신통과 무애를 얻어 생존과 집착의 소득과 존경bhava-lobha-lābha-satkāra[36]으로부터 얼굴을 돌리는 자가 되어 인드라와 비슈누를 동반한 신들에게 공양받고pūjya, 숭배받고mānya, 예배받는abhivādya 것이다.

이러한 상투적인 문구로 제시되는 죠티슈카의 금생의 결과인 '성불'은 '아라한이 된다'고 말해지고 있는 이상, 통상의 불佛이 되는 것과는 다르다고 생각할지도 모르지만, 이 '아라한'이 자이나교적인 통인도적인 의미에서의 이상적인 해탈자로서의 '불'을 함의하고 있는 것은 이 '아라한' 규정이, 제3장에서도 언급한 '원친평등怨親平等'적 '도끼와 전단의 법칙vāsī-candana-kalpa'[37]에 따른 형태라고 되어 있는 것으로부터도 알 수 있다. 그런데 이러한 '성불'을 무엇 때문에 금생에서 얻을 수 있었는가라는 것을 전세에서의 선업으로 설명한 것이, 앞서 제시한 '업의 불멸'을 서술하는 게송 이하의 이야기이다. 이러한 통속적인 인과 이야기를 율 문헌을 포함한 불교설화에서는 '업의 연쇄karma-ploti/pluti'[38]라고 부른다. 그 통속성은 당연히 사람들의 흥미의 대상이 되었고, 그것은 인도뿐만 아니라 세계를 누비게 된다. 1894년에 P. 케러스(Paul Carus, 1852~1919)라는 불교학자가 미국 시카고에서 발행된 *Open Court*라는 잡지에 이러한 '업의 연쇄' 이야기 중 하나를 "Karma: A Tale with a Moral"로 발표하였다. 이것이 러시아의 문호 톨스토이나 일본의 스즈키 다이세츠鈴木大拙에 의해 재번역되고, 그중 후자의 『인과因果의 소차小車』를 알게 된 아쿠타가와 류노스케芥川龍之는 이를 힌트로 『거미줄』을 창작했다는 것이 근년의 아쿠타가와 연구자의 정설인 것 같다.[39] 필자는 개인적으로 아쿠타가와의 『거미줄』을 지금도 좋아한다. 불교도라면 그 이상의 '불'을 '불교(buddha-vacana, 부처님의 말씀)' 자체에 근거하여 구축해가야 한다. 하지만 현실은 아쿠타가와 이하의 '불'이 불교라는 이름으로 회자되고 있는 실정이다. 그리고 그 실정을 지탱하고 있는 것이 앞의 '원친평등'적인 이상理想을 '불'에게 구하는, '사상'이나 '철학'과는 상관없는 '보살'의 '작선'이다. 그러므로 그 '작선' 중 하나인 인바라밀(忍波羅蜜, kṣānti-pāramitā)에 대해 『대지도론』은 다음과 같이 논하고 있다.[40]

> 是菩薩, 復聞大乘深義, 住衆生等法等中, 無別異心, 可得佛. 雖復中人及怨, 都無異心. 所以者何. 是菩薩, 以畢竟空心, 煩惱微薄, 怨親平等, 作是念, 怨親無定, 以因緣故, 親或爲怨, 怨或爲親. 以此大因緣, 具足忍波羅蜜, 故得作佛.

이처럼 전혀 '이심異心'이 없는 '원친평등'의 '보살'의 '작선'의 결과가 '불'이므로, 이러한 '불'은 어떤 옳고 그름을 판단하는 일 없이 그저 평등하게 구제할 뿐인 마법 같은 존재에 지나지 않는다. 이러한 불교의 특질을 P. 크리피스는 굽타기 및 굽타기 이후의 대략 4세기에서 8세기에 걸친 불교문헌을 기초로 다음과 같은 열 가지 명제로 요약해서 파악하고 있다.[41]

(1) 불타Buddha는 최대한 구제적으로 유효하다.

(2) 불타는 단일single하다.

(3) 불타는 일체지자一切智者이다. =(정의) 불타의 지智의 범위는 공간적으로도 시간적으로도 모든 것과 동일한 넓이를 가지고 있으며, 지의 모든 가능한 대상은 직접 그 지에 현전現前한다.

(4) 불타는 어떠한 신념belief도 갖지 않는다.

(5) 불타는 전도倒顚하지 않는nonveridical 어떤 지awareness도 갖지 않는다.

(6) 불타의 지는 불타의 측에서는 의욕(意欲, volition)도 노력effort도 주의attention도 하등 동반하지 않는다.

(7) 불타의 지는 어떠한 이원론의 현상적 속성the phenomenal property of dualism도 갖지 않는다.

(8) 개념적 혹은 정서적 오류와 얽혀 있지 않은 이원적 사태란 존재하지 않는다.

(9) 불타의 지는 어떤 시간적인 속성도 갖지 않는다.

(10) 불타는 시간 속에서 행동하지 않는다.

(9′) 불타는 불타가 아닌 자들에게 있어서는 시간적인 속성을 가진 것처럼 보인다.

(10′) 불타는 불타가 되지 않는 자들에게 있어서는 시간 속에서 행동하고 있는 것처럼 보인다.

명제 (2)의 '단일'이 헤라클레이토스의 '헨카이판(hen kai pan, 일이면서 전체)'적인 의미로 사용되고 있는 점에 오해가 없다면, '불'에 관한 위의 크리피스의 명제는 불교의 극히 소수의, 고도로 '사상'적 '철학'적인 논사가 저술한 경우를 제외하면 거의 완벽하게 성립할 수 있다고 생각한다. 그러나 그 지극히 소수의 논사는 예를 들면, 명제 (3)에서 전형적인 것처럼 '불'의 지혜가 공간적으로도 시간적으로도 모든 것과 동일한 범위를 지니며, 게다가 어떤 대상이 그 지에 현전한다고 하는 극단적인 수준의 '내재주의(內在主義, internalism)'를 취하고 있었던 것은 아니다. 아마도 설일체유부 교단에 속해 있었을 아슈바고사(Aśvaghoṣa, 馬鳴)는 '내재주의'적 경향을 거의 불식시키지 못한 논사이기는 했지만, 그러한 그조차도 시詩 작품인 『불소행찬(佛所行讚, *Buddhacarita*)』 제25장 제45송에서 다음과 같이 '불'에게 말하도록 하고 있다.[42]

> 마치 연소되고, 절단되고, 연마되는 것에 의해 금이 [확인] 되듯이, 비구들아, 학식자學識者들은 음미 검토한 후에 내(=佛) 말을 받아들여야한다. 결코 숭배에 의해서는 안 된다.

이 게송은 음미 검토를 중시하여 '불교(buddha-vacana, 부처님의 말씀)'를 논리학적으로 구축하고자 한 인도나 티베트 논사들에 의해 특히 중용되었는데, 이 게송을 직접 언급하지는 않지만 독자부(犢子部, Vātsīputriya) 출가라고도 하는 디그나가(Dignāga, 陳那)는 그 주요 저서인 『기준강요(基準綱要, *Pramāṇasamuccaya*, 集量論)』의 서두를 당시 일반적으로 유포되고 있었다고 생각되는 '진실의 기준 pramāṇa-bhūta'이라는 용어도 채용하여 '불'의 특성을 찬미하는 귀경송歸敬頌으로 장식하였다. 이 귀경송에 근거하여 날란다 승원에 있었다는 것으로 미루어 볼 때 설일체유부의 논사였다고 생각되는 다르마키르티(Dharmakīrti, 法稱)는 그 주요 저서 『기준주해(基準註解, *Pramāṇavārttika*, 量評釋)』의 '기준 성립(基準成立, Pramāṇa-siddhi)'장을 저술했는데, 이 문제를 연구하고 있는 기무라 세이지木村誠司는 다르마키르티가 명확히 한 성전에 기술된 세 대상artha과 그에 대응하는 세 기준(pramāṇa, 量, 認識手段)을 다음과 같이 도식화하였다.[43]

대상artha	기준pramāṇa
(a) 직감의 대상	직감pratyakṣa
(b) 성전에 의존하지 않는 추론의 대상	성전에 의존하지 않는 추론an-āgamâpekṣânumāna
(c) 성전에 의존하는 추론의 대상	성전에 의존하는 추론āgamâpekṣânumāna

종래의 용어로 말하자면 (a)가 '현량(現量, pratyakṣa-pramāṇa)', (b)가 '비량(比量, anumāṇa-pramāṇa)', (c)가 '성언량(聖言量, āptâgama-pramāṇa)'인데 '기준성립'장 제7송은 이 가운데 (c)를 말한 것이라고 생각된다. 그것을 필자 나름대로 설명해보면 다음과 같다.

> 불교도에게 세존만이 기준인 것은 당연하다. 그런 의미에서 세존만이 '진실의 기준'이라고 디그나가는 말한 것이며, 그것은 '비진실'을 배제하기 위한 것이다. 그러나 그 배제는 음미 검토도 이루어지지 않고 직감적으로 한꺼번에 실행되어서는 안 되며, 불교도인 이상 세존의 가르침(=buddha-vacana, 부처님의 말씀, 불교)에 따라 추론이 축적되어가야 한다. 그러므로 우리에게 기준이 되는 것은 추론에 의한 논증을 기다려야 비로소 옳다고 말할 수 있는 것이 되는 것이다.

생각건대 필자는 아시아불교권으로 막연하게 불리고 있는 세계에 명확한 불교적 의식에 근거한 이상으로서의 '전 교단'을 추구하는 의지가 확립되어 어떤 불교적 주장이 이루어질 때는, 단지 제멋대로 주장하는 사람의 '습관'이나 '생활'이 강요되는 것이 아닌, 반드시 '불교'의 '사상'이나 '철학'의 전통을 답습하며 음미 검토가 반복되기를 바란다. 이를 위해서도 단순히 과거의 불교를 해명하기 위해 율 문헌을 연구하는 것이 아닌 '전 교단'을 시야에 넣은 오늘 날의 의미에서의 율장 연구도 이제는 좀 필요하다고 생각한다. 남방분별설부의 율장은 그런 의미에서의 연구도 가장 진척되어 있다고 생각한다. 한편, 설일체유부의 거의 완벽한 율장을 소지하고 있는 티베트역 율장의 그 방면의 연구는 의외로 뒤처져 있는지도 모르겠다.[44] 주로 법장부 소속의 율장 『사분율』에 근거한 중국불교계의 실정도 연구 대상이 된다고 생각하는데, 『사분율』에 의한 교단 운영조차 단절되어버린 일본에서는 다시 다른 요소도 도입한 연구가 필요할 것이다. 이렇게 된 것은 사이쵸最澄에 의한 에이잔叡山에서의 대승계단 설립이 갖는 의미가 크다. 그러나 그곳에 확립되었던 것은 그곳을 후로이스가 '대학universidade'이라고 부른 것처럼, 역시 '전 교단'하에 형성된 틀림없는 전통적인 '불교'의 에이잔 교학이었다. 이런 '전 교단'적인 전통 속에서 형성되어온 종교적인 '권위authority'나 '공동체community' 등이 현대적인 '소비적 해독(消費的解讀, consumerist reading)'에 의해 사라져가고 있는 것을 염려한 크리피스는 『종교적 해독*Religions Reading*』을 저술하여 기독교와 불교의 저작을 근거로 하면서도 '소비적 해독'에 대치시켜 '종교적 해독'의 복권을 도모하고자 한다. J. 몬티로는 이를 매우 높게 평가하면서도 기성 종교교단에 있어서의 '권위'의 용인은 신앙의 정통적인 내용과 교단의 통념에 혼동을 초래할지도 모른다고 하는 일말의 불안 때문에 비판적 서평도 썼다.[45] 이전에 '비판불교Critical Buddhism'를 주장하면서 이전의 저서 『유식사상논고唯識思想論考』 '서론'에서 "어떠한 권위도 존재하지 않는다Es gibt keine

Autoritäten."라고 말한 K. 포파를 흉내 내어 '비판적 외재주의Critical Externalism'를 말한 현재의 필자로서는 양자를 모두 높게 평가하면서도 후자에 가깝다는 것을 여기서 고백해두고 싶다. 하지만 이렇게 말하는 필자를 포함해서 세계는 변화하고 진보해간다. 제1부를 집필하는 중에도 필자는 '비판불교'와 관련하여 허자오텐賀照田 주편主編 『동아현대성적곡절여전개東亞現代性的曲折與展開』[46]를 입수하였다.

1 Gregory Schopen, "On Avoiding Ghosts and Social Censure: Monastic Funerals in the *Mūlasarvāstivāda-vinaya*", *Bones, Stones, and Buddhist Monks: Collected Papers on the Archaeology, Epigraphy, and Texts of Monastic Buddhism in India*, University of Hawai'i Press, Honolulu, 1997(단, 논문이 처음 출간된 해는 1992년), pp.215-218, pp.231-234, nn.49-63을 참조. 이에 해당하는 의정 역, 『잡사』는 대정장 24, pp.286c-287a이며, 불어 역으로는 쇼펜이 지적하는 바와 같이 L. de La Vallée Poussin, "Staupikam", *Harvard Journal of Asiatic Studies*, Vol.2, No.2, 1937, pp.286-287이 있다. 또한 이 『잡사』의 한 구절에 관해서는 위의 쇼펜의 논문과는 완전히 별도로 이전에 필자도 졸고, 「日本人とアニミズム」, 『駒澤大學佛教學部論集』 23, 1992, p.368, p.376, 주41)에서 언급한 적이 있으므로 참조하기 바란다.

2 여기서 '라고 하는 부분부터'에서 '라고 하는 부분까지는'에서 생략되어 있는 상투적인 문구에 대해서는 Schopen, *op. cit.*, p.231, n.53을 참조. 완전히 똑같은 생략문은 아니지만 비슷한 것에 대해서는 졸고, 「菩薩成佛論と捨身二譚」, 『駒澤短期大學研究紀要』 28, 2000, p.320에 게재한 '상투 문구 6'을 참조하기 바란다.

3 여기서 '간호 받았다'라고 번역한 부분은 티베트역 원문에서는 "rim gro byas"라고 되어 있지만, 쇼펜이 회수한 산스크리트역 원문에서는 "upasthīyamāna"라고 되어 있다. 쇼펜도 "was attended"라고 번역하고 있으므로 특별히 문제는 없다. 그러나 이보다 조금 뒤에 나오는 동일한 티베트역에 대해서 필자는 "(친족들에 의해) 공양 받았다"라고 번역하고, 쇼펜은 "(his kinsmen would have) performed the funeral ceremonies (for him)"이라고 번역한다. 그 이하의 경우에도 거의 같은 상황이므로 문제가 있다. 여기에서는 상세한 고증을 생략하지만, 그 문제의 일부에 대해서는 Schopen, *op. cit.*, pp.220-221, p.236, n.70을 참조하기 바란다.

4 티베트역은 "sa yang 'thas la"라고 하지만, 의정 역은 "地濕"이라고 하여 서로 일치하지 않는다. 여기서는 물론 티베트역에 따라 번역했는데, 이에 의하면 "단단해서 팔 수 없다"라는 뜻을 함의하는 데 비해, 의정 역에 의하면 "축축하고 벌레가 많아서 죽이지 않기 위해 파지 않는다."라는 뜻이 될 것이다.

5 Schopen, *op. cit.*, (앞의 주1)), p.219에서는 이상의 문제가 '死death'와 '더러움 pollution'의 문제로 파악되고 있다. 또한 불교에서의 肉食과 '淨', '不淨' 혹은 '不殺害ahiṃsā'의 문제에 관해서는 下田正弘, 『涅槃經の研究 -大乘經典の研究方法試論』, 東京: 春秋社, 1997, pp.388-419; Lambert Schmithausen, "A Note on the Origin of *Ahiṃsā*", *Harānandalaharī: Volume in Honour of Professor Minoru Hara on his Seventieth Birthday*, Verlag für Orientalistische Fachpublikationen, Reinbek, 2000,

pp.253-282도 참조하기 바란다.

6 Gopāla Śāstrī Nene (ed.), *The Manusmṛti with the 'Manvartha-muktāvalī' Commentary of Kullūka Bhaṭṭa with the 'Maṇiprabhā' Hindī Commentary by Pt. Haragovinda Śāstrī*, The Kashi Sanskrit Series 144, Varanasi, 1970, p.248, p.251, p.268에 의한다. 또한 田邊繁子 역, 『マヌの法典』, 東京: 岩波文庫, pp.151-152, 158; 渡瀨信之 역, 『マヌ法典』, 東京: 中公文庫, p.168, p.170, p.178도 참조하기 바란다.

7 '사핀다 친족'에 관해서는 渡瀨의 앞의 책, p.434의 3·5에 대한 각주를 참조. 단순화시켜서 말하자면, 본인을 중심으로 증조부와 증손까지의 각 三親 등 7代를 가리킨다.

8 대정장 24, p.287a. La Vallée Poussin, *op. cit.*, (앞의 주1)), p.287에서는 "Les bhikṣus qui font ce service funèbre (*song sang*) feront qu'un homme capable récite les trois "informations" k'i 啓 [et] la Sūtra sur l'impermanence; ensemble, ils diront les Gathās en manière de mantras 咒願"이라고 번역되어 있다. 이것에 의하면, '送喪苾芻'가 '能者'에게 밑줄 친 b의 일을 시키고, 스스로는 밑줄 친 a의 일을 했다고 하는 것이 되는데, '送喪苾芻, 可令能者'가 의정의 보충이라고 한다면 오히려 '送喪苾芻'가 '能者'에게 밑줄 친 b의 일도 밑줄 친 a의 일도 시켰다고 읽어야 할지도 모르겠다.

9 『남해기귀내법전』, 「尼衣喪制」, 대정장 54, p.216c에서는 "令一能者誦無常經'이라고 되어 있어 '送喪苾芻'라는 것은 없지만, 글자상으로 나타나지 않는 그 소임자가 '能者'에게 「無常經」을 읽게 한다고는 되어 있는 것이다.

10 Schopen, *op. cit.*, (앞의 주1)), p.207에 따른다. 또한 본문 가운데 이 인용 직전에 언급한 『십송률』에서의 '死'나 '不淨'이나 '身中有八万戶蟲' 등의 언급에 대해서는 대정장 23, pp.272c-273b, pp.284a-285b를 참조하기 바란다.

11 이 원어는 모든 교정본에서 śīlākā라고 되어 있지만, śalākā의 오류로 보아 본문의 인용에서는 śalākā로 고쳤다. 이 śalākā(籌)에 관해서는 佐々木閑, 『インド佛教變移論-なぜ佛教は多様化したのか-』, 東京: 大藏出版, 2000, p.63, p.85, pp.92-93, pp.270-271 등에 그 구체적인 사용법도 포함하여 설명이 있으므로 참조하기 바란다. 요컨대, 투표나 인원수 확인 등에 사용하는 작은 막대기이다.

12 Schopen, *op. cit.*, (앞의 주1)), pp.208-215를 참조.

13 여기서 중요한 것으로 佐々木教悟, 『戒律と僧伽』, インド·東南アジア佛教研究I, 京都: 平樂寺書店, 1985, pp.136-149, 「三啓無常經」; 木村高尉, 「無常經」, 壬生台舜博士頌壽記念, 『佛教の歷史と思想』, 東京: 大藏出版, 1985, pp.988-975; 岡部和雄, 「『無常經』と『臨終方訣』」, 平川彰博士古稀記念論集, 『佛教思想の諸問題』, 東京: 春秋社, 1985, pp.695-709의 세 가

지만 언급해둔다. 이 중 사사키의 책은 의정 역 율장 및 『남해기귀내법전』에 근거한 인도불교교단의 연구이며, 기무라의 논문은 『無常經』의 산스크리트 원전 연구, 오카베의 논문은 중국에서의 『무상경』의 수용과 『임종방결』의 성립에 대한 연구로 각각 필수불가결한 성과이다.

14 Schopen, *op. cit.*, (앞의 주1)), pp.231-233, n.62를 참조하기 바란다.

15 『남해기귀내법전』, 대정장 54, p.227a.

16 Schopen, op. cit., (앞의 주1)), pp.211-212, pp.227-228, n.38을 참조. 또한 이 문제와 관계가 있는 쇼펜의 논문으로는 G. Schopen, "Monks and the Relic Cult in the *Mahāparinibbānasutta*: An Old Misunderstanding in Regard to Monastic Buddhism", *From Benares to Beijing: Essays on Buddhism and Chinese Religion in Honour of Prof. Jan Yün-hua*, Ontario/ New york/ London, 1991, pp.187-201; G. Schopen, *op. cit.*, (앞의 주1)), pp.99-113이 있고, 이에 대한 일본어 역으로는 平岡聰 역, 「『大般涅槃經』における比丘と遺骨に関する儀禮 -出家佛教に関する古くからの誤解-」, 『大谷學報』 76-1, 1996, pp.1-20(橫)이 있으므로 참조하기 바란다.

17 śarīra가 ātman이라고 하는 것에 관해서는 松本史朗, 『縁起と空 -如来藏思想批判-』, 東京: 大藏出版, 1989, pp.265-266을 참조하기 바란다.

18 佐々木, 앞의 책 (앞의 주11)), pp.171-173, pp.377-378, 주5)를 참조. 필요한 관련문헌도 모두 거기서 지적하고 있다. 이 책이 직접 근거로 삼고 있는 것은 이하의 본문에서 인용한 단락으로 말하자면, (iii), (iv), (v)뿐이므로, 필자가 다룬 범위와 관련해서 필자가 직접 참조한 문헌을 들자면 다음과 같다. 『마하승기율』, 대정장 22, p.499a-c; B. Jinananda (ed.), *Abhisamācārikā [Bhikṣu-prakīrṇaka]*, Tibetan Sanskrit Works Series, IX, Patna, 1969, pp.1-5; Sanghasen Singh and Kenryo Minowa, "A Critical Edition and Translation of Abhisamācārikā nāma Bhikṣu-prakīrṇakaḥ, Chapter One", *Buddhist Studies: Journal of the Department of Buddhist Studies of the University of Delhi*, Vol.12, 1988, pp.81-86, pp.113-119; 大正大學綜合佛教硏究所比丘威儀法硏究會 편, 「『大衆部說出世部律·比丘威儀法』, 梵文寫本影印版手引」, 同硏究所, 1998, pp.43-45. 중기인도 아리야어를 정식으로 배운 적이 없는 필자로서는 난해한 부분도 상당히 많았다. 영역을 많이 참조하기는 했지만 譯出에는 전혀 자신이 없었다. 다만 필요했기 때문에 감행해본 것에 지나지 않는다는 점 양해를 바란다. 역출에 있어서는 위에서 언급한 것 가운데 가장 마지막 것을 저본으로 하고 인용 속의 단락도 그것에 따랐다. 다만 거기에 기호를 단 것은 필자이다.

19 이상은 당일 실제로 실행되는 포살이 3종 가운데 어느 포살에 해당하는가를 선택해서 명확히 하라는 의미이다. 3종의 포살에 관해서는 佐々木閑, 앞의 책 (앞의

주11)), p.291, 또한 그중 2종에 관해서는 同, p.376, 주2)를 참조. 다만 본문에서 인용한 제3의 sandhi-poṣadha는 '중간 포살'이지 '화합 포살'은 아니라는 점에 대해서는 同, p.379, 주25)를 참조하기 바란다. 또한 포살의식이 14일 개최인가, 15일 개최인가의 문제와 달[曆]의 문제에 관해서는 Claus Vogel, "On the Date of the Poṣadha Ceremony as Taught by the Mūlasarvāstivādins", *Bauddhavidyāsudhākaraḥ: Studies in Honour of Heinz Bechert on the Occasion of His 65th Birthday*, Swisttal-Odendorf, 1997, pp.673-688이 매우 유익하다.

20 "몇 시인가?"라고 번역한 부분의 원문은 "kettika pauruṣāhi cchāyāhi"인데 필자로서는 잘 모르겠다. 영역이 "how many lengths of shadow it is (What time it is)"인 것에 따라 여기서는 괄호 안의 실제상의 의미를 바꾼 것에 지나지 않는다.

21 '내지'부터 여기에 이르기까지의 원문은 "yāvantamasato catvāri pārājikā gāthāś ca siṣṭakam abhīkṣṇa-śrutikāyā"인데, 번역에는 자신이 없다. "yāvantamasato"는 yāvad antaśaḥ 같은 용법일지도 모르지만, 이 말을 전후한 문장의 의미는 이하 본문에서 인용한 (iv) 단락의 말미와 대응하는 것이어야 한다고 판단하여, 이 말 이전에는 정식 포살, 이 말 이후에는 약식 포살을 나타내고 있다고 생각하여 어학적이 아닌 내용적인 추측을 근거로 번역하였다. 따라서 '요약하여'에 해당하는 말은 없음에도 불구하고 "yāvant" 뒤에는 samāsato가 본래 있었던 것처럼 다루었다. 또한 이 언급 부분 직전에 "pañca sūtrāṇi"라고 되어 있는 것은 '波羅夷(pārājika)', '僧殘(saṃghāvaśeṣa)', '波逸提(pāyantika)', '波羅提提舍尼(pratideśanīya)', '突吉羅(duṣkṛta)'의 다섯 가지를 가리키는 것이라고 생각하여 '五篇'이라고 번역하였다.

22 원문에는 이 번역에 해당하는 말은 없다. 그러나 이하의 것을 교단의 상좌 자신이 행하는 것이 아닌 이상, 누군가에게 지시하여 이하와 같은 일을 시킨다는 의미이다. 따라서 한역은 '使人'을 보충하고 있다. 필자는 한역과 달리 여기서 상좌의 명령을 받아 실행하는 사람을 보충하고자 한 것인데, 그것이 vaiyāvṛtyakaro bhikṣuḥ(관리인 비구)여야 한다는 것이 필자의 생각이다.

23 원문에는 이 직후에 "vibhavo bhavati"가 있지만, 불명확하므로 번역은 생략한다. 이와 관련하여 그에 대한 영역은 "It is good"이다.

24 이상의 동사 5連語에 관해서는 졸고, 「貧女の一燈物語 -'小善成佛'の背景(2)-」, 『駒澤短期大學佛教論集』 7, 2001, p.302, pp.287-286, 주17), p.282, 주49), p.276, 주84)를 참조. 또한 뒤의 주28)도 참조하기 바란다.

25 松濤泰雄, 「序說」, 大正大學綜合佛教硏究所比丘威儀法硏究會, 앞의 책, pp.9-10을 참조.

26 佐々木, 앞의 책 (앞의 주11)), p.173을 참조하기 바란다.

27 Sukumar Dutt, *Early Buddhist Monachism*, London, 1924, pp.99-109, "The Pātimokkha as a Ritual", First Indian Edition, Asia Publishing House, 1960, pp.81-89를 참조. 『아타르바 베다』와 『샤타파타 브라흐마나』에 관해서는 *Atharva-veda*, vii, 79 and 80, *Śatapatha-brāhmaṇa*, 1.1.1.7, 8, 9, 11을 가리킨다. 또한 불교의 포살 일반에 관해서는 佐藤密雄, 『原始佛教教團の研究』, 東京: 山喜房佛書林, 1963, pp.481-535도 참조하기 바란다.

28 여기서 그들 하나하나를 열거할 여유는 없지만, 『반야경』에 관해서는 *Aṣṭasāhasrikā Prajñāpāramitā*, Vaidya ed., p.95, ll.14-15, p.227, l.10, 『법화경』에 관해서는 *Saddharmapuṇḍarīka*, Kern and Nanjio ed., p.182, ll.10-11, p.464, ll.12-14 등을 참조하기 바란다.

29 Schopen, *op. cit.*, (앞의 주1)), p.214.

30 졸역을 제외하고 차례대로 E. B. Cowell and R. A. Neil (ed.), *The Divyāvadāna*, Cambridge, 1886, Indian Second Edition, Delhi/ Varanasi, 1987, p.282, ll.17-18: P. ed., No.1035, De, 23a8: 대정장 24, p.222c이다. 다만 마지막 의정 역은 실제로 대응하는 부분, 同, p.215c에서는 "… 還須自受, 廣如上說"이라고 생략되어 있으므로 지시하는 부분은 임시로 해둔 것이다. 또한 『디비야 아바다나』 제19장은 이야기로서는 奈良康明 역, 『佛弟子と信徒の物語 -アヴァダーナ-』, 東京: 筑摩書房, 1988, pp.19-68에 번역, 소개되어 있으므로 전체를 꼭 참조하기 바란다. 이와 관련하여 이 이야기에도 복선으로 빔비사라 왕과 부왕을 살해한 아자타삿투 왕자의 이야기가 있는 점에 주의. 또한 '업의 불멸' 게송에 대한 나라의 번역에 관해서는 上同, p.54, 그리고 그 문제에 관한 나라의 의견에 관해서는 上同, pp.9-11을 참조하기 바란다.

31 Cowell and Neil, *op. cit.* (앞의 주30)), p.282, ll.10-16: P. ed., No.1035, De, 23a6-8. 또한 본문에서 인용한 졸역 가운데 '그렇기 때문에'라고 보충한 부분의 티베트역은 "pas"라고 되어 있으므로, 산스크리트 원문에는 iti가 있었을지도 모르겠다.

32 upātta에 관해서는 *Abhidharmakośabhāṣya*, Pradhan ed., p.23, ll.16-17에 "upāttam iti ko 'rthaḥ/ yac citta-caittair adhiṣṭāna-bhāvenôpagṛhītam anugrahôpaghātābhyām anyônyânu vidhānāt/ yal loke sa-cetanam ity ucyate/"라고 되어 있어, 다소 '내재주의'적인 해석이 농후할지도 모르지만, 일단 이것을 참조했다. 일본어 번역에 관해서는 櫻部建, 『俱舍論の研究 界·根品』, 東京: 法藏館, 1969, p.202를 참조하기 바란다.

33 본서의 제1부 제1장, pp.15-16 참조. 또한 설일체유부의 '법'의 '외재주의'적인 경향을 보여주는 견해에 관해서는 졸고, 「選別學派と典據學派の無表論爭」, 『駒澤短期大學研究紀要』 23, 1995, pp.45-94, 同, 「アビダルマ佛教における菩薩論」, 加藤純章博士還曆記念論集, 『アビダルマ佛教とインド思想』, 東京: 春秋社, 2000, pp.19-34를 참

조. 그러나 J. 몬테이로는 불교의 '사상'이나 '철학'을 '외재주의'적 관점에서 파악하는 것만으로는 불충분하다며, 다음에 소개할 몬테이로의 서평 (다음 주45)), p.50에서 "불교의 전통에서 한 예를 들자면, 붓다의 말씀은 나의 의식에 외재하는 것이며, 불교에 있어 유일한 정통적인 종교적 권위이다. 하지만 붓다의 교법은 나의 의식에 외재하고 있다 해도, 그 진위를 비판적으로 생각할 필요성이 없어진다고 생각할 수는 없다. 불교에서 법을 올바르게 분별하는 아비달마나 논리학파의 사상이 그 필연성에서 탄생했다고 생각해도 좋다. 불교에 있어 논리학파는 붓다의 교법을 옳음의 근거로 삼고, 인식 수단을 現量과 比量으로 한정하는 것에 의해 증언śabda을 인식의 수단으로서 배제한 이유는 그것이다."라고 서술하고 있다.

34 이 '有爲'의 '奧山'은 잘 알려진 바와 같이 「이로하」 노래로부터의 차용, 그 직전의 '이 살아 있는'으로부터 '감각기관'까지의 괄호 안의 내용은 앞에서 든 奈良의 책(앞의 주30)), p.54로부터의 차용이다. 원래 空海로 거슬러 올라가는 '이로하' 노래에 대해서와 마찬가지로 奈良의 그것을 야유할 생각은 추호도 없다. 원래 芥川가 『侏儒の言葉』에서 "우리의 생활에서 빼놓을 수 없는 사상은 아마도 '이로하' 短歌가 전부일지도 모른다."(밑줄 친 것은 필자)라고 한 것은 야유임이 틀림없다. 또한 奈良가 앞의 책, p.53에서 죠티슈카의 여러 업을 "누군가 다른 사람이 받을 수 있을 것이다."라고 명확한 반어로 번역하지 않은 것은 '자업자득'의 철칙이 여기에서 쉽게 깨지고 있다고 생각했기 때문일지도 모른다.

35 Cowell and Neil, *op. cit.* (앞의 주30)), p.281, l.29-p.282, l.5: P. ed., No.1035, De, 23a1-4; 대정장 24, p.215c. 그리고 奈良의 앞의 책 (앞의 주30)), pp.52-53을 참조. 상투적인 문구에 관해서는 졸고, 「『法華經』と『無量壽經』の菩薩成佛論」, 『駒澤短期大學佛教論集』 6, 2000, p.271 및 pp.253-252, 주56)을 참조하기 바란다. 또한 본문에서 인용한 졸역에서 "아라한과를 現成하고"와 "아라한이 되고" 사이에서 원문의 문장 구조가 변하므로 상투적인 문구의 다른 사본에도 있는 것처럼 이 사이에는 iti가 있는 것이 좋을지도 모르겠다.

36 교정본에는 "bhava-lābha-lobha-satkāra"라고 되어 있는데, 티베트역에는 "srid pa dang 'dod pa'i rnyed pa dang bkur sti"라고 되어 있는 것에 따라 본문의 괄호 안에서 제시한 것처럼 고쳤고, 번역도 티베트역의 독해를 따랐다. 이 정정에 의해 '외면해야' 할 실질은 bhava와 lobha에 관한 lābha와 satkāra라는 두 가지, 즉 '소득'과 '존경'이라는 것이 되어 본서의 제1부 제2장 말미와 제3장 전반과의 고찰과 잘 합치한다. 참고로 의정 역은 대정장 24, p.215c의 경우에도 p.141b의 경우에도 단순히 '名利'라고 되어 있을 뿐이지만, '名'이 '존경', '利'가 '소득'을 가리키고 있다고 하면 실질이 두 개라는 것은 도리어 분명해진다.

37 본서의 제1부 제3장, pp.83-86을 참조하기 바란다.

38 이 말에 관해서는 그 용례를 포함하여 앞의 졸고 (앞의 주24)), p.293 및 p.276, 주 83)을 참조. 다만 거기서는 '행위의 연쇄'라고 번역했으므로 주의 바란다. 또한 이 말에 대한 대승경전의 관점으로부터의 고찰에 관해서는 Paul Harison, "Some Reflections on the Personality of the Buddha", 『大谷學報』 74-4, 1995, pp.1-29, esp., pp.10-12가 있으므로 참조하기 바란다.

39 山口静一, 「芥川龍之介とポール・ケーラス-『蜘蛛の糸』とその材源に関する覚え書き再論-」, 関口安義 편, 『蜘蛛の糸 児童文學の世界』, 芥川龍之介作品論集成, 東京: 翰林書房, 1999, pp.7-25를 참조. 한편, 필자가 이것을 알게 된 것은 최근이지만, 그 경위에 관해서는 졸고, 「是報非化説考」, 『駒澤短期大學研究紀要』 29, 2001, pp.384-385, 주 76)을 참조. 또한 이것을 포함하여 케라스의 불교 관계 업적에 관해서는 S. Hanayama, *Bibliography on Buddhism*, The Hokuseido Press, Tokyo, 1961, pp.102-106을 참조하기 바란다.

40 『大智度論』, 대정장 25, p.668c.

41 Paul J. Griffiths, *On Being Buddha: The Classical Doctrine of Buddhahood*, State University of New York Press, Albany, 1994, pp.185-202를 참조하기 바란다.

42 졸고, 「pramāṇa-bhūtaとkumāra-bhūtaの語義 -bhūtaの用法を中心として」, 『駒澤短期大學佛教論集』 6, 2000, p.313 및 p.301, 주63)에 원문과 함께 필요한 정보를 기입해 두었으므로 참조하기 바란다. 또한 御牧克己 등 번역, 『ブッダチャリタ』, 原始佛典 10, 東京: 講談社, 1985, p.278을 참조. 또한 아슈바고샤의 소속학파에 관해서는 山部能宜 등, 「馬鳴の學派所屬について-Saundaranandaと『聲聞地』の比較研究-(1)」, 『(九州龍谷短期大學)佛教文化』 12, 2002, pp.1-65(横)을 참조하기 바란다.

43 이하 다르마키르티의 주석까지는 앞의 졸고 (앞의 주42)), pp.314-312의 요약이므로 木村誠司의 논문을 포함하여 필요한 정보는 그것으로 대신한다. 디그나가와 다르마키르티의 전기에 관해서는 순서대로 M. Hattori, *Dignāga, On Perception*, Havard University Press, Cambridge, 1968, pp.1-6; 戸崎宏正, 『佛教認識論の研究』 上, 東京: 大東出版社, 1979, pp.3-24를 참조하기 바란다.

44 남방분별설부에 관해서는 Richard F. Gombrich, *Buddhist Percept and Practice: Traditional Buddhism in the Rural Highlands of Ceylon*, Oxford University Press, 1971, Indian ed., Delhi, 1991; H. Bechert. "Buddha-Feld und Verdienstübertragung: Mahāyāna-Ideen in Theravāda-Buddhismus Ceylons", *Bulletin de la classe des lettres et des sciences morales politique*, Vol.62, 1976, pp.27-51을 참조하기 바란다. 티베트 所傳의 설일체

유부의 경우에 관해서는 山口瑞鳳, 「チベット」, 玉城康四郎 편, 『佛敎史II』, 東京: 山川出版社, 1983, pp.202-204, pp.220-223; 졸고, 「チベットにおけるインド佛敎の繼承」, 『チベット佛敎』, 岩波講座·東洋思想 2, 東京: 岩波書店, 1989, pp.120-125; 前田崇, 「チベットにおける戒律觀(1)」, 『天台學報』 43, 2001. pp.1-8(橫)을 참조하기 바란다.

45 P. J. Griffiths, *Religious Reading: The Place of Reading in the Practice of Religion*, Oxford University Press, New york/ Oxford, 1999를 참조. 이에 대한 J. 몬티로의 서평에 관해서는 『佛敎學セミナー』 74, 2001, pp.43-52를 참조하기 바란다.

46 賀照田主 편, 『東亜現代性的曲折與展開』, 人文叢書, 學術思想評論 7, 吉林: 吉林人民出版社, 2002를 참조하기 바란다.

제2부

악업불식의 의식과 작선주의의 고찰

이제 제2부를 전개하고자 한다. 제1부가 문자 그대로 현 시점에서 필자의 생각을 전개한 것이라면, 제2부는 이전에 이미 공표했던 것을 재수록한 것이다. 이 점 미리 양해를 구한다.

이전의 구舊원고는 '악업불식의 의식관련경전잡고惡業拂拭の儀式關連經典雜考'라는 제목으로 1992년 3월 발표를 시작해 1999년 3월에 일단 완결했지만, 최초 집필은 1991년 한 해가 끝나갈 무렵이었으므로, 그때부터 헤아려보면 이제 족히 10년을 넘겨 버렸다. 처음 일에 착수했을 때는 '악업불식 의식'의 확립이 대승불교의 시작이고, 그 무대는 전통적 불교교단 이외에는 있을 수 없다는 예감이 있었을 뿐, 실제로 7년 동안이나 계속 집필하며, 마지막에 '작선주의' 이론을 제공하게 될 것이라고는 전혀 생각지도 못했다. 그로 인해 당초에는 필자의 예감을 반영한 경전 연구가 될 예정이었지만, 어느새 '작선주의'의 고찰과 관련이 있는 율 문헌이나 설화 문헌, 불교 이외의 문헌 연구로 기울어지지 않을 수 없게 되었다. 이 제2부가 기본적으로 이전 원고의 재수록임에도 불구하고, 이번에 제목을 '악업불식 의식과 작선주의의 고찰'로 고친 것은 위와 같은 결과를 중시했기 때문이다.

재수록에 있어 오자나 그에 준하는 오기는 정정하고, 절節을 장章으로 바꾸어 명기함에 따라 주석을 장별로 정리하는 등 형식상의 통일을 도모한 것은 물론이거니와, 그 외에 필자 자신의 명백한 잘못을 포함하여 가능한 한 이전 원고를 그대로 보존하고자 노력했다. 이전 원고에서는 문제의 전개에 따라 지금까지 읽어본 적도 없는 문헌을 읽을 수밖에 없었으므로 이러한 종류의 오류는 상당히 많을 거라고 생각하는데, 그 사실을 깨달으면 어딘가 명기해 두었다. 이것들은 그대로 남겨두는 편이 앞으로 이 방면을 연구하는 사람에게 도리어 도움이 될지도 모른다고 생각했기 때문이다. 하지만 그 결과 제1부와 제2부 사이에 인용 등에 있어 약간의 중복이 발생하게 되었다. 이 점 양해를 구한다. 또한 이번 기회에 새롭게 추가해두는 것이 좋다고 생각한 것에 대해서는 각 장 말미의 '연구 보충 메모'에서 다루었다.

1/ 문제의 소재

여기서 '악업불식의 의식'이라고 한 것은 필자가 다른 논문[1]에서 처음 명명한 것이므로, 어딘가 실제 전거典據가 있는 것은 아니다. 그러나 굳이 필자가 명명한 '악업불식'의 의미에 가장 가까운 실례를 들자면, 샨티데바Śāntideva의 『식샤사뭇차야(*Śikṣāsamuccaya*, 學處要集)』 제8장의 제목인 '악업의 정화pāpaśodhana'가 이에 해당한다고 보아도 좋을 것이다. 그럼에도 이 용어를 채택하지 않은 이유는 그것이 새로운 작명이 필요 없을 만큼 보편적으로 정착된 것은 아니라고 생각했기 때문이다. 단, 이 단어와 거의 유사한 의미를 가진 용어로 '악업의 참회pāpa-deśanā'가 있다. 이 표현은 극히 일반적이므로 채용해도 좋지만, 앞의 다른 원고에서도 명시했듯이 여기서 사용된 '참회'라는 번역어 자체가 다의적多義的으로 받아들여질 가능성이 있다. 따라서 학술적인 명확한 규정을 위해 선택해야 할 용어로는 부적절하다고 판단했기 때문에 사용하지 않았다. '참회'라는 말은 이제 일본어로도 한역 불전으로부터 자립한 의미로 사용되는 경우도 있고, 사실 앞서 다른 원고에서 제시한 바와 같이, 이렇게 말하는 필자 자신이 '참회'를 대부분은 '고백'의 의미로 사용하고 있었다. 그 배경에는 아우구스티누스Augustinus의 『고백록Confessionum』과 루소Rousseau의 『고백록Les confessions』이 예전에 『참회록』으로 번역된 사정을 생각할 수밖에 없는데, 불전에 보이는 '참회'에서는 이 '고백'이라는 의미를 무엇보다 먼저 배제해야 한다. 그런 의미만 제거할 수 있다면, 일반적인 일본어로서도 '참회'는 대략 불전에서 유래하는 의미로 적절하게 사용되고 있다고 말할 수 있다. 예를 들어, 전후戰後에 사람들에게 회자되었던 '일억총참회一億総懺悔*'라는 등의 표현만 보더라도 정서적으로 깊이 악업을 참회하기만 하면, 그 악업은 쉽게 소멸한다고 하는, 한역 불전의 용어법에 매우 가까운 점이 있다. 그런데 이처럼 악업을 참회하기만 하면 쉽게 소멸이 가능하다는 사고방식을 불교에서는 '참회멸죄懺悔滅罪'라고 하며, 이 용어는 상당히 널리 유포되어 있다고 생각한다. 따라서 필자는 이를 빌려 '악업불식의 의식'을 '참회멸죄의 의식'이라고 불러도 좋았겠지만, 이를 채용하지 않은 것은 '악(업)'과 '죄'를 일단 구별하고 싶었기 때문이다. 개인적으로는 팔리어나 산스크리트어에 있어 파파(pāpa-kamma, pāpa-karman)는 의식하든 하지 않든 상관없이 우리들이 생존하는 것만으로도 범하게 되는 악업 일반을 폭넓게 가리키는데 비해, 아팟티āpatti라는 말은 무언가에 비추어 명확히 죄를 지은 것이 의식될 경우에 사용되는 것 같다. 필자는 전자를 '악(업)', 후자를 '죄'로 구별하고, '악업불식의 의식'이라는 제목에는 전자의 의미만을 포함하고 싶었다. 이 점 이해를 구한다. 따라서 '참회멸죄'의 죄도 필자의 입장에서 말한다면 '악(업)'인 것이다. 이는 후대에 이르면 인도불교에서도 마찬가지이며, 아팟티도 결국은 파파와 같은

* 역자 주: 1945년에 일본이 태평양 전쟁에서 패전한 직후 히가시쿠니 노미야 내각이 한 발언. 패전은 어떤 개인이나 특정 집단의 잘못이 아닌 일본 국민 전체의 책임이라는 의미이다.

의미가 된다는 점에 주의해야 한다.

이상, 내용적으로는 '악업의 참회pāpa-deśanā'라고 불러도 될 것을 무슨 이유로 '악업불식'이라고 새롭게 명명했는가라는 점에 관해 충분히 설명했다고 생각한다. 단적으로 말하자면 '참회'에 혼동하기 쉬운 의미를 끌어들이지 않기 위해 명확하게 '불식'이라고 한정한 것이다. 그 외에 실제적인 관점에서도 필자가 '악업불식의 의식'이라고 부르는 일련의 의식에는 '악업의 참회'라는 것이 반드시 그 일부분으로 포함되어 있는 이상, 그것을 포함한 총칭으로서는 그 부분을 가리키는 호칭과는 가능한 한 분리하는 것이 좋다고 생각했기 때문이다.

그 일련의 '악업불식의 의식'에 관해서는 앞서 다른 원고에서 그 의식에 포함되는 사안과 그 수의 많고 적음에 따라 상당히 나열적이기는 하지만 여섯 유형을 열거했는데, 그 뒤 『수바르나프라바숏타마 수트라(*Suvarṇaprabhāsottama-sūtra*, 금광명경)』 계통에서 형성되었다고 생각되는 5종의 유형[2]과 종밀宗密이 『원각경대소圓覺經大疏』에서 언급한 8종의 유형[3]을 특히 중국불교에서의 전개를 염두에 둘 경우에는 추가해두어야 한다고 생각했기 때문에, 그것을 4번째와 6번째로 보충하여 총 8가지 유형의 '악업불식 의식'을 이하에서 제시해두고자 한다.

(i) 3종 제1유형 : ①악업의 참회pāpa-deśanā, ②복업의 수희puṇyānumodanā ③제불의 권청buddhādhyeṣaṇā

(ii) 3종 제2유형 : ①악업의 참회pāpa-deśanā, ②복업의 수희puṇyānumodanā, ③보리의 회향bodhi-pariṇāmanā

(iii) 4종 유형 : ①참회pratideśanā, ②수희anumodanā, ③권청adhyeṣaṇā, ④회향pariṇāmanā

(iv) 5종 유형 : ①참회, ②권청, ③수희, ④회향, ⑤발원

(v) 7종 유형 : ①예배vaṃdanā, ②공양pūjā, ③악업의 참회pāpa-deśanā, ④수

희anumodanā, ⑤권청adhyeṣaṇā, ⑥발보리심(發願, bodhicittôtpāda), ⑦회향pariṇāmanā

(vi) 8종 유형 : ①공양, ②찬불, ③예불, ④참회, ⑤권청, ⑥수희, ⑦회향, ⑧발원

(vii) 10종 유형 : ①예경제불, ②칭찬여래, ③광수공양廣修供養, ④참회업장懺悔業障, ⑤수희공덕, ⑥청전법륜請轉法輪, ⑦청불주세請佛住世, ⑧상수불학常隨佛學, ⑨항순중생恒順衆生, ⑩보개회향普皆迴向

(viii) 12종 유형 : ①개도開導, ②삼귀三歸, ③청사請師, ④참회, ⑤발심, ⑥문차問遮, ⑦수계授戒, ⑧증명, ⑨현상現相, ⑩설상說相, ⑪광원廣願 ⑫권지勸持

이상은 '악업불식의 의식'을 외면상 유형적으로 분류해서 제시했을 뿐이지만, 각 유형을 지배하는 사고방식은 극히 단순한 것이다. 이 의식을 지배하고 있는 생각은 영혼과 육체의 이원론이거나 혹은 전자를 참된 실재로 봄으로서 전자가 비실재인 후자로부터 해탈해가는 점을 강조하는 일원론이거나, 둘 중 하나라고 보아도 좋다고 생각한다. 그런데 필자는 결국 이러한 일원론으로 집약해가야만 하는 사고방식이 고대부터 인도사상을 농후하게 지배하고 있었던 것은 아닐까 하는 점을 마츠모토 시로松本史朗의 해탈과 열반에 관한 'A의 B로부터의 해방·이탈'이라는 정식定式과 이에 근거한 지견을 기반으로 전개시켜 '자연포괄도自然包括圖'를 제시하며 함께 논해본 적이 있다.[4] 이런 의미에서의 이원론이나 일원론이 강력한 인도 사상으로서 인도 안에서 일어난 반反인도 사상인 불교사상까지 서서히 쇠퇴시켜갔다는 점은 숨길 수 없는데, 한편으로 그 강력한 사상의 심원은 인도사상에서 다시 거슬러 올라가 인도 아리안의 소상塑像이라고 할 만한 아베스타Avestā성전을 지닌 조

로아스터교까지 거슬러 올라가서 보아야 할지도 모른다. 조로아스터교는 인도 아리안의 민족종교에서 유래하는 선신善神 아후라 마즈다와 악신惡神 안라 만유를 내세운 전형적인 이원론의 종교로, 이 종교의 특징에 대해 이토 요시노리伊藤義教는 다음과 같이 서술하고 있다.[5]

> 조로아스터의 근본적인 입장은 아샤(天則, 理法, 法)에 기반을 둔 아후라 마즈다의 은총을 설하고, 인간으로 하여금 신의神意의 실현에 참가시키는 데 있다. 그 신의란 사악함을 배제하고 원초적인 세계로 회귀시키는 것을 목적으로 한다. 조로아스터에 따르면 신은 아샤를 창조했는데, 신은 그것을 가지고 신 자신도 다스리므로 아샤는 아샤를 위해 존재한다고도 말해진다. 이 아샤에 복종하는 자는 아샤완(天則者, 義者)이라고 불린다. 그것은 조로아스터의 가르침에 따르는 것이기도 하지만, 그는 이러한 의자義者 일반을 빈자貧者와 복자(福者, 富者)로 나누고 빈자를 인도하여 복자답게 하는 것을 자신의 책무로 여기고 있다. 복자란 천국의 자산인 완벽과 불사를 확약 받은 자, 다시 말해 천국행을 인증 받은 자이기 때문이다. 이 자산은 또한 인간을 구하는 재물이기도 하므로 이를 보유한 신(들) 또한 복자이다. 그리고 신자에게 이 인증을 주는 자가, 조로아스터에 의하면, 사오슈얀트의 중요한 역할이었던 것 같다. 사오슈얀트는 은총(恩寵, 사오슈)이라는 말로부터 만들어진 동사(사오슈야) '은총을 준다, 수복授福한다'의 현재분사이므로 수복자授福者로 번역해도 되고 '수기자(授記者, 보증을 주는 자)'로도 통한다. 조로아스터는 스스로 사오슈얀트라고 칭하고 있지만, 또한 자신 외에도 동로자同勞者로서의 사오슈얀트를 인정했다.

이러한 조로아스터교에 있어서는 어떻게 해서 빈자에서 복자로 바뀔 수 있는가가 중대한 관심사가 된다. 그때 교도敎徒들에게 요구되는 것이 신어의

身語意 삼업의 정화이다. 이 삼업의 정화가 얼마나 그 민족적 전통 속에서 중시되었는가에 관해 이토 요시노리는 다음과 같이 기술한다.[6]

> 신어의 삼업의 청정을 설하는 것은 멀리 인도 이란 시대로부터 계승한 유산이지만, 이 사상은 종교뿐만 아니라 한 나라의 정치 행정에도 강하게 침투하여, 하카 마니슈 제국을 지탱하는 상벌 제도의 중추를 이루고 있었다. (중략) 아후라 마즈다도 마찬가지로 삼업의 정선正善을 행하는 것을 가상히 여겨 천상의 이슈티išti-[資産]를 약속하고 상을 주는 신이며, 이를 보좌하는 신들도 마찬가지였다. 이러한 신들이 이슈티의 소지자·수여자로서 자라스슈트라[조로아스타]에 의해 '복자'라고 불리는 것도 당연하다.

이러한 구조 속에서는 "삼업의 정선을 행하는 것을 가상히" 여겨 보증하는 종교상의 특권자에게 강력한 힘을 부여하는 것은 당연한 일이며, 그 특권자야말로 사오슈얀트였다. 그 힘이 강력하다고 생각되면 될수록 교도의 해탈도 보증된다고 믿어졌음이 틀림없다. 그런데 조로아스터교를 탄생시킨 것과 같은 전통 속에 있으면서 자라스슈트라보다 훨씬 후대인 기원후 3세기 초에 태어났다고 하는 교조 마니가 처음 제창한 마니교는 보다 명확한 이원론하에 재가신자에 대한 종교상 특권자의 지위도 한층 상세하게 규정된 형태로 등장하고, 그 단순 명쾌함 때문에 그 후 아시아, 유럽, 아프리카를 두루 거치며 맹렬한 기세로 퍼져간 것이다. 이 마니교의 기본적인 사고방식을 야부키 게이키矢吹慶輝는 다음과 같이 적고 있다.[7]

> 마니교의 우주론에서 보면, 이 현실 세계는 광명을 암흑에서 해탈시키기

위한 존재이므로 인간관이라는 실제적 방면에서도 또한 이 과정을 설했다. 즉, 인간에게는 명계明界의 요소가 갖추어져 있으므로, 그 요소를 모든 암계暗界의 속박에서 해탈시키는 데 있었다. 동시에 인간은 본래 해탈의 능력을 갖춘 존재로서 구제의 종교와 함께 해탈의 종교를 주장했다. (중략) 암흑에서 광명으로의 해탈이 마니교의 유일한 이상이었기 때문에 마니교도이고자 하는 자는 모두 각자의 몫에 따라 명계를 위해 무언가 공헌해야만 했다. 따라서 교단 안에서는 일반 청자聽者 혹은 투사鬪士, 즉 재가신자와 선택된 자, 즉 승려라는 양자로 나뉘고, 후자는 서방 전승에서는 에렉트(Elect, Electi)라고 불리고, 이슬람교의 전승에서는 알 싯디쿤 al-Sīddiqūn이라 불리며, 엄밀한 의미에서는 다소 차이도 있지만, 후자를 앗시리아어에서는 '성실자'라 하여, 마니교도가 사용한 시리아어 잣티케(Zaddīqē, 올바른 자)와 같은 어원에서 나온 것이었다(Kesseler, Mani, 1899). (중략) 승려에게는 육식과 살생을 금지했지만, 일반 청자에게는 육식을 허락한 것 같으며, 또한 일부일부一夫一婦의 혼인이 허용되었다. 그래서 속인의 중요한 공덕은 승려에 대한 공양이며, 그 공덕에 의해 다시 태어나 승려가 되어 진정한 수행을 한다고 하였다. 따라서 마니교도에서도 윤회를 설했다. (중략) 그리고 승려, 즉 선택받은 자에 대해서는 육식과 음주와 결혼을 금지한 것 외에 과일 혹은 야채를 따는 것조차 금지했다. 따라서 승려의 음식은 청자聽者에 의해 공급되지 않으면 안 되었다. (밑줄 하카마야)

위의 인용문 가운데 밑줄로 표시한 부분에 특히 주의해주기 바란다. 마니교에서는 이러한 형태로 승려(성직자, 출가)와 청자(청문자, 재가)[8]가 엄격하게 구별되고, 그 역할 분담에 있어 후자의 전자에 대한 '공양'의 제공과 전자의 후자에 대한 '공덕'의 보증이라는 관계가 성립하고 있었던 것이다. 이 양자의 관계는 대승불교에 있어 출가와 재가의 문제를 고찰할 경우에도 필자에게 있어서는 매우 시사적인 의미를 갖는다고 생각된다. 마니교가 발생한 것은 대승불교가 성립한 후의 일이기 때문에 이러한 출가와 재가의 구조에 대한 양자 간 사고방식의 대차貸借 관계는 학문적으로 엄밀한 확정이 이루어지고 있지 않은 이상, 어디까지나 불명확할 수밖에 없다. 그러나 필자에게 있어 그러한 대차 관계의 확정 등은 지금 그다지 중요한 의미를 갖지 않는다. 필자가 여기서 말하고 싶은 것은 영혼과 육체의 문제와 관련하여 앞서 서술한 바와 같이, 단순한 이원론 혹은 일원론을 제시하는 사고방식에 있어서는 승려와 같은 특권계급과 청자와 같은 일반계급의 역할 분담은 대차 관계의 확정 등을 필요로 하지 않을 만큼 일반적이고 통속적인 현상일 것이라는 점이다. 필자는 그저 이러한 점을 지적하고 싶을 뿐이며, 지금은 모두 사라져서 극히 일부의 연구자 외에는 정확하게 알 수 없게 된 조로아스터교나 마니교까지 굳이 언급한 것이다. 지금부터는 인도 밖의 것에 눈을 돌리지 않고, 같은 인도 아리안의 전통을 계승하면서도 인도 내부에서 확립된 우파니샤드 사상을 잠시 살펴본 후, 곧바로 '악업불식의 의식'이라는 문제로 돌아가고자 한다.

불교가 등장하기 전후 인도에서 우파니샤드의 해탈사상을 제시하기 위해 이하 『문다카 우파니샤드*Muṇḍakôpaniṣad*』 제3장 제2절 제8송과 『마이트라야니 우파니샤드*Maitrāyaṇy-upaniṣad*』 제6장 제20절 중 1송과 2송[9]만을 인용해본다.

> 마치 여러 개의 강이 흘러 바다에서 명색(名色, nāma-rūpa)을 버리고 흘러들어 가듯이, 그와 같이 명색으로부터 해탈한vimukta 지자知者는 위대한 자보다도 위대하게 빛나는 푸루샤puruṣa에 이른다. (*Muṇḍaka*)
>
> 실로 마음(心, citta)을 청정하게 하는 것prasāda에 의해 [사람은] 선악업(善惡

業, karma śubhâśubham)을 끊는다.

아트만ātman이 청정해진 사람은 아트만에 머물며 불멸의 즐거움을 얻을 것이다. (*Maitrāyaṇī*)

여기서 이원론적 혹은 일원론적 해탈사상은 완전히 성립해 있으며, 인도에서 영혼적 존재를 나타내는 푸루샤나 마음, 아트만이 육체적 존재를 나타내는 명색이나 선악업으로부터 본래의 모습으로 해탈해가는 상황이 명확하게 그려지고 있다. 더욱이 영혼과 육체에 대한 이러한 사고방식에서는 전자가 선이고 본래적인 것이므로, 후자는 악으로서 혹은 비非 본래적인 것으로서 피해야만 한다. 따라서 이런 사고방식이 윤리적인 규범으로 전개해가면 육식금지가 되겠지만, 사실 우파니샤드를 계승한 힌두이즘은 그 법전에서도 육식을 명확하게 금지한다.[10]

그러나 불교의 등장은 이러한 인도적 전통과 철학적으로나 윤리적으로나 명확하게 대립한다. 일원론적인 것이든 이원론적인 것이든 인도적 영혼관은 불교의 무아설anātma-vāda에 의해 윤리적으로는 정면에서 부정되었으며, 육식금지도 본래 출가자의 계율에는 들어 있지 않았다. 그런데 불교가 인도사회로 안정되게 침투하면서 불교도 반대로 인도적 사고의 영향을 받게 된 것이다. 그것이 눈에 보이듯 현재화顯在化해간 것이 불교 역사 상 대승불교의 흥기라 불리는 시대였을 것으로 필자는 생각한다. 게다가 이 시대에 일원론적이든 이원론적이든 인도적 영혼을 기반으로 육체적 죄복罪福이 쉽게 불식 가능하다거나 변환 가능하다고 하는 생각이 불교 내부에서 점점 거대해져 간 것이야말로 필자가 '악업불식 의식'이라고 부르는 것이며, 그것이 또한 통속적인 의미에서 대부분을 차지해간 대승불교의 실태였을 것이라는 점이 필자가 본고에서 설정한 문제이기도 하다. 최근에 마츠모토 시로나 시모다 마사히로下田正弘가 논증한 『열반경』의 아트만설과 육식 금지[11]는 약간 후대의 대승경전이기는 하지만, 위와 같은 실태의 전형적인 예라고 말할 수 있을 것이다. 여기서는 그에 앞선 최초기 대승경전에서 필자가 말하는 '악업불식의 의식'을 찾아볼 수 있지 않을까 하는 점을 대승불교 성립 문제와 관련지어 논해보고자 한다.

그런데 최초기의 대승경전이라고는 해도 통속적인 '악업불식의 의식'에 대승불교의 독자적인 사상이 표명되어 있을 리는 없다. 그 증거로 불교의 '악업불식 의식' 사상은, 앞서 제시한 『마이트라야니 우파니샤드』에서 특히 "실로 마음을 청정하게 하는 것prasāda에 의해 [사람은] 선악업을 끊는다."라고 기술되어 있는 것과 같은 사상과 근본적인 구별이 거의 불가능할 정도로 인도적으로 통속화되어 있다고 말하지 않을 수 없을 것이다. 아마도 우파니샤드적인 신들 대신에 시방제불十方諸佛이, 사제자(司祭者, brāhmaṇa) 대신에 출가전문승이 있기만 하다면, 기진자가 불교의 '악업불식의 의식'이 집행되었다고 믿게 할 수 있을 정도의 것이었을 것이다. 하지만 만약 여기서 굳이 '악업불식 의식'의 대승불교적 사상의 근거를 구한다면, 우파니샤드적 혹은 인도사상적인 '마음'이 불교에도 도입되어 '자성청정심(自性清淨心, prakṛtiś cittasya prabhāsvarā)'으로 비대화肥大化한 것이 대승불교의 부상과 더불어 '보리심(菩提心, bodhi-citta)'이 되고, 이를 근거로 죄복이나 선악업의 제거나 이전이 가능해졌겠지만, 그러한 사고방식 자체도 또한 인도사상적인 것과 본질적으로 다르지 않은 것이다. 사실 가지야마 유이치梶山雄一는 죄복이나 선악업의 이전을 나타내는 '회향'에서 『바가바드기타』와의 공통성을 발견하고 있는데, 이를 확인한 뒤 그는 회향에 대해 다음과 같이 서술하고 있다.[12]

> 좀 더 일반적인 내용 전환은 선악의 과보를 보리(깨달음)로 바꾼다고 하는, 이른바 '보리회향'으로 이는 붓다 이외의 사람도 가능하다. 선업이라는 것은 그대로 두면 행복 혹은 장수라는 형태로 선업을 이룬 당사자에게 돌아온다. 이 선업 과보의 내용을 전환하여 무상보리(위없는 깨달음)로 바꾸는 것이 보리회향이다. 이때 전환된 무상보리는 역시 선업을 이룬 당사자에게 돌아오는 것이므로 방향은 바뀌지 않는다. 다만 행복 또는 장수의 형태로 되돌아와야 할 것이 깨달음이라는 내용으로 변하여 되돌아오기 때문에 내용 전환의 회향이라고 해야 할 것이다.

그렇다면 이와 같은 전환이 무슨 이유로 가능한가 라는 사상적 근거라고 할 만한 것에 관해 가지야마는 『팔천송반야경*Aṣṭasāhasrikā-Prajñāpāramitā*』의 제6장 '수희와 회향anumodanā-pariṇāmanā'에 근거하여 다음과 같이 기술한다.[13]

> 회향하는 마음에도 공성이라는 법성이 있고, 회향되는 선근에도, 회향이 향해진 무상하고 완전한 깨달음에도 같은 공성이라는 법성이 있다. 자신의 선근에도, 타인의 선근에도, 수희에도 같은 법성이 있다. 그때에는 '어떤 것이 다른 것을 회향한다'라고 말할 수는 없다. 사물의 본성[法性]에 따라 있는 그대로 수희하고, 있는 그대로 무상하고 완전한 깨달음으로 회향한다면 그 수희와 회향은 다른 어떤 선행, 어떤 수행보다 훨씬 뛰어나다.
>
> 타인의 선근에 수희하는 것도 공성에, 법성에 수희하는 것이다. 윤회의 세계 속에서의 행복을 초래하는 선근을 무상하고 완전한 깨달음이라는 초월자에게 회향한다는 것은 윤회적인 것을 윤회로부터 이탈한 것으로 전환하는 것이다. 그것은 업보의 속박으로부터의 해방이다. 이러한 것을 『팔천송』 제6장은 말하고 있는 것이다.

그러나 이러한 공성이나 법성은 연기의 시간에서 완전히 이탈한 영원한 실재이므로 무아설의 불교에는 본래 어울리지 않는다. 이러한 공성이나 법성은 이미 『반야경』이 당초에 가지고 있었을 지도 모르는 부정적인 공사상과는 전혀 달라, 오히려 『반야경』 속에서 점차 안정된 지위를 차지하게 되었을 '진여(眞如, tathatā)' 등과 같다고 해도 좋다.[14] 그 진여는 『유마경』에서는 법계나 공성 등과 함께 확고한 실재로 성장하고, 그것은 마츠모토 시로가 말하는 다투바다dhātu-vāda의 구조를 훌륭하게 제시하고 있다고 말할 수 있을 것이다.[15] 가지야마가 '초월자'라고 부르는 것은, 이러한 의미에서의 영원한 실재이자 다투dhātu 자체인데, '마음'이나 '보리심' 역시 그것들에 해당한다. 회향이란 이러한 것을 기반으로 성립하고 있으며, 그렇기 때문에 가지야마도 "초월자에게 회향한다는 것은 윤회적인 것을 윤회에서 이탈한 것으로 전환한다는 것이다. 그것은 업보의 속박으로부터의 해방이다."라고 말할 수 있는 것이다. 앞서 제시한 유형을 보아도 알 수 있듯이, 회향이 '악업불식 의식'의 많은 경우에 포함되고 있는 것도 이론적으로는 지금 가지야마가 지적한 바와 같은 사고방식에 의한다. 그 회향에 얽힌, 업보가 공空이라고 하는 사고방식을 마츠모토 시로가 도겐道元의 언급을 인용하여 불교가 아닌 외도의 견해라고 논증한 것은[16] 본고의 문제의식에서 보더라도 간과할 수 없다. 필자는 이 마츠모토의 논증에 전적으로 동의할 뿐만 아니라, 대승불교의 대부분이 '악업불식의 의식'에서 유래한 것은 아닐까 생각할 정도이므로 이러한 필자의 입장을 재빨리 알아차린 사람은 필자가 대승불교를 불교가 아니라고 단정하고 있는 것처럼 받아들일 수도 있을 것이다. 하지만 그것은 대부분은 타당하지만 중요한 점에서는 오해하고 있다고 말하지 않을 수 없다. 왜냐하면 필자는 보통 한 덩어리처럼 취급되는 대승불교를, 기본적으로는 이하에서 제시하는 바와 같이 완전히 이질적인 두 가지로 이루어져 있다고 생각한다. 대승불교는 불교가 아니라고 하는 것은, 한편으로는 타당하지만, 다른 한편으로는 타당하지 않기 때문이다. 그 두 가지 대승불교를 다소 간략하게 제시하면 다음과 같이 될 것이다.

(a) 실제로는 불교사의 대세大勢를 차지했지만, 논리적으로는 불교의 올바른 연기설을 계승하고 있다고 말할 수 없는 대승불교
(b) 실제로는 불교사의 대세를 차지하지 못했지만, 논리적으로는 불교의 올바른 연기설을 계승하고 있는 대승불교

게다가 필자는 위에서 서술한 것처럼 두 가지 대승불교를 생각하면서도 그 사상 표현의 본체로서는 어떤 경우라도 기본적으로는 불교의 전문가로서의 출가자를 상정하면 된다고 생각하므로, 이러한 필자의 견해는 대승불교 성립의 모태로서 '재가자의 교단'을 먼저 추정한 히라카와 아키라의 견해와 분명히 대립한다. 그러나 이 문제는 급하게 결론내릴 만큼 단순한 것은 아니며, 아마 사상과 생활의 문제에 관한 연구자 자신의 자세에 질문을 던질 수밖에 없는 성질의 난문이라고 생각한다. 사람이 사상과 생활의 문제를 생각할 때, 길은 반드시 두 갈래로 나뉘는 것 같다. 한쪽은 우선 생활이 있고 그로부터 자연스럽게 사상도 나온다고 생각하지만, 다른 한쪽은 생활과 대결하여 자신의 사상에 의해 생활을 선택해갈 수밖에 없다고 생각한다. 이 두 가지 외에는 존재할 수 없기 때문에 이 양쪽이 불교사상사의 전개 속에서도 나타나고 있는 것이다. 필자는 『법화경*Saddharmapuṇḍarīka*』의 가장 비판적인 부분의 작자가 후자인 것 같다. 두 가지 대승불교 중에서 이 경전이야말로 (b)의 계보를 형성한 것처럼 느껴진다. 어떤 졸고에서 이러한 감상과 함께

이 경전의 작자는 불교 전문가로서의 출가자였다는 사견을 피력한 적이 있다.[17] 그러자 히라카와가 이 의견에 반대하며 새로운 논고를 제시하였다. 그는 필자의 불충분한 논술에 대해서도 언급하며 기존의 주장을 답습하여 "초기의 대승불교교단에서는 교단 전체가 재가적인 교단이며, 따라서 '재가자의 교단' 이외에 다른 출가자의 교단은 없었다고 생각한다."라는 주장을 재차 명백하게 개진하였다.[18] 문제의 논문에서 필자는 히라카와가 지적하는 바와 같이 분명 충분한 논증도 없었으며 출가자에 대한 명확한 정의도 내리지 못했다. 이 점 필자 역시 연구자로서 의무를 다하지 못했다는 결례를 솔직하게 사과해야 한다고 느끼고 있다. 그리고 본 논문은 여전히 충분하지 않지만, 조금이라도 이전의 결함을 메꾸기 위해 작성된 것이다.

주지하듯이 히라카와의 초기 대승불교의 성립에 관한 연구는 1954년에 공개된 「대승불교의 교단사적 성격」[19]에서 시작되어, 이를 기본으로 매우 상세한 연구를 정리한 『초기대승불교의 연구』로 결집하고, 그 후의 성과도 또한 현재 간행 중인 저작집에서 가필증보加筆增補하여 선보였다.[20] 그만큼 이러한 일련의 성과는 히라카와가 가장 심혈을 기울인 연구 분야 중 하나라고 말할 수 있으며, 사실 필자도 그로부터 많은 것을 배웠다. 더구나 필자는 지금도 대승불교에 두 갈래가 있다고 생각하며, (a)에 관해서는 히라카와의 견해가 대부분 옳다고 확신한다. 그리고 그의 견해 중 올바른 부분을 인정하면 할수록 '악업불식의 의식'을 집행하거나 이와 관련된 경전을 만든 자는 이미 사회적으로 권위를 확립한 전문가로서의 출가자여야 하며 가정한 바와 같은 신흥의, 이름도 없는 집단일리는 없다고 생각할 수밖에 없다. 본고에서는 그 점을 여러 각도에서 검토해보고자 한다.

1 졸고, 「十二巻本『正法眼藏』と懺悔の問題」, 『十二巻本『正法眼藏』の諸問題』, 東京: 大藏出版, 1991, pp.133-174를 참조. 이 졸고는 논제대로 12권본 『정법안장』에 관해서 쓴 것이지만, '참회'에 관해서는 그것만으로 끝나지 않는 중요한 문제제기도 했다고 생각하므로, 본고의 문제와도 연관시켜서 꼭 참조하기 바란다. [이 졸고는 나중에 다음 주9)에서 언급한 졸서, pp.245-288에 재수록되었다.]

2 이 5종의 유형을 알게 된 것은 安藤嘉則, 「『金光明經文句』における懺悔論について」, 『東方』 4, 1988, pp.102-108에 의한다. 현재까지 이 5종의 유형에 대한 명확한 전거는 『금광명경』 자체 혹은 그와 관련된 인도 측 문헌이 아닌, 같은 논문의 pp.106-107에서 지적하고 있는 바와 같이 吉藏의 『金光明經疏』(대정장 39, p.163b)이다. 또한 같은 논문을 통해 알게 된 점을 기술하자면, p.107에서 湛然이 언급한 『彌勒所問經』은 대정장 31, p.764a의 기술과 관계가 있다고 생각된다. 그 산스크리트 원문에 대해서는 앞의 주1)의 졸고, p.269, 주29)를 참조하기 바란다.

3 이 점에 대해서는 앞에서 언급한 졸고(앞의 주1)) 단계에서 인식하고 있었지만, 별도로 제시하지는 않았다. 이번에 다시 이를 유형 중에 추가하였는데, 그 전거 등에 대해서는 同稿, p.172, 주40)에서 제시한 바와 같이 鎌田茂雄에 의한 것임을 다시 한번 밝혀둔다. 이 8종 유형은 5종 유형의 앞부분에 3종을 더한 것이라고 생각해야 할지 모르겠다.

4 졸고, 「自然批判としての佛教」, 『駒澤大學佛教學部論集』 21, 1990, pp.380-403, 특히 p.391을 참조. 松本史朗의 논고에 대해서는 同, p.401, 주34)를 참조하기 바란다. 또한 그는 이와 관련된 문제를 『열반경』과 관련시켜 더 깊이 논구하고 있으므로 松本史朗, 「『涅槃經』とアートマン」, 前田專學博士還曆記念論集 『<我>の思想』, 東京: 春秋社, 1991, pp.139-153도 함께 참조하기 바란다.

5 伊藤義教, 『ゾロアスター研究』, 東京: 岩波書店, 1979, pp.xiii-xiv. 그에 의하면, *Avestā*의 語義는 Apastāk/Ahestāg에 관해 apa-stā에서 나온 '[人智로부터] 동떨어져 있는 것, [인지로 추구하고자 해도 그것을] 물리치는 것'이라는 의미에 있다고 하며, '외경스러운 것', '신성한 것', '심원한 것'을 함의한다고 한다. (同, pp.279-280).

6 伊藤, 앞의 책, pp.216-217. 또한 그 용례에 대해 同, p.215, pp.253-254 등을 참조.

7 矢吹慶輝(芹川博通 校訂), 『マニ教と東洋の諸宗教(比較宗教學論選)』, 東京: 佼成出版, 1988, pp.64-67. 또한 須永梅尾, 「マニ教における魂の救濟」, 『大法輪』 58-12, 1991, p.27에는 안가드 로슈난본 제8송 제2의 2절 "나의 영혼은 苦悶 속에서 매일 나를 억누르고 있던 죄과에서 해방되었다."가 게재되어 있다. 마니교의 개략에 대해서도 이 논문에서 많은 정보를 얻었다.

8 伊藤, 앞의 책 (앞의 주5)), p.220 및 p.245, 주58)에서는 조로아스터교에서의 '貧者(drigu-)와 福者(arədra-)'의 구별과 관련하여 마니교의 niyōšāgān(聽聞衆, auditores)과 wizīdagān(被選衆, electi)의 구별로 언급되어 있으므로 참조하기 바란다.

9 이 제2송에 대해서는 다른 송과 함께 졸저, 『道元と佛教 -十二卷本『正法眼藏』の道元-』, 東京: 大藏出版, 1992, 제1부의 1「知慧と無知」에서 인용하고 견해도 추가해두었으므로 참조하기 바란다. 산스크리트 원문도 同書, pp.166-167, 주22), 주24)에서 제시해두었다.

10 예를 들어, 기원전 200년부터 기원후 200년 정도에 걸쳐 편찬되었다고 하는 『마누법전』 제5장 제48송에는 "고기는 생물을 해치지 않고는 결코 얻을 수 없다. 따라서 생물을 해치는 것은 천계의 복지에 있어 장애이다. 그러므로 고기를 피해야 한다. (nâkṛtvā prāṇinām hiṃsāṃ māṃsam utpadyate kvacit/ na ca prāṇi-vadhaḥ svargyas tasmān māṃsaṃ vivarjayet//)"라고 하며, 同, 제52송에서는 "신들 및 조상의 영혼에 예배를 하지 않고, 다른 [동물의] 고기를 사용하여 자신의 고기를 늘리려 하는 자보다 큰 죄인은 없다(sva-māṃsaṃ para-māṃsena yo vardhayitum icchati/ anabhyarcya pitṝn devāṃs tato 'nyo nâsty apuṇya-kṛt//)"라고 한다 (東京: 岩波文庫, 田邊繁子 역, p.151). 원래 이러한 육식 금지는 동물 애호에서 유래하는 것은 아니므로, 이런 종류의 규정과 신성한 生贄의 실행의 그것과는 전혀 모순되는 것은 아니다. [또한 『마누법전』의 이들 게송 및 관련 게송에 대해서는 본서, pp.144-145도 참조할 것.]

11 앞의 주4)에서 언급한 松本의 논문 및 下田正弘, 「三種の浄肉再考 -部派における肉食制限の方向-」, 『佛教文化』 22, 學術增刊號 (5), 1989, pp.1-21; 同, 「東アジア佛教の戒律の特色 -肉食禁止の由来をめぐって-」, 『東洋學術研究』 29-4, 1990, pp.98-110을 참조. 또한 불교가 육식금지로 이행한 것을 단순히 힌두문화의 영향으로만 간주하지 않고 그 사상적인 이유를 생각해보면, 육식을 통해 부정한 것이 육체에 달라붙어서 영혼을 덮어버리므로 영혼이 육체로부터 해방(해탈)되기 어려워진다고 하는 사상이 잠재되어 있다고 가정해볼 수 있을 것이다.

12 梶山雄一, 『「さとり」と「廻向」 -大乘佛教の成立-』, 東京: 講談社現代新書, 1983, pp.160-161. 또한, 『바가바드기타』와의 관련성에 대해서는 同, pp.157-158을 참조하기 바란다.

13 梶山, 앞의 책, pp.181-182를 참조하기 바란다.

14 이러한 진여에 대해서는 졸저, 『本覺思想批判』, 東京: 大藏出版, 1989, pp.88-108을 참조.

15 앞의 졸서, pp.227-235를 참조.

16 松本史朗, 『縁起と空 -如來藏思想批判-』, 東京: 大藏出版, 1989, pp.335-337을 참조.

17 졸고, 「『法華經』と本覺思想」, 『駒澤大學佛教學部論集』 21, 1990, pp.111-124를 참조.

18 平川彰, 「初期大乘佛教における在家と出家」, 『佛教學』 31, 1991, pp.1-39를 참조. 특히 p.34의 주1)에서 山口瑞鳳와 필자를 명시하여 비판하고 있는데, 두 사람을 동일시하여 취급하는 부분이 있어 그다지 정확한 기술이라고는 할 수 없다. 그 기술에 의하면, 두 사람 모두 上田義文의 설을 인용하고 있는 것처럼 이해하고 있지만, 그것을 인용한 것은 필자뿐이다. 게다가 필자는 전면적으로 上田의 설에 찬성을 표한 것은 아니다. 인용이 필자뿐이라는 점을 함의하고 서술하고 있다면, 그 이하의 비판은 필자에게만 향했을지도 모른다고 생각하여 본고를 작성할 의욕이 생겼다. 하지만 본고가 충분한 반론이 될 수 있다고는 생각하지 않으며, 또한 반론만을 의도한 것도 아니지만, 이런 종류의 논구는 앞으로도 계속해보고 싶다.

19 宮本正尊 編, 『大乘佛教の成立史的硏究』, 東京: 三省堂, 1954 가운데 제7장(pp.447-482)에 수록되어 있다. [이 논문은 또한 平川彰, 『大乘佛教の教理と教團』, 平川彰著作集 5, 東京: 春秋社, 1989, pp.375-414에 재수록되어 있으므로 참조하기 바란다.]

20 平川彰, 『初期大乘佛教の硏究』, 東京: 春秋社, 1968이 그 집대성이며, 그것은 현재 간행 중인 저작집(春秋社) 제3권과 제4권으로 나뉘어 수록되면서 많은 가필증보도 이루어지고 있다고 한다. 또한 필자는 이 대작이 간행된 다음 해에 東京대학 불교청년회에서 소개 기사를 의뢰받았고, 그 집필원고는 『佛教文化』 2-1, 1970, pp.82-84에 게재하였다. 당시의 필자는 히라카와의 성과에 그저 놀라며 말할 것도 없이 전면적으로 찬성을 표했다.

[연구 보충 메모] 본 장의 서두에서 필자는 confession과 '懺悔'의 대응은 메이지 이후의 일이라고 생각하고 썼지만, 그 후 알게 된 바에 의하면 *Vocabvlario da Lingoa de Iapam*, 1603, 東京: 岩波書店, 影印版 『日葡辭書』, 1960, p.435, "Sangue"; 土井忠生·森田武·長南實 편역, 『邦譯日葡辞書』, 東京: 岩波書店, 1980, p.554, 'Sangue サンゲ (懺悔)'에서 'Fagi cuyamu(뉘우치며 후회하다)'가 'O confessar, e manifestar(참회하고 고백하는 것)' 'Zaixǒuo sangue suru(罪障을 참회하다)'가 'Confessar, ou descobrir os peccados(죄과를 고백하다 혹은 드러내다)'라고 되어 있으므로, confession과 '참회'와의 대응은 信長 치정하인 기독교 포교 무렵부터였음을 알 수 있다. 따라서 그만큼 더 대응하는 말의 배후에 존재하는 완전히 다른 종교상의 '습관'이나 '생활'에 있어서의 구조를 이론적으로 해명할 필요가 있는 것이다. '악업불식'은 그 구조를 명확히 보여주기 위해 선택된 용어였지만, 최근 그 구조를 표제로 제시한 산스크리트 사본이 있다는 것을 山田龍城 『梵語佛典の諸文獻』, 東京: 平樂寺書店, 1959,

pp.60-61 및 그 주1)의 기술을 통해 알게 되었다. 松濤, Nos.665, 667, 412의 *Pāpa-parimocana-nirdeśa*가 그것이다. 'pāpa-parimocana(악업의 해탈)'라고 부르는 이 문헌은 더러움의 '정화(śuci)'도 설하고 있는 것 같다. 또한 조로아스터교 및 마니교에 관한 최근의 연구서로는 伊藤義教, 『ゾロアスター教論集』, 東京: 平河出版社, 2001 및 Werner Sundermann, *Manichaica Iranica: Ausgewälte Schriften*, 2 Vols., Serie Orientale Roma, LXXXIX-1, 2, Roma, 2001이 있으므로 참조하기 바란다. 그리고 원래의 논문을 간행한 직후에 안 사실이지만, 森安孝夫, 『ウイグル・マニ教史の研究』, 大阪: 大阪大學文學部, 1991도 간행되어 있다는 점을 이 기회에 보충해둔다. 또한 본 장에서 필자는 대승불교에 (a), (b)의 두 갈래가 있는 것처럼 기술했지만, 그 후 필자 자신의 전개된 생각을 고려한다면, (b)는 대승불교라고 부르기보다는 대승불교 확립 이후에 논술된 전통적 불교교단에 있어서의 '사상'과 '철학'이라고 불러야 할 만한 것일지도 모르겠다. 단, 여기서는 굳이 수정하지 않겠다.

2/

『식샤사뭇차야』 및 히라카와 아키라가 언급한 경전들

히라카와 아키라가 가장 오래된 한역 중 하나인 『법경경』에 근거하여, 거기서 설해지고 있는 『삼품경(三品經, *Triskandhaka*)』을 최고最古의 대승경전 가운데 가장 중요한 것 중 하나로 지적한 것은[1] 크게 주목해야 한다. 필자 역시 여기서 앞서 언급한 (a)계통의 대승경전의 원류를 보는 것 같았다. 이 『삼품경』의 중요성은 히라카와 이후에는 시즈타니 마사오静谷正雄에 의해 재확인되어, 그 경전과의 관련하에서 『사리불회과경舍利弗悔過經』 및 그 이역異譯이 연구되었고, 일반적인 형태로는 가지야마 유이치梶山雄一도 그 중요성을 추인追認하였다고 할 수 있다.[2]

그런데 히라카와는 여러 한역 자료는 물론이거니와, 『삼품경』의 원제목을 확인하기 위해서도 『식샤사뭇차야*Śikṣāsamuccaya*』에 있어 『우그라닷타 파리프릿차(*Ugradattaparipṛcchā*, 郁伽長者所問經)』의 인용 부분을 언급하고, 나아가 이 논서의 다른 부분에서도 『삼품경』에 대해 설하고 있는 것을 지적하고 있다.[3] 다만 히라카와는 이 후자의 경우에 대해서는 관련 부분 전체를 엄밀하게 확인하고 있지 않기 때문에, 『식샤사뭇차야』의 지문地文처럼 다루고 있지만, 정확하게는 이것은 『우팔리 파리프릿차(*Upālipariprcchā*, 烏波離所問經)』의 장문의 인용 부분[4] 중 일부에 불과하다. 그 장문의 인용 첫 부분에는 35명의 부처에 대한 귀명歸命이 기술되어 있는데, 이는 히라카와가 같은 연구 속에서 『삼십오불명예참문三十五佛名禮懺文』과 관련하여 "여기서 거론하는 '35불'은 불명佛名의 연구에도 주의해야 할 것이다."[5]라고 지적한 것과 같은 것을 가리킨다. 따라서 정확하게는 『삼품경』은 『우그라닷타 파리프릿차』뿐만 아니라, 그것과 마찬가지로 히라카와도 주목한 『우팔리 파리프릿차』에서도 언급되고 있다고 해야 한다. 게다가 『식샤사뭇차야』에서 인용한 이 두 군데 경전의 기술은 원문과 함께 고찰해볼 필요가 있는 중요한 것이므로, 이하의 인용에서 먼저 산스크리트 원문을 제시하고, 그다음 번역을 덧붙이기로 한다. (a)가 『우그라닷타 파리프릿차』의 인용 부분, (b)가 『우팔리 파리프릿차』의 인용 부분이다.[6]

(a) tatra tāvad bhadrācāryā-vidhiḥ (sic) kāryā vandanâdibhiḥ sadâdarāt/ *ĀryÔgradattaparipṛcchāyāṃ* hi tri-rātre trir divasasya ca śuceḥ śuci-vastra-prāvṛtasya ca *Triskandhaka*-pravartanam uktaṃ/ tatra trayaḥ skandhāḥ pāpa-deśanā-puṇyânumodanā-buddhâdhyeṣaṇâkhyāḥ puṇya-rāśitvāt/ tatra vandanā pāpa-deśanāyām antarbhavati/ buddhān namaskṛty *Ôpālipariprcchāyāṃ* [pāpa-] deśanêti kṛtvā/ yācanam adhyeṣaṇāyāṃ ekârthatvāt/ pūjā tu vibhavâbhāvād anityêti nôktā/ mānasī vācasī ca sūtrântara-prasiddhatvān nôktāḥ/ trayāṇāṃ tu vacanāt prādhānyaṃ gamyate/

그 경우 먼저 보현행(普賢行, bhadra-caryā)의 규정은 예배 등에 의해 항상 존경을 표현하는 것에 근거해서 이루어져야 한다. 왜냐하면 『성聖

우그라닷타소문[경]』에서 "밤에 세 번, 낮에 세 번 청정해지고, 청정한 의류를 입은 자는 『삼품경』을 독송해야 한다(pravartavya, bklag par bya)."[7]라고 설하고 있기 때문이다. 그 가운데 '삼품'이란 악업의 참회 pāpa-deśanā와 복업의 수희puṇyânumodanā와 제불의 권청buddhâdhyeṣaṇā이라 불리는 것이다. 복덕의 모임이기 때문이다. 그중에서 예배란 악업의 참회 중에 포함된다. 왜냐하면 『우바리소문[경]』에서 제불에게 예경하여 [악업의] 참회[8]가 있다고 설하고 있기 때문이다. 간청yācana은 권청adhyeṣaṇā과 동일한 의미이므로 [전자는 후자에 포함되어 있다]. 그러나 공양pūjā은 위력이 없기 때문에 무상이라고 하여 설하지 않는다. 의意에 관한 것, 그리고 어語에 관한 것은 다른 경전에서 일반적으로 승인되어 있으므로 설하지 않는다. 그러나 [위에서 서술한] 세 말[9]은 가장 뛰어난 것이라고 이해된다.

(b) na śakyaṃ sarva-śrāvaka-pratyekabuddha-yānair[10] āpatti-kaukṛtya-sthānaṃ viśodhayituṃ yad bodhisattvas teṣāṃ buddhānāṃ bhagavatāṃ nāmadheya-dhāraṇa-parikīrtanena rātriṃ divaṃ *Triskandhaka-dharma-paryāya*-pravartanenâpatti-kaukṛtyān niḥsarati samādhiṃ ca pratilabhate//
무릇 보살이라면 밤에 [세 번], 낮에 [세 번],[11] 그들 제불세존의 명칭을 수지하고 입으로 독송하는 것에 의해서, 『삼품법문三品法門』을 독송하는 것(pravartana, klog pa)에 의해서 죄의 참회āpatti-kaukṛtya로부터 이탈하고, 또한 정신집중samādhi도 얻지만, 일체의 성문이나 독각승에 의해서는 죄의 참회의 의지처sthāna를 정화하는 것은 불가능하다.

위의 인용 두 곳에서 거의 공통되는 중요한 사항은 밤에 세 번, 낮에 세 번 『삼품경』을 독송한다고 하는 의미로 임시로 번역하여 제시한 부분에 있다. 일단 '『삼품경』을 독송한다'라고 번역한 부분의 산스크리트 문장을 동사의 어근과 그 목적어라는 형태로 제시하자면 *Triskandhakaṃ* pra√vṛt이다. 이 용어법은 기존에는 그 누구도 특별히 주의를 기울인 적은 없었던 듯한데, 산스크리트어로서는 이례적인 것 같다. 특히 동사 pra√vṛt는 통상 'to roll or go onwards, to come forth, to result, to commence, to behave or conduct one's self towards' 등의 의미로, '독송한다'라는 등의 의미를 직접 갖지 않는다. 그런데 이에 대응하는 한역은 모두 '독송한다'라는 의미로 해석하고, 티베트역 역시 록파klog pa(독송한다)에서 유래하는 말을 사용하고 있다. 그러나 이러한 용법의 pra√vṛt는 F. Edgerton의 *Buddhist Hybrid sanskrit Dictionary*에도 수록되어 있지 않기 때문에, 팔리어사전에서 유사한 단어의 의미를 따라가 보면, 형태상 가장 가깝다고 생각되는 파밧탓티pavattatti나 파밧테티pavatteti에서도 찾고 있는 의미는 기재되어 있지 않으며, 겨우 유사한 파리밧타티parivattati의 사역동사 파리밧테티parivatteti에 to recite, practise a charm이라는 의미가 부여되고 있음에 불과하다. 또한 그와 관련된 용례로 만탐 파밧테티mantaṃ pavatteti가 제시되고 있는 것은[12] 극히 시사적이다. 만탐 파밧테티란 '주문을 외우다'라는 의미인데, pra√vṛt가 이 파밧테티와 같은 의미라고 단정짓기 위해서는 훨씬 많은 용례를 모을 필요가 있지만, 필자가 보기에 '『삼품경』을 독송한다'고 하는 사태는 '주문을 외우는' 것과 같은 상황에 매우 접근해 있는 것 같다. 게다가 이 관점에서 '트리스칸다카'를 의심해본다면, 이것이 완전한 경전이었던 증거는 전혀 없다. 가장 오래된 『법경경』에는 '삼품경사三品經事', 『욱가라월문보살경郁伽羅越問菩薩經』에는 '삼품법경三品法經', '욱가장자회郁伽長者會'에는 '(수행)삼분(송)삼분법(修行)三分(誦)三分法'이 있고,[13] 『우팔리 파리프릿차』의 이역인 『결정비니경決定毗尼經』에서는 '(행)삼사(行)三事', 「우바리회

優波離會』에서는 '(행시)삼종법(行是)三種法'으로,[14] 특히 후자의 이역에서는 경전이라는 것을 전혀 예상할 수조차 없다. 이러한 점을 파악한 후에 앞서 '주문을 외운다'고 하는 상황을 어의적으로도 음미해보면, 트리스칸다카란 출가자의 칸다카(kandhaka=Skandhaka, 犍度部)와 닮은 재가자 대상의 간단한 주문과 같은 것으로,[15] 실제로는 앞서 언급한 『식샤사뭇차야』에서 설명하고 있는 바와 같이, 기본적으로는 '악업불식 의식'의 3종 중 첫 번째 유형을 골자로 하는 것이라고 생각된다. 그것이 경전과 같은 형태로 전개한 것이 현행 티베트역에도 수록되어 있는 『아리야 트리스칸다카 나마 마하야나 수트라*Ārya-Triskandhaka-nāma-mahāyāna-sūtra ('Phags pa Phung po gsum pa zhes bya ba theg pa chen po'i mdo)*』[16]와 같은 것이었다고 생각되는데, 그 과도기적 형태 가운데 하나가 『우팔리 파리프릿차』 중 다음과 같은 부분[17]에도 반영되어 있는 것 같다.

> '마치 과거의 제불세존이 회향한 것처럼, 또 미래의 제불세존이 회향하는 것처럼, 또 현재의 제불세존이 지금 [열 방향에서] 회향하고 있는 것처럼, 저 역시 회향하겠습니다. 저는 모든 악업을 참회합니다. 저는 모든 복덕에 수희합니다. 저는 모든 부처님을 권청합니다. 저에게 무상의 지혜가 있기를(sarvaṃ pāpaṃ pratideśayāmi. sarvaṃ puṇyam anumodayāmi/ sarvān buddhān adhyeṣayāmi/ bhavatu me jñānam anuttaram/). 누구든 사람들 가운데 최상의 승자, 과거에 있든, 혹은 미래에 있든, 혹은 현재에 머무르든, 그들 모두의 무한한 칭찬을 짊어지고, 바다와 같은 공덕을 동반하는 분들에게 저는 합장하며 귀명합니다.'라고 하여, 실로 사리푸트라여, 보살은 이들 서른 다섯 분의 불타를 상수上首로 일체의 여래에 따르는 작의作意에 의해 악업의 정화를 이루어야 한다.

이 인용문에서는 극히 일부분만 제시했기 때문에 명료하지 않을지도 모르지만, 이러한 '악업불식의 의식'에 참가하는 주인공은 '가장(家長, gṛhin)으로서 저택에 살고 있는gṛhastha 보살대사(菩薩大士, bodhisattva-mahāsattva)'[18]이므로, 이와 같은 보살이 서른다섯 분의 부처님 앞에서 일인칭으로 삼귀의와 함께 서술하기 시작하는 긴 내용의 마지막 부분이 바로 위의 인용문이다. 그중 '저는 모든 악업을 참회합니다.'에서 '저는 합장하며 귀명합니다.'까지는 『결정비니경』이나 「우바리회」에 의하면, 원래 게송 형식을 취하고 있었던 것 같기도 하지만, 이렇게 추정되는 게송 형식의 전반은, 예를 들어 『마하야나수트라알랑카라(*Mahāyānasūtrālaṇkāra*, 大乘莊嚴經論)』에서 "속시速時의 현등각現等覺에 관한 [수단]이란 '저는 모든 악업을 참회합니다.'라고 시작하여 '나의 지혜가 정등각을 위한 것이 되기를.'이라고 말하게 되기까지 참회하고, 수희하고, 권청하고, 회향하는 것이다."[19]라고 설명되는 바와 같은, 후세의 '악업불식 의식'의 네 유형의 핵심을 구성하고 있다고 할 수 있다. 그런 의미에서 본다면, 이 부분이 '악업불식 의식'의 중심이라고도 할 수 있는데, 문제는 이 의식에 더해서 악업을 불식시키고자 하는 주인공이다. 하지만 이런 경우 역시 필자는 극히 단순하게 생각한다. 그 주인공이 설사 '보살'이라 불리고 있다 해도, 그 사람은 단지 부자 재가자 이상의 아무것도 아니라는 점에 주목해야 한다. 부자는 부자이기 때문에 저지를 수밖에 없었던 악업을 어렴풋이 알아차리고 있겠지만, 그것을 부자끼리 모여서 집단을 결성하여 참회한다 해서 스스로 자신의 악업을 용서하는 의식을 실행하여 안심할 수 있는 것은 아니다. 조탑造塔 등의 막대한 재보 기진의 대가로서의 악업 정화를 보증하는 것은 가장 권위 있다고 여겨지는, 사회적으로도 안정된 승원이며, 거기에 살았던 전문 종교인(출가자)이어야만 했을 것이다. 사회적으로 안정된 훌륭한 승원일수록 큰 부자도 안심하고 기진할 수 있었을 것이다. 원시불교 이래로 지속되며, 마침 대승불교가 발생했을 무렵에는 비약적인 성황을 보기에 이른 조탑 공양에 관해 다카다 오사무高田修는 다음과 같이 기술하고 있다.[20]

> 조탑 공양은 원시불교 이래의 일이다. 부파시대에 불탑 공양의 공덕에 관해 일부 부파에서 이견이 있었다고 하는데, 이 역시 조탑이 성행했기 때문에 발생한 논의임이 틀림없다. 불교가 전해지면서 먼저 탑이 세워지고, 가람을 조성하면 항상 스투파가 그 중심을 차지하였다. 불타와 관련된 성적聖蹟에는 반드시 탑이 세워졌다는 것도 스투파의 조립造立 숭배가 통불교적인 것이었기 때문이다. 또 기탑起塔의 업 그 자체가 재가신자의 정시淨施 없이는 불가능했다 해도, 이를 숭배하고 공양하는데 출가자가 무관심할 수는 없다. 조탑 공양은 각 시대를 거치며 성황을 이루었고 불교도에게 있어 가장 중요한 관심사였다는 것은 고고학적으로도 입증된다.

물론 스투파인 불탑이 있는 구역(塔地, 佛地)과 승원이 있는 구역(僧地)이 확연하게 구별되고 있었다는 점은 율장의 규정을 보아도 발굴 결과를 보아도 확실하다. 그 점은 탑지에 기진한 재가자의 악업 정화를 기진에 무관심할 수 없는 승지에 있는 출가자가 보증하고 '악업불식 의식'에 이론적 근거를 제공한 것과 전혀 모순되지 않는다. 그 이론적 근거란 단적으로 말하자면 '보리심bodhi-citta'이었다고 생각한다. 이에 근거한 '악업불식 의식'은 점차 정비되어 후대에는, 앞에서도 본 것처럼 샨티데바의 『식샤사뭇차야』에 언급되고 있는 것처럼 되었겠지만, 의식이기 때문에 후대가 되어도 그 원초적인 형태를 비교적 잘 보존하고 있었을지도 모르겠다. 샨티데바는 다른 저작인 『보디차리야 아바타라*Bodhicaryāvatāra*』 제5장 제98송에서 '악업불식의 의식'을

다음과 같은 게송으로 정리해서 제시한다.[21]

> rātriṃ-divaṃ ca *Triskandhaṃ* tri-kālaṃ ca pravartayet/ śeṣâpatti-śamas tena bodhicitta-jinâśrayāt//
>
> 밤과 낮에 세 번[씩] 『삼품경』을 독송해야 한다. 보리심과 승자勝者를 기반으로 삼는 것에 의해 여죄餘罪가 소멸된다.

이를 주석한 프라즈냐카라마티Prajñākaramati에 의하면 '삼품'은 '악업불식 의식'의 3종 제2유형을 가리키는데, 이것은 3종 제1유형을 방해하는 것은 아니다. 또한 이 트리스칸다Triskandha를 완전한 경전으로 간주해도 좋은가 하는 점에 대해서는 앞서 서술한 것과 같은 종류의 문제가 있을 것이다. 그리고 '독송한다'고 하는 의미에 해당하는 부분을 프라바르타예트pravartayet로 하고 있는 것에 관해서도 앞서 문제 삼았던 것과 동일한 프라 브리트pra-√ṚT에서 유래하는 말이 사용되고 있는 점이 이 계보의 전통을 보여주는 것 같다. 또한 프라즈냐카라마티는 이 제98송을 일단 다 설명한 후에 『우팔리 파리프릿차』에서 이미 문제 삼았던 부분을 길게 인용하여 이 '악업불식 의식'을 설명하고 있기 때문에[22] 이러한 점 역시 이 전통에서는 정해져 있던 것은 아닐까 생각된다.

그런데 샨티데바는 앞의 제98송보다 뒤에 나오는 제104송에서 "학처는 여러 경전에서 볼 수 있다. 그러므로 여러 경전을 독송해야 한다. 그리고 『허공장경(虛空藏經, *Ākāśa-garbha-sūtra*)』에서 근본죄(根本罪, mūlâpatti)를 검토해야 한다."[23]라고 서술하는데, 이를 주석한 프라즈냐카라마티는 이런 경전들의 대표로 『라트나메가*Ratnamegha*』를 거론하고 '근본죄를 검토해야 한다'라고 언급한 『허공장경』을 상당히 장문에 걸쳐 인용하고 있다.[24] 히라카와는 이 제

104송을 언급하며 그 경전에 대해 "이 『허공장경』도 대승경전이라고 생각된다."[25]라고 불명확하게 말하고 있지만, 이미 가나쿠라 엔쇼金倉圓照가 그 번역에서 지적한 바와 같이, 이것은 '대집부大集部'에 담긴 『허공장보살경虛空藏菩薩經』, 『허공장보살신주경虛空藏菩薩神呪經』, 『허공잉보살경虛空孕菩薩經』과 동일하다는 점을 보여준다.[26] 프라즈냐카라마티는 이 『허공장경』을 인용하면서, 먼저 경의 요점을 보여주는 다음과 같은 한 문장[27]을 들고 있다.

> 『성허공장경(聖虛空藏經, *ĀryÂkāśagarbha-sūtra*)』에 의하면, 관정灌頂 받은 크샤트리야(kṣatriya-mūrdhâbhiṣikta, 灌頂刹利王)에게는 다섯 가지 근본죄(pañca mūlâpattayaḥ)가 있다고 설해져 있고, 마찬가지로 공통된 것으로 하나의 근본죄가 있고, 마찬가지로 초심자인 보살(ādikarmika-bodhisattva, 初發心菩薩, 初行菩薩, 初習業菩薩)[28]에게는 여덟 가지 근본죄가 있다고 설해져 있다.

이를 통해 알 수 있듯이 『허공장경』에서는 '악업불식 의식'에 동참하는 주인공의 필두는 이제 단순한 부자가 아닌 '관정 받은 크샤트리야'이다. 아마도 이러한 크샤트리야나 부자 등을 포함한 출가교단에 대한 외호자外護者나 기진자가 재가보살이라 불렸을 것으로 추정된다. 하지만 그들이 교단 외부에 있었던 것은 분명하다 해도 '재가자 교단'을 결성하는 것은 있을 수 없는 일이라고 생각된다. 그런데 히라카와 아키라는 이 점에 대해 다음과 같은 견해를 갖고 있다.[29]

> 초기 대승불교의 교단에서는 교단 전체가 재가적인 교단이며, 따라서 '재가자 교단' 이외에 별도로 출가자 교단은 없었다고 생각한다. (중략) 따라서 불교의 전통적인 출가교단을 비구승가라고 한다면, 보살교단은

불교의 출가교단 외부에 위치하고 있었다고 보아야 한다.

크샤트리야나 부자 등의 재가자가 '불교의 전통적인 출가교단 외부'에 있었다는 것은 말할 것도 없겠지만, 이러한 그들이 독자적인 종교집단을 결성하여 자기들끼리 자신들의 악업을 정화하는 풍경은 아무리 생각해도 그려지지 않는다. 아마도 그것은 대승불교의 초기로 거슬러 올라갈수록 더욱 더 믿기 어려운 일이다. 지금 언급한 『허공장경』 등은 대승경전으로서는 너무 후대라는[30] 반론이 있을지도 모르기 때문에, 이하에서는 히라카와가 중시한 『법경경』을 다루며 위와 같은 문제가 어떻게 되어 있는지, 티베트역 『우그라닷타 파리프릿차』를 중심으로 여러 번역을 비교하면서 고찰하고자 한다.

먼저 밤낮으로 세 번씩 『삼품경』을 독송하는 것(물론, 일단 경전이라고 간주했을 경우의 이야기이지만)을 권장하는 부분이 어떻게 기술되어 있는지를 나타내면 다음과 같다.[31]

티베트역 : des yang 'di ltar nyin lan gsum mtshan lan gsum du lus kyi las yongs su dag pa dang/ ngag gi las yongs su dag pa dang/ yid kyi las yongs su dag pa dang/ gtsang ba dang/ bsam pa dag pa dang/ byams pa sgom pa la mkhas pa dang/ gos gtsang ma'am/ ngo tsha shes shing khrel yod pas legs par brgyan pa dang/ bsod nams kyi tshogs dge ba'i rtsa ba bsags pa dang/ mdzes pa dang/ byang chub kyi sems la rab tu dga' ba dang/ nges pa dang 'grogs na bde ba dang/ legs par byed pa'i las byed pa dang/ gus pa dang/ bcas pa dang/ bka' blo bde ba dang/ nga rgyal dang rgyags pa dang/ dregs pa yang dag par chad pas mi dge ba'i las kyi nyes pa thams cad bshags pa dang [/] phyin cad kyang bsdam pa dang/ bsod nams thams cad kyi rjes su yi rang ba dang [/] mtshan la (b)sogs pa rab tu rdzogs par bya ba dang/ sangs rgyas thams cad la chos kyi 'khor lo rab tu skor bar gsol pa gdab pa dang/ chos thams cad gzung ba dang/ sangs rgyas kyi zhing dpag tu med pa rnams su tshe yongs su bzung ba'i phyir/ *Phung po gsum pa'i chos kyi rnam grangs* kha ton tu bya'o//

그는 또 이렇게 낮에 세 번, 밤에 세 번[32] 신업身業 청정해지고, 어업語業 청정해지고, 의업意業 청정해지고, 청결해지고, 의락意樂이 맑아지고, 자비의 수습(修習, maitrī-bhāvanā)에 통효通曉하고, 깨끗한 의복 혹은 참괴慚愧로 장식되고, 복덕자량(福德資糧, puṇya-saṃbhāra)의 선근(善根, kuśala-mūla)을 쌓고, 아름답게 하고, 보리심으로 환희하고, 결정적인 것을 동반하여 안락해지고, 선한 행위를 하고, 존경을 갖고, 가르침을 잘 유지하고, 만심慢心과 교만과 존대尊大를 끊는 것에 의해 모든 불선업不善業의 과실을 참회하고deśanā, 또한 그 이후에도 방호防護하고, 일체의 복덕에 수희하고anumodanā, [32]상相 등을 원만하게 하고, 일체제불에게 법륜을 굴리도록 권청하고adhyeṣaṇā, 일체법을 지키고, 무량한 불국佛國에서 수명을 잘 보호하고 유지하기 위하여 『삼품법문(三品法門, *Triskandhaka-dharma-paryāya*)』[33]을 독송해야 한다.

안현安玄 역 『법경경』: 於是晝三亦夜三, 以誦三品經事, 一切前世所施行惡, 以自首誨, 改往修來, 爲求哀於一切佛, 以法故愍傷之, 亦以無央數無極之法, 愍傷之.

축법호竺法護 역 『욱가라월문보살행경』: 當勸助如是, 晝夜各三, 淨其身口意已, 行等慈念諸善本遠諸所有, 當有慚愧, 以諸功德本自莊飾, 其心清淨令人歡喜, 信意樂於佛道無有亂, 所作安諦恭敬, 斷諸貢高憍慢, 當諷誦三品法經, 棄

一切諸惡行，悔過以八十事，一心勸助諸福，具足相好，當轉諸佛法輪，勸助諸佛轉法輪，以無量行自受其國，壽不可計.

강승개康僧鎧 역「욱가장자회」: 如是晝夜各三時，淨身口意業，淨於慈善，具足慚愧清淨之服，所集善根，以菩提心而生隨喜，柔軟善作，恭敬斷慢，修行三分，誦三分法，惠心悔過諸不善業，更不造新，一切福業悉生隨喜，集滿相好，勸請諸佛轉於法輪，於説悉受持一切法，願佛久壽增長善根，令我國土亦復如是.

『삼품경』이 출가자의「건도부Khandhaka」를 모방한 재가용의 간단한 주문과 같은 세 구절로 구성된 간단한 암송용 문구였든 아니든, 이를 독송한다고 하는 '악업불식 의식'은 위에서 인용한 모든 번역에서 알 수 있듯이 기본적으로는 신어의身語意 삼업을 정화하는 점에 있다. 무엇보다 이 점은, 가장 오래된 번역인『법경경』에서는 명확하지 않지만, 보다 후대의 번역에서는 점차 명료해져 가는 것처럼, 이런 신어의 삼업의 정화가 전개되어 히라카와가 강조하는 바와 같은 대승불교에서의 재가계在家戒로서의 신身 3, 어語 4, 의意 3, 합계 십선도十善道 혹은 십선계十善戒로 정착하게 된 것이다. 이 십선도 혹은 십선계에 대해 히라카와는 다음과 같이 말하고 있다.[34]

여하튼 초기의 대승불교를 대표하는 것은 '십선계'로, 이는 분명 '재가계'이다. '십선도'는 원시불교나 아비달마불교에서는 '계戒'로 취급되지 않는데, 이 십선도를 대승불교는 계로서 채용한 것이며, 이를 보아도 초기의 대승불교가 아비달마불교와 입장이 다르다는 점은 명확하다.

그러나 십선도가 재가자의 신어의 삼업과 관련된 생활 차원에서의 행위의 정화일 뿐이라고 한다면, 그것이 아비달마불교와 다른 것은 당연하며, 극단적으로 말하자면 그것은 불교와 아무런 관계가 없다고 말해야 한다. 신어의 삼업의 정화가 불교라고 한다면, 이미 살펴본 조로아스터교조차 불교라 해도 이를 엄밀하게 부정할 수는 없을 것이다. 그런데 이런 차이를 엄밀하게 사상의 힘으로 구별해서 올바른 불교와 그렇지 않은 것을 판별하려 한 것이야말로 아비달마의 전통이었으며, 올바른 불교가 있는 곳, 아비달마는 아니라 해도 반드시 이러한 사상적 판별의 힘은 불교사상사에서 계승되어 갔다고 보아야 한다. 그러나 십선도에 의해 신어의의 정화를 도모하여 악업을 불식시키기만 하면 된다고 생각한 재가자(대부분은 왕이나 부자인 점에 주의)에게 있어 무엇이 올바른 불교인가는 거의 관심 밖의 일이며, 그들에게는 악업의 불식을 보증해줄 확고한 권위만이 문제였을 것이다. 그렇다면 이러한 재가자가 『우그라닷타 파리프릿차』에서는 어떻게 묘사되고 있을까?

이하, 그 요점을 이해하기 쉽게 티베트 번역문을 발췌하고 번역도 곁들여 가장 오래된 『법경경』의 해당 부분을 제시한다.[35]

> khyim bdag gzhan yang byang chub sems dpa' khyim pa khyim na gnas pa ni skyes bu dam pa'i las rnams byed kyi/ skyes bu ngan pa'i las rnams mi byed do//··· khyim bdag 'di la byang chub sems dpa' khyim pa chos kyi longs spyod tshol gyi chos ma yin pas mi tshol lo//··· 'di lta ste pha ma bsnyen bkur byed pa dang/ bu dang chung ma dang/ bran mo dang bran pho dang/ las byed pa dang zho shes [sic] 'tsho ba rnams yang dag pa'i longs spyod dang/ mdza' bshes dang blon dang bo// [sic] nye du rung [sic] dang snag gi gnyen mtshams rnams la bkur sti dang/ gong du yang chos la 'dzud pas gtong ba 'phel bar byed do// [D. ed., No. 63, Nga, 260a6-b2를 참조.]

거사(居士, gṛha-pati)여. 또한 가장(家長, gṛhin)으로 저택에 살고 있는gṛha-stha 보살은 선사(善士, sat-puruṣa)의 업을 짓지만, 불선사不善士의 업은 짓지 않는다. … 거사여. 여기서 가장의 보살은 법에 맞는 재물을 구하지만 비법으로 구하지는 않는다. … 즉 [그는] 부모를 공경하고, 자식이나 아내나 노비, 고용인(使用人, karma-kara)이나 일용직([zho shas 'tsho ba,] pauruṣeya)들을 올바르게 수용하고, 친구나 하인, 좋은 근친, 혈족들을 존중하고, 또한 법으로 이끄는 것에 의해 기사棄捨를 증대한다.

『법경경』: 又復, 理家. 在家修道者, 若修賢夫之行, 行不以凡夫之行. … 而以法求財, 不以非法. … 父母知識臣下昆弟親屬爲以敬之. 奴客侍者, 瞻視調均. 亦以教化斯殊法.

위에서 서술한 바와 같은 재가보살에 관한 기술은 가장 오래된 『법경경』에도 거의 대응하는 부분이 있으므로, 예로부터 재가보살은 이와 같은 것이라고 생각되고 있었음을 보여준다. 노비나 고용인이나 일용직을 소유할 수 있는 자는 설사 보살이라 불려도 재가자이며, 게다가 이러한 재가자는 출가자 교단에 조탑 공양 등의 충분한 기진을 할 수 있는 대부호일 수밖에 없다. 전통적인 불교교단 안에서도 이러한 대부호들에게 적극적으로 접근하여 그들에게 '악업불식 의식'을 거행하는 것에 의해 그들의 악업 정화를 보증하고, 그 이론적 근거를 경전으로 제공해가는 자가 점차 늘어간 것은 아닐까 생각된다. 그러한 경우에 대부호들의 신뢰를 얻을 수 있는 것은 어느 시대이든 사상적으로 엄밀한 정사正邪를 추구하는 사람일 수는 없다. 필시 그러한 장면에서 주목된 것이 두타지(頭陀支, dhūtaṅga) 등의 고행에 의해 엄격한 출가자 생활을 영위하고 있던 일군의 사람들은 아니었을까 생각된다. 두타지는 본래 원시불교에서도 불교교단의 계율로 규정되고 있지 않았지만, 점차 이러한 두타지를 실천하는 고행자가 불교교단에서도 모종의 존재성을 띠게 되고, 그것이 불교문헌에서도 수종의 두타지 계통이 되어 나타나고 있다.[36] 이와 관련하여 『우그라닷타 파리프릿차』 경전의 증광 발전을 조망해보면 매우 흥미로운 점을 알게 된다. 대략적으로 말하자면 『우그라닷타 파리프릿차』는 전반은 재가보살에 대한 기술, 후반은 출가보살에 대한 기술로 구성되어 있다. 재가보살에 관해서는 후대가 될수록 번역이 크게 증광되는 데 비해 두타지 등을 실천하는 출가보살에 대해서는 『법경경』 이래 그다지 큰 증광을 보이지 않는다. 이는 이러한 출가자는 전통적인 불교교단의 전개에 부수하여 이미 존재하고 있었지만, 재가보살은 통속적인 대승불교의 급속한 팽창과 함께 점점 새롭게 이미지가 추가되어갔기 때문이라고 생각된다. 이 경전의 이러한 면에서의 상세한 검토는 훗날 장을 달리 하여 실행해보고 싶은데, 통속적인 종교에 있어 이러한 출가자와 재가자의 역할 분담은 사실 필수조건이라고 생각해야 한다. 이 점에 관해서는 아우구스티누스와 마니교와의 관계로부터 후자의 특징을 다음과 같이 지적한 야마다 아키라山田晶의 견해[37]가 많은 점을 시사해준다.

> 마니교는 교의의 면에서 말하자면 육욕肉慾을 부정합니다. 그러므로 결혼도 악惡이라고 보는 금욕적인 종교입니다. 그렇다면 왜 아우구스티누스처럼 여성과 동거하는 자가 이 엄격한 종교(=마니교)에 들어갔는가, 아니 들어가는 것이 허용되었는가 라는 의문이 생깁니다. 그런데 여기에는 말하자면 이면이 있습니다. 마니교는 신자를 명확하게 두 계급으로 나눕니다. 즉, 성직자와 청문자聽聞者라는 계급입니다. 그리고 성직자는 절대 결혼하지 않는다, 육식도 하지 않는다고 하는 고기에서 벗어난 생

활을 합니다. 이에 반해 청문자라 불리는 일반 신자들은 그런 생활은 할 수 없습니다. 못하는 대신 성스러운 사람들에게 여러 가지 공물을 바칩니다. 그것에 의해 자신들 대신에 죄를 갚아주는 그런 관계입니다. 이에 비해 교회의 기독교는 고기를 먹어서는 안 된다는 말은 하지 않지만, 한 가지 도덕이 있어서 성직자뿐만 아니라 일반 신도들도 그 도덕은 지켜야 합니다.

아마도 앞 장에서 제시한 두 종류의 대승불교 가운데 (a)의 대다수 대승불교는 앞서 살펴본 마니교처럼 출가자와 재가자의 역할 분담에서 크게 융성을 보았을 것이다. 이 움직임을 출가자의 입장에서 본다면, 재가자 측에 쉽게 달라붙어 '악업불식 의식'의 계보를 잇는 대승경전을 만들어간 사람도 있는가 하면, 고행의 힘으로 '악업불식 의식'의 실제 집행에 절대적인 신뢰를 받아낸 사람도 있었을 것이다. 그들에게 공통된 것은 필시 무엇이 올바른 불교인가라고 하는 사상적 선택이 결코 근본적인 문제가 될 수 없었다는 점일 것이라고 생각된다. 하지만 모두 그런 출가자뿐이었던 것은 아니며, 그중에는 승지나 탑지에 대한 조탑 공양이나 기진의 비약적인 성황이라는 시대의 파도에 휩쓸리면서도, 그 때문에 가난한 기진자를 포함한 재가자의 진정한 구제란 무엇인가라는 문제를 생각한 출가자도 있었을 것이다. 그런 사람은 아마 올바른 것에 출가와 재가의 구별은 있을 리 없다고 생각한 것은 아닐까 싶다. 사람에 따라 올바른 것이 다르다면, 그것은 진정한 옳음은 아니기 때문이다. 이러한 옳음이 『법경경』이 생각한 일승一乘이었을 것이며, 이러한 불교가 두 가지 대승불교 가운데 (b)를 형성해갔다고 생각된다.[38]

또한 두 가지 대승불교 가운데 (a)쪽의 중요한 근거가 된 것 중 하나가 '사의(四依, catuṣ-pratisaraṇa)'라는 것이 필자의 생각이다.[39] 그것은 『우그라닷타 파리프릿차』에 있으며, 오래된 번역인 『법경경』에도 그 대응 문장이 있다. 따라서 이는 이런 종류의 가장 오래된 전거가 될 수도 있기 때문에 이하 그 부분[40]을 제시해둔다.

티베트역 : don la rton gyi yi ge la mi rton pa dang/ ye shes la rton gyi rnam par shes pa la mi rton pa dang/ chos la rton gyi gang zag la mi rton pa dang/ nges pa'i don gyi mdo sde la rton gyi drang ba'i don gyi mdo sde la mi rton pa//

의義는 의依이지만 문文은 그렇지 않다. 지智는 의依이지만 식識은 그렇지 않다. 법法은 의依이지만 사람[人]은 그렇지 않다. 요의경了義經은 의依이지만 미요의경未了義經은 그렇지 않다.

『법경경』: 依其義, 不以文. 依其法, 不以人. 依其智, 不以識. 本文演義歸, 不以未叙義.

그런데 권위로서 '사의'를 중시하다 보면 정확한 문자 그대로의 기술보다는 어떻게든 해석 가능한 내용이 담긴 기술 쪽이 높이 평가되고, 게다가 자신에게 유리한 내용을 가진 기술의 경전이 이 (a)의 계보에서는 '요의'로 여겨지게 된 것이다. 『삼디니르모차나 수트라(*Saṃdhinirmocana-sūtra*, 解深密經)』는 그 계보의 정점을 찍는데, 아비달마의 바이바쉬카Vaibhāṣika는 이런 내용 있는 기술[有別意趣]을 이단으로 계속 배척하였다.[41] 그런데 중론학파는 이런 면에서는 오히려 바이바쉬카를 계승하여 두 계통의 대승불교 가운데 (b)의 계보를 형성한다. 훨씬 후대의 일이기는 하지만, 카말라쉴라Kamalaśīla는 『마드야마카 알로카(*Madhyamakāloka*, 중광명中光明)』에서 '요의'를 다음과 같이 규정한다.[42]

nges pa'i don kyang gang la bya zhe na/ tshad ma dang bcas pa dang don dam pa'i dbang du mdzad nas bshad pa gang yin pa ste/ de ni de las logs shig tu gzhan gyis gang du yang drang bar mi nus pa'i phyir ro//

요의nītârtha란 또한 무엇에 관해 말해지는 것인가? 논리적 판단pramāṇa을 동반하여 승의勝義를 주제로 설명되는 바와 같은 것[이 요의]이다. 왜냐하면, 그것은 그것과는 다른 방면에서, 다른 것에 의해, 어디로든 인도될 수는 없기 때문이다.

1 平川彰, 『初期大乘佛教の研究』, 東京: 春秋社, 1968, pp.123-127을 참조. 또한 平川彰 著作集, 제3권, pp.217-220도 거의 같은 내용이다.

2 静谷正雄, 『初期大乘佛教の成立過程』, 京都: 百華苑, 1974, pp.118-146을 참조. 또한 梶山의 언급에 관해서는 梶山雄, 『「さとり」と「廻向」-大乘佛教の成立-』, 東京: 講談社現代新書, 1983, p.179를 참조.

3 平川彰, 앞의 책 (앞의 주1)), pp.124-125를 참조. 『식샤사뭇차야』의 인용에서 『우그라닷타 파리프릿차』로 알려진 본 경전은 또한 티베트역으로는 *Gṛhapaty-Ugraparipṛcchā*라고도 原題가 추정된다. 『法鏡經』(대정장, No.322)은 본 경전의 가장 오래된 한역으로, 다른 이역으로는 竺法護 역, 『郁迦羅越問菩薩行經』(대정장, No.233), 康僧鎧 역, 『大寶積經』 「郁伽長者會」(대정장, No.310-19), 티베트역 *'Phags pa khyim bdag drag shul can gyis zhus pa*, P. ed., No.760-19가 있다. 또한 히라카와의 앞의 책에서 āryāgra-라고 인용하는 것은 āryôgra의 오류. 저작집에도 수정되어 있지 않기 때문에 기록해둔다.

4 *Śikṣāsamuccaya*, Bendall ed., p.168, l.15-p.171, l.6이 『우팔리 파리프릿차』에서의 인용이다. 또한 이 부분은 Pierre Python (ed.), *Vinaya-Viniścaya-Upāli-Paripṛcchā*, Collection Jean Przyluski, Tome V, Paris, 1973, pp.32-39에 회수되어 있다.

5 平川彰, 앞의 책 (앞의 주1)), p.126, 주8).

6 (a)는 *Śikṣāsamuccaya*, p.289, l.11-p.290, l.5, (b)는 *ibid.*, p.171, ll.4-6. 이들에 대응하는 티베트역은 차례대로 D. ed., No.3940, Khi, 159a3-6, 96a4-5이다.

7 산스크리트 문장은 "*Triskandhaka*-pravartanam", 티베트역은 "*Phung po gsum pa* bklag par bya"으로 되어 있다. pravartanam을 티베트역에 따라 일단 pravartavyam으로 고쳤지만, 어찌되었든 pra-VṚT에는 '암송한다'고 하는 등의 의미는 없다. 이런 의미가 파생하게 된 배경에 관한 추측은 본문에서 서술한다.

8 산스크리트 문장에는 deśanā만 있지만, 티베트역에 sdig pa bshags라고 되어 있어, 이에 따라 악업pāpa을 보충한다.

9 이 번역에 해당하는 부분을 포함한 산스크리트 문장은 "trayāṇām tu vacanāt prādhānyaṃ gamyate"이며, 티베트역은 "tshig gsum ni gtso bo yin par shes par bya'o"이다. 후자에 따라 전자의 vacanāt를 vacanānāṃ으로 고치고, gamyate를 gantavyam으로 고쳐서 "그러나 세 말의 最勝性을 이해해야 한다."라는 의미로 읽었다.

10 산스크리트 문장에서 nikāyair라고 되어 있는 것을 티베트역 theg pa에 의해 yānair

로 고쳤다.

11 산스크리트 문장에서 "rātriṃ divaṃ"이라고 되어 있는 부분에 대응하는 티베트역에서는 역시 "nyin mtshan du"라고만 되어 있어 양자는 일치한다. 인용한 원래 『우팔리 파리프릿차』의 티베트역에서는 "nyin lan gsum mtshan lan gsum" (Pierre Python, *op. cit.*, p.39)라고 되어 있으므로, 이에 따라 '세 번'을 밤과 낮 각각으로 보충했다. 밤에 세 번, 낮에 세 번, 합계 여섯 번이라는 숫자가 이 '악업불식의 의식'에서 중요한 의미를 지닌다고 생각하기 때문이다.

12 *The Pali Text Society's Pali-English Dictionary*, p.435, col. right를 참조하기 바란다.

13 平川彰, 앞의 책 (앞의 주1)), p.124에서 인용하고 있는 각 경의 문구를 참조하기 바란다.

14 순서대로 대정장 12, p.39b; 대정장 11, p.516c를 참조하기 바란다.

15 이와 같은 면에서 구체적으로 추측해본 일부분에 대해서는 졸저, 『道元と佛教 -十二卷本『正法眼藏』の道元-』, 東京: 大藏出版, 1992의 제1부 4장 '인과와 지혜', pp.139-140의 한 구절을 참조하기 바란다.

16 P. ed., No.950, 'U, 61a2-82b6. 또한 본 경전에 관해서는 靜谷, 앞의 책 (앞의 주2)), pp.120-120에 간단한 소개가 있다.

17 Pierre Python, *op. cit.* (앞의 주4)), pp.36-37. 또한 번역에서 보충한 산스크리트 문장은 거의 확실한 것으로 이미 복구된 것이다. 또한 해당 한역은 『決定毗尼經』, 대정장 12, p.39a-b, 「優波離會」, 대정장 11, p.516a-b이다. 그리고 『우팔리 파리프릿차』의 지금 지적한 부분 이전을 포함한 비교적 긴 한 구절이 프라즈냐카라마티의 *Bodhicaryāvatārapañjikā*, Buddhist Sanskrit Texts, No.12, p.78, l.25-p.79, l.6에서도 경명을 거론하며 인용되고 있다.

18 티베트역은 "byang chub sems dpa' sems dpa' chen po khyim pa khyim na gnas pa" (Python ed., p.30), 한역은 『決定毗尼經』, 「優波離會」와 함께 '재가보살'이다.

19 이 부분에 관해서는 졸고, 「十二卷本『正法眼藏』と懺悔の問題」, 『十二卷本『正法眼藏』の諸問題』, 東京: 大藏出版, 1991, p.157을 참조하기 바란다. 또한 그 산스크리트 원문은 同, p.171, 주29)에 제시되어 있다. 네 번째 구절이 『우팔리 파리프릿차』에서는 "bhavatu me jñānam anuttaram(저에게 무상의 智가 있기를)"라고 되어 있는 것에 비해 "bhavatu me jñānaṃ saṃbodhāya"라고 되어 있다는 근소한 차이는 있지만, 이것도 내용적으로는 같은 것을 가리킨다고 생각해도 좋다.

20 高田修, 『佛像の起源』, 東京: 岩波書店, 1967, p.271.

21 V. Bhattacharya (ed.), *Bodhicaryāvatāra*, Bibliotheca Indica 280, Calcutta, 1960, p.77. 또한 번역으로는 金倉圓照, 『悟りへの道』, サーラ叢書 9, 京都: 平樂寺書店, 1965, p.69를 참조.

22 앞의 주7)에서 지적한 부분을 참조하기 바란다. 게다가 이 부분이 이미 平川彰, 「大乘戒と菩薩戒經」, 福井博士頌壽記念 『東洋思想論集』, 1960 (이후 平川彰 著作集 7, pp.253-275에 수록되었다. 여기서는 후자에 의거한다), pp.269-270에서 지적하고 있는 *Bodhisattvaprātimokṣa*와 밀접한 관계를 보여주는데, 『우팔리 파리프릿차』나 『菩薩地』 「戒品」과도 결부시킨 상세한 비교 검토는 후일로 미룬다.

23 V. Bhattacharya, *op. cit.* (앞의 주21)), p.78; 金倉, 앞의 책, p.70. 단, 이 게송은 티베트역에 의하면 "학처는 여러 경전에서 볼 수 있다. 그러므로 여러 경전을 배워야 한다. [그리고] 『虛空藏經』이 먼저 검토되어야 한다."라는 뜻이 된다.

24 *Bodhicaryāvatāra of Śāntideva with the Commentary Pañjikā of Prajñākaramati*, Buddhist Sanskrit Texts, No.12, pp.80-82를 참조.

25 平川彰, 앞의 논문 (앞의 주22)), p.271.

26 金倉圓照, 앞의 책 (앞의 주21)) p.72, 주7)을 참조. 또한 실제 한역에 관해서는 대정장 13, pp.647c-677a. 또한 이 다음에 제시한 대정장, No.409, 『觀虛空藏菩薩經』도 스스로 '決定毘尼'라고 칭하거나 35불에 대해 언급하거나 하고 있으므로, 『허공장경』과 관련이 있음과 동시에 『우팔리 파리프릿차』와도 밀접한 관련이 있다고 생각한다. 또한 『보디차리야 아바타라』에서 인용하고 있는 부분을 한역 『허공장보살경』으로 말하자면 대정장 13, pp.651b-654a까지의 내용에 해당한다. 또한 이 경의 티베트역은 P. ed., No.926, Shu, 278b4-298b2이다.

27 *Bodhicaryāvatāra-Pañjikā, op. cit.* (앞의 주24)), p.81, ll.4-5; 티베트역, D. ed., No.3872, La, 108a3-4.

28 '初習業菩薩'은 현장 역 등 新譯으로 일반에 유포되고 있던 것을 제시했을 뿐이며, 그 이외에는 한역 『허공장경』에서 채용한 것이다.

29 平川彰, 「初期大乘佛教における在家と出家」, 『佛教學』 31, 1991, p.3 및 p.5.

30 『허공장보살경』의 한역자인 罽賓 三藏 佛陀耶舍는 408년에 장안에 온 사람, 『虛空藏菩薩神呪經』의 한역자인 罽賓國 三藏 曇摩蜜多는 424년에 蜀에 들어온 사람이라고 하므로, 5세기 초에 그들이 중국에 들여왔다는 점을 고려한다면 인도에서는 4세기경에 성립했다고 보는 것이 온당할 것 같다.

31 이하의 여러 번역에 관해서는 앞의 주3)을 참조하기 바란다. 인용에 해당하는 부

분은 차례대로 티베트역, P. ed., Zhi, 312b1-6;『法鏡經』, 대정장 12, pp.18c-19a;『郁伽羅越問菩薩行經』, 대정장 12, p.26c;「郁伽長者會」, 대정장 11, pp.475c-476a이다. 또한 티베트역의 번역에 관해서는 櫻部建 역,「郁伽長者所問經(ウグラ居士の問い)」,『寶積部經典』, 大乘佛典 9, 東京: 中央公論社, 1974, pp.269-270을 참조하기 바란다. 이하에 제시한 번역은 이것을 참조했지만, 일단 졸역으로 표시해두었다.

32 '낮에 세 번, 밤에 세 번'이란 산스크리트적인 rātriṃ-divaṃ(밤에 낮에)의 순서를 티베트어적인 감각으로 낮밤으로 고친 것으로 생각된다.

33 櫻部建는 이것을 그 번역 (앞의 주31))에서 "三章으로 구성된 經說"이라 번역하고, 이에 대한 p.333, 주23)에서 "한역 경전 여러 군데에서『三品經』등으로 거론되고 있다. 그러한 이름을 지닌 오래된 경전이 있었던 것 같다. 3장으로 구성되고, 과거의 악을 참회하는 것을 서술하는 것이 그 내용이었다고 생각된다. 한역 '대장경'에 포함된『大乘三聚懺悔經』등은, 혹은 그것을 원형으로 발달한 것일지도 모른다."라고 설명하고 있다. 필시 그럴 것이라고 생각하는데, 그 원형에 관해서는 이 이전에 본문에서도 시사해둔 바와 같이 완전한 경전은 아니며 출가자의「犍度部(Khandhaka)」를 모방한, 재가자 용의 간단한 주문 같은 것이었을 가능성이 있다. 또한 그것과도 연관된 述部 '독송해야만 한다'에 해당하는 원어는 역시 pra-VṚT에서 유래하는 말이었다고 생각되는데, 그 어의 추정도 과제로서 함께 남겨지게 된다.

34 平川彰, 앞의 논문 (앞의 주29)), p.8.

35 티베트역, P. ed., Zhi, 300a8-b4;『法鏡經』, 대장경 12, p.16b. 또한 사쿠라베의 번역(앞의 주31)), p.241을 참조하기 바란다.

36 이러한 頭陀支에 관해서는 水野弘元,「頭陀支の異說」,『大乘佛教の成立史的硏究』, 東京: 三省堂, 1954, pp.302-310을 참조하기 바란다.

37 山田晶,『アウグスティヌス講話』, 東京: 新地書房, 1986, pp.16-17. 이를 처음 인용하며 私見을 밝힌 것으로는 졸고,「道元と『正法眼藏』·十二卷本とはなにか[應答](1)」, 奈良康明 편,『佛教討論集 ブッダから道元へ』, 東京: 東京書籍, 1992, p.238-249에「道元における十二卷本の意義」를 참조하기 바란다.

38 그러한『法華經』을 둘러싼 필자의 의견에 관해서는 졸고,「『法華經』と本覺思想」,『駒澤大學佛教學部論集』21, 1990, pp.111-141을 참조.

39 졸저,『本覺思想批判』, 東京: 大藏出版, 1989, pp.184-208,「四依批判考序說」을 참조.

40 티베트역, P. ed., Zhi, 323b3-4;『法鏡經』, 대정장 12, p.20b. 또한 '사의'의 배열 순서는『법경경』이 필자가 말하는 D형을 보여주는 데 비해 티베트역은 앞의 졸고 (앞

의 주39))에서 다루지 않았던 다른 형태를 보여주고 있으므로 주의하기 바란다.

41 이 바이바쉬카의 입장에 관해서는 高崎直道, 「如來藏思想をめぐる論争 -淸弁造『中觀心論』聲聞眞實決擇章を素材として-」, 『佛教思想史』 3, 京都: 平樂寺書店, 1980, pp.228-229 및 p.252, 주36)을 참조.

42 P. ed., No.5287, Sa, 161a5-6; D. ed., No.3887, Sa, 148b7. 또한 이 구문은 Tsong kha pa의 *Legs bshad snyin po*, タシルンポ全集本影印版, f.563, l.4에 인용되어 있다.

[연구 보충 메모] 본 장 말미에서 언급한 '사의'에 관해 '법은 依이지만, 사람은 그렇지 않다'라고 강조하는 설일체유부와, '사의' 전체를 권위로 강조하는 그 이외의 사상적 동향에 관해서는 졸저, 『唯識思想論考』, 東京: 大藏出版, 2001, pp.18-21. 또한 그것과 관련된 '해석학'의 문제에 관해서는 졸저, 『唯識の解釋學 -『解深密經』を読む-』, 東京: 春秋社, 1994를 참조하기 바란다.

3/
통인도적 악업불식의 의식과 불교

데카르트가 사용한 '생활morale'과 '철학métaphysique'이라는 대비에 따른 사고방식을 불교에서 찾자면, '습관(sīla, śīla, 戒)'과 '사상(diṭṭhi, dṛṣṭi, 見)'이라는 대비가 그에 해당한다고 생각한다.[1] 불교는 석존의 '사상'이나 '철학'의 힘으로 그 이전의 인도적 '습관'이나 '생활'을 비판하며 일어났고, '사상'의 힘으로 당시의 '습관'을 취사선택하며 '습관'을 통념에 편승하여 그저 확대한 듯한 '사상'에 대해서는 그것을 '사상' 끼리의 대결의 장에서 정면으로부터 부정하고자 하였다.[2]

아마 이러한 의미에서 '사상'의 힘을 믿은 것은, 특히 인도에서는 불교뿐이었을지도 모르겠다. 극도로 '사상'이나 '철학'의 힘을 경시하는 경향이 강했던 인도 일반에서는 설사 '사상'이나 '철학'이라고 할 만한 이름으로 불릴 만한 것이라 해도, 그저 인도적 '습관'이나 '생활'이 비대해졌을 뿐인, 어디까지나 통인도적인 통념에 불과한 것이 적지 않다. 본서 제2부의 앞부분, 특히 제1장에서는 통인도적인 원리를 근거로 죄복罪福이나 선악업의 제거나 이전

移轉이 가능하다고 하는 ‘악업불식의 의식’을 조로아스터교까지도 거슬러 올라가 대략 거시적으로 보았지만, 통인도적인 ‘습관’이나 ‘생활’이 불교 내부에까지 서서히 침투하여 불교의 ‘사상’이나 ‘철학’까지 매우 파악하기 어려운 것으로 한 점을 보다 구체적으로 알리기 위해서는 통인도적인 ‘악업불식의 의식’을 약간 검토하고, 그것과 불교의 여러 가지 양상을 대비시켜 고찰해보는 것이 좋을 것이다. 그런 의미에서 본 장은 대승경전 문헌들을 개별적으로 검토하는 준비단계로서의 ‘한화휴제閑話休題’ 정도로 생각해주면 좋겠다.

그런데 제2장에서 ‘악업불식 의식’의 기본적인 특징은 신어의身語意의 삼업을 정화하는 점에 있으며, 대승불교에서 중요시한 ‘십불선도十不善道’의 대치로서의 ‘십선도十善道’도 결국 그 삼업을 벗어나는 것이 아니라는 점을 지적했는데, 삼업이 오래전 인도·이란 시대에 이어받은 유산이라는 점에서도 당연하듯이, 그 삼업이나 이를 확대한 신身 3, 어語 4, 의意 3의 십업도 대승불교의 독자적인 것은 전혀 아니며, 널리 인도 일반에서 허용되고 있던 통인도적인 지극히 당연한 ‘습관’이고 ‘생활’이었다는 점에 먼저 주목해야 한다.

기원전 200년에서 기원후 300년 사이에 성립되었다고 여겨지는 『마누 스므리티(*Manusmṛti*, 마누법전)』의 제12장 제3~8송[3]에서 삼업 혹은 십업은 다음과 같이 기술되어 있다.

(a) 의(意, manas)와 어(語, vāc)와 신(身, deha)으로 인해 생기는 업(業, karman)은 선악의 과보śubhâśubha-phala를 초래한다. 사람들의 취(趣, gati)는 높음도 낮음도 중간도 업보로 인해 생겨난다.

(b) 이 세상에서 그 [높고, 낮고, 중간의] 3종을 가지고, 또한 [의어신意語身]의 셋에 의존하는, 10종의 특질을 갖춘 신身과 관련된 [업]을 생기시키는 것이 의意라고 알아야 한다.

(c) ①남의 물건에 대한 탐욕para-dravyeṣv abhidhyānam과 ②의意로 [살해 등] 바람직하지 못한 것을 생각하는 것manasâniṣṭa-cintanam과 ③부정하게 집착하는 것vitathâbhiniveśa이 의意와 관련된 3종의 업이다.

(d) 도처에서 이루어지는 ①추악어(麤惡語, pāruṣya)와 ②허망어(虛妄語, anṛta)와 ③이간어(離間語, paiśūnya)와 ④맥락 없는 잡예어(雜穢語, asaṃbaddha-pralāpa)가 어語에 의해 이루어지는 4종[의 업]이다.

(e) ①주어지지 않은 것을 취하는 것adattānām upādānam과 ②의궤儀軌에 의하지 않는 살해hiṃsā와 ③타인의 아내에게 친밀한 것para-dārôpasevā이 신身과 관련된 3종[의 업]이라고 전해졌다.

(f) 이 의意와 관련된 선업[의 과보]는 의意에 의해서만 향유되고, 어語에 의해 행해진 업은 어에 의해서, 신과 관련된 [업]은 신에 의해서만 [향유된다].

이 중 (b)에 대한 주석에서 쿨루카 밧타Kullūka Bhaṭṭa는 이런 삼업에 대한 사고방식의 전거를 "그 때문에 사람은 의로 생각한 것을 어로 말하고 업(여기서는 신의 의미일까?)으로 행한다tasmād yat puruṣo manasâbhigacchati tad vācā vadati tat karmaṇā karoti."[4]라고 설하는 『타잇티리야 우파니샤드Taittirīyôpaniṣad』에서 찾고 있는 점에서도 알 수 있듯이, 삼업도 십업도 본래는 불교와 전혀 무관한, 예로부터 인도 일반에서 허용되는 통인도적인 '습관'이자 '생활'인 것이다. 따라서 이러한 '습관'이나 '생활'은 나중에야 불교의 출가자들에게 침투하게 된 것으로 생각된다. 불교의 출가자가 원래 이러한 것과 무관했을 것이라는 점은 장부長部 「쿠타단타 숫타(Kūṭadanta-sutta, 『쿠타단타경』)를 보면 거의 명백하게 추측할 수 있다. 이 경전은 바라문의 공희(供犧, yañña, yajña)를 바라문인 쿠타단타가 오히려 석존에게 질문한다고 하는 이야기의 구성 속에서 쿠타단타를 인도 일반의 '습관'이나 '생활'로부터 불교의 '사상'이나 '철학'에 도입하려는 의도를 가진 것인데, 질문을 받은 석존은 마하비지타 왕과 그의 제사帝師의 이야기를 다루며, 우선 공희 일반이 갖추어야 할 요건을 제시한다. 그 예화 속에서 제사帝師는 임금에게 공희를 위해 막대한 재산을 바쳤다고 해서 그 공희의 앞이나 중간, 후에 후회vippaṭisāra를 일으키는 일이 없도록 왕을 깨우쳐 준 후에 다음과 같이 말했다고 석존은 예화를 이어갔다.5

> 자, 바라문이여, 제사인 바라문은 공희yañña에 앞서 마하비지타 왕을 위해 10가지 양상으로 수납자들에 대한 후회를 배제하기 위해 [말하였다]. "참으로 당신의 공희에는 ①살생을 한 자pāṇātipātin들도 ①'살생으로부터 떠난 자pāṇātipātā paṭivirata들도 찾아올 것입니다. 무릇 누구이든 거기서 살생을 한 자들이 있다면, 그들만을 위해서는 그것에 의해 [또한] 대략 누구이든 거기서 살생으로부터 떠난 자들이 있다면, 그들에 관하여 당신은 공희를 해야 하며, 환희해야 하며, 바로 마음을 안에서 청정히 해야 합니다. 실로 당신의 공희에는 ②불여취不與取인 자adinnâdāyin들도 ②'불여취로부터 떠난 자adinnâdānā paṭivirata들도 (중략), ③욕사행欲邪行의 자kāmesu micchā-cārin들도 ③'욕사행으로부터 떠난 자kāmesu micchā-cārā paṭivirata들도, ④허광虛誑을 말하는 자musā-vādin들도 ④'허광어로부터 떠난 자musā-vādā paṭivirata들도, ⑤이간어離間語를 하는 자pisunā-vācā들도 ⑤'이간어로부터 떠난 자pisunā-vācāya paṭivirata들도, ⑥추악어麤惡語를 하는 자pharusā-vācā들도 ⑥'추악어로부터 떠난 자pharusā-vācāya paṭivirata들도, ⑦잡예어雜穢語를 하는 자sampha-ppalāpin들도 ⑦'잡예어로부터 떠난 자sampha-ppalāpā paṭivirata들도, ⑧탐욕스러운 자abhijjhālu들도 ⑧'탐욕으로부터 떠난 자anabhijjhālu들도, ⑨성내는 마음을 가진 자vyāpanna-citta들도 ⑨'성내는 마음으로부터 떠난 자avyāpanna-citta들도, ⑩사견邪見을 가진 자micchā-diṭṭhika들도 ⑩'정견正見을 가

진 자sammā-diṭṭhika들도 찾아올 것이다. 무릇 누구이든 거기에 사견이 있는 자들이 있다면, 그들만을 위해서는 그것에 의해, [또한] 무릇 누구이든 거기에 정견의 자들이 있다면, 그들에 관하여 당신은 공희를 해야 하며, 환희해야 하며, 바로 마음을 내적으로 청정히 해야 합니다." 실로 바라문이여, 제사인 바라문은 공희에 앞서 마하비지타 왕을 위해 이들 열 가지 양상으로 수납자에 대한 후회를 배제하는 것입니다.

여기서 문제가 되는 공희yañña란 불교와는 전혀 무관한 의식이므로, 거기에 모여드는 사람들로 언급되는 ①~⑩의 악업을 행한 자도 ①′~⑩′의 선업을 행한 자도 불교와는 무연無緣의 인도 일반의 '습관'이나 '생활'과 관련된 자들로 그려지고 있음을 알 수 있다. 그 통인도적인 '습관'이 나중에는 불교에도 채용되어, 이상과 같은 10종의 악업은 십악업도(dasa akusala-kamma-pathā, daśâkuśalāḥ karma-pathāḥ)가 되고, 10종의 선업은 십선업도(dasa kusala-kamma-pathā, daśa kuśalāḥ karma-pathāḥ)가 되어 팔리 니카야와 아함에서도 호칭으로 정착하고,[6] 『아비다르마코샤 바샤Abhidharmakośa-bhāṣya』에서도[7] 그 명칭이 거의 고정되어 답습되고 있는 것이다. 이하, 팔리어와 산스크리트어에서의 대응을 악업의 측면에서 사람이 아닌 업 그 자체의 명칭으로 제시하면 다음과 같다.

①pāṇâtipāta: prāṇâtipāta, ②adinnâdāna: adattâdāna, ③kāmesu micchā-cāra: kāma-mithyā-cāra, ④musā-vāda: mṛṣā-vāda, ⑤pisunā-vācā: paiśunya, ⑥pharusā-vācā: pāruṣya, ⑦sampha-ppalāpa: saṃbhinna-pralāpa, ⑧abhijjhālu: abhidhyā, ⑨vyāpanna-citta: vyāpāda, ⑩micchā-diṭṭhi: mithyā-dṛṣṭi

이를 앞의 『마누법전』의 경우와 다시 관련시키면 다음과 같다.

①-(e)②, ②-(e)①, ③-(e)③, ④-(d)②, ⑤-(d)③, ⑥-(d)①, ⑦-(d)④, ⑧-(c)①, ⑨-(c)②, ⑩-(c)③

양측을 비교해보면, 『마누법전』이 삼업에 관해 의意→어語→신身이라는 '습관'상의 자연스러운 전개 순서를 따르고 있는데 비해, 불교는 신→어→의로 그 순서를 역전시키고 있다는 점이 가장 큰 차이이다. 이것은 얼핏 보면 의가 뒤로 밀려난 것처럼 보이지만, 오히려 자연스러운 순서를 바꾸면서까지 의를 중요시했다고 생각할 수도 있다. 왜냐하면, 『마누법전』이나 그 주석이 찾아낸 『타잇티리야 우파니샤드』에서의 의가 엄밀하게 사상적으로 옳고 그름을 결정하는 결단은 아니며, 오히려 '습관'상의 자연스러운 존재방식에 있어 막연하게 어와 신을 선행하는 정념情念과 같은 것을 가리키고 있는데 비해, 불교는 도리어 반성적으로 그것을 뒤로 돌리고, 게다가 그 마지막을 '부정不正에 집착하는 것[및 그로부터 떠나는 것]이 아닌, 명확히 '사견(邪見, micchā-diṭṭhi, mithyā-dṛṣṭi, 잘못된 사상)[및 정견(正見, sammā-diṭṭhi: samyag-dṛṣṭi, 올바른 사상)]'이라고 하는 식으로 악업과 선업을 대비시킬 수밖에 없게 되었다고 생각되기 때문이다. 통인도적인 사고방식에서 본다면, 일반적인 '습관'으로서의 업에 잘못된 사상인가 올바른 사상인가 하는 판단을 도입하는 것조차 기묘한 일이었을지 모르지만, 아무리 통인도적인 '습관'을 도입할 수밖에 없었다 해도 바로 거기에 불교의 '사상'성이 적나라하게 남아 있다고 보아야 한다. 하지만 불교의 정통설을 추구한 유부의 전통에서조차 삼업 혹은 십업이라는 통인도적인 '습관'을 거부할 수 없었으며, 그 뛰어난 존재방식에 극히 인도적인 마우네야mauneya가 부여된 현상[8]마저 보인다는 점은 솔직히 인정할 수밖에 없다.

그런데 한편으로는 같은 불교사의 전개 속에 있으면서 이러한 '사상'적인 제동도 강렬하게 기능하지 않고, 오히려 십업의 문제를 적극적으로 채용하려고 한 불교의 출가자 그룹도 있었다고 생각된다. 그들의 생각이 반영된 것이 대부분의 대승경전이었을 것으로 필자는 생각하는데, 이 점에 대한 고찰은 앞으로의 과제로 미루어둔다. 대승경전에 보이는 십업의 호칭을 팔리 니카야나 아함의 그것과 비교한 히라카와 아키라는 『아슈타사하스리카 프라즈냐파라미타(*Aṣṭasāhasrikā-Prajñāpāramitā*, 『팔천송반야경』)에는 열 가지 가운데 다시 '음주로부터의 떠남surā-maireya-madya-pramāda-sthāna-viramaṇa'이 삽입되어 있는 점, 또한 『아슈타사하스리카 프라즈냐파라미타』와 『다샤브후미카 수트라(*Daśabhūmika-sūtra*, 十地經)』가 공통적으로 무사바다musā-vāda의 대체어로 안리타 바차나anṛta-vacana를 사용하고 있는 점에 주의하고 있는데,[9] 이는 사소해 보이지만 중요하다. 이 점은 대승경전의 작자들이 불교에 채용된 쪽의 호칭을 따르면서도 오히려 통인도적인 당시의 보다 일반적인 호칭에 영합迎合하고 있었을지도 모른다는 것을 증명하기 때문이다. 이런 관점에서는 『마누스므리티』 제12장 제55송 이하의, 기본적으로 십악업에 근거하여 이를 범한 자의 출생지를 기술한 게송들 가운데 제56송은 '수라술을 마신 사람surā-pa'에 대한 규정이며, 또한 같은 장 제6송에서 사용하고 있는 호칭은 위의 (d)②와 같이 안리타anṛta라는 점에 주목해야 한다고 생각한다. 이러한 점을 감안한다면, 이 십업의 문제를 고찰하는 과정에서 히라카와 아키라가 다음과 같이 서술하고 있는 것[10]은 좀 받아들이기 어렵다.

> 이와 같이 부파불교에서 완전히 경시되고 있던 십선이 초기 대승불교에서는 계바라밀戒波羅蜜의 계戒로 중시되어 『반야경』을 비롯한, 거의 모든 대승경전에서 반복적으로 설해지고 중요시되고 있다. 이 점은 이하에서 보다 명확히 밝히겠다.

히라카와가 초기 대승불교의 중요한 요소로 십선 혹은 그와 관련된 십업의 문제를 제기하고, 이하에서 상세히 검토한 것은 매우 높이 평가되어야 할 것이다. 다만 히라카와의 경우에 문제가 되는 것은, 십선을 중요시한 것은 불교의 '사상'과 관련된 현상이 아닌 단지 통인도적인 '습관'의 반영에 불과하다는 시점을 신기할 정도로 결여하고 있다는 점이다. 인도적으로 말하면, 십업이란 우리들이 살아 있는 것만으로도 저지르기 쉬운 신어의의 삼업을 기본으로 하는 '습관'이지만, 그 나쁜 '습관'을 좋은 것으로 개선하기 위해서는, 그것은 '사상'이 아니기 때문에, 십악업은 고행에 의해 멀어지거나 고행에 준하는 권위에 의지하여 정화할 수밖에 없다. 그런 의미에서는 십선업의 열 번째 항목을 팔리나 아함 유래의 부파불교가 삼약 드리슈티(samyag-dṛṣṭi, 올바른 사상)로 하는 것과는 달리, 미트야 드리슈티(mithyā-dṛṣṭi, 잘못된 사상)로부터 떠난다고 파악한 대승불교[11]는 전통불교보다 훨씬 인도적이라고도 할 수 있는데, 정작 인도 측 문헌 자체는 악업에서의 해탈을 어떻게 기술하고 있는 것일까? 『마누 스므리티』 제11장 제227-234송[12]은 이 점에 관해 다음과 같이 서술하고 있다.

(i) 자백khyāpana에 의해, 회한(悔恨, anutāpa)에 의해, 고행tapas에 의해, 또한 독송(讀誦, adhyayana)에 의해 악업을 지은 자pāpa-kṛt는 악업으로부터 해탈한다mucyate. 또한 능력이 없는 자는 보시dāna에 의해 이와 같다.

(ii) 불법(不法, adharma)을 스스로 저지른 후에 다른 사람이 자백하는 것에 따라 완전히 그에 응하여 마치 뱀이 가죽을 벗어버리듯, 그 불법으로부터 해탈한다.

(iii) 그의 의가 악업duṣkṛtam karma을 후회하고 개선하는 것에 의해 완전히 그에 응하여 그 생명아生命我(śarīra=jivâtman)는 그 불법으로부터 해탈한다.

(iv) 실로 악업을 저지르고 후회하는 자는 그 악업으로부터 해탈한다. 더구나 그는 '나는 다시 이런 일은 저지르지 않는다.'라며 지멸止滅에 의해 정화한다.

(v) 그는 죽은 뒤에 업과業果를 가져다주는 것을 의에 의해 이렇듯 참작하고, 항상 의어신意語身으로 선업śubhaṃ karma을 행해야 한다.

(vi) 설사 모르든 알든 상관없이 비난받을 만한 업을 짓고 그로부터 해탈하기를 원하는 자는 제2[의 같은 업]을 행해서는 안 된다.

(vii) 그가 어떤 업을 지었을 때 의에 불안이 있다면, 만족할 때까지 그 업에 관한 고행을 해야 한다.

(viii) 인천人天의 이 모든 안락은 고행을 근본으로 하고, 고행을 중간으로 하고, 고행을 궁극으로 삼는다고 베다를 통찰한 각자(覺者, budha)들은 말해야 한다.

이상이 『마누 스므리티』에 의한, 삼업으로 이루어진 악업으로부터의 고행을 중심으로 하는 해탈방법이다. 통인도적인 '악업불식 의식'의 존재방식을 보기 위해 이어 『바가바드기타*Bhagavadgītā*』를 다루어보자. 『마누 스므리티』와 『바가바드기타』의 전후 성립 관계는 명확하지 않지만,[13] 여하튼 두 문헌이 대승불교의 등장과 평행하거나 혹은 앞서 성립한 통인도적 사조를 반영한 것이라는 점은 분명하다. 『바가바드기타』는 악업으로부터의 해탈방법으로서 고행 외에 공희와 보시를 병기하여 중시하는 경향이 있다. 이를 보기 위해 이하 『바가바드기타』 제17장 제11, 17, 20, 27송 및 제18장 제5, 52, 53, 54송[14]을 인용하고자 한다.

가) 과보를 기대하지 않는 자들이 오로지 공희를 실행해야 한다고 마음

을 집중하여 의궤에 제시되어 있는 대로 공희yajña가 집행된다면, 그것은 순질純質적인 자sāttvika이다.

나) 과보를 기대하지 않고 전심專心을 다하는 사람들이 최고의 신앙을 가지고 [의어신意語身의] 3종의 고행을 실천한 자를 세상은 순질적인 자라고 부른다.

다) 제공되어져야 한다며, 보상을 기대할 수 없는 상대에게 적절한 장소와 시간에, 또한 적절한 사람에게 보시를 했다면, 그것은 순질적인 자라고 전지傳持된다.

라) 공희와 고행과 보시에 있어 부동의 상태sthiti가 [유有와 선善을 의미하는] 삿트sat라 불린다. 실로 또한 그것을 목적으로 하는 업이야말로 삿트라고 불린다.

마) 공희와 보시와 고행의 업은 버려져서는 안된다. 그것은 오로지 실행해야 한다. 공희와 보시와 고행이야말로 현자manīṣin들의 정화제pāvana이다.

바) 고요한 장소에 머물고, 절식하고, 어신의語身意를 제어하며, 항상 선의 실수dhyāna-yoga에 전념하고, 이욕(離欲, vairāgya)에 의지하는 자,

사) 아집(我執, ahaṃkāra)과 완력(腕力, bala), 오만darpa, 애욕(愛欲, kāma), 분노(忿怒, krodha), 소유parigraha를 벗어나고, 아소我所를 떠나, 적정에 이른 사람은 브라흐만과의 합일brahma-bhūya에 어울린다.

아) 브라흐만과 동화하고brahma-bhūta, 영혼의 징정澄淨을 이룬 사람prasannâtman은 근심하는 일이 없고, 기대하는 것도 없고, 만물에 대해 평등sama하며, 나(크리슈나)에 대한 최고의 헌신bhakti을 얻는다.

이상에서 명확한 바와 같이, 『바가바드기타』에서는 고행과 공희와 보시를 병기하든지 혹은 그에 준하는 형태로 삼자에 역점을 두는 경향이 강한데,

이론적으로 말하자면 다시 그 중심에 고행이 있다는 점은 말할 필요도 없다. 고행이란 영혼(ātman, jīva)의 육체로부터의 해탈을 이론적 기반으로 하고 있으며, 그것을 전제로 만일 엄격한 의미에서의 고행이 불가능하다고 하는 사람이 있다면, 고행의 실천자를 권위로 삼아 공희가 집행되고, 거기에 아낌없이 보시가 이루어진다면, 그 보시 실행자의 영혼도 해탈한다고 하는 형태인 것이다. 여기에 시물(施物, deya, dāna)을 매개로 한 시자(施者, dātṛ, dāyaka)와 수자(受者, pratigrāhaka)라는 삼자의 분업 관계가 확립되어 있었다는 점은 당연히 추측 가능하다. 『마누 스므리티』나 『바가바드기타』가 편찬되어 대승불교가 등장할 무렵의 인도에서는 이런 분업 관계가 사회적으로도 대규모로 확립되어 있었다고 생각되며, 그 관계가 원활하게 기능하려면 사회적으로 안정된 교단의 성직자 측에서 방척(放擲, saṃnyāsa)[15]이나 삼륜청정(三輪清淨, tri-maṇḍala-pariśuddha, -i)[16]의 보시를 권장한 것도 당연하다고 해야 할 것이다. 게다가 그 배경에는 고대 이래의 통인도적인 고행주의가 존재하고 있었다.

불교가 석존에 의해 주장될 무렵의 인도에서는, 기성 바라문 성직자집단에서 본다면 불교교단은 사회적으로 도저히 인도의 중추를 이루고 있었다고 하기는 어렵기 때문에, 후대가 될수록 통인도적인 습관에 침식당하는 일은 없었다 해도, 그 고행주의의 세례를 받을 기회는 많았다고 생각된다. 바꾸어 말하자면, 고행주의를 부정했을 불교[17]에서조차 이렇게 생각하지 않으면 안 될 정도로 통인도적인 고행주의의 영향력은 압도적이었다고도 말할 수 있다. 그 전형적인 예는 석존에 대한 데바닷타의 오사pañca vatthūni 요구였다. 이 이야기에 관해서는 나카무라 하지메의 자세한 논급이 있으므로[18] 상세한 내용은 그것에 미루고, 오사 요구의 골자를 제시하면 다음과 같다.[19]

> 여러분, 이들 오사는 다양한 관점에서 소욕(少欲, appicchatā)이나 만족(滿足, santuṭṭhi)이나 검약(儉約, sallekha), 소탕(掃蕩, dhutatā, 頭陀行), 징정(澄淨, pāsādikatā), 환멸(還滅, apacaya), 여행(勵行, vīryârambha)을 위해 도움이 되는 것입니다. … (1)평생 삼림주자(森林住者, āraññaka)이어야만 합니다. … (2)평생 상걸식자(常乞食者, piṇḍapātika)이어야만 합니다. … (3)평생 분소의자(糞掃衣者, paṃsukūlika)이어야만 합니다. … (4)평생 수하주자(樹下住者, rukkhamūlika)이어야만 합니다. … (5)평생 생선maccha이나 고기maṃsa를 먹지 않도록 해야 합니다. … [그러나] 사문 고타마는 이러한 것들을 허락하지 않겠지요.

그러나 자료가 전하는 바에 의하면, 석존도 이 오사를 전면 부정하지는 않았으며, 부수조건을 달기는 했지만 부분적으로 그 요구를 받아들일 수밖에 없었던 것 같다. 또한 500명의 비구는 결국 데바닷타를 따른 것으로 보이므로[20] 데바닷타는 오히려 교단에서 다수파의 지지를 얻고 있었던 것은 아닐까 하는 생각마저 든다. 그 정도로 인도에서는 고행주의적인 전통이 뿌리 깊었다는 점을 고려해야 한다. 한편, 나카무라 하지메는 교단 분열을 도모한 데바닷타가 '악인'으로 평가받게 된 경위를 다음과 같이 서술한다.[21]

> 『숫타니파타』에 등장하는 수행승의 생활은 매우 엄격하여 고행에 가깝다. 이른바 고행을 반드시 배척하지는 않는다. 그런데 『율장』에 등장하는 정사에서의 생활은 고행으로부터 상당히 동떨어져 있다. 불교가 고행적인 요소를 버리고 일반화된 시대, 아마도 난다 왕조 시대에서 아쇼카왕 시대(교단이 대규모로 장원을 가진 시대)에 걸쳐 그는 '악인'으로 과장된 것은 아닐까?

여기서 지적되어 있는 불교교단의 승원(vihāra, 精舍)화는 불교의 '습관' 혹은 '생활'의 변화로서는 확실히 중요한, 특필되어야 할 점이지만, 그 변화에만 데바닷타에 대한 평가가 바뀌는 원인이 있다고 보는 것은 다소 무리일 것 같다. 애당초 불교가 영혼설ātma-vāda 및 그에 기초한 고행주의의 부정에서 출발한 '사상'이며 '철학'이라고 생각해야 하다면, 불교가 오히려 당초에 자이나교와도 공통된 『숫타니파타』적 고행주의를 취하고 있었다는 것은 믿기 어려워진다. 만일 여기서 '사상'이나 '철학'이 반드시 그 중심에 있었다고 하는 관점에서 불교사를 보는 것이 허용된다면, 사태는 오히려 반대였지 않을까 하는 생각마저 든다. 즉, 불교교단의 승원화가 힌두 사원 등의 전개와 병행하여 대규모화해갔다고 한다면, 통인도적인 고행주의의 물결이 불교의 '사상'이나 '철학'마저 집어삼키려 했을 것이고, 그 결과 불교의 석존에 의한 전대미문의 새로운 '사상'은 낡은 통인도적인 '습관'에 의해 보이지 않게 된 것은 아닐까 싶다. 이것이 필자가 '옛 것이 새로운 것을 보이지 않게 한다.'라고 말하는 것인데,[22] 그러한 것이 불교성전의 편찬에도 반영되었다고 생각된다. 게다가 '사상'과 '습관'의 대립이라는 사상 측에서의 의미부여가 희미해지면, 석존과 데바닷타와의 대립도 단순한 '습관'상의 교단 분열이 되어버려, 전자로부터는 '사상'이 말살되고, 후자에게는 '악인'의 딱지만이 크게 과장되어 남겨진 것처럼 보일 수밖에 없는 것이다.

그 결과 영혼설에 근거한 고행주의를 배경으로 한 '악업불식의 의식'은 대승 불전은 아니라 해도 팔리나 아함 등의 불전에서도 비교적 많이 확인할 수 있게 되었다고 할 수 있다. 앞에서는 어쩌다 간과해버렸지만, 에노모토 후미오榎本文雄는 「초기불교에서 업의 소멸(初期佛教における業の消滅)」[23]이라는 논문에서 필자가 '악업불식'이라고 부른 것과 같은 예를 팔리 불전에서 찾아

검토하고 있다. 먼저 우파니샤드나 자이나교 문헌과도 공통된 요소를 가진 우다나*Udāna* III.1. 경 가운데 "지금까지 지은 '업'의 먼지를 털어내는 사람 dhunamānassa purekataṃ rajam"이라는 구절을 포함한 한 게송에 주목하여, 사무량심(四無量心, appamāṇa, apramāṇa)에 의한 업의 소멸이라는 문제를 다룬 문장의 실례를 추구하고 있다. 이 경우, 업 소멸의 근거를 사무량심에서 찾은 것은 중요하며, 여기에는 업 소멸이 문자 그대로의 의미에서 당사자 자신의 고행으로부터 확대되어 대승적 '악업불식의 의식'으로 전개해가는 요소를 이미 볼 수 있기 때문이다. 또한 히라오카 사토시平岡聰는 「『디비야 아바다나』에 나타난 업의 소멸(『ディヴィヤ·アヴァダーナ』に見られる業の消滅)」[24]이라는 논문에서 그 업 소멸의 근거를 초기불교나 부파불교의 경우와 비교하면서 후자의 그것이 출가적 색채가 짙은 수행인데 비해, 전자의 그것은 참회, 삼귀의, 정신淨信, 선업, 다라니 등의 재가적 요소를 가진 행위라고 생각한다. 이는 『디비야 아바다나』의 대승불교 전개에의 과도기적 성격에 비추어볼 때 중요한 지적이라고 생각된다. 또한 히라오카가 지적한 삼귀의나 다라니 문제와 관련해서 말하자면, 다소 이전의 것만 나라 야스아키奈良康明가 「파릿타Paritta주의 구조와 기능(パリッタ(Paritta)呪の構造と機能)」[25]이라는 논문에서 불법승 삼보의 주술적 힘을 지적하며 파릿타護呪에 대승이나 밀교의 선구적 역할을 발견한 것도 중요하다.

다만 위와 같은 연구에서 만에 하나 간과하기 쉬운 문제가 있다고 한다면, 이런 동향은 불교의 '사상'과 직접 관련된 것은 아니며, 오히려 통인도적인 '습관'의 문제라고 할 수 있을 것이다.[26] 역으로 여기서 '습관'의 문제를 전면에 내세워 불교사를 통인도적인 흐름 속에서 파악한다면, 그 저류에는 영혼설에 근거한 고행주의가 끊임없이 뿌리 깊게 남아 불교와 자이나교를 혼동하는 출가자에게는 아야람가 숫타(*Āyāraṃgasutta*, 『行分經』) 제1부 제6장 두야(Dhuya[27]=dhŭta, 頭陀行)에서 설해진 것과 같은 철저한 고행주의가 채용되고, 그것은 데바닷타와 같은 예를 만들었겠지만, 힌두사원의 대규모화와 병행하여 전개된 불교교단의 승원화는 통인도적인 동향 속에서, 시자施者인 대저택에 사는 부자나 왕족과 수자受者인 승원과의 관계 속에서 보시라는 행위에 의미를 부여할 수밖에 없었으며, 고행주의는 넓은 의미에서의 영혼 해방주의로 전개되었을 것이다. 그 일부가 앞서 살펴본 『바가바드기타』에서 고행을 중심으로 한 공희나 보시의 병용으로 나타나고 있다고 생각되는데, 하라 미노루原實의 연구[28]에 의하면 그러한 현상은 단지 『바가바드기타』라는 단편뿐만 아니라, 이를 포함한 장편 『마하바라타*Mahābhārata*』에서도 볼 수 있으므로, 통인도적인 경향으로 널리 인정되고 있었다고 생각해도 좋을 것이다. 본서 제2부 제1장에서 살펴본 두 가지 대승불교 가운데 (a)는 이러한 통인도적 공기를 가득 들이마시고 성립한 것이라고 추측된다.

그러한 시대의 풍조 속에서 사회적으로도 안정된 기원전후의 불교교단이 힌두사원 등과 마찬가지로 시자인 대부호의 기진 대상이 되었을 때 급속도로 부상해온 것이 '사상'적 교단에서 보자면 끊임없이 방류傍流로서 만족할 수밖에 없었던 고행자 집단은 아니었을까 생각된다. 물론 엄밀한 의미에서의 고행자는 데바닷타의 요구 중에도 있었던 것처럼 삼림주자(āraññaka, āraṇyaka), 상걸식자(piṇḍapātika, paiṇḍapātika)였을 것이므로 정식 불교교단 내에는 거주하지 않았을 수도 있지만, 분열한 데바닷타 교단과 같은 의미에서는 그들의 집단조차 불교교단으로 취급되고 있었을지도 모르며, 불교교단 내에 거주하면서도 '사상'을 잊어버린 사람은 언제라도 훌륭한 통상의 고행자일 수 있었을 것이다. 이러한 출가 비구가 통인도적인 '습관'이나 '생활'로서 십선계를 지키고 있었던 것은 오히려 당연하며, 필자는 이런 사람들이야말로 대승불교의 원래 기수는 아니었을까 생각된다. 게다가 이것은 히라카와가 초기대승불교의 계를 십선계라고 생각하는 것[29]과 모순되지 않는다. 히라카와도 가장 오래된 대승경전 중 하나라고 인정하는 『법경경』에서 불교교단에 속한 출가비구로서 ①'산택자(山澤者, dgon pa pa, āraṇyaka)', ②'수공자(受供者, bsod snyoms pa, paiṇḍapātika)', ③'사유자(思惟者, bsam gtan pa, dhyāyin)', ④'도행자(道行者, rnal 'byor spyod pa, yogācāra)', ⑤'개사도자(開士道者, byang chub sems dpa'i theg pa pa, *bodhisattva-yānika), ⑥'좌조자(佐助者, lag gi bla, navakarmika)', ⑦'주사자(主事者, zhal ta byed pa, vārika)' 등이 열거되고 있는 것은[30] 결코 대승 교단으로 특정할 수 있는 의미에서의 '탑사塔寺'에서는 아니라는 점[31]에 충분히 주의를 기울여야 할 것이다. 왜냐하면 이 이전에 열거되고 있는 기술을 보면, 이 교단의 출가비구 중에 삼장(三藏 tri-piṭaka)의 소지자가 있었다는 점은 명백하기 때문이다.

그런데 필자의 생각으로는, 이상 열거한 ①~⑦의 7종의 출가 비구는 모두 교단의 통인도적 '습관'이나 '생활'의 변화에 따라 급속히 주목받게 된 것으로, 대략 ①~④의 전자와 ⑤~⑦의 후자의 2군으로 분류된다. 전자는 과거에도 있었을지 모르는 고행자 집단이며, 후자는 교단의 대규모화와 그에 수반된 변화에 따라 필요해진 사람들이라고 생각한다. 이 시대에는 불교교단의 탑지에도 승지에도 막대한 기진이 있었음이 틀림없지만, 그 기진자들의 신뢰를 얻은 것은 현란한 건물과 전자의 고행자이며, 그 엄격한 고행자라는 신성함을 권위로 기진자의 영혼의 해방을 외쳤을 것이다. 이 경우에는 통인도적인 공희를 대신하여, 나라가 지적한 바와 같은 삼보의 주술적 힘을 권청(勸請, adhyeṣaṇā)이라는 형태로 받아들여 '악업불식의 의식'이 엄숙히 거행되지 않았나 생각된다. 그 결과, 교단은 점점 더 재산이나 건물을 소유하게 되어 어쩔 수 없이 변질을 겪게 되지만, 그에 동반하여 새롭게 등장한 출가 비구가 후자의 사람들이다. ⑤'개사도자'는 기진자인 저택에 거주하는 대부호나 왕족에게 '보살bodhisattva'이라는 칭호를 주는yānika 역할이었을지 모르며, 또한 ⑥'좌조자'는 새로운 교단 안에서 대건축을 감독하는 역할, ⑦'주사자'는 새롭게 교단에 축적되게 된 탑지나 승지의 재산을 관리하는 역할[32]을 담당했을 가능성이 매우 크다고 하지 않을 수 없다. ⑦은 티베트어로는 섈타제파zhal ta byed pat라고 불리는데, 종래에는 명료하지 않았던 이 역할은 『라트나라쉬수트라*Ratnarāśi-sūtra*』의 한역이나 티베트역에서 한 장을 할애하여 설명하고 있으므로,[33] 앞으로 이러한 것도 자료로 추가해야 할 것이다.

또한 히라카와 아키라는 『방광반야경放光般若經』 단계에서 나타나는 '출가금욕자'로서의 '동진(童眞, kumāra-bhūta)'이라는 호칭과 그 역할에 주목하는데,[34] 이 역시 중요한 지적이다. 필시 '동진'을 중시한 것은, 통인도적 고행주의에서의 '범행(梵行, brahma-carya)' 중시와 유사한 점이 있으며, 나중에는 불교도이 '범행'을 원래 불교의 것처럼 취급하게 되기 때문이다. 연소年少의 성적 더러움을 모르는 순결함은 '악업불식의 의식'을 성립시키기 위해서도 절호의 것이지만, 이러한 의미에서의 순결주의가 불교교단 내에서 점점 고행주의를 만연시킨 것은 아닐까 생각된다. 그 고행 중 하나가 오정심관五停心觀이라고 불린 후에 요가차라Yogācāra에서 '정행소연(淨行所緣, carita-viśodhanam ālambanam)'[35]으로 자리매김하게 된 관법의 유형으로 이 안에 '자민(慈愍, maitrī)'도 포함되어 있다. 이는 앞서 인용한 『바가바드기타』 속의 사)의 평등sama과 마찬가지로 영혼의 확대에 의해 차별의 틀을 깨버리는 것일 뿐이므로, 이를 불교의 자비에 근거한 평등주의라고 생각하는 것은 절대 불가능하다.[36]

1 이 점에 대해서는 데카르트 전거의 건을 포함하여 졸고, 「日本人とアニミズム」, 『駒澤大學佛教學部論集』 23, 1992, 주39) 및 그 주를 단 본문을 참조하기 바란다. 또한 불교는 '철학'이나 '사상'을 주장한 종교가 아니라는 통념도 여전히 뿌리 깊다고 생각하기 때문에, 이 건에 대해서는 졸고, 「釋尊私觀」, 『日本佛教學會年報』 50, 1985, pp.19-46, 그리고 불교의 「무기」에 관한 필자의 사고방식의 정정에 대해서는 졸고, 「無我說と主張命題 -「破我品」の一考察-」, 前田專學博士還曆記念論集 『<我>の思想』, 東京: 春秋社, 1991, p.157, p.159, p.165, 주8)을 참조하기 바란다.

2 '습관sīla'과 '사상diṭṭhi'이 대비적으로 제시되고 있는 불전으로는 팔리의 *Brahmajāla-sutta*(『梵網經』)가 있다. 본 경은 『佛典解題事典』, 東京: 春秋社, pp.63-64에 실린 前田惠學의 해제에 의하면, "모든 견해를 어부가 그물을 가지고 잡는 것처럼 건져 올린 의미이다."라고 한다. 片山一良의 「梵網經」, 『原始佛教』 1, 1991, p.74의 각주에서 제시된 *Aṭṭhakathā*에 의하면, "여기에서 최상의 의미에서 梵의 一切知智(Brahma-sabbaññutā-ñāṇa)가 해설되었으므로 '梵의 그물'"이라고 한다. 양측의 해석을 살리자면, 견해를 건져 올리는 어부가 브라흐만이며, 그 건져 올린 智가 最高의 것이라고 하는 것이 되어, 브라흐만은 결코 나쁜 의미는 되지 않는다. 따라서 P.T.S의 사전에서도 이 의미는 "divine, excellent net"(p.493)라고 되어 있다. 필자는 본 경의 본래 명칭으로 말미에 열거되어 있는 *Diṭṭhi-jāla*가 적합하다고 생각하지만, 불교가 부정한 브라흐만이 긍정적인 의미로 제목에 들어가게 된 때에는 제목이 오히려 내용을 보이지 않게 하는 역할마저 한 것은 아닐까 생각한다. 또한 『범망경』에서는 전반에서 '습관', 후반에서 '사상'을 다루고 있는데, 후반의 그것은 불교에 의해 부정되어야 할 '사상'을 다룬 것으로, 불교 자체의 '사상' 표명은 그다지 적극적인 것은 아니다. 이것은, 혹은 제목의 애매함과도 보조를 맞춘 현상일 수도 있지만, 이와 관련된 작은 힌트 정도의 견해는 앞의 졸고 (앞의 주1)의 전자) 주44)-주46) 및 이들 주를 단 본문 부분을 참조하기 바란다. 또한 잘못된 사상을 "사상'끼리의 대결의 장에서 정면으로부터 부정하고자 한' 불교문헌을 있는 그대로의 자료 속에서 찾아내는 것은 아마도 불가능하겠지만, '사상'의 논리성은 그것을 보이지 않도록 한 '습관'을 벗겨내는 것에 의해서만 명확해질 것이다. 또한 '습관'과 '사상'의 문제를 제1장에서 제시한 두 가지 대승불교의 경우에 관해 생각하면, 시대의 진전에 수반해서 단지 통인도적 '습관'을 도입할 수밖에 없었던 것이 (a)이며, 그 '습관'에 대해 '사상'의 힘으로 대결하려고 한 것이 (b)라고 할 수 있다.

3 Gopāla Śāstrī Nene (ed.), *The Manusmṛti with the 'Manvartha-muktāvalī' Commentary of Kullūka Bhaṭṭa with the 'Maṇiprabhā' Hindī Commentary by Pt. Haragovinda Śāstrī,*

Kashi Sanskrit Series, 114, Varanasi, 1970, pp.631-632. 일본어 번역에 관해서는 田邊繁子 역, 『マヌの法典』, 東京: 岩波文庫, 1953, pp.362-363을 참조해야 하겠지만, 여기서는 졸역을 제시하였다.

4 Śāstrī Nene, *ibid.*, p.631. Kullūka Bhaṭṭa는 15, 16세기의 사람이라고 하는데, 필자가 대략 확인한 바로는 이와 같은 문언은 『타잇티리야 우파니샤드』에서는 찾기 어려운 것 같다. 그러나 그렇다 하더라도 이와 같은 문언은 어떤 오래된 인도의 성전에 있었을 것이라고 생각한다.

5 Dīgha Nikāya(P.T.S.), Vol.I, p.138, l.25-p.139, l.8; 『남전대장경』 6, pp.203-204.

6 平川彰, 『初期大乘佛教の研究』, 東京: 春秋社, 1968, pp.436-437 [:平川彰 著作集 4, pp.17-18]을 참조하기 바란다.

7 10종을 일괄적으로 거론하는 곳은 없는 것 같지만, *Abhidharmakośabhāṣya*, Pradhan ed., p.242, ll.8, 11, 12, 15에서 그와 같은 용어는 쉽게 볼 수 있다.

8 *Abhidharmakośabhāṣya*, Pradhan ed., p.236, l.22-p.237, l.7을 참조. 이 제4장(「업품」) 제63송에서는 無學(aśaikṣa)의 삼업이 '三牟尼(mauna-traya)'로 불리고 있다. 또한 *AKBh*가 그 전거로 인용한 "sūtra uktaṃ trīṇi mauneyāni kāya-mauneyaṃ vāṅ-mauneyaṃ mano-mauneyaṃ ca"는 현재로서는 未詳이다. 또한 '牟尼道(mona, moneyya)'가 자이나교를 비롯하여 얼마나 오래된 통인도적인 고행이며 두타행이었는가에 대해서는 失島道彦, 「牟尼道(mona)と呼ばれたもの」, 前田惠學博士還曆記念論集 『<我>の思想』, 東京: 春秋社, 1991, pp.385-400을 참조해야 한다. 그리고 앞의 출전 미상 부분도 失島, 上同, p.398, 주5)에서 지적한 부분과 동일하다고 볼 수 있을 것 같다.

9 平川彰, 앞의 책 (앞의 주6)), pp.437-438 [:平川彰 著作集 4, pp.18-19]를 참조. 또한 여러 대승경전에 보이는 십선의 취급방법에 대해서도 같은 책, pp.437- 466 [:上同, pp.19-43에서 증광 수정되어 재수록]을 참조해야 한다. 또한 『八千頌般若』에 보이는 '음주의 遠離'라는 항목은 Vaidya (ed.), *Aṣṭasāhasrikā Prajñāpāramitā*, Buddhist Sanskrit Texts, No.4, Darbhanga, 1960에서는 p.161, l.25에 해당한다.

10 平川彰, 앞의 책 (앞의 주6)), p.441 [:위의 저작집, p.22]

11 Vaidya, *op. cit.*, p.162, ll.2-3에서는 "ātmanā ca mithyā-darśanāt prativirato bhavati, parān api ca mithyā-darśana-viramaṇāya samādāpayati"라고 한다. 또한 Kondō (ed.), *Daśabhūmīśvaro nāma Mahāyāna-sūtram*, p.40, ll.1-4에서는 *Aṣṭasāhasrikā- Prajñāpāramitā*와는 달리 samyag-dṛṣṭi를 사용하는데, 그 설명에서 분명한 바와 같이 그것은 '올바른 실천도를 따르는 것(samyak-pathânugata)'에 지나지 않는다. '악한 습관에 관한 사상을 떠나는 것(kuśīla-dṛṣṭi-vigata)'이라고 하는 이상, 불교 본래의 「사상」이

아니라는 점은 확실하다.

12 Śāstrī Nene, *op.cit.* (앞의 주3)), pp.621-623. 또한 田邊의 앞의 책에서는 pp.356-357에 해당하지만, 이 번역의 저본에서는 Śāstrī 본에서는 헤아리지 않은 것을 이 장의 제52송으로 계산하므로, 이 이후에는 한 게송이 많아진다. 따라서 다나베 역의 이것과 상응하는 게송 번호는 제228-235송이다.

13 辻直四郎 역,『バガヴァッド・ギーター』, インド古典叢書, 東京: 講談社, 1980에서는 “『마누 스므리티』에는『바가바드기타』에서 차용한 흔적이 명확하게 보인다. 특히 G VIII. 17: Manu I. 73을 참조. 현존하는『마누 스므리티』 성립의 하한을 대략 서기 200년이라고 한다면, 이것에 의해『바가바드기타』의 하한을 알 수 있다. … 다른 면에서『바가바드기타』의 문체 어법은 특히 고풍의 모습을 보이지 않아 이를 서기 전의 작품이라고 인정하기는 어려울 것 같다. 따라서『바가바드기타』의 성립은 대략 서기 1세기로 보아도 큰 오류는 없다고 생각한다.”(pp.323-324)라고 하는데 비해, 최근에 上村勝彦 역,『バガヴァッド・ギーター』, 東京: 岩波文庫, 1992에서는 ‘放擲(saṃnyāsa)의『바가바드기타』에 있어서의 용법이 명확하게 급진적이라는 이유에서 辻와는 반대로『마누 스므리티』→『바가바드기타』로의 성립 순서를 가정하고 있다(p.221, pp.265-267). 필자가 보기에는 양자 모두 사상적인 貸借관계를 결정할 수 있는 논거에 근거해서 논의하고 있는 것 같지는 않다.『마누 스므리티』와『바가바드기타』(물론 *Mahābhārata*에 포함된 문헌으로서이다.)의 각 문헌의 新古의 층을 사상적 판단에 의해 결정하고, 그 후 양쪽을 세밀하게 비교하지 않으면 연구의 의미는 없는 것 같다. 어떤 학설이든 다 성립한다면, 그것이야말로 통인도적인 사상의 무시간적 영원성을 증명할 뿐이다.

14 *The Mahābhārata, Text as Constituted in its Critical Edition*, Vol.II, Poona, 1972, pp.1182-1184.『마하바라타』에서의 게송 번호는 각각 6.39.11, 17, 20, 27, 6.40.5, 52, 53, 54이다. 여기서 번역은 필자의 것을 사용했는데, 전체에 관해서는 앞의 주에서 언급한 번역을 참조하기 바란다.

15 ‘放擲(saṃnyāsa)’ 및 이를 실행하는 ‘放擲者(saṃnyāsin)’에 대한『바가바드기타』에서의 용례나 의의에 관해서는 *ibid.*, 6.28.1,2,4, 6.40.2,20,23,26(=*Bhagavadgītā*, 6-1, 2, 4, 18-2, 20, 23, 26) 및 上村勝彦의 앞의 책 (앞의 주13)), pp.225-265를 참조하기 바란다. 또한 ‘방척’, ‘방척자’라는 번역어는 우에무라가 사용한 것이다. 그런데 saṃnyāsin은 원래 세간적인 생활을 멀리하는 고행자를 가리키는 데 사용되었으므로 고행자 자신을 떠난 호칭일 수는 없다. 하지만『바가바드기타』에서는 우에무라의 지적처럼 saṃnyāsa란 ‘모든 행위를 절대자(최고신)에게 바치는 제사로서 실행하는 것’(p.243)이며, saṃnyāsin이란 그것을 실행하는 사람이라는 의미로 사용되었다.

이러한 변화를 지탱한 것이 바로 施者와 受者의 사회적 분업 확립을 전제로 한 공희(yajña, 祭祀)의 발전이었던 것은 아닐까 필자는 생각한다. 그러한 공희에서 성직자로서의 수자는 고행이라는 권위를 근거로 시자의 악업의 해방을 보증하는 대신에, 시자에 대해서는 無償의 방척을 요구하게 되어, 성직자 본래의 고행으로서의 방척도 공희를 매개로 시자에게 轉用되게 되었다고 추측된다. 만일 우에무라가 이러한 saṃnyāsa, saṃnyāsin의 용례는 『바가바드기타』에만 보이며 『마누 스므리티』에는 없다고 말하는 것이라면, 필자 역시 『마누 스므리티』→『바가바드기타』라는 성립 순서를 이 용례에 한해서는 인정해도 좋다고 생각한다. 그러나 『마누 스므리티』의 공희 규정이 과연 이런 전용을 거부하고 있는 것인지 아닌지, 필자가 보기에는 명확하지 않은 것 같다. 여하튼 필자는 『마누 스므리티』에도 『바가바드기타』에도 공통된 통인도적인 공희의 전개와 대승불교의 성립은 평행하고 있었다고 생각한다.

16 필자가 알고 있는 비교적 빠른 용례로 *Samādhirāja-sūtra* (Gilgit Manuscripts, Vol.II, Pt.1), p.17, l.10, "tri-maṇḍala-pariśuddhi-jñāna"가 있지만, 이것은 이미 주지하는 바와 같이, 열거되어 있는 여러 구문 가운데 하나이므로 初出에 준하는 용례의 검토에 대해서는 좀 더 신중해야 하다. 물론 그 용례는 후대의 대승 논서에서 많이 등장하며, 그중 몇 개를 지적하면, *Mahāyānasūtrālaṃkāra* (Lévi ed.), p.107, ll.14-15, p.112, ll.3-4; *Abhisamayālaṃkāra*, I-44, I-62(단, pariśuddha, -i를 대신하여 viśuddha, -i가 사용된다.) 등이 있다. 또한 필자가 보기에 '삼륜청정' 등이라는 사고방식은 공희와 결부된 saṃnyāsa와 마찬가지로, 본래 수자 측에 안성맞춤인 천박한 '악업불식 의식'의 일환에 불과하다고 생각되는데, 이러한 사고방식을 훌륭하게 구현한 경전으로는 『大乘本生心地觀經』(대정장 3, pp.290a-331c)이 있다. 본 경에 대해서는 『佛書解說大辭典』 7, pp.346-351에 常盤大定의 자세한 해설이 있으므로 구체적인 내용은 이에 맡기는데, '삼륜청정'에 관해서는 『대정장』 3, pp.296b, 324a에 제시되어 있다. 또한 '觀事滅罪門'과 '觀理滅罪門'은 同, p.303c에 나타나며, 전체에 걸쳐 완전한 '악업불식'의 의식이 표명되고 있다고 할 수 있다. 도키와의 지적처럼 한역 위경으로 여겨지는 『梵網經』의 영향이 강하다면 본경의 인도찬술도 의심해보아야겠지만, 그러한 추정은 이루어지지 않고 있는 것 같다. 앞으로 검토해볼 필요가 있는 경전인 것 같다. 또한 '삼륜청정'에 관해서는 가장 최근에 山口瑞鳳가 「三輪清淨の布施-大乘佛教の目的は解脫でない」, 『佛教文化史論集』 II, 成田山佛教研究所紀要 15, 1992, pp.577-608을 발표하여 '삼륜청정'을 높이 평가했기 때문에 이에 대해 한마디 덧붙이지 않을 수 없다. 필자는 이전부터 대승불교가 재가의 보살 집단(bodhisattva-gaṇa)에서 일어났다고 하는 히라카와의 설을 비판하는 야마구치의 견해를 매우 중요한 것으로 평가하고(졸고, 「『法華經』と本覺思想」, 『駒澤大學佛教

學部論集』 21, 1990, pp.117-118을 참조), 그것은 지금도 변함없지만, 시자와 수자의 사회적 분업을 전제로 한 영혼설에 의한 고행주의의 확대 과정에 있어 쌍방의 재산과 법의 거래로부터 발생했다고 생각되는 '삼륜청정'의 보시는 이에 대한 반성이 후대에 이루어졌다는 것은 명백하다 해도, 본질적으로는 해탈사상인 이상, 이를 과대평가하는 것에 대해서는 찬성할 수 없다. 또한 야마구치가 강조하는 후대에는 있었을지도 모를 法施로서의 '삼륜청정'을 너무 과대하게 초기에도 적용하면, 대승불교 성립 당시의 시자와 수자 혹은 재가와 출가의 존재양식조차 잃어버릴 수 있다고 생각한다. "지금 중관, 유식이 기반으로 하는 반야경 사상의 경우, 현실 세계에 육바라밀을 실천할 수 있는 '재가보살'은 있을 수 없다. 출가 이전의 '선남자'들에게 이 호칭을 적용하는 것은 통칭으로서 거슬러 올라가 사용한 것이다."(p.578)라고 야마구치는 말하고 있는데, 대승불교의 시작이 원래 출가교단(혹은 두타행을 하는 고행자 집단을 포함한다)에 대한 '재가보살'의 보시 내지 그것과 관련된 '습관'이나 '사상'의 확립에 유래하고 있어, 『法鏡經』에서도 알 수 있듯이 이런 보시를 하는 대부호나 왕족은 처음부터 '재가보살'이라고 불렸던 것이다. 먼저 이상적인 '출가보살'이 존재한 후에 그 호칭이 재가에 전용된 것은 결코 아니다. 단, 필자가 히라카와의 견해에 반대하는 것은, 이러한 최초의 '재가보살'이 대저택이나 왕궁에 살면서 재가의 보살집단을 구성하는 일 등은 있을 수 없다고 생각되기 때문이다. 보살이란 당초에는 더욱 막대한 기진을 한 대부호나 왕족에게 주어진 단순한 호칭이었음이 틀림없다고 생각한다. 또한 야마구치는 "'十善'을 재가를 위한 안이한 덕목으로 보는 것은 『반야경』을 숙독하지 않은 경박한 이해에 불과하다."(p.603)라고도 하는데, 본고에서 필자의 입장은 '십선'은 단순한 통인도적 '습관'에 불과하며, 결코 불교의 '사상'일 수는 없다고 생각하므로, 본고 자체가 야마구치의 견해에 대한 부정도 포함하는 것은 불가피하다.

17 고행주의를 부정하는 팔리 문헌으로는 *Mahāsaccaka-sutta*, Majjhima-Nikāya, Vol.I, p.246, ll.20-30; 『남전대장경』 9, 「中部經典」 1, p.430을 참조하기 바란다. 그러나 이것은 고행주의를 부정하면서도 결국은 사성제에 의한 '해탈'을 설한다는 점에서, 이미 고행주의로의 회귀를 보여준다. 그럼에도 불구하고 이 경이 자이나교도(Nigaṇṭhaputta)인 Saccaka에게 설해지고, 자이나교 부정으로서의 의미를 갖는다는 점은 간과할 수 없다. 또한 통상 말해지는 苦樂中道는 일찍이 고행주의의 부정이 아닐지 모른다. 예를 들면 *Mahāvagga*, Vinaya Piṭakaṃ, Vol.I, p.10; 『남전대장경』 3, p.18에서는 "욕망대로 쾌락에 탐닉하는 것(kāma-sukhallikânuyoga)"과 "자신을 괴롭히는 것에 탐닉하는 것(atta-kilamathânuyoga)"이 부정되는데, 이 둘 중 후자에서 attan(=ātman)이라고 되어 있으므로, 이를 솔직하게 읽으면 아트만을 괴롭히는 것을 버리는 것이 되어 오히려 영혼 해방설일지도 모르는 것이다.

18 中村元, 『原始佛教の成立』, 中村元選集 12, 東京: 春秋社, 1969, pp.400-456 [:中村元 選集[決定版] 14, pp.509-571] 「釋尊を拒む佛教 -デーヴァダッタなど」을 참조.

19 *Cullavagga*, Vinaya Piṭakaṃ, Vol.II, p.197, ll.2-13; 『남전대장경』 4, p.302. 또한 이 오사 가운데 북전불교의 영향하에 있는 우리로서 특별히 주의해야 할 것이 바로 (5)이다. 이것을 가지고 일부러 데바닷타가 육식 금지를 요구했을 정도이므로, 불교교단에서는 원래 육식이 허용되고 있었음을 알 수 있다. 그런데 팔리 『열반경』에서 대승 『열반경』으로 전개해간 북전불교의 형성 속에서 영혼긍정설의 여래장사상이 정착해가게 되면, 영혼을 가두는 부정한 육식은 금지되게 된다. 팔리 『열반경』의 sūkara-maddava가 南傳에서는 지극히 평범하게 '부드러운 돼지고기'로 해석된 것에 비해, 北傳에서는 그것을 말소하거나 '버섯'류로 바꾸어 읽은 것도 이런 역사적 배경이 있기 때문은 아닐까. 또한 그 sūkara-maddava를 둘러싼 해석의 문제에 관해서는 中村元, 『ブッダ最後の旅 -大パリニッバーナ經-』, 東京: 岩波文庫, pp.259-262를 참조하기 바란다.

20 中村元, 앞의 책 (앞의 주18)), pp.437-438, p.435 [:同 選集, pp.541-543, p.538]을 참조.

21 中村元, 앞의 책 (앞의 주18)), p.453 [:同 選集, p.567]을 참조.

22 이 점에 관해서는 졸서, 『道元と佛教 -十二卷本『正法眼藏』の道元-』, 東京: 大藏出版, 1992, pp.67-74를 참조하기 바란다.

23 榎本文雄, 「初期佛教における業の消滅」, 『日本佛教學會年報』 54, 1989, pp.1-13(橫)을 참조. 또한 본고에서는 그 자신의 영역 "On the Annihilation of *karman* in Early Buddhism", *Transactions of the International Conference of Orientalists in Japan*, No.XXXIV(1989), pp.43-55가 있다.

24 平岡聰, 「『ディヴィヤ·アヴァダーナ』に見られる業の消滅」, 『佛教硏究』 21, 1992, pp.113-132를 참조.

25 奈良康明, 「パリッタ(Paritta)呪の構造と機能」, 『宗教硏究』 213, 1973, pp.39-69를 참조.

26 위에서 서술한 여러 논지 중 奈良의 것은 '불교도가 추구해야 할 이상'인 '열반' 등을 엘리트의 '사상'으로 고찰 밖에 두고 오히려 적극적으로 의례로서의 '습관'을 문제삼은 것이므로, 여기서 지적한 바와 같은 난점은 의식적으로 배제되고 있다고 할 수 있다. 단, 현재 제기되고 있는 바와 같은 문제에서 말하자면, '열반'은 과연 '사상'인가 '습관'인가라는 것을 되묻지 않을 수 없을 것이다. [여기서 '현재 제기되고 있는 바와 같은 문제'라고 한 것은, 특히 松本史朗, 「解脫と涅槃 -この非佛教的なるもの-」, 『緣起と空 -如來藏思想批判-』, 東京: 大藏出版, 1989, pp.191- 224를 가리킨다.]

27 *Āyārańga-suttam*, Jaina-Āgama-Series, No.2-1, Bombay, 1976, pp.58-68; Herman Jacobi (tr.), *Jaina Sūtras*, Pt.I, pp.53-61, "Sixth Lecture, Called the Cleaning (Dhuta)"를 참조. 또한 전자, p.60, l.3에서는 "dhūta-vādaṃ pavedayissāmi (나는 두타설을 설할 것이다)."라고 되어 있다. 또한 자이나교의 두타행에 관해서는 矢島의 앞의 논문 (앞의 주8)도 참조하기 바란다.

28 原實,『古典インドの苦行』, 東京: 春秋社, 1979, pp.322-332, 특히 p.327을 참조.

29 平川彰, 앞의 책 (앞의 주6)), pp.422-483 [平川彰 著作集, pp.3-78]을 참조.

30 『法鏡經』, 대정장 12, p.19b; P. ed., No.760-19, Zhi, 317b6-7을 참조.

31 平川彰, 앞의 책 (앞의 주6)), p.521 [平川彰 著作集, pp.120-121]에서 히라카와는「郁伽長者會」의 "재가보살이 만약 승방에 들어가 門에 머문다면"이라는 문장 이하의 한 구절을 "보살이 '塔寺'에 往詣"하는 경우라고 해석하고 있는데, 그 승방이 승지와 탑지를 포함한 불교교단의 탑지일 수 있었다 해도 대승교단으로서의 '塔寺'였다는 증거는 전혀 없다.

32 이 중에서 ⑥'佐助者(lag gi bla)'를 navakarmika라고 한 것은 *Mvyut*, no.8735에 의한 것이며, ⑦'主事者(zhal ta byed pa)'를 vārika라고 한 것은 *Mvyut*, nos. 9069-9070, 9072-9074에 의한 것이다. 후자에 대응하는 티베트어는 zhal ta pa로 반드시 일치하지는 않지만, 의미상 동일하다고 판단했다. navakarmika는 F. Edgerton, *Buddhist Hybrid Sanskrit Dictionary (BHSD)*, p.291에서 'repairer of buildings', 'one who does general menial service to the congregation of lamas in a monastery'라 하고, 문자 그대로의 의미로는 '(one who performs) new-initiate's work'일 것이라고 한다. vārika는 *BHSD*, p.477에서 승원의 직책명으로 語末에 있는 'charged with…, superintendent of…, one who watches over…'의 의미로 사용된다고 한다. 구체적인 직책으로는 거기서도 지적하고 있는 바와 같이, 위에서 지적한 *Mvyut*.의 동일 부분을 참조해야 한다. 또한 경전에서의 이 직책에 대해서는 다음 주를 참조하기 바란다. [말미의 '연구 보충 메모'도 참조하기 바란다.]

33 산스크리트 제목 및 산스크리트 원문은『식샤사뭇차야』와 *Bodhicaryāvatāra-pañjikā*의 인용을 통해 알 수 있는데, 문제의 장에 관해서는 北涼, 釈道龔 역,『大寶積經』,「寶梁聚會」, 대정장 11, p.643a-644b,「營事比丘品」; P. ed., No.,760-45, 'I, 159a5- 162b3을 참조. 또한 본 경에는 그 밖에「沙門品」,「比丘品」,「旃陀羅品」,「阿蘭若比丘品」,「乞食比丘品」,「糞掃衣比丘品」이 있으며, 모두 고행주의와 결합되기 쉬운 주제라는 점에서도 크게 주목할 만하다.

34 平川彰,「初期大乘佛教における在家と出家」,『佛教學』31, 1991, pp.20-25를 참조.

35 K. Shukla, *Śrāvakabhūmi of Ācārya Asaṅga*, Tibetan Sanskrit Works Series, Vol.XIV, Patna, 1973, p.202, l.3-237, l.5: 『瑜伽師地論』, 대정장 30, pp.428c-433c를 참조.

36 참고로 『바가바드기타』의 평등관에 대해 辻直四郎는 앞의 책 (앞의 주13)), p.388에서 다음과 같이 언급하고 있다. "평등관은 범아사상의 귀결로도 발전하고, 나아가 박애주의로 확대된다. 범아사상은 각자의 자아의 全等을 宣示하고, 만물 속에서 자신을 보고, 자신을 만물 속으로 보라고 가르친다. 이렇게 해서 자타의 구별은 사라지고, 바라문도 개도 본질적으로 동일시되며, 본래 평등한 브라흐만의 본질에 부합한다. 자타가 동일하다고 보면 타인을 해치는 것은 자신을 해치는 것과 같기 때문에 박애를 취지로 하고, 자기와의 유추(ātmaupamya)에 의해 이웃사랑의 극치에 도달하며, 일체 만물의 행복을 기뻐하기에 이른다." 그러나 이런 식으로 바라문도 개도 평등하다는 것은 결코 평등주의가 아니다. 이 점에 대해서는 早島鏡正 감수, 『佛教·インド思想辞典』, 東京: 春秋社, 1987, pp.359-361에 실린 袴谷 집필의 '평등' 항목을 참조하기 바란다.

[부기] 약간 추가해두어야 할 점이 생겼기 때문에 여백을 빌려 보충해둔다. 이번 여름에 『原始佛教』 4, 東京: 中山書房, 1992가 간행되었는데, 그 一篇에서 본 장의 서두에서도 인용한 「쿠다단타경」이 片山一良의 新譯에 의해 보다 친근한 형태로 제시되었다. 신학기에 이 연구서를 받고 필자 자신 많이 배웠다. 이 자리를 빌려 감사드린다. 본 장에서 이 경을 인용할 때 필자는 "tesaṃ yeva tena"를 '그들만을 위해서는 그것에 의해'라고 번역했는데, 사실 잘 이해하지 못한 채 한 번역이었다. 그런데 가타야마는 이 부분을 '그것에 따른 자가 있으므로'라고 번역하고, 이에 대한 주석의 주에 근거하여 "'그들에게는 분명 그 악pāpa에 의해 바람직하지 않은 과보가 나타날 것입니다. 다른 자들에게는 나타나지 않습니다.'라는 뜻"(p.30)이라고 추가 설명하고 있어 알기 쉽다. 아마도 十不善을 행하는 사람에게는 그 나름대로의 결과가 수반된다고 하는 것이리라. 원문 그 자체의 용법에 대해서는 필자의 학력으로는 아직 충분히 이해하기 어려운 점도 있지만, 의미에 대해서는 가타야마의 성과를 전면적으로 수용했다는 점을 밝혀둔다. 또한 필자는 P.T.S 판에 "vippaṭisāraṃ <u>paṭivinodetuṃ</u>"이라고 되어 있는 부분을 마음대로 '후회를 배제하기 위해서 [말했다.]'라고 번역했는데, 가타야마는 저본인 미얀마판에 따라 밑줄 친 부분을 '제거했습니다.'라고 번역하고 있다, 가타야마의 번역이 옳다고 생각하지만, 필자에게는 팔리 諸本을 취사 선택할 능력이 없기 때문에 여기서는 원래대로 두었다. 또한 가타야마는 원문의 purohita를 '主祭官'으로 번역하고 있는데, 필자는 '帝師'라고 하였다. 덧붙이자면, 『남전대장경』에 실린 長井의 번역은 '顧問'이다. 이쪽이 타당할지도 모르겠는데, 필자가 '제사'라고 한 것은 그다지 과장된 의미

는 아니며, 왕의 常時 상담역 정도의 의미이다. 여하튼 푸로히타는 공희 이전의, 공희에 관한 상담 단계에서 사용되고 있으며, 그 상담역이 실제 공희 때의 '제관(yājetar)'(p.143, l.21)이 된 것이라고 생각된다. 지금으로 말하자면, 王制국가에서 수상과 같은 역할로, 그러한 의미는 주된 기존의 팔리어 사전에서도 확인할 수 있다. 그런데 『쿠다단타경』 이외의 것으로, 본 장의 주33)에서 언급한 *Ratnarāśi-sūtra*와 관련하여 이미 望月良晃, 『大乘涅槃經の研究』, 東京: 春秋社, 1988, pp.199-220에서 주목하고, 거기서 전체 개요도 비교적 상세히 소개하고 있다는 사실을 탈고 후에 알게 되었다. 여기서 이 점을 언급하며 스스로의 불분명함을 반성한다. 여하튼 본 경에 대해서는 별도로 상세히 논급할 기회를 갖고 싶다고 생각하고 있다. 또 본 장의 주16)에서 언급한 '三輪清淨'의 용례로서, 아직 술어로 고정되지는 않았던 것 같은(다만, 이것은 게송의 제약에 의한 것일지도 모른다)것으로 *Triśatikāyāḥ Prajñāpāramitāyāḥ Kārikāsaptatiḥ* 제5송 전반(Tucci ed., p.56)의 "pragraho maṇḍale tredhā nimittāc citta-vāraṇam"(長尾 역, 大乘佛典 1, p.12 참조)이 있다. 또한 본 장의 주17)에서 *Mahāvagga*의 attan의 용례에 관해 '오히려 영혼해방설일지 모른다'고 서술한 것과 관련하여 오해를 피하기 위해 보완해두자면, 필자는 불교가 석존 자신의 고행주의 부정에 의해 성립했다는 것을 조금도 의심하지 않고 있으며, 오히려 후대의 불교가 그 부정을 감추려 해도 감출 수 없었다는 점을 지적하고 싶었을 뿐이다.(1992년 10월 7일자)

[연구 보충 메모] 본 장의 본문, 주5) 아래에서 제시한 「쿠다단타경」의 한 구절 중 '受納者'와 '帝師'와 관련하여 한마디 추가해둔다. 거기서 '수납자'라고 번역한 팔리 원어는 paṭiggāhaka인데, 이것은 산스크리트어 pratigrāhaka에 해당한다. 이 산스크리트어는 본 장에서 '受者' 등으로도 번역하였는데(p.232), 나중에 통일한 번역어는 '수령자'와 같다는 점에 유의하기 바란다. 또 '제사'의 원어는 purohita이지만, 그 의미에 관해서는 본서의 제2부 제11장, 주7)을 참조하기 바란다. 다음으로 본 장 p.235에서 『디비야 아바다나』에 관해 '대승불교 전개로의 과도기적인 성격'이라고 서술했지만, 지금에 와서 보면 꼭 그렇게 생각할 필요는 없을 것 같다. 본서 제1부에서 서술한 바와 같이 설일체유부 교단에서 『디비야 아바다나』가 편찬되어가는 한편에서 이미 같은 교단 내에 대승불교의 움직임이 있었다고 생각되기 때문이다. 또한 본 장의 본문 맨끝에서 서술한 '童眞(kumāra-bhūta)'에 대해서는 졸고, 「pramāṇa-bhūtaとkumāra-bhūtaの語義 -bhūtaの用法を中心として-」, 『駒澤短期大學佛教論集』 6, 2000, pp.328-299를 참조하기 바란다. 또한 본 장의 주32)에서 다룬 티베트역어 zhal ta byed pa는 vārika에 대응할 뿐만 아니라, 그 시점에서는 미처 알아차리지 못했지만, 다음 장의 주15)에서 지적한 바와 같이, 오히려 vaiyāvṛtyakara에 대응하고 있음이 판명되었다. 이 바이야브리트야카라 및 이를 一章으로 취급

하는 『寶梁聚會*Ratnarāśi-sūtra*』에 대해서는 본서의 제2부 제9장 및 졸저, 『唯識思想論考』, 東京: 大藏出版, 2001, pp.7-8 및 pp.47-48, 주14)에 게시한 실크Jonathan A.Silk의 두 가지 연구 성과를 참조하기 바란다.

4/ 대승불교의 성립 상황에 관한 작업 가설적 제언

앞서 필자는 '악업불식 의식'이라 부르는 사항과 관련이 있는 경전을 검토하는 과정에서 필요상 대승불교의 성립 상황에 관해서도 약간 사견을 밝히는 형태로 논술해왔다. 그 사이 필자의 대승불교 성립 상황에 관한 견해는 기존에 그 누구도 서술한 적이 없는 듯한 양상에서 점차 명확하게 필자의 뇌리에서는 확고해진 것 같다. 그것을 현 단계에서 작업 가설적으로 제시해 두는 것도 의미 있는 일이라고 생각하여, 앞 장의 '한화휴제閑話休題'를 계승하는 형태로 본 장은 그 목적을 위해 사용하고자 한다.

그런데 본 장에서 굳이 '작업 가설적'이라는 한정을 덧붙인 것은 이미 앞 장에서 명시하기는 했지만, 필자는 인도불교사상사라는 것을 석존의 '사상'에 의한 인도적 '습관'에 대한 비판에서 출발한 것이며, 그 후에도 그 '사상'과 '습관'의 대결에 의한 공방사攻防史였다고 보고, 그 근거에 '철학métaphysique'과 '생활morale'에 관한 데카르트적 견해를 두고 있기 때문이다. 이러한 데카르트의 견해를 가장 단적으로 보여주는 말로 다음과 같은 것[1]을 지적할 수 있을 것이다.

> en sorte que c'est bien plus la coutume et l'exemple qui nous persuadent, qu'aucune connaissance certaine, et que néanmoins la pluralité des voix n'est pas une preuve qui vaille rien pour les vérités un peu malaisées à découvrir, à cause qu'il est bien plus vraisemblable qu'un homme seul les ait rencontrées que tout un peuple:

> [대부분 사람들의 사고방식은 민족의 습관이나 유행에 좌우되므로,] 습관이나 실례實例야말로 어떤 확실한 인식보다 훨씬 잘 우리를 납득시키고 있다. 그러나 그럼에도 불구하고 [찬성의] 목소리가 높다는 것은 다소 찾아내기 어려운 올바름에 있어서는 어떤 유효한 증명도 아니다. 왜냐하면, 올바름에 입회할 수 있는 것은 국민 전체라기보다는 단 한 사람인 쪽이 훨씬 진실인 것 같기 때문이다.

그런데 인도불교사상사를 '습관'의 측면에서만 보아야 한다고 한다면, 필자는 지금도 대승불교의 성립에 관한 히라카와의 가설을 올바르다고 생각하는데, 거기에 '사상'이란 무엇인가 라는 시점을 도입하면, 그 '습관'의 관점마저 바뀌지 않을 수 없게 된다. 이러한 관점에서 필자는 지금까지도 히라카와의 가설에 대해 비판적으로 언급해왔지만, 여기서 그 가설이 의지하는 기반을 필자 나름대로 두 가지 지적해보고자 한다.

이미 정설이 된 것처럼 보이기까지 하는 히라카와 가설의 특징은 대승불교 성립의 모태를 '보살가나bodhisattva-gaṇa'에 있다고 추정하는 점에 있으며, 그 설을 집대성한 것이 주지하는 바와 같이 『초기대승불교의 연구』[2]이다. 이 집대성에 앞선 중요한 논고로 '대승불교의 교단사적 성격'과 '부파교단에 있어 불탑 지위의 독립성'[3]이 있다. 전자를 통해 성문승가에 속하는 비구와는 별개의 대승불교 기수騎手로서의 보살의 독자성이 밝혀졌고, 후자에 의해서는 그 보살들이 소속하는 주요 거점으로서의 불탑의 독립성이 명확해졌다. 이 양자는 서로 밀접하게 연관되어 있는 상호보완적인 것이므로 양자가 서로 맞물려 불탑을 중심으로 한 '보살가나'라는 존재를 추정하는 방향으로 결실을 맺고 있다. 히라카와의 가설은 이 두 가지에 기반을 두고 있다고 일단 구별해서 파악 가능할 것이다. 게다가 히라카와설은 그 후 다방면에 걸쳐 보강되며 오늘날에 이르고 있는데,[4] 위와 같은 두 가지 점은 기본적인 것으로서 시종 변하지 않았다. 따라서 필자는 히라카와설에 대한 비판은 기본적으로 이 두 가지를 문제 삼아야 한다고 생각한다. 따라서 이 두 가지 점에 대해 필자가 볼 때 문제가 되는 측면을, 이하 인용을 섞어가며 지적해보고자 한다.

첫 번째 점에 대해 히라카와는 주로 『십주비바사론十住毘婆沙論』에 입각하여 보살의 독자성을 부각시키고, 재가보살은 삼귀오계三歸五戒를 받는다고 하는 한편, 출가보살은 십선도十善道와 두타행頭陀行을 실천하는 고행자로 묘사하며 다음과 같이 서술한다.[5]

> (a) 일반적으로 십이두타十二頭陀는 다분히 고행적인 생활형식이다. 아함에서도 그 실행을 칭찬하지만, 결코 강요하지는 않는다. 율의 이백오십 학처에도 두타행은 포함되지 않는다. 바꾸어 말하자면, 성문승가에서는 두타행의 실행을 비구들에게 강요하고 있지 않은 것이다. 단지 '사의四依'로서, 십이두타 중 약간이 비구 생활의 이상적 방식으로, 비구의 마음가짐으로 설해지는 것에 불과하다. 따라서 이러한 고

> 행적 색채가 강한 십이두타를 보살의 생활규범으로 내세우는 이 논서(『십주비바사론』)의 입장은 오히려 부파교단의 생활법보다 훨씬 격조 높은 것이라고 해야 한다. 자칫 대승불교는 재가불교로서 안일한 생활에서 생겨난 것처럼 생각하기 쉽지만, 그것은 적어도 이 논서에는 해당되지 않는다. 보살의 아란야주阿蘭若住는 이 논서가 강조하는 바인데, 공空이나 여러 삼매三昧 체험에 대해 언급하는 경전이 이러한 아란야처의 종교적 실천에서 생겨났다는 것은 충분히 있을 수 있는 일이다. 이것은 반야경般若經 등에서 설하는 보살의 서원誓願이나 사신捨身의 바라밀행波羅蜜行이 엄격한 수행방법인 것에 상응한다. 이것은 혁신운동으로서의 보살불교가 엄격주의를 표방하며 존립한 것을 보여준다. 보살의 수업修業이 이승二乘을 훨씬 초월하는 것이라는 점은 많은 대승경전이 말해주는 바인데, 그것이 관념적인 말에 그치는 것이 아니라는 점을 이 논서는 구체적으로 보여주고 있다. 그러므로 성문비구는 금욕적 엄격주의이며, 보살은 이에 반한다고 보는 것은 맞지 않다. 오히려 그 반대이다. 그러나 반대로 보살의 엄격주의를 보고 그들을 성문승의 비구에 포함시키려 하는 것도 올바르지 않다.

인용이 좀 길어졌는데, 요컨대 히라카와는 이러한 출가보살의 고행주의를 '부파교단의 생활법보다 훨씬 격조 높은 것'으로 생각한데 비해, 앞 장 말미에서도 언급한 바와 같이 필자는 이러한 사태를 "엄밀한 의미에서의 고행자는 데바닷타의 요구 중에도 있었던 것과 같은 삼림주자(森林住者, āraññaka, āraṇyaka)나 상걸식자(常乞食者, piṇḍapātika, paiṇḍapātika)였을 것이다. 따라서 정식 불교교단 안에 살고 있지 않았을지는 몰라도 분열한 데바닷타 교단과 같은 의미에서는 그들의 집단조차 불교교단으로 취급되고 있었을지 모르며, 불교교단 안에 머물면서도 '사상'을 잊어버린 사람은 언제라도 훌륭한 통상의 고행자일 수 있었을 것이다."[6]라고 서술했던 것이다. 히라카와도 필자도 같은 출가자를 훌륭한 고행자로 보는 점에서는 공통될지 모르지만, 필자가 고행자를 올바른 불교자로 인정하지 않는 점에 큰 차이가 있다는 것에 관해서는 두 번째 점에 관한 히라카와의 언급을 다룬 후에 서술하고자 한다. 두 번째 점에 관해서는 불탑이 승가 안에서 발전했다고 보기에는 여러 가지 난점이 있다는 것을 지적한 후에 히라카와는 다음과 같이 결론짓고 있다.[7]

> (b) 따라서 부파불교의 자료에서 검토하더라도 불탑숭배는 승가 이외의 곳에서 발달한 것으로 볼 수밖에 없다. 즉, 승가 외부에서 불탑의 자주적인 경영이 확립하고 있었기 때문에 승가가 이를 도입할 때 이미 확립되어 있던 방식을 채택할 수밖에 없었을 것이라고 생각한다. 그 때문에 불물佛物과 승물僧物을 구별한다든지, 혹은 기악공양伎樂供養을 한다든지 하는 등의 승가불교에 불리한 법식이 승가에 들어왔을 것이라고 생각한다. 그렇다면 왜 이런 성격을 지닌 불탑예배가 승가에 채용되었을까?
>
> 그 이유로는 비구들 자신이 불탑을 예배하고 싶다는 승가 자신의 종교적 욕구도 있었겠지만, 다른 한편에서는 재가신자를 승가와 연결시켜두기 위해 신자들 사이에서 성행했던 불탑 숭배를 부파불교 또한 채택할 수밖에 없었다는 이유가 있었을 것으로 추정된다. 그 이유는 부파불교 사이에서 불탑공양에 대한 반대 의견이 상당히 농후하게 인정되는 데 반해, 한편으로는 인도에 널리 불탑공양이 점차 성대해진 것이 인정되므로 그 사이에서 부파교단의 불탑 취급을 본다면, 이와 같이 해석하지 않을 수 없는 것이다.

여기서 히라카와가 "재가신자를 승가와 연결시켜 두기 위해 신자들 사이에서 성행했던 불탑숭배를 부파불교 또한 채택할 수밖에 없었다."고 말한 부분에 대해서만은 필자도 전적으로 동감하다. 하지만 필자가 전면적으로 대립하는 점은 승가에 말 그대로 아무 관계도 없는 불탑 등이 있을 리 없다고 생각하는 점에 있다. 돈 있는 부자 상인이 승가 등과 무관한 곳에 마음대로 불탑을 세우는 것은 일시적 기분 정도의 비율로 있을 수 있는 일일지 모르지만,[8] 그러한 보시(기부)도 안 되는 불탑을 세웠다 해서 그 상인에게 어떤 공덕이 있을 수도 없으며, 종교적 권위에 의해 보증받지도 못하는 불탑에 열렬한 숭배자가 모일 일도 없다는 것이 인도적인 통념이다. 따라서 불탑숭배를 승가가 채택했다는 것은 통인도적인 '악업불식 의식'의 물결이 불교교단에도 들이닥쳤다고 하는 단순한 의미일 뿐이다. 물론 불교교단은 율을 따르기 때문에 탑지塔地와 승지僧地는 엄격하게 구별되었음이 틀림없지만,[9] 그것 자체가 애초에 스며들어오는 통인도적 '악업불식 의식'의 파도를 출가자僧에게 금지되고 있던 금품 수령이나 유골 처리에 관한 규칙에 저촉하지 않도록 승지로부터 차단하고자 궁리했던 하나의 표현이라고 할 수 있다. 따라서 불탑은 그런 의미에서 처음부터 불교교단과 관련이 있으며, 게다가 그 대부분이 탑지에 세워졌다.[10] 만일 그렇지 않고 불교교단과 전혀 무관한 곳에 '불탑의 자주적 경영이 확립되어 있었다'고 한다면, 그것이 힌두사원과도 무관한 단순한 탑이 아닌 순연純然한 불탑이라는 것은 도대체 무엇에 의해 식별할 수 있다는 것일까. 필자는 지극히 단순하게, 어떤 식으로든 불교교단과 연관이 있었기 때문에 불탑stūpa이라고 식별되고 있었다고 생각해도 전혀 문제 없다고 생각한다. 게다가 말 그대로 '불탑의 자주적 경영이 확립하고 있었다'면, 히라카와가 위의 인용 (b)에서 말하고 있듯이, 교단 측이 스스로의 종교적 욕구 때문에, 혹은 신자 장악을 위해 불탑 숭배를 도입하고자 한 시점에 교단 측이 자주적으로 마음대로 경영하고 있던 것을 굳이 여러 제약이 많은 불교교단에 자진해서 소속시키려고 할 필요가 있었을까. 그런 일은 생각할 수 없지만, 만약 교단 스스로가 불탑의 경영을 위해 방향을 전환한 것이라면, 그쪽이 분명 율 위범인 것이다.

그런데 불교의 교단 구성과 관련된 여러 호칭은 당연히 시대의 추이에 따른 의미 내용의 변화도 고려해야 하므로 결코 일의적으로 사용할 수는 없지만, 그렇기 때문에 발생하는 이해의 차이를 미리 방지하기 위해 본서 제2부 이하에서 사용하는 약간의 관련 용어를 사실적인factual 측면에 근거하면서도 다소 규범적인normative 측면을 가미하여 규정해두고자 한다.[11] 이념상으로 불교교단의 총체를 의미하는 전 교단(cāturdiśa-saṃgha-, 사방승가)은 구체적으로는 승지나 탑지를 소유하는 각 교단(saṃgha, 僧伽)으로 이루어져 있는데, 이러한 승지나 탑지를 포함한 여러 건물을 가진 구체적인 교단을 일단 사원(saṃghārāma, 僧伽藍)이라고 부르기로 하자. 이 사원의 승지 안에 있는 출가자용의 주거가 승원(vihāra, 精舍, 僧房)이고, 탑지 안에 있는 숭배대상을 모신 건물이 탑원(caitya, 支提, 制多)이며, 대부분 그 탑원의 중심을 이루고 있는 것이 불탑(stūpa, 卒塔婆, 窣堵波)이다.

그런데 불교가 전 인도반도로 확산된 마우리야 왕조부터 대승불교가 대두하면서 점차 세력을 얻어간 쿠샨왕조에 걸쳐서는, 지금 규정한 것과 같은 불교교단이 대규모로 그 형태를 갖추어가던 시기라고 할 수 있다.[12] 불탑은 어느 시대이든 이러한 의미에서 끊임없이 불교교단의 전개와 밀접한 관계를 가지고 있었을 것으로 생각된다. 게다가 불교 탄생 이전부터 인도의 '습관'이나 '생활'을 지배하고 있던 '악업불식 의식'의 물결은 석존이 생존하고 있을 때에 이미 서서히 불교교단에 침투하고 있었지만, 위와 같은 시기에는 교단의 대규모화와 함께 한꺼번에 큰 물결이 되어 교단으로 밀어닥쳤다. 그 중심이 바로 탑지에 있던 불탑이었던 것이다.

불탑에 관한 이러한 필자의 생각은 히라카와의 가설 중 두 번째로 언급된, 예를 들어 인용 (b) 등과는 전혀 다른 것이라는 점은 이상의 지적을 통해 이해했을 것으로 생각된다. 그리고 그 불교교단에 소속된 불탑에 기진하고 공양을 요청한 재가신자야말로 '재가보살gṛhastha-bodhisattva'이라고 불렸던 자이다.[13] 그들이 불탑을 중심으로 한 '악업불식 의식'의 진정한 집행자일 수 있는 권위로 승상한 사람은 승원에서 밤낮으로 불교의 정통설을 추구하고 있던 학승일 수는 없으며, 대부분 사원 주변의 삼림(araṇya, 阿蘭若)에 거주하고 있던 고행자였음이 틀림없다. 그들이야말로 히라카와의 인용 (a)에서 '보살의 엄격주의'라고 일컫고자 한 것을 체현하고 있던 '출가보살pravrajita-bodhisattva'에 다름 아니다. 물론 그들은 어떤 의미에서는 불교교단에 소속하고 있었다고 생각되지만, 필자는 히라카와와는 생각이 다르다. 이러한 고행자인 '출가보살' 외에 대부분의 경우 학승과는 다른 존재방식이지만, 승원에 살고 있던 '출가보살'도 있었을 것으로 추정하고 있다.

이 건에 관해서는 앞장의 말미에서도 견해를 밝힌 바와 같이, 거기에서 열거했던[14] ①~⑦의 7종 출가비구 중 ①~④의 4종이 지금 전자의 '출가보살', ⑤~⑦의 3종이 지금 후자의 '출가보살'에 해당한다. 이 가운데 ⑦의 '주사자(主事者, zhal ta byed pa, vārika)'에 관해서는 '새롭게 교단에 축적되게 된 탑지나 승지의 재산을 관리하는 역할'로서 주목했는데, 이 '주사자'는 대승불교가 부상하는 시대가 되면 단순히 재산 관리뿐만 아니라 사원 주변에 거주하는 고행자, 즉 사찰에 상주하지 않는 '출가보살'까지 관리했을 것으로 추측된다. 게다가 이 '주사자'의 산스크리트 원어는 앞서 상정한 바리카vārika라고 해도 틀렸다고 할 수는 없지만, 그 후 보다 확실한 어원으로 바이야브리트야카라vaiyāvṛtyakara/ 바이야프리트야카라vaiyāpṛtyakara가 있다는 점이 판명되었으므로,[15] 그 어형으로부터 팔리율 문헌에서 캅피야카라카(kappiyakāraka, 淨人)라고 해석되는[16] 벳야밧차카라(veyyāvaccakara, 執事人)로 쉽게 배정할 수 있다. 그 직책은 시대의 변화에 따라 변질되면서도 불교교단에서 일관되게 계승되어 온 것임을 알 수 있다. 또한 그렇게 계승되어 온 벳야밧차카라/바이야브리트야카라라는 직책의 성격을 명료하게 함으로써 이러한 직책의 일관성을 부정하고, 앞서 지적한 바와 같은 두 가지 측면에서 전통적 불교교단과는 별도로 '보살가나'의 존재를 상정할 수밖에 없었던 히라카와의 가설을 전혀 필요 없는 것으로 피할 수 있을 것으로 생각한다.

여기서 불교교단에 있어 위와 같은 직책의 일관성을 부정하는 히라카와의 견해를 제시하면 다음과 같다.[17]

> 율장에는 비구·비구니·사미·사미니·식차마나 외에 승원에 거주했던 사람으로 정인淨人·원민園民·수원인守園人·승원민僧園民·사인使人·작인作人·사주寺主·부도주浮圖主 등이 설해져 있다. 그러나 이 중 어떤 것도 대승의 보살로 보기는 어렵다.

율장에 언급된 캅피야카라카(kappiyakāraka, 淨人)나 아라미카(ārāmika, 원민, 수원인, 승원민)는 대승불교가 발생한 시대의 승원에도 '출가보살'로서 거주하고 있었지만, 이를 인정하지 않는 히라카와는, 예를 들어 『마하승기율』의 한 구절도 다음과 같이 해석하고 있다.[18]

> 『승기율』에는 '만약 4월 8일 또는 대회 공양 때, 금은의 탑·보살상 및

당번개幢幡蓋, 공양구가 일체 금은으로 칠해진 것이 있다면, 비구는 자신의 손으로 잡아서는 안 된다. 정인으로 하여금 잡게 하라.'라고 기술되어 있다. 또한 이어서 '금은의 향로香爐·등성燈盛·불병拂柄, 이러한 것 모두 금은이 있거나 칠해진 것은 잡을 수 없다.'라고 하며, 금은 보살상을 목욕시킬 때에도 스스로 씻어서는 안 된다고 한다.

비구들에게는 금은 보물에 대해 이런 제한이 있으므로, 불탑의 건축이나 조각 등이 비구들의 노력이나 비구들의 지도로 발달한 것이라고 보기는 어렵다. 이것은 분명히 재가자의 힘에 의해 발달한 것인데, 그들 재가자를 지도하고 예술을 발달시킨 '지도자'가 비구 교단과 별도로 존재했던 것은 아닐까 생각한다.

그러나 문제의 『마하승기율』의 한 구절을 있는 그대로 읽는다면, 금은 등을 손으로 잡을 수 있던 자로 '정인'을 생각하면 충분하다. 그들 이외에 비구 교단과는 별개의 '지도자' 등의 존재를 상정할 필요는 없다. 게다가 사원의 대규모화와 함께 일거에 부각되어온 승원 거주자의 역할이 이 '정인'이라 불리는 것으로, 그중에서도 불지의 불탑을 중심으로 한 대승불교의 흥기와 함께 재산 관리와 고행자 관리에 가장 중요한 역할을 담당한 것이 바로 벳야밧차카리veyyāvaccakara/ 바이야브리트야카리vaiyāvṛtyakara이다. 따라서 그 직책명을 가진 비구는 히라카와가 가장 오래된 대승경전 중 하나라고 지목한 『법경경』이나 그 이역에서도 발견되는데, 그것이 앞서 설명한 7종의 '출가비구' 가운데 ⑦이다. 그러나 전통적인 불교교단 안에서의 직무상의 연속성을 부정하는 히라카와는 『법경경』 및 그 이역에서 열거된 ⑦을 포함한 일련의 비구를 자신이 가설한 의미에서의 비구교단과는 별개의 '대승의 출가보살은 아니었을 것이라고 생각하는 사람'이라는 설을 피하고 있지만,[19]

필자는 설사 직책상 시대적 변화에 따른 변질을 인정할 수밖에 없다 해도, 직책명에 연속성이 있는 것은, 특이한 상황이라도 가정할 수 없는 한, 그 성격에도 우선 연속성을 인정하고 검토해야 한다고 생각한다.

그런데 당장 문제인 벳야밧차카라/ 바이야프리트야카라(집사인)에 한정해서 말하자면, 율장에서 묘사되고 있는 그 직무의 기본적인 성격의 연속성은 후대의 대승불전에서도 충분히 확인 가능하다.[20] 율장에서의 이 직무는 승단의 규율 조문(pāṭimokkha, prātimokṣa, 波羅提木叉)인 몰수죄(沒收罪, nissaggiyaṃ pācittiyam, niḥsargika-pātayantika, 捨墮法) 제10조에서 언급되지만, 그 직책상의 임무는 일찍이 히라카와가 첫 대작 『율장의 연구』에서 명확하게 지적하고 있다.[21] 이에 따르면, 집사인이란 의복비로 보시된 금전을 직접 받으면 죄를 저지르게 되는 비구를 대신해서 그것을 일시적으로 보관하고 관리하는 소임이므로, 당초에는 당연히 비구일 수 없다. 그 점은 팔리율에서 후대에도 답습된 것 같다. 스리랑카의 5세기 학승 붓다고사의 주석 『사만타파사디카*Samantapāsādikā*』에서는 "관리인(집사인)이란 임금을 받아 삼림에서 나무를 베거나, 그 이외의 일을 하는 사람이다veyyāvaccakaro nāma yo vetanaṃ gahetvā araññe dārūni vā chindati aññaṃ vā kiñci kammaṃ karoti."[22]라고 설명하고 있다. 또한 같은 주석 중 위와 같은 몰수죄 제10조에 관한 기술에서는 "관리인veyyāvaccakara이란 봉사를 하는kicca-kara 정인kappiyakāraka이라는 의미이다."[23]라고 어의 해석을 제공하고 있으므로, 관리인은 정인의 일종으로 간주되고 있었음이 분명한데, 필자가 보기에 불교교단에서 이 정인이라는 제도의 도입과 전개는 분업이라는 신분차별에 기반을 둔 인도적 '습관'이나 '생활'이 불교교단에 반영된 결과인 것 같다.

팔리율에 보이는 캅피야카라카(정인)의 비교적 오래된 용례로는 「마하박가(*Mahāvagga*, 대품)」의 베삿자 칸다카Bhesajja-kkhandhaka(「약건도」)에 나타나는 네 가지 예[24]를 지적할 수 있을지 모르겠다. 첫 번째 예는 뱀에 물렸을 때 바르는 약을 비구는 캅피야카라카가 있다면 그로부터 받고, 없다면 스스로 취해서 사용해도 좋다고 하는 경우, 두 번째 예는 기근飢饉에 캅피야카라카가 익힌 음식을 자기가 많이 가져가고 비구에게는 조금 밖에 주지 않았기 때문에 이후 비구 스스로 음식을 익히는 것이 허용되었다고 하는 경우, 세 번째 예는 비구가 공복에 씹어 먹을 수 있는 과일phala-khādaniya이 있으면 스스로 집어서 지참하고 캅피야카라카가 있는 곳에 오면 떨어뜨려 그의 손을 거쳐 받거나 줍는 것은 허락된다고 하는 경우, 네 번째 예는 비구는 신자가 보시한 황금이라도 캅피야카라카의 손을 거쳐 시인是認된 것kappiya이라면 받아도 좋다고 하는 경우이다. 이들 네 가지 예를 보면 알 수 있듯이, 어떤 경우이든 캅피야카라카는 비구가 율을 범하지 않도록 합법적으로 빠져나갈 수 있는 길로서 준비된 차별적 직분이라고 할 수 있을 것이다. 또한 여기서 캅피야카라카의 어의語義에 관해 필자의 견해를 서술하자면, 불교교단 안에서 율에 비추어 일의 가부를 물어야만 하는 선택지(選擇肢, kappa)가 생기고, 그것이 합법으로 선택된다면kappati, 그것은 선택되어도 좋은 것kappiya으로서 합법이라고 판단(淨)되는데, 이때 일을 선택해도 좋다고 한 사람이 캅피야카라카淨人라고 불렸을 것이라고 생각한다.[25] 더욱이 원시불교교단을 연구하고, 거기서 승가의 조직에 관해서도 검토한 사토 미츠유佐藤密雄의 성과에 의하면, 불교교단saṃgha에서는 처음에는 속인의 수원인이 사원saṃghārāma에서 일하고 있었지만, 그 수원인 중에서 교단의 속사俗事를 지배하는 사람이 선발되어 그 사람이 정인이라 불리게 되었다고 한다.[26] 따라서 캅피야카라카는 원시불교 시대에도 단순한 속인으로부터 사원에 거주하며 속사를 관리하는 전문가로 변질되었다는 점을 시사해주고 있다. 이 정인 중에서 시대의 변화에 가장 잘 대응하여 교단의 확대기에 주목받게 된 소임이 실은 문제의 관리인veyyāvaccakara이었을 것이라고 필자는 생각한다. 더욱이 그러한 경향은 불교교단 안에서 대승불교의 대두와 함께 점차 강해져서 이러한 전개의 흔적은 대승불전 자체에서도 찾아볼 수 있다.

『우그라닷타 파리프릿차』에는 승원vihāra에 거주하는 십여 종의 비구가 열거되고 있는데, 그 수는 이미 지적되고 있는 바와 같이[27] 가장 오래된 번역인 『법경경』에서 『욱가라월문보살행경郁迦羅越問菩薩行經』, 「욱가장자회」, 또한 티베트역으로 점차 증광되어 총 17종을 열거하는 티베트역에 이르러서는 다른 번역과는 달리 그 하나 하나에 비구를 연결시키려는 경향이 농후하다. 이것은 기존에는 곧바로 비구라 불리지 않았던 관리인을 중심으로 한 정인이 대승의 확립기에는 비구로 취급되었음을 보여주는 것이다. 이러한 경향에 관해 티베트역만의 현저한 특징을 들자면 후대에 이르러 명확하게 비구로 취급된 정인도 티베트역에서는 종래의 고행자와 마찬가지로 재가보살이 담당해야 할 사람으로 묘사된다. 예를 들면, 관리인에 대해 "[재가보살은] 관리인(zhal ta byed pa, vaiyāvṛtyakara)으로 일하며, 해야 할 모든 것을 할 수 있도록 노력해야 한다."[28]라고 기술하고 있다. 또한 『식샤사뭇차야』에서도 인용된 『라트나라쉬 수트라』에 이르러서는 이런 종류의 사람이 '관리인 비구vaiyāvṛtyakara-bhikṣu-'라고 명기될 뿐만 아니라, 그 역할이 크게 부각되어 전체 7장 가운데 1장을 사용하고 있으며, 임무는 전 교단이나 교단 및 불탑 소속의 각 재산의 엄격한 관리 외에 예로부터 고행자인 삼림주자(森林住者, āraṇyaka)나 상걸식자piṇḍacārika, 실수행자(yogācārin, yogācāra, 瑜伽師) 등의 관리도 부과된다.[29]

이상, 통설에 반하는 견해를 밝힐 필요가 있었기 때문에 중복으로 인한 지루함을 불구하고 서술해보았다. 불탑숭배는 전통적 불교교단과 별개의 곳을 가정할 필요가 전혀 없을 뿐만 아니라, 교단과 밀접한 관계를 가지고 전개했다는 것이 교단 내의 관리인을 중심으로 한 직책의 연속성과 변질성을 통해 명확해졌다고 생각한다. 그러나 이것은 동시에, 앞서 지적한 바와 같이, 교단 내에서 불탑숭배를 핵심으로 한 대승불교의 대두가 분업分業이라는 신분차별에 기반을 둔 인도적인 '습관'이나 '생활'이 불교교단에 반영된 것에 근거를 두고 있다는 점을 의미한다. 사실 본서 제2부 제1장에서 보았던 두 가지 대승불교 가운데 (a)라고 하는 대부분의 흐름은 출가자와 재가자의 역할분담을 전제로 한 융성이었다.[30] 따라서 대부분의 대승불교는 불탑숭배를 핵심에 두고, 관리인 등의 출가자의 중개하에 엄격한 출가 고행자를 정신적 권위로 하여 기진자인 재가자의 영혼의 해방을 구하는 통인도적 '악업불식의 의식'에 다름 아니며, 대부분의 대승경전은 이러한 압도적인 시대적 흐름에 부합하는 다수의 출가자 측으로부터의 통속적인 불교의 이론 제공으로서의 창작이었다고 할 수 있다. 하지만 승원에 거주한 모든 출가자가 그러한 활동에 가담한 것은 아니며, 출가자와 재가자 사이에서 지금까지 없었던 해우의 큰 시대적 파도 속에서 분업을 전제로 한 각자 지향해야 할 모습은 옳음이 아닌, 불교의 '사상'적인 올바름은 하나여야만 한다고 하는 '정법(正法 saddharma)'을 추구해간 출가자도 소수이지만 계속 존재했음이 틀림없다. 그것이 아마도 두 가지 대승 가운데 (b)의 흐름을 형성하였겠지만, 이상의 (a)(b)를 '사상'에 있어 전통적 불교의 정통설에 대한 태도에서 본다면, 대략 다음과 같이 각각 (a′)(b′)라는 정반대의 태도를 취하였다고 생각된다.

> (a′)(a)는 통인도적 '습관'을 용인하고 있었기 때문에 재가자의 압도적 다수의 지지를 받았으나, 그 실적을 배경으로 전통적 승원불교의 비타협적인 정통설 고수의 태도를 감정적으로 비난하는 경향이 있었다.

(b′)(b)는 '사상'을 중시하고 불교의 정통설이란 무엇인가를 판단하려 한다는 점에서 전통적 승원불교와 공통성을 가지면서도, 그 전통 사수의 결과 빠지게 된 실재론적 사고에 대해서는 논리적으로 비판을 전개했다.

이상의 두 가지 대승불교 가운데 (a)-(a′)는 근본적으로는 통인도적인 '습관'에 편승했을 뿐인 대중운동이었기 때문에, 이 운동의 인적 권위로서 존숭된 출가 고행자에게 요구된 것은 불교의 '사상'으로서의 옳음이 아닌, '습관'의 정수라고 할 수 있는 고행의 신성함이나 순결함이었을 것이다. 따라서 그 조건을 충족하였을 대승의 '출가보살'이 히라카와의 지적대로 '부파교단의 생활법보다 훨씬 격조 높은' 고행주의를 관철하고 있었던 것은 오히려 당연한 일이지만, 문제는 이러한 고행주의가 과연 올바른 불교일 수 있는가 하는 점에 있다. 논리적으로 말하자면, 고행주의란 지금까지 여러 번 반복해 왔듯이, 영혼설에 기초해서 본래 깨끗해야 할 영혼을 자신의 고행에 의해서 혹은 다른 고행의 권위를 받들어 부정한 육체로부터 해방하는 것이므로, 불교의 무아설(무영혼설)과는 본래 친숙하지 않은 통인도적인 통념에 지나지 않는다. 그렇기 때문에 이러한 고행주의에 근거한 (a)-(a′)의 대승불교는 인도의 대중운동이 될 수 있었던 것인데, 다른 한편에서는 그러한 것이 '사상'으로서 올바른 불교일 수는 없었다고 하는 비판적 시점을 잃어서는 안 된다. 하지만 고행주의의 불교에 대한 위협은 대승불교의 성립 전개기에 분명 두드러졌지만, 이 시기뿐만 아니라 크고 작게 이러한 경향은 끊임없이 이어지고 있었다고 할 수 있다. 이하, 지금까지의 정리도 겸하여 그 연속성의 요점만 지적해둔다.

불교가 고행주의의 부정에서 출발한 것은 후대의 문헌도 숨길 수 없을 정도로 명백한 일이었다고 생각된다. 불전이 전하는 바에 의하면, 석존이 고행dukkarakārikā을 방기했을 때 옛 친구인 다섯 비구는 석존을 사치스러운 자(贅澤者, bāhulika)가 되었다고 판단하였다고 한다.[31] 우리는 이러한 고행주의 우위의 판단이 끊임없이 불교를 둘러싼 인도적 통념이었다는 것을 결코 잊어서는 안 될 것이다. 데바닷타가 석존에게 다섯 가지[五事] 요구를 했을 때, 비불교적인 인도인들이 데바닷타 측을 두타dhuta를 행하는 고행자라고 칭찬한 한편, 오사를 인정하지 않은 석존을 사치스러운 자라고 비방했다고 전하는 것도[32] 이러한 배경이 있었기 때문이다. 그런데 교단의 실제 문제로서는 석존이 데바닷타의 요구를 거절했음에도 불구하고 비불교적인 인도 일반사회의 지지를 얻고 있던 고행주의적인 요소는 불교교단도 결국 막을 수 없었던 것이다. 그 좋은 예가 사의(四依, cattāro nissayā)이다. 이것은 실질적으로는 데바닷타의 오사와 같은 것이지만, 당초에는 안락한 습관sukha-sīla이나 안락한 행사sukha-samācāra를 가지고 좋은 음식subhojana을 먹고 있던 불교교단도 결국에는 사의, 즉 상걸식(常乞食, piṇḍiyālopa-bhojana)·분소의(糞掃衣, paṃsukūla-cīvara)·수하좌(樹下坐, rukkhamūla-senāsana)·진기약(陳棄藥, pūtimutta-bhesajja)을 예외규정이 있기는 하지만, 이상적인 출가고행자의 생활법으로 인정하지 않을 수 없게 되었다고 전하고 있다.[33] 그것을 전하는 각 부파의 율 중에서는 대중부의 율이 가장 엄격하다고 하는데,[34] 수적으로 압도적 지지를 얻었던 대중부가 인도적 '습관'으로부터 말하자면 가장 통속적인 고행주의를 가장 농후하게 기록하고 있는 것도 필자가 보기에는 너무나도 당연한 일이다. 또한 현실적인 문제로서도 불교교단을 경제적으로 뒷받침한 것은 이러한 통속적인 고행주의를 지지한 재가자의 교단에 대한 신시(信施, saddhā-deyya, śradhā-deya)였겠지만,[35] 그 실정 중 하나는 승단의 규율 조문의 추방죄(追放罪, pārājika) 제4조 제정의 유래를 설명하는 문헌에서도 찾아볼 수 있다. 이 제4조는 출가자의 망어(妄

語에 관한 벌칙인데, 구체적으로는 상인법(上人法, uttari-manussa-dhamma)을 얻지 못했는데 얻었다고 재가자들을 속이는 죄이며, 이에 대한 벌칙은 기근이 들었을 때 상인법을 얻었다고 거짓말을 함으로써 부당한 시여施與를 받은 것이 밝혀진 시점에 정해졌다고 한다.[36] 이는 인도 일반사회의 사람들이 비록 자신은 기아로 죽더라도 상인법이라는 일종의 고행에 의한 초인적인 경지를 얻은 사람에게 시여함으로써 좋은 과보를 얻을 수 있다고 믿고 있었다는 점을 말해준다. 원시불교교단을 지탱한 사회적 배경에 대해서는 사토 미츠유 역시 "일반 사회인의 입장에서 보았을 경우에 출가자 사회는 형식적으로 하나였으며, 출가자에게 신시信施를 바치는 사람들은 출가자의 교의와 상관없이 출가사문을 공양하는 것에 의해 좋은 내세를 기대한 것이다."[37]라고 기술하고 있다. 실제로는 이러한 일이 원시불교시대뿐만 아니라, 불교교단이 인도에 존속하고 있는 한 후대까지도 이어졌다고 생각된다. 이 신시의 물결은 아쇼카왕 시대 이후 불교교단의 대규모화와 함께 사원 소속의 불탑을 중심으로 영향을 미치고, 또한 그곳을 기반으로 모인 재가자에게 출가자가 불교 측으로부터 재가자의 통속적인 요구에 걸맞은 형태로 제공한 창작이 (a)-(a′)의 대승불교 경전이었던 것이다.

그러나 승원에서 올바른 불교의 '사상'이란 무엇인가를 추구하고 있던 비교적 소수의 출가자가 이러한 속설을 '사상'적으로 진지하게 다루었다고는 도저히 생각할 수 없다. 그들은 오히려 밀려오는 고행주의의 파도를 불교가 아니라며 피하려고 했지만, 정통설 조차 기원 이후가 되면 부정관不淨觀 중시의 체험주의는 이미 좀먹어 가고 있었다.[38] 그렇지만 '사상'적 의미에서의 정통설을 계속 추구해온 전통 불교의 정점을 이루는 설일체유부는 진리는 말로 표현할 수 없다고 하는 체험지상주의에 영혼을 팔아넘기는 일은 없었으며, 적어도 '아트만은 온蘊이다'라는 주장 명제는 지켰다고 생각된다.[39] 하지만 그 온이 실체시되면서 온으로 대표되는 법은 유有적으로 이해되고, 이를 비판한 공空 철학을 대표한 것이 나가르주나(Nāgārjuna, 龍樹)였던 것이다.[40] 또한 그와 같이 비판적인 출가자 중에는 당시의 인도적 '습관'을 그대로 반영하듯이 역할분담에 근거한 분담자 각자에게 있어서의 '옳음'이라는 것을 비판하는 사람도 있었을 것이다. 왜냐하면 각각의 '옳음'은 논리적으로 올바른 하나의 '옳음'은 도저히 될 수 없기 때문이다. 아마도 그러한 지극히 소수의 비판적 출가자 중에서 하나의 승乘만이 '옳다'고 하는 『법화경』과 같은 주장이[41] 제기된 것이 아닐까 생각된다. 나가르주나나 이러한 사람들에 의해 앞의 (a)-(a′)의 대승불교와 대립하는, (b)-(b′)의 대승불교가 형성되었다고 생각된다. 본 장 서두에서 제시한 데카르트의 말을 흉내 내어 본다면, "올바름을 만날 수 있는 것은 인도 일반사회 전체가 아닌, 단 한 무리의 사람이라는 것이 훨씬 진실답다."라는 것이 될 것이다. 그러나 이 (b)-(b′)의 대승불교는 (a)-(a′)의 대승불교에서 보더라도 결코 환영할 만한 것은 아니었다. 대승불전 중에는 논리적으로 '옳은'가 아닌가를 구별하는 것 자체가 정법saddharma을 포기하는 일이라고 주장하는 자도 있었다.[42]

1 Descartes, *Discours de la méthode(Librairie Larousse)*, Seconde partie, p.45: 落合太郎 역, 『方法序說』, 東京: 岩波文庫, p.27. 본 장에서의 인용은 졸역에 의한다.

2 平川彰, 『初期大乘佛教の研究』, 東京: 春秋社, 1968이 최초의 간행이지만, 그 후 그것은 최근의 저작집 가운데 제3권과 제4권으로 분책되어 새롭게 증보, 간행되었다. 본고에서는 특별히 언급하지 않는 한, 첫 간행본의 쪽수를 가리킨다.

3 平川彰, 「大乘佛教の教團史的性格」, 宮本正尊 編, 『大乘佛教の成立史的研究』, 東京: 三省堂, 1954; 同, 「部派教團における佛塔の地位の獨立性」, 『佛教史學』 3, 3·4 (1955.8)로 공표되었으나, 최근에 平川彰 著作集 제5권, pp.375-414, pp.415-435에 각각 수록되어 있다. 본고에서 사용하는 쪽수는 저작집에 의한 것이다.

4 예를 들면, 가장 최근의 것으로는 平川彰, 「初期大乘佛教における在家と出家」, 『佛教學』 31, 1991, pp.1-39가 있지만, 기본적인 주장은 종래의 것과 동일하다. 또한 본서의 제2부는 제1장 말미 및 그 주18)에서도 언급한 바와 같이, 이 히라카와 논문의 졸고에 대한 반론을 계기로 작성하기 시작한 것이다.

5 平川彰, 앞의 논문 (앞의 주3), 전자), pp.401-402.

6 본서 제2부 제3장, p.236.

7 平川彰, 앞의 논문 (앞의 주3), 후자), p.429.

8 平川彰, 앞의 논문 (앞의 주3), 후자), p.424에서는 "탑물을 이용해서 翻轉하여 이익을 얻어 탑을 공양"한 베살리의 상인(고객)에 대해 언급하고 있는데, 이 탑을 상인이 자신만을 위해서 세운 것이라고 하는 보증은 어디에도 없으며, 게다가 최종적으로는 이 탑도 교단에 맡겨지고 있다.

9 平川彰, 앞의 논문 (앞의 주3), 후자), p.419에 『摩訶僧祇律』 권33 (대정장 22, p.498a)의 규정이 그에 관한 대표적인 예로 언급되고 있다.

10 高田修, 『佛像の起源』, 東京: 岩波書店, 1967, pp.265-282를 참조. 그 전형적인 예로는 같은 책, p.272에 게재되어 있는 서북인도, 탁실라의 칼라완 유적의 플랜을 참고해야한다. [또한, 이 플랜圖는 본서, p.62에 실려 있다.]

11 이하의 규정에 있어 saṃghārāma와 vihāra의 관계에 대해서는 佐藤密雄, 『原始佛教教團の研究』 東京: 山喜房佛書林, 1963, 특히 p.642, 그 외에 대해서는 奈良康明, 『佛教史I』, 東京: 山川出版社, 1979, pp.302-308, pp.220-223을 참조했다.

12 中村元, 『インド古代史』上, 東京: 春秋社, 1963, pp.619-631 [:中村元 選集[決定版], 第6卷, pp.280-295]; 同, 『インド古代史』下, 東京: 春秋社, 1966, pp.146-151, pp.265-278 [:中

村元 選集[決定版] 第7巻, pp.191-198, pp.349-384]를 참조.

13 이 의미에서의 '재가보살'에 대해서는 본서 제2부 제2장, pp.210-213을 참조하기 바란다. 특히 『法鏡經』의 티베트역으로부터의 인용에서는 '저택에 살고 있는 보살'이라고 번역한 부분이 이에 해당한다.

14 본서 제2부 제3장, pp.236-238을 참조. 또한, ⑦'主事者(zhal ta byed pa, vārika)'에 관해서는 본서, p.245, 주32) 및 pp.246(-247)의 ['부기'와 '연구 보충 메모']를 참조하기 바란다.

15 *Mvyut.* no. 8736에 의하면, zhal ta pa(榊本는 zhal lta pa인데, Y.Ishihama & Y.Fukuda, *A New Critical Edition of the Mahāvyutpatti*, The Toyo Bunko, 1989, no.8676에 의해 zhal ta pa를 채택한다)는 바이야브리트야카라에 대응하고 있음을 알 수 있는데, zhal ta byed pa가 바이야브리트야카라에 대응하고 있는 보다 확실한 예로는 望月良晃, 『大般涅槃經の研究』, 東京: 春秋社, 1988, p.220, 주64)가 보여주듯이(다만, vaiyāvṛtyakaṇa라고 되어 있는 것은 오자), 『식샤사뭇차야』에 인용된 『라트나라쉬 수트라』의 산스크리트 원문과 그 티베트역의 용례가 있고, 이것은 그 내용 규정에 있어서도 주목해야 할 문헌이다. 바이야브리트야카라는 올바르게는 vaiyāpṛtyakara라고 표기되어야 한다고 하며, 실제로도 그 두 가지 표기를 볼 수 있다. 이 점을 포함하여 語義에 관해서는 Monier-Williams, *A Sanskrit-English Dictionary*, p.1024, col.3, vaiyāvṛttya 및 -kara, F. Edgerton, *Buddhist Hybrid Sanskrit Dictionary (BHSD)*, p.511, vaiyāpatya, ^{0}pṛtya, ^{0}vṛtya를 참조하기 바란다. 또한 靜谷正雄, 『初期大乘佛教の成立過程』, 京都: 百華苑, 1974, p.369에서도 이 대응이 제시되고 있지만, 구체적인 근거는 명기되어 있지 않으며, 이 직책의 중요성에 특별히 주목한 흔적도 없다. 『라트나라쉬 수트라』의 실제 용례에 대해서는 본서 제2부 제5장, 주23)과 주26) 이하의 인용을 참조하기 바란다. 바이야브리트야카라의 직무는 당연히 시대에 따라 변화해 갔는데, 그 기본적인 성격은 본서 제2부 제5장, 주1) 이하에 인용된 물라사르바스티바다의 『프라티목샤 수트라』의 밑줄 친 d에 있는 바와 같이 '성인들의 위탁을 인수하는 것(ya āryāṇāṃ vaiyāvṛtyaṃ pratyanubhavati)'이었다고 생각된다. 직역하면 '위탁 인수인'이라고 해야 하지만, 본서 제2부에서는 의역해서 대부분의 경우 '관리인'으로 통일하였다. 그런데 본서 제2부의 본 장은 히라카와설에서 말하는 '보살가나'를 가정할 필요가 없다고 한 이상, 대승불교의 성립 상황에 관한 필자의 견해를 그것을 대신하는 것으로 작업 가설적으로 제기해보고자 한 시도이다. 최근에 받은 小谷信千代의 편지(1992.12.22 소인)에 의하면, 최근에 해리슨도 쇼펜도 거의 같은 취지로 히라카와의 설을 비판하고 있다고 한다. 오타니의 표현에 의하면, 해리슨의 주장은 '삼림에 거주하는 비구들(아란냐카)을 대승의 출가보살로 보고 재가 기원설을 비판하려 하는 점에 특징이 있는 것' 같은데, 그

점에서는 필자도 공통된다. 필자는 공부가 부족하여 현 시점에서는 쇼펜이나 해리슨의 주장을 직접 조사할 만한 기회가 없지만, 대승불교가 아란냐(araṇya, 森林)를 거점으로 일어났다고 말할 생각은 전혀 없다. '보살가나' 등을 상정하지 않으면 대승은 불탑에서 일어났다고 해도 좋을 것이다. 중요한 것은 불탑 중 불교교단에 속하지 않은 것은 기본적으로 존재하지 않았다는 점이다. 따라서 존재한 것은 점차 대규모화한 불교 사원뿐이었으며, 그 승원에는 종래의 출가자가 있었으며, 불지의 불탑을 중심으로 신흥 왕족이나 부자에 의한 기진이 통인도적인 고행주의의 침투와 함께 진행된 것이다. 그 기진자들의 대량의 해방운동이 대부분 통속적 대승불교의 근간을 이루었다고 생각된다. 이 새로운 시대의 해방운동에 필요했던 것이 예로부터 승원에 있던 출가자가 아닌, 교단에 속하면서도 실제로는 삼림에 살고 있던 여러 고행자들이었으며, 그 고행의 권위를 빌려서 기진자들의 해방이 원리적으로 이루어지게 된 것이다. 거기에 '악업불식 의식'의 성립과 전개가 있었다고 생각되는데, 그때 이전부터 사원에 거주하면서 승지나 불지의 재산관리를 하며 시대의 진전과 함께 삼림에 주로 거주하는 고행자 집단도 관리하게 된 주목할 만한 직책이 바이야브리트야카라였다고 필자는 제언한 것이다. 물론 필자는 이 직책에만 한정해서 주목할 생각은 없으며, 이와 유사한 임무를 가진 것에 대해 앞으로도 주의를 기울일 생각이지만, 바이야브리트야카라라는 직책의 중요성과 그 직무의 변천에 대해서는 기존에 아무도 대승불교의 성립과 결부시켜 주목한 적이 없다고 생각되므로, 먼저 바이야브리트야카라를 중점적으로 고찰하였다.

16 팔리 문헌에는 바이야브리트야카라에 관한 어떤 용례가 있는가라는 완전히 초보적인 필자의 의문에 대해 바이야브리트야카라와 캅피야카라카라고 즉답해주고, 훗날 다시 뒤의 주22), 주23)과 같은 문헌을 구체적으로 알려준 것은 片山一良이다. 그 가르침에 진심으로 감사드리는 바이다.

17 平川, 앞의 논문 (앞의 주3), 전자), p.406, 주3). 또한 이 인용에서 히라카와가 '寺主'라는 말을 사용한 것은 본서 제2부 제5장, 주19)에서 인용한 히라카와의 같은 말에 대한 설명으로부터 유추하여, 본서 제2부에서 필자가 바이야브리트야카라로 밝히려고 한 것을 가리킨다. 하지만 이 바이야브리트야카라야말로 대승불교가 발생했을 때에는 이전부터 불교교단에 있으면서 '대승보살'의 관리인으로 행동했던 대표적인 직책이었다는 점은 본서 제2부에서 저절로 밝혀질 것이다.

18 平川, 앞의 책 (앞의 주2)), pp.649-650 [:平川彰 著作集, 제4권, pp.303-304].

19 平川, 앞의 책 (앞의 주2)), pp.524-525 [:平川彰 著作集, pp.123-124]를 참조. 여기서 직접 비판하고 있는 것은 静谷正雄, 「初期の大乗教團について」, 『印佛研』 5-2, 1957.3,

pp.104-115인데, 静谷, 앞의 책 (앞의 주15)), pp.363-372에서는 그에 대한 재반론을 포함한 논술을 볼 수 있다. 『법경경』 및 그 이역에 나타나는 일련의 비구를 히라카와가 '대승의 출가보살'이라고 한 것에 비해, 시즈타니는 소승 유래의 연속성을 인정한다. 또한 전자가 대승의 독자적인 '보살가나'를 상정하는데 비해, 후자는 '대소공주大小共住'도 용인하는데, 전통적 불교교단이 저절로 대규모화하여 그곳에 소속된 불탑을 중심으로 '악업불식의식'이 성립하여 전개한 것이 대부분의 대승불교였다고 본다면, 위와 같은 의견 대립도 어떤 의미에서는 본질적인 것이라고는 할 수 없을 것이다.

20 대승불전 『라트나라쉬 수트라』에 보이는 이 직책에 관한 용례에 대해서는 본서 제2부 제3장, 주33)에서 지적했다. 그 상세한 내용에 관해서는 본서 제2부 제5장, 주23) 및 주26) 이하에서 인용된 부분을 참조하기 바란다.

21 平川彰, 『律蔵の研究』, 東京: 山喜房佛書林, 1960, pp.735-736 [:平川彰 著作集 제10권, pp.325-326]을 참조. 또한 모든 율장에 있어서의 전거에 관해서는 같은 책, p.751, 주2)에서 지적되고 있다. 또한 佐藤, 앞의 책 (앞의 주11)), p.142, p.612, pp.722-723에서도 veyyāvaccakara와 함께 이 조문을 검토하고 있다.

22 J.Takakusu, M.Nagai & K.Mizuno, *Samantapāsādikā, Buddhaghosa's Commentary on the Vinaya Piṭaka*, Vol.II, p.470. 또한 한역 『善見律毘婆沙』에 대해서는 대정장 24, p.753b; P.V.Bapat & A.Hirakawa, *Shan-Chien-P'i-p'o-Sha*, Poona, 1970, p.329를 참조.

23 J.Takakusu, M.Nagai & K.Mizuno, *ibid.*, Vol.III, p.672. 또한 『선견율비바사』에 대해서는 대정장 24, p.775c: P.V.Bapat & A.Hirakawa, *ibid.*, p.429를 참조.

24 H.Oldenberg, Vinaya Piṭakaṃ, Vol.I, p.206, pp.211-212, p.212, p.245를 차례대로 참조하기 바란다. 또한 『남전대장경』 3권에서는 모두 '給與者'로 번역하고 있다.

25 캅피야카라카의 어의를 검토할 때 片山一良, 「十事について」, 『パーリ學佛教文化學』 3, 1990, pp.15-40을 참고하였다. 10사 가운데 앞의 7사에서는 'kappati … -kappo'라는 정형적인 표현이 반복적으로 나타나는데, 본 논문은 10사의 내용과 함께 어의를 고찰한 것이다. 가타야마는 kappati와 -kappa라는 '두 단어의 내용을 동일시하여 취급하는 것은 전통적인 율의 입장에서는 지극히 곤란하다.'(같은 책, p.23)라고 결론짓고 있지만, kappa를 vikappa로 해석하는 예(같은 책, pp.24-25)가 있다는 점에서 볼 때, 필자는 두 말의 공통적 의미로 '선택한다(kappeti)'를 고려한다면 '(율에 비추어 고려되어져야 한다)…라는 선택[지](kappa)가 (어떤 사람을 위해서, dat., gen) 선택된다(kappati, kappeti의 수동태로 해석한다)'라고 이해해도 좋을 것 같다. 따라서 kappiya는 '선택되어도 좋은 것', kappiya-kāraka는 '선택되어도 좋게 하는 사람'이라고 해석할 수 있다. 또한 kappiya-kāraka의 불교혼성산스크리트 용어

는 kalpikāraka인데, 이것에 관해서는 *BHSD*, p.173의 같은 항을 참조하기 바란다. 그리고 그 동사적 용법에 대해서는 『식샤사뭇차야』에 인용된 *Divyāvadāna*의 "yadi mama kalpeta udūkhalaṁ spraṣṭuṃ …… [만약 내가 木臼鉢을 만져도 좋다면, …]" (*Śikṣāsamuccaya*, p.58, l.9)이 있다.

26 佐藤, 앞의 책 (앞의 주11)), p.315에 따른다. 또한 같은 책, pp.310-319에서 '집사인'으로 열거된 개개의 직책은 불교교단의 전개와 함께 그 변질을 추적해볼 필요가 있다는 점에서 중요하다. 다만 '집사인'은 일반적으로는 veyyāvaccakara/ vaiyāvṛtyakara의 번역어라고 생각되고 있으므로, 총칭으로서는 오히려 kappiyakāraka(淨人)나 ārāmika(守園人)를 사용하는 것이 좋을 것 같다.

27 平川, 앞의 책 (앞의 주2)), pp.531-532 [:平川彰 著作集, pp.130-131] 및 静谷, 앞의 책 (앞의 주15)), pp.368-367에서 네 번역을 대조하고 있다. 또한 이 경의 해당 부분에서 비구의 거주지 명칭이 vihāra로 고정할 때까지의 용어 변천에 관해서는 平川彰, 「初期大乗教團における塔寺の意味」, 平川彰 著作集, 제5권, pp.470-473을 참조하기 바란다. 물론 용어의 변천을 검토하는 것도 중요하지만, 그보다 원래 고행자로서 승원에 거주하지 않았던 자가 시대의 변화와 더불어 승원에서 숙박하거나 정주하게 된 때의 변화가 보다 중요하다고 생각된다. 전통적인 불교교단에서 그러한 고행자의 숙박이나 거주 조합의 처치에 관해서는 본서 제2부 제5장, 주38)의 『근본설일체유부비나야』의 경우를 살펴보기 바란다. 그리고 이런 고행자 가운데 '持律者(vinayadhara)'에 관한 『대반열반경』의 기술은 松田和信, 『中央アジア出土大乗涅槃經梵文斷簡集』, 東京: 東洋文庫, 1988, pp.30-35에서 여러 자료와 함께 일본어로 번역하여 소개하고 있다.

28 P.ed., No.760-19, Zhi, 318b3: zhal ta byed pa la bsten te/ bya'o cog byed pa la brtson par bya'o//

29 望月, 앞의 책 (앞의 주15)), pp.205-206에 본 장에 대한 간단한 소개가 있다. 보다 구체적인 것에 관해서는 본서 제2부 제5장 주19)를 단 본문 및 주23) 밑에서 인용한 이 경의 기술을 참조하기 바란다.

30 본서 제2부 제1장, pp.192-193을 참조하고, 같은 책, 제2장 p.214 및 제3장 pp.235-236을 참조하기 바란다.

31 *Mahāsaccaka-sutta*, MN, I, p.247, ll.15-16; 『남전대장경』 9, p.431을 참조.

32 Vinaya Piṭakaṃ, Vol.II, p.197, ll.37-38; 『남전대장경』 4, p.303을 참조.

33 Vinaya Piṭakaṃ, Vol.I, pp. 57-58; 『남전대장경』 3, pp.101-102를 참조. 또한 '사의'에 관해서는 佐藤, 앞의 책 (앞의 주11)), pp.143-144, pp.220-224도 참조하기 바란다.

34 佐藤, 앞의 책 (앞의 주11), p.221의 지적을 참조할 것.

35 『梵網經*Brahmajāla-sutta*』 전반에서 묘사된 '信施'에 대해서는 佐藤, 앞의 책 (앞의 주11)), pp.125-132를 참조하기 바란다. 또한 『식샤사뭇차야』, p.138, ll.2-3에 인용된 『라트나라쉬 수트라』(=대정장 11, p.640a)에서는 śraddhā-deya에 2종이 있다고 하여, yukta에 대한 것과 mukta에 대한 것을 지적하고 있다. 전자는 '實修를 행한 자'라는 의미로 아마도 실수행자yogācāra를 대표로 하는 새롭게 대두된 고행자를 가리키는 것으로 생각되는데 비해, 후자는 예로부터 있었던 '해탈한 자'로 생각된 고행자를 가리키는 것 같다. 여하튼 이러한 대응으로 śraddhā-deya에 2종이 있다고 열거하고 있는 것 자체가 시대의 변화를 보여준다.

36 Vinaya Piṭakaṃ, Vol.III, pp. 87-109; 『남전대장경』 1, pp.144-184를 참조. '상인법uttari-manussa-dhamma'란 *Mahāsaccaka-sutta*에서 'uttariṁ manussa-dhammā(일반적인 사람의 성질을 초월해 있는 것)'(MN, I, p.246, l.29)이라고 하듯이 초인적인 경지를 가리킨다. 실제로 그러한 경지를 얻지 못했는데 얻었다고 거짓말을 하는 것이 추방죄 제4조이다. 올해[1992] 10월 26일에 열린 불교학회 정례연구회에서 佐久間賢祐가 「四大廣律における上人法と禪定」을 발표한 후 질의응답 과정에서 '출가자가 왜 그러한 거짓말을 하는가'라는 의문이 제기된 것을 감안한다면, 불교교단을 둘러싸고 있던 통인도적 고행주의의 뿌리 깊음을 본고에서도 재차 확인하게 된다. 단, 이 제4조에서 '增上慢(adhimāna=abhimāna)'이 虛言者로부터 제외되고 있는 것은 흥미롭다. 왜냐하면 이것은 체험지상주의를 배제한 불교의 知性주의적인 측면을 보여주고 있다고 생각되기 때문이다. 이 제외 규정은 '사상'적인 면에서 이루어진 어떤 주장이 설사 상대편이 잘난 척하고 있다고 판단한다 해도 그것만으로 추방죄를 적용하는 것은 허용되지 않았음을 보여준다. 『법화경』 「방편품」에서도 물러난 오천 명의 비구에게 석존은 그들을 '증상만'이라고는 했지만, 추방죄를 적용할 수는 없었다. 물론 이것은 창작이지만, 경전 작자 역시 승단의 이 규율 조문을 잘 알고 있었을 것이다. 또한, *Bodhicaryāvatāra-pañjikā*에 실린 *Ākāśagarbha-sūtra*(『虛空藏經』)에는 初習業菩薩ādikarmika-bodhisattva의 여덟 가지 근본죄가 설해져 있는데, 그 다섯 번째에 대해 "명성이나 이득 등을 원인으로 대승을 독송하는 것 등에 의해, 그와 같이 그 조건으로부터 다른 사람에게 불만이나 비난 등을 말하고, 자신을 칭찬하며, 일반적인 인간의 성질을 초월한 것uttara-manuṣya-dharma을 自認한다upagama면 제5(의 근본죄)이다."(Vaidya ed., p.81, ll.28-30)라고 서술하고 있다. 이를 보아도 '상인법'이 통인도적 습관 속에서 어떤 기능을 다하고 있는지 알 수 있다. 그런데 이 근본죄에 관해서는 이전에도 주목했지만 그 후 잊고 있다가 '상인법'과 관련하여 다시 떠올리게 되었다. 그것은 대학원생인 薄金宏之進 덕분이다. 감사의 마음을 전한다.

37 佐藤, 앞의 책 (앞의 주11)), p.486.

38 『阿毘達磨大毘婆沙論』「雜蘊第一中無義納息第七」, 대정장 27, pp.203b-216b; 『國譯一切經』 毘曇部 8, pp.775-825는 고행의 무의미함을 논하며, 그 후반 대부분에서 '不淨觀'을 고찰하고 있다. 하지만 '부정관'은 아무리 올바른 방향으로 나아간다 하더라도 필자가 볼 때는 고행주의를 대표한다고밖에 생각되지 않는다. 그래서 소위 '五停心觀'이라 불리며, 요가차라에 의하면 '淨行所緣carita-viśodhanam ālambanam'이라 일컬어지는 것 중 '부정관'에 관해서는 小谷信千代, 「チム·ジャンピーヤンの『倶舎論釋』(第六章賢聖品)の和譯(二)」, 『佛敎學セミナー』 55, 1992, pp.19-32, 특히 pp.28-29, 주13) 및 惠敏, 「「聲聞地」の不淨所緣」, 『佛敎學』 33, 1992, pp.9-26을 참조하기 바란다. 그리고 平川彰, 「婆沙論より見たる大乘敎團」, 平川彰 著作集 5, pp.349-374 말미의 결론 부분에서 히라카와는 "단 한 가지 말할 수 있는 것은 당시의 대승교도, 내지 대승의 주장이 유부의 논사들로부터 완전히 무시당하고 있었다는 점이다. 즉, 대등한 論敵으로 상대되지 않고 있었다는 점은 말할 수 있을 것이다."(p.364)라고 기술하고 있는데, 유부의 논사가 승원 밖의 佛地로 들이닥치고 있던 통인도적 습관에 근거한 '악업불식의 의식'과 관련된 통속적 대승불교를 상대도 해주지 않았던 것은 오히려 당연한 일이다. 하지만 요가차라들이 승원 안에 조금씩 정주하게 되면서 그 체험주의에 근거한 이론도 무시할 수 없게 되어 『대비바사론』에서도 종종 다루어지게 된다. 이러한 요가차라들에 관해서는 西義雄, 『阿毘達磨佛敎の硏究』, 東京: 國書刊行會, 1975, pp.219-265를 참조하기 바란다. 또한 『대비바사론』 등에서 대승은 '완전히 무시되고 있는' 것만은 아니다. '獨覺乘', '聲聞乘'에 대해 '諸佛乘'(대정장 27, p.534b) 등의 용례도 알려져 있으며, 이러한 종류의 논의는 더욱 자세히 조사해볼 필요가 있다.

39 진리는 말로 표현할 수 없다고 하는 전자의 입장과 자기의 주장 명제를 말로 표현하려고 하는 후자의 대비에 대해서는 졸고, 「離言(nirabhilāpya)の思想背景」, 『駒澤大學佛敎學部硏究紀要』 49, 1991, pp.161-162를 참조. 전자가 (a)-(a′)의 진리관을, 후자가 (b)-(b′)의 진리관을 보여준다. 대승불교와 관련하여 말하자면, (a)-(a′)의 진리관은 그대로 (a)-(a′)의 대승불교로 계승된 것이며, (b)-(b′)의 진리관은 그 사고방식의 내부에서 法有의 사상이 法空의 사상에 의해 비판되거나(예를 들면 Nāgārjuna) 혹은 논리적으로 올바른 명제는 하나밖에 없다고 주장되는(예를 들어 『법화경』) 것에 의해 (b)-(b′)의 대승불교로서 비판적으로 전개된 것이다. 이 (b)-(b′)의 대승불교는 (a)-(a′)의 대승불교로부터 본질적으로 동떨어진 것이며, 그 차이는 같은 (b)-(b′)의 진리관에 있는 설일체유부의 그것보다 크다는 것을 끊임없이 의식해 둘 필요가 있다. 또한 '아트만은 온이다'라는 주장 명제는 실제 표현으로서는 "skandha-saṃtāna evâtma-prajñaptiḥ"(*AKBh*, p.461, l.3), "skandha-saṃtāna

evêdam ātmâbhidhānaṃ vartate"(*ibid.*, l.5), "skandhā eva pudgalāḥ"(*ibid.*, p.468, l.1)가 되겠지만, 이러한 입장이 내키지 않아 "[pudgalo] na cânyaḥ skandhebhyaḥ śakyate pratijñātuṃ ··· nâpy ananyaḥ"(*AKBh*, p.462, ll.3-4)라고 서술하고, 언어 표현을 초월한 '不可說avaktavya'이라는 범주를 새롭게 마련한 것이 Vatsīputrīya(犢子部)였던 것이다. 이 문제에 대해서는 졸고, 「無我說と主張命題-「破我品」の一考察-」, 前田專學博士還曆紀念論集, 『<我>の思想』, 東京: 春秋社, 1991, pp.155-167을, Vatsīputrīya의 '불가설'을 포함한 '五法藏'에 대해서는 히라카와의 앞의 논문 (앞의 주3), 전자), pp.379-380을 참조하기 바란다. 거기서는 『대반야경』이나 『십주비바사론』이 '오법장'에 친근성을 나타내는 점을 지적하고 있는데, 그것은 동시에 이들이 (a)-(a′)의 대승불교로서의 통속성을 보여주고 있는 것과도 연결된다.

40 이 점은 松本史朗, 『縁起と空 -如来藏思想批判-』, 東京: 大藏出版, 1989, p.342에서 "나가르주나의 사상적 사명은 아비달마 철학의 법유론을 전면적으로 부정함으로써 법무론에 근거한 불교의 올바른 연기설을 회복시키는 점에 있었다."라고 매우 엄밀하게 지적하고 있다. 이 나가르주나의 부정을 앞의 주39)에서 언급한 '아트만은 온이다'라는 설일체유부의 주장 명제와 연관 지워서 명확히 하기 위해 *Madhyamaka-kārikā* 제18장 제1송을 다루어보면, 거기서는 "만약 아트만이 온이라면 생멸을 分有하는 것이 될 것이다. 만약 온과 별개라면 온의 특질을 갖지 않는 것이 될 것이다."라고 서술하고 있다. 이것은 생멸을 분유하는 아트만도 온의 특질을 갖지 않는 空華와 같은 아트만도 존재하지 않는다는 것을 '아트만이 없다'라고 하는 동사 부정의 주장 명제로 주장하는 것에 의해 설일체유부적인 명제도, 통인도적 아트만 실재의 명제도 함께 부정하고자 한 것이다. 그러나 이것을 '아트만은 온도 아니고 온과 다른 것도 아니다'라는 주장으로 해석하면 '아트만은 A도 아니고 非A도 아니다'라는 명사 부정의 표현이 되어, 排中律을 범하게 되면서도 그것을 넘기 위해 진리를 언어의 저편으로 전락시켜 버린다. 이 해석은 나가르주나를 한없이 Vatsīputrīya와 중첩해버리는데, 전통적으로는 이 '戱論寂滅(prapañcôpaśama)'적 해석이 압도적으로 우세했던 것이다. 나가르주나 자신의 입장은 물론 전자에 있었다고 생각되지만, 바보를 상대로 너무 명확한 비판을 전개하면 그저 상대방을 화나게 할 뿐이라는 생각이 강렬했기 때문에, 서두에서 '八不'로 아예 상대방이 눈을 못 뜨도록 제압해버렸는지도 모른다. 그것이 너무 성공을 거두어 후세에는 *Madhyamaka-kārikā*를 모두 '~가 아니다'라는 명사 부정으로 해석하려 했는지 모르지만, '~가 없다'는 동사 부정으로 해석해야 한다는 주석자가 나타났다 해도 당연한 일이다. 후세에 전자의 부정은 paryudāsa-pratiṣedha(ma yin dgag)', 후자의 그것은 prasajya-pratiṣedha(med dgag)라고 불리는데, 그 양자에 관한 주석가들의 문제의식에 관해서는 松本, 앞의 책, p.365, 주23)을 참조하기 바란다. 또한 *Madhyamaka-*

kārikā 제18장 전체를 prasajya-pratiṣedha의 관점에서 통일적으로 해석하려고 시도한 것으로 私家版이기는 하지만, 野田俊作, 「『中論』の諸問題」 가운데 「第二部 : 第一八章の主張と鳩摩羅什譯の問題点」이 있다. 野田는 아드라길드 소속의 정신의학 전공 학자인데, 불교를 배운 성과를 논문으로 정리한 것을 개인적으로 송부해준 것이다. 이 자리를 빌려 감사의 마음을 전한다.

41 예를 들어 *Saddharmapuṇḍarīka*, Kern ed., p.44, ll.3-4에는 "śraddhadhādhvaṃ me Śāriputra pattīyatâvakalpayata/ na hi Śāriputra tathāgatānāṃ mṛṣā-vādaḥ saṃvidyate/ ekam evêdaṃ Śāriputra yānaṃ yad idaṃ buddha-yānaṃ// (사리푸트라여, 너희들은 나(=佛)를 믿고, 신뢰하고, 信服하는 것이 좋다. 왜냐하면 사리푸트라여, 여래들에게는 허언이라는 것이 없기 때문이다. 이 乘은 하나뿐이며, 즉 그것은 佛乘이다)"라고 한다. 또한 『법화경』의 문제에 대해서는 松本史朗, 「『法華経』と日本文化に関する私見」, 『駒澤大學佛教學部論集』 21, 1990, pp.216-235 및 졸고, 「『法華経』と本覺思想」, 앞의 논집, pp.111-141을 참조하기 바란다.

42 예를 들어, *Ārya-Sarvadharmavaipulyasaṃgraha-sūtra*에는 "sūkṣmaṃ hi Mañjuśrīḥ saddharma-pratikṣepa-karmâvaraṇaṃ/ yo hi kaścin Mañjuśrīs tathāgata-bhāṣita- dharme kasmiṃścic chobhana-saṃjñāṃ karoti/ kvacid aśobhana-saṃjñāṃ sa saddharmaṃ pratikṣipati/ tena saddharmaṃ pratikṣipatā tathāgato 'bhyākhyāto bhavati/ dharmaḥ pratikṣipto bhavati/ saṃgho 'pavadito bhavati/ ya evaṃ vadatîdaṃ yuktam idam ayuktam iti sa saddharmaṃ pratikṣipati/ (만주슈리야, 정법을 放棄하는 행위의 장해는 미묘하다. 왜냐하면 만주슈리야, 누구든지 여래에 의해 설해진 어떤 법에 대해 훌륭하다는 생각을 하고, 다른 것에 대해 훌륭하지 않다고 생각한다면, 그 사람은 정법을 방기하는 자가 되기 때문이다. 그리고 그는 정법을 방기하여 여래를 비방하고, 법을 방기하고, 교단을 부당하게 무시한다. [또한] 무릇 누구이든 이것은 논리적으로 올바르지만 저것은 논리적으로 틀린 것이다라고 그와 같이 주장한다면, 그는 정법을 방기하는 것이다."라고 한다. 이 경은 *Śikṣāsamuccaya*, p.95, ll.11-15나 *Bodhicaryāvatārapañjikā*, Vaidya ed., p.76, ll.3-6에도 인용되는데, 비교적 오래된 한역으로는 竺法護 역, 『佛說濟諸方等學經』, 대정장 9, p.378a가 있고, 그 후로는 毘尼多流支 역, 『大乘方廣總持經』, 대정장 9, p.382b가 있다. 위에서 제시한 문장 가운데 특히 밑줄 친 부분에 주목해보면, 논리적으로 옳고 그름을 결정하는 것은 정법을 파괴하는 것이라는 포용주의를 보여주고 있다. 이런 생각이 실은 큰 것은 위대한 것이라는 천박한 사상과 결부되지만, (a)-(a′)의 대승불교에 있어서의 mahāyāna는 그런 천박함도 동시에 보여준다. 그러나 큰 것은 좋은 것이라는 식의 사고 방식을 취할 수 없었던 (b)-(b′)의 대승불교는 아마도 스스로를 마하야나라고 자처하는 일은 적어도 초기에는 없었다고 생각한다. 대학원에서 *Bodhicaryāvatāra-pañjikā*를

강독할 때 본 경을 음미할 기회를 준 것은 대학원생 石見明子이다. 감사의 마음을 전한다.

[부기] 앞의 주38)과 관련하여 나중에 알게 된 점을 보충해둔다. 필자는 『대비바사론』은 통속적 대승불교를 의식하지 않았던 것이 아니라 언급할 필요성을 못 느꼈던 것이라고 서술했는데, 이를 방불케 하는 기술이 『대비바사론』(대정장 27, p.410a-c) 자체에 있다는 사실을 적어둔다. 대승의 『화엄경』이나 『유마경』에서 유명한 부처의 '一音演說法'에 대해 질문을 받으면 당시의 상황상 설일체유부도 이에 대해 어쩔 수 없이 대답하고는 있지만, 속설과는 전혀 다른 대답을 하면서 찬불송 등은 삼장이 아니라며 피하고 있다. [또한 이 문제는 나중에 제6장에서 상세히 논한다.]

(1993. 3. 21.)

[연구 보충 메모] 본 장, 주11) 및 그 본문에서 언급한 상가라마와 비하라의 관계에 대해 비하라는 상가라마 안에 있다는 佐藤의 지적을, 필자는 이 단계에서는 너무나 제멋대로 부연하고 있었을지 모른다고 지금은 다소 반성하고 있다. 불교교단의 사원 안에는 비하라도 있고 스투파도 있다고 하는 필자의 가설 자체는 수정할 필요를 느끼지 않지만, 필자는 그 '사원'을 상가라마라고 불러버렸기 때문에, 본서 제1부 제4장의 주9) 아래에서 인용한 『디비야 아바다나』의 한 구절처럼 스투파인가 상가라마인가라는 양자택일의 질문이 실제로 사용되고 있는 이상, 스투파는 상가라마와 구별되고 있다고 생각해야 한다. 따라서 엄밀하게 말하면, 필자의 가설상의 '사원'을 상가라마로 보는 것은 부적절하다는 점을 여기서 확실히 밝혀둔다. 또한 이 점은 당연한 일이지만 본서 제2부 제9장의 '그림 2' (p.385)에도 적용된다. 본 장의 주13) 및 그 본문에서 서술한 '재가보살'에 대응하는 산스크리트어 gṛhastha-bodhisattva는 본서 제2부 제12장 주19) 이후에는 실제 용례에 따라 gṛhī bodhisattvaḥ로 수정한 것과 같다는 점을 여기서 밝혀둔다. 본 장 주35)에서 언급한 yukta와 mukta에 관해서는 *Divyāvadāna*, p.329, l.3, l.7의 'yukta-mukta-pratibhāna' 등의 예를 참조해야 한다는 점에 대해서는 본서 제2부 제9장 주17)에서 지적한 바와 같다. 단, 거기서는 *ibid.*, pp.707-708의 교정자에 의한 Léon Feer의 교시도 포함하여 다소 자세한 표기를 빠뜨리고 있었기 때문에, 이 기회에 보충해서 참조하기 바란다. 또한 『디비야 아바다나』의 제23장에 대해서는, 대응하는 『出家事』와 함께 가능하면 장래에 필자의 『律藏說話研究』에서 고찰하고자 한다. 본 장 주36)에서 인용한 『허공장경』의 초습업보살의 제5근본죄 기술 가운데 '명성'은 kīrti, '이득'은 lābha의 역어를 사용했으나, 이와 관련한 '소득'과 '존경' 및 여덟 가지 '세간법'에 대해서는 본서 제1부 제2장, 제3장을 참조하기 바란다. 본 장 주38)에서 언급한 小谷信

千代, 恵敏의 성과는 각각 후에『チベット倶舍學の研究 -『チムゼ-』賢聖品の解讀-』京都: 文榮堂, 1995;『「聲聞地」における所緣の研究』, 東京: 山喜方佛書林, 1994로 정리되어 출판되었으므로 참조하기 바란다.

5 /

대승불교의 성립 상황을 해명하는 데 도움이 되는 문헌

앞 장에서는 대승불교의 성립과 관련하여 '보살가나'라는 존재를 상정하고 그 거점인 불탑의 독립성 및 기수旗手인 보살의 독자성을 강조하는 것에 의해 초기의 성립 상황을 명확히 하고자 했던 히라카와의 가설에 의문을 제기하는 한편, 그 대안으로서 전통적 불교교단 자체의 사회적 변화에 동반한 교단의 변질을 '습관'과 '사상'과의 대비를 고려하면서 검토하였다. 이를 통해 대승불교 역시 교단 자체의 변질 속에서 성립했다는 점을 일단 논증은 잠시 제쳐두고 주로 작업 가설적인 입장에서 제기해보았다. 이 장에서는 그러한 제기에 이어, 그 근거가 될 수 있는 문헌을 다소 개략적이기는 하지만 좀 더 구체적으로 검토해보고자 한다.

불교교단 자체가 변질하고 대승불교가 발생하게 된 시대에 캇피야카라카(kappiyakāraka, 淨人)나 아라미카(ārāmika, 守園人), 특히 웻야왓차카라(veyyāvaccakara, 관리인·執事人)라는 사원 거주의 특정 소임자가 급속히 대두했을 것이라는 점에 대해서는 이미 서술했는데, 이하 잠시 이 웻야왓차카라에 관한 문헌을 검토해보겠다.

앞 장에서도 언급했지만, 이 소임에 대해 언급하는 중요한 자료 중 하나는 승단의 규율 조문인 몰수죄沒收罪 제10조이다. 그런데 현실의 교단은 반드시 어떤 부파에든 속하고 있을 것이므로 이 제10조에 관해서도 부파 간의 차이는 당연히 고려되어야 하며, 또한 시대와 더불어 변질되어온 소임일 가능성이 높은 이상 필연적으로 시대적인 차이도 고려해야 할 것이다. 하지만 본서의 제2부는 이 점만을 문제시하는 것은 아니므로 대표적 부파라고 생각되는 근본설일체유부Mūla-Sarvāstivāda의, 게다가 시대적으로 가장 후대의 단계를 보여주고 있다고 생각되는 산스크리트 문헌을 중심으로 이를 팔리율과 대비하며 대략적인 차이를 지적하는 방식으로 서술해가고자 한다. 이하 제시하는 번역문은[1] 바네르지Banerjee 교정의 『프라티목샤 수트라*Prātimokṣa-sūtra*』를 저본으로 문제의 제10조를 제시한 것인데, 번역문 중 팔리율의 해당 조문에서는 전혀 찾아볼 수 없는 부분은 밑줄로 표시해두었다.

> 실로 왕(rājan, rgyal po) 혹은 대신(mahāmātra,[2] blon po chen po) 혹은 바라문(brāhmaṇa, bram ze) 혹은 거사(gṛhapati, khyim bdag) 혹은 도시인(都市人, naigama, grong rdal gyi mi) 혹은 지방인(jānapada, yul mi) 혹은 자산가(dhanin, nor can) 혹은 상인조합주(śreṣṭhin, tshong dpon) 혹은 무역상주(sārthavāha, ded dpon)가[a] 사자使者의 손에 의복 대금cīvara-cetanaka[3]을 맡기며 지시하여 비구에게 보냈다고 하자. 이렇게 해서 그 사자는 그 의복 대금을 갖고 그 비구가 있는 곳으로 갈 것이다. 그리고 당도한 후에 그 비구에게 다음과 같이 말할 것이다. "성자여, 실로 알려드립니다. 왕 혹은 대신 혹은 바라문 혹은 거사 혹은 도시인 혹은 지방인 혹은 자산가 혹은 상인조합주 혹은 무역상주[b]가 의복 대금을 지시하여 당신에게 보냈습니다.[4] 성자시여, 부디 자비

롭게anukampām upādāya[c] 이것을 받아주십시오." [그러면] 그 비구는 그 사자에게 이렇게 대답해야 할 것이다. "어서 오시게, 사자여, 비구들이 의복 대금을 받는 것은 적절하지 않습니다.[5] 하지만 우리들은 일단 받은 후에 적절한 시기에 의복으로 받습니다."[6] [그러면] 그 사자는 그 비구에게 이렇게 말할 것이다. "누군가 성자들의 위탁(vaiyāvṛtya, zhal ta)을 받아줄(pratyanubhavati, nyams su len)만한[d] 성자들의 관리인(vaiyāvṛtyakara, zhal ta bgyid pa=zhal ta byed pa)은 없습니까?" [그러면] 의복을 희망하는 비구는 수원인(守園人, ārāmika) 혹은 재가신자upāsaka를 관리인(vaiyāvṛtyakara, zhal ta byed pa)으로 지시하며,[7] "사자여, 이들이 비구들의 관리인이며, 이들이 비구들의 위탁을 받아줄 것입니다.[e]"라고 [말할 것이다.] 이리하여 그 사자는 그 의복 대금을 가지고 그 관리인이 있는 곳으로 갈 것이다. 그리고 당도한 후에 그 관리인에게 다음과 같이 말할 것이다. "관리인들이여, 실로 알립니다. 이 의복 대금으로 이러이러한 모양을 한 그 의복을 생각하여 이러한 이름의 비구가 찾아올 텐데 당신은 그에게 적절한 시기에 의복을cīvareṇa kālena kalpitena 드리기 바랍니다ācchādayethāḥ.[f]"[8] 이렇게 그 사자는 그 관리인에게 올바르고 적절하게 말을 남긴 후 그 비구가 있는 곳으로 올 것이다. 그리고 온 후에 그 비구에게 이렇게 말할 것이다. "성자가 관리인이라고 지시한 사람에게 저는[9] 맡겼으므로 그 사람에게 가시면 그가 당신에게[10] 적절한 시기에 의복을 드릴 것입니다." [그 후] 의복을 희망하는 비구는 관리인에게 가서 "관리인이여, 저는 의복을 희망합니다. 관리인이여, 저는 의복을 희망합니다.[g]"라고 두 번 세 번 재촉하여 상기시켜야 한다. 두 번 세 번 재촉하여 상기시켰을 때 만약 그 의복이 준비되어 있다(abhiniṣpadyate, grub)[11]면 그것으로 좋지만, 만약 준비되어 있지 않다면 네 번 다섯 번 여섯 번까지는 침묵하며 그 장소에uddissa(uddeśe, phyogs su)[12] 머물러야 한다. 네 번 다섯 번 여섯 번까지 침묵하고 그 장소에 머물러 있는데 만약 그 의복이 준비되었다면 그것으로 좋지만 만약 준비되지 않을 경우에는 그 이상[13] 의복을 준비시키기 위해 진력한다면[14] [그] 완성된 의복에 관해서는 몰수죄naisargika-pāyantikā이다. 만약 준비되어 있지 않을 경우에는 그들 의복 대금을 보낸 장소에 스스로 가든가 혹은 신뢰할 수 있는 사자를 "무엇이든 당신들이 지시하여 이러이러한 비구 앞으로 보낸 그 의복 대금을 그 비구는 전혀 받지 못했습니다. 당신들은 자신의 재산을 되찾아[15] 당신들의 재산을 잃어버리지 않도록 하십시오."라고 말하도록 보내야 한다. 이것은 그 경우에 합의할 수 있는 일이다.

이상의 인용 가운데 밑줄 친 a~g의 일곱 부분은 팔리율의 해당 조문에는 전혀 존재하지 않는다. 그런데 a, b 및 d, e는 실질적으로는 같기 때문에 검토해야 할 주된 부분은 다섯 군데가 된다. 이 다섯 군데를 앞서 인용한 것과 같은 유부계의 오래된 한역인 『십송률』과 비교해보면, 『십송률』에는 위 인용문 중 f와 유사한 한 문장만이 있을 뿐 그 외의 문장은 없다. 이 점에서 볼 때 『십송률』은 오히려 팔리율에 가깝다. 그런데 동일한 다섯 부분을 보다 후대의 한역인 의정 역 『근본설일체유부비나야』의 해당 부분과 비교해보면, 역시 의정 역은 위에서 인용한 가장 후대의 산스크리트문文 『프라티목샤 수트라』의 해당 부분과 가장 가깝다는 것을 알 수 있다. 가깝다고는 해도 밑줄 친 a, b와 d, e, g에 해당하는 것은 없지만, g는 단순한 반복의 결여로 본질적인 차이는 아니며, 또한 a, b에 해당하는 의복 대금의 기진자 종류는 완전히 없는 것은 아니며 '등等'에 의해 생략되고 있다고 생각할 수도 있다.[16] 여하튼 이 몰수죄 제10조에 한해서는 『십송률』→『근본설일체유부비나야』→산스크리트문 물라 사르바스티바다Mūla-Sarvāstivāda의 『프라티목샤 수트라』

라는 고古→신新의 순서가 그대로 부파 간의 차이가 아닌, 동일 계통 간의 시대적 변화를 반영하고 있다고 극히 상식적으로 판단해도 문제없다고 생각된다. 이러한 관점에서 한 번 더 위에서 인용한 산스크리트문이나 의정 역에 보이는 중요 부분에 주목해보면, 밑줄 친 a, b는 '등'이라는 증광을 거쳐 결국에는 기진자의 실태를 반영하지 않을 수 없게 된 시대의 것으로 사실상 이들을 부가하게 된 것은 의정 이후였다 해도, 그들 기진자의 종류는 나카무라 하지메中村 元가 마우리야 왕조부터 대승불교 흥기 시대에 걸친 사회 구성에서 주목하고 있는 바와 같이,[17] 당시 대표적 신흥 직종이었다는 점을 잊어서는 안 된다. 또한 밑줄 친 c는 의정 역에서 '애민위哀愍爲'라고 하는데, 이는 출가자가 재가자의 기진을 받아주는 것에 의해 기진자의 '악업불식惡業拂拭'이 만족되어 '자비anukaṃpā'가 된다고 하는 통속적 대승불교의 파도가 설일체유부 교단에도 들이닥쳤음을 보여주는 것으로 생각된다. 또한 d, e는 지금 본 것과 같은 출가자와 재가자의 주고받는 역할 분담을 원활하게 성립시키는 소임자로서, 급속히 중요해진 그 소임을 명확히 규정할 필요가 있었기 때문이라고 생각된다. 그리고 위의 조문에 의하면, 그러한 소임을 맡은 바이야브리트야카라vaiyāvṛtyakara로 지명될 수 있는 것은 아라미카ārāmika나 우파사카upāsaka인데, 이 양자는 경분별 『위나야비방가(*Vinayavibhaṅga*, 律分別)』에서는 "수원인(守園人, kun dga'i ra ba pa, ārāmika)이란 정인(淨人, rung ba byed pa, kalpikāraka=kappiyakāraka)이며, 재가신자(dge bsnyen, upāsaka)란 [삼보에] 귀의하고 오학처五學處를 받은 자이다."[18] 라고 해석하고 있기 때문에 수원인이 관리인으로 지명된 경우에는 재가자의 경우와는 명확히 구별되고 있었을 것이다.

이상, 전통적 불교교단을 대표하는 설일체유부의 『프라티목샤 수트라』의 조문을 중심으로 바이야브리트야카라가 언급되는 방식을 보아왔는데, 이러한 불교교단에 부수하여 성립한 대승불교 경전에서는 이 바이야브리트야카라가 어떻게 기술되고 있는지 이하 보기로 한다.

제3장에서 언급한 것과 다소 중복되지만, 히라카와 아키라가 최고最古 대승경전 중 하나로 판단한 『법경경法鏡經』에서는 이 바이야브리트야카라가 '주사자主事者'로 번역된 것은 아닐까 생각되는데,[19] 그 고역古譯에서는 이 소임을 충분히 추측할 만한 기술은 아직 발견되지 않고 있다. 이 경의 비교적 후대의 한역에서도 그 상황은 계속되며, 가장 후대의 티베트역에 이르러 비로소 섈타제파zhal ta byed pa라고 번역되어, 앞서 제시한 바와 같이 그 소임자와 관련하여[20] "[재가보살은] 관리인을 섬기며 해야 할 모든 일을 하도록 노력해야 한다."라는 기술이 나타나게 된다.

그런데 위와 같은 경전의 발전 과정에서 나타난 다른 경전이 『라트나라쉬수트라』이다. 이미 소개한 바와 같이 이 경은 전 7장으로 구성되어 있는데, 그중 제1장에 바이야브리트야카라zhal ta byed pa를 주제로 한 기술이 삽입되기에 이른다. 현행의 본경은 「보량취회寶梁聚會」로서 『대보적경』의 제44회會[21]를 구성하는데, 원래는 『출삼장기집』에 적혀 있는 바와 같이[22] 진晉의 안제安帝대(396~418)에 도공道龔이 번역한 『보량경寶梁經』이라는 단경單經이다. 비교적 후대의 경전이기 때문에 제본諸本 간에는 『법경경』의 경우처럼 현저한 차이는 없다. 따라서 이하 티베트역을 중심으로 지금 문제가 되는 「바이야브리트야카라 파리바르타(Vaiyāvṛtyakara-parivarta, Zhal ta byed pa'i le'u, 營事比丘品)」의 일부를 소개하겠다. 본 장의 서두에서는 세존이 청정 비구와 멸진 아라한이라는 2종의 자를 관리인, 즉 바이야브리트야카라로 임명하는데, 그것은 무슨 이유인가라는 문제제기를 시작으로 다음과 같은 대답이 제시된다.[23]

그것은 무슨 이유인가? 카쉬야파(Kāśyapa, 'Od srungs)야, 잘 설해진 이 법과 율(chos 'dul ba, dharma-vinaya)에 다양한 종성(種性, rigs, gotra)으로부터 출가하여, 다양한 마음의 용인(容認, sems kyi mos pa, cittādhimukti)을 갖고, 단멸을 위해 다양한 실수(實修, rnal 'byor, yoga, 瑜伽)에 머무는 자로, 어떤 자는 적정한 삼림(dgon pa, araṇya)의 침소를 기뻐하고, 어떤 자는 상걸식자(常乞食者, bsod snyoms pa, piṇḍapātika)이며, 어떤 자는 마을에 사는 자(grong 'dab na gnas pa, pura-vāsin)이며, 어떤 자는 청정한 생활자('tsho ba yongs su dag pa, pariśuddhājīvika)이며, 어떤 자는 다문多聞에 노력하는 자(mang du thos pa la mngon par brtson pa, bahuśrutābhiyuktaka)이며, 어떤 자는 법을 말하는 자(chos smra ba, dharma-bhāṇaka, 法師)이며, 어떤 자는 율을 지니는 자('dul ba 'dzin pa, vinaya-dhara)이며, 어떤 자는 논모論母를 지니는 자(ma mo 'dzin pa, mātṛkā-dhara)이며, 어떤 자는 촌락(grong, grāma)이나 마을(grong khyer, nagara)이나 취락(grong rdal, nigama)이나 국토(yul 'khor, rāṣṭra)나 수도(pho brang 'khor, rājadhānī, paurī)에 살며 법을 설시하는 자인데, [그들은] 다른 유정들의 마음의 존재 방식(sems kyi spyod pa, citta-carita)을 지키는 것이 어렵기 때문이다. 카쉬야파야, 그러므로 관리인(zhal ta byed pa, vaiyāvṛtyakara) 비구(dge slong, bhikṣu)가 모든 비구교단(dge slong gi dge 'dun, bhikṣu-saṃgha)의 마음을 기쁘게 해야 한다.

이상의 인용문 가운데 나오는 '어떤 자' 중에서 마을이나 취락이나 수도에 사는 자란 당시 신흥 부자나 왕족의 '재가보살'을 가리킬 가능성이 높다. 이러한 자 중 일부가 『비말라키르티니르데샤(*Vimalakīrtinirdeśa*, 유마경)』의 주인공인 비말라키르티 거사이거나, 『아카샤가르바 수트라(Ākāśagarbha-sūtra, 허공장경)』에서 언급되는 관정灌頂 받은 크샤트리아였을지도 모른다.[24] 이들 이외의 '어떤 자'란 필시 『법경경』 이래의 고행자 집단과 기본적으로 일치하는, 승원에 상주하고 있지 않던 '출가보살'이었을 것이다.[25] 바이야브리트야카라란 위

인용문 말미의 내용을 보면 분명하듯이, 승원에 상주하고 있지 않은 이들 두 종류의 보살을 위해 수고함으로써 그들의 마음을 만족시키는 역할을 하는 소임자였다. 게다가 이 경에서 이 소임자는 명확히 비구라고 불리고 있기 때문에 유부의 『위나야비방가』에서 우파사카가 아닌 아라미카가 바이야브리트야카라로 임명된 것과 같은, 나아가 철저하게 비구에게까지 전용된 상황을 고려하면 좋을 것이다. 이 경에서는 바이야브리트야카라가 승원에 상주하고 있지 않은 비구(=보살)를 위해 해야 할 일을 앞서 인용한 부분에 이어 기술하고 있는데, 이하 그 속에서 실實수행자(yogācārin, 瑜伽師)에 관해 설하는 부분[26]을 소개한다.

그리하여 카쉬야파야, 무릇 누구든 실수행자(rnal 'byor spyod pa, yogācārin, 瑜伽師) 비구와 같은 자라면 그들에게 관리인(zhal ta byed pa, vaiyāvṛtyakara) 비구는 적절한 일용품('tshog chas, upakaraṇa) 및 병 치료약(na ba'i gsos sman, glāna-pratyaya-bhaiṣajya)이나 필수품(yo byad, pariṣkāra)을 주어야 한다(sbyin par bya, upasaṃhartavya). 어디든 그 실수행자 비구가 머물고 있는 그 장소(sa phyogs, [pṛthivī-]pradeśa)에서 그 관리인 비구는 큰 목소리로 말하거나(sgra chen po, ucca-śabda) 위압적인 말skad drag po을 해서는 안 되며, 또한 [타인이] 그렇게 하도록 시켜서도 안 된다. 관리인 비구는 그 실수행자 비구를 지켜야 하며, 침와구(mal cha, śayyāsana)를 준비해야 한다. 그리고 좋은 음식물(kha zas bsod pa, praṇīta)이나 마음에 드는 것(yi gar 'ong ba, saṃpriya)이나 실수행의 단계(rnal 'byor spyod pa'i sa, yogācāra-bhūmi)에 일치하는 식사(bza' ba dang bca' ba, khādanīya-bhojanīya)를 주어야 한다(sbyin par bya, upanāmayitavya). [그리고 또한 관리인 비구는] 그 비구에게 "이 비구는 여래의 교설을 보여주기 위해[27] 머물고 있는 것이며, 그에게 나는 적절한 모든 필수품을 많이 준비해야

한다."라고 생각하여 강한 애석愛惜의 마음을 일으켜야 한다.

앞에서 인용한 한 구절에서도 '실수행實修行의 계제(yogācāra-bhūmi, 瑜伽師地)' 등의 말이 사용되고 있다는 점에 충분히 주의해야 하지만, 고행주의를 지지하는 '재가보살'이 교단에 접근하면서 고행자들 중에서도 특히 '실수행yogācāra'의 체계화를 도모하고자 했던 '실수행자(yogācārin, yogācāra)'들이 주목을 끌게 되었을 것이다. 그러한 상황을 위의 인용문을 통해서도 추측해볼 수 있는데, 성전 이상으로 체험을 중시하는 그들의 의견은 승원에 상주하고 있는 학승들에 의해서도 점차 무시할 수 없게 되었을 것으로 생각되며, 그것이 정통불교를 집대성한 『아비달마대비바사론』에서는 '유가론'이나 '관행자觀行者'의 의견으로 등장하게 된다.[28] 그들의 실수實修 체계의 전형적인 예는 부정관에서 확인할 수 있다. 부정관 자체는 엄격한 고행주의적 '습관'이기는 해도 불교의 지성주의적 '사상'과는 본질적으로 무관하다는 점은 결코 간과해서는 안 될 것이다.[29] 그 후 그들의 '실수행' 체계는 예를 들면 『슈라바카브후미*Śrāvakabhūmi*』의 부정관 등을 거치며 정비되고,[30] 나아가 시대가 흘러 실수행자가 승원에 정주하게 되면서 '유심론'의 철학을 대성시켰을 때에 유식vijñapti-mātra을 기본적 입장으로 하는 실수행파Yogācāra가 대승의 한 파로서 등장하게 된 것이다. 이 파의 특징 가운데 하나는 그 체험지상주의의 극치로서 '구사(舊師, pūrvācārya)'의 존경을 지적할 수 있지만, 지금 문제시하고 있는 『라트나라쉬 수트라』에서도 '스승(師, bla ma, guru)'에 대한 존경과 순종을 중요한 덕목 중 하나로 본다는 점에 주목할 필요가 있다.[31] 이 장의 주역인 바이야브리트야카라 역시 이러한 노선에서 실수행자를 비롯한 고행자들을 접해야 했다고 생각되기 때문이다.

그런데 앞의 인용이 바이야브리트야카라의 인적 관리에 관한 임무의 일단이었다고 한다면, 예로부터 재산 관리 임무에 관해서는 본경에서 어떻게 기술되고 있는 것일까? 이하, 그 임무에 대해 언급하고 있는 한 구절[32]만을 제시한다.

> 무릇 무엇이든 교단의 소득(dge 'dun gyi rnyed pa, sāṃghika-lābha)인 이상 그것을 관리인(zhal ta byed pa, vaiyāvṛtyakara)비구는 적시에 비구교단(dge slong gi dge 'dun, bhikṣu-saṃgha)에게 주어야 한다. 교단의 소득을 [부당하게] 축적하거나 숨기거나 해서는 안 되며, 소득이 있었던 대로 준비해야 하며, 재촉당하지 않고 시여해야 하며, 손상 없이 시여해야 한다. 그는 탐진치나 두려움'dun pa dang zhe sdang dang gti mug dang 'jigs pa을 지니고 나아가서는 안 된다.[33] [그는] 비구교단을 섬겨야 하며, 재가(khyim pa'i phyogs, gārhapakṣika)를 섬겨서는 안 된다. [그는] 교단의 직무를 섬겨야 하며, 자신의 직무를 섬겨서는 안 된다. [그는] 어떠한 재산(dngos po, vastu)에 대해서도 총지배인(dbang bya ba, aiśvarya)인 것처럼 생각해서는 안 되며, 아무리 직무가 사소한 것이라도 교단의 의향(gros, mata)에 따라 해야 하며, 자기가 좋아하는 대로(rang dgar, sva-matena) 해서는 안 된다. [그는] 교단의(dge 'dun gyi, sāṃghika) 혹은 전 교단의(phyogs bzhi'i dge 'dun gyi, cāturdiśa-sāṃghika) 혹은 불탑의(mchod rten gyi, staupika) 필수품 중 어떤 것이든 여실하게 규정해야 하며, 교단의 것을 전 교단의 것으로 합쳐서는 안 되며, 전 교단의 소득을 교단의 것으로 합쳐서도 안 된다. 또한 [그는] 불탑의 소득을 교단의 것이나 전 교단의 것으로 합쳐서도 안 된다. 만약 전 교단에서 불충분한 상태가 나타나(brel phongs su gyur, vaikalyaṃ bhavet) 교단의 소득 [쪽]이 풍부(che, utsada)해졌다면 [그] 관리인은 비구교단을 모아 의향을 일치시킨 후에(bsdus la gros 'thun par gyis te, eka-mānasaṃ kṛtvā) 그 교단의 소득으로부터 전 교단에 [소득의 일부를] 양도해야 한다(bshugs par bya, upanāmayitavya).[34] 만

약 여래의 불탑(de bzhin gshegs pa'i mchod rten, tathāgata-stūpa)이 파괴되어(zhig ral du gyur, pralugna), 교단 혹은 전 교단의 소득 [쪽]이 많아졌다면, [그] 관리인 비구는 모든 비구교단을 모아 의향을 일치시킨 후 다음과 같이 말해야 한다. “이 여래의 불탑이 파괴되어 교단 혹은 전 교단의 소득[쪽]이 많아졌습니다만, 만약 여러분(tshe dang ldan pa rnams, āyuṣmantaḥ)이 해 없이 믿음을 가지고 인내하여 허락해주신다면 저는 교단 혹은 전 교단의 이 소득 가운데 약간의 재산을 가져가 이 여래의 불탑을 관리하겠습니다.” 라고 말해야 한다. 만약 교단이 허락했다면 그 관리인 비구는 그렇게 해야 한다. 하지만 만약 교단이 허락하지 않았다면, 그 관리인 비구는 시자(施者, sbyin pa po, dāyaka)나 시주(施主, sbyin bdag, dāna-pati)들에게 권진하여(gsol ba thob la, samādāpya) 여래의 불탑을 수리해야 한다(gso bar bya, pratisaṃskartavya). 카샤파야, 설사 불탑의 소득이 아무리 많아졌다 해도 관리인 비구는 [그것을] 교단과 전 교단에 양도해서는 안 된다.

필자가 생각하기에, 위의 인용문에서 밑줄 친 구절을 갖고 있는 『라트나라쉬 수트라』는 분명 (a)-(a')의 대승불교를 대표하는 경전이다. 따라서 위의 인용문 말미에서 볼 수 있듯이, 교단 혹은 전 교단의 소득(필자가 말하는 사원 내 승지僧地 측의 출가교단 소속의 재산)을 불탑에 유용流用하는 것은 허용되지만, 그 반대는 허용되지 않는다는 점은 불탑의 소득을 절대시하는 이 경의 입장상 당연한 일이다. 하지만 불탑의 소득을 절대시하는 이러한 움직임조차도 전통적인 불교교단 내부에서만 발생한 것은 아니라는 점은 위에서 제시한 『라트나라쉬 수트라』의 인용, 특히 바이야브리트야카라를 둘러싼 기술을 통해 저절로 명확해졌다고 생각한다.

그러나 필자는 마우리아왕조 이후의 불교교단의 대규모화에 동반하여 급속히 주목된 관리자로 바이야브리트야카라만을 강조하고 싶은 것은 아니다. 교단의 변질과 더불어 가장 변화를 겪었을 대표적인 관리자로 바이야브리트야카라에 주목하고 있을 뿐이다. 교단의 변질은 당연히 여러 관리자에게 영향을 미쳤을 것이다. 그중에서 이 바이야브리트야카라와의 관계상 특히 주목해야 할 것에 티베트어역으로 내맬복파gnas mal 'bog pa, 한역으로는 '작분와구인作分臥具人' '작지와구인作知臥具人' 등으로 번역되는 관리자가 있다. 직무 수행에 있어 위에서 밑줄 쳐놓은 인용문에서 서술된 바이야브리트야카라의 경우와 완전히 동일한 태도가 요구되는데,[35] 사토우 미츠유의 연구에 의하면, 이는 '안거 처음에 비구들에게 안거 중 와좌臥座할 곳과 와좌할 평상 등을 배분하는 역할'을 하며, '또한 안거가 고정되어 [일정한 장소에서] 상주常住하는 승원생활 시대가 되면 상주하며 정사를 관리하고 분배하는 자가 되었다고 생각할 수 있는' 그러한 직무라고 한다.[36] 팔리어로는 세나사나 판냐파카 senāsana-paññāpaka이므로, 이에 근거하여 유추해보았을 때 산스크리트어는 샤야사나 프라즈냐파카śayyāsana-prajñapaka일 것으로 생각되는데, 필자가 실례實例를 확인한 것은 아니므로, 여기서는 잠정적으로 티베트역을 포함한 위의 여러 말에 근거하여 최대공약수적으로 '침와구寢臥具 준비인'으로 이해해두고자 한다. 하지만 명칭의 확정은 차치하고 관리직의 실태는 『마하브유트팟티*Mahāvyutpatti*』 no.9073의 śayanāsana-vārika: mal stan gyi zhal ta pa가 가리키는 것과 동일하다고 생각된다.[37] 만약 그렇다면 섈타파zhal ta pa와 섈타제파zhal ta byed pa와의 실질적 동일성으로부터 '침와구 준비인'는 '관리인vaiyāvṛtyakara'의 일종으로 바이야브리트야카라의 인적 관리하에 고행자가 승원에 왔을 경우에 그들이 묵게 될 방坊이나 침구를 실제로 준비하는 관리직이었을 것으로 추측된다. 사실 이 '침와구 준비인'이 응대하는 것은 고행자들로 『근본설일체유부비나야』 및 그 티베트역에 의하면, 그 고행자란 경사(經師, mdo sde 'dzin pa, sūtra-dhara)·율사(律師, 'dul ba 'dzin pa, vinaya-dhara)·논사(論師, ma mo 'dzin pa, mātṛkā-dhara)·법사(法師, chos sgrog pa, dharma-kathika)·선사(禪師, spong ba pa, bhaikṣuka)의 5종이다.[38] 흥미롭게도 『십송률』에서 이와 대응하는 부분을 보면 다소 다른 4종[39]이 거론되고 있는데, 가장 큰 차이는 전자에는 없는 '삼림주자(āraṇyaka, 阿練兒)'가 『십송률』에는 존재한다는 점이다. 고행자의 대표인 '삼림주자'가 보다 오래된 시대의 문헌에는 있고 후대의 문헌에는 없다는 사실은 '침와구 준비인'의 역할이 당초에는 일시적인 숙박 마련이었지만, 나중에는 거의 상주하는 자의 숙박 마련으로 바뀌었을 가능성을 보여준다. 즉, 후대의 자료에는 상주하기 쉬운 5종의 고행자는 남았지만, 승방에 상주하면 고행자의 가치가 없어지는 '삼림주자'는 일찌감치 제외되었다고 생각된다. 다만, 후대의 자료에 남은 5종의 고행자가 완전한 승원정주자가 되었다는 점을 해당 부분에서 읽어낼 수 있는 것은 아니라는 점, 또한 그 5종과 유사한 고행자가 앞서 인용한 『라트나라쉬 수트라』의 「바이야브리트야카라 파리바르타」의 서두에서도 승원정주자로 묘사되고 있지 않다는 점에 유의해야 할 것이다.

교단의 대규모화와 더불어 그 재산 관리가 매우 중요해졌다는 점은 말할 필요도 없는데, 인원이 많아진 승원 정주의 출가자 및 단속적斷續的으로 숙박하는 고행출가자의 취급 역시 불만이 발생하지 않도록 충분히 배려해갔다는 점은 지금까지의 고찰로 보아도 명확할 것이다. 바이야브리트야카라는, 말하자면 그 양면의 관리인으로서 시대와 더불어 중요시되어 갔다고 생각된다. 후대가 되어 이 직무에 근거하여 문제의 경인 「바이야브리트야카라 파리바르타」의 시작 부분을 비교적 길게 인용한 것이 7세기 샨티데바Śāntideva의 『식샤사뭇차야』 제3장 '다르마바나카디 락샤 파릿체다Dharmabhāṇakādi-rakṣā-paricccheda

(법사 등의 수호라고 하는 장)'이었다. 이 점에 의해서도 본경의 해당 부분이 관리인의 원활한 인적 관리의 집행이라는 의도하에 인용되고 있음을 알 수 있는데, 이에 이어 역시 비교적 긴 인용이 『디비야 아바다나』로부터 이루어진다. 그 부분은 기본적으로는 교단에서의 인적 관리를 포함한 소작所作을 적절하게 하지 않는 비구 등은 그 결과 흉측한 용모를 얻게 된다고 하는 식의, 이른바 통속적인 인과응보의 이야기로 이루어져 있다. 『근본설일체유부비나야출가사』에도 해당문장이 있다. 이하, 이로부터 '정인(kalpikāraka=kappyakāraka)'에 근거한 한 단락을 제시하면 다음과 같다.[40]

> 무릇 어떠한 유정이든 당신이 냄비와 같은 용모를 한 자sthāly-ākāra들을 보았다면, 그들은 [그 옛날] 비구들에게 봉사한upasthāpaka 정인(kalpikāraka, rung ba byed pa, lha 'bangs)이었던 것이다. 그들이 약을 [냄비에서] 달이고 있을 때 비구들로부터 불쾌한 말을 들었기 때문에, 그들은 마음에 상처를 입고 냄비를 부수었다. 이 때문에 그 행위의 결과에 의해 냄비와 같은 용모가 된 것이다.

이 단계에서의 칼피카라카(kalpikāraka, 淨人)는 결코 비구와 대등할 수 없으며, 따라서 비구가 하는 행위에 대해 시비를 따지는 일 없이 그저 오로지 비구에게 봉사하는 것만이 요구되었던 것이다. 이 한 구절만 보아도 불교교단의 현상이 이러한 역할 분담 위에서 지탱되고, 나아가 대승불교의 전개도 포함하여 계속 유지되었다는 점을 알 수 있다. 시대가 흐르고, 이러한 칼피카라카 중에서 바이야브리트야카라가 임명되고, 그것이 교단 관리인으로서의 실권을 잡게 된 후에조차 그러한 차별은 기본적으로 개선되지 않았다고 생각되는데, 굽타기에 들어가 대승의 실수행자yogācāra도 비교적 안정된 형태로 불교교단의 승원 안에 상주할 수 있게 된 시기에 편찬된 것이 『요가차라브후미(*Yogācārabhūmi*, 瑜伽師地論)』이다. 그중 가장 중요한 부분인 『보디사트바브후미(*Bodhisattvabhūmi*, 菩薩地)』의 「실라 파탈라(Śīla-paṭala, 戒品)」에서 아라미카(ārāmika, 守園人)는 표현상으로 바이야브리트야카라와 동격으로, 다음과 같이 기술되기에 이른다.[41]

> 관리인(vaiyāpṛtyakara=vaiyāvṛtyakara, zhal ta byed pa)이든 혹은 수원인(ārāmika, skyed mos tshal bsrung ba)이든 무릇 누구이든 교단의sāṃghika 혹은 불탑의 staupika 재산dravya을 부당하게 소비하고, 개인적으로 수용하는 사람이 있다면, 보살은 그것을 검토하여 그 행위와 그 잘못된 수용이 그들에게 있어 오래도록 안락이나 이익을 위한 것이 되지 않는다는 점을 두려워하여 그 지배권ādhipatya을 박탈한다. 그래서 이 관점에 의하면 [그] 보살은 주지 않고 취했다 해도 무죄가 되는 것이며, 또한 많은 복덕이 발생하는 것이다.

이처럼 출가의 관리인이나 수원인을 지배할 수 있는 보살이 재가의 부자나 왕족이었다고 해석할 가능성을 완전히 부정해버릴 수 있는 근거는 어디에도 없다. 필자는 이 보살을 재가자라고 보는 입장을 고집하고 싶은데, 만일 그들이 어디까지나 출가자였다고 한다면, 거기에는 승원 안에 정주하게 된 후 교단 관리의 실질적인 권력까지도 장악하게 된 실수행자 등을 가정할 수밖에 없다고 생각한다. 그런데 위에서 인용한 구절을 포함한 전후 부분은 담무참이나 구나발마의 오래된 한역에는 없다. 나중에 증광된 것이라면, 위의 인용은 일찍이 당시의 시대 변화를 반영한 부분이라고도 말할 수 있을 것이다. 실수행파인 아상가 형제는 실수행자가 승원 안에 정주하기 시작한 이후의 사람일 것으로 생각된다. 그들의 출가나 그 후의 모습에 관해 현장은 『대당서역기』에서 다음과 같이 기술하고 있다.[42]

> 無著菩薩健馱邏國人也. 佛去世後一千年中, 誕靈利見承風悟道. 從彌沙塞部出家修學頃之廻信大乘. 其弟世親菩薩於說一切有部出家受業, 博聞强識達學硏機.

화지부(Mahīśāsaka, 彌沙塞部)로 출가한 후에 대승으로 전향한 형 아상가는 승원 안에서 실수행자들의 매뉴얼 편찬이라고도 할 만한 『요가차라브후미*Yogācārabhūmi*』의 형성에 크게 관여했다고 생각된다. 한편, 나중에 형을 따르게 된 동생 바수반두는 전향 전에는 설일체유부의 승원에서 불지佛地 차이티야caitya에 이르는 통속적 대승의 여파를 느끼며 『아비다르마코샤바사*Abhidharmakośabhāṣya*』를 지었다.[43] 그렇다면 아상가 형제보다 상당히 이전인 나가르쥬나의 경우에는 어떠했던 것일까? 『용수보살전』에는 다음과 같이 기술되어 있다.[44]

> 旣出入山, 詣一<u>佛塔</u>, 出家受戒. 九十日中, 誦三藏盡. 更求異經, 遂入雪山, 山中有塔, 塔中有一老比丘, 以摩訶衍經典與之.

히라카와 아키라는 위의 인용문 중 밑줄 친 '불탑'에 주목하여, 이는 부파교단에서는 있을 수 없는 일이라며 '출가수계'도 정규 구족계를 받았다는 의미로 보기는 어렵다고 한다.[45] 하지만 거기에는 연구해야 할 삼장이 있었다는 점에서 그 '불탑'은 설사 소속은 알 수 없다 해도 분명 불교교단이다. 따라서 그 교단에 속하는 구족계를 받았다고 생각하는 편이 자연스러울 것이다. 도리어 노비구가 있던 '탑'이야말로 위에서도 검토해온 것처럼 고행자의 거주지이며, 이쪽이 대승불교와 보다 깊은 관계를 지니고 있다. 여하튼 나가르주나조차도 전통적 불교교단에서 출가하지 않고는 그 후 불교자로서의 삶은 있을 수 없었는데, 푸톤(1290~1364)의 『불교사Chos byung』에서는 나가르주나가 관리인vaiyāvṛtyakara이었다는 이야기를 전한다. 황당무계한 전설이기는 하지만, 관리인의 한 모습을 확인할 수 있다고 생각하므로, 이를 인용하며[46] 관리인에 초점을 두고 기술해온 본 장을 맺고자 한다.

> [아무리 법회를 해도 7년 이상 살 수 없다고 예언되었다.] 그(나가르주나)는 차례대로 나아가 [마침내] 카르사르파니Kharsarpāṇi의 존안尊顏에 예배드렸다. 또한 나아가 영광스러운 날란다 문 앞에 이르러 『사마베다 *sNyan dngags kyi rig byed*』를 낭독하자, 그곳에 온 바라문 사라하Saraha가 듣고 안으로 인도하여 들여보내주었다. 그래서 어찌하여 이렇게 되었는지 연유를 설명하였다. 그러자 논사 사라하가 말하기를 "출가할 수 있다면 [죽음으로부터 벗어날 수 있는] 방책이 있다."고 하였다. [나가르주나는] 출가했다. [사라하는] 사신을 제압하는 무량수tshe dpag med의 만달라에서 [나가르주나를] 관정하고 진언을 낭송하게 했다. 특히 [죽는다고 예언된] 7년이 지나는 저녁부터 밤에는 줄곧 진언을 외웠기 때문에 사신으로부터 자유로워져 부모를 만났을 때에도 매우 기뻐했다. 그 후 [그는] 바라문 사라하에게 『길상비밀집회(吉祥秘密集會, *dPal gSang ba 'dus pa, Śrī-Guhyasamāja*)』 등의 전적을 교계와 더불어 청하였다. 그 후, 날란다의 계사인 라훌라바드라에게 계사가 되어줄 것을 부탁하고, 구족계를 받아(bsnyen par rdzogs te, upasampadya) 비구 슈리맛트로 알려지게 되었다. 그 무렵 [그가] 날란다 교단(dge 'dun, saṃgha)의 관리인(zhal ta ba, vaiyāvṛtyakara)을 하고 있을 때 대기근이 발생하자 [그는] 섬에서 연금술의 약을 획득하여 연금술로 교단의 점심을 마련하여 우안거를 견뎌내고 있었다. 교단의 자들이 "사람이 말라 비틀어져서 죽어가는 것이 보이고 기근이 현재 일어나고 있는데, 교

단의 점심을 도대체 어떻게 마련하고 있는 것인가?"라고 캐물었기 때문에 [나가르주나는] 앞의 방법을 말했다. 그러자 [그들은] "교단에 청하지도 않고 교단으로 하여금 부당한 생활을 하도록 했기 때문에 [너는 이] 장소로부터 추방되어 천만의 승원(gtsug lag khang, vihāra)과 불탑(mchod rten, stūpa)을 만드는 것이 좋겠다."라고 하였다.

물론 이 전설은 후대의 창작이겠지만, 이 이야기는 작자에 의해 (b)-(b′)의 대승불교의 창시자로 지목되어도 좋을 듯한 나가르주나조차 전통적 불교교단에서 출가하지 않고는 불교의 출가자일 수 없다고 생각되고 있었음을 보여줌과 동시에, 어쩌면 같은 비구들로부터 비난받기 쉬웠던 당시의 신흥 임무까지도 담당하고 있던 관리인 비구의 위기적 성격을 매우 잘 이해하고 있었음을 보여주는 것이라고 할 수 있을 것이다.

1 A.C.Banerjee, "The Prātimokṣa-Sūtra", *The Indian Historical Quarterly*, Vol. XXIX, No.3 1953, pp.268-269; 티베트역, *So sor thar pa'i mdo*, P. ed., No. 1031, Che, 8al-b4; N. Tatia, *Prātimokṣasūtram of the Lokottaravādimahāsāṅghika School*, Tibetan Sanskrit Works Series, No. 16, pp.14-15. 이 외, 율의 해당 부분에 관해서는 平川彰, 『律藏の研究』, 東京: 山喜房佛書林, 1960, p.751 [平川彰著作集 10, p.343], 주2)의 지적을 참고 바란다. 또한 이 바네르지본에서 vaiyāvṛtyakara를 vaiyyāvṛtyakara로 표기하고 있지만, 본문에서 인용할 때는 일단 vaiyāvṛtyakara로 통일한다.

2 저본에는 rājamātra로 되어 있다. 이대로 좋을지도 모르지만, 티베트역을 살리는 의미에서 mahāmātra로 바꾸었다. 또한 팔리율에서는 rājabhogga, Lokottaravādin율에서는 rājabhogya로 되어 있다.

3 저본에는 cīvara-cetakāni로 되어 있지만, 티베트역에서는 gos kyi rin로 되어 있다. 따라서 단순한 오자로 보아 cīvara-cetanakāni로 정정한다. [또한 이 책 제2부 제6장 주1)에서 기술한 片山一良의 지적과 그 후의 성과를 반영한다면 '의복 대금' 이하는 '의복 대금을 비구 명의로 보냈다고 하자.'라고 해야 할 것이다.]

4 저본에는 cīvara-cetanakena vānupreṣitāny로 되어 있지만, cīvara-cetanakāny anupreṣitāny로 고쳐야 한다고 생각하고 번역했다. [또한 이 부분도 앞의 주에서 보충한 것과 같은 경위로 '의복 대금을 당신의 명의로 보냈습니다.'라고 해야 할 것이다.]

5 저본에는 patyante parigrahītum으로 되어 있지만, 티베트역에서는 len du mi rung ste로 되어 있기 때문에 na kalpyante parigrahītum으로 고쳐서 읽었다.

6 '하지만' 이하 이 부분까지의 원문은 cīvaraṃ tu vayaṃ labdhvā pratigṛhṇīmaḥ kāle kalpikaṃ이며, 티베트역은 bdag cag gos rung ba dus su rnyed na ni len to이다. 티베트역에 의하면 "그러나 우리들은 적합한(혹은 선택받아도 좋은) 의복을 때가 되면 받습니다."라고 하여 kalpikam을 cīvaram을 수식하는 말로 보아야 할지도 모르겠지만, 산스크리트에서는 두 말이 떨어져 있기 때문에 그렇게 읽는 것은 부자연스럽다고 생각되어 그렇게 읽지 않았다. 하지만 앞의 주3)에서 밝힌 것처럼 이 부분은 가타야마 이치로의 지적대로 티베트역처럼 읽는 것이 올바르다는 점을 나중에 알게 되었다.

7 원문은 vaiyyāvṛtyakaro vyapadeṣṭavyaḥ ārāmiko vā upāsako vā이며, 팔리율 역시 이에 거의 대응하는 veyyāvaccakaro niddisitabbo ārāmiko vā upāsako vā인데, 기존의 번역은 중요한 점에서 정확하게 번역하고 있지 않다. 上田天瑞 역, "집사인 혹은 정인 혹은 우바새를 지시하여"(『남전대장경』 1, p.373); 長井眞琴 역, "執事 혹은 堂守 혹은 우바새(신자)를 지시해야 한다."(『戒律の根本』, p.26); 平川彰 역, "집사인,

園民 ārāmika, 혹은 신자를 제시해야 한다." (앞의 주1), p.735); 佐藤密雄 역, "집사 인 혹은 정인 혹은 우바새를 지시하여"(『原始佛教教團の研究』, p.722)라는 것이 기존의 대표적인 번역이다. 그런데 vā가 ārāmika와 upāsaka에만 붙어 있는 이상, veyyāvaccakara/ vaiyyāvṛtyakara에도 vā가 있는 것처럼 번역하는 것은 잘못이며, 'ārāmika 혹은 upāsaka 중 어느 한쪽을 veyyāvaccakara/ vaiyyāvṛtyakara로 지명해야 한다'는 것이 본래의 올바른 의미여야 할 것이다. 이 한 문장을 이렇게 이해한다면, ārāmika와 upāsaka는 승원 안에 반드시 상주하고 있던 사람들이며, 관리인은 당초에는 그들 중에서 잠정적으로 선택되었지만 나중에는 항상적인 직책이 되고, 결국 본 장의 주21)에서 후술할 『라트나라쉬 수트라』에서의 직책으로까지 발전했다고 생각된다. 또한 이 부분의 *Vinayavibhaṅga*의 티베트역에 관해서는 다음 주18)을 참조 바란다.

8 이 부분에 해당하는 원문은 tam ācchādayethā cīvareṇa kāle kalpitena이며, 티베트역은 de la gos rung ba dus su skon cig이다. 앞의 주6)의 경우와 유사한 예인데, 이 부분의 번역도 자신이 좀 없다. 티베트역은 "그에게 상응하는 의복을 適時에 (만들어) [입혀] 드리십시오." 등과 같은 의미이다.

9 저본의 samayena를 티베트역 bdag gis에 의해 mayā로 수정한다. 저본에 註記 26)이 붙어 있으며, 그 각주에서 티베트역에 dus su라고 되어 있다고 하는데, 이는 오해로 인한 기재로 생각된다.

10 저본의 sa satvāṃ을 티베트역 des khyod la에 의해 sa tvāṃ으로 고친다.

11 저본은 abhiniṣpadyate, 팔리율은 abhinipphādeti, 로콧타라바딘율은 abhiniṣpādati의 3인칭, 단수(sg.), 원망법(opt.)의 형태를 보여주는데, '얻는다'는 의미로 보아도 좋을지는 의문이다. 티베트역의 grub라는 표현에 따라 여기서는 '완성되어 있다'는 의미로 이해해두지만, 좀 더 검토의 여지가 있는 부분이다.

12 이 번역의 가로 안에 제시한 바와 같이, 팔리율에서는 uddissa, 본 저본 및 로콧타라바딘율에서는 uddeśe, 티베트역에서는 phyogs su인데, 일단 티베트역에 따라 '그 장소에'라고 번역하였다. 필시 전승에 따라 이 부분을 읽는데 있어 차이가 있었던 것으로 보이지만, 현재로서는 그 모든 가능성을 통일적으로 설명할 능력이 필자에게는 없다.

13 저본에서는 na uttari이지만, 티베트역은 de'i 'og tu, 팔리율은 tato...uttariṃ, 로콧타라바딘율은 tad-uttapanto이므로 tata uttariṃ으로 고쳐둔다.

14 저본에서는 dhyāyacchec cīvarasyābhinivartaye이지만, 티베트역에서는 gos bsgrub pa'i phyir brtsal te로 되어 있으므로, 이에 근거하여 vyāyacchec cīvarasyābhinirvṛttaye

(or ¬abhiniṣpattaye)로 고쳐둔다.

15 저본에는 prajānatv로 되어 있으며, 그 의미는 티베트역 shes par gyis shig로부터 보증되지만, prajānantv라고 3인칭, 복수(pl.), 명령법(ipv.)으로 정정하는 것이 좋을 것 같다. 이와 같이 '잘 알아주세요.'라고 읽기보다는 '되찾다'라는 의미 쪽이 원래의 의미에 가깝다고 생각하여 무리하게 그렇게 번역했지만, 이에 적합한 산스크리트를 상정하는 것은 어렵다. 덧붙여 두자면, 팔리율에서는 yuñjantu, 로콧타라바딘율에서는 pratyanveṣatha라고 되어 있으며, 필시 '되찾다'라는 의미가 강하다고 생각한다.

16 이 부분의 의정 역은 "此物是某甲王大臣婆羅門居士等遣我送來"(대정장 23, p.734c)이다.

17 中村元, 『インド古代史』上, 東京: 春秋社, 1963, pp.620-621[:中村元選集[決定版 6, pp.281-283], 下, p.146, pp.265-267[:앞의 選集, 제7권, pp.191-192, pp.349-360]을 참조.

18 티베트역, P. ed., No.1032, Je, 114b4. 또한 이에 대응하는 의정 역은 "若僧淨人者, 謂大衆淨人, 若鄔波索迦者, 謂歸依三寶受五學處."(대정장 23, p.735a)로 거의 합치한다.

19 이 책의 제2부 제3장 주32)에서 필자는 『법경경』의 '佐助者'와 '主事者'를 각각 티베트역의 lag gi bla(navakarmika)와 zhal ta byed pa(vārika, 제4장과 본 장에서 vārika도 허용하면서 가장 유력한 것으로서 vaiyāvṛtyakara를 채용)에 할당했는데, 차례로 증광되어간 여러 번역 간에 각 역어를 정확하게 대응시키는 것은 그렇게 쉬운 일은 아니다. 平川彰, 『初期大乘佛教の研究』, 東京: 春秋社, 1968, p.533에서는 "최후의 [『법경경』의] 제11 '佐助者' 제12 '主事者'는 『욱가장자회』의 '營事' '寺主'에 해당할 것이다. 그들은 塔寺의 경영자이다. 營事는 방사를 수선하는 비구이며, 사주는 절의 식재료나 침구 등의 수입을 관장하며 거기에 머무는 비구들의 생활을 배려하는 비구이다."([:平川彰著作集 4, p.132])라고 기술하고 있는데, 원어의 문제를 별도로 하면 이 설명은 거의 정확할 것이다. 단, 히라카와가 사용한 '탑사'의 의미는 필시 vihāra는 아닐 것이므로 그 점에서는 정확하지 않다고 생각된다. '寺主 vaiyāvṛtyakara'의 관리는 saṃgha의 vihāra뿐만 아니라, 전 상가나 스투파 소속의 재산은 물론이거니와 교단에 관계하는 인적인 측면에까지 미치고 있었던 것이다.

20 제2부 제4장 주28)에서 제시한 부분과 같은 문장이다.

21 대정장 11, pp.638c-648a에 담긴 『대보적경』「寶梁聚會第四十四」로, 티베트역은 P. ed., No.760-45, 'I, 146b4-173b1이다. [이 경에 관해서는 望月良晃, 『大般涅槃經の研究-教團史的考察』, 東京: 春秋社, 1988, pp.199-210, pp.218-220, 주57)-주68)에 한역과 『식샤사뭇차야』 인용 부분에 근거한 상세한 소개가 있다. 참조바란다.]

22 대정장 55, p.11c에 "寶梁經二卷 右一部, 凡二卷. 晉安帝時, 沙門釋道龔出. 傳云於涼州出.

(마지막 6자 2행 割註)"라고 되어 있다.

23 'I, 159a8-b3. 대응하는 한역은 대정장 11, p.643a이다. 또한 이 인용 부분에 앞서 서두 부분에서 관리인으로 임명해도 좋은 2종의 자에 대해 기술하고 있는데, 티베트역과 한역에 차이가 보인다. 전자에서는 전체적으로 2종의 자를 지적하는데 비해, 후자에서는 3종 두 쌍의 2종의 자를 지적한다. 또한 이 인용의 말미 '그러므로'부터 '기쁘게 해야 한다'까지 대응하는 부분은 *Śikṣāsamuccaya*, p.55, 1. 8에 "tatra vaiyāvṛtyakareṇa bhikṣuṇā sarva-bhikṣu-saṃghasya cittam abhirādhayitavyaṃ/"으로 인용되어 있다.

24 "灌頂받은 크샤트리아(kṣatriya-mūrdhābhiṣikta-)"에 관해서는 본서 제2부 제2장의 주27)로 인용한 문장을 참조하기 바란다. 또한 거기서 말해지고 있는 다섯 가지 근본죄를 *Bodhicaryāvatāra-pañjikā*에 인용된 *Ākāśagarbha-sūtra*에 의해 상세히 제시하면 다음과 같다. "다섯 가지란 무엇인가? 첫째, 선남자여, 무릇 누구라도 관정받은 크샤트리아로 불탑의staupika 재산vastu, 혹은 교단의sāṃghika [재산], 혹은 전 교단에 속하는cāturdiśa-saṃghe niryātitam [재산]을 빼앗거나, 혹은 스스로 빼앗거나 혹은 [다른 사람으로 하여금] 빼앗게 한다면 이것이 최초의 근본죄이다. 둘째, 이렇게 해서 三乘에서 설해지고 있는 법tri-yāna-bhāṣita-dharma을 방기한다면 두 번째 [근본죄]이다. 셋째, 습관을 지키고 있는 혹은 나쁜 습관의 자라도 출가자의 가사kāṣāya를 빼앗거나, 저택에 살도록 하거나, 신체를 해치거나, 감옥에 가두거나 혹은 생명을 빼앗는다면, 세 번째 [근본죄]이다. 넷째, 오무간업pañcānantarya 중 어떤 것을 행한다면 네 번째 [근본죄]이다. 다섯째, 잘못된 사상mithyā-dṛṣṭi에 의해 十不善業道daśākuśala-karma-patha를 받거나, 혹은 다른 자에게 받게 한다면 다섯 번째 [근본죄]이다."(Vaidya ed., p.81, ll.8-14) 크샤트리아의 기진자는 이러한 대죄를 저지르지만 않는다면 그 기진 행위로 의해 출가 고행자로부터 '악업불식'이 보증된 것이라고 생각된다. 통속적 대승이란 큰 부자나 권력에 타협한 통인도적 역할 분담의 산물이었다고 말할 수 있을 것이다.

25 앞의 주23)의 본문에서 인용된 경문 가운데 "어떤 자는 적정한 삼림의 침소를 기뻐하고" 이하의 "어떤 자"를 차례대로 平川, 앞의 책 (앞의 주19)), p.531의 대조표 중의 '郁伽長者會'에 있는 명칭과 대응시켜보면 '阿練兒', '乞食'(다음 마을에 사는 자는 제외한다.), '少欲'이나 '離欲所', '多聞', '說法', '持律'(논모를 保持하는 자에 직접 대응하는 것은 없는 것 같지만 『십주비바사론』의 '讀摩多羅迦者', 티베트역의 ma mo 'dzin pa가 이에 해당한다)이다.

26 'I, 159b7-160a2. 대응하는 한역은 대정장 11, p.643b이며, 이 부분은 『식샤사뭇차야』에서 인용한 본 경의 p.55, ll.13-18에 거의 해당한다.

27 티베트역에는 bstan pa rton pa'i phyir라고 되어 있지만, rton pa라면 la를 뺐을 것이라는 판단하에 rton pa를 ston pa의 잘못이라고 보아 bstan pa ston pa'i phyir로 읽었다. 또한 이 한 문장은 『식샤사뭇차야』의 인용에서는 생략되어 있다.

28 西義雄, 『阿毘達磨佛教の研究』, 東京: 國書刊行會, 1975, pp.219-265 및 水野弘元, 『原始佛教』, 京都: サーラ叢書, 1956, pp.228-229를 참조.

29 본서 제2부 제3장 가장 말미의 단에서 주34), 주35), 주36)을 단 전후의 본문을 참조하는 외에, 고행주의와 지성주의와의 대비에 관해서는 졸고, 「日本人とアニミズム」, 『駒澤大學佛教學部論集』 23, 1992, pp.351-378을 참조하기 바란다.

30 『슈라바카브후미』의 '부정관'을 포함한 '淨行所緣'에 관해서는 본서 제2부 제3장 주35)에서 지적한 부분을 참조하는 외에, '부정관'에 관해서는 惠敏, 「「聲聞地」の不淨所緣」, 『佛教學』 33, 1992, pp.9-26을 참조하기 바란다.

31 '舊師'에 관해서는 졸고, 「Pūrvācārya考」, 『印佛研』 34-2, 1986, pp.866-859 [졸고, 『唯識思想論考』, 京都: 大藏出版, 2001, pp.506-520에 재록되었다.]를 참조하기 바란다. 또한 『라트나라쉬 수트라』의 「사문품」에서는 사문에 어울리는 여덟 가지 모습 중 첫 번째로 '스승들에게 敬順하지 않는 것bla ma rnams la mi gus pa'(P. ed., 149a3; 대정장 11, p.639b)이 거론된다.

32 'I, 160b3-161a7. 대응하는 한역은 대정장 11, p.643b-c이다.

33 바이야브리티야카라에게 요구되는 이 모습은 다음 주35)에서 지적하는 gnas mal 'bog pa('作分臥具人' '作知臥具人')에게 요구되는 모습과 거의 같다는 점이 주목된다.

34 "어떠한 재산에 대해서도 총지배인인 것처럼 생각해서는 안 되며"부터 이 부분에 이르기까지는 *Śikṣāsamuccaya*, p.56, ll.3-10에서 인용되고 있다. 여기서 "양도해야 한다"란 티베트역에 의한 것이라기보다 산스크리트의 upanāmayitavya에 의한 것이다.

35 『근본설일체유부비나야』, 대정장 23, p.695c에는 "若具五法, 應差. 已差不應捨. 云何爲五. 謂, 無愛, 無瞋, 無痴, 無怖, 知分不分."이라고 되어 있으며, 티베트역(P. ed., No. 1032, Che, 246a8-b1)에는 "gnas mal 'bog pa chos lnga dang ldan pa ni ma bskos pa yang bsko bar bya la/ bskos pa yang dbyung bar mi bya ste/ lnga gang zhe na/ 'dun pas mi 'gro ba dang/ zhe sdang gis mi 'gro ba dang/ gti mug gis mi 'gro ba dang/ 'jigs pas mi 'gro ba dang/ gnas mal phog pa dang/ ma phog pa shes pa'o// (침와구준비인으로 오법을 갖춘 자는 아직 임명되지 않은 자는 임명되어야 하며, 이미 임명된 자는 해임되어서는 안 된다. 다섯이란 무엇인가? 貪을 가지고 나아가지

않을 것, 瞋을 가지고 나아가지 않을 것, 痴를 가지고 나아가지 않을 것, 두려움을 가지고 나아가지 않을 것, 침와구가 준비되어 있는지 준비되어 있지 않은지를 알고 있는 것이다.)"라고 되어 있다. 또한 이 부분을 포함하는 '無根謗學處'는 『십송률』의 그것(대정장 23, pp.22a-23b)과 비교해보면 큰 증광이 있다는 점에서 주목된다. 또한 거기에서 침와구 준비인의 이름은 공통적으로 Mallaputra-Dravya이다.

36 佐藤密雄, 『原始佛教教團の研究』, 東京: 山喜房佛書林, 1963, pp.310-311.

37 본서의 제2부 제3장 주 32)를 참조. 또한 위의 주36)에서 든 佐藤의 책, 1963, p.317에서는 Mvyut.에만 있는 것으로 5종의 vārika를 열거하고 있는데, 거기에는 no.9073의 śayanāsana-vārika가 빠져 있으므로 사토우는 이것과 senāsana-paññāpaka가 같다고 생각하고 있는 것 같다.

38 대정장 23, p.695b, P. ed., No. 1032, Che, 245b6-246a3을 참조. 또한 앞의 주28)에서 든 水野의 책, 1956, p.228에 의하면, 박사는 이 '禪師'를 jhāyin으로 생각하고 있는 것 같은데, 원어는 *Mvyut*. no. 2999로부터 추측하는 한 bhaikṣuka였던 것 같다. 위에서 주23)을 단 『*Ratnarāśi-sūtra*』에서는 실수행자에게 "단멸을 위해spong ba'i phyir"라는 수식이 이루어지고 있는데, 그것이 이 spong ba pa와 유사하다고 본다면, spong ba pa도 실수행자의 일종이었을지 모르겠다.

39 대정장 23, p.22a에 '阿練兒', '持律', '說法', '讀修妬路'의 4종이 열거되어 있다.

40 *'Dul ba gzhi(Vinaya-vastu)*, P. ed., No. 1030, Khe, 114a6-7: 『근본설일체유부비나야출가사』, 대정장 23, p.1037b. 이와 대응하는 산스크리트 원문은 *Divyāvadāna*, p.343, ll. 14-18, *Śikṣāsamuccaya*, p.59, ll. 1-3에서 알 수 있다.

41 *Bodhisattvabhūmi(BBh)*, Wogihara ed., p.166, l.24-p.167, l.5; D. ed., No.4037, Wi, 89b7-90a2; 현장 역, 대정장 30, p.517b-c. 이 부분은 증광의 흔적이 뚜렷하며, 담무참 역의 『보살지지경』에서도 구나발마 역의 『보살선계경』에서도 해당 문장은 발견되지 않는다. 또한 현장 역에서 바이야브리트야카라는 '衆主', 아라미카는 '園林主'라고 번역된다. 티베트역에서는 아라미카를 통례와는 달리 *Mvyut*. no.3842의 udyāna-pāla의 역을 떠올리게 하는 듯한 번역인데, 필시 아라미카의 번역이라고 생각해도 좋을 것이다. 또한 vaiyāpṛtyakarman의 용례는 *BBh*, p.16, l.7, vaiyāpṛtyakriyā의 용례는 ibid., p.29, l.25에 있다. [본서의 간행 시점인 지금, 이 『보살지』로부터의 인용문에 관해 한 가지 덧붙여 두었으면 하는 점이 있다. 이 인용문 중에 보이는 '보살'을 필자는 재가라고 추정하는데, 그러한 재가 기진자가 부당하게 취급된 보시물을 출가자로부터 되돌려 받아도 합법이라는 점이 본 장 주1)의 본문에서 인용한 몰수죄 제10조 말미에서도 인정되고 있다는 점이다.]

42 대정장 51, p.896b-c. 또한 水谷眞成 역, 『大唐西域記』, 中國古典文學大系, 東京: 平凡社, 1971, pp.172-173도 참조하기 바란다.

43 이러한 점을 새삼 강하게 느끼게 된 계기는 1992년 11월 30일(월)에 열린 불교학회 정례 연구회에서 池田練太郎가 발표한 「有部系論書より見た「布施」について」라는 논문이다. 이 자리를 빌려 감사의 뜻을 전하고 싶다. 그 자료에는 *Abhidharmakośabhāṣya (AKBh)*의 "caitya에 보시한다(caitye dānam dadāti)"라는 표현이 세 군데(*AKBh*, p.268, l.21; p.269, l.3; p.272, l.5) 제시되고 있었는데, 이러한 보시는 *AKBh*에서도 「業品」에서 다루어지는 것으로 보아 통인도적 십선업도와 관련된 통속적인 해탈 사상을 나타내고 있다. 따라서 승원에 사는 출가자도 불교의 정통적 연구를 잊어버리고 통속적인 해탈사상에 의해 해탈을 바라는 경우에는 승원을 나와 차이티야로 가서 보시해야 했을 것이다. *AKBh*, 제4장 제117頌 cd에는 "agraṃ muktasya muktāya bodhisattvasya ca aṣṭamam"(이 역시 이케다의 자료에서 지적하고 있다.)이라고 되어 있는데, '해탈한 자mukta'의 '해탈한 자'에 대한 보시는 본서의 제2부 제4장, 주35)에서 지적한 mukta에 대한 信施와 관계가 있으며, 나머지 bodhisattva의 보시와 여덟 번째의 實修에 도움이 되기 위한yoga-saṃbhārārtham 보시란 위의 같은 주35)에서 지적한 "實修를 한 자yukta"에 대한 信施와 관계가 있을지도 모른다. 또한 지금 알아차렸지만, *AKBh*, p.270, l.16의 "dānaṃ bodhisattve dadāti"의 하선 부분은 bodhisattvo로 텍스트를 바꾸어야 한다. 또한 같은 「업품」의 전반에서는 施者가 受者에게 보시를 한 후에 受者의 공덕이나 攝益의 특수한 힘에 의해 施者의 상속이 轉變差別하여 복덕이 발생한다고 하는 생각이 Pūrvācārya의 주장으로 서술되고 있다는 점에 관해서는 加藤純章, 『經量部の硏究』, 東京: 春秋社, 1989, pp.248-249를 참조하기 바란다. 푸르바차르야의 시대에 영합한 통속적인 생각을 읽어낼 수 있다고 생각하는데, 푸르바차르야에 관해서는 앞의 주31), 이와 관련된 요가차라에 관해서는 본서의 제2부 제4장 주38)을 참조하기 바란다. 또한 통속적 대승불교의 움직임에 관해서는 본서의 제2부 제5장 주17)을 첨부한 이하의 본문을 참조하기 바란다.

44 대정장 50, p.184b.

45 平川彰, 『大乘佛教の教理と教團』, 平川彰著作集, 제5권, 東京: 春秋社, 1989, p.393 및 p.353을 참조.

46 Bu ston, *Chos 'byung*, The Collected Works of Bu-ston, Pt.24(Ya), f.829, l.2-f.830, l.1. 또한 Obermiller의 영역에서는 II, pp.123-124에 해당한다. 中村元, 『ナーガールジュナ』(인류의 지적유산 13, 東京: 講談社, 1980, pp.19-20에서는 그 영역으로부터의 重譯이 제시되고 있지만, 지금 경우에는 중역은 별 의미가 없기 때문에 티베트 원

문을 새롭게 번역해서 제시하였다. 그 때문에 양자 간에 상당한 차이가 있을지도 모르겠다. 하지만 필요한 사람은 피차 대조해보면 그 차이는 절로 명확할 것으로 생각하여 일일이 지적하지는 않았다.

[연구 보충 메모] 본 장의 주1) 본문에서 제시한 몰수죄 제10조의 졸역에 관해 그 후 片山一良로부터 교시를 받았다. 이에 관해서는 다음 제6장 주1)에서 기술해두었으므로 참고 바란다. 본 장에서 주23)과 26)에 해당하는 본문에서 제시한 『대보적경』「寶梁聚會」 '營事比丘品' 一節의 티베트역에 근거한 졸역은 해당품의 시작 부분의 일련의 章節을 이루는데, 이는 그 후에 제시된 Silk의 박사논문(본서, 제2부 제9장의 주5)를 참조)의 분절로는 IV.2,3,4에 해당한다. 영역은 pp.324-327에 제시되어 있다. 또한 주23)에서 인용한 한 구절 가운데 후반에서 실크의 분절 IV.3에 해당하는 문장에 관해서는 *Saddharmapuṇḍarīka*, Kern and Nanjio ed., p.72, ll.1-2 "kasmiṃścid eva grāme vā nagare vā nigame vā janapade vā janapada-pradeśe vā rāṣṭre vā rāja-dhānyāṃ vā gṛhapatiḥ"를 참조해야 한다. 이 '거사'가 '영사비구품'의 '어떤 자'에 해당한다고 생각할 수 있다면, 이 一群은 분명히 '재가보살'이며, '관리인의 비구' 역시 '출가보살'과 '재가보살'의 양쪽을 보살피게 될 것이다. 본 장의 주38) 및 그 본문에서 언급한 '禪師'의 원어는 bhaikṣuka보다는 prāhaṇika 쪽이 좋을지도 모른다는 점에 관해서는 본서 제2부 제8장의 말미를 참조하기 바란다. 본 장의 주35) 말미에서 '침와구 준비인'을 대표하는 듯한 사람의 이름을 Mallaputra-Dravya로 한 것은 잘못이며, Dravya-Mallaputra가 올바르다는 점에 관해서는 본서 제2부 제6장의 주1)에서 언급해두었으므로 참조 바란다. 본서의 주43)에서 언급한 池田練太郞의 발표는 그 후 同「有部系論書にみられる<布施>覺書」,『駒澤大學佛教學部論集』24호, 1993, pp.412-393으로 간행되었다. 참조 바란다.

6 /
전통불교와 대승불교의 관계에 대한 사견私見

지금까지는 이 책 제2부에서 추구해야 할 과제를 위해 대승불교의 성립에 관한 사견도 서술하였다. 즉, 대승불교는 인도의 사회적 변화에 동반한 전통적 불교교단 자체의 대규모화 속에서 성립한 것으로, 대략적으로 말하자면, 통인도적 '습관'을 보다 강력하게 반영한 (a)-(a')의 통속적 대승불교운동과 그 통속적 운동 속에서 오히려 불교의 '사상'을 중시하려 한 (b)-(b')의 비판적 대승불교의 주장으로 나타났다는 식으로 파악해왔다. 따라서 실제로 존속해 온 것은 전통적 불교교단뿐이며, 이것과 별개로 대승불교교단이 있었던 것은 아니므로 대승불교 역시 그 속에서 일어나고, 또한 확대해갔다고 보아야 한다. 이때 교단의 변질과 더불어 급속하게 중요한 임무를 띠게 된 직책이 바이야브리트야카라vaiyāvṛtyakara이며, 증대해간 불탑의 재산 관리는 말할 것도 없이, 새롭게 필요해진 인적 관리까지 이들이 담당하게 되었을 것이라는 점을 위에서 검토해보았다. 검토의 필요상, 기존에 별로 읽어본 적 없는 율 문헌 등도 갑작스럽게 다룰 수밖에 없어서 초보적인 과오도 적지 않으리라 생각되지만,[1] 당분간은 그 연장선상에서 검토를 계속하고, 이 장에서는 전통적 불교문헌을 통해 실제로 그에 병존하여 일어났다고 생각되는 대승불교의 움직임을 추측해보고자 한다.

앞 장에서는 대부분 바이야브리트야카라를 중심으로 고찰했지만, 이와 관련하여 부분적으로 '침와구寢臥具 분배인'에 대해서도 주목했다. 이 장에서는 먼저 넓은 의미에서 '관리인'의 일로 보아도 좋다고 생각되는 '업무 집행직[2](las su bsko ba, karma-dāna, 知事)'이나 '사내寺內 관리직[3](dge skos, upadhi-vārika, 知寺事)'에 관한 근본설일체유부 『비나야비방가Vinayavibhaṅga』의 설명 한 단락을 다루어보고자 한다. 이것은 승단 규율 조문의 추방죄pārājika 제3조 살인죄에 관한 기록 중에 발견되는 것인데, 『십송률』에는 없으며, 의정 역과 티베트역에서만 거의 동일한 문장이 확인된다. 따라서 후대 교단의 변화를 반영한 것이라는 점은 분명하다. 인용이 좀 길어지지만, 당시 교단의 상황을 이해하는데 있어 흥미로운 기술이므로 티베트역을 번역하는 형태로 관련 부분을 이하 모두 제시한다.[4]

> 불세존은 슈라와스티(mNyan yod, Śrāvastī)에 있는 제타와나(rGyal byed kyi tshal, Jetavana)의 아나타핀다다(mGon med zas sbyin, Anāthapiṇḍada) 원림(kun dga' ra ba, ārāma)에 머무르고 계셨다. 바로 그 무렵 앞길이 창창한(tshe dang ldan pa, āyuṣmat, 具壽, 長老) 마하 마우드갈야야나Mahā-Maudgalyāyana는 우팔리(Nye bar 'khor, Upāli) 등 신참의(sar pa, nava) 젊은(skyes phran, dahara) 소년(gzhon nu, kumāra, 童子) 17명을 출가 수계시켰다rab tu phyung rdzogs par bsnyen par byas pa. 그때 17명 중 만약 한 사람에게 업무 집행직(las su bsko ba, karma-dāna)이 맡겨지면 그들 모두 함께 일하도록 했다. 얼마나 지난 후의 일일까. 그 승원(gtsug lag khang, vihāra)에서 밤새도록 법을 듣는 행사(chos mnyan pa, dharma-

śravaṇa, 誦經)가 있었기 때문에 거기서 그들 모두 함께 일했다. 그러던 어느 날 교단(dge 'dun, saṃgha)에 사우나 목욕탕(bsro khang, jentāka)이 생기자 거기서도 그들은 모두 함께 일했다. 그 후 어느 날 17명 중 한 사람에게 사내 관리직(dge skos, upadhi-vārika)이 맡겨졌고, 그날도 모두 함께 승원을 장식하고 있었다. 그런데 사내 관리직의 임무를 다하고 있던 17명 중 한 명에게 이런 생각이 떠올랐다. "피곤하니까 자야겠다. [나머지] 16명이 일을 해내지 못할 리는 없을 것이다." [그런데] 마찬가지로 [다른] 자들 역시 그런 생각을 하게 되어, 16명의 다른 모든 자들도 각자 자버렸다. 남은 단 한 명의 사내 관리직 만이 밤새도록 일하고 밤이 밝자 등잔(燈盞, mar me'i kong bu)을 모으고 문을 닫고 승원에 물을 뿌리고 기름을 바르고 (byug pa byas te, vilepanaṃ kṛtvā) 때를 알린dus shes par byas[5] 후에 좌석(stan, āsana)을 정리하고, 불탑(mchod rten, stūpa)의 광장('khor sa, aṅgaṇa, pradakṣiṇa-paṭṭikā)[6]에 훈향(薰香, bdug spos, dhūpa)을 뿌리고, 승원 위에 서서 종(gaṇḍī, 揵稚)을 치기 시작했다. 그러자 [다른] 16명도 종소리에 잠이 깨어 각자의 승방(gnas khang, layana)에서 발우(lhung bzed, pātra)를 들고 나왔다. 그들은 단 한 명의 사내 관리직만이 여기저기 뛰어다니는 것을 보고 서로 말했다. "어이 모두, 저 한 명만이 여기저기 뛰어다니고 있는데, [그렇다면] 우리들 중 아무도 그를 도와주지 않았단 말인가." 한 사람이 말했다. "저는 '나는 피곤하니까 자자. [나머지] 16명이 임무를 완성하지 못할 것도 없겠지.'라고 생각했습니다." 마찬가지로 다른 한 명도 그렇게 말했고, 나머지 자들 역시 그렇게 말하여 전원이 그렇게 말하게 되었다. 그러자 16명은 "여러분, 그는 우리들의 임시의 일('phral gyi bya ba, sahasā-kriyā) 전부에 처음부터 관여하고 있었으니까, 우리들이 그를 돕지 않았던 것은 우리들이 부정한 일을 저지른 것이 됩니다. 그는 우리들을 비난할 것입니다. 식사를 마친 후 곧바로 가서 용서해달라고 부탁해야겠지요." 이리하여 그들은 식사

를 마친 후에 용서해줄 것을 부탁했다. 연하의 자gzhon pa들은 그의 두 발에 매달리고, 연상의 자rgan pa들은 목에 손을 감고 "존자여, 부디 용서해주실 것을 부탁드립니다."라고 말했지만, 그는 묵묵부답이었다. 그와 가장 친한 자가 간지럼을 태우자ga ga tshil byas pa 그는 웃기 시작하며 "용서합니다."라고 말했다. [그리하여] 그들이 생각건대 "그것은 좋은 방법이다."라고 생각하여 다른 자도 간지럼을 태웠고 마찬가지로 모두가 간지럼을 태우자 그는 [몸 안의] 풍기風氣가 위쪽에 이르러[7] 죽어버렸다. 그들이 갑자기 슬퍼하기 시작하자, 비구(dge slong, bhikṣu)들이 말했다, "이 보시게, 17명의 자들은 무엇 때문에 갑자기 슬퍼하는가?" 그들은 말했다. "우리들은 이전에 17명이었는데 지금은 16명이 되어버렸습니다. 뜻이 맞는 청정한 도반과 이별하고, 추방의 죄(pham par gyur pa'i ltung ba, pārājikāpatti)를 저질렀습니다." 그 비구들은 "좋지 않은 일이다."라고 말하며 떠났다. 그들 16명 역시 다른 쪽으로 떠났는데, 마음이 슬픔에 젖어 있는 것을 다른 비구들이 보고 그 비구들은 조롱하기 시작했다. "이 보시게, 이들 17명은 마치 마른 짚의 불이 순식간에 타다 순식간에 사라져 버리듯이, 잠시 서로 즐거워해도 금세 마음이 슬픔에 젖는 법이다."라고 했다. 그들은 근심의 불로 마음이 아팠기 때문에 조소당해도 아무런 말도 하지 않았는데, 그 상황을 비구들이 세존에게 알리자, 세존은 말씀하셨다. "비구들아, 그 비구들에게는 죄가 없다. 또한 비구는 간지럼을 태워서는 안 된다. 한다면 그는 유죄가 된다('gal tshabs can du 'gyur, sātisāro bhavati)."

이상 인용한 구절은 우리에게 많은 것을 알려 주지만, 실제로 내용을 확정하는 일은 쉽지 않다. 먼저 말미에서는 불행하게 한 사람을 잃게 된 17명이 처음 출가 수계의 단계에서는 소년kumāra으로 20세 미만이었기 때문에 비구가 아닌 사미śrāmaṇera였지만, 석존의 마지막 판정으로 볼 때 그동안 성장해서 비구가 되었다고 보아야 한다. 또한 17명의 연령도 한 사람에게 다른 16명이 사과한 상황을 보면, 연장자와 연소자 간에 상당한 차이가 있음을 알 수 있다. 또한 전원이 함께 비구가 된 것은 아니며, 업무 집행직이나 사내 관리직으로 임명되었을 때에 비구가 되었던지, 아니면 그 연령에 가까울 무렵이었다고 보아도 좋을 것이다. 한편, 이 두 직무에 관해 말하자면, 언급하는 방식으로 보아 전자는 광범위하고 일반적인 직무를 의미하는데 비해, 후자는 그 속에서 보다 특정한 구체적인 직무를 가리키고 있는 것 같다. 사실 '사내寺內'라고 임시로 번역한 우파디upadhi는 '원림(園林, ārāma)'이나 '승원vihāra' 등을 가리키는 말인 것 같으며,[8] 관리직vārika으로 임명된 17명 중 한 명이 날이 밝은 후에 바쁘게 서서 일하며 근무했던 하나하나의 일이, 이 직무를 맡은 자가 오전 중에 이루어질 식사 전에 해야 할 일의 대략적인 내용일 것이다. 이때 이 사내 관리직이 승원 안에서 여러 가지 일을 한 후에 불탑의 광장에 훈향을 뿌리고 다시 승원으로 돌아와 동라銅鑼를 치고 있는 점은 주목된다. 이것은 바이야브리트야카라가 교단의 재산sāṃghikaṃ vastu이나 전 교단의 재산cāturdiśasāṃghikaṃ vastu, 불탑의 재산staupikaṃ vastu을 명확히 구별하는 것을 전제로 승원의 것이든 불탑의 것이든 그 양쪽 재산을 관리하고 있었던 것처럼, 사내 관리직 역시 승원과 불탑에 걸쳐 그 시설을 관리하고 있었음을 보여주고 있기 때문이다. 게다가 다른 16명이 아침이 되어 승방layana에서 나온 점으로부터 알 수 있듯이, 살고 있던 장소는 승원 안의 개인용 방이었다. 대승불교는 이러한 전통적 불교교단saṃgha으로서의 사원saṃghārāma 안에 동거하고 있었다고 해도 전혀 문제없을 뿐만 아니라, 이 외에 대승 전유專有의 교단 등은 생각할 수 없다.

그러나 이 기술이 존재하는 근본설일체유부의 『비나야비방가*Vinayavibhaṅga*』

는 『십송률』보다 후대에 만들어졌을 가능성도 크며, 위에서 인용한 것처럼 불탑이 사원 안에 확실하게 자리를 차지하게 된 것은 초기대승의 시대와는 다른 훨씬 후대의 일이었다고 하는 반론도 있을 수 있으므로, 동일한 『비나야 비방가』에서 불탑과는 직접 관계없는, 게다가 초기불교 당시부터 재가의 기진물이었던 '유의칠복업사有依七福業事(sapta-aupadhika-puṇya-kriyā-vastu-, rdzas las byung ba'i bsod nams bya ba'i dngos po bdun po)'[9]에 관한 기술을 이하 제시하며[10] 약간 검토해보고자 한다.

> 불세존은 아타바카('Brog gnas, Āṭavaka)에 있는 아타비('Brog, Aṭavī)의 최고의 장소에 머무르고 계셨다. 그때 어떤 상걸식(常乞食, bsod snyoms pa, piṇḍapātika) 비구가 한 거사(khyim bdag, gṛhapati)의 집sdum pa에 적당한 때에 가서 법을 설시한 후 얼마쯤 지났을까, 그 비구는 그 거사를 [삼]귀의와 [오]학처에 오르게 했다. 그리고 그 비구가 다가가서 그 거사에게 유의칠복업사(rdzas las byung ba'i bsod nams bya ba'i gzhi bdun po, sapta-aupadhika-puṇya-kriyā-vastu-)를 칭찬하며 상세히 말하자 그 거사는 말했다. "성자여, 저 역시 교단(dge 'dun, saṃgha)에 어떤 유의복업사를 하고자 합니다." [그러자] 상걸식의 [비구]는 말했다. "거사여, 좋은 일입니다. 하십시오." [거사가] "성자여, 무엇을 하면 좋을런지요." [라고 하자 비구는] "거사여, 교단에는 사우나 목욕탕(bsro gang gi khang pa, jentāka)이 없으니 그것을 만드십시오."[라고 대답했다. 그러자 거사는] "성자여, 저에게는 카르샤파나kārṣāpaṇa에 해당하는 큰돈은 있습니다만, 복지협력자(福祉協力者, bsod nams kyi grogs bgyid pa, 檢校人)가 없습니다."[라고 했다. 비구는] "거사여, 제가 당신의 복지협력자입니다."[라고 대답했다.] "성자여, 좋습니다."[라고 말하고] 그 거사는 그 상걸식의 [비구]에게 큰돈kārṣāpaṇa을 준 후, 그 상걸식 [비구]에게 교단의 사우나 목욕탕을 만들도록 지시하게 했다.

율 문헌으로서는 이에 이어지는 이 상걸식 비구와 석존과의 관계, 공사 중에 발생한 어떤 비구의 사망, 이에 대한 석존의 재정裁定 등과 같은 기술이 중요하겠지만, 본 제2부에서는 그런 내용은 직접 관련이 없으므로 인용은 여기까지만 한다. 아타비[11]란 슈라바스티(사위성)에서 30유순 정도 남쪽으로 내려가 갠지스 강변을 따라 있는 마을인 것 같은데, 문제의 비구는 상걸식자인 일종의 고행자로서 그 부근의 삼림에 거주하고 있었다고 생각된다. 석존의 지도하에 있으며, 자신에게 귀의하는 신자에게 삼귀의와 오학처를 주고 있는 것으로 보아 분명히 불교교단에 속한 비구이다. 그 비구에게 부호 거사는 카르샤파나[12]에 해당하는 큰돈을 주고 사우나 목욕탕 건설을 위한 현장감독을 맡기고 있다. 불교교단에 대한 기진은 이런 방법으로 진행되었다고 생각된다. 여기서 기진자의 복덕의 결과를 보증하는 근거가 되고 있는 것은 '유의칠복업사'라는 사고이며, 이것은 설일체유부의 삼장에 속하는 『중아함경*Madhyamāgama*』[13] 제7 「세간복경世間福經」에서 서술되고 있는 것임과 동시에, 근본설일체유부의 『비나야비방가』에서도 인용되어 설해지고 있다.[14] 따라서 설사 위에서 인용한 기술에서 볼 수 있는 사우나 목욕탕의 기진 등이라는 것이 석존 재세 당시의 오랜 옛날에는 있을 수 없다 하더라도 「세간복경」에서 말하는 것과 같은 '유의칠복업사'는 그 경을 포함한 『중아함경』 성립 무렵부터 재가자의 인도적 '습관'에 따른 생천abhyudaya 사상을 만족시키기 위해서도 크게 권장되어온 것이라고 생각된다. 원래 '유의칠복업사'에는 탑원(塔院, caitya)과 불탑stūpa의 기진에 관한 언급은 없지만, 시대의 변화에 따라 그런 종류의 기진을 환영하는 근거라면 몰라도, 이를 거부하는 근거는 '유의칠복업사'의 기술 자체 속에서는 발견할 수 없다. 그 때문에 시대의 변화에 따른 새로운 기진물은 점점 증대해갔을 것이며, 실제로 위에서 인용한 부분의 선행 부분에는 탑원이나 불탑의 기진에 대한 언급이 있으며, 유부가 이런 종류의 기진에 적극적이었다는 점도 알려져 있다.[15]

한편, 이렇게 해서 발전해간 전통적 불교교단 속에 통인도적 '습관'과 궤를 함께 하는 통속적 대승불교의 파도도 밀어닥치고 있었다고 필자는 생각하는데, 이 양자의 관계에 대해 히라카와 아키라는 다음과 같이 말한다.[16] 그가 '부파교단'이라고 칭하는 것이 필자가 '전통적 불교교단'이라 부르는 것이다.

> 부파교단과 대승교도는 어떤 관계에 있었을까? 우선 대승의 재가보살들은 부파불교의 정사에도 갔던 것 같다. 이것은 『욱가장자경』에 의해 이미 본 바이다. 여기서는 오로지 출가보살만을 문제 삼지만, 부파의 율장에는 대승교단에 관한 언급은 전혀 없다. 대승불교는 부파의 논서에도 설해져 있지 않다. 초기의 비문에도 대소승의 관계를 보여주는 듯한 기록은 존재하지 않는다. 때문에 이 문제는 대승경전이나, 시대는 내려가지만 법현이나 현장 등의 여행기에 의존할 수밖에 없다. 자료가 적어 일방적인 결론밖에 내릴 수 없을 것이다.

히라카와가 지적하고 있는 바와 같이, 전통적 불교교단과 대승불교와의 관계에 관한 자료가 적은 것은 분명 사실이지만, 그 자료로부터 '대승불교가 부파불교에서 분리했다고 볼 수는 없다.'라는 일방적인 결론을 내린 것은 그 자신이다. 히라카와가 본 자료도 필자가 보고 있는 자료도 본질적으로 그다지 다르지 않지만, 필자는 거의 동일한 자료에 근거하면서도 대승불교가 전통적 불교교단에서 분리되어 나오지 않은 것은 물론이며, 그렇다고 처음부터 완전히 별개로 대승교단이 존재하고 있었던 것도 아니라는 점을 지금까지 논증해왔다. 그리고 이 장에서는 다시 그 전통적 불교교단 속에서 대승불교가 어떻게 성장하며 병존하고 있었는지 보다 적극적으로 추측해보고자 한다.

여기서 앞서 인용한 히라카와 박사의 논술과 관련하여 필자의 견해를 약간 설명하자면, 박사가 『욱가장자경』에 근거하여 강조한 '대승의 재가보살'은 그 고역古譯 『법경경』을 보아도 단순한 부자 재가자나 왕족에 불과하다는 점은 이미 지적한 바와 같다.[17] 이러한 재가자가 다른 힌두사원 등과 마찬가지로 '부파불교의 정사에도 갔다'는 것은 당연하다. 불교라고 하면 전통적 불교교단 밖에 있을 수 없었기 때문이다. 필자는 비문에 관해서는 지금까지 전혀 언급하지 않았지만, 히라카와 이후의 비문 연구는 비문에 나타나는 교단명이 전통적 불교에 한정된다는 객관적 사실을 그대로 받아들여 평가하려는 경향을 강하게 보여주고 있는 것 같다.[18] 이렇듯 인도불교사의 교단적 전개에서 전통적 불교교단밖에 있을 수 없었다고 한다면, 대승불교는 이러한 전통적인 불교교단에서 나타났을 뿐이며, 그것이 교단적으로 분열하는 일도 없었던 것이다. 따라서 분열은 히라카와도 지적한 바와 같이, 전통적 불교교단이 소지한 율장이나 논장 혹은 인도를 방문한 학승의 여행기에 기록되지는 않았지만, 교단 속에 병존하고 있었다고 생각되는 대승불교의 동향은 그들 자료에도 명확히 반영되어 있다고 생각된다. 하지만 히라카와는 이를 없는 것처럼 판단하며, 자신의 가설에 불합리한 자료에는 거의 진지하게 귀를 기울이지 않고 있다. 그의 이런 결점은 필자가 이전의 고찰에서 제시한 자료를 통해 대승불교 흥기와 병행하는 시대 이후에 교단의 재산관리와 고행자 관리에 중요한 역할을 하게 된 바이야브리트야카라 및 이와 유사한 관리자가 율장과 대승경전에서 모두 기술되고 있는 것을 보여줌으로써 명확해졌다고 생각한다. 그 과정에서 전통적 불교교단이 소지한 율장에 관해서는 약간 언급했기 때문에, 이하에서는 아직 언급하지 않은 동종同種의 논장이나 여행기에 반영되고 있는 대승불교에 관해 다루어보고자 한다.

근본설일체유부가 확립되기 이전에는 설일체유부가 북전의 전통적 불교 교단을 대표하는 가장 정통적인 교단이었다는 점에 대부분의 학자는 동의할 것이다. 그 교단의 정통설을 확인해가는 과정에서 형성된 근본적 논서가 『대비바사론*Mahā-Vibhāṣā*』인데, 그 속에서 율에 보이는 내용을 언급하며 세존의 설법에 관한 다음과 같은 논의가 이루어지고 있다.[19] 율에 따르면,[20] 세존이 사천왕에게 설법했을 때 성어(聖語, āryā vāk)는 이천왕二天王만 이해했기 때문에 속어(俗語, dasyu-vāc)[21]로 말하자 세 번째 천왕이 이해하고, 남은 마지막 천왕도 멸태차어(蔑戾車語, mleccha, 彌梨車語)로 이해했다고 한다. 만약 그렇다면 다음과 같은 게송은 어떻게 해석해야 하느냐는 것이 『대비바사론』 논의의 중심이다. 그 게송을 보면 다음과 같다.

佛以一音演說法 衆生隨類各得解 皆謂世尊同其語 獨爲我說種種義

이를 보면 누구나 『비말라키르티니르데샤*Vimalakīrtinirdeśa*』(『유마경』)와 『간다브유하*Gaṇḍavyūha*』(『화엄경』「입법계품」)에 나오는 이와 유사한 유명한 게송을 떠올릴 것이다. 따라서 본론으로 돌아가기 전에 이하, 그 두 게송에 관한 약간의 문헌학적 고증을 해보고자 한다.

먼저 『비말라키르티니르데샤』의 해당 게송에 관해 현존하는 자료에 보이는 모든 것을 지적한 후에, 티베트역에 근거하여 번역을 제시하면 다음과 같다.[22]

(a) 지겸支謙[23] 역(222~253년 동안의 번역): 해당 게송을 포함한 총 7게송은

지겸 역에는 없다.

(b) 나집羅什 역: 佛以一音演說法 衆生隨類各得解 皆謂世尊同其語 斯則神力不共法

(c) 현장玄奘 역: 나집 역과 완전히 똑 같기 때문에 생략한다. [다만 그 후 네 번째 구는 '斯則如來不共相'이라고 해서 차이가 있다.]

(d) 티베트역: bcom ldan 'das kyi gsung gcig rab tu phyung ba yang// 'khor rnams kyis ni gsung la tha dad rnam par rig// 'gro ba dag gis rang gi don bzhin rnam rig pa// de ni rgyal ba'i ma 'dres sangs rgyas mtshan lags so//

(e) 번역: 세존이 말 한 마디 하셨을 경우에도 집회에 모인 사람들은 [그] 말을 각각 이해하고, 세간 사람들은 자신의 의미대로 이해한다. 그것이 승자勝者(=불세존)에게 독특한 부처님의 특징이다.

다음으로 『간다브유하』에서 동일한 작업을 시도해보면 다음과 같다.[24] 단, 이 경우에는 산스크리트 원전이 알려져 있으므로 말미의 번역은 그에 의한다.

(a) 불타발타라佛馱跋陀羅 역(418~420년간): 如來一音說 各隨所應解 滅諸煩惱垢 令住薩婆若 如來一音說 八部人非人 梵釋四天王 隨類音聲解

(b) 실차난타實叉難陀 역(695~699년간): 龍神八部人非人 梵釋護世諸天衆 佛以一音爲說法 隨其品類皆令解

(c) 반야般若 역(795~798년간): 실차난타 역과 완전히 동일하므로 생략한다.

(d) 불공不空 역 『보현보살행원찬』(720~774년간): 於一音聲功德海 一切如來淸淨聲 一切群生意樂音 常皆得入佛弁才

(a′) 불타발타라 역 『문수사리발원경』: 於一言音中 具一切妙音 一一妙音中 具足最勝音

(c′) 반야 역 「보현행원품」: 一切如來語清淨 一言具衆音聲海 隨諸衆生意樂音 一一流佛弁才海

(e) 산스크리트 원문:

eka-svarāṅga-samudra-rutebhiḥ sarva-jināna svarāṅga-viśuddhim/ sarva-jagasya yathāśaya-ghoṣān buddha-sarasvatim otari nityam//

(f) 티베트역:

gsung cig yan lag rgya mtsho'i sgra skad kyis/ rgyal ba kun dbyangs yan lag rnam dag pa// 'gro ba kun gyi bsam pa ji bzhin dbyangs// sangs rgyas gsung la rtag tu 'jug par bgyi//

(g) 한글역: 대해와 같은 일음一音의 지분支分의 말에 의해 모든 승자들의 청정한 음의 지분으로 모든 세상 사람들의 의향대로의 음성으로, 부처님의 변재辯才로, 항상 참입하도록 기원해야 한다.

이상, 『비말라키르티니르데샤』와 『간다브유하』의 해당 게송의 현존하는 관련 자료들을 비교해보았다. 이들 자료의 엄밀한 문헌사적 고찰은 상당히 어려운 일이지만, 본 제2부의 목적에 상응하는 범위에서 간단히 사견을 서술해보면 다음과 같다. 『비말라키르티니르데샤』의 (a)단계에서는 그 부분이 일괄적으로 결락하고 있기 때문에 해당 게송과 같은 생각은 그 무렵부터 점차 이루어지고, 그것이 간다브유하의 (a)(a′)와 같은 표현을 거쳐, 그 후에 전자의 (b)(c)(d)나 후자의 (b)(c)가 되어, 후자의 (c′)(d)(e)(f)가 이른 바 그들의 최종적 형태를 보여주고 있다고 생각된다. 게다가 이 최종 단계를 보여주는 (c′)(d)(e)(f)는 소위 「보현행원찬*Samantabhadracaryā-praṇidhāna-gāthā*」으로 별출別出된 것의 한 게송을 이루고 있는데, 이 「보현행원찬」이야말로 이미 지적한 바와 같이,[25] 필자가 전형적으로 '악업불식의 의식 관련 경전'이라고 불러 온 것 중 하나이다. 문제의 게송의 '일음연설법一音演說法'이라는 생각은 이 속에서 '참회문'이나 7종 유형의 '악업불식의 의식'과 더불어 그들과 일련의 관련을 갖는 것으로 서술되고 있다. 이 사고 방식의 요점은 부처님이 일음을 발하면, 세상의 모든 사람들이 남겨지는 일 없이 각자의 입장에 따라 부처님의 의도를 이해할 수 있게 하는 능력을 부처님이 가지고 있다는 것을 찬탄하는 점에 있다. 그것은 '재가보살'의 재시財施에 대해 '출가보살'을 매개로 한 법시의 유효성을 보증하는 구제사상을 나타낸 것이었다. 따라서 양적으로 대승불교 운동의 대부분을 차지한 (a)-(a')의 대승의 중핵을 이루는 사고방식이 되어 문제의 한 게송과 같은 류의 사고방식은 『다샤브후미카(*Daśabhūmika*, 十地經)』나 『마하파리니르바나 수트라(*Mahāparinirvāṇasūtra*, 大般涅槃經)』 등의 대표적인 대승경전에도 나타나게 된 것이다.[26] 이러한 대승경전의 번역자로서 『비말라키르티니르데샤』를 3세기 전반에 중국에 가져온 지겸支謙은 월지月支 출신의 우바새였다고 한다.[27] 생각건대, 필시 그는 설일체유부 등의 전통적 불교교단에 속하는 '출가보살'로부터 대승경전을 배우고, 그 곁에서 마치 위에서 인용한 아타비의 상걸식 비구로부터 한 거사가 삼귀의와 오학처를 받고 우바새가 된 것처럼, 우바새가 되어 기억이나 패엽으로 소지하고 있던 대승경전을 중국에 온 후에 한역하기에 이른 것이리라.

『비말라키르티니르데샤』와 『간다브유하』에 보이는 문제의 한 게송을 통해 그 사상적 배경은 파악했다고 생각되므로, 다시 『대비바사론』의 해당 부분으로 돌아가 보자. 여기서 이상과 같은 고찰을 거쳐 같은 부분의 논의의 핵심으로 인용되는 한 게송을 보면, 그것은 '재가보살'을 향해 설해진 위와 같은 대승경전 속의 한 게송으로 승원 상주의 출가자들 사이에서도 회자되었다고 생각된다. 원래 그러한 생각이 전통적 불교교단에 속하는 통속파인 대중부에서도 발견되는 것은 분명한 듯한데,[28] 이 게송은 나중에도 언급하는 바와 같이 전통적인 '삼장'에 포함되지 않는다는 것이[29] 논쟁자들 간에 주지의 사실처럼 인식되고 있는 상황을 감안할 때, 대승경전 외에는 있을 수 없는 게송일 가능성이 상당히 높다.

그렇다면 문제의 게송은 어떻게 해석해야 하는가라는 질문을 받았을 때, 설일체유부의 답은 다음과 같다.[30]

> 一音者謂梵音. 若至那Cīna人來在會坐. 謂佛爲說至那音義. 如是, 磔迦Ṭakka葉筏那Yavana達剌陀Draviḍa末䁥婆Mālava佉沙Khāṣa覩貨羅Tukhāra博喝羅Bākhal等人來在會坐, 各各謂佛獨爲我說自國音義. 聞已隨類各得領解.

이것을 오늘 날의 말로 요약하자면, 설일체유부는 번역 가능론에 서서 이 한 게송을 해석하고 있다고 할 수 있다. 따라서 석존이 말한 인도의 말을 듣고 이국인이 이해했다고 하는 이상, 다름 아닌 각각의 이국어로 번역되었기 때문에 그 의미를 정확하게 이해할 수 있었다고 하는 것이 된다. 여기서는 의미 불명의 석존의 말을 듣다가 누구나 그것을 자기 마음대로 각각 이해해 버린다고 하는 것과 같은 사고방식이야말로 오히려 배척되고 있다. 그 때문에 이 이하의 논급에서도 인도 국내에서의 올바른 설법의 이해 역시 말을 통해서만 가능하다는 관점에서 논의가 진행되고 있다. 이는 종국에는 세상 사람들 중에는 석존의 말을 이해할 수 없는 사람도 있다는 것이 된다. 그 결과, 이러한 맥락에서 다음과 같은 문답[31]이 발생한다.

> 復有說者. 佛以一音說四聖諦, 不令一切所化有情皆領解. 世尊雖有自在神力, 而於

境界不能改越, 如不能令耳見諸色眼耳聲等. 問. 若爾, 前頌當云何通. 答. 不必須通, 非三藏故. 諸讚佛頌, 言多過實.

논리적으로 말하자면 올바른 것은 하나이므로 그것을 말에 의해 이해해야 하는데, 그것을 완전히 방기해버린다면, 설사 석존이라 해도 귀로 물건을 보고 눈으로 소리를 듣는 것처럼 이해시키는 것은 불가능하다. 하지만 만약 그렇다면 예의 게송, 즉 세존은 '일음연설법'으로 모든 세상 사람들을 이해시킬 수 있다고 설하는 게송은 어떻게 이해해야 하는가? 그 경우 만약 질문자가 상술한 바와 같이 번역 가능론에 서서 말에 의한 이해를 강조하는 설일체유부의 해석을 거부하고 말하고 있는 것이라면, '이 이상 해석할 필요는 없다. 왜냐하면 그러한 게송은 전통적인 불교성전(삼장)에는 없기 때문이다. 그 당시 유행한 찬불송은 수사로 가득 찬 귀에 상쾌한 것이기는 해도 진실은 조금도 전달하지 못하고 있다고 말해야 한다(不必須通, 非三藏故. 諸讚佛頌, 言多過實.)' 라는 것이 설일체유부의 해답이었다.

그런데 그러한 종류의 찬불송이란 「보현행원찬」처럼 대승경전에만 특정할 수 있는 것은 아닐지 모르지만, 그렇지 않은 경우라도 기껏해야 아슈바고사(Aśvaghoṣa, 馬鳴)의 시kāvya와 같은 것을 상기하면 충분할 것이다. 덧붙이자면, 아슈바고샤의 소속 부파에 대해서는 이론도 있지만, 만약 그가 설일체유부의 학승이라면 그의 시작詩作에 사우트란티카Sautrāntika나 요가차라Yogācāra적인 측면이 반영되어 있다 해도,[32] 그다지 놀랄 일은 아니다. 사우트란티카도 요가차라도 전통적 불교교단과 별개로 존재한 학파의 사상은 아니기 때문이다.[33] 게다가 전통적 불교교단에 속하는 학승이 통인도적인 '습관'을 받아들이는 형태로 시류에 민감하게 대중의 기분을 만족시킬 만한 찬불송 등의 시작詩作을 시도했다 해도, 특별히 교단의 '습관'에 저촉되는 일도 아니었을 것이다. 단, 그러한 속세형의 시나 비유를 근거로, 이러한 학승이 '사상'적인 문제에 관해 제멋대로 주장했을 때에는 그 근거가 '삼장이 아니다'라며 정통설 측으로부터 비난받을 수밖에 없었다. 게다가 이러한 『대비바사론』의 논란의 전개에는 "라고 하시는 것은 시를 화제로 담론을 한다는 것은 아무래도 저에게는 평범하고 세속적인 사람들이 행하는 주연과 똑같은 것 같습니다."[34] 라고 플라톤이 소크라테스에게 말하게 한 것과 동일한 어감을 느끼게 된다. 실제로 설일체유부는 시보다, 한층 평범한 비유dṛṣṭānta를 더 싫어했던 것 같다.[35] 하지만 그 유부 중에서도 비유를 사실처럼 논거로 하는 '사실주의'[36]적 경향이 강한 자가 있어 다르스탄티카(Dārṣṭāntika, 譬喻師)라고 불렸다. 그들은 유부의 정통설에 비판적이었다. 예를 들어 유부가 표업表業이나 무표업을 실유(實有, dravyato'sti)라고 인정하고 있던데 비해 다르스탄티카는 실유가 아니라고 주장했는데, 『대비바사론』에 의하면,[37] 그들은 그러한 주장에 대해서도 유부의 정통설을 '벌거숭이 임금님'처럼 천의天衣를 먹이로 벌거숭이가 된 미녀와 같은 어리석은 자에 대한 설로 자리매김하고 있다. 분명 그 '벌거숭이 미녀'의 비유는 실제로 읽어보면 알 수 있듯이, 재미있게 사람들의 관심을 끌어 설득하는 '수사법(修辭法, rhētoricē)'으로서는 성공하고 있을지 모르지만, 자설을 논리적으로 주장하는 '문답법dialecticē'의 본질과는 완전히 무관하다. 즉 '벌거숭이 미녀'의 비유는 다르스탄티카가 주장하는 표업이나 무표업의 실유설 부정의 논증과는 무관하지만, 그러한 '수사법' 쪽이 속세에서는 더 잘 받아들여진다는 점에 충분히 주의해야 한다. (a)-(a′)의 대승경전은 이러한 '수사법'의 연장선상에서 형성된 것이라고 생각되기 때문이다.

그런데 이상과 같이 생각하면 전통적 불교교단 속에서 교단의 흔적을 남기지 않았던 다르스탄티카나 사우트란티카나 요가차라의 경향을 가진 학승들이 그대로 전통교단의 출가자로 생활하고 있었다 해도 전혀 이상할 것은 없을 것이다. 단, 가토 준쇼는 이러한 상황을 인정하면서도 교단 안에서의 '사상'적인 대립에 관해 특히 사우트란티카(경량부)를 중심으로 다음과 같이 서술한다.[38]

> 하지만 '설일체유부Sarvāstivādin'라고 하여 스스로의 근본 주장을 부파 명으로 하는 유부로서는 '현재유체現在有體·과미무체過未無體'설을 주창하며 '삼세실유'설에 반대하는 경량부사師의 존재를 허용할 수는 없었을 것이다. 슈리라타나 세친들은 유부로부터 파문당하거나 스스로 이탈하거나 하여 차례로 유부로부터 떠난 존재가 되었을 것이다. 필시 경량부를 자칭하는 논사들은 처음에는 유부에서 출가했지만 나중에 유부로부터 파문당하거나 스스로 이탈한 극히 소수의 엘리트들이었던 것은 아닐까? 하지만 그들은 유부를 떠난 이상, 부파불교의 틀 안에서 젊은이를 출가시키고 제자를 양성하는 것도 곤란했을 것이다. 오히려 계율이 엄격하지 않은 대승불교의 유가행파와 관련이 있었을 가능성이 크다고 생각된다.

그러나 요가차라[瑜伽行派]라고 해도 전통적 불교교단과 완전히 별개의 곳에 존재하고 있었던 것이 아니라면, 도대체 '유부로부터 파문당하거나 스스로 이탈하거나' 한 사람은 어디로 간 것일까? 필자는 그들은 어디에도 가지 않고 원칙적으로 불교교단에 머물고 있었다고 생각하며, 또한 오로지 '사상'적 대립에 의해 같은 출가자를 파문할 수 있는 규정을 전통적 불교교단이 가지고 있었다고도 생각하지 않는다.[39]

여기서 매우 후대의 일이기는 하지만, 여행기인 의정의 『남해기귀내법전』[40]에 의해 대소승 병존의 실태를 보기로 한다.

北天南海之郡, 純是小乘. 神州赤縣之鄉, 意存大教. 自餘諸處, 大小雜行. 考其致也, 則律撿不殊, 齊制五篇, 通修四諦. 若禮菩薩, 讀大乘經, 名之爲大. 不行斯事, 号之爲小.

필자가 보는 한, 이 실태는 후대뿐만 아니라 대승불교가 일어난 초기부터 본질적으로 다르지 않았다고 생각된다. 초기 무렵부터 존재한 것은 전통적 불교교단뿐이며, 그 속에서 출가자는 '습관'을 거의 같이 하며, '사상'에 있어 예리한 주장을 하는 자일수록 다른 자보다 돌출하기는 했지만, 불교교단은 그를 원칙적으로 쫓아낼 수는 없었다고 말할 수밖에 없다. 한편, 그 출가자의 '습관' 속에 대승적 요소가 차례로 자리 잡게 되면, 출가 재가에 공통된 형태로 '습관śīla'을 정리할 필요가 발생하여, 전통적인 출가자의 '습관'이 율의계(律儀戒, saṃvara-śīla)로 처음 나오고, 제2로서 섭선법계(攝善法戒, kuśala-dharma-saṃgrāhakaṃ śīlam), 제3으로서 요익유정계(饒益有情戒, sattvārtha-kriyā-śīla)가 열거된 것이 보디삿트바 브후미(『보살지』)가 설하는 일체계sarva-śīla[41], 즉 '삼취정계三聚淨戒'인 것이다. 게다가 이 제2와 제3은 분명 '악업불식의 의식'이 구체화한 것으로, 이에 관해서는 나중에 고찰할 기회가 있을 것이다.

여기서는 본 장의 논술상, 시점을 어디까지나 교단 내의 '출가보살'에 한정해서 말하자면, 그들이 만약 20세 이상의 성년남자라면, 그 소속 교단의 규율조문prātimokṣa을 지키고, '악업불식의 의식'이 교단에도 영향을 미쳐 대승불교의 움직임이 형성된 당초부터 그것에 적극적으로 관여하려는 사람이 관여해 온 것이며, 그것이 제도화될 필요가 생겼을 때에 '삼취정계'의 제2나 제3으로 자리매김하게 된 것이다. 게다가 그것이 분명히 형태를 이룬 것은 「보디삿트바 브후미」의 오래된 한역 연대[42]로부터 판단할 때 기원 4세기 말이었음이 확실하며, 아직 형태를 이루지 않은 상태까지 가정하면 그보다 1세기 정도 거슬러 올라가는 것도 가능할 것이다. 여하튼, 대승불교 성립 이후의 전통적 불교교단 내부의 대승의 출가자는 인도에서는 「보디삿트바 브후미」에 기술된 바와 같은 방식을 많든 적든 교단이 붕괴될 때까지 계승한 것이다. 따라서 그 붕괴 전인 9세기 초두에 인도불교를 정식으로 도입한 티베트불교는 그 형태를 잘 답습하고 있으며,[43] 그것과 병행하는 인도 측 문헌도 이를 뒷받침해준다. 7세기에 활약한 중론학파의 학승 샨티데비[44]의 『보디차르야 아바타라*Bodhicaryāvatāra*』 제5장 85~96송은[45] 10세기의 같은 파 학승 프라쥬냐 카라마티의 주석Pañjikā을 참조하여 읽으면, 전통적 불교교단의 규율조문의 존수를 강조한 것이라는 점이 명확해진다.

1 본서 제2부 제5장, 특히 주1)의 본문에서 인용했던 몰수죄 제10조에 관해서는 이해가 부족했던 점이 있다. 이를 片山一良로부터 올해(1993년) 7월 13일(화)에 구두로 친절하게 가르침을 받았다. 만일 부정확한 점이 있다면 모두 필자의 책임이다. 여기서 그 가르침을 기술하며 다시 한번 감사의 마음을 전한다. 전해들은 바에 의하면, 가타야마는 팔리율을 주석문헌과 함께 일본어로 번역하여 공간할 예정이라고 한다. 몰수죄 제10조의 일본어 역(p.279의 18행)의 "지시하여 비구에게"는 "비구를 지시하여"라고 정정해야 한다고 한다. bhikṣuṃ … uddiśya(bhikkhuṃ … uddissa)를 필자가 잘못 번역했다고는 생각하지 않지만, 오해를 불러일으킬 수 있는 번역문이었다는 점에서 변명의 여지는 없다. 지적대로 고쳐 읽기 바란다. 본서 제5장, p.280의 3-4행에 보이는 "일단 받은 후에"는 출가자의 규정상 있을 수 없는 일이므로 제5장의 주6)에서 제시한 의미대로 처리해야 할 것이다. 또한 제5장 p.280의 22-24행에 보이는 "두 번 세 번 재촉하여 상기시켰을 때에 … 만약 준비되어 있지 않다면"이라는 부분은 필자도 의미를 잘 모르고 주도 달지 않은 채 얼버무린 느낌이 없지 않다. 지적에 따라 "두 번 세 번 재촉하여 상기시키고, [그가] 만약 그 의복을 [획득하는 것에 의해] 성공시킨다면 그것으로 좋지만, 만약 성공시키지 못한다면"으로 고치고자 한다. 또한 그 직후 24행에 보이는 "그 장소에"는 팔리율 문헌에 의하는 한 '그것을 위해' '지시하여'라는 의미라고 한다. [본 장 말미의 '연구 보충 메모'도 참조.] 또한 본서 제5장 주7)에서 지적한 기존의 오역에 관해서는 일본어 역의 경우에는 그러하지만, R. David와 H. Oldenberg의 영역에는 잘못이 없다고 한다. 일본어 번역자가 선행 영역을 참조했을 것이라는 선입견에서 영역을 확인하지 않는 실수를 저질렀음을 사죄해둔다. 또한 율과 직접 관계는 없지만, 본서 제4장 주42)에서 언급한 *Ārya-Sarvadharmavaipulyasaṃgraha-sūtra*에 관해서는 松田和信, 『インド省圖書館所藏中央アジア出土大乘涅槃經梵文斷簡集-スタイン·ヘルンレ·コレクション-』, 東京: 東洋文庫, 1988, pp.25-27을 참조하기 바란다. 이 건은 저자인 마츠다로부터 직접 정보를 들었다. 이 자리를 빌려 감사의 마음을 전한다. 마츠다가 말하고자 했던 점은 그 사본이 '유유상종'식으로 *Mahāparinirvāṇa-sūtra* 직후에 서사되고 있는 점에 있었던 것 같다. 그런데 그 다음에 필자는 본서 제5장 주35) 말미에서 기술한 침와구 준비인의 이름이 Mallaputra-Dravya가 아닌 Dravya-mallaputra여야 하며, 이는 팔리 문헌에도 종종 나오는 Dabba-Mallaputta에 해당한다는 점을 알게 되었다. 따라서 이 항목은 赤沼智善, 『印度佛教固有名詞辭典』, 京都: 法藏館, 1967, pp.140-141에서 찾아보았어야 하는데, 잘 이해하지 못한 채 침와구 준비인으로 불교교단에서도 유명했던 이 사람을 모른 채 글을 썼다. 부끄럽게 생각한다. 이 사전이 *Theragāthā* 제5송의 주석에 근거하여 기록한 바에 의하면, Dabba-Mallaputta (=Dravya-Mallaputra)는 "阿奴比耶Anupiyā에서 末羅족의 王家에 태어나 어려서 어

머니와 사별하고 조모의 손에 길러졌다. 7세에 부처님을 만나 출가하여 즉시 깨달음을 얻는다. 그 후 교단의 좌와구 및 식사 등의 분배를 업무로 하고, 밤늦게 온 비구들에게는 손가락 끝으로 불빛을 내어 숙소를 알려준다. Mettiya, Bhummajaka 등의 비구가 시샘하여 죄를 지었다고 근거 없이 비방하지만 의심을 벗게 된다."라고 되어 있다. 이와 동일한 이야기는 (근본)설일체유부에도 전해지고 있었던 것 같다. *Vinayavibhaṅga*에 의하면, "불세존은 라자그리하에 있는 Veṇuvana의 Kalandakanivāsa에 머무르고 계셨다. 마침 그 무렵, 한 드라비야 말라푸트라(Gyad bu Nor, Dravya-Mallaputra, 實力子)가 교단에 의해 침와구 준비인(gnas mal 'bog pa)과 식사 분배인(zas la sko ba, bhaktoddeśaka)으로 지명되었는데, 비구 마이트리야(mDza'bo, Maitriya, Mettiya)와 브훔야자카(Sa las skyes, Bhūmyajaka, Bhummajaka) 두 사람은 드라비야 말라푸트라에게 전세에 걸쳐 원한을 품고 있었다. 이로 인해 비구 마이트리야와 브훔야자카 두 사람이 우파난다(Nye dga', Upānanda)와 함께 이야기를 하면서 앉아 있는 곳에 드라비야 말라푸트라가 찾아 오자 우파난다에게 말했다. … "(P. ed., No.1032, Nye, 1a1-4: 대정장 23, p.777a. 또한 『십송률』에 관해서는 대정장 23권, p.75c를 참조할 것)라고 한다.

2 일단 임시로 해본 번역이다. 실제 용례는 다음 주4)를 단 인용문을 보기 바란다. las su bsko ba는 D. ed.에 따른 것이며, P. ed.에서는 las su sko ba라고 되어 있다. 대응하는 Skt.는 *Mvyut.* no.9362에 의하면 karma-dāna이다. Tib.에 의하면 '업무를 배당하는 자', Skt.에 의하면 '업무를 주는 자'와 같은 의미이며, 감독과 같은 관리직을 가리킬지도 모르지만, 다음 주4)의 인용문을 보면, 젊은 나이에 주어지는 업무이므로 그 정도로 높은 지위의 자라고 생각되지는 않는다. 괄호 안의 '지사'는 의정 역에 따라 보충한 것이다. 여기서는 특정한 일에 한정되지 않고, 모든 업무를 수행할 가능성이 있다는 점을 함축한 일반적 관리직의 이름으로 생각하여 '업무 집행직'이라고 번역해둔다.

3 이 역시 잠정적인 역어인데, 의미하는 내용은 karma-dāna의 경우보다 명확하다. 실제 용례에 관해서는 다음 주4)의 인용문을 보기 바란다. Tib.과 한역은 그에 의한다. 이에 대응하는 Skt.는 *Mvyut.* no.9067에 의해 upadhi-vārika임을 알 수 있다. 이 말은 *Buddhist Hybrid Sanskrit Dictionary*, p.136에서 upadhi-vāraka, °vārika로 상세히 설명되어 있다. "guardian of material objects; beadle or provost of a monastery, in charge of physical properties"로 번역되는데, 매우 적확한 번역이라고 생각된다. 또한 이 경우의 upadhi가 ārāma나 vihāra 등을 가리킨다는 점에 관해서는 다음 주8)을 참조하기 바란다. 필자는 이 upadhi를 '寺內'라고 번역하였다.

4 P. ed., No.1032, Che, 138a7-139a6(D. ed., No.3, Ca, 152b1-153b1): 대정장 23, pp.665c-666a. 또한 이 건과 직접적인 관계는 없지만, 티베트역 P. ed.(및 D. ed.)와 한역을

비교 대조할 때에 중요시해야 할 것은 『大谷大學圖書館藏西藏大藏經甘殊爾勘同目錄』(大谷大學圖書館, 1930-1932)이다. 최근에 우연한 기회에 본 목록에 대해 처음 알게 되었다. 이 점을 적어두는 것이 좋다고 생각되므로 여기서 밝혀둔다. 우연한 기회란 櫻部建로부터 받은 한 통의 엽서(본[1993]년 5월 17일자)가 계기였다. 실은 그 엽서는 필자에게, 필자가 이전에 Byams zhus kyi le 'u를 「彌勒請問章」으로 번역한 근거를 묻는 것이었는데, 필자는 앞서 거론한 목록, p.216, 주2)의 기술을 그 후에 박사의 교시로 알게 될 때까지 전혀 모르고 있었다. 그 결과, 필자는 졸고, 「彌勒請問章和譯」, 『駒澤大學佛教學部論集』 6, 1975, pp.210-190에서 당연히 언급해야 할 것을 언급하지 않았다(아마도 『八千頌』에 관한 註로 기재되어 있었기 때문에 『이만오천송』이나 『일만팔천송』에 관계하는 「미륵청문장」에 관해서는 그 부분을 보지 않았든지, 아니면 본 목록을 입수하는 일이 곤란했기 때문이었던 것이 직접적인 원인일 것이다.). 이 과정에서 필자는 본 목록이 사쿠라베의 단독 작업이며, 그것에 「序」를 기록한 上杉文秀 大谷대학 학장은 사쿠라베의 춘부장이라는 것을 알게 되었다. 사쿠라베는 우에스기 분슈의 자손에 해당하는 것 같은데, 필자가 기록해두고 싶은 것은 이런 것은 아니다. 사쿠라베의 단독 저작이라고 할 만한 업적이 이름도 명기되지 않은 채, 게다가 변함없이 입수 곤란한 상황에 있다는 점을 호소하고 싶을 뿐이다. 필자의 발언에 조금이라도 힘이 있어, 사쿠라베라는 이름으로 본 목록의 復刻이 이루어지는 날이 오기를 바랄 뿐이다. 이렇게 희망사항을 이야기함과 동시에, 근본설일체유부의 율 문헌에 관해 한역과 티베트역을 조합시킬 경우에는 본 목록이 특히 편리하다는 점을 첨언해둔다.

5 '승원에 물을 뿌리고'부터 '때를 알린 후에'라고 번역한 부분까지의 티베트 번역문은 "gtsug lag khang chag chag btab/ byug pa byas te/ dus shes par byas nas"인데, 대응하는 한역은 "掃灑房庭, 觀水淨不, 瞻日時候(房庭을 掃灑하고, 물의 淨不를 관하고, 日時候를 보아)"이다. '掃灑房庭'가 '물을 뿌리고'와 설사 겹친다 해도 '觀水淨不'과는 맞지 않는 것처럼 느껴지며, '瞻日時候'와 '때를 알리는' 일이 같은 일을 가리키는지에 관해서도 자신은 없다.

6 'khor sa에 대응하는 Tib.는 *Mvyut.* no.4361에 의하면 후자, nos.6795, 7001에 의하면 전자이다. 한역은 stūpa의 'khor sa를 '窣堵波處'라고 한다. 여기서는 stūpa 주변의 空地를 상기하여 '廣場'이라고 번역해두었다.

7 '위쪽에 이르러'라고 번역한 부분의 티베트역은 P. ed., D. ed. 모두 "gyen du 'chugs te"인데, 'chugs'는 'tshugs'가 아닐까라고 생각하여 이렇게 번역하였다. 덧붙여, 한역은 '彼風氣上衝'이다.

8 *Abhidharmakośa-vyākhyā* by Yaśomitra, Wogihara ed., p.352, l.29에 "upadhir ārāma-

vihārādiḥ”라고 되어 있다. 이것은 다음 주9)에서 지적할 *AKBh*의 부분에 대한 복주에서 확인할 수 있는 설명이다.

9 ‘유의칠복업사’라는 번역어는 *Abhidharmakośa-bhāṣya(AKBh)*, Pradhan ed., p.196, ll.12-16; P. ed., No.5591, Gu, 194a3-6; 현장 역, 대정장 29, p.69a에 있는 것이며, 가로 안의 Skt. 및 Tib.도 그 대응 부분에 따르고 있다. 이것은 ‘寺內의 일에 관한 aupadhika 일곱 가지 福業의 所作에 의지처’라는 정도의 의미이다.

10 P. ed., No.1032, Che, 132a5-b2; 대정장 23, p.663a.

11 赤沼智善의 앞서 인용한 사전 (앞의 주1)), pp.18-19의 Āḷavī를 Skt.의 Aṭavī와 같다고 보고, 이하는 그 항목에 대한 기술에 근거한다.

12 이 말은 티베트역에서도 음사되고 있기 때문에 kārṣāpaṇa가 값어치인지 금 자체인지 필자는 잘 모르겠다. 만약 금 자체라고 한다면 상걸식의 비구는 금을 직접 받았던 것이 되지만, 그러한 상황은 생각하기 어려울 것이다. Monier의 사전이 제시하는 바(p.276)에 의하면, “다른 가치의 硬貨 혹은 무게로 금이라면 16마샤, 은이라면 16파나, 동이라면 80파쿠티카” 등이라고 한다. 이것이 올바르다면, 역시 상걸식의 비구는 금이 아니라도, 금화나 혹은 그에 상응하는 것을 받았던 것일까.

13 이런 의미에서의 『중아함경』에 관해서는 榎本文雄, 「阿含經典の成立」, 『東洋學術硏究』 23-1, 1984, pp.93-98을 참조하기 바란다. 또한 「世間福經」은 대정장 1, pp.427c-428c에 수록되어 있는데, 현재로서는 『중아함경』에 들어 있는 것 외에 대응하는 것은 알려져 있지 않은 것 같다.

14 이 점은 앞의 주9)의 *AKBh*의 현장 역에 근거한 荻原雲來·木村泰賢, 『國譯大藏經』 論部 12, p.23, 주106)에서 ‘유부의 毘那耶四十六’으로 알려져 있다. 이 부분은 P. ed., No.1032, Te, 134a6-137b3: 대정장 23, pp.882c-883b에 해당한다. 또한 여기서 인용되는 「世間福經」은 같은 경문이 *Abhidharmakośa-vyākhyā*, op. cit. (앞의 주8)), p.352, l.31-p.354, l.30에 그대로 등장하기 때문에 경문 중 많은 Skt.를 확인할 수 있다. 그 일본어 역에 관해서는 舟橋一哉, 『俱舍論の原典解明 業品』, 京都: 法藏館, 1987, pp.43-47을 참조하기 바란다..

15 P. ed., No.1032, Te, 114b1ff; 대정장 23, p.880a 이하를 참조하기 바란다. 또한 유부가 차이티야나 스투파의 기진에 적극적이었던 점에 관해서는 『대비바사론』, 대정장 27, p.635c 및 靜谷正雄, 『初期大乘佛敎の成立過程』, 京都: 百華苑, 1974, p.193을 참조.

16 平川彰, 『初期大乘佛敎の硏究』, 東京: 春秋社, 1968, pp.691-692 [平川彰著作集 4, pp.346-347].

17 본서의 제2부 제2장, pp.211-213. 또한 pp.206-208을 참조하기 바란다.

18 비문에 대승교단의 이름이 나오지 않는 것에 대해서는 静谷正雄, 앞의 책, 1974, (앞의 주15)), pp.389-390을 참조. 단, 시즈타니의 난점은 “비명에 대승과 관련 있는 것이 나오지 않는 이유는 필자 역시 아직 설명하기 어렵다.”라고 하여, 어디까지나 대승불교의 거점을 전통불교교단 이외에서 찾으려 한다는 점이다. “비명이 발견된 지역은 전통적인 소승불교가 번창한 지역이 많다.”라고도 말하고 있는데, 필자의 생각으로는 대승불교는 전통교단이 있었던 곳에서만 있을 수 있었기 때문에 비문이 발견된 지역이 전통불교교단이 번창한 지역과 겹치는 것은 매우 당연한 일이라고 할 수 있다. 필자가 보기에, 山口瑞鳳, 「インド佛教における「方便」」, 『東方』 3, 1987, p.64에서 야마구치가 비문에 관한 히라카와 아키라의 견해에 대해 “대승불교도가 의지했다고 생각되는 탑 등이 설일체유부 그 외에 소속되어 있었다는 기록이 있다는 것을 소개하면서, 부파교단에 대한 기진명이 없는 것이 많다는 점을 의미 있게 강조하고 있다. 이 경우, 기진명이 없는 것은 예를 들어 법사라든가 보살 그룹에 소속했다는 의미는 아니라는 점에 주의해야 한다. 오히려 그러한 증거가 되는 명문을 못 본 것은 해당 주장에 물을 끼얹는 것처럼 생각된다.” 라고 말하고 있는 것이 가장 타당한 비문 평가라고 생각된다. 게다가 필자가 보는 한, 최근의 비문 연구는 야마구치의 견해 쪽으로 진행되고 있는 것 같다. Gregory Schopen은 “Mahāyāna in Indian Inscriptions”, *Indo-Iranian Journal*, Vol.21, 1979, pp.1-19에서 비문 연구의 하나의 결론으로 “we are able to assume that what we now call the Mahāyāna did not begin to emerge as separate and independent group until the 4th century”(p.15)라고 서술하고 있는데, 필자 역시 찬성한다. 다만 쇼펜의 이러한 결론은, 그 자신의 대승불교 기원에 관한 견해와도 관련이 있다. 그의 견해는 필자와 공통된 점도 있고 다른 점도 있기 때문에 이에 관해서는 장을 달리하여 논하고자 한다. 쇼펜의 견해를 Harrison의 그것과 더불어 처음 교시 받은 것은 본서 제2부 제4장 주15)에서 기술한 바와 같이 小谷信千代로부터였는데, 최근에 末木文美士, 「アメリカ佛教學一端」, 『東方學』 8, 1992, pp.189-198을 보고, 그 소개 기사를 계기로 쇼펜의 논문을 모을 수 있었다. 그 과정에서 필자가 수집하지 못한 논문은 스에키가 선뜻 복사본을 주었다. 가능하면 이번 기회에 쇼펜의 견해에 대한 비판을 서술하고, 스에키의 배려에 보답하고 싶었지만 여의치 않아 우선 감사의 뜻만을 전해둔다.

19 『대비바사론』, 대정장 27, pp.410a-c를 참조. 이 문제는 본서 제2부 제4장의 주 말미 ‘付記’에서 기술했는데, 『대비바사론』에 이러한 기술이 있다는 점은 다음 주 22)에서 언급할 Lamotte의 지적에 의해 알 수 있었다. 단, 라모트는 그저 ‘一音演說法’의 문헌만을 열거하고 있을 뿐이다. 『대비바사론』의 기술이 다른 문헌의 그것과 본질적으로 다르다는 점에 관해서는 전혀 알아차리지 못하고 있는 것 같다.

20 이 부분의 서두는 '毘奈耶說'이며, 그것은 『십송률』, 대정장 23, p.193a에 해당하는 기술을 가리킨다. 단, 같은 유부이지만 후대에 성립했기 때문일까, 현행 『근본설일체유부율』에서 완전히 일치하는 기술을 발견하기는 어려운 것 같다. 다만 다음 주22)에서 언급할 라모트의 지적처럼, 산스크리트 『근본설일체유부율』에는 *Vinayavastu*의 Bhaiṣajya-vastu와 유사한 기술이 보이므로 *Mūlasarvāstivādavinayavastu*, Vol.I, Buddhist Sanskrit Texts, No. 16, pp.153-154를 참조하기 바란다. [의정 역에서 동일한 기술을 발견하기 어려웠던 원인은 번역 종료 후의 散佚인데, 이 점에 관해서는 본 장 말미의 '연구 보충 메모'를 참조.]

21 Skt. dasyu-vāc는 앞의 주20)의 Bhaiṣajya-vastu로부터 채용했지만, 이에 대응하는 『십송률』의 말은 '馱婆羅語'이다. 음가가 엄밀하게 대응하고 있는지 의심스러운 점도 있기 때문에 본문에서는 기술하지 않았다.

22 (a)는 대정장 14, p.520a, (b)는 同, 538a, (c)는 558c, (d)는 P. ed., No.843, Bu, 183a7-8: 大鹿本, p.13, v. 10이다. 또한 이 부분과 관련이 있는 문헌은 É. Lamotte, *L'Enseignement de Vimalakīrti*, Louvain, 1962, pp.109-110, n.52에 상세히 열거되어 있으므로 필자도 이를 많이 참조하였다. 단, *Vimalakīrtinirdeśa*를 통속적 대승불교의 전형적 경전으로 보지 않는 라모트에게 있어 『대비바사론』 등의 유부의 입장이 이를 비판하는 것이라는 시점은 전혀 없다.

23 支謙에 관해서는 平川, 앞의 책, 1968, (앞의 주16)), pp.85-93을 참조하기 바란다.

24 (a)는 대정장 9, p.787a와 787b, (b)는 同 10, p.443c, (c)는 同, 843b, (d)는 同, 880c, (a′)는 同, 879b, (c′)는 同, 847c, (e)는 D. T. Suzuki & H. Izumi (ed.), *The Gandavyuha Sutra*, Kyoto, 1949, p.545, ll.15-16; Vaidya (ed.), *Gaṇḍavyūhasūtra*, Buddhist Sanskrit Texts, No.5, p.432, ll.13-16, (f)는 P. ed., No.761, Hi, 251a8-b1이다.

25 졸서, 『道元と佛教-十二巻本『正法眼藏』の道元-』, 東京: 大藏出版, 1992, p.264의 (iv) 및 본서, 제2부 제1장, p.183의 (v)를 참조하고 양쪽 전후의 기술도 읽기 바란다. 또한 「普賢行願讚」의 제8송인 「懺悔文」에 관해서는 같은 책, p.257을, 그리고 제12송인 7종 유형의 '악업불식의 의식'과 관련된 게송에 관해서는 졸고, 「Dharmasaṃgraha 和譯(I)」, 『駒澤大學佛教學部論集』 10, 1979, pp.296-295를 참조하기 바란다.

26 Lamotte, *op. cit.* (앞의 주22), p.109, n. 52 중의 4를 참조.

27 『고승전』, 대정장 50, p.325a에 "先有優婆塞支謙. 字恭明, 一名越. 本月支人."라고 되어 있다. 또한, 지겸에 관해서는 앞의 주23)에서 지적한 부분을 참조하는 것 외에, 『고승전』에 관해서는 平井俊榮, 「『高僧傳』の注釋的硏究」, 『駒澤大學佛教學硏究紀要』 49, 1991, pp.184-170; 同 (II) 『駒澤大學佛教學部論集』 23, 1992, pp.456-443을 참조하

기 바란다. 순서상으로 말한다면, 지겸에 관한 기록은 平井, 同 (III) 『駒澤大學佛教學部論集』 24, 1993, pp.470-436, 지겸은 그 가운데 특히 pp.469-466에 나온다.

28 이것은 Lamotte, *op. cit.* (앞의 주22))에서도 지적되고 있는 바인데, 寺本婉雅· 平松友嗣, 『藏漢和三譯對校異部宗輪論』, 京都, 1935, p.23에 의하면 대중부는 "盡說一切事一切相"(『十八部論』), "如來一音, 能說一切法"(『部執異論』), "佛以一音, 說一切法"(『異部宗輪論』)을 주장했다고 한다. 단, 이에 대응하는 부분의 티베트역은 "모든 것이 실질적으로 명료하게 설해진 것이다."라고 이해할 수 있기 때문에 완전히 일치하지는 않지만, 일단 통속적인 사고방식이라는 것은 분명하다. 이에 비판적인 설일체유부의 견해 및 양 부파의 대립의 의미에 관해서는 졸고, 「苦行批判としての佛教」, 『駒澤大學佛教學部論集』 24, pp.319-354의 제5절, 특히 주46)을 단 본문의 내용 전후를 참조하기 바란다.

29 다음 주31)을 단 본문 중 인용 부분을 보기 바란다.

30 『대비바사론』 대정장 27, p.410a. 또한 國名의 배정에 관해서는 일일이 거론하고 있지 않지만, 赤沼의 앞의 사전 (앞의 주1)) 및 水谷眞成 역, 『大唐西域記』 (중국고전문학대계 22)를 참조하였다. [이를 인용한 의도와 직접 관련이 있는 것은 아니지만, 여기서 언급된 여러 언어를 가진 다민족이 『대비바사론』을 편찬한 간다라나 카슈미르에 실제로 왕래하고 있던 모습은 본서 제1부 제1장으로 거슬러 올라가서 상기하기 바란다.]

31 『대비바사론』, 대정장 27, p.410b.

32 金倉圓照, 『馬鳴の硏究』, 京都: 平樂寺書店, 1966, 특히 pp.3-25를 참조하기 바란다. 또한 아슈바고샤를 요가차라 가까이에 자리매김하는 논고로는 松濤誠廉, 「瑜伽行派の祖としての馬鳴」, 『大正大學硏究紀要 (文學部· 佛教學部)』 39, 1954, pp.191-224가 있다.

33 사우트란티카의 경우에 관해서는 加藤純章, 『經量部の硏究』, 東京: 春秋社, 1989, pp.86-93, 요가차라의 경우에 관해서는 본서 제2부 제5장, pp.285-286을 참조하기 바란다.

34 *Protagoras*(Platon Œuvres Complètes, Tome III-Ire Partie, Collection des Universités de France, 1984), p.68(347c); 藤澤令夫 역, 『プロタゴラス -ソフィストたち-』, 東京: 岩波文庫, p.119. 인용은 藤澤 역에 의한다.

35 加藤純章, 앞의 책, 1989, pp.73-74, 또한 p.69를 참조.

36 '사실주의'란 '논리주의'에 대치시켜 필자가 만든 말이라고 생각해도 상관없다. 양자의 대치에 관해서는 앞서 든 졸고(앞의 주28)) 및 졸서, 『唯識の解釋學『解深密經』を読む-「一切法相品」「無自性相品」-』, 東京: 春秋社, 1994에서 특히 「序說」을 참조

하기 바란다.

37 『대비바사론』 대정장 27, p.634b-c를 참조하기 바란다.

38 加藤純章, 앞의 책, 1989, p.92.

39 平川彰, 앞의 책, 1968, pp.678-680 [平川彰著作集, pp.335-336]에서 지적하고 있는 바와 같이, 교단 분열에는 '파법륜승(cakra-bheda)'과 '파갈마승(karma-bheda)'이 있다. *AKBh*, p.260, l.18; 현장 역, 대정장 29, p.93b-c에서 논해지고 있다. 일본어 역에 관해서는 舟橋一哉, 앞의 책, 1987, pp.448-459를 참조. 당면 과제로서 직접 문제가 되는 것은 히라카와도 지적하고 있는 바와 같이, 후자인 karma-bheda이다. 이것은 하나의 결계 안에서 분열하여 갈마를 실행하는 경우이므로, 만약 설일체유부의 비구라면 다른 비구와 마찬가지로 '습관'으로서 동일한 설일체유부 승단의 규율 조문prātimokṣa을 낭송하는 한 교단 분열의 죄로 소송당하는 일은 없었을 것이다. 만약 '사상'적인 면에서의 이단이 교단에서 추방되었다고 한다면, 어떤 조항에 의해 죄상이 선고되었는지 명확히 밝힐 필요가 있다고 생각한다.

40 『남해기귀내법전』, 대정장 54, p.205c. 또한 히라카와 아키라는 앞의 책, 1968, p.698 [平川彰著作集, p.353]에서 이 부분을 인용하여 "인도의 어떤 지방에 존재했을 것이다."라며 이러한 존재 방식을 특수한 경우처럼 다루고 있지만, 이 기술은 『남해기귀내법전』의 서두 부분에 있는 것으로 오히려 인도 일반의 존재 방식을 기술한 것이라는 점에 유의해야 할 것이다.

41 *Bodhisattvabhūmi*, Wogihara ed., p.138, ll.18-20에서 "tatra katamad bodhisattvasya sarva-śīlaṃ. samāsato bodhisattvasya gṛhipakṣa-gataṃ pravrajita-pakṣa-gataṃ ca śīlaṃ sarva-śīlam ity ucyate."라고 하여 이하 각각 설명된다. 또한 이 부분은 현장 역은 물론이거니와 보다 오래된 두 개의 한역에서도 확인된다. 현장 역은 대정장 30, p.511a 이하, 담무참 역은 同, p.910b 이하, 구나발마 역은 同, p.982c 이하를 참조하기 바란다. 이 부분은 대승의 '습관śīla'이 어떠한 것이었는가를 확인하는데 있어 중요한 기술을 보여주므로, 히라카와 역시 앞의 책, 1968, (앞의 주16)), pp.423-425 [平川彰著作集, pp.6-9]에서 이 부분에 대해 언급하고 있다. 히라카와는 그 중요성을 인정하면서도 "『유가론』이 대승계를 칠중의 별해탈계라고 말하고 있다 해도 그것이 곧 초기대승불교의 계학의 실제를 보여주는 것이라고 할 수는 없다. 인도 불교의 초기의 계학에 관해서는 초기의 대승경전에서 그 실제를 명확히 해야 한다. 이것이 정당한 순서라고 생각한다." (p.425 [pp.8-9])라고 서술하고 있다. 하지만 필자는 '정당한 순서'를 거친 후에라도 *Bodhisattvabhūmi*(『유가론』)가 설하는 바와 같이 '출가보살'은 초기 단계부터 전통적 불교교단의 prātimokṣa를 지키고 있었다고 밖에 생각할 수 없다. 이 점에 대해서는 이미 서술한 바와 같다. 또한

히라카와, 앞의 책, 1968, pp.455-456 [平川彰著作集, pp.35-36]에서 언급한 『해심밀경』의 '삼취정계'는 『보디삿트바 브후미』의 그것과 전후 관계를 결정하기 어렵다. 이에 대해서는 여기서 언급하지 않는다.

42 『보살지지경』과 『보살선계경』의 번역 연대에 관해서는 平川彰, 1968, pp.424-425 [平川彰著作集, pp.7-8]을 참조하기 바란다.

43 山口瑞鳳, 앞의 논문, 1987, p.53 및 65, 주2)를 참조하기 바란다.

44 샨티데바 및 그 계보를 이은 프라즈냐카라마티에 관해서는 三枝充悳, 『インド佛教人名辭典』, 京都: 法藏館, 1987, pp.120-123, pp.228-229를 각각 참조하기 바란다. 두 페이지 모두 松本史朗가 집필한 것이다.

45 여기서 *Bodhicaryāvatāra* 제5장 제85-98송 전체에 관해 그 *Pañjikā*를 근거로 각 송의 배경을 이루는 *Vinaya-vastu*나 *Prātimokṣa-sūtra*를 同定하는 것은 곤란하며, 또한 여기서 그것을 목적으로 하는 것도 아니므로 상세한 것은 다른 기회에 다루고자 한다. 그리고 이하 그 대략적인 내용을 보여주기 위해 약간의 예를 지적한다. 여기서는 제85송과 88송을 다루려 하는데, 그 두 게송의 산스크리트 원문을 먼저 제시하면 다음과 같다. 텍스트는 이하 모두 편의적으로 Vaidya (ed), *Bodhicaryāvatāra of Śāntideva with the Commentary Pañjikā of Prajñākaramati*, Buddhist Sanskrit Texts, No.12에 의한다.

> vinipātagatânātha-vratasthān saṃvibhajya ca/ bhuñjīta madhyamāṃ mātrāṃ tri-cīvara-bahis tyajet//85// (p.72)
> dharmaṃ nirgaurave svasthe na śiro-veṣṭite vadet/ sa-cchatra-daṇḍa-śastre ca nâvaguṇṭhita-mastake//88// (p.75)

제85송은 "잘못하여 죄를 저지른 사람과 의지할 바 없는 사람과 制戒에 머물고 있는 사람으로 나눈 후에 [자신의 식사를] 적당한 양만큼 먹는 것이 좋다. 3종의 의복 이외에는 버리는 것이 좋다."라고 하는 의미이며, 제88송은 "건강svastha하지만 존경을 보이지 않는 자나 터번을 두른 자에게는 법을 설하지 않는 것이 좋다. 우산이나 지팡이나 무기를 지닌 자에게도, 또한 頭部를 덮은 자에게도 그렇게 하지 않는다."라는 의미이다. 제85송에 대한 Pañjikā에서는 식사와 관련하여 약에 대해서도 설하며, 약간의 대승경전에서 전거를 구한 후에 약에 관해서는 "*Bhikṣu-vinaya*에서 설명되고 있으며, 거기에서만 이해되어야 한다."(p.73, l.25)라고 서술하고 있는데, 이는 *Mūlasarvāstivādavinayavastu, op. cit.*(앞의 주20)), p.2의 기술에 부합한다. 또한 제88송은 중학법saṃbahulāḥ śikṣā dharmāḥ을 의도해서 설해진 것으로, 예를 들면 게송 후반에 보이는 cchatra, daṇḍa, śastra는 차례대로 근본설일체유부의 중학법 제100조, 제99조, 제101조에 대응한다. 지금 제99조를 보면, "na daṇḍa-pāṇaye aglānāya dharmaṃ deśayiṣyāma iti śikṣā karaṇīyā(무병으로 지팡이를 손에 쥔 자를 위해 우리들은 법을 설시하지 않을 것이다라는 학칙이 지켜져야 한다.)"이며, 다음은 daṇḍa를 cchatra와 śastra로 바꾸어 읽으면 된다. 그 때문에 제88송의 svastha(건강한)는 Pañjikā에 의해 지적되고 있는(p.95, l.14) 바와 같이, 각 중학법에 있어 aglāna(무병의)와 마찬가지로 모두에 걸리는 것으로 이해해야 한다. 하지만 金倉圓照 역, 『悟りへの道』, 京都: 平樂寺書店, 1965, p.66에서는 이 배경이 이해되지 않고 있기 때문에 svastha를 '건강한 자'라고 번역하고, 또한 다른 말과 병치하는 취급만 하고 있으므로 정정해야 한다. 그리고 이러한 통속적인 詩作에 있어서도 자신이 소속하고 있던 전통 교단의 계율(vinaya, prātimokṣa)이 의식되고 있던 점은 중요하다.

[연구 보충 메모] 본 장 주1)에서 언급한 片山一良의 교시는 이번에 이 책을 간행하면서 앞 장의 註記와 관련시켜 가능한 한 살리려고 노력해서 보충했다. 하지만 uddiśya에 관해서는 이미 그 교시를 계기로 작성한 졸고, 「初期大乘佛教運動における『法華經』-uddiśyaの用例を中心として-」, 『勝呂信靜博士古稀記念論文集』, 東京: 山喜房佛書林, 1996, pp.235-250이 있다(교시에 관해서는 同, p.248, 주19)를 참조). 이 졸고의 고찰 이후, 필자는 uddiśya를 'x의(gen., acc.) 名義로'라고 번역하였는데, 본서의 제1부 제3장이나 제2부 제12장 등을 중심으로 서술한 '作善主義' 가운데 ①②③의 관계로 말하자면, ①에서 ②③으로의 방향이 ud-DIŚ로 제시되고, ②에서 ①③으로의 방향은 ā-DIŚ로 제시되는 것 같다. 여러 문헌에 관한 검증이 아직 이루어지지 않았기 때문에 명기하지는 않고 간단히 느낌만 서술해두었다. 또한 본서 제12장 주1)에서 언급한 히라카와의 저작 가운데 몰수죄 제10조에 관해서는 平川彰, 『二百五十戒の研究II』 平川彰著作集 15, 東京: 春秋社, 1993, pp.198-223을 참조하기 바란다. 본 장의 주4) 아래 부분과 주10) 아래 부분에서 제시한 율의 한 구절에 관해서는 차례대로 그 후에 간행된 그레고리 쇼펜 저, 小谷信千代 역, 『大乘佛教興起時代-インドの僧院生活-』, 東京: 春秋社, 2000, pp.90-91, p.190에서도 다루고 있으므로 참조하기 바란다. 본 장 주4) 아래 부분에서 설명한 본문 인용에서 '앞길이 창창하다'라고 번역한 것에 관한 정정 및 사과에 관해서는 본서 제2부 제9장 말미의 [연구 보충 메모]를 참조할 것. 본 장 주14) 및 그 본문에서 언급한 율 문헌에 보이는 '有依七福業事' '無依七福業事'의 한 구절에 관해서는 졸고, 「選別學派と典據學派の無表論爭」, 『駒澤短期大學研究紀要』 23, 1995, pp.74-76(횡)을 참조하기 바란다. 본 장 주20) 및 그 본문에서 언급한 '一音演說法'에 관한 율 문헌의 상세한 소개는 일본어 역과 더불어 졸고, 「カイネーヤ仙人物語-「一音演說法」の背景-」, 『駒澤短期大學佛教論集』 6, 2000, pp.55-114에서 하고 있으므로 참조하면 좋을 것 같다. 의정 역에 대응하는 부분이 없는 것처럼 보인 것도, 번역 종료 후에 의정 역이 散逸되었기

때문이라는 것도 거기서 기술해둔 바와 같다. 본 장 주39)에서 언급한 cakra-bheda와 karma-bheda의 문제에 관해서는 마침 그 무렵, 佐々木閑, 「破僧するのに必要な比丘の人数」, 渡邊文麿博士追悼論集 『原始佛教と大乘佛教』上, 京都: 永田文昌堂, 1993, pp.153-171(횡)이 간행되고, 또한 그 후에 이 성과도 포함하여 佐々木閑, 『インド佛教變移論 -なぜ佛教は多樣化したのか-』, 東京: 大藏出版, 2000이 간행되었다. 이 뛰어난 연구 성과에 대한 필자의 생각은 본서, 특히 제1부 제2장에서 주로 서술하였다.

7 / 『대비바사론』에 보이는 『우바새계경』의 해당 부분

본서 제2부에서는 주제와의 관련상 대승불교의 성립에 관해서도 사견을 명확히 해둘 필요가 있었다. 그런데 그 과정에서 쇼펜이 대승불교의 성립에 관해 기존과 다른 일련의 논고를 발표하고 있다는 사실을 알게 되었다.[1] 새로운 견해가 제기되었으므로 필자 역시 쇼펜의 견해에 의견을 제시하고자 한다. 다만 이에 앞서, 앞 장을 보강하는 의미에서 본 장을 먼저 고찰한다.

앞 장에서 대승불교는 전통적 불교교단 자체의 전개 속에서밖에 일어날 수 없었다고 가정하고, 이를 입증할 수 있는 증거를 전통불교와 대승불교의 관계 속에서 찾아보았다. 중반부터 후반에 걸쳐 '대승불교는 부파의 논서에도 설해져 있지 않다.'라고 주장하는 히라카와 아키라의 견해에 대한 반증으로 초기대승경전에서 공통적으로 보이는 '일음연설법一音演說法'적인 사고방식이 전통불교의 정통설을 대표하는 『대비바사론』에서 비판적으로 다루어지는 사례가 있다는 점을 검토하였다. 필자는 이 예가 전통불교와 대승불교가 같은 교단을 공통의 장으로 서로 공존하면서, 전자의 정통설적 엄격함이 후자의 통인도적 통속을 비판한 가장 유력한 증거 중 하나라고 생각했다. 하지만 아무리 유력하다 해도 하나의 예만으로는 증거가 박약할까 싶어 또 하나의 예를 보충해둔다.

『대비바사론』 후반에서 '근(根, indriya)'을 중심으로 논의를 진행하는 과정에서 '미지당지근(未知當知根, anājñātam-ājñāsyāmîndriya)', '이지근(已知根, ājñêndriya)', '구지근(具知根, ājñātāvîndriya)'의 삼무루근三無漏根이 다루어진다. 무학도(無學道, aśaikṣa-mārga)에 속하는 '구지근'과 관련하여, 마찬가지로 무학도의 '구지근'을 갖는다는 성문·독각·불佛의 삼승 중에서 무슨 이유로 세존만 불인가라는 질문이 던져지고, 이에 대해 불과 다른 이승과의 차이에 관한 여러 설이 열거되는 부분이 있다.[2] 이 부분의 기술은 대승경전이라 불리는 『우바새계경』의 「삼종보리품三種菩提品」 대부분의 기술[3]에 거의 상응한다. 따라서 이것은 '대승불교는 부파의 논서에도 설해져 있지 않다.'는 히라카와 설에 대한 반증으로 충분히 주목할 만하다.

양자가 대응하는 내용에 대해서는 차후 보기로 하고, 먼저 『우바새계경』에 관한 히라카와의 견해를 제시하면 다음과 같다. 다소 인용이 길어지지만 중요한 지적이 포함되어 있으므로 중복되더라도 두 군데 정도 인용한다.[4]

(ㄱ) 『우바새계경』은 『법화경』, 『대성경大城經』, 『지인경智印經』 등을 인용하여[(1)] [『미륵상생경』과] 마찬가지로 후대에 성립한 경전[(a)]인데, 동시에 담무덕曇無德, 미사새彌沙塞, 살바다薩婆多의 설을 인용하고,[(2)] 율장의 계율을 채용한 경전[(b)]이다. 이 경은 우바새를 위해 오계·팔재계,[(3)] 나아가 우바새의 '육중六重·이십팔실의죄二十八失意罪'[(4)]를 밝히고 있으며, 「업품」에서는 '십선업도'[(5)]에 관해 상세히 설한다. 그러나 수계 작법이나 계체론의 설명에는 부파불교의 교리가 채용되고

있으며,[b] '사미십계·대비구계·보살계'[6]라고 하는 식으로 율장의 설명을 농후하게 도입하고 있다.[b]

(ㄴ) 『우바새계경』은 계를 중시한다는 점에서 『율장』과 관계가 깊지만,[b] "보살에 두 종류가 있다. 하나는 출가, 또 하나는 재가이다. 출가가 비悲를 닦는 것은 난難이라 하지 않지만, 재가가 비를 닦는 것은 곧 난이라 한다.[7]"라고 설하여 보살의 재가·출가의 계를 설하고 있다는 점에서 대승계 경전[c]으로 보아도 좋다. 그리고 『법화경』이나 『대성경』, 『지인경』 등을 인용[1]하고 있다. 그러나 다른 한편에서는 담무덕, 미사새, 살바다를 인용하고 있어,[2] 부파불교와도 관계가 깊다. 이 경에서는 "출가보살을 가리켜 비구라고 하며, 재가보살을 가리켜 우바새라고 한다."[8]라고 기술하여 대승의 교단 조직을 정비하는 일에 힘을 쏟고 있는데, 이 경 자체가 『우바새계경』이라 불리듯이, 이 경은 재가보살의 입장에 머물고 있다. 그러나 출가교단적인 조직도 상당히 구체적으로 보여준다.[d] 이 경에는 '삼보공양'[9]을 설명하는 곳에서 불탑 공양을 설한다. "지자智者는 지심권심至心勸心으로 생신멸신형상탑묘生身滅身形像塔廟를 공양해야 한다."[10]라고 하여, 탑묘를 조립하는 일, 탑묘에 번개幡蓋·기락伎樂·향유香油·등명燈明 등을 공양하는 일, 탑묘를 청소하고 땅을 쓰는 일, 훼손하면 수리해야 하는 일 등을 상세히 설하고 있다. 다음으로 '조상造像'에 관해서도 구체적으로 설한다. '공양불'이란 구체적으로는 불탑 공양이다. 다음으로 '공양법'이란 십이부경을 공양하는 일이라고 하며, '공양승'이란 보살·벽지불인辟支佛人·사향사과인四向四果人을 공양하는 일이라고 하는데, 설명은 간단하다.

이상, 인용한 히라카와의 기술 가운데 밑줄 친 (1)~(10)은 인용 혹은 인용에 준하는 것이며,[5] 밑줄 친 (a)~(d)는 이들을 근거로 히라카와가 『우바새계경』을 평가한 내용이다. 본 경은 북량의 담무참에 의해 426년(玄始 15년)에 한역되었으므로,[6] 히라카와가 인용(1)(7)에 의해 후대에 성립한 대승경전이라고 판단한 것(평가 (a)(c))은 번역 상황으로 볼 때 수긍할 수 있다. 하지만 후대라고는 해도 본 경이 기본적으로 고행자인 '출가보살'의 권위하에 대부호인 '재가보살'의 구제를 보증하고자 하는 대승경전이었다는 점에서 본다면, 필자가 본서 제2부 서두에서 주목한 최고最古의 『법경경』 및 그 일련의 이역과 완전히 공통된 성격을 지닌다.[7] 지금 그 한 예로서 이미 본 『법경경』의 한 구절과 거의 유사한 '재가보살'의 존재 방식에 관한 기술을 양자 대비하며 제시해둔다.[8]

> 『법경경』: 在家修道者(=재가보살), ……父母知識臣下昆弟親屬爲以敬之. 奴客侍者, 瞻視調均. 亦以教化斯殊法.

> 『우바새계경』: 在家菩薩若畜在家弟子, 亦當先教不放逸法. 不放逸者, 供養父母師長和上耆舊有德. 復當供給兄弟妻子親友眷屬欲行之人及遠至者所有僮僕作使之人, 先給飮食, 然後自用.

이러한 '재가보살'의 선업은 부처님 앞에서의 '보리심'에 근거한 '악업불식의 의식'을 염두에 둔 것인데, 이를 전체 주제로 삼고 있는 듯한 본 경은 지금까지 다루어온 '악업불식 의식 관련 경전'에 추가해도 전혀 손색이 없다. 이로 인해 본 경에는 다음과 같은 문장도 있다.[9]

> 善男子. 若能如是淸淨歸依受八戒者, 除五逆罪, 餘一切罪悉皆消滅.

따라서 본 경은 지금까지 보아온 대승경전과 마찬가지로 전통적 불교교단에 속하는 비구가 '악업불식'을 위해 교단에 귀의·기진하는 재가신자(우바새)에게 제공할 목적으로 만든 경전이라고 생각해도 좋을 것이다. 하지만 이런 생각은 필자의 입장에서 보면 당연하지만 불탑을 중심으로 재가자로 구성된 '보살가나'에서 만들어진 것이 대승경전이라고 생각하는 히라카와의 입장에서 본다면, 위에서 소개한 그의 기술을 보면 알 수 있듯이, 그가 인용(3)(4)(5)(9)(10)에 근거하여 본 경을 대승경전이라고 판단하는 것은 자연스럽다 해도, 본 경에 '보살가나'와 별도로 존재하고 있었을 전통적 부파불교의 영향이 미치고 있었다고 보는 것은 오히려 부자연스럽다. 이 때문에 히라카와는 인용(2)(6)의 상황을 본 경이 부파불교의 계율을 채용하고 그 교리에 근거하여 수계작법이나 계체론을 설명했기(평가(b)) 때문이라고 생각하고 있는 것 같다. 하지만 이 생각은 부자연스러운 상황을 해소하는 데 있어 도움이 되지 않는다. 전통적 불교교단과 독립해서 전개했을 것으로 생각되는 '보살가나'가 무엇 때문에 경시하는 상대방으로부터 교리를 차용해야 했는지 여전히 명확하지 않기 때문이다.

이하, 필자의 입장에서 본 경의 성립 배경을 설명하면 어떻게 되는지 간단히 제시해보겠다. 앞서 고찰한 바와 같이, 기본적으로 전통적 불교교단에 속하는 출가자가 인도 사회의 전개와 더불어 대규모화한 불교교단 내 탑지塔地의 불탑이나 승원 주변의 출가고행자에게 자신의 '악업 불식'을 위해 기진하는 재가자를 위해 그 공덕의 유효성을 통인도적 '습관'에 영합하는 형태로 보증하고자 한 것이 대부분의 대승경전이며, 『우바새계경』은 말하자면 그 전형적인 하나의 예를 제시하고 있는 것에 불과하다. 이것이 본 경에 관한 필자의 변함없는 일관된 해석이다. 이렇게 해석하는 편이 위의 기술 가운데 인용된 (8), 즉 "출가보살을 이름하여 비구라 하고, 재가보살을 이름하여 우바새라고 한다."라는 문구도 훨씬 편안하게 이해할 수 있다. 덧붙이자면, 이 인용(8)에 대한 히라카와의 해석에 따르면, 본 경은 한편으로는 대승의 독자적인 교단 조직을 갖추고, 또 한편으로는 출가 교단적인 조직도 받아들였지만, 어디까지나 '재가보살'의 입장에 머물러 작성된 것이라고 하는 것이 된다(평가(d)). 하지만 인용(8)을 그대로 읽으면 '재가보살'이란 비구인 '출가보살'로부터 삼귀의와 오학처를 받은 우바새upāsaka여야만 하며,[10] 대표적으로는 막대한 기진을 할 수 있는 큰 부자나 왕족을 가리킨다. 이러한 우바새 '재가보살'이 대승의 독자적인 교단 조직을 정비하거나 출가교단적인 조직을 도입하거나 하는 일 등은 필시 몽상에 불과할 것이다. 따라서 대승불교가 성립, 전개한 시대에 존재한 것은 기본적으로 전통적 불교교단뿐이었으며, 거기에 비구가 머물고 그곳에 재가신자로서의 우바새가 모였을 뿐이다. 그것이 '악업불식의 의식'의 침투와 더불어 대승불교 운동이 대두하게 되면, 이에 공명하는 자 가운데 전자가 '출가보살', 후자가 '재가보살'이라 불리게 된 것이다. 이때 양자의 '습관śīla'을 대승이라는 하나의 이념하에 정리할 필요가 발생하고, 그것이 '일체계sarva-śīla'라 불리는 것으로 전개된 것은 아닐까라는 억측은 이미 시도했다.[11] 위의 기술 중 인용(6) 역시 히라카와가 말하는 바와 같이 부파불교의 율장의 설명을 도입한 것(평가(b))은 아니며, 전개된 전통적 불교교단 속에서 일어난 위와 같은 동향의 일단을 보여주는 것이라고 해석하면 좋다고 생각된다. 이러한 전개의 연장선상에서 예를 들어 10세기의 학승 프라즈냐 카라마티가 전통적 불교교단에 속하고, 그 규율 조문prātimokṣa의 존수를 권장하면서 중론학파에 관한 저술도 한다고 하는 상황은 자연스럽게 발생할 수 있었다. 이 점에 대해서는 이미 기술한 바와 같다.[12]

한편, 『우바새계경』은 불교교단 내 탑지의 불탑이나 승원 주변의 출가고행자에게 기진하는 재가자(우바새)의 공덕의 유효성을 통인도적 '습관'에 영합하는 형태로 보증한다고 하는, 대부분의 대승경전이 보여주는 전형적인 특징 중 하나는 아닐까라고 앞서 기술했다. 본 경의 중핵을 이루는 주제가 분명 목욕하고 육방으로 예배한다고 하는 통인도적 '습관'에 연원하는 것이라는 점은 잘 알려져 있다. 팔리 삼장의 『디가 니카야Dīgha Nikāya』에 제31경으로 수록되어 있는 「싱갈로바다 숫탄타(Siṅgālovāda-suttanta,[13] 싱갈라교계경)」가 연원에 해당한다. 여기서는 육방예배의 통인도적 '습관'을 불교적인 사고방식으로 환골탈태하는 것에 의해 동남서북하상東南西北下上의 육방예배를 각각 (1)부모mātā-pitara (2)스승(師長, ācariya) (3)처자putta-dāra (4)선지식mittāmacca (5)노비dāsa-kammakara (6)사문바라문samaṇa-brāhmaṇa에 대한 봉사를 칭찬하는 것으로 전환하는 수법을 취하고 있다. 이것은 한역 『장아함』이나 『중아함』의 「선생경善生經」 『시가라월육방예경尸迦羅越六方禮經』 『선생자경』 등에서 볼 수 있는 약간의 증광을 거쳐 최종적으로는 본 경에서 볼 수 있는 것과 같은 형태로 큰 폭으로 증광된 것이다. 그 최종적 형태가 대승경전이라고 판단된다. 거기서는 육방예배가 기존의 독해 외에 서두에서 육바라밀로도 바꾸어 읽을 수 있는, 대승경전으로서는 자연스러운 증광이 많으며, 분량도 가장 짧은 『시가라월육방예경』과 비교하면 20배를 훨씬 넘을 정도로 부풀려져 있지만, 그 통인도적인 '습관'에 영합하는 자세는 기본적으로 전혀 바뀌지 않고 있다고 할 수 있다. 근년에 마츠모토 시로우松本史朗는 대승 『대반열반경』의 '아트만의 육체로부터의 이탈'이라는 근본 주장이 팔리 삼장의 「마하파리닙바나 숫탄타(Mahāparinibbāna-suttanta, 『대반열반경』)」의 그것과 전혀 다를 바 없다는 점을 훌륭하게 논증해보였는데,[14] 이러한 것은 통속적인 형태에서 본 경과 「싱갈로와다 숫탄타」 사이에서도 인정된다고 생각된다.

그런데 필자가 통인도적 '습관'이라 부르는 것의 불변성을 '문화사cultural history'의 관점에서 계속 조명해온 나라 코메이奈良康明는 인도에서 선과善果를 얻기 위한 적선積善의 공덕puñña에 관해 최근 성과에서 다음과 같이 서술하고 있다.[15]

> 석존도 제자들도, 또한 재가신자들도 생활 기반, 문화 기반으로서의 힌두 세계에서 태어나고 자라고 살아간 사람들이다. 이 시대에는 업·윤회 및 공덕을 쌓아 좋은 후생을 바라는 관념이 힌두 사회에 정착하고 있다. 따라서 불교도라 해도 '처음부터' 이 관념을 가지고 있었을 것이며, 석존이나 지도자들은 특히 이를 부정하는 일 없이, 아니 당연히 해야 할 선행으로 장려하고 있었던 것이다. 보시하고 계율을 지켜 행동을 올바르게 하는 것은 불교의 입장에서도 이견이 있을 리 없다. 따라서 불교문화로서 출가자를 제외한 재속 사람들이 수용해야 할 신앙으로서 모두 '표층'에 있었던 것이라고 이해해야 한다. ……
>
> 원시불전에서는 공덕은 신령神靈, 내지 조선령祖先靈에게 회시(廻施, dakkhiṇa-ādesanā)되었다. …… 그러나 승가에 보시하고 그 공덕을 비구들에게 회시해 받는 것은 스스로의 보호를 구하고 혹은 선조들의 보다 좋은 후생을 바라기 위한 의례였다. 그것은 사자의례, 선조 숭배 의례와 밀접하게 연결되어 있었다. ……
>
> 그런데 대승불교 시대가 되면 보시, 지계 등의 공덕은 자기 및 일체중생의 성불, 불과佛果 획득으로 회향되었다. 이른바 공덕의 '회향pariṇāmana'인데 선근 공덕을 모두 깨달음으로 향하게 한다는 관념과 실천은 완전히 깨달음의 차원, 출세간의 차원이다.

분명 불교를 둘러싼 통인도적 '습관'인 적선 공덕의 관념은 나라도 지적한 바와 같이, 석존 시대는 말할 것도 없이 대승불교가 전개한 후대가 되어서도 변하지 않았던 것이다. 또한 그에 의하면, '공덕'의 관념은 당초 출가자를 제외한 재속 사람들의 '표층'에 있던 것이 후대에는 출가자도 포함한 '출세간 차원'의 것으로 전개한 것이므로, 그런 의미에서는 변했다고 말할 수 있겠지만, 그것은 어디까지나 불교라기보다는 오히려 인도의 '문화culture'로서는 동질적 현상이며, '사상intellect'으로서의 변질은 아니다. 따라서 그것은 마치 「싱갈로바다 숫탄타」가 『우바새계경』으로 양적으로 압도적으로 증광되면서도 그 근본을 이루는 '문화'적 관념에는 결정적인 질적 변화가 거의 나타나지 않는 것과 완전히 병행하는 현상이라고 말해도 좋을 것이다. 그러나 불교의 '문화사'는 그러해도, 불교의 '사상사intellectual history' 역시 그러했다고 할 수는 없다. 오히려 불교의 '사상사'는 그러한 '문화사'와 대결하는 것이었다고 생각된다. 이 때문에 전통적 불교교단을 대표하는 출가 사상가들intellectuals은 승원에 거주하면서 시대의 전개와 더불어 몰려오는 인도 '문화'의 파도에 저항하며 불교의 '사상' 쪽에서 증대해온 '문화'의 문제에 대해 끊임없이 '올바른 판단'을 내려야만 했을 것이다. '올바른 판단'이 내려지면 반드시 그에 대항하는 '다른 판단'도 제기되는데, 정통설(orthodoxy > orthos + doxa 올바른 판단)과 이단설(heterodoxy > heteros + doxa 다른 판단)과의 논쟁은 중세 유럽의 기독교 교권에 있어서만큼 심각한 것은 아니었다 해도, 인도의 불교 '사상사'에서도 역시 전개되고 있었다.

일반적으로 말하자면, 정통설이 가능한 주관적인 감정적 판단을 피해 객관적인 사안에 근거하여 명확히 표현하려는데 비해, 이단설은 행위를 있게 한 사람의 심정을 중시하고 감정에 호소하여 정서적으로 설득하려는 경향이 있는 것 같은데,[16] 불교의 '사상사'에서도 현저하게 그러한 경향이 나타난다. '타종을 제압하고 자신의 의義를 드러내기 위해 [이 논을 짓는다.]'라고 반복해서 자신의 정통설을 주장한 설일체유부는 이미 본 바와 같이 '공덕'의 근거인 표업이나 무표업을 명확히 실유로 인정하지만,[17] 이에 이의를 제기한 부파의 이단설은 그 실유를 부정하고 그것을 하는 사람의 '마음citta'에서 '공덕'의 근거를 찾고자 했다. 이 이단설을 대표하는 것이 다르슈탄티카Dārṣṭāntika 혹은 사우트란티카Sautrāntika였으며, '습관'상의 율을 함께 하면 이들은 같은 승원에 살 수 있었다.[18] 하물며 이설을 제기하지도 않고, 불교의 '사상'을 근본적으로 문제 삼지도 않고 인도 '문화'와 일체가 되어 진지하게 승원생활을 하고 있던 출가자라면, 승원을 나올 이유 등은 전혀 없었음이 틀림없다. 게다가 후대가 되면 그러한 진지한 출가자가, 예를 들어 『우바새계경』을 만들었다 해도 전혀 이상할 것은 없다. 하지만 한편에서는 그러한 그들도 같은 승원 내부의 출가자들 혹은 외부의 다른 부파의 출가자들 간에 이루어지고 있던 '사상'적인 논의를 듣게 되었을 것이다. 『우바새계경』 「업품」에서는 부모를 죽인 행위를 둘러싸고 역죄逆罪 여부가 문제시되고 있는데,[19] 그 부분이 위에서 언급한 히라카와의 기술 중 인용(2)이다. 이는 듣게 된 논의를 기록한 것 이상의 '사상'적 논쟁의 왕래를 전한 것은 결코 아니다.

한편, 위에서 서술한 바와 같이, 불교의 '사상'적 문제의 결착에는 깊이 관여하려 하지 않고 불교의 위대함mahāyāna을 인도적 '문화' 전통을 전제로 '수사법'에 호소하여 대승경전으로 제공하고 있던 출가자들의 작품 내용 역시 소수였을지는 모르지만, 불교 '사상'의 정통성을 문제시할 수밖에 없는 출가자들의 귀에 전해졌음은 틀림없다. 그 대부분은 정면에서 다룰 필요도 없는 '문화'적 통념이었을지도 모르지만, 통념이 너무나도 진지하게 정통적인 '사상'과 같은 얼굴을 하고 자기 주장을 전개하면, 마치 앞 장에서 본 '일음연설법'의 경우가 그러했던 것처럼, 그 이단성을 논파해야 했을 것이다. 또한 논파할 정도의 의견은 아니라 해도 그들과의 '사상'적 근본적 차이를 인정한 후에 그들의 통념을 이설로 다루었을지도 모른다. 본 장의 서두에서 예고한 『대비바사론』에 있어 『우바새계경』의 해당 부분은 필자에게는 그러한 이설의 열거 부분처럼 생각된다.

다소 도입부가 길어지는 듯한 느낌이기는 하지만, 이하 『대비바사론』의 문제의 부분[20]을 보자. 이 부분의 이설을 열거하는 가운데, 도입 부분의 네 가지 설은 『우바새계경』과는 직접 관계없으므로 생략하지만, 그 이하의 설은 관계없는 것도 포함하여 생략하지 않고 제시한다.

> ①有說. 若相續中, 永伏一切非理習氣, 說名爲佛. 二乘不爾. ②有說. 若有, 於甚深緣起河, 能盡源底, 說名爲佛. 二乘不爾. 故經喩以三獸渡河. 謂, 兎馬象. 兎於水上, 但浮而渡. 馬或履地或浮而渡. 香象恒時蹈底而渡. 聲聞獨覺及與如來, 渡緣起河, 如次亦爾. ③有說. 若斷二種無知, 謂染不染, 說名爲佛. 聲聞獨覺, 唯能斷染, 不斷不染, 故不名佛. ④有說. 若斷二種疑惑, 謂事隨眠, 說名爲佛. 聲聞獨覺, 雖斷隨眠, 而不斷事, 故不名佛. ⑤有說. 若盡智時, 二障俱斷, 心得解脫, 謂煩惱障及解脫障, 說名爲佛. 聲聞獨覺, 或先脫煩惱障後解脫障, 或先斷解脫障後煩惱障, 無俱脫者, 故不名佛. ⑥有說. 若具二圓滿者, 說名爲佛, 謂所依能依. 諸餘有情. 或所依圓滿, 非能依, 如轉輪王. 或能依圓滿, 非所依, 謂聲聞獨覺. 唯佛具二, 故得佛名. 如所依能依, 器器中, 處處中, 明與行, 應知亦爾. ⑦有說. 若三事圓滿, 說名爲佛, 謂色族辯. 二乘不爾. ⑧有說. 若三事圓滿, 說名爲佛, 謂立誓果成恣問. 二乘不爾. ⑨有說. 若具三不護三不共念住, 說名爲佛. 二乘不爾. ⑩有說. 若所言無二, 辯才無竭, 所記無謬, 說名爲佛. 二乘不爾. ⑪有說. 若具四智, 說名爲佛, 謂因智時智相智說

智. 二乘不爾. ⑫有說. 若具四智, 說名爲佛, 謂無著智無礙智無謬智不退智. 二乘不爾. ⑬有說. 若具種種因覺種種果覺種種相續覺種種對治覺, 說名爲佛. 二乘不爾. ⑭有說. 若世八法所不能染, 功德彼岸無能逮者, 一切危厄堪能拔濟, 說名爲佛. 二乘不爾. ⑮有說. 若具十八不共佛法十力四無所畏大悲三不共念住, 說名爲佛. 二乘不爾. ⑯有說. 若有深遠微細遍行平等大悲心者, 說名爲佛. 深遠者, 三無數劫所積集故. 微細者, 覺三苦故. 遍行者, 緣三界故. 平等者, 於怨親中無異轉故.

由如是等種種因緣, 於三具知, 唯一名佛.

『대비바사론』의 이 부분에 거의 상응한다고 생각되는 『우바새계경』「삼종보리품」의 내용을 제시하면 다음과 같다.[21]

①′善男子. 如恒河水三獸俱渡, 兎馬香象. 兎不至底, 浮水而過. 馬或至底, 或不至底. 象則盡底. 恒河水者, 即是十二因緣河也. 聲聞渡時, 猶如彼兎. 緣覺渡時, 猶如彼馬. 如來渡時, 猶如香象. 是故如來得名爲佛. ②′聲聞緣覺, 雖斷煩惱, 不斷習氣. 如來能拔一切煩惱習氣根原, 故名爲佛. ③′善男子. 疑有二種, 一煩惱疑, 二無記疑. 二乘之人, 斷煩惱疑, 不斷無記. 如來悉斷如是二疑, 是故名佛. ④′善男子. 聲聞之人, 厭於多聞. 緣覺之人, 厭於思惟. 佛於是二, 心無疲厭, 故名爲佛. ⑤′善男子. 譬如, 淨物置之淨器, 表裏俱淨. 聲聞緣覺, 智雖清淨, 而器不淨. 如來不爾, 智器俱淨, 是故名佛. ⑥′善男子. 淨有二種, 一者智淨, 二者行淨. 聲聞緣覺, 雖有淨智, 行不清淨. 如來世尊, 智行俱淨, 是故名佛. ⑦′善男子. 聲聞緣覺, 其行有邊. 如來世尊, 其行無邊, 是故名佛. ⑧′善男子. 如來世尊, 能於一念, 破壞二障, 一者智障, 二者解脫障, 是故名佛. ⑨′如來具足智因智果, 是故名佛. ⑩′善男子. 如來出言, 無二無謬亦無虛妄, 智慧無礙樂說亦爾. ⑪′具足因智時智相智, 無有覆藏, 不須守護, 無能說過. ⑫′悉知, 一切衆生煩惱, 起結因緣, 滅結因緣. ⑬′世間八法所不能汚, 有大憐愍救拔苦惱. ⑭′具足十力四無所畏大悲三念, 身心二力悉皆滿足…….

是故，如來獨得名佛. 非二乘人名爲佛也.

이와 같이 불佛이 이승二乘과 다른 점이 지적되고 있는데, 『우바새계경』의 위의 부분에 한정해서 말하자면, ①′~⑨′의 아홉 가지 불덕佛德은 기본적으로는 "(善男子. ……) 是故名佛"의 형태로 각 군을 이루고 있지만, ⑩′~⑭′에서는 그 형태를 유지하지 않고 있어 불덕을 명확히 구분하여 헤아리기 어렵다. 그 때문에 여기서 한 구분은 어디까지나 임시적인 기준이다. 이 점에 대해 양해를 구하며 말한다면, 『우바새계경』의 이 부분에서의 불덕은 ①′~⑭′의 도합 14점이다. 이것이 『대비바사론』의 위와 같은 ①~⑯의 총16점의 불덕 열거 부분에 거의 대응하고 있다고 할 수 있다. 여기서 『대비바사론』과 『우바새계경』에 보이는 문제의 부분을 구체적으로 비교해보면, 전자에는 있고 후자에는 없는 불덕이 ⑦⑧⑫⑬⑯의 5점, 후자에는 있고 전자에는 없는 불덕은 ④′⑦′⑨′⑫′의 4점이 되는데, 이 이외는 서로 거의 합치점이나 유사점을 가지고 있음을 알 수 있을 것이다. 양쪽의 불덕 중 가장 특징적인 '삼수도하三獸渡河'의 비유에 의한 불덕의 설명에 관해서는 나중에 다시 언급하겠지만, 이를 다룬 전자의 ②와 후자의 ①′는 내용적으로 완전히 일치한다. 전자의 ①과 후자의 ②′ 또한 모두 일치하는데, 전자의 ⑩과 ⑩′, 전자의 ⑪과 후자의 ⑪′도 거의 합치한다. 특히, ⑪과 ⑪′의 경우에는 후자에 사지四智 중 '설지說智'는 없지만, 다른 삼지는 한역어도 동일하다. 또한 전자의 ⑭와 후자의 ⑬은 거의 같은 의미로 보아도 좋을 것이다. 이 외에도 전자의 ③의 염무지染無知와 불염무지 혹은 ④의 수면의혹과 사의혹, 후자의 ③′의 번뇌의와 무기의의 관계에 관해 말하자면, 그 이분법적 관점에서 모두를 끊은 것은 불佛, 하나를 끊은 것은 이승이라고 설명하는 방식에는 어법과 더불어 서로 공통점이 있다. 마찬가지로 전자 ⑤의 번뇌장과 해탈장, 후자 ⑧′의 지장과 해탈장의 관계에 대해서도 양쪽 모두 이장을 끊은 것을 불이라고 규정한다는 점에서 공통된 발상을 발견할 수 있다. 또한 이상에서 한 양쪽의 비교는 어디까지나 전자를 ①~⑯, 후자를 ①′~⑭′의 부분에 한정하여 말한 것이므로, 설사 이 부분에 해당하는 기술이 발견되지 않는다 해도, 예를 들어 전자의 ⑯처럼 그중의 '삼무수겁소적집三無數劫所積集'의 관념은 후자 『우바새계경』의 다른 부분인 '수삼십이상업품修三十二相業品'이나 '자리이타품'에서 찾아볼 수 있다. 이러한 사례는 상세히 양쪽을 검토해보면 더 늘어날 것으로 생각된다. 하지만 양쪽의 비교에서 중요한 것은 양자가 완전히 합치하는 부분을 들어 제시하는 것이 아닌, 전통적 불교교단의 정통설을 대표하는 『대비바사론』에 교단 내부의 주연周緣으로 『우바새계경』처럼 재가를 위해 작성된 대승경전의 견해가 알려져 반영되어 있다는 필자의 견해를 증명하는 것이었다.

여기서 당연히 양자의 성립 연대가 문제가 된다. 『우바새계경』은 앞서 본 히라카와의 지적대로 비교적 후대의 대승경전인데 비해, 『대비바사론』은 카니시카왕 이후 나가르쥬나 이전으로 거의 2세기 중엽의 성립이라고 보는 것이 일반적이다.[22] 따라서 지금 형태를 본다면, 먼저 성립한 『대비바사론』 속에 이보다 후대에 성립한 『우바새계경』의 견해가 반영되어 있다고 보는 것은 불가능하다고 할 수밖에 없다. 하지만 필자가 현행 『우바새계경』의 위와 같은 부분이 완전히 그대로 『대비바사론』에도 존재한다는 점을 여기서 증명하려는 것은 아니다. 주의 깊게 읽은 사람은 알겠지만, 「싱갈로바다 숫탄타」가 『우바새계경』으로 증광되어가는 과정과 병행하여 이승과 대비시키며 불덕의 격절隔絶을 찬탄하는 통인도적 '수사법'에 의한 여러 견해의 제시가 이루어지게 되었는데, 그 견해들을 증광하는 가운데 『우바새계경』 자신이 이를 받아들임과 동시에 이와 같은 동향을 『대비바사론』도 불덕에 대한 이설로서 별도로 받아들여갔음이 틀림없다는 것이다. 이 점은 위에서 제시한 『대비바사론』과 『우바새계경』의 비교만으로도 충분히 증명 가능하다고 생각한다. 또한 『우바새계경』이 자신도 모르는 사이에 선행 경전을 인용하며 새롭게 증광해갔다는 점은 위에서 인용한 히라카와의 (1)의 예에서도 볼 수 있을 것이다.

그런데 앞에서 『대비바사론』과 『우바새계경』의 기술이 내용적으로 완전히 일치한다고 했던 부분 중 전자의 ②에서 언급된 '경'이란 지금 지적한 바와 같이 증광의 과정에 있는 『우바새계경』의 ①'에 해당하는 경문을 가리키는지 아니면 이하 제시할 『대반열반경』 기술 중 어느 단계의 것을 가리키는지 혹은 한 경전으로 특정할 수 없는 복수의 경전에 공통된 일반적인 비유적 기술을 가리키고 있는 것에 불과한지 당장 확정하기 어렵다. 일단 『대반열반경』의 기술을 보자.[23]

> 無常無斷 即是觀照十二因緣智 如是觀智 是名佛性 二乘之人 雖觀因緣 猶亦不得名爲佛性 佛性雖常 以諸衆生無明覆故 不能得見 又 未能渡十二因緣河 猶如兎馬何以故 不見佛性故 善男子 是觀十二因 緣智慧 即是阿耨多羅三藐三菩提種子 以是義故 十二因緣 名爲佛性

이 기술에 의하면, 십이인연을 보는 지智도 그 대상인 십이인연도 모두 불성이 되어 버린다는 점에 큰 문제가 남는데, 이를 차치하고 그 십이인연을 강에 비유하고 이를 건너지 않은 자는 토마兎馬와 같은 이승이라고 말하고 있는 것은 명확하다. 따라서 이 기술에서 그 강을 건너는 코끼리와 같은 부처님이 함의되어 있다고 생각하는 것은 그다지 이상하지 않다. 또한 『마하지관』에서 "『열반[경]』은 이름하여 삼수도하三獸渡河라고 한다."[24]라고 한 것을 보면, '삼수도하'란 『대반열반경』의 위와 같은 부분을 가리킬 가능성이 높다. 하지만 이를 근거로 『대비바사론』이 '삼수도하'의 전거라고 간주한 경전이 『우바새계경』이 아닌 『대반열반경』이었다고 단정하기는 어렵다. 다만 곤란하기는 해도, 전통적 불교교단을 대표하는 유부의 논서 중에 그와 병존하는 통속적 대승불교의 동향이 명료하게 기록되어 있던 것을 논증만 할 수 있다면 좋은 필자에게 있어 그 어느 쪽으로도 단정할 수 없는 것 자체는 별로 중대한 결함이 아니다. 왜냐하면 필자에게 있어 중요한 것은 '삼수도하'에 의한 불덕을 찬탄의 전형으로 삼는 듯한 경전 기술의 출처를 특정 짓는 것이 아닌, 그러한 기술이 통속적 대승경전에 나타나는 특징이라는 점을 명확히 하는 것이기 때문이다.

이러한 관점에서 말하자면, 통속적 대승경전의 특징은 바로 그 통속성에 있다고 해도 좋겠지만, 애초에 '대승mahā-yāna'이라는 호칭 자체가 엄밀한 사상적 규정이 이루어진 후가 아니라면, '소hīna'보다 '대mahā'가 좋다고 하는 통속적 관념에 근거한 것일 뿐이다. '삼수도하'도 이와 유사하다. 강의 표면을 부유하고 있기보다 확실하게 강 밑에 발을 대고 있는 쪽이 좋다고 하는 통속적 관념의 반영이다. 그것을 이승과 불과의 격절로 연결시키는 점에 다소라도 불교적 색채를 띠고 있을 뿐이다. 따라서 이러한 비유가 설사 불교 이외의 문헌에서 발견된다 해도 그다지 놀랄 일은 아닐 것이다. '삼수도하'의 이러한 통속성은 앞 장에서 본 '일음연설법'과도 공통되는 점이 있다. 후자의 경우, 그것이 불덕의 찬탄에만 머물러 있으면 유부 역시 그 비판을 전개할 필요가 없었음에도 불구하고, 대승 측이 비유의 통속성의 틀을 깨고 '사상'의 차원에서 번역 가능론을 부정하는 듯한 독립된 주장을 제기하게 되면, 유부 역시 이를 무시하고만 있을 수는 없었을 것이다. 그런데 이 '삼수도하'의 경우에는 어디까지나 불덕의 찬탄에만 머물러 있으므로, 유부의 경우 불덕을 찬탄하는 견해들 중 하나로 『대비바사론』의 위와 같은 부분에서 열거하는 것만으로 충분했다고 생각된다. 하지만 여러 견해를 열거한다고 해서 유부 자체의 입장이 타협적인 것은 아니며, 유부의 견해는 불덕을 찬탄하든 아니든 상관없지만, 석존만이 불이라는 점에서는 일관적이어야 한다. 무슨 이유인가 하면, "능히 처음 깨달았기 때문에, 능히 널리 깨달았기 때문에, 능히 따로 깨달았기 때문에, 설하여 이름하여 불이라고 한다."[25]이기 때문이며, 이승은 그렇지 않기 때문이다.

다른 한편 『우바새계경』 역시 앞에서 인용한 문장 중 가장 말미에 있는 바와 같이, "이 때문에 여래를 홀로 불이라고 부를 수 있다. 이승의 사람을 일컬어 불이라고 하지는 않는다."[26]라고 서술하고 있으므로, 얼핏 보아 석존만을 불이라고 하는 것처럼 보이지만, 이 '여래'란 다른 많은 대승경전과 마찬가지로 처음 불교를 연 석존만을 가리키는 것이 아닌, 시방삼세에 존재하는 다불을 함의하므로 유부와 결코 같은 의미는 아니다. 또한 통속적 대승불교는 이 다불 사상과 동전의 양면처럼, 누구나 부처가 될 수 있다는 것을 정서적으로 강조하는데, 『우바새계경』 역시 한결같이 '보리심'을 발할 것을 권장하며, 권장에 따라 32상의 업을 닦는 "보살마하살은 이 32상의 업을 다 닦고, 명료하게 스스로 정하여 아뇩다라삼먁삼보리anuttara-samyak-saṃbodhi를 얻은 것을 아는 것이 손 안의 암마륵과菴摩勒果를 보는 것과 같다."[27]라고 설한다. 그러나 얼핏 만인의 구제를 설하고 있는 것처럼 보이는 이 경전 역시 실은 각 품 말미에서 꼭 반복되는 문장으로부터 알 수 있듯이, '출가보살'과 '재가보살'의 분업分業[28]을 전제로 한 차별온존溫存의 통인도적 '문화'를 벗어나지 않는다는 점에 주의해야 한다.

또한 '문화'나 '습관'으로서의 통속적인 삼승의 구분 등은 후대가 되면 교단의 '습관'을 기록한 율장에도 남게 된다. 지금은 『근본설일체유부비나야』로부터 그 한 예를, 마침 산스크리트 원문과 티베트역이 남아 있는 부분을 이하에 제시해둔다.[29]

> 或有發趣聲聞獨覺乘心者. 或有發趣大乘者.
>
> kaiścic chrāvaka-bodhau cittāny utpāditāni kaiścit pratyekāyāṃ bodhau kaiścid anuttarāyāṃ samyaksaṃbodhau
>
> kha cig gis ni nyan thos kyi byang chub tu sems bskyed/ kha cig gis ni rang byang chub tu sems bskyed/ kha cig gis ni bla na med pa yang dag par rdzogs pa'i byang chub tu sems bskyed do//

이를 통해, 밑줄 친 '무상정등각'에 해당하는 산스크리트어나 티베트어가 한역에서는 '대승'으로 번역되고 있다는 점을 알 수 있다. 이는 '무상정등각'에 마음을 일으키면 누구나 부처가 된다고 설하는 통속적 출가자의 생각이 대승이라고 생각되고 있음을 증명해주는 것일지도 모른다. 그러나 이른바 '소승'이든 '대승'이든 '올바름samyaktva'이란 무엇인가 라는 질문이 제기됨으로서 비로소 '습관'은 '사상'이 되는 것이다. 그것이 이루어지지 않으면 찬불도 단순한 미사여구의 '수사법'의 시도에 불과하다. 따라서 대승경전의 작자는 전통적 불교교단에 속한 아슈바고샤와 같은 출가자여야 한다고 앞 장에서 기술한 것이다. 그나 마트리체다[30]처럼 시적 재능에 뛰어난 출가자는 말할 것도 없이, 이들보다 시적 재능이 부족하고 한층 더 통속적인 출가자들이 무수한 대승경전을 만들어낸 것은 지극히 당연한 일이었다고 필자는 생각한다. 현대에도 불교 '사상'을 모르는 불교 전문가일수록 매스컴을 통해 불교의 '문화'를 평이하고, 능숙하게, 귀에 쏙 들어오게 설하여 좋은 반응을 얻는 것을 보면 알 수 있다. 하지만 이러한 속설은 고대에도 '사상'을 문제 삼는 출가자 역시 듣고 있었겠지만, '사상'적으로 중요한 문제를 제외하고는 대부분 흘려들었을 것이다. 앞 장과 본 장에서 검토한 예는 그러한 불교교단 혹은 거기에 이른 통인도적 불교의 '문화'를 충분히 말해준다고 생각된다.

1 이들 논고를 알게 된 경위에 관해서는 본서 제2부 제6장, 주18)을 참조하기 바란다. 그 과정에서 末木文美士나 小谷信千代에게 신세를 졌다. 이 점에 관해서는 앞서 언급한 주18) 외에 본서 제2부 제4장 주15)도 참조하기 바란다.

2 『대비바사론』 대정장 27, p.735b-c를 참조. 또한 주요 부분은 본 장에서 주20)을 단 본문에서 제시하였으므로 참조하기 바란다.

3 『우바새계경』 대정장 24, p.1038a-c를 참조. 또한 최근에 이에 대한 영역이 Bhikṣuṇī Shih Heng-ching(釋恒清), *The Sutra on Upāsaka Precepts* (BDK English Tripiṭaka 45-II, Berkeley, 1994)로 출판되었다. *ibid.*, pp.25-28도 포함하여 참조하기 바란다.

4 두 군데 중 (ㄱ)은 平川彰, 『初期大乘佛教の研究』, 東京: 春秋社, 1968, p.466 [平川彰著作集 4, p.45], (ㄴ)은 同, p.601 [p.240].

5 히라카와의 기술 중에서 밑줄 쳐서 제시한 인용 혹은 이에 준하는 것 가운데, (1)은 『우바새계경』, 대정장 24, p.1036a, (2)는 同, p.1070b, (3)은 同, p.1063a-c, p.1064b, (4)는 同, pp.1049a-1050b, (5)는 同, pp.1066c-1069b, 1071a-c, (6)은 同, p.1047c, (7)은 同, p.1036c, (8)은 同, p.1050b, (9)는 同, pp.1051c-1052b, (10)는 同, p.1051c이므로 각각 참조하기 바란다.

6 『개원석교록』, 대정장 55, pp.515c-520a를 참조. 또한 본 경이 「菩薩調伏藏」으로 자리매김하고 있는 점에 관해서는 同, p.606a를 참조하기 바란다. 또한 『출삼장기집』에 본 경이 수록되어 있는 점에 관해서는 『국역일체경』 율부 12, 「우바새계경해제」 (大野法道), p.74에 소개되어 있다.

7 본서, 제2부 제2장, pp.211-213(同, 제3장 주16)); 同, 제4장, pp.253-259를 참조하기 바란다.

8 『범경경』은 대정장 12, p.16b, 『우바새계경』은 대정장 24, p.1046c. 전자에 관해서는 본서 제2부 제2장, pp.211-212에서 티베트역과 일본어 역을 함께 대비하며 제시한 부분에 포함되어 있으므로 참조하기 바란다.

9 『우바새계경』 대정장 24, 1063b. 또한 이 인용과 직접 관계는 없지만, '보리심'에 근거한 '악업불식 의식'과 관련하여 본서 제2부 제2장, pp.205-210에서 『三品經』에 대해 언급한 적이 있는데, 그 후 이 건에 관해 Nancy J. Barnes, "The Triskandha Practice in Three Parts: Study of an Early Mahāyāna Buddhist Ritual", *Studies on Buddhism in Honour of Professor A.K.Warder*, Toronto, 1993, pp.1-10이 발표되었다. 하지만 졸고를 참조하지 않았기 때문에 중복되는 언급도 많고 특별히 읽을 만한 부분은 없는 것 같다.

10 본서 제2부 제6장, pp.309-311에서 인용한 유부율의 기술과 이에 관한 필자의 의견을 참조하기 바란다.

11 본서 제2부 제6장, p.321을 참조하기 바란다.

12 본서 제2부 제6장, pp.321-322를 참조. 이 제6장을 집필하던 시기와 거의 병행하여 *Bodhicaryāvatāra* 제5장의 여러 게송과 프라티목샤의 관계에 대해 필자와 완전히 동일한 관심에서, 게다가 보다 상세한 연구가 石田智宏, "Bodhicaryāvatāraにおける波羅提木叉と懺悔法 -改編と改譯の證跡-", 『佛教史學研究』 36-2, 1993, pp.1-27에 의해 이루어졌다. 또한 이 논문의 존재에 대한 정보는 榎本文雄로부터 얻었다. 이 자리를 빌려 감사의 뜻을 전한다.

13 *Dīgha Nikāya*, Vol.III, pp.180-189. 평이한 현대어역으로는 中村元 역, 「シンガーラへの教え」, 『佛典I』, 世界古典文學全集6, 東京: 筑摩書房, pp.83-93이 있다. 대응하는 한역으로는 『장아함』 「선생경」, 대정장 1, pp.70a-72c; 『중아함』 「선생경」, 同, pp.638c-642a; 『佛說尸迦羅越六方禮經』(安世高 역), 同, pp.250c-252c; 『佛說善生子經』 (支法度 역), 同, pp.252b-255a가 있다. 『장아함』에 들어 있는 것에 대한 최근의 일본어 역으로는 『長阿含經II』, 新國譯大藏經, インド撰述部, 阿含部2, 東京: 大藏出版, pp.103-114가 있으므로 그 '해제'(pp.16-17)와 함께 참조하기 바란다.

14 松本史朗, 「『涅槃經』とアートマン」, 前田專學博士還曆記念論集, 『<我>の思想』, 東京: 春秋社, 1991, pp.139-153을 참조.

15 奈良康明, 「原始佛教における功德觀念の發展と變容 -文化史研究の立場から-」, 『日本佛教學會年報』59, 1994, p.6, pp.12-13.

16 정통설과 이단설의 심각한 논쟁은 중세 유럽의 가톨릭교회에서 전형적으로 발견된다. 교의적으로 말하자면 秘蹟에 관해 전자는 'efficacia ex opere operato (만들어진 작용으로부터의 효력)'을 주장하고, 후자는 'efficacia ex opere operantis (作者의 작용으로부터의 효력)'을 주장했다고 하는데, 필자 자신은 이 시점을 축으로 유럽의 중세를 논한 堀米庸三, 『正統と異端 -ヨーロッパ精神の低流』, 東京: 中公新書, 1964, 초판이 많은 도움이 되었다. 또한 '정서적인 설득'이라는 점에 관해서는 吉津宜英, 「佛教思想史論」, 『駒澤大學佛教學部論集』 24, 1993, pp.303-318, 특히 p.318의 "呵呵 크게 웃으면서, 또한 큰소리로 울부짖으면서 이의를 말할 수 있는 我他彼此의 긴장이 적은, 여유로운, 풍요로움" 등의 표현이 전형적인 예를 제공하고 있는 것처럼 생각된다.

17 본서 제2부 제6장, p.318-319를 참조. 또한 직전의 인용은 『대비바사론』, 대정장 27, p.42c에 근거한 것인데, 이 표현은 주요한 새로운 주제가 다루어질 때마다 반복된다.

18 본서 제2부 제6장, pp.317-320을 참조. 또한 *Abhidharmakośabhāṣya*에서 無表를 둘러싼 Vaibhāṣika와 Sautrāntika의 논쟁에 관해서는 본 제2부와는 별도로 가까운 시일 내에 다루어보고자 한다.

19 『우바새계경』, 대정장 24, p.070a-b를 참조하기 바란다.

20 『대비바사론』, 대정장 27, p.735b-c.

21 『우바새계경』, 대정장 24, p.1038b-c.

22 木村泰賢, 『阿毘達磨論の研究』, 木村泰賢全集 4, p.211을 참조. 또한 카니시카왕의 연대 및 이와 迦多衍尼子와의 관계에 관해서는 加藤純章, 『經量部の研究』, 東京: 春秋社, 1989, p.95도 참조하기 바란다.

23 『대반열반경』, 北本, 대정장 12, pp.523c-524a; 南本, 同, p.768b. 또한 본 장에서 다루는 모든 문헌은 이미 『望月佛教大辭典』 2, p.1554b-c의 '三獸渡河' 항에서 지적하고 있다. 하지만 이들 문헌 간의 貸借 관계에 관해 본 장과 같은 문제의식을 갖고 논한 것은 일찍이 없었다고 자부한다.

24 『마하지관』, 대정장 46, p.74c.

25 『대비바사론』, 대정장 27, p.735b.

26 『우바새계경』, 대정장 24, p.1038c. 또한 이 부분에서 여래는 '大船師' '大醫師'라고도 불리는데, 같은 예가 『대반열반경』, 대정장 12, p.511b에서도 발견된다.

27 『우바새계경』, 대정장 24, p.1039a. 또한 이 인용에 앞서 '보리심'에 관해서는 同, p.1035b-c를 참조하기 바란다.

28 본서 제2부 제2장, pp.213-214에서 인용한 山田晶의 견해 및 이에 관한 필자의 의견을 참조하기 바란다.

29 이하 차례대로 한역은 대정장 23, p.875b; 산스크리트 원문은 *Divyāvadāna*, Cowell and Neil ed., p.551 ll.3-4; 티베트역은 P. ed., No.1032, Te, 101b6-7이다.

30 예를 들면, Mātṛceta의 *Śatapañcāśatka* 제5송 cd에서는 사람으로 태어나는 것의 어려움을 "mahârṇava-yuga-cchidra-kūrma-grīvârpaṇôpamam (대해에 있는 멍에[軛]의 구멍에 거북이 목이 들어가는 것에 비유된다.)"라고 하는데, 이 역시 본서 제2부 제8장 주22)에서 언급한 *Bālapaṇḍita-sutta* 등 인구에 회자된 이야기에 근거한 '수사법'으로, 이러한 표현 자체는 설사 韻은 밟고 있어도 오히려 통속적이라고 할 만한다. 또한 이 비유를 둘러싼 자료나 문제들에 관해서는 Shackleton Bailey, *The Śatapañcāśatka of Mātṛceṭa*, Cambridge, 1951, pp.12-13, pp.35-36, p.153; J.W.de Jong, *Buddhist Studies*, Berkeley, 1979, pp.309- 317, p.320, n.4를 참조하기 바란다. 또한 아

슈바고샤와 사우트란티카의 관계에 부수하는 문제에 관한 최근의 성과로는 本庄良文,「經を量とする馬鳴」,『印佛硏』 42-1, 1993, pp.486-481이 있는데, 이에 관한 필자의 견해는 가까운 시일 내에 발표하고자 한다.

[연구 보충 메모] 본 장, 주18)에서 제시한 논쟁에 관한 고찰은 그 후에 졸고,「選別學派と典拠學派の無表論爭」,『駒澤短期大學硏究紀要』 23, 1995, pp.45-94(가로)에서 다루었다. 본 장 주23)에서 다룬『열반경』에 관해서는 평이한 형태로 그 전체상을 언급한 것으로 田上太秀,『ブッダ臨終の說法 [完譯大般涅槃經]』 3, 東京: 大藏出版, 1997이 유익하다. 본 장 주30)에서 밝히지 않았던 개인적 의견에 관해서는 충분하지는 않지만, 졸고,「pramāṇa-bhūtaとkumāra-bhūtaの語義 -bhūtaの用法を中心として-」,『駒澤短期大學佛敎論集』 6, 2000, p.301, 주63) 및 그 본문을 참조하기 바란다. 또한 본 장에서 다룬『대비바사론』과『우바새계경』의 대응 부분 중 전자의 ⑬과 후자의 ⑭'에서 문제가 된 '世(間)八法'의 참된 중요성을 당시 필자 역시 몰랐다. 하지만 이 '세(간)팔법'에 오염되지 않는 것이 '佛'의 超俗性을 통인도적 관점에 따라 규정할 때 가장 유력한 기준이었다는 점을 그 후 서서히 필자도 강력하게 인식하면서, 최근에는 거의 틀림없다고 확신하기에 이르렀다. 이러한 '세(간)팔법'이 데와닷타의 '교단파괴'에서 다루어지는 양상에 대해서는 본서 제1부 제2장, 힌두이즘적 '佛'의 규정에서 기능하는 모습에 관해서는 그 제3장에서 논하고 있다.

8 /

대승불교 성립에 관한 쇼펜의 학설과 문제점

본 장에서는 앞 장 서두에서 양해를 구한 바와 같이, 대승불교의 성립에 관한 쇼펜의 견해를 소개한다. 그리고 필자는 같은 문제에 대해 약간 다른 견해를 갖고 있기 때문에, 그의 설에 보이는 문제점도 지적해두고자 한다.

여기서 다룰 쇼펜의 관련 논문은 다음 네 가지이다.[1]

A: "The Phrase '*sa pṛthivīpradeśaś caityabhūto bhavet*' in the Vajracchedikā: Notes on the Cult of the Book in Mahāyāna", 1975

B: "Mahāyāna in Indian Inscriptions", 1979

C: "The Generalization of an Old Yogic Attainment in Medieval Mahāyāna Sūtra Literature: Some Notes on *Jātismara*", 1983

D: "Two Problems in the History of Indian Buddhism: The Layman/Monk Distinction and the Doctrines of the Transference of Merit", 1985

물론 쇼펜의 관련 논문 전체를 다 열거한 것은 아니며, 대승불교의 성립에 관한 그의 견해를 대부분 이해할 수 있다고 생각되는 최소한의 것만을 연대순으로 나열해본 것에 불과하다. 이 중 A논문은 『바즈랏체디카 프라즈냐파라미타 수트라(*Vajracchedikā Prajñāpāramitā-sūtra*, 能斷金剛般若經)』에서 두 군데 나타나는 "sa pṛthivī-pradeśaś caitya-bhūto bhavet"의 용례를 고찰의 발단으로 삼아 차이티야 브후타caitya-bhūta라는 복합어를 분석하고, 이를 통해 대승불교의 발단이 '불탑 숭배the stūpa cult'가 아닌, '경권經卷 숭배the cult of the book'에 있음을 논증한 것이다. 그런데 이 논증이 성립했다고 확신한 쇼펜은 히라카와 아키라가 '경권 숭배'를 전면적으로 배제하고 있는 것도 아닌데,[2] A논문의 말미에서 '불탑 숭배'에 대승불교의 기원을 상정하는 히라카와설을 비판하고 있다. 이는 필시 히라카와의 영문 논문[3]에만 의지했기 때문일지도 모른다. 필자 역시 히라카와설을 비판하지만, 쇼펜의 입장에 동의하지는 않는다. 이 점은 나중에 명확해질 것이다.

먼저 A논문의 개요부터 보자. 이 논문은 결코 짧지 않으며, 일부 해석상의 상세한 논증도 포함하고 있다. 따라서 요약해버리면 그 장점이 묻힐 수도 있다. 하지만 논술상 필요하므로 요약할 수밖에 없었다. 양해를 구한다.

쇼펜이 주목한 『바즈랏체디카*Vajracchedikā*』의 한 문장 "sa pṛthivī-pradeśaś caitya-bhūto bhavet"는 많은 경우 "그 지역pṛthivī-pradeśa은 묘(廟, caitya, a shrine)와 같은 것bhūta이 될 것이다."라고 이해되어 번역되고 있는 것 같은데, 쇼펜은 이러한 이해를 수정하여 "그 지역은 눈에 띄는 혹은 진짜(bhūta, an eminent, a true, a real) 신성한 장소(caitya, sacred place)가 될 것이다."라고 해석해야 한다는 입장에서[4] 차이티야 브후타의 어의를 가장 중요한 문제 중 하나로 고찰하고 있다. 먼저 그는 실제로 혼용되어 거의 같은 의미로 사용되는 스투파stūpa와 차이티야caitya의 의미 범위의 차이에 주목한다. 스투파가 '쌓다' 혹은 '세우다'라는 원의에 유래하는 어의를 지니고, 적어도 '건조물(a 'structure' or 'construction')'을 의미하는데 비해, 차이티야는 보다 넓은 의미에서 사용된다고 한다. "'신성한 장소sanctuary'를 가리키는 가장 일반적인 용어가 차이티야(팔리어의 cetiya)이며, 이 말은 건물building에 적용될 뿐만 아니라, 신성한 나무나 기념석, 성지, 상像, 종교적 비명도 가리킨다. 따라서 신성한 기념비적 성격을 지닌 건물edifice은 모두 차이티야인데, 차이티야가 모두 건물인 것은 아니다."[5]라는 케른Kern의 규정에 찬성한다. 하지만 두 용어에 이러한 차이가 있음에도 불구하고, 차이티야를 스투파와 마찬가지로 '건물'이라는 의미로 사용하고자 하면, 그 '지역pṛthivī-pradeśa' 자체가 '건물'이 되어야 하는데, 이는 의미가 통하지 않기 때문에 브후타bhūta를 비교를 나타내는 말로 이해하여 "[유골을 모시는] 건물과 같은 것caitya-bhūta"이 된다는 이해도 생겨나게 된다. 그러나 그러한 것을 실제로 의미하고 싶었다면, 경전 작자는 '그 지역은 스투파와 같은 것이 될 것이다'라고 하여, 차이티야가 아닌 스투파라는 말을 사용했을 것이라고 쇼펜은 말한다. 한편 이와는 반대로 경전 작자가 두 말의 의미를 구별하여 성역으로서의 차이티야라는 말을 장소의 의미로 선택하고 있었다면, '장소가 장소와 같은 것'이라는 의미가 되어 이 역시 의미가 통하지 않는다. 그래서 쇼펜은 차이티야 브후타라는 복합어 중 후반의 브후타의 의미에서 비교를 보여주는 말로 '같은 것'이라 해석하는 것을 배제하고, '눈에 띄는' 혹은 '진짜의'라고 해석하여 앞의 차이티야를 한정하는 말이라고 주장하는 것이다. 이러한 의미 기능을 지닌 브후타의 강조가 무엇 때문에 필요했는가 하면, 이전에는 이렇게 명명命名되지 않았던 그 지역을 차이티야로 부르기 위해서였다고 한다. 그리고 이렇게 주장하는 과정에서 쇼펜은 차이티야 브후타가 보디 만다

(bodhi-maṇḍa, 菩提座, 菩提道場)에 해당한다는 점을 지적한다. 또한 차이티야 브후타는 마하 차이티야(mahā-caitya, (四)大靈場)를 의미하고 차이티야 삼마타(caitya-sammata, 존숭되는 靈場)와도 통하므로 브후타는 마하나 삼마타와도 통한다고 한다.[6]

그 결과, 문제의 정형구의 의미는 "그 지역은 진짜 신성한 장소가 될 것이다."라고 확정되고, 게다가 그 정형구를 갖는 것이 '경권 숭배'에서 유래하고 있음이 명확해지는 것이다.[7] 이 '경권 숭배' 역시 시대가 흐름에 따라 구송口誦 전승에서 기술記述 전승으로 전개했다고 하는데, 결코 고립해서 전개된 것은 아니며, '경권 숭배'는 초기불교 이래 긴 전통을 지닌 '불탑=유골 숭배(the stūpa/ relic cult)'와 경합하며, 오히려 그에 대항하여 자신의 우위성을 보여주고자 했다고 한다. 쇼펜에 의하면, 그 결과 전자는 후자와 대립하면서 그 영향을 받아 당초에는 당연히 '경권 숭배'의 중심이 경권 자체였지만, 점차 경권이 유포하고 있는 지역을 가리키게 되어, 드디어 마치 유골을 모시고 있는 스투파(the *stūpa* as 'containing' the relics)처럼 경권을 모시고 있는 지역(the pṛthivīpradeśa as in some sense containing the 'book')을 가리키게 되었다고 한다. 그리고 그 지역이야말로 '진짜 신성한 장소'가 된다고 여겨졌으며, 이러한 장소가 대승불교의 발상지가 되었다고 주장한다.

이로 인해 쇼펜은 당연히 "대승불교는 부파교단과 병렬적으로 존재한 '재가불교'의 흐름이 발달하여 성립한 교단이라고 생각해도 좋다. 그리고 그 생활 기반은 불탑신앙이었다고 생각한다."[8]라고 결론내린 히라카와를 비판하게 된다. 이 점에 대해서는 본 장의 서두에서 언급하였다. 무엇보다 이 단계에서는 히라카와 역시 『반야경』처럼 불탑 숭배를 낮게 평가하고 경권 숭배를 중심으로 하는 다른 계통의 대승이 있다는 점을 충분히 알고 있었다. 하지만 그 시점에서 '지금은 명확히 하기 어렵다.'라고 한 다른 계통의 대승

문헌을 그 후에도 체계적으로 해명하지 못하고 있으므로, 그런 점에서 본다면 쇼펜의 비판도 성립 가능하다고 생각한다. 이어 쇼펜의 A논문의 결론 중 한 구절을 소개하면 다음과 같다.[9]

> 앞서 논한 바와 같이, 경권이 있는 지역으로서의 프리티비 프라데샤 pṛthivīpradeśa는 경권 숭배의 중심지[숭배 활동(獻花, 舞踏 등)이 실행되는 조직화된 센터]이다. 또한 기존의 불교의 정통설(성문설)에 대해 비판적인 초기대승경전이 통상적인 승원의 센터에서는 가르침을 받거나, 설명되거나, 보존될 수 없다. 이러한 경전이 또한 정통파의 간섭으로부터 자유로운 독립적 센터의 전개를 촉진했다고 추측하는 것은 당연하다고 할 수 있다.

이리하여 쇼펜은 대승불교의 발생을 불탑 숭배에서 찾는 히라카와설을 배척하고, 대승경전 발상지를 경권 숭배의 중심지인 프리티비 프라데샤에서 찾게 된다. 이 쇼펜설에는 분명 경청해야 할 점도 많지만, 설사 대승불교가 프리티비 프라데샤라고 일컬을 만한 성역에서 일어났다 해도, 그러한 동향이 전통적 불교교단으로부터 완전히 분리된 독립적 센터에서밖에 일어날 수 없었다는 논거는 도대체 어디에서 찾을 수 있는 것일까. 필자가 보기에는 그런 종류의 결정적 논거는 어디에서도 찾아볼 수 없으며, 그런 의미에서 필자가 히라카와를 비판하는 것과 동종의 결점을 그 역시 드러내고 있는 것이 된다. 이미 같은 결점을 히라카와의 경우에도 지적한 필자로서는, 대승불교를 포함한 불교사의 전개는 기본적으로는 전통적 불교교단 이외에는 있을 수 없었으므로 쇼펜이 주장하는 프리티비 프라데샤를 중심으로 한 다른 계통의 불교 운동도 결국 전통 불교교단의 탑지 혹은 그 교단의 권위하에 있는 교단 밑의 차이티야 등에서 볼 수 있는 동향 가운데 하나에 불과하다고 볼 수밖에 없다. 상세한 논술은 필요하다면 나중에 시도하겠지만, 여기서는 프리티비 프라데샤가 쇼펜이 생각하고 있는 만큼 특수한 그룹에서만 사용되던 용어는 아니며, 단지 성역을 가리키는 정도의 말이라는 것, 그리고 이러한 '지역'의 구체적인 예로 거론된 차투르 마하 차이티야(catur-mahā-caitya, 사대영장)에 대한 기진은 전통교단에 의해 관리되고 있었다는 것을 보여주는 2종의 문헌을[10] 이하 (a)와 (b)로 거론해둔다.

(a) 그때 세존이 성문 교단의 자와 함께 면전을 지나 가셨기 때문에 왕은 왕비의 권속과 더불어 뒤를 따라갔다. 어떤 넓은 공간의 지역(sa phyogs, pṛthivī-pradeśa)에 [그 우다인의 유체를] 두었기 때문에 왕비 말리카는 모든 향목을 퇴적堆積 모양으로 쌓아 화장하고, 그 퇴적을 우유로 가라앉혀 그 뼈들을 금 항아리에 넣어 큰 길(lam po che, rathyā)의 십자로(bzhi mdo, catvara)에 사리탑(lus kyi mchod rten, śarīra-stūpa)을 세우게 했다.

(b) 따로 제시된 소득(所得, pratyādeśa-lābha, so sor bstan pa'i rnyed pa)이란 무엇인가? 무릇 어떤 소득이든 [석존의] 탄생jāti과 깨달음bodhi과 [전]법륜dharma-cakra과 서거parinirvāṇa에 대해 출자된 것이며, 만약 기부되어야 할 것이 사대영장catur-mahā-caitya [전부]에 대해 이루어지지 않고 하나의 대영장에만 이루어지고 그 이외의 것에 대해서는 이루어지지 않는다면, 이것이 따로 제시된 소득이다.

(a)처럼 해서 건립된 사리탑이든 (b)처럼 해서 기진된 소득이든 바이야브리트야카라 등으로 대표되는 교단 내의 관리자가 있어 그 재산을 관리하고

있었다면, 불탑 숭배이든 경권 숭배이든 전통적 불교교단과 완전히 별도의 장소에서 일어난 불교운동 등은 전혀 가정할 필요는 없다는 것이 지금까지 서술해온 필자의 견해이다.

다음으로 두 번째 B논문을 보자. 이것은 이미 공간公刊된 비문 연구를 쇼펜의 문제의식 하에 재검토하고, 대승mahāyāna을 일컬으며 언급하는 6세기부터 12세기에 걸친 14점의 비문과 다른 명목으로 대승에 언급하고 있다고 생각되는 4세기 이후의 인도 각지에 걸쳐 있는 80점 정도의 비문을 검토함으로써 인구통계학적demographic 시점에서 인도 대승불교의 실태에 다가가고자 한 것이다. 그러나 본서 제2부에서 지금까지 서술해온 필자의 의견에서 본다면, 이 B논문은 대승불교의 동향을 포함하여 통인도적 불교의 '문화'에 관해 통계적 숫자를 얻고 있다는 점에서는 분명 더할 나위 없는 성과이지만, 쇼펜이 주장하고자 한 것이 과연 대승불교의 동향만을 특정할 수 있는 것인지 아닌지에 관해서는 크게 의문이다. 이 의문을 잠시 제쳐두고 B논문에서 고찰된 과정과 결론을 제시하면 다음과 같다.

직접 대승이라는 명칭을 기록하지 않았지만 대승의 비문이라고 쇼펜이 간주하는 기준은 존스턴Johnston이 '통대승적 명문a common Mahāyāna formula'이라 부른 'deya-dharmo 'yam (of, title+name) yad atra puṇyaṃ tad bhavatu x: "이것은 (직위 t, 이름 n인 사람의) 보시물이다. 이 모든 공덕이 x를 위해 있기를 …"이라는 정형구, 특히 그 밑줄 친 부분을 갖고 있다는 점에 있다. 쇼펜은 일정한 절차를 거쳐 남겨진 비문 48점 가운데 그 70%가 기진자의 직위로 śākyabhikṣu/-bhikṣuṇī(석가비구/ 비구니)라는 말이 나타나며, 20%가 같은 직위로 paramopāsaka/-opāsika(勝優婆塞/ 優婆夷)라는 말이 있다는 점을 지적하며, 이에 근거하여 다음과 같이 가정한다.[11]

이들 직위의 전자는 승원 구성원을 가리키며, 후자는 재가자의 직위였다는 점에 주목한다면, 그 양자는 실제로는 단일한 그룹에 의해 사용된 그저 2개의 직위에 불과하며, 한쪽은 승원 구성원을, 다른 쪽은 재가 구성원을 가리키고 있을 뿐이라고 가정할 수 있다. 그리고 이 가정을 검토하는 동안 이들 두 개의 직위가 그 정형구와 관련하고 있다는 사실에 더하여, 양쪽 모두 대승의 신봉자의 직위로 사용되고 있다는 사실이 그들 직위에 공통되는 점이라는 것을 알았다.

그 위에 쇼펜은 다음 네 가지 점을 일단 결론으로 확인한다.[12]

(a) 그들 직위는 어떤 특정 그룹의 특성이라는 점을 보여주기 위해서이다.

(b) 그 특정 그룹이란 대승에만 있다.

(c) śākyabhikṣu/ -bhikṣuṇī는 승원의 구성원이기도 한 대승공동체the Mahāyana community의 일원을 가리킨다.

(d) paramopāsaka/ -opāsika는 재가자인 남녀 대승공동체의 일원을 가리킨다.

이를 확인한 후, 쇼펜은 다루었던 비문 자료를 다시 연대순으로 배열하고 4세기부터 12, 13세기에 이르는 대승 관계의 비문에 나타나는 특징에 관해 다음과 같이 결론짓는다.[13]

4세기 이후, 이들 두 종류의 직위는 그들이 어떤 특정 그룹을 언급하는 것이라는 점을 명확히 하는 듯한 방법과 일관성을 갖고 사용되었다. 이미 6세기에 적어도 두 개의 비문은 이들 직위를 갖는 개인을 '대승의 신봉자*mahāyānānuyāyin*'라고 분명하게 간주하고 있으며, 또한 적어도 두 개의 대승경전의 콜로폰은 실질적으로 이 그룹의 독점적인 특성인 정형구를 포함하고 있다는 것도 알려져 있다. 그 때문에 우리들이 대승이라고 입버릇처럼 부르는 그 그룹은 아무래도 이 명칭을 비문 상에서만은 매우 천천히, 그것도 오히려 늦게 사용하게 된 것 같다. 4세기부터 굽타기를 통해 그들은 −적어도 비문상으로는− *śākyabhikṣu/ paramopāsaka*라는 명칭으로 통하게 된 것 같으며, 게다가 이들 명칭은 결코 사라지지 않았다. 오히려 6세기가 되면 그 오래된 명칭을 유지하는 한편, 그들은 그것에 새로운 요소인 *mahāyānānuyāyin*(대승의 신봉자)[이라는] (혹은 거의 유사한 말)을 추가하였다. 처음 이 새로운 요소는 임의적인 것이었던 것 같은데, 10세기까지 그 부가는 비문과 사본의 콜로폰 양쪽에서 일반적인 것이 되었다.

이와 같은 결론이 서술된 후에 다음과 같은 두 가지 의견이 첨부되며,[14] 이 B논문은 끝난다.

첫째, 만약 필자의 결론이 인정된다면, 우리들은 적어도 4세기 이후의 인도 대승불교의 인구통계학에 관해 처음으로 신뢰할 만한 인도의 정보를 갖게 된다. (중략) 둘째, 거듭 만약 필자의 결론이 인정된다면 우리들이 지금 대승이라고 부르는 것은 4세기까지 분리된 독립적 그룹으로 나타나지 않았다고 추측해볼 수 있다. 그러므로 이런 의미에서라면 라모트 교수가 대승불교에 관해 "[혁명 이상으로 침투성이 있는, 그 동향이 대승이라는 명칭으로 불렸다.] …… 그것은 새로운 섹트sect를 구성하지 않고, [그 명칭은 비문에는 결코 나타나지 않는다.] 하지만 그 [동향]은 종교적 공동체라고 하는 같은 품[懷]에서 전개된 것이다."라고 서술한 것은 부분적으로는 맞았던 것이다.

그런데 B논문에 제시된 위와 같은 쇼펜의 견해에 대해 사견을 서술한다면,

반복해서 주장하는 바와 같이, 그의 비문에 대한 연구 성과와 상관없이 대승불교는 전통적 불교교단 밖에서 일어나지 않았다는 필자의 생각에는 변함이 없다. 그 때문에 대승불교의 동향이 전통적 불교교단과 같은 품에서 전개했다고 말하는 라모트의 견해는 부분적으로 맞다기보다는, 4세기부터 12, 13세기에 걸쳐서도 적용된다고 말할 수밖에 없다. 따라서 쇼펜이 제시한 통계는 대승불교에만 특정되는 동향을 반영한 것이라기보다 4세기 이후의 전통적 불교교단에서 두드러지게 나타나게 된 불교 '문화'의 통속적 측면을 반영한 것이라고 생각하면 좋을 것이다. 4세기라고 하면, 그 세기의 말까지는 426년에 한역된 『우바새계경』이 인도에서 성립하고 있던 시기로 추정된다. 거기에 등장하는 '출가보살'이 비문이나 콜로폰에서는 샤캬 빅슈śākya-bhikṣu라 불리고, '재가보살'은 파라모파사카paramôpāsaka였던 것은 아닐까. 게다가 이 양자는 분명 '대승의 신봉자'라 불려도 좋은 측면을 가지고 있었을지도 모르는데, 하나의 '대승공동체'에 있어 특정한 그룹으로 함께 생활하고 있던 것은 결코 아니며, 기본적으로 전통적 불교교단의 탑지를 중심으로 성립하는 일시적인 관계였을 뿐이라고 생각된다.

또한 쇼펜의 통계에서 기진자로서 높은 비율을 차지하고 있던 샤캬 빅슈는 필자의 생각으로는, 전통적 교단에 속하는 삼림에 거주하는 비구 혹은 교단 내 승원의 승방layana에 거주하던 비구가 통인도적 관념에 따라 선조 공양을 하고자 할 때에 교단 소속의 탑지에 가서 샤캬 빅슈라는 이름으로 때로는 대승의 신봉자라는 것을 보여주며 기진했을 것이다. 시물(施物, deya-dharma)은 당연히 물적 자재가 많았을지도 모르지만, 물론 공덕이 많다고 믿어진 경권이나 전적도 상관없다. 그 명문이 쇼펜이 다룬 콜로폰에 남아 있는 것인데, 콜로폰에 관해 쇼펜은 출판 상의 부족함을 한탄하고 있지만, 정작 자신은 이미 간행된 콜로폰 조차 충분히 검토하고 있지 않다고 생각된다.[15] 따라서 그러한 것들 중 쇼펜의 견해를 부정하기에 충분한 두 가지 예를 골라 제시한다. 모두 전통적 불교교단 안의 전적임이 명확한 것을 비구가 기진한 예인데, ①은 로콧타라바딘(Lokottaravādin, 說出世部) 소속의 『프라티목샤 수트라*Prātimokṣa-sūtra*』의 콜로폰, ②는 바수반두Vasubandhu의 『아비다르마코샤 바샤*Abhidharmakośa-bhāṣya*』의 그것이다.

① deya-dharmo 'yaṃ pravara-mahāyānayāyisya śākya-bhikṣu-Lokaśrī[dharasya] śākya-bhikṣu-Śrīvijayabhadra-likhitam idam/[16]
이것은 뛰어난 대승교도인 석가비구 로카슈리다라의 시물이다. 이것은 석가비구 슈리비자야바드라에 의해 서사되었다.

② deya-dharmo 'yaṃ pravara-mahāyāna-sakala-tathāgata-śāsana-dhūrdharasya auttarāpathika-paṇḍita-sthavira-Śrīlāmāvākasya yad atra puṇyam ity-ādi/ // śubham astu//[17]
이것은 뛰어난 대승[교도]이자 모든 여래의 가르침을 짊어진 인도북부 출신의 학자 대덕 슈리라마바카의 시물이다. 이 [모든] 공덕이 운운. 행복해라.

쇼펜의 성과에 따르면, 이들은 분명 대승적 명문이어야 하지만, 필자는 이들 시물을 기진한 비구, 특히 대덕sthavira이라는 칭호를 가진 후자가 전통적 교단과 완전히 별개의 그룹에 속하고 있었다고는 상상조차 할 수 없다.

다음으로 C논문인데, 이것은 대승불교의 성립과 관련된 문제를 직접 다룬 것은 아니다. 이 C 논문의 주요 과제는 제목에도 나타나듯이 숙생지(宿生智,

jāti-smara) 관념의 변천을 중심으로, 원래는 고행자적 달인virtuoso에 의해 획득된다고 생각되고 있던 숙생지가 중기 대승경전에서 얼마나 일반화되어 갔는가를 고찰하는 데 있다. 따라서 대승불교의 성립과 직접 관련이 있는 초기 대승경전은 전혀 다루지 않고 있지만, 팔리 니카야나 한역 『아함경』에서 중기 대승경전에 걸친 숙생지 관념의 변천을 더듬어가는 과정에서 쇼펜의 대승불교관을 엿볼 수 있다는 장점은 있다. 쇼펜의 대승불교관을 이 제2부에서 필자가 지금까지 논해온 규정에 따라 요약해보면, 쇼펜이 생각하는 대승불교란 필자가 말하는 바의 통인도적 '습관'을 용인한 (a)~(a′)의 대다수의 통속적 대승불교를 말하며,[18] 쇼펜이 다루고 있는 비교적 많은 대승경전은 거의 예외 없이 필자가 '악업불식의 의식'이라 부르는 것과 관련이 있는 경전이다. 그러므로 상당히 많은 것이 필자가 지금까지 다루어온 경전과 중복되며, 그 평가에 있어서도 필자와 공통된 면이 적지 않다. 하지만 필자와 쇼펜 간의 가장 근본적인 의견 차이는 이러한 대승불교 혹은 대승경전이 과연 통인도족 '습관'을 거부한 불교의 올바른 '사상'일 수 있는가 아닌가 하는 비판적 시점을 쇼펜이 완전히 결여하고 있다는 점에 있다. 이러한 차이에 관해서는 나중에 다시 상술하고, 여기서는 대략 C논문의 요지를 소개하며 필자가 느낀 문제점을 지적해두고자 한다.

C논문의 키워드인 숙생지는 자타의 과거세의 존재 방식을 상기하는 초능력을 가리킨다. 삼명(三明, tisso vijjā, tisro vidyāḥ)이나 오통(五通, pañca abhiññā, pañca abhijñāḥ) 혹은 육통(cha abhiññā, ṣaḍ abhijñāḥ) 혹은 불佛의 십력daśa balāni 중 하나이며, 팔리 니카야나 『아함경』에서 그 능력은 종교적 달인religious virtuoso, 특히 무학(無學, aśaikṣa)인 아라한이나 불 자신만이 지닐 수 있는데, 『우팔리 파리프릿차(*Upālipariprcchā*, 烏波離所問經)』 등의 대승경전에서는 자신의 개인적 능력의 개발에

의한 것이 아닌, 보살 등의 어떤 외적 활동에 의해 초래되는 것으로서, 종교적 달인이 아닌 보통 사람에게 있어서도 다가가기 쉬운 것이 되었다고 쇼펜은 말한다.[19] 그 숙생지의 획득 방법은 쇼펜에 의하면 예배 의례, 불명佛名 독송, 경권 서사, 진언 수지 등이다.[20]

그렇다면 왜 숙생지는 획득해야 하는가? 예를 들어 『바이샤즈야구루 수트라(*Bhaiṣajyaguru-sūtra*, 약사경)』에서 "거기서 그들에게 …… 그 [약사] 여래의 이름이 현전하겠지만, 그들은 기억smaraṇa만을 가지고 여기에서 사몰死沒하여 또 다시 인간계에 태어날 것이며, 숙생지를 가진 자가 되겠지만, 그들은 각각 악취를 두려워하여 더 이상 묘욕(妙欲, kāma-guṇa)을 구하지 않으며, 보시를 기뻐할 것이다."라고 설하고 있는 바와 같이, 숙생지를 갖는 것에 의해 전생의 선업이나 악업을 명백하게 알며, 그 두려움으로 인해 다시 똑같은 악업을 반복하지 않게 되기 때문이라는 것이 쇼펜의 주된 해석인 것 같다.[21] 게다가 이러한 숙생지가 중기 대승경전에서 종교적 달인이 아닌 보통 사람에게도 다가가기 쉽게 된 것은, 예를 들어 악처에 떨어진 어리석은 자가 다시 사람으로 태어나는 것은 눈 먼 거북이가 대해에 떠도는 멍에의 구멍에 머리를 넣는 이상으로 곤란하다고 설하는 『맛지마 니카야』의 「발라판디타 숫타(Bālapaṇḍita-sutta, 현우경)」와 같은 엄격한 인과율에 근거한 업론에 대한 일종의 '해결solution'은 아니었을까라고 쇼펜은 말하기도 한다.[22] 여하튼 이러한 숙생지나 그에 근거한 악업의 해방이라는 사고방식이 과연 불교적일 수 있을지 문제이다. 애초에 숙생지를 포함한 삼명이나 오통 혹은 육통은 일찍이 우이 하쿠쥬宇井伯壽가 "상술한 것은 분명히 본래 불교의 설이 아니었던 것이 대부분 모두 채용되고 있던 것"[23]이라고 논증한 바와 같다. 또한 그것에 의한 악업의 해방 역시 오히려 이하 언급할 샹카라Śaṅkara의 『우파데샤 사하스리*Upadeśasāhasrī*』의 설과 잘 닮은 통인도적 사고방식은 아닐까 생각된다.

> citte hy ādarśa-vad yasmāc chuddhe vidyā prakāśate/ yamair nityaiś ca yajñaiś ca tapobhis tasya śodhanam//[24]
>
> 마음이 실로 거울처럼 깨끗해졌을 때 명(明, vidyā)은 빛난다. 그 [마음]은 제계制戒에 의해, 평상시의 의식에 의해, 공희供犧에 의해, 고행에 의해 정화된다.

숙생지가 명과 닮았다는 점을 생각하면, 그것이 '악업불식의 의식'과 같은 것을 매개로 마음의 거울과 같은 정화와 더불어 빛난다는 것은 오히려 통인도적인 통념이라고 해도 좋을지 모른다. 불교의 경우에도 비교적 오래된 문헌에서 번뇌[漏]가 사라지는 것āsavānaṃ khayo을 '법경(法鏡, dhammâdāsa, dharmâdarśa)'과 관련 지워 설하는 것을 볼 수 있는데,[25] 필자는 이 역시도 통인도적인 통념을 반영하고 있다고 생각한다.

이제 드디어 마지막 D논문이다. 이것은 논문 제목이 보여주는 바와 같이 재가자와 출가자의 구별 및 공덕의 회향이라는, 인도불교사에 있어 두 가지 문제를 다룬 것이다. 직접적인 주제를 고찰하기에 앞서, 쇼펜은 상당한 지면을 할애하여 4세기를 크게 거슬러 올라갈수록 니카야=아함 문헌의 실제 교의적 내용에 관해서는 아무것도 명확히 알 수 없다는 점을 논한다. 그리고 이 기술을 이어받아 비문 자료가 이러한 문헌 자료와 비교하여 적어도 두 가지 장점을 갖는다는 점을 다음과 같이 지적한다.[26]

> 첫째, 그 [비문 자료]의 대부분은 우리들이 문헌 자료literary sources를 통해 명확히 알 수 있는 것보다 연대적으로 앞선다는 점이다. 둘째, 보다 중요

한 점은 이 자료는 교양도 약간 있고 학문도 있는 인도의 불교인이 쓴 것이 아닌, 상당히 많은 실천적 불교도가 실제로 한 일을 우리들에게 말해준다는 것이다.

이러한 장점이 제시되었다 해도 필자는 비문 자료가 문헌 자료보다 훨씬 중요하다고 생각하지는 않는다. 쇼펜은 그 장점을 과거의 연구에 비추어 강조하기 위해 올덴베르크Oldenberg가 일찍이 불멸후의 불탑 숭배에 관해 "출가승 공동체Mönchsgemeinde는 그에 어울리게, 이러한 화려한 숭배와는 완전히 무관하였다. 오래된 공동체의 규칙은 그것에 관해 한 마디도 서술하고 있지 않다."라고 지적한 것에 대해 "하지만 기진명은 그것과는 다른 것을 지적하고 있는 것 같다."라고 시사하고 있다.[27] 하지만 그러한 '습관' 역시 비문을 몰라도 데카르트적 '상식(sens commun=raison)'을 가지고 제대로 문헌을 읽는다면 잘 알 수 있으며, 공동체 속에는 "자신이 가능한 한 행복하게 사는 것을 멈추려고 하지 않아afin que je ne laissasse pas de vivre le plus heureusement que je pourrais[28]", 공동체의 규칙maximes에 따르지 않고 재산을 축적하거나, 공양에 전념하는 출가자도 당연히 있었다. 하지만 규칙은 살아 있었기 때문에 금품을 합법적으로 수령하기 위해 전통적 불교교단에서는 벳야밧차카라veyyāvaccakara/ 바이야브리트야카라vaiyāvṛtyakara 등의 직위[29]를 갖는 자가 필요해진 것이다. 그럼에도 불구하고 비문 자료만 너무 과신하다 보면, 비문 자료에 준하는 콜로폰조차 문헌에서 제대로 확인하지 않은 채 자기류의 '습관'이나 '생활'에 비추어 자의적으로 비문 자료를 읽어버리기 쉽다. 이 점은 앞서 언급한 쇼펜의 B논문에서 지적한 바와 같다. 비문 자료는 분명 그 시대의 '습관'이나 '생활'을 충실하게 반영한 귀중한 것이지만, 너무 몰두하면 '습관'을 판단하는 '상식'조차 상실하게 된다. 필자는 비문 자료를 무시할 생각은 전혀 없지만,

쇼펜의 방법에는 비문을 통인도적인 불교 '문화'를 해명하는 것 이상으로 적용하려 하는 문제점이 발견되므로 염려를 표명해두었음에 불과하다.

한편, B논문에서는 4세기 이후의 비문을 다루었지만, 이 D논문에서는 상술한 바와 같은 비문 자료를 중시한다는 관점에서 기원전 약 120년부터 20년으로 추정되는 바르후트Bhārhut나 산치Sāñcī의 비문을 비롯하여, 그 이후 4세기의 것까지 추가하여 보다 종합적인 형태로 비문 자료에 관한 견해를 논술하고 있다. 그 과정에서 우선 기진명에 나타난 기진자인 출가자·재가자의 역할에 주목하고, 전자가 의외로 많다는 점을 지적한다. 예를 들어, 바르후트에서는 4할이 출가자인데, 카로슈티Kharoṣṭhī 비문에서도 이 비율은 거의 그대로 다소 강해지며, 버져스Burgess가 수집한 비문에서 특정한 승배 형태에 한하여 양 기진자의 비율을 산출해보면, 출가자는 65%, 재가자는 35%가 된다고 한다. 게다가 그 출가자는 그저 보통 출가자simply monks, just ordinary monks가 아닌, 교의상의 전문가doctrinal specialists이다. 그들은 바나카(bhānaka, 독송자), 페타킨(peṭakin, 通[三]藏者), 파차네카이카(pacanekāyika, 通五部[經藏]者), 바이나이카(vainayika, 持律者), 차투르비드야(caturvidya, 知四[經]者), 다르마 카티카(dharma-kathika, 法師), 프라하니카(prāhaṇika, 禪師) 등으로 불렸다고 한다. 이 중 프라하니카에 관해서는 나중에 필자의 의견도 더하여 다시 언급하고자 한다. 쇼펜은 이상과 같은 점을 지적하는 과정에서 스스로 대승의 비문이라 규정한 것도 다루며, 그 결과 다음과 같이 기술한다.[30]

> 마지막으로 만약 필자가 최근에 보여주려 시도한 바와 같이, 필시 대승의 것이라고 생각되는 그들 비문을 우리들이 다시 진지하게 검토해본다면, 그 숫자는 훨씬 놀랄 만한 것도 있다. 그 대승의 것이라고 생각되는 비문에서 -이 경우 우리들은 약 80점의 개별적인 비문에 관해 말하고

있지만—, 그들 사례의 70% 이상에서 기진자가 비구 혹은 비구니이며, 그중 대부분은 비구이다. 재가자는 단지 20%밖에 없다.

이러한 숫자를 이끌어낸 후, 쇼펜은 그들이 기진하게 된 배경을 찾아내기 위해 비문의 내용을 검토하기 시작한다. 카로슈티 비문을 주로 연구한 퍼스만Fussman은 그 기진에 나타나는 "mātāpitrina pujāye(부모를 공양하기 위해)" 등의 표현은 대승의 '공덕 회향'이라는 사고방식을 보여주는 것이라고 하는데, 쇼펜은 이 판단을 부정한다. 왜냐하면, 그러한 표현이 나타나는 기진은 대부분 예외 없이 전통적 불교교단의 부파와 관련되어 이루어지고 있으며, 그 부파 명을 명기한 교단에 의해 수령되고 있기 때문이라고 한다. 그리고 이 사실에 주목하여 쇼펜은 다음과 같이 서술한다.[31]

> 이로부터 다음과 같은 점이 명확해질 것이다. 요컨대 *madapidarana adhvadidana puyaya*, *mātapituna pūjāya* 등과 같은 표현이 어떤 학파 명을 포함한 어떤 비문에 나타나든, 그러한 경우 항상 그 학파는 반드시 어떤 소승의 학파(Bhādrāyaṇīya 1회, Aparaśaila 1회, Mahāsāṅghika 3회)라는 것이다. 이를 다른 측면에서 말하자면 *madapidarana adhvadidana puyaya*라는 표현 혹은 그 변화된 형태의 어떤 것이든 그것이 대승이라는 이름 혹은 Śākyabhikṣu/ -bhikṣuṇī 혹은 Paramopāsaka/ -opāsikā라는 직함과 연결되어 나타나는 일은 거의 없다.(그들 직함은 내가 보여주려 했던 것처럼, 우리들이 현재 대승이라 부르는 그룹에 의해 처음 사용되었다.) 게다가 재차 말해 두는 바와 같이, 이 경우 우리들은 수세기에 걸쳐 인도의 대부분의 지역에 존재하는 약 80점의 명문에 관해 말하고 있는 것이다.

그렇다면 소승의 명문에 나타난 '공덕의 회향'이라는 사고방식과 대승의 명문에 있어서의 그것과는 어떤 차이가 있는 것일까? 전자에서는 '부모의 공덕을 위해'라든가 '돌아가신 부모의 공덕을 위해'라고 하여, 기진자로부터 부모에게 '공덕의 회향'을 표현하고 있을 뿐, 어떤 목적을 위해 그 공덕이 명기된 것이라고는 결코 말하지 않는다. 하지만 대승의 명문에서는 이와 달리 부모나 다른 특정 개인이 기진자의 행위의 수익자로 언급될 때에는 그들만이 아닌 반드시 '일체중생'이라는 카테고리와 더불어 항상 사용된다고 한다. 쇼펜은 이러한 특징을 언급하며 다시 다음과 같이 지적한다.[32]

> 대승과 연관된 명문에서는 기진자가 그 공덕을 일반적인 '일체중생'이라는 카테고리로만 돌리는 경우이든, 이에 더하여 그 부모 혹은 보다 큰 그룹 안에서의 다른 개인을 명확히 선택하는 경우이든 그의 행위로부터의 공덕은 반드시 명시하여 '무상지(無上智, supreme knowledge, anuttara-jñāna)'의 획득을 위해서라고 서술된다.

이상이 비문을 중심으로 고찰하며 재가자와 출가자의 구별 및 공덕의 회향이라는 두 가지 문제를 논한 쇼펜 논문의 개요이다. 이것이 비문 상에 반영된 인도불교 '문화'의 한 단면일 뿐이라고 한다면, 필자 역시 그 어떤 이견도 없다. 하지만 앞서 본 바와 같이 대승의 '공덕 회향'이 소승과는 본질적으로 다른 대승의 '사상'이라고 하며, 그 '사상'을 표방하는 대승이라 불리는 특정 그룹이 전통적 불교교단 밖에 확고히 존재하고, 그 장소를 중심으로 성립한 관계의 출가자와 재가자가 각각 사캬 빅슈śākya-bhikṣu/ 빅슈니bhikṣuṇī와 파라모파시카paramopāsaka/ -오파시카-opāsikā라고 불렸다면 비판적이 될 수밖에 없다. 쇼펜의 최종 의도는 아무래도 필자가 염려하는 방향에 있는 것 같다. 하지만 쇼펜은 전통적 불교교단 밖에 존재했을 대승의 그룹이 모인 장소나 건물의 양상을 명확하게 기술하고 있지 않으며, 오히려 승원이 불탑 숭배를 관리하고 지배하고 있었다는 점을 인정하는 정도이다.[33] 그리고 비문에 관해서도 마투라Mathurā의 원原대승proto-Mahāyāna의 비문을 별개로 치면 '대승 비문 중 어느 하나도 4세기를 거슬러 올라가지 않는다.'라고 기술할 정도이므로[34] 필자에게는 쇼펜의 모든 논술이 그의 의도와는 달리 변함없이 통인도적 불교 '문화'에 관해 말한 것으로밖에 들리지 않는다. 즉, 쇼펜이 강조한 '공덕의 회향'에 관한 소승과 대승과의 차이조차 필자가 지금까지 서술해온 생각을 그대로 적용하여 해석해도 무리가 없다. 따라서 그것은 전통적 불교교단에 들이닥친 통인도적 '습관'이 시대와 더불어 교단에 침투하고 퍼져 간 것에 불과하므로 '공덕의 회향' 역시 쇼펜이 소승적이라고 부를 수 있는 것에서 대승적이라고 부를 수 있는 것으로 전개해간 것일 뿐이라고 생각한다. 또한 사캬빅슈/ 빅슈니 혹은 파라모파사카/ -오파시카 및 '대승의 신봉자(mahāyānānuyāyin, mahāyānayāyin)'라는 직함이 필요해진 것은 그들이 속한 별개의 대승교단이 있었다기보다는, 전통적 불교교단 안에서만 대승운동도 있을 수 있었을 것이므로, 그들이 그 운동에 동조하고 있음을 명기하기 위해 문제의 직함이 전자는 4세기 이후, 후자는 6세기 이후에 사용되었다고도 생각할 수 있을 것이다.[35] 또한 쇼펜이 대승 비문에만 보인다고 한 '무상지'에의 회향도 통인도적인 『바가바드기타*Bhagavadgītā*』의 다음과 같은 게송과[36] 도대체 어느 정도 본질적 차이가 있는지 주의를 기울일 필요는 있을 것이다.

labhante brahma-nirvāṇam ṛṣayaḥ kṣīna-kalmaṣāḥ/ chinna-dvaidhā yatâtmānaḥ sarva-bhūta-hite ratāḥ//

죄구罪垢가 소멸하고, 의혹이 사라지고, 영혼이 제어되고, 일체중생의 지복지福을 기뻐하는 성선들은 브라흐만의 해방을 얻는다.

마지막으로 사견을 섞어 재설한다고 약속했던 프라하니카prāhaṇīka에 관해 간단히 언급하며 본 장을 맺고자 한다. 필자는 제5장에서 바이야브리트야카라의 일종으로 '침와구 준비인'에 관해 언급하고, 그 소임자가 응대하는 대승불교의 기수이기도 했던 5종의 고행자에 관해 『근본설일체유부비나야』를 참조하였다.[37] 그 5종과 상당히 유사한 불교 전문가의 호칭이 쇼펜이 지적하는 비문에도 나타난다. 그런데 필자는 제5장에서 문제의 호칭을 한역 유부율의 '선사禪師'와, 이에 대응하는 티베트역 퐁와파spong ba pa에 근거하여 산스크리트 원어를 바이크슈카bhaikṣuka라고 추측하였다. 하지만 그 원어는 비문에 실제로 나타나는 프라하니카로 바꾸는 것이 좋으며, 또한 그렇게 하는 것이 티베트역의 의미와도 잘 합치할 것이다. 또한 그 앞 장에서는 두 역어로부터 그 고행자상을 '실수행자의 일종'으로 가정했는데,[38] 이 역시 프라하니카를 원어로 채용하는 것이 대승불교의 기수로서의 고행자의 의미를 보다 명확하게 해준다고 생각한다. 이와 같은 점에서 볼 때, 적어도 프라하니카에 한정해서 말한다면, 이는 쇼펜이 말하는 바와 같은 교의상의 전문가는 결코 아닐 것이다.

1 이 논문들의 출처는 다음과 같다. A: *Indo-Iranian Journal*, Vol.17, 1975, pp.147-181; B: *Indo-Iranian Journal*, Vol.21, 1979, pp.1-19; C: *The Journal of the International Association of Buddhist Studies*, Vol.6-1, 1983, pp.109-147; D: *Studien zur Indologie und Iranistik*, Heft 10, 1985, pp.9-47. 또한 C논문과 D논문은 입수가 곤란해서 末木文美士에게 부탁하여 복사본을 받았다. 1993년 6월 2일에 받았다. 이 자리를 빌려 감사의 뜻을 전한다.

2 平川彰, 『初期大乘佛教の硏究』, 東京: 春秋社, 1968, 특히 pp.569-577 [平川彰著作集 4, pp.204-217]을 참조하기 바란다.

3 Akira Hirakawa, "The Rise of Mahāyāna Buddhism and Its Relationship to the Worship of Stupas", *Memoirs of the Research Department of the Toyo Bunko*, No.22, 1963, pp.57-106을 참조하기 바란다.

4 A논문, pp.177-178을 참조. 기존의 이해는 同, pp.149-151에서 Conze의 것을 비롯하여 소개하고 있다. 또한 平川도 앞의 책, 1968, (앞의 주2)), p.575 [平川彰著作集, p.215]에서 쇼펜과 완전히 같은 '진실한 탑묘caitya-bhūta'라는 이해를 제시하고 있다. 하지만 그 근거는 전혀 제시되고 있지 않아 다소 의아하다.

5 인용은 A논문, p.151에 있는데, 이를 포함하여 同, pp.151-152를 참조하기 바란다.

6 A논문, pp.175-179를 참조. 또한 caitya-bhūta와 caitya-sammata의 관계에 관해서는 同, pp.161-162를 참조하기 바란다.

7 A논문, pp.167-171을 참조하기 바란다.

8 平川彰, 앞의 책, 1968, (앞의 주2)), pp.779-780 [平川彰著作集, p.445]. 이 직후에 인용할 "지금은 명확히 하기 어렵다."는 말도 이 부분에 있다.

9 A논문, p.181.

10 (a)는 『근본설일체유부비나야』, 대정장 23, p.864c, P. ed., No.1032, Te, 58b8- 59a2, (b)는 *Mūlasarvāstivāda-Vinayavastu*, I, Bagchi ed., Buddhist Sanskrit Texts, No. 16, Darbhanga, 1967, p.229, ll.4-6, P. ed., No. 1030, Nge, 96a3-4이다. (b)에 대응하는 한역 해당 부분은 지금으로서는 미상. 또한 (b) 가운데 pratyādeśa라는 말의 정확한 의미도 지금은 결정하기 어렵다. 여기서는 티베트역에 따라 번역해두었는데, *Buddhist Hybrid Sanskrit Dictionary*, p.377에서는 substitute, surrogate라고 되어 있다. 앞으로의 검토를 기다릴 필요가 있다고 생각된다. 또한 전통적 교단에 소속하는 vaiyāvṛtyakara에 의한 재산 등의 관리 상태에 관해서는 본서 제2부 제5장, pp.283-288에 인용된 내용을 참조하기 바란다.

11 이상에 관해서는 B논문, pp.5-11을 참조. 이 이하의 인용 부분은 同, p.11이다. 또한 정형구에 관해 논하는 同, p.5는 D논문, p.39, n.88의 정정에 따라 "이 모든 공덕이 x를 위해 있기를"이라는 표현 가운데 x는 기본적으로 ① "부모를 비롯한 모든 유정들의 무상지 획득"과 ② "부모 및 일체유정들의 무상지 획득"이라는 두 유형이 된다.

12 B논문, p.11을 참조. 이 부분은 그대로의 번역이 아닌 요약이다.

13 B논문, pp.14-15.

14 B논문, p.15. 또한 인용 가운데 인용한 Lamotte의 문장은 *Le Traité de la Grande Vertu de Sagesse*, Tome., III, Louvain, 1970, p.xiii에 나오는데, B논문, p.1의 서두에서도 거론된다. 이 부분에서는 [ ]로 제시한 부분은 생략되어 있다. 이도 보충하여 프랑스어 원문을 제시하면, "Ce mouvement, plus insinuant que révolutionnaire, prit le nom de Mahāyāna … Il ne constituait pas une secte nouvelle, et son nom ne figure jamais sur les inscriptions, mais il se développa au sein même des communautés religieuses."이다.

15 이런 종류의 콜로폰이 많이 수록되어 있는 중요한 연구로는 Sāṅkṛityāyana, "Sanskrit Palm-Leaf MSS. in Tibet", *Journal of the Bihar and Orissa Research Society*, Vol.21, Pt.1., 1935, pp.27-43; "Second Search of Sanskrit Palm-Leaf Mss. in Tibet", *ibid.*, Vol.23, Pt.1., 1937, pp.21-57이 있으며, 필자가 보는 한 쇼펜의 입장에서 주의해야 할 콜로폰은 18개 정도 있는 것이 된다.

16 N. Tatia (ed), *Prātimokṣasūtram*, Tibetan Sanskrit Works Series, No.16, Patna, 1975, p.38, ll.6-7. 이 중 ye dharmo는 deya-dharmo로, mahāyānayayisya는 mahāyānayāyisya로 바꾸었다. 이 사본은 Sāṅkṛityāyana, *op. cit.* (1935), p.42, XXXIX 1. 177., n.2에 해당한다.

17 Pradhan (ed.), *Abhidharmakośa-bhāṣya of Vasubandhu*, Patna, 1967, p.479, ll.5-7. 또한 Y. Ejima, "Textcritical Remarks on the Ninth Chapter of the Abhidharmakośabhāṣya", *Bukkyo Bunka*, No.20 (1987), p.40의 p.479에 대한 주기를 참조하기 바란다. 에지마에 의해 deva-dharmo는 deya-dharmo, uttarāpathika는 auttarāpathika로 정정되고 있다. 또한 dhūrddharasya는 이대로도 좋다고 생각하지만, 일단 dhūrdharasya로 표기해두었다. 또한 Ejima, op. cit., p.2에서는 이 사본은 서체로 보아 12~13세기의 것으로 추정되고 있다.

18 본서 제2부 제1장, pp.192-194와 同, 제4장, p.262-263을 보고, (b)-(b′)와의 대비에 있어 (a)-(a′)의 불교의 특징을 이해해두기 바란다.

19 C논문, pp.109-112를 참조.

20 C논문, pp.114-127을 참조. 그간의 IV-VII의 각 절은 차례대로 예배 의례, 불명 독송, 경권 서사, 진언 수지를 주로 다루고 있다.

21 C논문, pp.135-139를 참조. 또한 *Bhaiṣajyaguru-sūtra*의 인용 부분은 Vaidya (ed.), *Mahāyāna-Sūtra-Saṃgraha*, I, Buddhist Sanskrit Texts, No.17, Darbhanga, 1961에서는 p.167, ll.20-23에 해당하며, 원문은 "tatra teṣāṃ … tasya tathāgatasya nāma saṃmukhībhaviṣyati/ saha smaraṇa-mātreṇa ataś cyutvā punar api manuṣya-loke upapatsyante, jāti-smarāś ca bhaviṣyanti/ te te durgati-bhaya-bhītā na bhūyaḥ kāma-guṇebhir arthikā bhaviṣyanti, dānâbhiratāś ca bhaviṣyanti"이다.

22 C논문, pp.140-141을 참조. *Bālapaṇḍita-sutta*의 해당 부분에 관해서는 Majjhima-Nikāya, III, p.169, l.9-p.170, l.6을 참조하기 바란다.

23 宇井伯壽, 『印度哲學研究』 3, p.46. 또한 同, pp.42-50과 同, 제4, pp.104-105, 110-111도 포함하여 참조하기 바란다.

24 Sengaku Mayeda (ed.), *Śaṅkara's Upadeśasāhasrī, Critically Edited with Introduction and Indices*, Tokyo, 1973, p.134, l.17, 22. 또한 상카라의 제식에 의한 악업으로부터의 해방의 문제에 관해서는 倉田治夫, 「祭式の二重機能性 -シャンカラの祭式觀の一斷面-」, 『東方』 8, 1992, pp.90-102를 참조하기 바란다.

25 *Mahā-Parinibbāna-Suttanta*, Dīgha Nikāya, II, pp.91-94를 참조. 또한 그 현대어 역, 中村元, 『ブッダ最後の旅-大パリニッバーナ經-』, 東京: 岩波文庫, pp.46-51도 참조하기 바란다. '법의 거울'에 관해서는 同, p.219에 주가 있다. 또한 『근본설일체유부비나야약사』, 대정장 24, p.26c에는 "云何名法鏡經. 汝等, 當於正覺極生信樂, 此名法鏡經. 及於法僧伽所有聖者戒光淸淨, 皆生極信, 此是法鏡經. 苾芻, 當知, 我所云說法鏡者, 所說是也."라고 하여, Ugradattaparipṛcchā(『郁伽長者所問經』)가 安玄 역에서는 『법경경』이라고 되어 있는 배경에도 이러한 '악업불식의 의식'과 관련이 있을 사고방식이 존재할지도 모른다. 여하튼 고찰해볼 만한 문제일 것이다.

26 D논문, pp.9-23을 참조. 인용은 同, p.23이다.

27 D논문, p.23을 참조. Oldenberg의 인용은 *Buddha, sein Leben, seine Lehre, seine Gemeinde*, Stuttgart, 1881, p.424에 근거한 것이며, 그 독일어 원문은 "die Mönchsgemeinde als solche hatte mit dieser pomphaften Verehrung nichts zu schaffen; die alten Gemeindeordnungen gedenken ihrer mit keinem Wort."이다.

28 Descartes, *Discours de la méthode*, Troisième partie의 서두 부분(Classiques Larousse, p.53)을 다소 흉내 낸 번역이다. 데카르트는 '사상'적인 다양한 판단을 필요로 하

는 국면에서 이성이 결의를 늦추는 듯한 경우라도 '생활'상으로는 계속 살아가야 하는데, 오로지 축재나 불탑 공양에만 전념했던 것은 아니다. 필자가 여기서 말하고 싶은 것은 '사상'을 전혀 문제 삼지 않고 '생활'상의 행복만을 추구하고 있는 경우를 말한다.

29 이들 소임자에 관해서는 특히 본서 제2부 제4장, pp.257-261을 참조하기 바란다.

30 D논문, pp.23-26을 참조. 밑의 인용은 同, pp.25-26에 의한다.

31 D논문, pp.34-35. 또한 B논문, pp.17-18, n.24도 참조하기 바란다.

32 D논문, pp.42-43. 밑의 인용도 같은 부분에 근거한다. 이들 일련의 기술에서 쇼펜이 대승의 비문이라고 부르는 것은 앞의 주11)에서 정형구 중 x에 관해 기술한 바와 같이, 그 두 유형을 기본적으로 갖고 있는 것을 가리킨다. 여하튼 그러한 것을 대승의 명문이라 판단하는 것은 쇼펜 자신이며, 그들 명문이 전통 교단과 완전히 별개의 대승교단 소속의 것에 새겨져 있었다는 증거는 어디에도 없다는 점에 충분히 주의해야 한다.

33 D논문, p.29를 참조하기 바란다.

34 D논문, p.43을 참조하기 바란다.

35 쇼펜이 대승의 비문이라고 부르는 것 중에 기진자의 직함 등을 포함하여 명문의 표현 그 자체가 시대적인 양식을 표현하고 있는 것에 불과할 가능성이 남아 있는 이상, 그가 D논문, p.36, n.82나 同, pp.41-42, n.94에서 언급하는 예외적인 명문 역시 좀 더 신중하게 처리해야 한다고 생각한다. 이번에 필자가 알게 된 콜로폰 중에는 Sāṅkṛityāyana, *op. cit.* (앞의 주15)), 1937, p.28, n.3의 "deya-dharmo 'yaṃ pravara-mahāyānayāyinaḥ saskya[śākya라고 고쳐야 할까]-mahā-vihāra-samāvāsita-Śrīkīrttidhvajasya yad atra·…"라는 것이 있는데, 이것은 "이는 뛰어난 대승의 신봉자로서 석가의 大寺에 머무는 슈리키르티드바자의 보시물이다. 여기서 …"라고 읽을 수 있다. 이들 역시 전통적 대사원에 머물면서 대승을 신봉하고 있는 출가자를 가리킨다고 이해해도 좋을 것이다.

36 *Bhagavadgītā*, V-25, = *Mahābhārata*, 6. 27. 25 (Text as Constituted in Its Critical Edition, Poona, 1972, p.1166). 또한 辻直四郎, 『バガヴァッド・ギーター』 (インド古典叢書), 東京: 講談社, 1980, p.100 및 본서 제2부 제3장, p.246의 주36)을 참조하기 바란다.

37 본서 제2부 제5장, pp.288-290을 참조하기 바란다.

38 본서 제2부 제5장, p.301의 주38)의 기술을 참조하기 바란다.

[연구 보충 메모] 본 장 서두에 든 쇼펜의 네 논문 가운데 D논문만은 나중에 간행된 Gregory Schopen, *Bones, Stones, and Buddhist Monks: Collected Papers on the Archaeology, Epigraphy, and Texts of Monastic Buddhism in India*, University of Hawai'i Press, Honolulu, 1997, pp.23-55에 수록되어 있으므로 참조하기 바란다. 또한 본 장의 주22)에 대해서는 앞 장 주30)도 참조 바란다. 본 장의 주25) 및 그 본문에서 언급한 '法鏡(dhammâdāsa, dharmādarśa)'에 관해서는 본서 제1부 제4장의 주18)을 참조하기 바란다.

9 /
바이야브리트야카라vaiyāvṛtyakara의 역할과 차별주의

이상, '악업불식의 의식'이란 부정한 육체로부터 청정한 영혼ātman을 해방시키는 것을 목적으로 한 고행주의가 대규모화한 교단을 중심무대로 그 동일한 목적을 출가 고행자와 재가 기진자의 역할 분담을 통해 해결하고자 했던, 영혼 정화의 정신주의로 이행하는 과정에서 성립한 의례화의 움직임이라는 것을 고찰해왔다. 그리고 그 의식의 확립이야말로 불교사 속에서 말하자면 (a)~(a′)의 대승불교의 성립 그 자체라는 점도 지적하였다. 또한 본 제2부에서는 대승불교에 있어 출가 고행자[출가보살]와 재가 기진자[재가보살]의 거래를 구체적으로 가능하게 한 것이 바이야브리트야카라로 대표되는 전통적 불교교단 내의 관리자라는 점을 새롭게 제시하기도 하였다.

그런데 불교의 '사상(dṛṣṭi, 見)'이 영혼은 존재하지 않는다고 주장하는 무아설anātma-vāda인 이상, 논리적으로 말하자면, 불교는 영혼의 존재를 대전제로 불교 성립 이전부터 오늘 날까지 존속하고 있는 아설(我說, ātma-vāda)에 근거한 인도적 종교 '습관śīla'과는 정면으로 대립한다. 따라서 불교사의 전개에서 직전에 요약한 바와 같은 방식으로 '악업불식의 의식'이 확립하거나, (a)~(a′)의 대승불교가 성립하거나, 그것이 밀교의 전개에까지 이르렀다는 것은 불교의 '사상'이 점차 인도의 '습관'에 의해 침식되고, 논리적인 양자의 대립도 서서히 해소되어, 최종적으로는 불교가 힌두교에 잠식되었음을 보여준다.[1] 이를 그림으로 표시하면, [그림 1]과 같다.

이 그림[실제로는 이하 박스 안에 기술한 경위에 의해 본서 p.477에 제시한 그림을 참조 바람]에서 백지 부분이 불교의 '사상'을 나타내며, 사선 부분이 인도의 '습관'을 나타낸다. 양자는 논리적으로는 정면 대립하고 있지만, 석존은 인도인으로서 인도의 '습관'을 전면적으로 부정할 수 없었을 것이며, 부정하려고 생각하지도 않았다. '습관'은 '사상'의 경우와는 달리 논리적 정사正邪를 물을 수 없는 '무기(無記, avyākṛta)'이며, 석존 자신도 보통 사람이 쉽게 칭찬할 수 있는 인도적인 '단순한 습관sīla-mattaka'을 훌륭하게 몸에 익히고 있었기 때문이다.[2] 하지만 그러한 '습관'을 '사상'적으로도 의미 있는 일이라고 생각하여 '습관이나 의궤가 최고라고 고집하는 사상(śīla-vrata-parāmarśa-dṛṣṭi, 戒禁取見)'으로까지 발전하면, 불교는 이를 비판하지 않을 수 없게 된다.[3] 하지만 다른 한편으로는 불교의 '사상'을 둘러싼 인도의 '습관' 지상주의적인 토양이 뿌리 깊기 때문에 이에 뿌리를 둔 고행주의는 결국 불교를 인도에서 사라지게 만든다.

원래 여기서 제시하였던 그림은 정확하지 않기도 하고, 또한 실질적으로 나중에 나올 본서 제2부 제12장 서두의 그림과 같기도 해서 여기서는 생략한다. 나중에 나오게 될 그림과의 차이만을 제시해두자면, 나중에 '작선주의'가 된 부분이 본래 이 그림에서는 '정신주의'로 되어 있었으며, 나중에 '제식주의'라고 된 부분이 본래 이 그림에는 없었다.

[그림 1]

이 고행주의가 '악업불식의 의식'이라는 [그림 1] 중간 정도에 보이는 정신주의[작선주의]로 전개할 수 있었던 배경에는 전통적 불교교단의 대규모화라는 사회적 변화가 있었다. 그 당시 불교교단의 대표적 모습을 모델화하여 제시하면 [그림 2]처럼 될 것이다. 이 중 승방layana을 동반한 승원vihāra은 분명 시대와 더불어 정비 확대되었겠지만, 그 기능은 기본적으로 변하지 않았다고 생각된다. 한편, 이 시기를 전후하여 새롭게 급성장해간 것이 차이티야나 스투파로 이루어진 탑지이다. 여기를 중심으로 (a)~(a′)의 대승불교의 '악업불식 의식'이 출가 고행자(출가보살)와 재가 기진자(재가보살)의 역할 분담을 전제로 진행되어갔다고 추정된다. 그때 탑지 소속의 재산을 관리하거나, 출가 고행자를 돌보거나 사원을 청소하는 등, 출가 고행자와 재가 기진자의 역할 분담을 원활하게 한 것이 바이야브리트야카라(zhal ta byed pa, 관리인) 혹은 샷야사나 프라즈냐파카(*śayyâsana-prajñapaka, gnas mal 'bog pa, 침와구 준비인) 혹은 카르마 다나(karma-dāna, las su bsko ba, 업무 집행직) 혹은 우파디 바리카 (upadhi-vārika, dge skos, 사내 관리직) 등의 출가 관리자였다는 점을 필자는 지금까지 지적해왔다.[4] 게다가 이러한 고찰과 병행하여 대승불교의 성립 배경으로서 기본적으로 [그림 2]처럼 전통적 불교교단 이외의 대승교단을 가정할 필요는 없다는 견해도 제시하였다.

그런데 바이야브리트야카라를 대표로 한 불교교단의 관리인에 관한 고찰이 실크에 의해서도 진행되고 있었다는 것을 최근 그의 연락을 통해 알게 되었다. 그는 미시간대학에 제출한 학위청구논문의 복사본을 필자에게 보내주었다.[5] 이 논문은 『대보적경*Mahāratnakūṭa*』이라는 대승경전 중에서 주요 부분을 구성하는 「라트나라쉬 수트라*Ratnarāśi-sūtra*」를 선택하여 역주 연구를 시도하는 한편, 대승불교에 관한 중요한 문제점을 고찰한 것이다. 바이야브리

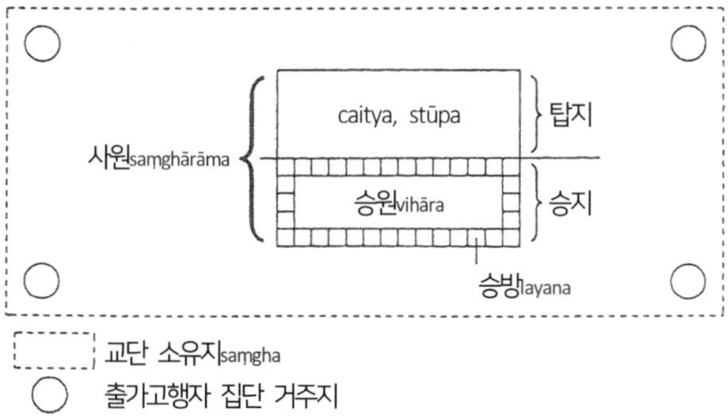

[그림 2]

트야카라를 중심으로 한 불교교단의 관리인에 관한 고찰은 'Supervision관리'이라는 제목으로 제6장에서 다룬다.[6] 필자가 이미 발표한 성과를 참조하여 집필했다면 조금 달라지지 않았을까 느낀 부분도 있고, 필자가 그의 연구 성과로부터 배우고 자극받은 점도 있다. 따라서 본 장에서는 그의 성과를 매개로 필자가 알게 된 것 혹은 생각한 것을 정리해두기로 한다.

바이야브리트야카라라는 용어 자체에 대해 실크는 이 말이 유래하는 어근 vy-ā-PṚ(고용되다)의 형태를 충실하게 받아들여 바이야프리트야카라vaiyāpṛtyakara 쪽을 채용하지만, p와 v의 교체 현상은 중기 인도어Middle Indic에서 곧잘 발견되므로, 반드시 바이야프리트야카라여야만 한다고 단언하지는 않는다.[7] 필자는 어원적으로 옳다기보다는 현행 교정본 등에서 보다 많이 사용되고 있다는 점에서 편의상 바이야브리트야카라 계통에 따른 것뿐이다. 이 점은 어형에 주를 달아 둔 것도 아니었으므로 허술한 점이 있었다고 생각한다. 이에 비해 실크는 어형뿐만 아니라, 이 말의 일반적인 용례에 관해서도 약간 논급하고 있는데, 거기서 지적되고 있는 자이나교 문헌이나 『아르타샤스트라Arthaśāstra』 등의 용례에서,[8] 오히려 이 말은 신분이 낮은 봉사자나 조력자에게 적용되는 느낌이다. 또한 실크가 콜렛트 카일랏Colette Caillat의 견해에 근거하여 소개한 바에 따르면, 자이나교 문헌에서 베야왓차veyāvacca(=vaiyāvṛtya)는 악업에 의해 초래된 더러움의 제거를 목표로 하는 봉사를 의미하는 것 같다고 하는데,[9] 이 지적 역시 필자에게는 흥미롭다. 더러움의 제거를 통해 부정한 육체로부터 청정한 영혼을 해방시키고자 하는 것은 고행주의의 각인에 다름 아니기 때문이다.

그런데 바이야브리트야카라의 대표적 한역어는 '집사(인)'인데, 이 한역어 '집사'에 대한 『망월불교대사전』의 용례를 보면,[10] 이 말은 출가자가 아닌 '하층계급의 사용인a low class servant'을 가리킨다고 한다. 실크는 이 점에 주목하는 한편, 이에 반하는 비문의 용례에도 주의를 촉구한다.[11] 그것은 동으로 된 솥[銅釜]에 새겨진, 보겔Vogel이 5세기 초두라고 추정한 굽타비문으로 "[이 동으로 된 솥은] 바이야브리트야카라인 붓다다사에 의해 시비푸라원의 라디카승원의 설일체유부의 전 비구교단에게 기진되었다(vaiyābṛtyakara-buddhadāsotthāpita// śibipuropavana-rādhika-vihāra-cāturdiśa-sarvāstivādi-bhikṣu-saṃghasya//)"라고 적혀 있다고 한다. 실크는 이 붓다다사가 고가의 동으로 된 솥을 기진할 수 있었다는 사실로부터 설사 그를 출가자라고 확정할 수는 없다 해도 그 직함인 바이야브리트야카라가 '높은 지위a high rank'를 나타내고 있다고 추정할 수는 있다고 한다. 또한 실크는 그 후에 필자도 일찍이 주목했던[12] 「보디삿트바브후미Bodhisattvabhūmi」의 바이야브리트야카라에 대한 거의 같은 문장을 인용하여 언급하며, 다음과 같이 서술한다.[13]

> 바이야프리트야카라가 출가자인지 재가자인지에 관한 단서는 여기에는 전혀 없다. 하지만 그가 교단이나 불탑의 재산에 대한 통제권을 행사할 수 있는 지위에 있는 사람이라는 것은 분명하다. 하지만 설사 그렇다 해

도, 예를 들어 그의 책무와 아라미카守園人의 그것 사이에 어떤 차이가 있는지는 명확하지 않다 이러한 문맥에서 교단에 소속되지 않은 '피고용자' 혹은 노동자와, 교단에 소속되어 있지만 어느 정도는 관리 운영이나 기본 시설 관리를 전문으로 하는 출가자에게 배당된 특수한 역할을 개념상 구별할 수 있도록 유의하는 것은 가장 바람직한 일이다.

이리하여 실크는 「보디삿트바브후미」의 문제의 부분에 보이는 바이야브리트야카라를 출가자라고 단정하지는 않지만, 바이야브리트야카라에 단순한 피고용자와 그렇지 않은 특수한 임무를 가진 출가자가 있었다는 점은 개념적으로 명확하게 구별해야 한다는 견해를 취한다. 필자는 실크의 이 견해에 이의를 제기하는 것은 아니지만, 지금까지 서술해온 바와 같이 이러한 개념상의 구별보다는 오히려 바이야브리트야카라가 시대의 흐름과 더불어 피고용자로서의 재가자로부터 특수한 관리 역할을 하는 출가자로 변화해 갔다는 측면을 보다 강조하고 싶다. 교단의 초기에는 몰수죄 제10조에서 바이야브리트야카라(관리인)로 지명되는 것은 수원인ārāmika이나 재가신자upāsaka라고 규정되어 있었지만,[14] 그들이 시대를 거침에 따라 필시 출가자로서 교단 내부에 정주하게 되어 교단의 재산을 관리하고, 경우에 따라서는 고가의 동으로 된 솥을 기진하거나 다른 부분에서 쇼펜이 지적하고 있는 바와 같이,[15] 재가자를 능가하는 비율로 여러 가지 재물을 기진할 정도로 성장한 것이다. 단, 실크는 바이야브리트야카라의 이 단계를 가리켜 '높은 지위'를 차지하기에 이르렀다고 한 것이겠지만, 이 점에 관해서도 필자는 결코 그렇게 생각하지 않는다. 인도처럼 출생에 의한 차별주의가 뿌리 깊은 '습관' 사회에서 바이야브리트야카라가 출가자가 되어 교단의 재산 관리가 가능해졌다고 그 신분이 '높은 지위'로 갑자기 변했다고 믿기는 어렵기 때문이다. 그들은 어릴 때부터 교단에 맡겨져 출가자가 되고, 성인이 되어서는 필시 빅슈(bhikṣu, 비구)가 되었을 것이다. 하지만 그들이 출가자로서 바이야브리트야카라에 혹사酷似한 '업무 직행직(las su bsko ba, karma-dāna)'이나 '사내 관리직(dge skos, upadhi-vārika)'을 담당하면서 승원 내의 승방(gnas khang, layana)에 숙박하거나, 바지런하게 승원이나 불탑에서 서서 일하고 있던 모습은 이미 본 것처럼 근본설일체유부의 『비나야비방가』에도 활사活寫되어 있었다.[16]

그런데 이러한 헌신적인 봉사는 콜렛트 카일랏이 자이나교 문헌에 관해 지적한 바와 같이, 이들 업종에 종사하는 한 단계 낮은 신분의 출가자에게는 출생에서 오는 더러움의 제거를 목표로 하는 것으로서 설명되고 있었을지도 모른다. 바이야브리트야vaiyāvṛtya를 이러한 봉사라고 해석하면, 그 봉사를 하는 바이야브리트야카라가 설사 금전이나 재산을 자유롭게 사용할 수 있다고 해도 그 출가의 신분을 '높은 지위'라고 평가하지는 않았을 것이라고 생각한다. 그들에게는 '지위'가 아닌, 금전이나 재산의 관리가 중요했기 때문에, 오히려 '지위'와는 무관한 정신적 청렴결백이 요구되었을 것이다. 그 때문에 바이야브리트야카라에 관해 서술하는 경전에 의하면, 바이야브리트야카라의 자격은 청정 비구와 멸진 아라한이라는 2종의 자라고 한다. 이에 관해서는 이미 필자도 언급하였고 실크도 언급하고 있는데,[17] 여기서 주의해야 할 것은 청정 비구나 멸진 아라한만이 바이야브리트야카라가 될 수 있다고 할 때, 그것은 바로 고행주의적인 관점에 의한 정신적인 청렴결백의 강조일뿐, 실제로 그들이 청정 비구나 멸진 아라한이었던 것은 아닐 것이라는 점이다. 만약 그렇지 않다면 특별히 수행의 최종 단계에 도달한 멸진 아라한이 무엇 때문에 신분이 낮은 바이야브리트야카라가 되어 교단을 위해 봉사해야만 했는가, 설명이 어려워진다. 무엇보다 이러한 봉사야말로 이타행에 다름 아니라고 하는, 문헌을 떠난 해석도 성립할 수 있는 여지는 있겠지만, 우리들이 갖고 있는 이러한 문헌이 "사람의 자식이 온 것도 봉사 받기 위해서가 아닌, 봉사하기 위해서이며, 또한 많은 사람이 속죄로서 자신의 목숨을 주기 위해서이다."라고 하는 『신약성서』[18]와 같은 내용을 말하고 있지 않다는 점에 유의해야 한다.

그런데 실크의 학위청구논문에서 그 역주 연구의 중심을 이루는 것은 『라트나라쉬 수트라』이다. 본 경전의 제4장의 주제가 바이야브리트야카라(관리인)이며, 그 장의 가장 말미에서는 관리인 비구가 명심해야 할 청렴결백한 행위를 찬탄하며 마무리짓고 있다. 하지만 그 부분은 다른 한편으로는 그러한 행위를 하지 않으면 지옥에 떨어진다고 하는 식의 통속적인 정신주의[작선주의]에 의한 협박일 뿐, 청정 비구나 멸진 아라한을 실제 자격으로 하는 관리인 비구에 관해 말하고 있다고 생각할 수는 없다. 필자가 생각하기에 바이야브리트야카라는 시대가 흐르면서 비구로서 출가자로 인정되었지만, '하층 계급의 사용인'이라는 느낌은 여전히 남아 그 차별주의에 근거하여 그들 비천한 출가자에 대해서는 더러움의 제거라는 정신주의[작선주의]로부터 청렴결백한 봉사가 요구된 것이 아닐까, 이 장 말미의 기술로부터 엿볼 수 있다. 이 부분은[19] 짧지 않지만, 위와 같은 관점에서 볼 때 중요한 기술이라 생각되므로 이하 말미 부분의 내용을 모두 제시해둔다.

> "①카샤파('Od srungs, Kāśyapa)야, 관리인(zhal ta byed pa, vaiyāvṛtyakara) 비구(dge slong, bhikṣu)는 그와 같이 청정하게 실행해야 하며, 그는 삼보 소속의 것을 취해서는 안 되며, 자신의 소득에 만족해야 한다. 삼보에 의해 신성해진(byin gyis brlals pa, adhiṣṭhita) 재산(dngos po, vastu)을 자신의 것이라고 생각해서는 안 된다. ②카샤파야, 성내는 마음(rab tu sdang ba'i sems, ruṣṭa-citta)을 가

진 어떤 관리인 비구가 계를 갖추고 공덕을 갖춘 보시를 받을 만한 가치가 있는 사람(sbyin gnas, dakṣiṇīya)[20]들에 대해 격노하거나 혹은 지배하여 명령하거나 한다면,[21] 그는 그 불선업에 의해 지옥(sems can dmyal ba, naraka)에 떨어질 것이다. 만약 인간계(mi'i 'jig rten, manuṣya-loka)로 온다 해도 노예(bran, dāsa)나 타인의 일을 하는 자(gzhan gyi las byed pa, para-karma-kara)가 되고, 또한 주먹이나 손바닥이나 무기로 우쭐거리며 때리는 자를 만날 것이다. ③또한 카샤파야, 관리인 비구가 교단(dge 'dun, saṃgha)의 의무를 일탈하여 자기 마음대로(rang dgar, sva-matena) 비구들을 지배하여 명령하고, 단죄하고, 두려워하게 하고, 협박하고, 불시에 의뢰하고, 불시에 명령한다면, 그는 그 불선업에 의해 '다정(多釘, phur pa mang po, bahu-śaṅku)'이라는 이름의 고지옥(孤地獄, nyi tshe ba'i sems can dmyal ba, pratyeka-naraka)[22]에 태어날 것이다. 거기에 태어나 신체에 십만의 철정鐵釘이 박히고 그들이 타서 증대하고 계속 탈 것이다. 그 때문에 설사 누구이든 계를 갖추고 공덕을 갖춘 보시받을 만한 가치가 있는 사람들을 괴롭히고 유해한 어업語業을 말한다면, 그는 여기저기 태어나 설근舌根의 폭이 백요자나(dpag tshad, yojana)가 되고, 그의 그 설근에는 십만의 철정이 떨어져 그들 역시 타고 타고 계속해서 더 탈 것이다. 그것은 무엇 때문인가? 그는 [사람을] 괴롭히고 유해한 말을 하는 업을 쌓았기 때문이다. ④카샤파야, 어떤 관리인 비구가 교단의 소득이 쌓여 있는데 이를 수중에 두고 적절한 때에 주지 않고, 경멸하고 괴롭힌 후에 주고, 어떤 것은 주지만 어떤 것은 주지 않고, 어떤 자에게는 주지만 어떤 자에게는 주지 않는다면, 그는 그 불선업에 의해 '분니슬몰(糞泥膝沒, rkyag 'jim byin pa nub, jaṅghā gūtha-mṛttikā)'[23]이라 불리는 아귀생처(餓鬼生處, yi dags kyi skye gnas, preta-yoni)에 태어날 것이다. 그는 거기에 태어나 다른 아귀가 음식물을 집어 그에게 보여주면, 그것을 보았을 때 두 눈 모두 웃을 수가 없어 그 음식물을 보고 굶주림과 목마름에 고통 받는 고수苦受를 느끼며, 나이가 십만이 되어도 그 음식물을 얻을 수 없다. 하지만 만약 언젠가 만에 하나라도(brgya la brgya lam na, kadācit karhicit) 그 음식물을 얻는다 해도 오물(ngan skyugs, uccāra)과 피고름(rnag khrag, pūya-śoṇita)이 되어 버릴 것이다. 그것은 무슨 이유인가? 그는 계를 갖추고 공덕을 갖춘 보시 받을 만한 가치가 있는 사람들을 기쁘게 하지 않고, 자신의 소득에도 만족하지 않았기 때문이다. ⑤카샤파야, 어떤 관리인 비구가 교단의 것(dge 'dun gyi, sāṃghika) 혹은 전 교단의 것(phyogs bzhi'i dge 'dun gyi, cāturdiśa-sāṃghika-) 혹은 불탑의 것(mchod rten gyi, staupika)을 혼동했다면'chol bar byas, 그 과보(rnam par smin pa, vipāka)는 내가 겁(bskal pa, kalpa)을 세어 헤아려도 말할 수 없다. ⑥카샤파야, 어떤 관리인 비구가 이상과 같은 이러한 과실(nyes dmigs, ādīnava)의 주제gnas를 듣고 노여움(khro, krodha)이나 노호(怒號, gshe ākruṣṭa)나 악의(gnod par sems, vyāpāda)나 적의(khong khro ba, pratigha)를 일으킨다면, 그는 치유하기 어려운 자(gsor mi rung, acikitsa)라고 나는 설한다. 카샤파야, 그 때문에 이와 같은 정법(dam pa'i chos, saddharma)을 듣고 관리인 비구는 몸과 말과 마음을 청정히 해야 하며, 자타를 지켜야 한다. ⑦카샤파야, 관리인 비구는 설사 자신의 살을 먹는 일은 있어도, 삼보에 의해 신성해진 발우(lhung bzed, pātra)나 법의(chos gos, cīvara)나 시식(施食, bsod snyoms, piṇḍapāta)이나 병을 치료하는 약(na ba'i gsos sman, glāna-pratyaya-bhaiṣajya)이나 필요품(yo byad, pariṣkāra)은 사용해서는 안된다."라고 [세존은 말씀하셨다.] ⑧그러자 젊은 마하 카샤파는 세존에게 다음과 같이 말씀드렸다. "세존은 이완된 자(lhod pa, ślatha)들에게는 이완의 법을, 부끄러움이 있는 자들('dzem mdog mchis pa)에게는 부끄러움의 법을 말씀하신 것이다."[24]

이상의 기술에서 바이야브리트야카라(관리인)의 빅슈bhikṣu는 명확히 '비구'라고 불리고 있는 이상, 20세가 넘어 성인이 된 출가자였음이 틀림없다.

하지만 그들이 일반 출가자로부터 차별당하고 있었다는 점은 보시 받을 가치가 있는 사람dakṣiṇīya들을 부당하게 다루어서는 안 된다(②③④)거나, 비구들을 지배해서는 안 된다(③)고 하는 등의 요구가 특히 그들 바이야브리트야카라에게 제시되고 있는 것을 보면 추측 가능하다. 물론 그들의 주요한 역할은 율의 몰수죄 제10조의 규정 이래 재산 관리에 있었으므로, 그들이 출가자로 대우받게 된 후에도 그 역할이 그대로 계승되었던 점은 교단의 소득과 자신의 소득을 명확하게 관리해야 한다(①④)라든가 교단의 것sāṃghika과 전 교단의 것cāturdiśa-sāṃghika과 불탑의 것staupika을 혼동해서는 안 된다(⑤)고 하는 등의 내용이 강조되는 것을 통해 알 수 있다. 그 역할을 완수하기 위해서는 청렴결백(신구의의 청정이나 삼보 소속물의 사용 금지)하지 않으면 안 될 것을 요구하는(①⑥⑦) 한편, 만일 그 역할을 다하지 못하면 지옥에 떨어지거나 인간계의 노예가 되거나 '다정'의 고지옥에 떨어지거나 '분니슬몰'의 아귀 생처에 태어난다고 협박하는(②③④) 것은 영혼의 평가에 의한 차별주의가 적용되고 있기 때문일 것으로 생각된다.[25] 그들은 분명 출가자였다고 생각되지만, 필시 일반 비구나 보시를 받을 만한 가치가 있는 사람과는 구별되어 차별받고 있었을 것이라고 생각한다. 따라서, 이 경우의 일반 비구와 보시할 만한 가치가 있는 사람을 앞의 [그림 2]를 참조하면서 설명하자면 일반 비구는 승원의 승방에 숙박하면서 주로 승원 안에서 교단의 규칙에 따라 생활하거나 불교 연구를 하고 있었다고 추정되는데 비해, 보시를 받을 만한 가치가 있는 사람이란 그 어의로부터 보아도 고행의 힘 때문에 통인도적인 감정으로부터 보시를 받을 만한 가치가 있는 사람으로 간주된 출가자를 가리켰을 것이므로 원칙적으로 [그림 2]의 네 모퉁이에 배치한 출가고행자를 의미하고 있었던 것은 아닐까, 필자는 생각한다. 이를 확정하기 위해서는 닥시니야

dakṣiṇīya의 용례를 엄밀하게 검토해볼 필요가 있지만,[26] 여기서는 일단 잠정적인 형태로 서술해 두는데 그친다. 이 점 양해를 구하고 말한다면, 여기서 바이야브리트야카라를 매개로 [그림 2]처럼 사원의 탑지를 무대로 닥시니야라 불린 출가 고행자(출가보살)와 그 영력에 의지하는 재가 기진자(재가보살)의 양자의 거래라는 상관 구조를 그릴 수 있을 것이다. 이렇게 해서 바이야브리트야카라의 관리 하에 재가 기진자가 불탑 혹은 닥시니야(보시를 받을 만한 가치가 있는 사람)에 어울리는 출가 고행자에게 보시하고, 경우에 따라서는 바이야브리트야카라의 지휘 하에 닥시니야가 탑지에 초대되어(다만 비구나 닥시니야를 지배하는 듯한 일이 있어서는 안 된다) 재가자가 고용한 사람도 섞어 탑지를 무대로 화향이 떠다니는 가운데 가무음악의 연주와 더불어 재가 기진자의 영혼으로부터 악업을 제거하도록 닥시니야인 출가 고행자에 의해 '악업불식의 의식'이 실제로 집행되었다고 생각된다.

그런데 영적인 것에 직접 관여하는 출가 고행자와 생활 상 부정해질 수밖에 없는 재가 기진자라고 하는 차별적인 역할 분담하에, 후자의 보시에 의해 전자의 영력靈力이 후자에게도 영향을 미친다는 생각은 본래 불교와는 전혀 관계없는, 불교 성립 이전부터 있었던 통인도적 '습관'에 근거한, 이른바 통속적인 인도인의 종교관이었다는 점은 여기서도 거듭 주의해야 할 것이다. 이러한 통념은 인도에서 뿌리 깊게 자리 잡고 있어 불교교단도 이에 철저하게 대항할 수 없었다. 순결한 종교자brahmacārin 집단이라면 반드시 실행해야 한다고 석존 재세 중에도 일반적으로 믿어지고 있던 절제의 의식(uposatha, poṣadha, 布薩)이 불교교단에 채용될 수밖에 없었던 배경에는[27] 이러한 뿌리 깊은 통념이 있었던 것은 아닐까 생각된다. 따라서 채용된 불교교단의 절제 의식에서는 순결하지 않은 자(abrahmacārin, 非梵行者)는 명분상 한 사람도 남김없이 강제적으로 배출된 후에 승단의 규율조문(pātimokkha, prātimokṣa)이 독송된 것이다.[28] 그 모습은 율장에서 하나의 비유로 표현된다.[29]

> 예를 들어, 비구들아, 어떤 큰 강이 있어, 이것은 강가강Gaṅgā이고, 야무나강Yamunā이고, 아치라바티강Aciravatī이고, 사라부강Sarabhū이고, 마히강Mahī이라 불린다 해도, 그들은 대해mahā-samudda에 이르면 이전의 이름nāman이나 종성gotta을 버리고, 대해라는 이름으로만 불리게 된다. 이와 마찬가지로, 비구들아, 이들 네 개의 신분 차별(vaṇṇa=varṇa)이 왕족(khattiya=kṣatriya)이며, 사제brāhmaṇa이며, 서민(vessa=vaiśya)이며, 노예(sudda=śūdra)여도, 그들이 여래에 의해 알게 된 법과 율dhamma-vinaya에서 속가agāra로부터 비非속가인 것anagāriya으로 출가한 후에는 이전의 이름이나 종성을 버리고 석가 소속 사마나samaṇā Sakyaputtiyā라고만 불린다.

그러나 현실의 불교교단에서는 초기에는 바이야브리트야카라(혹은 벳야왓차카라veyyāvaccakara)로 지명될 수 있는 수원인ārāmika이나 재가신자upāsaka가 교단 안이나 주변에 있었으며, 후대가 되면 바이야브리트야카라도 비구로서 승원 안에 거주하고 있었기 때문에 교단의 구성원이 모두 석자 소속의 사마나로서 대해와 같이 차별 없이 대해졌던 것은 아니었다. 따라서 불교교단이 대해와 같이 순수 무구한 집단인 것처럼 말하는 것은 어디까지나 단순한 비유일 뿐, 인도적 통념에서 말한다면 이상적인 종교자 집단이란 이와 같은 것이어야 했을 것이다. 한편, 불교교단 측도 이러한 인도적 통념에 편승하여 순수 무구한 교단에 보시하면 그 공덕은 헤아릴 수 없을 정도로 크다고, 특히 대승불교가 성립할 무렵의 시대에는 명료하게 주장하게 되었을 것이다. 그중 유력한 것이 교단이나 여래에게 행해지는 일곱 가지 유의복업사(有依福業

事, aupadhikaṃ puṇya-kriyā-vastu)와 일곱 가지 무의복업사(niraupadhikaṃ puṇya-kriyā-vastu)인데,[30] 특히 후자의 공덕은 헤아릴 수 없다고 하여 대해에 흘러들어오는 강가강과 야무나강과 아치라바티강과 사라부강과 마히강이라는 5대 강의 양에 비유된다. 이를 정리한 게송을 보면 다음과 같다.[31]

> 사람이나 짐승의 무리가 의지하는 강이 따로 따로 흘러가 길상하고 청정하고 의심도 사라진 최고의 호수인 보장寶藏의 대해에 이르듯이, 이와 마찬가지로 공덕의 상속 역시 모든 방식으로 의복을 베풀거나 음식을 베풀거나 침와구나 좌구를 베풀거나 하는 사람인 시왕(施王, sbyin bdag, dāna-pati)의 곳에 이르는 것, 마치 강물의 흐름이 대해에 있어서와 같다.

그런데 이 직후에 '보살펴주는 사람(mdzod pa, koṣṭhāgārika,[32] 掌庫人)'이나 '안내인(spyan 'dren, āvāhana, āhvāna, āhvāyaka,[33] 營食人, 白時至者)' 등을 둘러싼 인연담이 삽입되어 있는 점은 흥미롭다. 이 부분에 관한 의정 역과 티베트역을 비교해보면, 후자가 큰 폭으로 증광되어 있다.[34] '보살펴주는 사람'이나 '안내인'은 교단 내부 혹은 주변에 있으며 차별적인 역할 분담 하에 교단에 봉사한 사람들로 주목되는데, 티베트역에만 있는 증광 부분에서는 '보시 관리인(sbyin pa'i zhal ta pa'i mi, *dāna-vārika-manuṣya, *dāna-vaiyāvṛtyakara-manuṣya)'이라는 용어가 '안내인'과 병기해서 사용되고 있다.[35] 또한 그 증광 부분은 티베트역의 이 부분에만 있는 것은 아니며, 부분적으로 유사한 문장은 『디비야 아바다나』나 율 문헌의 다른 부분에도 산재하고 있는 것 같다. 따라서 이런 종류의 문헌을 성립사적인 관점에서 연구해볼 필요는 있을 것 같다.[36] 지금은 이에 대한 흥미도 시간적 여유도 없지만, 교단 내에서의 이들 역할의 실태에 대한 관심에서 문헌 간 유사한 부분에 대해서도 언급하며 이하, 이 부분의 개요를 제시한다.

이야기는 거사(khyim bdag, gṛha-pati, 長者) 고시라(gDangs can, Ghoṣila,[37] 妙音)가 기진한 승원(gtsug lag khang, vihāra)을 중심 무대로 전개된다. 그는 '자신의 승원[38](bdag gi gtsug lag khang, *ātma-vihāra)'이 도대체 어떤 상태인지를 확인하기 위해 변장하고 그곳에 간다. 그 과정은[39] 다른 부분에서도 발견되는 일종의 정형적인 문답이므로, 이하 번역으로 제시한다.

> [그가] 승원에 가서 송성頌聲으로 불탑(mchod rten, stūpa)에 예배한 후 승원에 들어가려 하자, 어떤 노인(rgan zhugs, mahalla)[40]이 문 앞에 있었다. 그는 그 [노인]의 발에 예배하고 "성자('phags pa, ārya)여, 마음이나 눈을 사로잡으며 천天으로의 계단이 되는 이 승원은 누구의 것인지요?"라고 물었다. 그는 "[이것은] 거사 고시라의 것입니다."라고 대답하였다. "성자여, 도대체 이것은 승원입니까, 아니면 폐허(phongs pa, vigata)[41]입니까?" "나리(bzhin bzangs, bhadramukha),[42] 승원이란 어떤 것이며, 폐허란 어떤 것입니까?" "성자여, 거기에 필요품(yo byad, pariṣkāra)이 완비되어 있다면 승원이며, 거기에 필요품이 없다면 폐허입니다." "나리, [그렇다면] 이것은 폐허입니다."

이 문답을 통해 고시라는 자신의 승원이 충분히 관리되고 있지 않다는 것을 알고 귀가 후에 신심 깊은 하녀 라다(mGu byed, Rādhā)[43]를 업무 집행직으로 임명하였다las su bskos te.[44] 그녀의 헌신적인 봉사로 승원은 다시 승원으로서 성황하게 된다. 다음으로 고시라와 우다야나(Shar pa, Udayana) 왕과의 관계에서 옛날 브라흐마닷타(Tshangs byin, Brahmadatta)왕의 치정治政[45]에 관한 이야기가 이어지고, 그 왕 치하의 바라나시에서 거사 산다나(gZungs byed, saṃdhāna)[46]가 예언된 12년 동안의 기근에 500명으로 이루어진 두 쌍의 독각 그룹 1,000명을 돌봐주는 이야기가 다음과 같이 전개된다.

> 그 [산다나]는 도우미koṣṭhāgārika를 불러 "어이 이 보시게 도우미, 나나 종업인 및 1,000명 출가자의 12년분 식량은 있는가?"라고 물었다. 그 [도우미]는 "주인님, 있습니다."라고 대답하였다. [그러자] 거사 산다나는 그들 [다른 한편의] 500명의 독각에게 말하기를 "성자들이시여, [식량은] 있습니다. 그러니 체재하십시오."라고 아뢰었다. 그들은 그곳에 머물렀다. 거사 산다나는 보시의 집(sbyin pa'i khang, *dāna-kuṭa)을 만들게 한 후에 보시의 관리인(sbyin pa'i zhal ta pa'i mi, *dāna-vārika-manuṣya, *dāna-vaiyā-vṛtyakara-manuṣya)과 안내인āvāhana을 임명하였다. 그 후에 그 안내인은 매일 가서 [그들을] 식사 때에 초대하였다. 그 안내인은 개를 한 마리 키우고 있었는데, 그 [개]를 매일 그 안내인과 함께 데리고 가게 하였다.

그 결과, 이 개가 나중에 다른 일로 망살忙殺된 주인을 대신하여 식사 때를 고하러 가게 되는데,[47] 이 인연담은 세존의 다음과 같은 말로 결론지어진다.

> 비구들아, 그때의 거사 산다나가 바로 나다. 그때의 도우미는 거사 아나타핀다다(mGon med zas sbyin, Anāthapiṇḍada)이다. 그때의 안내인은 우다야나 왕이다. 그때의 개는 거사 고시라이다.

이야기의 개요는 이상과 같다. 현재와 과거의 인연담이 선업의 방향에서 말해질 때는 별로 차별주의적인 느낌을 받을 수 없지만, 예를 들어 앞서 본 『라트나라쉬 수트라』에서 바이야브리트야카라를 다룬 장의 끝부분처럼 현재와 미래의 인연담이 악업의 방향에서 말해질 때는 영락없이 차별주의를 통감하게 된다. 하지만 양자의 차별주의에 본질적인 차이가 있는 것은 아니다. 이 점에는 주의해야 한다.

다음으로 그 차별주의적인 측면이 보다 명확하게 나타나는 부분이 같은 율 문헌 속에 있으므로 그 부분을 소개해둔다. 승원 안에 엄청난 재물이 있을 것이라고 생각한 한 도적이 거기에 도둑질하러 들어가는 이야기[48] 속에 나온다.

> [그는] 송성頌聲으로 불탑에 예배하고 그 승원으로 들어갔다. 그런데 문 앞에 어떤 노인(rgan zhugs, mahalla)이 있었기 때문에 그 도둑gyon can은 그의 발에 예배하고 "성자여, 마음이나 눈을 사로잡아 천으로의 계단이 되는 이 승원은 누구의 것인지요?"라고 묻기 시작했다. "나리, [이것은] 어떤 거사의 것입니다."[라고 노인은 대답하였다.]

그 후 그 건물이 승원인가 폐허인가라는 것에 대해 앞과 동일한 문답[49]이 이어지는데, 그 후 두 사람의 응대는 다음과 같다.

> 그 노인은 정직한 성품이었다. 그는 그 도둑의 손을 잡고 [자신의] 승방(gnas khang, layana)으로 데리고 들어가 "나리, 의복 선반이 의복으로 가득 차 있는 것을 보세요."라고 말했다, "성자여, 도대체 이것은 당신의 것입니까, 아니면 교단의 것입니까?" "나리, 이것은 저 개인의 것입니다." "성자여, 그렇다면 당신은 필시 교단의 상좌(gnas brtan, sthavira)이든지 아니면 법사(chos sgrog pa, dharma-kathika)이겠군요." "나리, 저는 교단의 상좌도 아니고 법사도 아닙니다. 왜냐하면 저는 교단의 신참자(gsar bu, navaka)

로 사미(dge tshul, śrāmaṇera)이기 때문입니다."

이 도둑을 상대하고 있는 출가자는 노인mahalla이라 불리고 있는 것으로 보아 적어도 20세는 넘었다고 생각되며, 승방을 갖고 자신의 의복도 많이 소유하고 있지만, 20세 미만의 사미 취급이다. 따라서 필시 같은 출가자라도 차별받으며 평생 문지기와 같은 역할로 만족해야 했던 자일 것이다.

그런데 바이야브리트야카라도 결코 높은 신분은 아니었지만, 위와 같은 노인보다는 높은 신분으로 교단 안에서 다소의 관리 지배권을 가지고 있었을 것으로 생각된다. 이 점은 같은 율 문헌의 다음과 같은 한 구절[50]을 보아도 알 수 있다. 그 한 구절은 사라 원(Sa la'i dgon pa, Sālâraṇya)에서 온 노인에 대한 우파난다(Nye dga', Upananda)의 물음으로 시작한다.

> "그 [사라 원]에 도대체 승원은 있는가?" 그 [노인]은 "승원은 있습니다." 라고 대답하였다. "도대체 그것은 승원인가, 아니면 폐허인가?" "승원이란 어떤 것이며, 폐허란 어떤 것입니까?" "거기에 모든 필요품이 갖추어져 있으면 승원이고, 거기에 모든 필요품이 결여되어 있으면 폐허이다." "[그렇다면] 그것은 승원입니다." "거기에는 도대체 무엇이 있는가?" "거기에는 관리인(zhal ta byed pa, vaiyāvṛtyakara) 비구가 살고 있으며, 그가 손님으로 내방하거나 출발하는 비구들(dge slong glo bur du 'ongs pa dang 'gro bar chas pa rnams, bhiksūn āgantukān gamikāṃś ca)[51]에게 모든 필요품을 공급합니다."

바이야브리트야카라의 역할은 원래 위탁받은 재물을 관리하는 일인데, 교단의 대규모화와 더불어 교단의 재산sāṃghikaṃ vastu이나 불탑의 재산staupikaṃ vastu도 관리하게 되면, 불탑에서 실행되는 '악업불식의 의식'과 관련해서도 필요한 것을 준비하기에 이르러 일찍이 답바 말라풋타(Dabba-Mallaputta,[52] = Dravya-Mallaputra, 實力子)로 대표되는 '침와구 준비인*śayyâsana-prajñapaka'이 하는 일과 같은 것도 바이야브리트야카라가 담당하게 되었을지 모른다. 그런 종류의 일에 앞의 인용문에 나타나는 바와 같은 승원을 왕래하는 비구들에 대한 봉사도 포함되어 있었던 것은 아닐까 추측되는데, 이러한 봉사의 일환으로 바이야브리트야카라가 지금까지 거론한 카르마 다나(karma-dāna, 업무 집행직), 우파디 바리카(upadhi-vārika, 사내 관리직), 코스타가리카(koṣṭhāgārika, 도우미), 아바하나(āvāhana, 안내인)도 지도하고 있었다고 생각된다. 하지만 그것은 어디까지나 차별주의에 근거한 역할 분담이었음을 잊어서는 안 된다.

1 인도에서 불교 안의 비불교적 측면이 고행주의→정신주의[작선주의]→비밀주의로 전개하여, 결국 불교가 힌두교와 구별되지 않는 것으로 변질했다는 점에 관해서는 졸고, 「自己批判としての佛教」, 『駒澤短期大學佛教論集』 1, 1995, pp.106-109를 참조하기 바란다.

2 『범망경』, 『발지론』, 『대비바사론』의 기술에 근거한 '사상'과 '습관'에 관한 다소 상세한 사견에 관해서는 졸고, 「苦行批判としての佛教」, 『駒澤大學佛教學部論集』 24, 1993, p.338을 참조하기 바란다.

3 아비다르마의 교의에서 śīla-vrata-parāmarśa-dṛṣṭi는 satkāya-dṛṣṭi, anta-grāha- dṛṣṭi, mithyā-dṛṣṭi, dṛṣṭi-parāmarśa와 함께 pañca dṛṣṭayaḥ五見 중 하나이다. *Abhidharmakośabhāṣya*, Pradhan ed.에 의하면, śīla란 소의 습관go-śīla이나 사슴의 습관mṛga-śīla 등을 가리키며(p.282, l.19), vrata 역시 개나 소의 의궤 등kukkra-go-vratâdi을 가리키는데(p.140, l.10), 불교는 이러한 동물의 습관이나 의궤는 말할 것도 없이 좋은 습관까지 포함하여 그것들을 최고의 것이라고 고집해서는 안 되며, 만약 그렇게 고집한다면 "원인이 아닌 것을 원인이라고 하는 사상, 길이 아닌 것을 길이라고 하는 사상(ahetau hetu-dṛṣṭir amārge mārga-dṛṣṭiḥ)"(p.282, ll.7-8)이 되는데, 이것이 śīla-vrata-parāmarśa이며, 불교에서는 배척되어야 할 것이다.

4 특히 본서 제2부 제5장, pp.278-295; 同, 제6장, pp.304-310을 참조할 것.

5 Jonathan Alan Silk, *The Origins and Early History of the Mahāratnakūṭa: Tradition of Mahāyāna Buddhism with A Study of the Ratnarāśisūtra and Related Materials*, A dissertation submitted in partial fulfillment of the requirements for the degree of Doctor of Philosophy in The University of Michigan, 1994. 필자가 실크로부터 본 논문을 받게 된 경위에 관해서는 졸고, 「初期大乘佛教運動における『法華經』-uddiśyaの用例を中心として-」, 『勝呂信靜博士古稀記念論文集』, 1996, p.250의 「付記」에 기술해두었으므로 참고하기 바란다. 1995년 3월 30일자로 필자에게 처음 보낸 편지에 며칠 전 필자의 본 제2부 제1장, 제2장, 제4장, 제5장, 제6장이 실린 저널을 구입했다고 적혀 있었다. 나중에 그의 논문 전체를 받아 읽어보니, 실크는 일본에서도 京都를 중심으로 수년 동안 연구한 적이 있었다. 서문에서 일본의 연구자를 많이 열거하고 있는데, 그들 중 누구 한 사람도 필자의 관련 연구 성과를 그에게 알려준 사람이 없다니 아쉬운 일이다.

6 Silk, *ibid.*, pp.215-254, "Chapter 6 Supervision"을 참조. 또한 그는 vaiyāvṛtyakara-bhikṣu-를 "superintending monk"라고 영역하고 있다.

7 Silk, *ibid.*, p.217을 참조하기 바란다.

8 자이나교 문헌에 관해서는 Silk, *ibid.*, pp.220-221 및 p.220, n.3을 참조. *Āyāraṅgasutta*, 1.8.1.199; *Uttarajhāyana*, 12.24, 12.32; *Nāyādhammakahāo*, 75.7, 127.10 등이 지적되고 있다. *Arthaśāstra*에 관해서는 Silk, *ibid.*, pp.216-217, n.3에 Kangle의 edition에 의해 2.5.18, 2.8.22, 3.4.25-30, 4, 8, 9 등이 지적되고 있다. 덧붙이자면, *An Illustrated Ardha-Magadhi Dictionary*, Vol.IV, p.503에서 veyāvacca를 보면 "Service rendered to the preceptor by giving him food etc."라고 되어 있으며, veyāvaccakara 및 veyāvaḍiyakara는 "One who devotedly serves"라고 한다.

9 Silk, *ibid.*, p.221에서 "She (=Colette Caillat in Les expiations dans le rituel ancien des religieux Jaina, Paris, 1965) observed that veyāvacca in Jaina usage is service aimed at the expiation of the stain caused by sin."이라고 한다. 또한 *ibid*, p.221, n.2에 열거된 10종의 봉사(veyāvacca) 중 처음 3종이 āyariya(=ācārya)와 uvajjhāya (=upādhyāya)와 thera(=sthavira)에 대한 봉사라는 것도 흥미롭다. 이것은 존사(guru) 숭배로 연결되는 기반이 되는 것이기 때문이다.

10 Silk, *ibid.*, p.221, n.4에서 『望月佛敎大辭典』, pp.2254-2255를 지적하고 있으므로, 그 용례 가운데 '執事'와 같은 뜻으로 제시되고 있는 장아함 『善生經』의 '僮僕'이나 중아함 『선생경』이나 『시가라월육방예경』의 '동복' 등에 근거하여, 특히 "a low class servant"라고 판단한 것으로 생각된다. 또한 『망월불교대사전』 자체는 "이에 의하면, 집사는 잡무를 보는 사람을 일컫는 것이라고 알아야 한다."라고 서술하고 있을 뿐이다.

11 Silk, *ibid.*, p.222를 참조. Jean Phillipe Vogel, "Shorkot Inscription of the Year 83", *Epigraphia Indica*, XVI, 1921-22, pp.15-17에 근거한 것이다.

12 본서 제2부 제5장, p.292에서 인용한 *Bodhisattvabhūmi*, Wogihara ed., p.166, l.24-p.167, l.5를 참조하기 바란다.

13 Silk, *op. cit.*, p.226.

14 승단의 규율 조문(prātimokṣa, pātimokkha)의 몰수죄 제10조의 규정을 가리킨다. 이것에 관해서는 본서 제2부 제5장, pp.279-281을 참조. 또한 Silk, *op. cit.*, pp. 218-219에서는 같은 조항의 諸本에서의 vaiyāvṛtyakara, ārāmika, upāsaka의 번역 예를 대조하여 제시하고 있다.

15 쇼펜의 관련 논문에 관해서는 본서 제2부 제8장, pp.363-368을 참조하기 바란다.

16 본서 제2부 제6장, pp.305-309에서 인용한 *Vinayavibhaṅga*의 문장을 참조하기 바란다.

17 본서 제2부 제5장, p.283, Silk, *op. cit.*, p.228을 참조. 또한 본서 제2부 제5장의 주23) 에서도 기술한 바와 같이 『라트나라쉬 수트라』의 해당 부분의 티베트역과 한역

간에는 차이가 보이므로 '청정한 비구'와 '누진의 비구'라는 2종으로 하는 것은 너무 단순화한 것일지 모르지만 양해를 부탁한다. 이 부분에 대한 실크의 텍스트 분절 번호는 IV.1인데, 영역은 Silk, *op. cit.*, p.324에서 하고 있으며, 번역들 간의 차이에 관해서는 그 주3)에서 언급하고 있으므로 참조하기 바란다. 또한 Silk, *op. cit.*, p.228에서 제시되고 있는 것은 *Sūrya-garbha-sūtra*의 해당 부분이다. 그런데 이 경우의 2종과 직접적인 관련은 없지만, 넓은 의미에서 관련을 갖는다고 생각되는 것으로 본서 제2부 제4장, p.272, 주35)에서 지적한 yukta에 대한 것과 mukta에 대한 것이라는 2종의 信施śraddhā-deya가 있다. 이번에 이 yukta, mukta와 관련이 있는 용어로 yukta-mukta-pratibhāna라는 말이 *Divyāvadāna*, p.329, l.3, l.7; p.493, l.8에 나타나는 것을 알았기 때문에, 여기서 기술해둔다. 흥미롭게도 이 말은 그 세 부분에서 모두 tripiṭa와 dharma-kathika와 병기되어 3종 비구의 일종을 나타내고 있다. 덧붙이자면, 최초의 예인 "amī bhikṣavaḥ tripiṭā dharma-kathikā yukta-mukta-pratibhānāḥ"에 대한 티베트역은 "dge slong 'di dag ni sde snod gsum dang ldan pa/ chos sgrogs pa/ rigs pa dang grol ba'i spongs pa can sha stag yin" (P. ed., No.1030, Khe, 99a5-6)라고 되어 있으며, "이들 비구는 삼장을 지닌 자와, 법을 암송하는 자(법사)와, 논리와 해방에 직관적 영감을 지닌 자 뿐이다."라고 읽을 수 있는데, yukta가 rigs pa(논리)로 좋을지는 의문이다. 또한 2종의 신시에 관한 『라트나라쉬 수트라』의 기술은 실크의 분절 번호로는 I.15이며, 그 영역은 Silk, *op. cit.*, pp.287-289에 제시되고 있다. 하지만 *Divyāvadāna*의 위와 같은 부분에 대한 언급은 없다.

18 1955년 개역 구어역인 「마르코전」 제10장 제45절에 의한다. 「마타이전」 제20장 제28절도 참조하기 바란다. 원래 팔리 율장, *Suttavibhaṅga*, saṃghādisesa, VIII에 의하면, '침와구 준비인senâsana-paññāpaka'로 유명한 Dabba-Mallaputta (=Dravya-Mallaputra, 實力子)는 "나는 태어나 7세로 아라한과arahatta를 증득하고, 성문이 얻어야 할 것은 무엇이든지 모두 얻었으며, 이 이상 해야 할 것도 한 것에 추가할 것도 나에게는 없다, 도대체 어떻게 나는 교단에 봉사(veyyāvacca=vaiyāvṛtya)할 수 있을까? … 나는 교단을 위해 침와구를 준비하고 또한 식사 [순서]를 지시하기로 하자." (*Vinaya Piṭaka*, III, p.158, ll.8-14; 『남전대장경』 1권, p.266)라고 말했다고 한다. 따라서 『신약성서』는 차치하고라도 여하튼 그의 이 봉사를 한 없이 이타행에 가까운 것으로 해석하는 것은 가능할지도 모르겠다. 하지만 여기서 '봉사'라고 번역한 원어 veyyāvacca=vaiyāvṛtya는 앞의 주9)에서도 언급한 바와 같이, 자이나교 문헌에서와 마찬가지로 '더러움의 제거를 목표로 한 봉사'라는 뉘앙스를 지니며, 이에 추가하여 답바 말라풋타가 7세로 아라한이 되었다고 한다는 점에 주의한다면, 필시 이러한 해석은 부정될 것이다. 설사 7세로 아라한이 되었다는 것이 사실이었다면, 그 아라한이란 앞의 주17)을 단 본문에서 서술한 바와 같이, vaiyāvṛtyakara

의 자격으로서의 어린아이와 같은 순결함만을 의미한 것은 아닐까 생각된다. 그렇다 해도 7세로 아라한이 되었다는 발상 자체는 어딘가 컬트 교단이 교조의 최종 해탈 후에 태어난 아이는 지위가 높게 태어나 존사에 준한다고 말하는 것과 흡사하다.

19 *Ratnarāśi-sūtra*, 티베트역, P. ed., No.760-45, 'I, 161b2-162b3; 한역, 대정장 11, pp.643c-644b. 실크의 텍스트 분절 번호로는 IV.13-21에 해당하며, 각각 여기서 필자가 제시한 분절 번호 (1)-(8)에 거의 대응한다. 또한 그 영역은 Silk, *op. cit.*, pp.333-337에 제시되어 있다. 덧붙이자면, 이 부분은 본서 제2부 제5장, pp.287-288에서 주32)를 달아서 인용한 부분과 직결한다. 그리고 필자가 여기서 거의 인용을 생략한 부분에 해당하는 「寶梁會」「營事比丘品」의 한 문장(다만 友松가 대정장 11권, p.645라고 한 것은 p.644를 잘못 표기한 것이다.)에 근거하여 友松圓諦가 『佛教經濟思想研究』, 東京: 東方書院, 1932, p.217에서 "[그 경은] 법장부의 문헌이라고 생각하지는 않지만, 필시 법장부 혹은 가섭유부 계통 부파의 세포에서 성립한 대승경전일 것이라는 점은 상상하기 어렵지 않다."라고 서술하고 있는 것을 Silk, *op. cit.*, p.253, n.1을 통해 알았다. 이것을 필자의 입장에서 설명한다면, 독립한 대승교단 등은 존재하지 않았으므로 '부파의 세포로부터' 등이라고 말할 수는 없으며, 이 『라트나라쉬 수트라』는 교단의 것sāṃghika과 불탑의 것staupika을 엄격하게 구별한 후에 후자를 전자로 유용하는 것을 금지하는 전통적 불교교단 소속의 통속적 견해에 익숙한 출가자들에 의해 만들어진 것이라고 생각한다.

20 티베트역 sbyin gnas와 불교 산스크리트어 dakṣiṇīya의 대응 관계는 거의 확실하다고 생각되지만, 닥시니야라는 말의 유래는 명확하지 않다. 대응하는 팔리는 dakkhiṇeyya인데 그 어원 역시 확실하지 않다. Monier-Williams, *A Sanskrit-English Dictionary*, pp.465-466에서 관련 설명을 발견할 수 있지 않을까 기대했지만, 적절한 내용은 찾을 수 없었다. 한편, Edgerton, *BHSD*, p.261의 해당 부분에서는 "worthy of veneration, to be revered", "worthy of receiving a sacrifical or reverential (guru's) gift"라고 설명하고 있다. 출처로 *Lalitavistara, Mahāvastu, Divyāvadāna* 등의 문헌이 압도적으로 많은 것으로 볼 때, 이런 종류의 문헌이 성립하기 직전부터 유포되기 시작한 용어일지도 모르겠다. 한역에서 "所右繞禮敬之者"라고 번역하고 있는 것을 보면, dakṣiṇa右와 관계가 있으며 '오른쪽으로 돌며 존경을 표할만한 사람'이라는 의미인가 싶기도 하다. 혹은 어근 DĀ(주다)에서 변칙적으로 파생한 동명사 등으로 '받기에 어울리는 사람'이라는 정도의 의미일까? 직관적인 느낌을 말해본다면, 고행자 문학과 더불어 유포되기 시작한 말인 것 같다. 다음 주26)도 참조하기 바란다.

21 "명령하거나 한다"에 해당하는 P. ed.는 "bsko ba rlag byed"이므로 "위임을 그르치

다"라고도 읽을 수 있을 것 같은데, 실크가 회수한 *Śikṣāsamuccaya*의 Skt.에서는 "ajñaptiṃ dadāti"라고 되어 있기 때문에 이에 따랐다. 또한 실크의 티베트역 교정본에서는 "bsgo blag byed(p.448)"라고 되어 있다.

22 pratyeka-naraka는 *Abhidharmakośabhāṣya*, Pradhan ed., p.155, l.4에 나온다. '孤地獄'은 그에 대응하는 현장 역(대정장 29, p.55c 29행-56a 1행)에 따른 것이다. 그중 하나인 bahu-saṅku에 관해서는 본 경을 인용한 『식샤사뭇차야』 외에 다른 산스크리트 문헌에 나타나는 용례는 아는 바가 없다.

23 티베트역과 산스크리트역은 이 경의 티베트역과 『식샤사뭇차야』에 인용된 산스크리트의 대응에 의한다. 티베트역은 '糞泥(rkyag 'jim)이 小腿(byin pa)까지 차올랐다'라는 의미라고 생각되는데, 티베트역에만 근거하여 그렇게 읽을 자신은 없다. 산스크리트어는 '분니를 가진(gūtha-mṛttikā) 소퇴'라는 의미인 것일까? Silk, *op. cit.*, p.335에서는 "Sunk up to his knees in excrement and mud"라고 번역하며, 한역에서는 실크 역시 주목한 바와 같이 "常食糞丸"이라고 한다. 또한 이러한 이름을 가진 pretā에 관해서는 미상이지만, gūtha-mṛttikā라는 말은 *AKBh*, p.163, l.22에서 naraka를 설명하는 가운데 사용되고 있다.

24 이 부분의 의미는 잘 모르겠다. 덧붙이자면, 한역에서는 "世尊, (未曾有也. 如來自以慈心說如是法.) 爲無慚愧者, 說無慚愧法. 有慚愧者, 說慚愧法."이라고 하여 '無慚愧'와 '有慚愧'이 대응하는 것은 명확하므로, 이러한 의미라면 이해할 수 있을 것 같기도 하다. 하지만 티베트역의 lhod pa와 'dzem mdog mchis pa에 이러한 대응 관계가 성립할지 어떨지 잘 모르겠다.

25 본서 제2부 제5장, p.291에서 인용한 주40) *Vinayavastu* 「출가사」 이야기는 과거세에 kalpikāraka(淨人)였던 자가 화를 내며 냄비를 부수었기 때문에 용모가 냄비처럼 되어 버렸다고 기술하고 있었는데, 이는 현재와 과거의 인연담이라는 점에서 지금의 경우와는 다르다. 하지만 영혼의 평가에 의한 차별주의라는 점에서 같을 것이다. 또한 이 부분의 티베트역에 관해서는 Helmut Eimer, *Rab tu 'byuṅ ba'i gži: Die tibetische Übersetzung des Pravrajyāvastu im Vinaya der Mūlasarvāstivādins*, Asiatische Forschungen, Band 82, 2. Teil, Wiesbaden, 1983, p.298, ll.9-14를 참조하기 바란다. 덧붙이자면, 이 전후로 이런 종류의 차별주의적 인연담이 연속하고 있다.

26 이 닥시니야는 중요한 말이지만, 앞의 주20)에서도 서술한 바와 같이 필자에게는 여전히 어원 등 명확하지 않은 점이 많다. 그 앞부분에서 닥시니야가 고행주의와 더불어 성장해온 배경이 있는 것 같다는 점을 기술했는데, 한 가지 덧붙이자면, *An Illustrated Ardha-Magadhi Dictionary*, Vol.III, p.119에도 dakkhiṇeya(dākṣiṇeya)라는 항목이 있으며, "accepting charity; a mendicant"라고 설명하고 있다. 후자를 중

시한다면 '보시할 만한 사람'이란 걸식자a mendicant로서의 고행자를 가리키는 것일지도 모르겠다. 또한 dākṣiṇeya라는 표기가 올바르다면, 어근 DĀ(주다)와도 연결하기 쉬울 것으로 생각된다.

27 이 사정에 관해서는 졸고, 「七佛通戒偈ノート」, 『駒澤短期大學佛教論集』 1, 1995, pp.205-204를 참조하는 외에, 거기서 언급한 *Mahāvagga*의 uposathakkhandaka나 『마하승기율』도 참조하기 바란다.

28 이 상황에 관해서는 앞의 주에서 든 졸고, pp.195-194를 참조하기 바란다.

29 *Cullavagga*, Vinaya Piṭaka, II, p.239, ll.14-21; 『남전대장경』 4, p.357.

30 유의복업사와 무의복업사에 관해서는 졸고, 「選別學派と典據學派の無表論爭」, 『駒澤短期大學研究紀要』 23, 1995, pp.64-65, pp.74-76, p.89의 주3), p.93의 주131)을 참조하기 바란다.

31 *Vinayavibhaṅga*, 티베트역, P. ed., No.1032, Te, 137b4-5; 대정장 23, p.883b-c. 또한 이 직전에 나오는 五大河는 앞의 주29)에서 제시한 Cullavagga의 것과 완전히 동일하다.

32 *Mvyut.*에 의하면, mdzod pa에 대응하는 것은 no.3718의 bhāṇḍarika인데, 근본유부율과 *Divyāvadāna*와의 친근성에서 볼 때 후자에서 사용된 koṣṭhāgārika가 보다 적절하다고 생각했기 때문에 이를 채용하였다. koṣṭhāgārika는 *Divyāvadāna*, p.295, l.24, p.540, l.9 등에서 사용되고 있는데, 同, Index, p.678에서는 steward라는 번역어가 주어지고 있다. Monier-Willians, A *Sanskrit-English Dictionary*, p.314에서는 "living in store-rooms"라고 되어 있으므로, 본래는 창고지기 같은 것이라고 생각되며, 그렇게 번역할까도 생각했지만 steward를 참조하여 여기서는 일단 '도우미'라고 번역해둔다.

33 티베트역 spyan 'dren은 Jäschke, *A Tibetan-English Dictionary*, p.333에서는 "one who invites, one that calls to dinner"라고 번역하며, 그 의미도 명확하지만, 이에 대응하는 Skt.는 확실하지 않다. *Mvyut*, no.4258에서 āvāhana와 spyan drang(s) pa의 대응을 제시하고 있으므로 āvāhana가 spyan 'dren에 해당한다고 보아도 좋다고 생각하기는 했지만, 확정적인 것은 아니다. 덧붙이자면, *An Illustrated Ardha-Magadhi Dictionary*, Vol.II, p.99에서 āvāhaṇa를 보면, 대응하는 Skt.로 āhvāna를 제시하며 "invitation, calling"이라는 번역을 제시한다. 이 산스크리트어로부터 능동적인 말을 생각해본다면, āhvāyaka(a messenger, courier)라는 말이 있다. 이쪽이 티베트역 spyan 'dren이라는 능동적 의미와도 합치하므로, 추정일 뿐이지만 일단 이 말도 괄호 안에 보충해두었다.

34 한역이 대정장 23, p.883c2-19인데 비해, 티베트역은 Te, 137b6-140a6의 길이이다. 또한 증광된 티베트역에 상당히 가까운 것으로 한역 『현우경』, 대정장 4, p.386c3-387a26이 있다. 또한 이 한역으로부터의 重譯 가능성도 있으므로 그다지 참고는 되지 않을지도 모르지만, 티베트역 *'Dzangs blun zhes bya ba 'i mdo*, P. ed., No.1008, Hu, 251b5-252b6이 상기의 한역 부분에 해당한다. 그런데 이 이하에서는 의정 역보다 더 번역이 늦은 티베트역의, 게다가 증광적 성격이 강한 부분이 자료로 사용되므로 이 점에 관한 필자의 생각을 간단히 서술해둔다. 필자는 '사상'적 언명은 '논리'가 명확하게 주장됨으로써 비로소 그 후의 존재 방식을 규정하므로 그것이 언제 행해졌는가가 매우 중요한 문제가 된다. 그런데 '습관' 상의 '사실'은 실제 문헌으로서 명확히 기재되기 이전으로 몇 세기나 거슬러 올라가 여러 형태로 실행되고 있다고 생각한다. 하물며 이하 다룰 문헌처럼 증광 부분이기는 해도 그것과 유사한 기술이 산재하여 선행하고 있는 듯한 경우에는 그 문헌을 그 이전의 '습관'에 관한 자료로 사용해도 문제없다고 생각한다.

35 Te, 139b8에 기술이 있는데, 이것은 다음 주46)이 달린 본문에서 인용하므로 그것을 참조하기 바란다.

36 山田龍城, 『梵語佛典の諸文獻』, 京都: 平樂寺書店, 1959, p.64에 의하면, "[유벨이나 레비는] 『디비야 아바다나』의 이야기가 유부 비나야에 유래한다고 생각하였다. 그런데 프르질러스키는 이 생각에 반대하고 오히려 율의 편찬자가 『디비야 아바다나』로부터 이야기를 차용한 것이라고 주장하였다."라고 한다.

37 Ghoṣila에 대해서는 *Divyāvadāna*, p.529, l.6, p.531, l.19, p.541, l.19, p.575, l.30, p.576, l.3 등에 나온다. 또한 赤沼智善, 『印度佛教固有名詞辭典』, p.206, Ghosiṭa도 참조하기 바란다.

38 '자신의 승원'이라는 것이 도대체 무엇을 의미하는지는 명확하지 않다. 또한 그 '자신의'에 해당하는 원어를 여기서 ātma-라고 해둔 것은 완전히 잠정적인 것이다. 또한 비문에 보이는 '자신의 절'이라는 표현의 용례에 관해서는 平川彰, 『初期大乘佛教の硏究』, 東京: 春秋社, 1968, pp.669-671: 平川彰著作集 4, pp.326-328을 참조하기 바란다. 그러나 분명하지 않다고는 해도 여기서 '자신의 승원'이라 불리는 것이 전통적인 불교교단과 완전히 같은 형태를 가지고 있었다는 점은 이하의 개요에 의해서도 알 수 있을 것이다. 게다가 이 '자신의'라는 것은 소유를 나타내기보다 일찍이 그것을 기진한 시주로서 그 사원의 흥폐에 책임이 있다는 점을 나타내고 있는 듯한 느낌을 이야기 전체의 흐름에서 받는다.

39 Te, 137b7-138a1. 이런 종류의 정형적인 문답은 바로 이런 이유에서 티베트역 원문도 제시해 두는 편이 좋다고 생각하므로 이하 인용해둔다. "[de] gtsug lag khang

du song ste tshigs su bcad pa'i dbyangs kyis mchod rten la phyag 'tshal nas gtsug lag khang du 'jug par brtsams pa dang/ rgan zhugs shig sgo khang na 'dug nas des de'i rkang pa la phyag 'tshal te smras pa/ 'phags pa gtsug lag khang snying dang mig 'phrog par bgyid pa mtho ris kyi them skas su gyur pa 'di su'i lags/ des smras pa/ khyim bdag gdangs can gyi'o// 'phags pa ci 'di gtsug lag khang lags sam/ 'on te phongs pa lags/ bzhin bzangs gtsug lag khang ni ji lta bu/ phongs pa ni ji lta bu/ 'phags pa gang na yo byad phun sum tshogs pa ni gtsug lag khang lags la/ gang na yo byad ma mchis pa ni phongs pa lags so// bzhin bzangs 'di phongs pa yin no//" 다른 부분에서도 볼 수 있는 이러한 정형적인 문답의 소재에 관해서는 일일이 망라하여 열거하지 않지만, 이 이하의 본문에서 인용할 주48)과 50)의 인용 부분 역시 이러한 예에 속한다.

40 *Mvyut.*에 의하면, rgan zhugs에 대응하는 산스크리트어는 no.3910에서 sālohita, no.8722에서 mahallaka라고 제시되어 있지만, 근본유부율 문헌과 『디비야 아바다나』와의 관계를 중시하여 후자, p.329, l.1, p.520, l.11에 의해 mahalla를 채용했다. 어의에 관해서는 *BHSD*, p.421의 mahalla 및 mahallaka를 참조해야 하지만, 그저 '노인'이라기보다는 '노승'이라고 번역하는 편이 좋을지도 모르겠다. 출가자로서도 그다지 높은 신분의 자라고 생각되지는 않지만, 이하의 문답에서 거사 고시라는 이 mahalla를 항상 출가자에 대한 존칭 ārya로 부르고, 티베트역에서도 전자가 후자에게 존경어를 사용하도록 시키고 있다.

41 다음 주49)에서 제시할 한역에 대한 일본어 역 『근본설일체유부비나야』, 국역일체경 율부 19, p.164의 주24)에서 역자 西本龍山은 그 전거를 명시하고 있지 않지만, "毘伽多. 藏律에 '貧乏'이라고 되어 있는데, 梵音 vigata(결함의 뜻)일까."라고 기술하고 있다. 올바른 견해라고 생각하였으므로, 그것에 따라 vigata로 하였다.

42 bzhin bzangs에 대응하는 산스크리트어는 *Mvyut.*에는 제시되어 있지 않다. 여기서는 Lokesh Chandra, *Tibetan-Sanskrit Dictionary*, p.2054와 『디비야 아바다나』의 용례로부터 bhadramukha를 채용하였다. 후자의 Index, p.687에 의하면, bhadramukha는 "a vocative addressed to any inferior"라고 되어 있는데, 여기서는 정확히 들어맞는 의미는 아닌 것 같다.

43 Lokesh Chandra, *ibid.*, p.442에 의해 Rādhā를 채용했을 뿐 특별한 근거는 없다. 赤沼智善, 앞의 책, (앞의 주37)), p.525, 540에서 Rādhā=Rāmā라고 되어 있는 여성과 연관 지을 만한 요소가 있다면 이야기는 달라진다.

44 티베트역에서 las su bskos te라고 되어 있는 것은, 이 말이 소임 상의 술어로 의식되고 있지 않다는 점을 보여주는데, 본서 제2부 제6장, p.305-306에서 인용한 문장

에서 제시한 바와 같이, las su bsko ba=karma-dāna를 고려하여 번역하였다. 혹은 산스크리트로는 karma dātvā 등이었을지도 모르지만, 이런 용례는 보지 못하였다. '업무 집행직'이라는 필자의 번역에 관해서는 본서 제2부 제6장, 주2)를 참조하기 바란다.

45 여기서는 생략했지만, 이 왕의 治政은 티베트역에서 다음과 같이 표현되고 있다. 그것은 『디비야 아바다나』의 다른 부분에 보이는 문장과 같으며, 이 표현 역시 정형화되고 있었다고 생각되므로 이하 비교해둔다. Te, 139a4-6, "rgyal srid 'byor pa/ rgyas pa/ bde ba/ lo legs pa/ skye bo dang mi mang pos gang ba/ thab mo dang/ 'thab pa dang/ phyi dgra dang/ nang 'khrug rab tu zhi ba/ chom rkun dang/ mu ge dang/ nad dang bral ba/ sa lu dang/ bu ram shing gi phreng ba dang/ ba lang dang/ ma he phun sum tshogs pa byed du bcug ste/ chos dang ldan pa chos kyi rgyal pos chos kyis rgyal srid byed du bcug go//": *Divyāvadāna*, p.435, ll.6-9, "rājyaṃ kārayati ṛddhaṃ ca sphītaṃ ca kṣemaṃ ca subhikṣaṃ câkīrṇa-bahu-jana-manuṣyaṃ ca śānta-kali-kalaha-ḍimba-ḍamara-taskara-durbhikṣa-rogâpagataṃ śālîkṣu-go-mahiṣī-saṃpannam/ dhārmiko dharmarājo dharmeṇa rājyaṃ kārayati/". 『디비야 아바다나』는 Mahādhana 왕의 치정이라고 하여 왕이 다른데 치정의 내용은 완전히 동일하므로 이 표현이 패턴화한 것임을 알 수 있다. 이 현대어 역에 관해서는 奈良康明 역, 「スダナクマーラ・アヴァダーナ」, 『佛典I』 (世界古典文學全集6), 東京: 筑摩書房, 1966, p.297 상단을 참조하기 바란다. 또한 이 표현이 패턴화한 것이라는 점은 op. cit., p.538에서 Brahmadatta왕의 치정과 관련해서도 같은 내용이 서술되고 있으며, "pūrvavad yāvad"라는 생략법이 사용되고 있는 것으로부터도 알 수 있다.

46 이 티베트어와 산스크리트어의 대응은 일반 사전이나 색인 등에서는 확인할 수 없지만, 이야기의 내용상 거사 Saṃdhāna를 가리키고 있다고 생각된다. 또한 삼다나를 채용하면서도 gZungs byed를 배제하지 않는다는 점에서 이름일 것으로 추정된다. 또한 삼다나에 관해서는 赤沼智善, 앞의 책, (앞의 주37)), p.581, Sandhāna2를 참조하기 바란다. 그리고 『디비야 아바다나』에서는 p.540, l.7 이하에 나온다. [이 주를 단 직후의 본문 부분에 대한 인용은 P. ed., No.1032, Te,139b6-140a1에 근거한다.]

47 개가 주인을 대신해서 식사 때를 고하러 간다는 이야기는 avadāna에서 발췌한 문장으로 예전에 읽은 기억이 있는 듯도 하지만, 정확히는 모르겠다. 『현우경』에서는 "時此使人, 養一狗子. 若往白時, 狗子逐往. 日日如是. 爾時使人, 卒値一日忘不往白. 狗子時到, 獨往常處, 向諸大士, 高聲而吠. 諸辟支佛, 聞其狗吠, 卽知來請. 便至其家, 如法受食"라고 한다.(대정장 4, pp.386c-387a) [이 직후의 본문 인용 부분은 Te, p.140a4-6에 근거한다.]

48 인용은 일부 생략한 부분을 포함해서 *Vinayavibhaṅga*, 티베트역, P. ed., No. 1032, Che, p.141a3-b1: 의정 역, 『근본설일체유부비나야』, 대정장 23, p.666c이다.

49 여기서 생략한 부분을 의정 역에서 제시하면, "問言. 聖者, 此是毘訶羅, 爲是毘伽多丁. 苾芻問曰. 何謂毘訶羅, 何謂毘伽多. 報曰. 若資具充滿是毘訶羅, 所須缺乏是毘伽多. 苾芻報言. 賢首, 若如是者, 此是毘訶羅, 非毘伽多. 於此住處, 資産豊盈, 賊便報曰. 聖者, 若足飯者, 不應餐土, 若足衣者, 不著樹皮, 仁之衣服, 應有多少."이다.

50 *Vinayavastu*, 티베트역, P. ed., No.1030, Khe, 96b8-97a2, Eimer, *op. cit.* (앞의 주25), p.252, ll.16-23. 이것은 의정 역, 『근본설일체유부비나야출가사』, 대정장 23, p.1035b에 해당하는데, 이 한 구절을 포함한 전후의 부분은 의정 역에서 볼 수 없다. 또한 여기부터 3葉 정도 내려가면, *Divyāvadāna*, p.329, l.1 이하 및 *Mūlasarvāstivāda-Vinayavastu*, Vol.II, *Buddhist Sanskrit Texts*, No.16, Darbhanga, 1970, p.86, l.13 이하에서 산스크리트 원문도 발견할 수 있는데, 이를 전후로 아무래도 텍스트 상의 錯簡이나 변경이 있었던 것 같다. 검토해보고 싶지만, 본 제2부의 목적과는 상관없는 일일 것이다.

51 산스크리트어를 이렇게 상정하는 것에 관해서는 Silk, *op. cit.*, p.225를 참조하기 바란다. 또한 āgantuka와 gamika가 일곱 유의복업사 중 여섯 번째로 사용되는 말과 같다는 점은 졸고, 앞의 논문1995, (앞의 주30)), p.75에서 검토하였다. 그리고 *Divyāvadāna*, p.50, ll.26-28에는 5종의 piṇḍapāta(施食)가 열거되고 있는데, 그 다섯 가지, 즉 ①āgantuka를 위한, ②gamika를 위한, ③glāna를 위한, ④glānôpasthāyaka를 위한, ⑤upadhi-vārika를 위한 시식은 가장 마지막 것을 제외하고, 모두 일곱 유의 복업사에 포함된다.

52 Dabba-Mallaputta에 관해서는 앞의 주18)과 더불어 본서 제2부 제6장의 주1)을 참조하기 바란다.

[연구 보충 메모] 본 장 p.385의 [그림2]는 일단 가정 하의 모델이므로 이대로도 상관없다고 생각한다. 하지만 제2부 제4장의 '연구 보충 메모'에서 같은 제4장 주12)에 관해 부언한 바와 같이, 탑지와 승지 양쪽을 포함한 '사원' 전체를 상가라마라고 부르는 실제 사례는 지금으로서는 발견하기 어렵다. 따라서 정확하게는 그림에서 상가라마를 삭제하고 '사원'이라고만 하는 것이 좋을 지도 모르겠다. 또한 이 [그림2]의 모델에 제일 가까운 실례 중 하나로 본서 제1부 제3장, p.74에서 든 칼라완 유적의 그림을 참조하기 바란다. 본 장 주1), 2)에서 언급한 '사상'과 '습관'의 문제에 관해서는 본서 제1부 제1장 pp.31-32의 주18)의 고찰을 기반으로 본서에서도 간단히 사견을 서술했는데, 그것이 同, pp.14-15의 논술이다. 본 장 주11)

및 그 본문에서 인용한 쇼콧의 銅釜 명문에 관해서는 塚本啓祥, 『インド佛教碑銘の研究』I, 京都: 平樂寺書店, 1996, p.1000의 'Shorkoṭ 1'에 관한 기술을 참조하기 바란다. 이에 의하면, 이 명문에 기록된 연차는 기원 403년이다. 본 장의 주17)에서 인용한 『디비야 아바다나』의 "tripiṭā dharma-kathikā yukta-mukta-pratibhānāḥ"는 그레고리 쇼펜 저, 小谷信千代 역, 『大乘佛教興起時代 - インドの僧院生活』, 東京: 春秋社, 2000, pp.116- 117에서 "(그는) 잘 훈련된 자재로운 변설을 갖춘, 삼장을 이해하는 자, 법을 낭송하는 자(가 되었다.)"라고 하여, 한 사람이 세 가지 능력을 갖춘 것처럼 번역되고 있다. 거기서는 단수의 예이므로 그렇게 읽어도 좋을지 모르겠다. 본 장 주20), 주26)에서 서술한 것에 대해 말하자면, 이대로 읽어 내려가면 다음 장 서두에서 저절로 판명되는 바와 같이, 이 주20), 주26)의 기술은 기본적으로 필자의 무지에 의한다. 다음 장 주3)에서 필자의 무지를 고쳐준 사람의 이름, 그리고 주6)-11)에서 정정된 내용을 기술하고 있으니 꼭 확인하기 바란다. 본 장 주36)에서 언급한 『근본설일체유부율』과 『디비야 아바다나』와의 貸借 관계에 관한 두 설에 관해서는 본서 제1부 제4장의 주2)에서 간단히 부연 설명해 두었다. 참조하기 바란다. 본 장 주45)에서 언급한 패턴화한 표현이란, 나중에 알게 된 Feer의 분류에 따르면 '상투구 10'에 해당한다. 이에 대한 구체적인 예는 졸고, 「菩薩成佛論と捨身二譚」, 『駒澤短期大學研究紀要』 28, 2000, p.318을 참조하기 바란다. 또한 필자로서는 이미 졸고 「カイネーヤ仙人物語 -「一音演說法」の背景-」, 『駒澤短期大學佛教論集』 6, 2000, p.88의 주45)에서 사죄한 일이기도 하다. 단지 이 장만 관련이 있는 것은 아니므로 여기서 서술하는 것이 적절할지 어떨지 모르겠지만, 본서의 어딘가에서 언급해두는 것이 좋다고 생각되므로 이 자리를 빌려 기술해둔다. 본 장에서 주19)를 단 본문의 인용문 중 말미(p.391)에서 '젊은 마하카샤파'라고 번역한 '젊은'에 해당하는 티베트어는 tshe dang ldan pa이며 산스크리트어는 āyuṣmat인데, 만약 中村元, 「젊은 사람 āyuṣmat」, 『印佛研』 32-1, 1983, pp.62-63의 연구 성과를 따른다면, '젊은 사람'이라고 고쳐야 한다. 그런데 필자는 그 성과에 따르면서도 그 출처를 명시하지 않았을 뿐만 아니라, 부정확하게 '젊은'이라고 번역하는 이중의 잘못을 저질렀다. 이러한 오류는 본 제2부 제6장의 주3)을 단 본문의 인용문 가운데 보이는(p.305) '앞길이 창창한'에서도 확인된다. 이것은 나카무라의 설에 따른다면 '앞길이 창창한 사람'이라고 바꾸어야 한다. 여기서 이러한 필자의 잘못을 재차 사죄하는 한편, 위에서 언급한 졸고를 전후로 한 시기부터 필자는 tshe dang ldan pa, āyuṣmat를 단지 '氏'라는 경칭으로 번역하고 있다는 점도 보충해둔다.

10 / 육바라밀로서의 보시와 닥시나

앞 장에서 필자는 불교 사원을 무대로 영력靈力을 지니고 있다고 신앙되어 존경받던 출가고행자와 그 영력에 의존하는 재가 기진자, 이 양자의 거래라는 상관 구조를 그리며 전자의 호칭으로 점차 유력한 위치를 차지하게 된 닥시니야dakṣiṇīya라는 말에 주목하였다. 그리고 이를 일단 '보시를 받을 만한 가치가 있는 사람'이라 번역하고, "보시를 받을 만한 사람이란 그 어의로부터 보아도 고행의 힘으로 인해 통인도적인 감정에서 보시를 받을 만한 가치가 있는 사람이라고 생각된 출가자를 가리킬 것이다."[1] 라고 가정하면서 약간의 고찰을 시도하였다. 그런데 필자의 산스크리트 문법 혹은 문헌에 대한 기본적인 학력 부족으로 인해 닥시니야의 어원적인 유래는 잘 모르겠다고 기술해 두었는데,[2] 그 후 이 점에 대해 여러 연구자로부터 정보를 얻었다.[3] 게다가 그 정보에 따라 닥시니 혹은 이와 관련된 닥시나dakṣiṇā를 팔리어의 닥키네야dakkhiṇeyya나 닥키나dakkhiṇā와 함께 조사해보니, 이들 관련 문헌의 검토에 의해서도 베다 문헌이나 브라흐마나 문헌 이래의 통인도적 바라문의 종교 의례가 서서히 불교에 침투해간 모습이 명확해졌다. 본 장에서는 이 문제를 초기 대승불교의 전개에서 중요한 역할을 했던 육바라밀 중 보시의 문제와 관련지으며 한 장을 할애하여 고찰해보고자 한다. 또한 이 점을 기존의 고찰과 관련지어 말하자면, 본 장은 불교의 동향을 (a)-(a′)와 (b)-(b′)의 두 측면에서 파악하는 가운데[4] 전자의 불교 혹은 대승불교가 전통적 불교 사원을 중심으로 점차 세력을 확대하며 앞 장의 [그림 1][5]에서 사선으로 표시한 인도의 습관이 서서히 불교 사상 속으로 침투해간 것을 닥시나(dakṣiṇā, dakkhiṇā)와 닥시니야(dakṣiṇīya, dakkhiṇeyya)라는 용어를 중심으로 검토하며 명확히 해보고자 한다.

닥시나는 동사의 어근 닥스(DAKṢ, 증대하다, 효력이 있다, 만족시키다)에서 파생한 명사로 보이며, 여성형인 닥시나는 종교 의식상의 '보수' '사례' '시물施物' '보시' 등을 의미한다.[6] 또한 닥시니야는 닥시나라는 명사에 '가치가 있다'라는 의미를 부여하는 지말(枝末, taddhita) 접미사 -īya가 붙어 만들어진 것으로[7] '보수(사례, 시물, 보시)를 받을 만한 가치가 있는 대상'을 의미한다. 이 점은 앞서 정보를 얻었다고 기술했던 여러 연구자가 지적해준 바와 같이, 팔리 문법서에서도 이러한 종류의 조어법의 용례로서 카당카라kaḍaṅkara의 경우와 더불어 병기되고 있을 정도이다.[8] 이는 닥시니야가 그런 종류의 용례를 보여주는 전형적인 말로서 예로부터 의식되고 있었음을 보여준다. 그렇다면, 시기적으로 이 말에 앞설 닥시나도 당연히 오래되었을 것이며, 그 오래된 용례 중에서 가장 오래된 '보시 찬미dāna-stuti'[9]라 불리는 『리그 베다』에 보이는 일련의 찬가를 편의상 일단 제외한다면, 『마이트라야니 상히타*Maitrāyaṇī-saṃhitā*』 4.7.8과 『탄디야 마하브라흐마나*Tāṇḍya-mahā-brāhmaṇa*』 16.1.10, 11이 있다.[10] 전자는 "그리고 보수가 제관(祭官, ṛtvij)들을 위해 주어진다dakṣiṇā ca ṛtvigbhyo dīyate."

라고 하는 짧은 것인데, 후자는 비교적 길고 구체적이므로 이하 원문과 더불어 번역을 제시한다.[11]

> gauś câśvaś câśvataraś ca gardabhaś câjāś câvayaś ca vrīhayaś ca yavāś ca tilāś ca māṣāś ca tasya dvādaśaśatam dakṣiṇā/
>
> 그(=제주祭主)의 1,200의 보수는 암소와 말, 노새, 당나귀, 염소, 양, 쌀, 보리, 참깨, 콩이다.

『마이트라야니 상히타』는 흑黑야주르베다 소속의 주요 텍스트 중 하나이며, 『탄디야 마하브라흐마나』는 사마베다 소속의 가장 오래된 브라흐마나서 중 하나이다.[12] 일반적으로 흑야주르베다의 설명 부분과 다른 여러 베다 소속의 독립된 브라흐마나서를 합쳐서 브라흐마나문헌이라고 일컫는데, 이 점에서 양자는 같은 종류의 문헌 군에 속하는 것으로 보아도 좋다. 츠지 나오시로辻直四郞에 의하면, 이러한 브라흐마나 문헌은 "갠지스 강의 대평야를 무대로 바라문교적 사회 질서가 거의 확정되고, 복잡한 제사 체계가 정비된 시대인 기원전 800년경을 중심으로 한 수백 년 간의 소산이다."라고 한다.[13] 여하튼 제주가 1,200의 보수dakṣiṇā를 제관ṛtvij에게 주는 것에 의해 악업을 불식하고 복업을 바란다는 인도의 종교 의식상의 습관이 불교가 성립하기 이전에 확고히 정착하고 있었다는 것은 분명하다. 츠지는 이러한 당시 인도의 제식지상주의적인 종교 의식에 관해 다음과 같이 서술한다.[14]

> 제식만능주의는 제관과 제주의 관계에 큰 영향을 미쳤다. 그 결과 바라문계급은 점차 세력을 늘리며, 그 전횡專橫이 조장되었다. 제사에 절대적 위력이 있다면, 전문 지식과 기술로 이를 관장하는 제관의 지위가 향상

하고, 외경의 표적이 되는 것은 당연하다. 그들은 제식에 있어 부동의 자신감을 갖고 자유롭게 신을 움직이며, 때로는 대부분 신이라는 매개를 필요로 하지 않고 직접 다양한 힘으로 작용하여 목적을 성취하였다. "2종의 신이 있다. 신(본래의 신격)은 신이다. 학식 있고 베다에 정통한 바라문은 인간 신이다."(『샤타파타 브라흐마나』 2·2·2·6). 지상의 신이라 칭하는 바라문의 손에 제식의 집행이 맡겨진 것이므로, 제주와 제관의 관계는 신뢰라는 한 마디에 있다. 어떠한 반칙이든 과오이든 제식의 효과를 무無로 만든다. 제관이 각 행사를 저주의 목적으로 악용하면 제주는 생명의 위험에 노출될 수도 있다. 이를 막는 수단은 아낌없이 닥시나('보수')를 주어 제관을 만족시키는 수밖에 없다. 이론상 제식은 한 번 할 때마다 사라지고 다시 재생하여 무한히 순환하는데, 이를 신생시킬 수 있는 것은 닥시나라고 한다. 이론과 실제는 더불어 제주의 관대한 마음을 자극하기에 충분하였다. 상식을 벗어난 다대한 보수가 규정되어 있는 것도 다 이유가 있는 것이다.

여기서 원래 이러한 다대한 보수가 닥시나라고 불렸으며, 그 닥시나를 받을 만한 가치가 있는 제관인 바라문은 닥시니야라 불리고 있었다는 점[15]을 재차 인식한 후에, 이하 그 후에 전개한 산스크리트 문헌의 예로 『마누 스무리티*Manusmṛti*』와 『마하바라타*Mahābhārata*』를 선택하여 닥시나에 관한 용례를 몇 가지 지적해보고자 한다. 『마누 스므리티』도 『마하바라타』도 성립 연대는 아직 미확정이지만, 기원전 2세기부터 기원후 2세기에 걸쳐 단계 발전적으로 편집되어 현행의 형태를 갖추었다는 것이 일반적인 견해이다. 특히 그 후반기는 대승불교의 발생 생성기와 병행하고 있었다고 생각되므로, 어려운 작업이 될 수도 있지만, 본 장에서도 닥시나에 관한 용례를 검토함에

있어 이 두 전적을 빼놓을 수는 없다.[16]

인도의 습관을 규정해놓은 문헌이라고 보아도 좋을 『마누 스므리티』에는 당연한 일이지만, 공희(供犧, yajña, 제사)에 관한 규정도 많다. 특히 제3장에서는 선조 공희pitṛ-yajña를 비롯한 5대 공희pañca mahā-yajñāḥ를 중점적으로 다룬다. 그중 생물生物 공희bhūta-yajña에 관해 서술하는 말미의 제93송과 인간 공희nṛ-yajña에 관해 서술하는 서두 부분의 제94~98송[17]을 이하 인용해본다.

(93) 누구라도 이처럼 항상 모든 생물bhūta을 숭배하는arcati 바라문이라면, 그 사람은 곧은 길patha-ṛju에 의해, 광명으로 이루어진tejo-mūrti=brahmâtmaka 최고의 장소paraṃ sthānam로 향한다.

(94) 이처럼 이 바리 헌공bali-karman을 한 후에 먼저 빈객atithi에게 식사를 주어야 한다āśayet. 이어, 규칙대로 비구bhikṣu와 범행자(brahmacārin, 순결자)에게 시물bhikṣā을 주어야 한다dadyāt.

(95) 재생족(dvija, 카스트의 상위 세 계급)의 가장gṛhin은 사장(師匠, guru)에게 규칙대로 암소go를 주어 어떤 복업의 결과puṇya-phala를 얻는 것과 완전히 동일한 복업의 결과를 시물bhikṣā을 주는 것에 의해 얻는다.

(96) 베다의 진실의眞實義를 아는 바라문brāhmaṇa에게 시물bhikṣā 혹은 물병uda-pātra을 규칙에 따라 존경하며satkṛtya 공급해야 한다upapādayet.

(97) 어리석음으로 인해 시여자dātṛ들에 의해 재가 된 [그와 같은 무능한] 사제자vipra들에게 주어진 것이 [무효가 되듯이], 무지한 사람들의 신들에 대한 공물havya이나 선조에 대한 공물kavya은 소멸한다.

(98) 신명(神明, vidyā)과 고행tapas에 의해 육성된samṛddha 불과 같은 사제자vipra의 입에 바쳐진 공물huta은 위험durga과 큰 죄kilbiṣa로부터 구제한다nistārayati.

이상의 인용문을 보면, 바라문brāhmaṇa이나 사제자vipra, 비구bhikṣu, 범행자brahma-cārin 등에 대한 시여를 중시하고 있음을 명확히 알 수 있다. 시여 대상자의 호칭은 빅샤bhikṣā,[18] 우다 파트라uda-pātra, 하비야havya, 카비야kavya, 후타huta 등으로 다양하며, 닥시나라는 말은 이 문맥에서 사용되지 않고 있다. 필시 닥시나는 다대한 보수여야만 한다는 의식이 『마누 스므리티』 등의 힌두 문헌에서 아직 강하게 남아 있었기 때문에 닥시나가 선택되는 일은 별로 없었던 것 같다. 하지만 『마누 스므리티』의 편찬기에 제식도 세습의 사제자 계급인 바라문으로부터 해방된 결과, 시여의 근거가 비구나 범행자에게도 요청된 것은 위의 제(94)송을 보면 명확하다. 또한 이와 병행하는 현상으로 바라문에 의한 제식 지상주의가 이미 붕괴되고 있었음은, 설사 바라문이라도 다 탄 재처럼 무능해지면 그들에 대한 시물도 무효라는 제(97)송을 보면 분명할 것이다. 한편, 세습하는 바라문을 대신하여 존경받게 된 고행자의 전형이 유행기에 들어간 빅슈bhikṣu, 산냐신saṃnyāsin, 슈라마나śramaṇa, 파리브라자카parivrājaka 등이었을 텐데, 그 존재 방식에 관해 『마무 스므리티』 제6장 제36~38송에서는 다음과 같이 기술한다.[19]

(36) 규칙대로 베다를 배우고, 법에 따라 자식을 얻고, 능력에 따라 공희yajña로 공희를 한 후iṣṭvā, 의(意, manas)를 해탈mokṣa로 향해야 한다niveśayet.

(37) 베다를 배우지 않고, 그처럼 자식을 얻지 않고, 또한 공희로 공희를 하지 않고, 해탈을 바라는 재생족dvija은 하계를 방황한다vrajaty adhaḥ.

(38) 프라자파티Prajāpati에게 전 재산sarva-vedasa을 보수dakṣiṇā로 공희를 행하고, 영혼ātman 속에 불agni을 저장한 후samāropya, 바라문brāhmaṇa은 저택gṛha으로부터 편력해야 한다pravrajet.

법에 따라 가장의 의무를 다한 후에 유행기에 들어갈 것을 권장하는 이 세 게송에서는 재생족dvija이라 말하고 있지만, 제38송을 보면 바라문만 가리키는 것 같기도 하다. 따라서 바라문 이외의 재생족인 무사 계급kṣatriya이나 서민 계급vaiśya은 여기서 적극적으로 의도되고 있지 않은 것 같지만, 실제로는 바라문만 유행기에 들어간 것은 아닐 것이다. 하지만 제38송에서 닥시나가 '전 재산sarva-vedasa'이라는 다대한 보수의 의미로 사용되고 있는 점은 흥미롭다. 한편, 닥시나가 단순한 보수를 의미한다고 생각하는 것은 오류인 것 같다. 곤다Gonda는 닥시나가 종종 '제관의 보수Priesterlohn'라고 번역되는 것은 잘못이라며 다음과 같이 지적한다.[20]

> 닥시나는 집행 제관에게 바쳐진 봉납물Opfergabe이며, 그것에 의해 공희Opfer는 강화되고 완성된다. 그 때문에 닥시나는 많은 경우 시주 자신에게 있어 천혜(天惠, Segen)가 된다.

이와 같이 닥시나는 단순한 제사의 대가가 아닌, 제관에게 바쳐짐으로써 그 자체 일종의 영력을 띠고, 그 힘이 공희를 강화하고 완성시켜, 그것이 또한 제주(시주) 자신에게도 영향을 미치는 매우 신비로운 힘도 의미한다. 그런 점에서 닥시나는 일본의 고대 혹은 중세 문헌에 나타나는 '미테구라[幣帛]'[21]와도 흡사한 것 같다. 이것은 위에서 인용한 『마누 스므리티』 제6장 제38송에도 나타난다. 여기서는 어격於格으로 제시된 프라자파티에게 바쳐진 닥시나의 힘이, 실질적으로 제관도 제주도 겹쳐지는 듯한, 그 바라문 자신의 영혼ātman에도 이르러, 그 속에 닥시나가 불agni이 되어 축적되어 있다고 생각되고 있었던 것 같다. 이러한 구도는, 예를 들어 『법화경*Saddharmapuṇḍarīka*』 제2기부터 제3기에 걸쳐 성립되었다고 추정되는 부분에서 '여래의 명의로

Tathāgatam uddiśya'22 조상기탑造像起塔이 이루어질 것이 장려되고, 그 경우 출가 고행자[출가보살]와 재가 기진자[재가보살]의 관계가 마치 제관과 제주의 관계처럼 그려지고 있는 것을 상기시킨다. 『마누 스므리티』 제8장 제206~211송에서 서술되는 닥시나의 분배 등에 관한 규정은 상당히 무미건조하며 틀에 박힌 형식이다. 여기서는 그중 제207송과 제209송[23]만을 제시해둔다.

> (207) 그리고 보수dakṣiṇā가 주어진 후에 자신의 직무sva-karman를 방기한다면, 그는 그 몫 전부kṛtsnam aṃśam를 받아 다른 것으로 교체해야 한다.
>
> (209) 제공승(祭供僧, adhvaryu)은 차ratha를, 또한 기도승brahman은 [제사의] 점화를 할 때에ādhāne 말vājin을 취해야 한다. 혹은 권청승勸請僧hotṛ은 말aśva을, 또한 영가승詠歌僧udgātṛ은 [소마를] 구입할 때에 하차(荷車, anas)를 취해야 한다.

물론 이러한 기술은 전통적인 인도의 종교 의식상의 습관을 반영하고 있음이 틀림없지만, 닥시나의 신비로운 영력에 관해서는 그런 종류의 습관 규정집인 『마누 스므리티』보다는 서사시로서 당시 인도의 신들이나 인간에 얽힌 전승을 활사한 『마하바라타』에서 한층 현저한 형태로 표현되고 있는 것 같다. 『마하바라타』 제3편 제54장 제36송, 이른바 「나라왕 이야기Nalôpakhyāna」 제5장 제36송[24]에서는 닥시나라는 말이 다음과 같이 사용된다.

> 현명한 그는 또한 나후샤의 아들 야야티Yayāti처럼 마사(馬祠, aśvamedha)에 의해, 또한 많은 그러한 풍부한 보수dakṣiṇā를 동반하는 그 외의 제사kratu에 의해 공희를 실행했다.

이 게송에서 닥시나의 신비로운 영력을 읽어내는 일은 불가능하다 해도, 닥시나에 이러한 힘이 갖추어져 있다는 점은 다음과 같은 야야티의 이야기를 따라가보면, 저절로 명확해진다. 이 게송에서 나후샤의 아들 야야티는 공희 실행의 본보기처럼 기술되고 있는데, 이 야야티에 대해서는 『마하바라타』 제5편 제118장 제1송~제121장 제22송에도 기술되어 있다.[25] 여기서는 본 고찰에 필요한 최소한의 부분만 다룬다. 왕선인(王仙人, rāja-ṛṣi)인 야야티는 그 복업福業으로 인해 천계에 태어나는데, 만심慢心 때문에 복업이 다하여 천계에서 떨어지려는 순간에 선사善士들 가운데 떨어질 것을 빌었다. 그 보람이 있어 선사들 중에 떨어지게 되는데, 그들은 바로 그의 딸 마다비Mādhavī의 4명의 아들, 즉 그의 손자들이었다. 4명의 손자는 아직 그가 자신들의 조부라는 사실을 몰랐지만, 자신들의 제사의 결과kratu-phala나 법dharma을 받아 다시 천계로 향할 것을 권유한다. 하지만 야야티는 자신은 무사 계급kṣatriya이지, 시물을 받는pratigraha-dhana 바라문은 아니라고 하며 그들의 제안을 거절한다. 그곳에 마침 채식 고행자이기도 한 4명의 손자들의 어머니, 즉 야야티의 딸이 찾아와 그들의 관계가 비로소 명확해지고, 야야티는 손자들의 제사 등에 의한 영력을 받아 다시금 천계에 태어나게 된다. 이를 서술하는 제121장 제1송[26]을 (a)로 제시하면 다음과 같다.

> (a) 강력한 보수를 갖춘bhūri-dakṣiṇa 선한 [손자]들에 의해 천계svarga에 보내진 야야티는 딸의 아들들을 해산시키고, 천(天, diva)에 머물렀다.

여기서 임시로 '보수'라고 번역한 닥시나가 이 이전에 서술된 딸이나 손자들의 제사 등에 의한 영력와 관계를 갖는 것은 분명하다. 게다가 이 닥시나는 바후브리히Bahuvrīhi 복합어로서 브후리 닥시나bhūri-dakṣiṇa가 되어 '선한 [손자]

들'을 수식하기 때문에 직접적으로는 손자들이 그 닥시나의 힘을 소유하고 있는 것이 된다. 또한 간접적으로는 딸의 힘 역시 야야티에게 영향을 미치고 있다고 볼 수 있는데, 딸의 경우에는 제사의 힘이 아닌, 오히려 고행의 힘이라고 보아야 한다. 따라서 이하, 그 딸이 고행하는 모습을 말해주는 제118장 제7송[27]을 (b)로 제시하고, 이어서 4명의 손자, 즉 바수마나스Vasumanas, 프라타르다나Pratardana, 시비 아우시나라Śibi Auśīnara, 아슈타카Aṣṭaka 중 첫 번째 손자의 힘에 관해 말하는 제120장 제3~5송[28]을 (c)로 제시한다.

(b) 이렇게 해서 그녀는 여러 가지 단식upavāsa이나 결재(潔齋, dīkṣā)나 제어niyama에 의해 영혼ātman을 경쾌laghutā하게 하고 사슴[과 같은 채식]행자mṛga-cārin가 되었다.

(c) 그리고 시주dāna-pati로 세상에 알려진 바수마나스가 먼저 크게 발언하여 [야야티]왕에게 말했다. "저는 모든 계급의 자들에게 조금도 비난받는 일 없이 세상에서 여러 가지 것들을 획득해왔습니다만, 그 모든 것을 저는 [당신에게] 드리겠습니다dāsyāmi. 그러니 당신은 그것을 소지해주세요. 또한 저에게는 보시의 습관dāna-śīla의 결과가 있으며, 인욕의 습관kṣamā-śīla의 결과가 있고, [제사] 점화를 할 때의ādhāne 결과가 있습니다. 이 모두 역시 당신이 소지해주세요."

이처럼 딸이나 손자의 영력이 담긴 닥시나 덕분에 야야티는 다시 천계에 태어나게 된 것인데, 그 결말을 정리하는 121장 제21송[29]을 (d)로 제시하면 다음과 같다.

(d) 왕이시여, 무엇을 드리든, 무엇을 만들든, 혹은 어떠한 고행tapas을 하

든, 어떠한 공희를 하든, 그것들은 소멸하는 일도 없고 감소하는 일도 없습니다. 그 행위자kartṛ만이 향수享受하며aśnāti, 다른 자는 그렇지 않습니다.

이상 제시한 『마하바라타』의 (a)(b)(c)(d) 중에서 (d)는 소위 '자업自業의 자득성自得性'을 말한 것인데, 한편 (c)는 동시에 그것의 전이 가능성을 시사하고 있다. 지금 후자를 임시로 '복업의 전이성'이라고 부른다면, 이를 가능하게 하는 것은 지금 당장 직접적으로 제시되고 있지 않은 (b)의 고행을 제외한다면, (c)의 보시나 제사 등에 의한 복업의 결과 축적된 신비로운 영력이다. 그 힘이 (a)처럼 베다 문헌이나 브라흐마나 문헌 이래의 제사 용어인 닥시나로 불리며 전개해간 것은 아닐까 추정된다.

이상, 닥시나에 관한 용례를 베다 문헌이나 브라흐마나 문헌 중 『마누스므리티』와 『마하바라타』를 중심으로 가볍게 살펴보았다. 이러한 인도의 종교 의례상의 습관에 대해서 불교는 원래 영합적이지 않았다고 생각된다. 불교는 『범망경*Brahmajāla-sutta*』을 보아도 알 수 있듯이 '사상diṭṭhi'을 중시하며 잘못된 '사상'을 피해 올바른 '사상'을 선택하고자 했다. 한편, '습관sīla'에 관해서는 '동물과 같은 신명(神明, tiracchāna-vijjā) 때문에 잘못된 생활 수단micchâjīva에 의한 생활jīvika을 옳다고 하는kappeti' 비구나 바라문과 달리, 끊임없이 '동물과 같은 신명을 회피하고 있었기paṭivirata' 때문이다.[30] 하지만 불교도 시대와 더불어 통인도적인 종교 습관에 점차 타협해갈 수밖에 없었다. 실제로 지금 문제 삼고 있는 닥시나나 닥시니야의 팔리어형인 닥키나dakkhiṇā 혹은 닥키넷야dakkhiṇeyya 역시 팔리 불전 속으로 점차 침투해간 흔적을 발견할 수 있다. 원래 필자는 이들 말이 팔리 불전의 중추中樞를 범하고 있다고는 생각하지 않는데, 이들은 경장의 말미를 구성하는 쿳다카 니카야Khuddaka-nikāya에 속하는 경전들에서 보다 많이 사용되는 경향을 보인다.[31] 그 가운데 팔리 불전의 가장 핵심 부분에 들어가 있다고 생각되는 예로는, 서로 거의 같은 문장이라고 알려져 있는 율장Vinaya-piṭaka 『대품*Mahāvagga*』 제6편 제28장 제2~13절과 『대반열반경*Mahāparinibbāna-suttanta*』 제1장 제21~34절, 그리고 『자설경(自說經, *Udāna*)』 제8장 제6절[32]의 셋에서 공통적으로 제시되고 있는 게송이다. 중요한 용례이므로 먼저 그 게송 전체의 원문을 열거한 후에 번역문을 제시하고자 한다. 밑줄 친 부분이 닥키나를 포함한 용례이다.

> yasmiṃ padese kappeti vāsaṃ paṇḍita-jātiko sīlavant 'ettha bhojetvā saññate brahmacārayo,
> yā tattha devatā assu <u>tāsaṃ dakkhiṇam ādise</u>, tā pūjitā pūjayanti mānitā mānayanti naṃ.
> tato naṃ anukampanti mātā puttaṃ va orasaṃ devatânukampito poso sadā bhadrāni passati.
> 만약 현자의 부류가 어떤 구역padesa에 주거를 장만한다면, 그 구역에서 [그 현자는] 좋은 습관을 몸에 익힌 제어된 범행자(순결자)들을 공양하고, 거기에 신령devatā들이 있다면 <u>그들[신령]에게 보수dakkhiṇā를 지명해야 한다ādise</u>. 그들[신령]은 공양받았다면 그를 공양하고, 존숭받았다면 [그를] 존숭한다. 거기서 [신령들은] 마치 어머니가 자기자식을 애호하듯이 그를 애호하므로, 신령들에게 애호 받는 사람은 항상 행운을 경험한다.

이상의 게송은 주거를 장만할 때에 일정한 구역(padeśa=pradeśa)을 정화하는 의식에 관해 서술한 것이다. 이러한 구역은 쇼펜이 대승불교 발생의 거점으로 문제시했던 프리티비 프라데샤pṛthivī-pradeśa를 상기시키지만,[33] 직접 관련이 있는 문제는 아니다. 따라서 닥키나를 중심으로 한 의식의 의미 쪽에 고찰을 집중시킨다면, 이 게송은 앞의 『마하바라타』의 (a)(c)의 예에서 본 '복업의 전이성'과 완전히 동일한 사고를 보다 명확한 구조하에 제시한 것이라고 볼 수 있다. 즉, 여기에는 닥키나를 중심으로 ①그것을 공양하는 현자, ②그것을 공양받은 범행자, ③그것을 지명받은 신령이라는 구조가 있으며, ④닥키나의 힘은 삼자에게 제각각 미치겠지만, 지금의 경우에는 ①로부터 발생한 ④닥키나가 ②를 경유하는 것에 의해 ②에서 힘을 축적하여 ③에 도달하고, ③은 그것을 다시 ①에게 다른 형태로 돌려주는 것이다. 게다가 이 구조에서는 ①에 의한 ④는 직접 ③에 도달하지 않는다는 의미에서, ②는 양자의 중개 장소로서 중요한 의의를 갖는다. 그 때문에 ②는 '닥키나를 받을 만한 가치가 있는 대상'으로서 닥키넷야라고 불리는데, 이렇게 불릴 자격이 있는 사람은, 당연히 그 나름대로의 법dhamma을 갖춘 비구이거나 혹은 그에 준하는 고행자여야 한다. 또한 닥키넷야가 이러한 중개 장소로서의 '닥키나를 받을 만한 가치가 있는 대상'이라면, 그것이 '세상의 무상無上 복전anuttaraṃ puñña-kkhettaṃ lokassa'이라 칭찬받는다 해도 그다지 이상할 것은 없을 것이다.[34] 그런데 쿳다카 니카야 소속의 『아귀사경(餓鬼事經, Petavatthu)』 서두의 「전유아귀사(田喩餓鬼事, Khettūpamā-petavatthu)」라 불리는 세 게송에서는 위와 같이 ①에 해당하는 것이 '농부(kassaka=kārṣaka)', ②에 해당하는 것은 '밭(khetta= kṣetra)', ④닥키나에 해당하는 시물deyya-dhamma은 '종자bīja'에 비유되며 다음과 같이 서술되고 있다.[35]

(1) 아라한arahant은 밭에 비유되며, 시자dāyaka는 농부에 비유된다. 시물은 종자에 비유되며, 이로부터etto 과(果, phala)가 발생한다.

(2) 이것은 아귀peta 및 시자dāyaka에게 있어 종자이며 경전(耕田, kasī-khetta)

이다. 아귀는 그것을 향수享受하고 시주dātar는 복업puñña에 의해 풍요로워진다.

(3) 이 세상에서 선업kusala을 짓고, 아귀에게 공양하고, 현명한bhadda 행위를 하면, 사람은 천계에 간다.

이 게송에서 ③은 아귀이다. 그 ③은 특히 무언가에 비유되는 일은 없는데, 그 이외의 ①, ② 및 ④닥키나에 해당하는 시물deyya-dhamma이 차례대로 농부와 밭과 종자에 비유되고 있는 것은 인용 직전에 지적해둔 바와 같다. 그런데 사쿠라베 하지메櫻部建는 필자가 위에서 인용한 게송, 즉 세 문헌에서 거의 같은 문장으로 나타나는 동일한 게송 및 『아귀사경』의 게송을 중심으로 고찰하며, 그 외의 용례에도 눈을 돌려 팔리 불전에 보이는 '공덕을 회시廻施한다고 하는 사고방식'에 관해 다음과 같이 결론짓고 있다.[36]

이들 경우에 보시dāna하는 대상으로서의 출가자, 승가, 아라한 혹은 신심 깊은 우바새 등은 '전畑(=田)'이다. 보시자dāyaka는 '농부'이며, 보시되는 물건deyyadhamma은 '종자'이다(Pv I1). 보시dakkhiṇā가 '향해진(ādisati, anvādisati, uddisati)' 아귀(혹은 신들, 때로는 다른 사람)는 그 '결과'를 향수하고, 보시자는 공덕puñña에 의해 '증장하'여 천계에 이른다고 한다. 여기서 '보시가 향해진다'는 말로 표현되고 있는 사고방식은 대승불교에서 선근 공덕을 다른 사람(대부분은 망자)에게 '회향'한다고 하는 사고방식과 같은 선상에 있다는 점은 의심할 여지가 없다. 그리고 그것이 엄밀한 의미에서의 '자업자득'의 원칙을 초월한다는 점도 명확할 것이다.

가지야마 유이치梶山雄一는 이 결론을 기반으로 '종자bīja'를 B, '밭(khetta=kṣetra)'

을 K, '결과phala'를 P로 표기하고, 이 결론을 다시금 『팔천송반야*Aṣṭasāhasrikā Prajñāpāramitā*』의 다음과 같은 문장에서 발전적으로 적용시키는데, 여기서는 그 경문을 가지야마의 번역문[37]에 따라 인용해둔다.

> 예를 들어 아난다야, 대지에 뿌려진 종자 (B)가 모든 보조인을 얻는다면, 반드시 성장한다. 대지는 그들 종자의 밭(pratiṣṭhā, lit. receptacle) (K)이다. 그들 종자는 대지에서 길러지고 성장한다. 마치 그와 같이 아난다야, 지혜의 완성(반야바라밀)에 섭취攝取되어 다섯 가지 완성은 전지자성全知者性으로 확정된다. 지혜의 완성으로 길러지며 다섯 가지 완성은 성장한다. 지혜의 완성으로 보호받고 있으므로 완성이라는 이름을 얻는 (P)이다. 그러므로 아난다야, 지혜의 완성이야말로 [다른] 다섯 가지 완성에 앞서는 것이며, 그 안내자이며, 지도자이다.

또한 가지야마는 이 경문에 관해 다음과 같은 견해를 피력하고 있다.[38]

> 이 경문에서 육바라밀 중 앞의 다섯은 종자(B)에, 반야바라밀은 밭(K)에, 바라밀이라는 이름은 결과(P)에 비유되고 있다. 『팔천송반야』에서 설하는 복업의 변이는 『아귀사경』에 있어 복업의 전이와 마찬가지로 종자를 기르는 밭에 뿌려진 종자는 결과를 초래하는, 즉 B+K⊃P라는 동일한 논리를 표현하고 있는 것이다.

이와 같은 가지야마의 고찰은 일단 옳다고 해야 할 것이다. 하지만 가지야마가 이러한 고찰의 결과 "회향은 업보의 속박으로부터의 해방이며, 그것은 공사상에 근거해서만 가능해졌다."[39]라고 결론짓는다면, 이는 곧바로 받아들이기 어려운 문제라고 할 수밖에 없다. 왜냐하면, 위에서 검토해온 바와 같이, 업보의 속박으로부터 해방하는 것은 공사상과는 완전히 무관한 통인도적인 사고방식에서 공사상에 앞서 이미 성립하고 있었기 때문이다. 예를 들어 위에서 『마하바라타』의 (a)(b)(c)(d)와 관련하여 지적한 바와 같이, '복업의 전이성'이 '자업의 자득성'과 병립하는 것으로 용인되고 있는 점으로부터 보아도 명확하기 때문이다. 게다가 원래 논리적으로 양립하기 어려운 이 두 가지를 양립 가능하게 만드는 것이야말로 닥시나(=닥키나)에 깃든다고 생각된 신비로운 영력이어야 하며, 그 영력을 축적하는 장소kṣetra가 '닥시나를 받을 만한 가치가 있는 대상'으로서의 닥시니야(dakṣiṇīya=dakkhiṇeyya)이다. 만일 그 장소kṣetra를 반야바라밀이라고 말한다면 그것은 '공사상'이라고 불러서는 안 된다. 그 장소는 결코 공이 아니기 때문이다. 설사 공이라고 강변하는 것이 용인된다 해도, 종자가 신비로운 영력으로서 길러지는 장소가 공일 수는 없을 것이다.[40]

그런데 이상과 같은 결론에 더하여, 『아귀사경』 「전유아귀사」의 세 게송에서 사용했던 기호와 가지야마가 사용한 기호를 연관시키고, 이들 기호를 사용하면서 앞에서 언급한 『마하바라타』 제5편 제118장 제1송~제121장 제22송의 이야기를 설명해두고자 한다. 「전유아귀사」에서 사용한 기호 중 ①은 시자로 농부(kassaka=kārṣaka), ②는 아라한으로 밭(khetta=kṣetra), ③은 아귀로 닥키나(dakkhiṇā=dakṣiṇā)인 시물施物의 피지명자ādiṣṭa, ④는 닥키나(=닥시나)인 시물deyya-dhamma 자신을 의미하는데, 가지야마의 기호로 말하자면 ②는 K, ④는 B, ②에서 ④가 얻은 결과는 P이다. 그 결과는 ①이 받는 경우도 있지만 ③이 받는 경우도 있다. 그래서 이상의 기호를 사용하여 『마하바라타』의 문제의 부분을 설명하자면, 바수마나스를 비롯한 야야티의 손자들이 ①, 그

들에 의해 집행된 공희yajña의 '닥시나를 받을 만한 가치가 있는 대상'이라고 생각된 주신主神이 ②=K, 닥시나의 피지명자인 야야티가 ③이 되며, 이 이야기에서 P를 받은 것은 특히 ③이 된다. 그리고 이러한 이야기는 '공 사상' 없이 성립하고 있으며, 그것은 『마하바라타』의 연구서라고 말해도 좋은 하라 미노루原實의 『古典インドの苦行』에 의해 논증되고 있다고[41] 생각된다.

그런데 필자는 이상의 고찰에서 팔리 불전을 취급할 때 원전 비판적인 시점을 도입하지 않은 채 이야기를 진행시켜버렸다. 그리하여 율장 『대품』과 『대반열반경』, 『자설경』에 공통적으로 보이는 한 단락을 단지 '팔리 불전 중 가장 중추에 가까운 곳에 위치하고 있다고 생각되는 사례'라고 말해버렸다. 이런 식으로 끝내버려서는 안 될, 엄밀한 원전 비판적 고찰이 필요한 대상이지만, 여기서는 간단히 사견을 섞어 기술하는 데 그치고자 한다.

필자가 이렇게 말한 것은, 단적으로 말해 이 한 단락은 상당히 후세의 부가라는 의미이다. 여기서 그 이유를 간단히 서술해둔다. 율장 『대품』 중 한 단락은 정법淨法 이후의 성립일 가능성이 높은 「약건도Bhesajja-kkhandhaka」에 속하며, 정법 여부의 문제는 전혀 언급되지 않고 있다.[42] 게다가 본래는 출가자에게 제시되어야 할 율 문헌임에도 불구하고 실제로 세존이 부르는 사람은 거사(gaha-pati=gṛha-pati)이다. 이처럼 그 전후와 완전히 이질적인 형태를 보여주고 있기 때문에 이 한 단락은 그 전후의 단락보다 늦은 후세의 부가라고 생각된다. 또한 『대반열반경』의 한 단락은 이 경전 자체가 석존의 죽음을 주제로 하는 이상, 이 한 단락 자체의 주제 속에 훨씬 후대의 사건인 파탈리푸트라 도시의 멸망에 관한 예언[43]이 포함되어 있다. 또한 앞서 지적한 바와 같이 여기서도 석존은 출가자가 아닌 거사에게 말을 걸고 있는데, 이를 전후로 아난다가 비구에게 말을 걸고 있는 것과 비교해보면, 역시 위화감을 느끼게 된다. 따라서 『대반열반경』의 한 단락도 분명 후세의 부가라고 생각된다. 마지막으로 『자설경*Udāna*』의 한 단락에 관해서 말하자면, 이는 그 전후와 비교해도 특히 다른 내용은 없다. 하지만 이것은 『자설경』 자체가 비불교적이며 통인도적인 습관을 반영한 전승담이나 시송을 모아 놓은 쿳다카 니카야[44]에 포함된다는 점을 생각한다면, 오히려 당연한 결과라고 할 수 있다.

그런데 앞서 본 인도적인 통념에 따르면, 닥시나(닥키나)의 신비로운 영력을 이끌어내는 것은 ②=K인 '닥시나를 받을 만한 가치가 있는 대상'으로서의 닥시니야(닥키넷야)이므로, 이를 보다 효율적으로 이끌어내기 위해서는 참된 ②=K가 선택되어야 한다. 일반적으로 말하자면, 이 ②=K에는 영력이 높다고 믿어지고 있는 (α)고행자 등의 개인 및 (β)영장靈場 등의 장소가 생각된다. 팔리 불전에서는[45] 비교적 성립이 늦은 문헌이라고는 생각되지만, (α)에 대한 것이 개인과 관련된 보수pāṭipuggalikā dakkhiṇā, (β)에 대한 것이 교단에 속하는 보수saṃgha-gatā dakkhiṇā라고 불리며, ②=K로서는 전자보다 후자가 보다 유효하다고 생각되고 있었던 것 같다. 그 한 가지 예로서 쿳다카 니카야 소속의 『천궁사경(天宮事經, *Vimānavatthu*)』에 보이는 게송[46]을 하나 제시해둔다.

> 무릇 누구든 교단 명의saṃgham uddissa로[47] 보시dāna를 베푼다면, 그러한 사람들의 [보시는] 훌륭하게 베풀어진 것이며, 훌륭하게 바쳐진 것이며, 훌륭하게 모셔진 것이다. 그 교단에 속하는 보수dakkhiṇā saṃgha-gatā는 위대한 결과를 초래하며, 세간해世間解들에 의해 칭찬받을 것이 확정되어 있다.

그런데 불교에서는 교단에 속하는 보수saṃgha-gatā dakkhiṇā 쪽이 유효하다고 보는 한편, 보수는 시자(施者, dāyaka)에 의해 청정해지는가 아니면 수자(受者,

paṭiggāhaka)에 의해 청정해지는가라는 문제에 관해서도 사구四句 분별적인 고찰이 가해진 것 같다. 이런 종류의 문제는 아비달마불교에서도 검토되면서, 불교에 침투해 들어온 인도적 통념을 불교 교의상 어떻게 해석해야 하는지 문제가 된 것 같다.[48]

그러나 전통적 불교교단이 『마누 스므리티』나 『마하바라타』에 명료하게 그려지고 있던 인도적 통념을 얼마나 불교 교의 속에 담아서 해석하고자 노력하든지 간에, 이러한 통념의 침투에 영합하는 움직임을 억누르는 것은 거의 불가능했다. 그 당시의 인도인으로서 위와 같은 인도적 통념에 젖어 있던 닥시나의 시자인 왕후나 부호(재가보살)가 전통적 불교교단에 요청한 것은 가능한 한 유효하다고 믿어진 ②=K로서의 닥시니야였음이 틀림없다. 게다가 이러한 동향에 타협적으로 응해간 일련의 불교 측의 세력이 (a)-(a′)의 불교 혹은 대승불교를 형성해 갔을 것으로 추정된다. 또한 그 형성에 있어 한편에서는 ②=K가 종교적 권위로서 기존대로 불교 사원을 거점으로 삼고 있었음에도 불구하고, 실제로는 종래와는 완전히 다른 측면에서 ②=K의 (α)의 면에서는 출가 고행자(출가보살)가, (β)의 면에서는 사원 안의 차이티야나 스투파가 클로즈업되어 ②=K의 중심에 놓여지고, 이 닥시나는 여래 Tathāgata의 명의로 여래의 소속이 되면서 여래가 최상의 ②=K라고 여겨지게 되었다고 생각한다. 지금 이들의 전체 관계를 앞서 제시한 기호를 사용하여 요약해서 정리하면 다음과 같다.

①: 거사(gaha-pati, gṛha-pati), 재가보살gṛha-stha-bodhisattva

②=K: caitya, stūpa, 출가보살pravrajita-bodhisattva, 여래

③: preta, deva 등, 죽은 부모 등, 보리bodhi

④=B: dakṣiṇā, 육바라밀 중 하나로서는 보시dāna

①에 의한 ④가 ②를 매개로 P로 변하여 ①③으로 돌아가거나 영향을 미치거나 할 경우에 ①이 ④에게 영향을 미치는 곳을 ③이라고 지명하는 것이 ā-DIŚ, ①이 ④가 소속하는 명의를 ②라고 지시하는 것이 ud-DIŚ였던 것 같기도 하지만,[49] 확실하지는 않다. 여하튼 실제로는 ②와 ③이 겹쳐 있었을 수도 있으며, 이러한 '복업의 전이성'이 '회향pariṇāmanā'이라 불렸던 것은 확실하다. 게다가 히라카와가 최고最古의 대승경전 중 하나라고 본 『삼품경(三品經, *Triskandhaka*)』에서는 필시 이 '회향'을 예상하게 하는 3종 제1유형의 '악업불식의 의식'이 거의 완전한 형태로 정착하고 있었으며,[50] 또한 마찬가지로 최고의 대승경전 중 하나라고 알려진 『육바라밀경』에서는 육바라밀 중 하나로 닥시나와 완전히 등가等價로 생각되고 있었을 보시바라밀dāna-pāramitā이 강조되고 있었을 것이다. 이 『육바라밀경』이 『무량수경』의 오래된 이역인 『대아미타경』의 제7원願으로 보살도로서의 고행적 실천을 강조하는 문맥에서 인용되고 있는 것은 히라카와의 지적과 더불어 이미 잘 알려진 바이다.[51]

여하튼 이러한 경위를 거쳐 본래는 영혼ātman을 부정함으로써 고대 인도의 주술적 세계에서 들고 일어난 것처럼 보였던 불교 속에 극히 인도적이며 신비로운 영력을 담은 닥시나나 닥시니야가 당당하게 자리를 차지하고 있었던 것이다. 『팔천송반야』에서는 그렇게 많지 않았던 이런 종류의 용어[52]도 점차 사용 빈도를 늘려갔을 것이며, 『화엄경』의 「입법계품Gaṇḍavyūha」에서는 이미 그 서두에서 채용하고 있다. 이하, 그 용례를 (i)산스크리트 원문, (ii)티베트역, (iii)불타발타라 역, (iv)실차난타 역, (v)반야 역[53]의 순서로 제시해둔다. 밑줄 친 부분이 문제의 용어이다.

(i) tathāgata-sattva-dakṣiṇā-pratigrahāṃś ca saṃdarśayet/ tathāgata-sarva-sattva-puṇya-dakṣiṇā-deśanā-prātihāryāṇy api saṃdarśayet/

(ii) de bzhin gshegs pa sems can thams cad kyi yon bzhes mdzad pa lta 'ang yang dag par bstan grang/ de bzhin gshegs pa sems can thams cad kyi bsod nams dang yon ston pa'i cho 'phrul mdzad pa lta'ang yang dag par bstan grang/

(iii) 如來, 爲一切衆生, 作最上福田. 如來, 爲一切衆生, 說功德達嚫.

(iv) 受一切衆生所施. 爲一切衆生, 說布施功德.

(v) 如來, 普爲一切衆生, 最上福田. 如來, 普爲一切衆生, 說施功德.

위의 용례 가운데 (iii)에서 닥시나는 '달친達嚫'이라 음사되고 있는데, 이런 종류의 음사는 닥시나가 갖는 신비로운 영력을 암시하는데 적절해서일까, 중국이나 일본에서는 상당히 다용되고 있는 것 같다.[54] 또한 닥시나는 그 의미를 취하여 '(보)시'라고 번역되기도 했는데, 위의 용례 중에서도 실제로 발견되는 바와 같이, 닥시나는 '달噠친'이라고 음사되든 '보시'라고 음역되든 그 영력을 증폭하는 장소라고 생각된 ②=K로서의 닥시니야와 함께 '복전puṇya-kṣetra' 사상[55]으로 전개되기도 하였다. 여하튼 그 본질은 불교에 침입한 인도적 통념일 뿐이라는 시점을 잊어서는 안 된다.

1 본서 제2부 제9장, p.393

2 본서 제2부 제9장의 주20) 및 주26)을 참조.

3 본 제2부 제9장의 별쇄본을 보낸 후, 遠藤康(1996년 5월 1일자 서간), 松原光法(같은 해 5월 8일자 엽서), 高崎直道(같은 해 5월 27일 소인 엽서), 이 세 분으로부터 인사를 겸한 답장에서 교시를 받았다. 이 중 엔도의 가르침이 가장 상세하였다. 그 안에는 다른 두 분의 교시와 겹치는 점도 있었다. 다만 마츠바라는 닥시나가 이른바 '嚏嚫'이라는 교시, 다카사키는 닥시나가 분명 산스크리트이지만 불전과의 관련도 오래되었다는 교시를 주었는데, 이는 엔도의 편지에서는 볼 수 없는 것이었다. 하지만 필자는 현재 名古屋에 있는[나고야대학 문학부 조교, 당시 現 愛知文教대학 교수]) 엔도와 올해(1996) 11월 13일(수)에 어떤 회합을 계기로 東京에서 직접 만날 기회를 가졌다. 이때 필자는 그가 가르쳐준 *Tāṇḍyamahābrāhmaṇa*, 16.1.10, 11의 용례에 대해 질문하였다. 그러자 동석하고 있던 金澤篤이 바로 다음날에 필자의 질문과 관련하여 Jaimini의 *Mīmāṃsadarśana*에 대한 *Śābarabhāṣya*에 보이는 용례 및 그 영역의 복사본을 보내주었다. 또한 나고야로 돌아간 엔도 역시 11월 19일자(11월 22일 수령)에서 역시 필자의 질문과 관련된 총 8종 문헌의 복사본을 짧은 코멘트와 함께 보내주었다. 밝혀야 할 교시에 관해서는 당연히 이하의 주에서도 언급하겠지만, 일단 여기서 이상의 네 명, 특히 엔도의 가르침이 없었다면 본 장은 쓰기 어려웠다는 점을 밝혀둔다. 遠藤康, 松原光法, 高崎直道, 金澤篤의 네 분에게 감사의 뜻을 표한다.

4 본서 제2부 제1장, pp.192-193 및 제4장, p.262-263을 참조.

5 본서 제2부 제9장, p.383을 참조. [단, 실질적으로는 제12장 서두의 그림(본서 p.477)을 참조하기 바란다.]

6 Otto Böhtlingk und Rudolph Roth, *Sanskrit-Wörterbuch*, III, St. Petersburg, 1859-1861, Repr., Meicho-Fukyū-Kai, 1976, pp.480-486; Monier Monier-Williams, *A Sanskrit-English Dictionary*, Oxford University Press, 1899, pp.464-466; V. S. Apte, *The Practical Sanskrit-English Dictionary*, Poona, 1957, Repr. 1978, pp.796-798을 참조. 초보적인 절차로 당연히 여러 종류의 사전을 참조해야 한다는 조언은 많은 분들로부터 들었는데, 특히 다카사키는 이 건과 관련하여 Böhtlingk와 Roth의 사전을 참조할 것을 권유해 주었다. 그리고 엔도는 Apte의 사전을 강조하였다. 또한 엔도는 P. V. Kane, *History of Dharmaśāstra*, Vol.2, Pt.2, p.1188의 기술에 근거하여 A. Weber(ed.), The *Śatapatha-Brāhmaṇa in the Mādhyandina-Śākhā with Extracts from the Commentaries of Sāyaṇa, Harisvāmin and Dvivedaganga*, The Chowkhamba Sanskrit Series, No.96,

Varanasi, 1964의 4.3.4 (Forth Brāhmaṇa) 및 그에 대응하는 영역, Julius Eggeling, *The Śathapatha- Brāhmaṇa: According to the Text of the Mādhyandina School*, The Sacred Books of the East, Vol.XXVI을 제시해주었다. 그 4.3.4.2의 한 구절은 특히 중요하다고 생각되므로 여기서 인용하면 "sa eṣa yajño hato na dadakṣe/ taṃ devā dakṣiṇābhir adakṣayaṃs tad yad enaṃ dakṣiṇābhir adakṣayaṃs tasmād dakṣiṇā nāma(그리하여 이 生贄는 죽음을 당하여 활력이 사라졌다. 그러자 신들은 보수에 의해 활력을 불어넣었다. 이렇게 해서 보수를 가지고 이것에 활력을 불어넣었기 때문에 보수라는 이름이 있다."(Weber, p.373, Eggeling, p.340을 참조)가 된다. 이것은 닥시나를 DAKṢ의 사역형(dakṣayati, 활력을 불어넣다)으로 해석한 것인데, 닥시나는 본문에서도 본 바와 같이, 공희에 있어서의 단순한 '보시'가 아닌, 공희에 의해 축적되고 증대된 '신비로운 영력'도 포함한다고 생각된다. 따라서 이 용례는 닥시나의 실로 흥미로운 측면을 보여주는 것 같다. 그런데 필자는 이 닥시나에 관해 앞의 제2부 제9장 주20)에서 "[이 말은] dakṣiṇa [右]와 관련이 있으며, '우효로 돌며 존경을 표하기에 어울리는 사람'이라는 의미일지도 모른다고 생각되지만, 혹은 어근 DĀ(주다)로부터 변칙적으로 파생한 동명사 등으로 '받기에 어울리는 사람' 등을 의미할 수도 있다."라고 다소 황당한 추측까지 했었다. 약간 변명을 하자면, 이렇게 생각했던 원인은 이 말을 인도 어원이 아닌, 좀 더 오래된 말이라고 믿었기 때문이다. Carl Darling Buck, *A Dictionary of Selected Synonyms in the Principal Indo-European Languages*, The University of Chicago Press, 1949, Paperback ed., 1988, pp.864- 865, 12.41 'Right'라는 항목에 의하면, 산스크리트의 dakṣiṇa에 대응하는 그리스어는 dexios, 라틴어는 dexter, 고트어는 taihswa, 리투아니아어는 dešinas, 교회슬라브어는 desnŭ, 아베스타어는 dašina 등이었다. 따라서 이 말은 어근으로 거슬러올라가서 생각해서는 안 되며, '오른쪽'이라는 명사 혹은 형용사로 생각해야 한다고 여겼던 것이었다. 이로 인해 일반적으로 우선 어근으로 거슬러올라가 그 말을 고찰해야 한다는 초보적인 절차에 실수가 있었음을 이 자리를 빌어 사죄한다.

7 *Pāṇini*, 5.1.63, 5.1.69를 참조. Otto Böhtlingk, *Pâṇini's Gramatik*, Leipzig, 1887, Hildesheim/ New York, 1997, pp.228-229: Śrīśa Chandra Vasu, *The Ashṭādhyāyī of Pāṇini*, Vol.II, Motilal Banarsidass, 1962, pp.874-876에 의한다. 또한 접미사 -eya를 붙여 dākṣiṇeya가 될 가능성에 관해서는 辻直四郎, 『サンスクリット文法』, 東京: 岩波全書, pp.218-219를 참조하기 바란다. 이에 대한 정보는 다카사키로부터 얻었다.

8 *Pāṇini*, 5.1.69에는 "kaḍaṅkara-dakṣiṇāc cha ca//"라고 되어 있다. 영역은 "The affix chha (īya) as well as yat (ya) comes in the sense of 'deserving that', after the words kaḍaṅkara and dakshiṇâ." (Vasu, *op. cit.*, p.876, 엔도가 정보를 주었다.)이다.

9 辻直四郎 역, 『リグ·ヴェーダ讃歌』, 東京: 岩波全書, pp.276-281을 참조. 이 책 서두

에는 이 일련의 찬가에 대한 간단한 해설이 있다. 또한 dāna-stuti에 관해서는 Jan Gonda, *Vedic Literature (Samhitās and Brāhmaṇas)*, Otto Harrassowitz, Wiesbaden, 1975, pp.170-171을 참조하기 바란다. 이 두 문헌에 관한 정보는 엔도를 통해 알게 되었다. 단, 필자가 1996년 11월 22일에 이 건에 관해 정보를 얻었을 때는, 닥시나에 관한 오래된 문헌으로는 광의의 브라흐마나 문헌 이후의 것만 파악하면 된다고 하는 가벼운 기분으로 막 본 장을 쓰기 시작했을 무렵이라 베다 문헌까지 시야에 넣는 것은 불가능했다. 이 점 양해를 구한다.

10 닥시나의 용례를 보여주는 이 2종의 문헌은 D. J. Agrawal, H. N. Joshi, *Mīmāṃsā Uddharaṇa Kośa(The citations from Sābara-bhāsya traced to their original Sources)*, New Delhi, 1906에 의하면, *Śābarabhāṣya*에서 종종 인용된다고 한다. 이 역시 엔도로부터 정보를 얻었다.

11 이 원문에 대한 정보는 金澤篤로부터 얻었다(앞의 주3)을 참조). Jaimini의 *Mīmāṃsādarśana*, 10.2.22에 대한 주석, *Śrīmaj-Jaimini-praṇīte Mīmāṃsādarśane Aṣṭamâdhyāyam ārabhya Daśamâdhyāyânto Vibhāgaḥ Mīmāṃsākaṇṭhīrava-Bhaṭṭa-Kumārila-praṇīta-Ṭuptīkâkhya-vyāhhyā-sahita-Śabarabhāṣyôpetaḥ*, Ānandāśrama-Saṃskṛta-Granthāvali, 97, 1984, p.280, ll.7-8의 인용에 의한다. 또한 가나자와는 그 영역인 Mohan Lal Sandal (tr.), *Mīmāṃsā Sūtra of Jaimini*, II, Mothilal Banassidass, 1923-25, Repr., 1980, Vol.II, p.638도 알려주었다. 덧붙이자면, 영역은 “His fee of twelve hundred consists of the cow, the horse, the mule, asses, goats, sheep, rice, barley, *sesamum*, and beans.”이다. 본문의 이하에서 제시할 필자의 번역은 이 영역을 참조한 것이다. 가나자와는 위의 자료를 건넬 때에 ‘dvādaśa-śatam’을 ‘1,200’이 아닌 ‘100과 12’라고 해석할 수도 있다고 했다. 그런데 그 해석의 실제 예로 필자가 ‘그(=祭主)의’라고 번역한 원문의 ‘tasya’ 이하를 다르게 해석할 수도 있다는 것을 훗날 엔도의 지적을 통해 알게 되었다. 그것은 *Tāṇḍyamahābrāhmaṇa: Belonging to the Sāma Veda with the Commentary of Sāyaṇācāryā*, Pt. II, The Kashi Sanskrit Series, 105, p.213, 16.1.10,11에 의하면, ‘tasya’ 이하는 “etasyām eva virāji pratitiṣṭhati//10// tasya dvādaśaṃ śataṃ dakṣiṇāḥ”이며, W. Caland (tr.), *Pañcaviṃśa-Brāhmaṇa: The Brāhmaṇa of Twenty Five Chapters*, Bibliotheca Indica, No.255, Calcutta, 1931, p.427에 의하면, 그 영역은 “Cow, horse, mule, ass, goat, sheep, rice, barley, sesamum, and beans,) in the (possession of) this virāj (in this number of ten) he becomes firmly established. At this (rite), the sacrificial fee consists of hundred and twelve (milch cows).”이다. 원래 “etasyām eva virāji pratitiṣṭhati”는 인용할 때 생략되었을 뿐일지도 모르지만, 엔도도 코멘트해준 바와 같이, Sāyaṇa는 tasya가 Atirātra祭가 아닌 Jyotiṣṭoma祭를 가리킨다고 주석하고 있다고 생각된다. 이에 따르면, ‘그(=제주)의’는 ‘그(=제사)의’

라고 고쳐야겠지만, 제사의 구체적인 규정을 전혀 모르는 필자로서는 tasya의 해석에 두 가지가 있다는 점을 지적해두는 데 그치고자 한다.

12 *Maitrāyaṇī-saṃhitā*에 관해서는 M. Winternitz, *A History of Indian Literature*, Vol.I, Eng. ed., 1927, University of Calcutta, Second ed., 1972, p.54, p.170, *Tāṇḍya-mahā-brāhmaṇa*에 관해서는 *ibid.*, p.191을 참조하기 바란다.

13 辻直四郎, 『インド文明の曙 -ヴェーダとウパニシャッド-』, 東京: 岩波新書, 1967, p.140. 또한 같은 책, pp.117-120도 참조하기 바란다.

14 辻直四郎, 위의 책, pp.142-143.

15 Śrīśa Chandra Vasu, op. cit. (앞의 주7)), p.876에서 "Thus kaḍaṅkaram arhati= kaḍaṅkarīyaḥ or kaḍaṅkayaḥ 'one deserving straw' such as a cow. So also dakṣiṇīyaḥ or dakṣiṇyo brāhmaṇaḥ 'a Brahmaṇa deserving alms.'"라고 서술하고 있는 것이 참고가 된다.

16 간단한 번역이라도 있는『마누 스므리티』는 차치하고라도, 방대한『마하바라타』의 경우, 문외한인 필자로서는 전혀 감당할 수 없다. 하지만 그렇다고 무시할 수도 없다. 게다가 후자는 서사시인 만큼 단순한 용례 검색만으로는 불충분하며, 때에 따라 이야기의 미묘한 흐름 전체를 파악해야 할 경우도 있다. 하지만 필자에게는 이를 감당할만한 시간적 여유도 능력도 없다. 후자에 보이는 닥시나에 관한 용례에 관해서는 P. L. Vaidya, *The Pratīka-Index of the Mahābhārata: Being a Comprehensive Index of Verse-Quarters Occurring in the Critical Edition of the Mahābhārata*, Vol.III, Bhandarkar Oriental Research Institute, Poona, 1969, pp.1649-1650에 근거하여 극히 소수의 용례만을 조사해보았을 뿐이다. 닥시나라는 용어의 적은 용례를 고찰했을 뿐이지만, 필자 나름대로의 견해를 제시했다는 점에 의의를 두고 싶다.

17 Gopāla Śāstrī Nene (ed.), *The Manusmṛti with the 'Manvartha-muktāvalī' Commentary of Kullūka Bhaṭṭa with the 'Maṇiprabhā' Hindī Commentary by Pt. Haragovinda Śāstrī*, Kashi Sanskrit Series, 144, pp.122-123에 의한다. 일본어 역으로는 田邊繁子 역, 『マヌの法典』, 東京: 岩波文庫, 1953, p.87; 渡瀬信之 역, 『サンスクリット原典全譯マヌ法典』, 東京: 中公文庫, 1991, pp.94-95를 참조했는데, 번역어의 통일 등을 위해 여기서는 拙譯을 제시하였다. 제3장의 전반적인 기술에 관해서는 두 번역서를 참조하기 바란다.

18 이 전후의 표현에서 시여 받는 자의 호칭으로 가장 많이 사용되고 있는 bhikṣā에 관해 말하자면, 주석, *ibid.*(앞의 주17)), p.123, l.1에서는 '한 입 분량의 먹거리의 양(grāsa-pramāṇa, grāsa-mātra)'을 빅샤라고 한다. 따라서, 빅샤가 고대 바라문에 대한 거대한 보수를 의미하는 닥시나와 같은 의미일리는 없지만, 시물이 고행자

와 관련하여 신비로운 영력을 갖는다고 생각되면서 아주 적은 양의 시물이라도 닥시나라고 불리게 된 것은 아닐까 추정된다.

19 Gopāla Śāstrī Nene, *op. cit.* (앞의 주17)), p.290에 의한다. 두 번역에 관해서는 차례대로 p.171, p.191을 참조하기 바란다.

20 Jan Gonda, *Die Religionen Indiens, I Veda und älterer Hinduismus*, Die Religionen der Menschheit, Band 11, W. Kohlhammer Verlag, Stuttgart, 1960, p.43. 이 연구문헌에 관한 정보도 엔도로부터 얻었다.

21 '미테구라[幣帛]'에 관해서는 義江彰夫, 『神佛習合』, 東京: 岩波新書, 1996을 읽고 닥시나와의 유사성을 느껴 흥미로웠던 기억이 있어 여기서 기술해둔다. 앞으로 기회가 된다면, 일본 고대나 중세의 닥시나 문제도 생각해보고 싶다.

22 uddiśya라는 용어를 중심으로 한, 이 어의 및 이와 관련된 초기대승불교의 동향에 관한 필자의 견해는 졸고, 「初期大乘佛教運動における『法華經』-uddiśyaの用例を中心として-」, 『勝呂信靜博士古稀記念論文集』, 東京: 山喜房佛書林, 1996, pp.235-250을 참조하기 바란다.

23 Gopāla Śāstrī Nene, *op. cit.* (앞의 주17)), p.409에 의한다. 두 번역에 관해서는 차례대로 pp.233-234, p.261을 참조하기 바란다.

24 『마하바라타』「나라왕 이야기」에 관해서는 Soh Takahashi (ed.), *The Tale of Nala: Text (Transcription) and Vocabulary*, Texte und Studien zur Orientalistik, Band 9, Georg Olms Verlag, 1994에 근거하였다. 인용은 p.11(54.36)에 의한다. 또한 「나라왕 이야기」에서는 이 외 세 군데 더 닥시나에 관한 용례가 보인다. p.24(61.13), p.26(61.42), p.69(78.5)이다. 일본어 번역인 鎧淳 역, 『マハーバーラタ, ナラ王物語 -ダマヤンティー姫の數奇な生涯-』, 東京: 岩波文庫, 1989에 의하면, 위의 총 네 군데 중 가장 마지막 것을 제외한 세 가지 닥시나의 예는 차례대로 다음과 같이(밑줄 친 부분) 번역되어 있다. "多額의 謝禮를 동반하는 수많은 공희제"(p.38), "다액의 사례를 필요로 하는 공희제"(p.67), "막대한 사례를 필요로 하는 많은 공희제의 施主"(p.71)

25 *The Mahābhārata: Text as Constituted in Its Critical Edition*, The Bhandarkar Oriental Research Institute, Poona, 1972, Vol.2, pp.1036-1039를 참조. 영역은 J. A. B. van Buitenen (tr.), *The Mahābhārata*, Vol.3, The University of Chicago Press, 1978, pp.410-415를 참조하였다.

26 산스크리트 원문은 다음과 같다. sadbhir āropitaḥ svargaṃ pārthivair bhūri-dakṣiṇaiḥ/ abhyanujñāya daihitrān yayātir divam āsthitaḥ//

27 산스크리트 원문은 다음과 같다. upavāsaiś ca vividhair dīkṣābhir niyamais thatā/ ātmano laghutāṃ kṛtvā babhūva mṛga-cāriṇī// 또한 이 게송에 관해서는 原實, 『古典インドの苦行』, 東京: 春秋社, 1979, p.129에서 번역 및 고찰되고 있으므로 참조하기 바란다. 단, 하라는 "ātmano laghutāṃ kṛtvā"를 '스스로를 輕重하게 하고'라고 번역하고 있는데, 그 의미는 잘 이해가 안 된다. 이 게송을 설명하기 직전에, 하라는 "피부와 살을 여위게 하는 길은 자신을 '輕重'하게 하는(ātmano laghutām kṛ-) 것과 통한다."라고 기술하고 있다. 따라서 '경중'은 단순한 오자는 아닌 것 같다. 이 의미는 둔하고 부정한 육체가 고행을 통해 여위게 되면, 영혼ātman이 자유롭고 경쾌해진다는 의미여야 할 것이다. 이 때문에 이와 반대의 행동을 하는 자를 『마누 스므리티』 5.52에서는 다음과 같이 말한다. sva-māṃsaṃ para-māṃsena yo vardhayitum icchati/ anabhyarcya pitṝn devāṃs tato 'nyo nâsty apuṇya-kṛt//

28 산스크리트 원문은 다음과 같다. tato vasumanāḥ pūrvam uccair uccārayan vacaḥ/ khyāto dāna-patir loke vyājahāra nṛpaṃ tadā// prāptavān asmi yal loke sarva-varṇeṣv agarhayā/ tad apy atha ca dāsyāmi tena saṃyujyatāṃ bhavān// yat phalaṃ dāna-śīlasya kṣamā-śīlasya yat phalam/ yac ca me phalam ādhāne tena saṃyujyatāṃ bhavān//

29 산스크리트 원문은 다음과 같다. dadāti yat pārthiva yat karoti yad vā tapas tapyati yaj juhoti/ na tasya nāśo'sti na câpakarṣo nânyas tad aśnāti sa eva kartā//

30 Brahmajāla Sutta, *Dīgha Nikāya*, Vol.I, p.9, §21을 참조하기 바란다. 일본어 역은 片山一良 역, 「梵網經」, 『原始佛教』 1, 東京: 中山書房佛書林, 1991, pp.14-15가 평이하고 이해하기 쉽다. 'kappeti'는 본서 제2부 제4장 주25)의 고찰을 근거로, 여기서는 '옳다고 한다'라고 번역해두었다.

31 水野弘元, 『增補·改訂南傳大藏經索引』 제1부, 增補改訂版, ピタカ, 1977을 실마리로 삼아 dakkhiṇā와 dakkhiṇeyya에 관한 용례의 출처를 대략 지적해두면 다음과 같다. 또한 이하 열거한 가운데 KN을 단 것이 Khuddaka-nikāya에 속한 경전이다. ① dakkhiṇā: V, I, p.229; DN, II, p.88; DN, III, p.231; MN, III, pp.254-257; AN, II, pp.80-81; AN, III, p.43, pp.336-337; KN, *Khuddakapāṭha*, p.6; KN, *Udāna*, p.89; KN, *Vimānavatthu*, p.32, p.44; KN, *Petavatthu*, p.8, p.12, p.14, pp.16-17, pp.41-42; KN, *Cariyāpiṭaka*, p.5, p.12; A, *Kathāvatthu*, p.348, pp.549-551; A, *Milindapañha*, pp.257-258, ② dakkhiṇeyya: MN, I, pp.236-237; AN, I, p.63, p.150; AN, III, p.134, pp.158-161, p.279, p.387, p.390; AN, IV, pp.10-11, pp.145-146, p.290, p.373;AN, V, p.23, p.67, p.198, p.201, p.267; KN, *Itivutthaka*, pp.18-19, pp.87-89; KN, *Suttanipāta*, pp.85-91; KN, *Vimānavatthu*, p.41; KN, *Cariyāpiṭaka*, pp.1-2, p.12; KN, *Mahāniddesa*, p.225, p.462; KN, *Cullaniddesa* (未見), p.47, p.57, p.380; A. *Visuddhimagga*, p.4, p.25, p.201, p.220,

p.287, p.678, p.710; A. *Abhidhammatthasaṅgaha*, p.46.

32 이상의 세 문헌에 관해서는 차례대로 *Mahāvagga*, Vinaya Piṭaka, Vol.I, pp.226- 230: *Mahāparinibbāna-suttanta*, Dīgha Nikāya, Vol.II, pp.84-89: *Udāna*, pp.85-90을 참조하기 바란다. [본문 가운데 실제 인용은 *Mahāparinibbānasuttanta*에 의한다.] *Mahāvagga*의 영역으로는 T. W. Rhys Davids and H. Oldenberg, Vinaya Texts, Pt. II, *The Sacred Books of the East*, Vol.17, pp.98-104; *Mahāparinibbāna- suttanta*의 일본어 번역으로는 中村元, 『ブッダ最後の旅』, 東京: 岩波文庫, pp.33-40이 있다. 삼자가 거의 同文이라는 점에 관해서는 앞서 언급한 영역, p.97, n.1에서 "Chaps. 28-30 are, with a few unimportant variations, word for word the same as Mahâparinibbâna Sutta I, 19-II,3; II. 16-24. See Rh. D.'s Introduction to his translation of the Mahâparinibbâna Sutta, pp. XXXiv seq., and his note there at II, 16."라고 지적하고 있다. 또한 和辻哲郎, 『原始佛教の實踐哲學』, 東京: 東京: 岩波書店, 1927 (改訂新版, 1965), p.109 (신판, p.76)), 주21)에서는 "[열반경의] 이 이야기도 독립된 것으로 Udāna VIII, 6에 존재한다. 우다나에 보이는 것은 팔리본의 현재 형태와 일치하며, 마찬가지로 築城의 당사자를 수니다 및 왓사카라의 두 사람으로 본다. 한역 제본에는 단지 雨舍만을 든다."라고 지적하고 있다. 또한 이 이하 본문에서 제시할 삼자 일치의 게송 중 "tāsaṃ dakkhiṇam ādise"를 위에서 든 나카무라의 번역에서는 "[거기에 있는 신령들은] 그들에게 시여(의 공덕)을 돌릴 것이다."(p.39)라고 하고 있는데, 이는 완전한 오역이며, 신령들에게 닥키나를 지명하는(돌리는) 것은 현자의 부류(paṇḍita-jātika)여야만 한다. 닥키나를 누가 누구에게 지명하는가는 본 장에 있어 중요한 문제이므로 지적해둔다. 복수 대명사 tāsaṃ은 신령들을 가리킨다.

33 pṛthivī-pradeśa에 관한 쇼펜의 견해 및 그것에 대한 사견에 관해서는 본서 제2부 제8장을 참조하기 바란다.

34 *Aṅguttara-Nikāya*, III, pp.336-337에서는 닥키나를 받는 자paṭiggāhaka, 즉 닥키넷야 dakkhiṇeyya(다만, 이 말은 이 부분에서는 사용되고 있지 않다.)의 자격으로 고행자 혹은 범행자의 이미지가 요구된다. 이를 서술하는 게송은 다음과 같다.
vītarāgā vītadosā vītamohā anāsavā: khettaṃ yaññassa sampannaṃ saññatā brahmacārayo.
(탐욕을 떠나, 진에를 떠나, 어리석음을 떠나, 번뇌를 갖지 않고 제어된 범행자(성적 순결자)가 공희의 완전한 밭[田]이다.)
이러한 고행자야말로 닥키나의 영력을 증대하는 장소로서 '완전한 밭(sampannaṃ khettam=saṃpannaṃ kṣetram)'이 된다고 여겨지고 있었음을 이 게송은 명시하고 있다. 닥키넷야에 이러한 고행자적 자격을 부여하는 문헌은 상당히 많지만, 일일이 여기서 다루지는 않겠다. 그런데, 이러한 dakkhiṇeyya=sampannaṃ khettam을 "anuttaraṃ puñña-kkhettaṃ lokassa"로 하는 정형적 표현도 AN(앞의 주31)을 참조)

을 중심으로 상당히 많다.

35 *Petavatthu*, p.3에 보이는 팔리 원문은 다음과 같다.

khettūpamā arahanto dāyakā kassakūpamā
bījūpamaṃ deyya-dhammaṃ etto nibbattate phalaṃ.
etaṃ bījaṃ kasīkhettaṃ petānaṃ dāyakassa ca
taṃ petā paribhuñjanti dātā puññena vaḍḍhati.
idh 'eva kusalaṃ katvā pete ca paṭipūjayaṃ.
saggañ ca kamati ṭhānaṃ kammaṃ katvāna bhaddakaṃ.

36 櫻部建, 「功德を廻施するという考え方」, 『佛教學セミナー』 20, 1974, p.100[:櫻部建, 『阿含の佛教』, 山口: 文榮堂, 2002, p.146]. 또한 인용 중 '畑'에 '田'을 보충하고, 원래 '施dakkhiṇa'라고 되어 있던 괄호 안을 dakkhiṇā로 바꾼 것은 필자이다. 마음대로 개변한 점 양해 바란다.

37 梶山雄一, 「般若思想の生成」, 『般若思想』, 講座·大乘佛教2, 東京: 春秋社, 1983, p.76. B, K, P의 기호는 필자가 보충한 것인데, 그 보충한 위치는 완전히 동일한 취지의 그의 영어 논문, Yuichi Kajiyama, "Transfer and Transformation of Merits in Relation to Emptiness", Studies in Buddhist Philosophy (Selected Papers), Rinsen Book Co., LTD, Kyoto, 1989, p.11에 근거한 것이지 필자가 마음대로 보충한 것은 아니다.

38 Kajiyama, *ibid.*, p.11의 영문을 번역한 것이다.

39 梶山雄一, 앞의 논문, 1983, p.79. 이것이 이 논문의 결론인데 동일한 취지의 영어 논문, *op. cit.*에서는 이 결론을 오히려 서두에서 제시하고 있다. 따라서 그는 이 결론에 대해 자신감이 있었던 것 같지만, 본 장 전체에서 논증하고 있는 바와 같이 '복업의 전이성'은 당시의 통인도적 사고에 근거한 것으로 불교 고유의 생각은 아니었다.

40 梶山雄一, 앞의 논문, 1983 및 Kajiyama, *op. cit.*와 거의 동일한 취지로 저술된 책인 梶山雄一, 『「さとり」と「廻向」大乘佛教の成立』, 講談社 現代新書, 1983에서 설해진 '공'이 잘못되었다는 점에 관해서는 松本史朗, 「空について」, 『縁起と空 -如來藏思想批判-』, 東京: 大藏出版, 1989, pp.335-371, 특히 p.337을 참조하기 바란다. 마츠모토는 이 책(p.20)에서 서술된 "공 사상은 회향 사상에 논리를 부여하였다."라는 한 구절에 대해 "만약 공 사상이 박사가 말하는 것과 같은 것이라면, 그것은 단지 '회향' 사상에만 논리를 부여하지는 않을 것이다. 그것은 모든 사상에 논리를 부여하게 된다. 간단히 말하자면, '일체를 가능하게 하는 논리'가 될 것이다. 이렇게 해서 '공'은 모든 문제를 한번에 해소하고, 모든 願望을 즉시 실현시킬 수 있는

마법의 지팡이 같은 것이 된다. 실로 공 사상의 낙천성과 마술성은 이것으로 다하게 된다."라고 비판하고 있는데, 매우 중요한 지적이라고 생각한다. 이 잘못된 공 사상에서 일체를 공하게 하는 근거가 되는 것이 마츠모토가 말하는 '基體locus'인데, 닥시나에 신비로운 영력을 축적하는 장소(kṣetra=田)야말로 '기체'이며, 문자 그대로 '장소(kṣetra=topos)'에 다름 아니다.

41 原實, 『古典インドの苦行』, 東京: 春秋社, 1979 전체를 참조해야 하는데, 특히 필자도 다루었던 『마하바라타』의 동일한 야야티 조목에 대해 하라가 "When Yayāti, after having consumed his own merits, fell down from heaven to the Naimiṣa Forest where his pious daughter's sons, Pratardana, Vasumanas, Śibi and Aṣṭaka were performing a sacrifice, his grandsons proposed to give him their merits (*dharma*) so that he might be restored to heaven. Meanwhile his daughter, Mādhavī, offered him half of her merit (*dharma*) Gālava also gave him one eighth of his merit (*tapas*) for the same purpose. He was willing to share (*saṃvibhaj-*) his *tapas* with Yayāti and fill (*pūraya-*) Yayāti up with a portion of his own *tapas*, if Yayāti would accept it from the asetic student." (p.431)라고 서술하고 있는 점은 주목된다. 필자가 이 기술을 알게 된 것은 註記를 작성하는 단계에서였다. 필자는 색인에 의지하여 닥시나에 관한 용례를 확인하기 위해 이 야야티 이야기에 접근하였고, 하라는 고행tapas에 대해 고찰하는 과정에서 이 이야기에 주목하였다. 의도치 않게 서로 같은 부분을 중요시한 것인데, 이러한 복업의 전이나 악업의 정화는 모두 공 사상과는 무관하게 성립하였다. 이러한 근거에 tapas나 yajña 등이 있었다는 점에 관해서는 같은 책, 특히 pp.262-278, pp.322-342 등을 참조하기 바란다.

42 이 건에 관해서는 平川彰, 『律藏の硏究』, 東京: 山喜房佛書林, 1960, pp.734-757 [平川彰著作集 10, pp.324-347]의 「淨法と律藏」, 특히 pp.747-751 [같은 책, pp.338- 342] 및 片山一良, 「初期佛教における文化受容 -藥の章-」, 『駒澤大學佛教學部論集』 12, 1981, pp.147-149를 참조하기 바란다.

43 이 예언에 관해서는 中村元, 앞의 번역서, (앞의 주32)), pp.211-212를 참조하기 바란다. *Mahāvagga, Mahāparinibbāna-suttanta, Udāna*에 공통된 한 단락이, 앞의 두 개, 즉 마하박가와 마하파리닙바나 숫탄타의 경우 명확한 후세의 부가임을 논증하는 연구가 당연히 있을 것도 같은데 아직 발견하지 못하였다.

44 이런 의미에서의 쿳다카 니카야에 관해서는 졸서, 『道元と佛教 -十二卷本『正法眼藏』の道元-』, 東京: 大藏出版, 1992, pp.65-67, p.165를 참조하기 바란다.

45 여기서 *Majjhima-nikāya*, Vol.III, pp.253-257에 들어 있는 Dakkhiṇāvibhaṅga-sutta의 예를 들자면 다음과 같다. "bhavissanti kho pan', Ānanda, anāgatam addhānaṃ

gotrabhuno kāsāva-kaṇṭhā dussīlā pāpa-dhammā tesu dussīlesu saṃghaṃ uddissa dānaṃ dassanti. tadā p'ahaṃ, Ānanda, saṃgha-gataṃ dakkhiṇaṃ asaṅkheyyaṃ appameyyaṃ vadāmi, na tv evâhaṃ, Ānanda, kenaci pariyāyena saṃgha-gatāya dakkhiṇāya pāṭipuggalikaṃ dānaṃ mahapphalataraṃ vadāmi. (또한 아난다야, 미래세에 가사를 몸에 걸치고, 나쁜 습관을 가지고, 악법을 몸에 지닌 種性者들이 발생할 것이다. 그들 나쁜 습관을 가진 자들에게 교단의 명의로 사람들은 보시를 할 것이다. 그러한 경우라도 아난다야, 나는 교단에 속하는 보수 쪽이 셀 수 없고 헤아릴 수 없는 [큰 결과를 초래하는] 것이라고 주장하는 것이지, 결코 나는 어떠한 관점에서도 개인과 관련된 보시(=보수) 쪽이 교단에 속하는 보수보다 큰 결과를 초래한다고 주장하지 않는다.)" (p.256, ll.6-12)라고 한다. 또한 이 경에 의하면, '개인과 관련된 보수'는 14종, '교단에 속하는 보수'는 7종이라고 하는데, 위의 인용문 중 '종성자gotrabhū'라는 말에 관해서는 高崎直道, 「GOTRABHŪとGOTRABŪMI」, 『如來藏思想』 II, 京都: 法藏館, 1989, pp.209-234를 참조하기 바란다. 그런데 이 말이 다른 말과 함께 열거될 경우에는 항상 dakkhiṇeyya라는 '복전puñña-kkhetta'이라는 자격이 문제시될 때이므로, gotrabhū 역시 이러한 자격 중 하나로 필요해진 차별적 용어일지도 모른다.

46 *Vimānavatthu*, p.41에 제시된 팔리 원문은 다음과 같다.

tesaṃ sudinnaṃ suhutaṃ suyiṭṭhaṃ ye saṃgham uddissa dadanti dānaṃ
sā dakkhiṇā saṃgha-gatā patiṭṭhitā mahapphalā lokavidūhi vaṇṇitā

47 'saṃgham uddissa'를 '교단의 명의로'라고 번역하는 것에 관해서는 앞의 주22)에서 든 졸고를 참조하기 바란다.

48 施者와 受者에 관한 사구분별적 고찰에 관해서는 *Dakkhiṇāvibhaṅga-sutta* (앞의 주45)), pp.256-257을 참조하기 바란다. 또한 거기에 보이는 다섯 게송 중 제1송은 V. Trenckner (ed.), *The Milindapañho*, p.258 (일본어 역과 그에 대한 주에 관해서는 中村元·早島鏡正, 『ミリンダ王の問い』 2, 東洋文庫15, 東京: 平凡社, p.319, p.333, 주58)을 참조)에서도 인용되고 있다. 그 외, 그 다섯 게송과 완전히 동일한 것 및 유사한 사구분별은 *Dakkhiṇāvibhaṅga-sutta*의 일본어 번역자인 渡邊楳雄도 지적하는 바와 같이 『집이문족론』 (대정장 26, pp.402a-c)에도 나타난다. 또한 닥시나 혹은 다나dāna의 효과의 크기를 '복전'의 자격과 관련지은 논의는 『대비바사론』 (대정장 27, pp.678a-679a)에도 보인다. 그리고 *Abhidharmakośa-bhāṣya(AKBh)*에서도 닥시나와 닥시니야에 관한 흥미로운 기술을 볼 수 있다. 전자에 관한 *AKBh*, p.270, 1.23-p.271, 1.6의 기술에 관해서는 일본어 역이 있으므로 舟橋一哉, 『俱舍論の原典解明業品』, 京都: 法藏館, 1987, pp.503-504를 참조하기 바란다. 그 부분의 일본어 역에서 '보시'라고 되어 있는 것의 원어는 닥시나이다. 후자에 관한 *AKBh*, p.417,

ll.2-15의 기술은 "그중 '無諍araṇā'이란 어떤 아라한이, 유정들의 苦는 번뇌로부터 발생하는 것이라는 점과, 자신도 보수를 받을 만한 가치가 있는 자들 중에서 가장 뛰어난 자라는 점dakṣiṇīya-viśeṣa을 알고, 다른 것들이 그 [아라한]을 파악 대상으로 하여 번뇌를 일으키는 것을 끊고자 한다. 그는, 그 방법에 의하면 다른 자들에게 어떤 방법에 있어서도 諍raṇa을 발생시키는 일 없이, 어떤 사람에게도 그를 파악 대상으로 하는 貪도 瞋도 痴도 발생하지 않는, 그러한 智를 일으키게 하는 것이며, 그 실천은 어떤 자도 싸우지 않게 하므로 무쟁이다."라고 한다.

49 자료 분석을 기반으로 얻은 판단은 아니며, 어디까지나 이번에 여러 문헌을 보면서 얻은 감상에 불과하다는 점, 양해를 구한다. 또한 ud-DIŚ에 관해서는 앞의 주 22)에서 언급한 졸고를 참조하기 바란다. ā-DIŚ에 관해 말하자면, 색인에 의하는 한『디비야 아바다나』에서는 이것만 사용되고 있는데, 그것들은 필자의 감상을 어느 정도 보증해주는 것 같다.

50 본서 제2부 제1장, p.183 및 同, 제2장, pp.199-211을 참조.

51 平川彰,『初期大乘佛教の硏究』, 東京: 春秋社, 1968, pp.782-783(저작집 4, p.448)을 참조. 또한 梶山雄一, 앞의 논문, (앞의 주37)), pp.20-21을 참조하고, 후대의 번역에서「奉行『六波羅蜜經』」이 삭제된 것에 관해서는 平川, 앞의 책, pp.784-789 (저작집 4, pp.449-450), 藤田宏達,『原始淨土思想の硏究』, 東京: 岩波書店, 1970, pp.233-234를 참조.

52 *Aṣṭasāhasrikā Prajñāpāramitā*(『八千頌般若』), Vaidya ed.의 후반에서는 "sarva-sattvānāṃ dakṣiṇīyatāṃ gacchati. (일체 유정의 보수를 받을 만한 가치가 있는 사람이 되다.)" (p.200, 1.2), "sarva-lokasya dakṣīṇīyatāṃ parigṛhṇanti. (일체 세간 사람들의 보수를 받을 만한 가치가 있는 사람인 것을 얻는다.)" (p.200, ll.18-19), "dāna-dakṣiṇāṃ viśodhayanti. (보수인 보시를 청정히 하다.)" (p.200, l.20), "lokasya dakṣiṇīyatāṃ gacchati. (세간 사람의 보수를 받을 만한 가치가 있는 사람이 되다.)" (p.214, l.11) 등의 용례가 보인다. 한편, E. Conze, *Materials for a Dictionary of the Prajñāpāramitā Literature, Suzuki Research Foundation*, Tokyo, 1967, pp.195-196에 의하면, 증광된 후의『반야경』일수록 이런 종류의 용어가 많아지고 있음을 알 수 있을 것이다.

53 (i)는 Suzuki and Idzumi (ed.), *The Gandavyuha Sutra*, Pt. I, Kyoto, 1949, p.6, ll.6-7; (ii)는 P. ed., No.761, Si, 46a2-3; (iii)은『대방광불화엄경』(60권본) 대정장 9, p.677a; (iv)『대방광불화엄경』(80권본), 대정장 10, p.320a; (v)는『대방광불화엄경』(40권본), 대정장 10, p.662a에 의한다.

54『望月佛教大辭典』(世界聖典刊行協會, 1936년 초판), 제4권, p.3474의 '達嚫' 항,『織田佛教大辭典』, 東京: 大藏出版, 1954 재간, p.1179의 '達嚫' 항을 참조.『화엄경』에 보이는 '達嚫'의 용례는 전자를 통해 알게 되었다.

55 '복전' 사상을 보여주는 용례로 *Abhidharmasamuccaya-bhāṣya*의 다음 두 가지 예가 흥미롭다 (검색은 佐久間秀範, 『タティア校訂本『阿毘達磨雜集論』梵語索引およびコリゲンダ』, 東京: 山喜房佛書林, 1996을 사용하였다). "kṣetrato yadi guṇavad dakṣiṇīyaṃ kṣetraṃ bhavati.(밭에 의한다는 것은 만약 공덕을 지니면 보수를 받을 만한 가치가 있는 사람이 밭이 되기 [때문이다].)"(p.67, l.18: D. ed. Li, 48a6)와 "dakṣiṇīyaḥ śrotriya-brāhmaṇāḥ, teṣāṃ śuddhatara-saṃmatatvāt(보수를 받을 만한 가치가 있는 사람이란, 베다에 정통한 바라문들이다. 그들은 보다 청정한 자로 생각되기 때문이다.)"(p.155, l.11) 또한 중국이나 일본에서 일반적인 '복전' 사상을 보여주는 것으로 이른바 '搭袈裟偈'로서의 "大哉解脫服, 無相福田衣, 披奉如來教, 廣度諸衆生"이 있는데, 이에 관해서는 高崎直道, 『日常唱える偈文の解說』, 神奈川: 大本山總持寺出版部, 1981, pp.96-99를 참조하기 바란다. 또한 道元은 가사를 '복전'으로서 매우 존중했는데, 이 문제에 관한 비판적인 연구로는 ベルナール·フォール 저, 川橋正秀 역, 「曹洞禪における袈裟のシンボリズム」, 『駒澤大學禪研究所年報』 7, 1996, pp.282-260이 있다. 흥미가 있다면, 특히 pp.270-269를 참조하기 바란다.

[추가] 본문의 주14)에서 츠지辻의 한 문장을 제시할 때, 필자는 그가 거기서 인용한 Śatapatha-brāhmaṇa, 2.2.2.6 (Mādhyandina 本=Kāṇva 本, 1.2.2.5)의 원문을 확인하지 않았다. 그 후에 확인해보니 본 장에 있어서도 중요한 부분이었다. 지금 이 부분을 번역해서 제시하면 다음과 같다. "실로 신들은 2종이다. 신들은 신들이며, 박학하고 성전에 통달한 바라문brāhmaṇa도 모두 사람의 신들manuṣya-deva이다. 그들에 대한 공희yajña는 2종으로 나뉘어져 있다. 공물āhuti 만이 신들에 대한 것이며, 보수dakṣiṇā는 박학하고 성전에 통달하고 사람의 신들인 바라문들에 대한 것이다. 사람은 공물만으로 신들을 기쁘게 하며, 보수에 의해서는 성전에 통달하고 사람의 신들인 바라문들을 기쁘게 한다. 이 쌍방의 신들을 모두 기쁘게 했을 때, 그 사람은 至福의 장소sudhā에 안착한다. 실로 마치 사람이 정액retas을 자궁yoni에 안착시키는 것처럼, 제관ṛtvij들은 공희를 하는 자yajamāna를 천계svarge loke에 안착시킨다." [인용 가운데 마지막 부분에서는 Mādhyandina 本 2.2.2.7의 일부도 포함한다]. '정액'과 '자궁'은 본 장에서 본 후대에 전개한 ③=B: dakṣiṇā와 ②=K: dakṣiṇīya 혹은 '복전'의 관계를 시사하고 있는 것 같다. 불교에 있어 이러한 '복전' 사상의 훌륭한 결실의 예로 『화엄경』 「菩薩明難品」의 한 구절(60권본, 대정장 9, p.428a-c; 80권본, 同, 10권, p.67b-c; P. ed., No. 761, Yi, 222a2-b4)을 들 수 있을 것이다. 이것은 佛이라는 유일한 '복전yon phul ba'을 근거로 현실에 잡다한 공덕이 나타나는 것을 긍정하는 '차별 사상'을 표명한 것인데, 이러한 사고방식이 불교에 앞서 인도에서 성립하고 있었다는 점은 본 장과 다른 시점이기는 하지만, 최근에 S. Matsumoto, "Buddha-nature as the Principle of Discrimination", 『駒澤大學佛教

學部論集』 27, 1996, pp.328-296에서 명확히 논증하고 있으므로 참조하기 바란다.

[연구 보충 메모] 본 장과 다음 제11장에서 필자는 닥시나에 관한 베다 문헌이나 브라흐마나 문헌 혹은 이에 관한 베다학자나 인도학자의 연구 성과를 참조하지 않을 수 없었다. 필자는 이 분야에는 거의 무지하므로 이 방면의 연구자들로부터 여러 가르침을 얻었다. 이에 관해서는 곳곳에 기술해둔 바와 같다. 그런데 본 제2부의 논고를 모두 종료한 후에, 渡邊重朗로부터 Klaus Mylius, "*dakṣiṇā*: Eine Studie über den altindischen Priesterlohn", *Das Altindische Opfer: Ausgewählte Aufsätze und Rezensionen*, Jubiläumsausgabe zum 70. Geburtstag von Klaus Mylius, Wichtrach, 2000, pp.272-321에 관해 듣게 되었다. 이번에는 이 논문의 성과를 충분히 살리지 못했지만, 약간의 개인적 의견은 본서 제1부 제3장, 주37)에서 기술해두었다. 참조하기 바란다. 본 장 주32)에서 기술한 건으로 나중에 알게 된 것(다음 장의 주44)를 참조)인데, 渡邊照宏 역주, 『涅槃への道 -佛陀の入滅-』 (渡邊照宏 저작집 2, 東京: 筑摩書房, 1983), p.40에는 이런 종류의 오류는 전혀 없다. 또한 다소 확인이 늦은 감이 없지 않지만, 片山一良 역, 「大般涅槃經」, 『原始佛教』 8, 東京: 中山書房佛書林, 1995, p.31에도 이 오류는 없었다. 선행 업적을 참조하지 않았던 필자의 태만을 여기서 사죄해둔다. 또한 거기에서 제시되고 있는 세 게송 중 제2송 후반에 있는 "pūjitā pūjayanti mānitā mānayanti"는 본서 제1부 제3장, 주4)가 달린 본문에서 제시한 호칭 '崇敬의 四連語' 중 후반에 보이는 두 말이라는 점에 주목해야 한다. 또한 본 장에서 '보수 dakṣiṇā'를 청정하게 하는 것은 '施者dāyaka'나 '受者paṭiggāhaka'라고 언급한 부분(pp.429-430)에서 제시했던 '수자'의 팔리어는 괄호 안에 제시한 것처럼 paṭiggāhaka이며, 이에 대응하는 산스크리트어는 pratigrāhaka인데, 이 원어를 다음 장 이후에서는 대부분 '수령자'로 번역하였다. 이 점에 대해서도 넓은 이해를 바란다. 이와 관련해서는 다음 장의 주7), 주19), 주47)을 참조하기 바란다. '수령자'가 '보수를 받을 만한 가치가 있는 사람dakṣiṇīya'이라면, 그 사람은 당연히 '복전'이다. 이러한 생각이 본 장 말미에서 인용한 한역 『화엄경』의 '복전'에 반영되었을 것으로 추정된다. 또한 본 장의 주49) 및 그 본문에서 서술한 ā-DIŚ의 해석에 관해, 그 후 필자의 생각은 바뀌었다. 따라서 시기적으로 나중에 이루어진 본서 제1부 제3장의 고찰(특히 pp.87-92)은 보다 중요하다. 아마도 '①이 ④가 도달하는 끝을 ③이라고 지명하는' 것을 ā-DIŚ라고 해석한 것은 잘못이며, 오히려 의식 집행자가 ②의 권위를 빌어 닥시나를 ③이나 ①로 '지명하는' 것이 ā-DIŚ라고 해석해야 한다고 지금은 생각한다. 그 때문에 그 지명이 ③이나 ①로 확실하게 향해진 것을 듣고, ①은 닥시나가 효과가 있었음을 알고 환희하는 것이다.

11/ 닥시나에 관한 보충 메모

앞 장에서는 닥시나라는 용어를 중심으로 베다 문헌이나 브라흐마나 문헌 이래의 통인도적 바라문 종교의례가 불교에 점차 침투해간 모습을 명확히 하면서 닥시나가 갖는 신비로운 힘의 의미를 찾고, 그것을 존재하게 하는 의식의 구조를 생각해보았다. 이를 통해 일견 '자업의 자득성'에 반하는 것처럼 보이는 '복업의 전이성'도 대승불교의 공 사상 등과는 무관하게 통인도적인 사고방식에서 이미 충분히 성립하고 있었다는 점을 고찰하였다.

필자는 불교 이외의 산스크리트 문헌 일반에 관한 지식이 빈약하기 때문에 인도학을 전공하는 복수의 연구자로부터 얻은 정보[1]를 기반으로 고찰해왔다. 그런데 앞 장의 고찰을 공표하고 보니 당연히 참조해야 할 중요한 연구 논문을 빠뜨리고 있었다. 이번에도 역시 닥시나와 관련된 주요 논문을 미처 확인하지 못하였음을 알게 되었는데,[2] 특히 다음 세 편을 언급하지 않은 채 다음 단계로 나갈 수는 없을 것이다. 따라서 이들을 다루며 닥시나와 관련하여 부족했던 점을 보유적으로 채워보고자 한다. 먼저 그 세 편을 연대

순으로 열거해보면 다음과 같다.

A: J. C. Heesterman, "Reflections on the Significance of the Dākṣiṇā", *Indo-Iranian Journal*, Vol.3(1959), pp.241-258.

B: Boris Oguibenine, "La dākṣiṇā dans le Ṛgveda et le transfert de mérite dans le bouddhisme", *Indological and Buddhist Studies* (Volume in Honour of Professor J. W. de Jong on his Sixtieth Birthday, Bibliotheca Indo-Buddhica, No.27, Delhi, 1982), pp.393-414.

C: Minoru Hara, "Transfer of Merit in Hindu Literature and Religion", *The Memoirs of the Toyo Bunko*, No. 52(1994), pp.103-135.

이상의 세 편(이하, 본 장과 다음 장에 한하여 이들 세 논문을 차례로 A논문, B논문, C논문이라고 약칭한다.)을 특별히 다루는 이유는 필자 자신의 선택이라기보다는, 이 분야 권위자들의 교시에 따른 것이다. 필자가 생각하기에, 이 중 A논문과 B논문은 앞 장에서 고찰하지 못했던 『리그 베다』의 「보시 찬미dāna-stuti」의 일련의 찬가[3]에 대해 언급할 수 있게 해주며, C논문은 직접 닥시나의 고찰과는 무관하지만 그 중요한 일환을 이루는 '복업의 전이성'이 불교와 무관하게 힌두교 문헌 자체에서 성립하고 있었음을 명확히 해 줄 수 있다고 생각한다.

그런데 필자는 '악업불식의 의식'을 중심으로 고찰하면서 불교 '사상'이 점차 인도 '습관'에 의해 침식되고 논리적인 양자의 대립도 서서히 해소되어, 최종적으로는 불교가 힌두교에 잠식되었다는 점을 논증해왔다. 이때 베다 문헌이나 브라흐마나 문헌 이래의 통인도적 바라문의 종교 사상이 어떠한 것인가를 잘 이해해둘 필요가 있다는 것은 말할 필요도 없다. 이런 의미에서 불교를 연구할 때 절대로 바라문교나 힌두교 연구를 등한시해서는 안 된다. 하지만 다른 한편, 불교를 바라문교나 힌두교로 해소해버리는 길을 불교 연구자 스스로가 선택해서는 안 된다는 점 역시 중요하다. 왜냐하면 인도사상사에서 힌두교가 불교를 잠식해버린 것은 '사실'이므로, 만약 불교연구자가 '사실' 연구라는 미명에 취해 판단이 흐려지면 불교 역시 단순한 '사실'로서 힌두교의 일종으로 생각해버릴 수 있기 때문이다. 이런 점에 유의한다면, 필자처럼 불교 이외의 산스크리트 문헌 일반에 약한 자라 할지라도, 아니 약한 자일수록 그 방면의 연구자가 일구어 놓은 성과에서 배울 것은 많으며, 또한 배우지 않으면 안 될 것이다.

이하 위의 세 편의 논문을 소개하면서 사견을 추가해가고자 하는데, 이들 모두 비교적 분량이 많기 때문에 내용을 망라하여 소개하는 것은 어려우며, 이는 본 제2부에서 필요한 일도 아닐 것이다. 물론 그들의 논지가 잘못 전해지는 일이 있어서는 안 되겠지만, 이하 소개하는 내용은 어디까지나 본 제2부의 관심사에 따라 이루어지는 것이라는 점에 대해 미리 양해를 구한다.

우선 A논문은 베다의 제주祭主가 제관에게 제공한 닥시나가 서구적인 의미에서의 사례fee나 급여salary, 혹은 보상remuneration이 아닌 이유를, 그것이 원래 해당 제관ṛtvij들만이 아닌 제관 조직체에 속하지 않는 바라문들에게도 주어지고 있었다는 점에서 찾는다. 히스테르만에 의하면, 이 제관들과 구별되는 후자는 사다스sadas라 불리는 제사의 울타리 안에 제주와 함께 들어갈 수 있는 사람들을 의미하는 프라사르파카prasarpaka나 사다스야sadasya를 말하는데, 그들 중에는 경우에 따라 비非바라문도 포함되어 있었다고 한다. 하지만 그것은 제사가 발전하는 초기 단계에서이며, 제사의 복잡화와 더불어 제사는 오로지 전문가의 손에 맡겨지게 되었다. 그 결과, 초기의 사고방식을 보여주는『마이트라야니 상히타Maitrāyaṇī-saṃhitā』나『카타카 상히타Kāṭhaka-saṃhitā』와 달리,『샤타파타 브라흐마나Śatapatha-brāhmaṇa』는 제관들만이 제주를 위해 찬가ṛc, 제사(祭詞, yajus), 가영(歌詠, sāman), 공물āhuti로 이루어진 제주의 새로운 제사 상의 자신ātman을 준비할 수 있다는 것을 근거로 제관들만이 닥시나를 받아야 한다고 규정하기에 이르렀다고 한다.[4]

히스테르만은 닥시나를 일단 '희생적인 증물(贈物, sacrificial gift)'의 의미로 이해한다. 그리고 닥시나가 증물 일반처럼 시자施者와 수자受者 간의 유대 관계를 확립하고 있다는 점과, 그것이 시자에게 풍요로운 보답을 초래한다는 점에서 특히 흥미롭다고 하며, 다음 두 가지 특질을 중심으로 고찰을 전개한다.

첫째, 양자의 강한 유대 관계the force of the bond는 시자(=제주)가 베풀 때에는 수자(=제관)에게 자신을 베푸는, 즉 권청승hotṛ에게는 목소리를, 기도승brahman에게는 의意를, 제공승(祭供僧, adhvaryu)에게는 호흡prāṇa을, 영가승(詠歌僧, udgātṛ)에게는 눈을, 권청조력승(勸請助力僧, hotraka)에게는 귀를, 지배제공승(持杯祭供僧, camasâdhvaryu)에게는 사지를, 프라사르파카에게는 체모를, 사다스야에게는 동체胴體를 베푼다고 여겨져, 닥시나가 이들을 대신할 수 있다고 한 것에 의해 가장 잘 예증된다고 한다.[5] 그런데 히스테르만의 이 지적이 불교와 무관한 인도 쪽 문헌에 명확히 적혀 있는 것을 보면, 사신捨身 공양이 서서히 대승불교의 흥기와 더불어 불교 쪽 문헌에서 찬미된 것도 보시바라밀dāna-pāramitā의 강조와 더불어 도입된 통인도적인 닥시나관을 통해 보강되었기 때문이라고 생각된다.[6]

여하튼 닥시나를 매개로 한 시자와 수자 간의 밀접한 관계는 때로는 위험해질 수도 있으므로, 닥시나의 결합력에 관해서는 닥시나와 슈랏다śraddhā의 친밀한 관계, 신과 귀의자, 왕과 푸로히타(purohita, 궁정제관),[7] 제주와 제관과 같은 양자 간의 상호 신뢰가 주목할 만하다고 히스테르만은 지적한다. 또한 그는 이와 관련하여, 새롭게 관정 받은 왕이 확립한 그의 라이벌 왕들과의 유대 관계를 슈랏다라는 말로 표현하고 있는 점을 지적한 후, 그 슈랏다를 견고히 하기 위해 왕들에게 보내는 제식용 증물ceremonial gift과 같은 증물이 그 라자 수야rāja-sūya(왕의 대관식에서 개최되는 대공희제)에서 사제司祭를 지낸 제관에게 보내질 경우에 닥시나라 불린 것도 흥미롭다고 지적하고 있다.[8]

그런데 시자와 수자의 밀접한 관계가 특히 위험을 내포한다는 것은 닥시나가 그것을 받을 만한 가치가 없는 나쁜 수자에게 주어졌을 경우에는 시자도 파멸시킨다는 의미인데, 반대로 그것은 적절한 수자에게 주어진 닥시나라면 시자에게도 풍요로운 보답을 초래한다는 것도 포함한다. 이 후자가 히스테르만이 말하는 닥시나의 출산력성(出産力性, procreativeness)이라 부르는, 앞서 언급한 두 번째 점으로, 그는 그 심원을 『리그 베다』 제1편 제125장 제4~5송에서 찾고 있다.[9] 중요한 내용이므로, 이하 제6송도 추가하여 번역을 제시해둔다.[10]

(4) 건강을 초래하는mayo-bhuva 강의 흐름은 우유라는 음료처럼 제사를 한 자ījāna와 제사를 하려는 자yakṣyamāṇa에게로 흘러 들어간다. 아낌없이 채우는 것pṛṇanta과 아낌없이 주는 자papuri에게 소유(蘇油, ghṛta)의 흐름은 명성을 초래하면서śravasyu, 모든 방향으로부터 다가온다.

(5) 아낌없이 채우는pṛṇāti 자는 누구이든, 그 사람은 천공nāka의 능선에 도달하여 거주하고, 실로 신들이 사는 곳으로 향한다. 물의 흐름, 강의 흐름은 그를 위해 소유를 흘려보내고, 이 보수dakṣiṇā는 그를 위해 항상 증대한다pinvate.

(6) 보수를 주는 자dakṣiṇāvat들에게만 이들 광채(光彩, citra)는 있으며, 보수

를 주는 자들에게만 천상에서 태양의 자리sūryâsa가 있다. 보수를 주는 자들은 불사amṛta를 보관하고, 보수를 주는 자들은 수명āyus을 연장한다.

히스테르만은 이 중 제5송에 보이는 '보수는 증대한다dakṣiṇā pinvate'라는 등의 어구에 주목하고 있는 것 같다. 그는 닥시나의 출산력성에 관해 아그니아드헤야agny-ādheya제祭에서 제주가 자웅雌雄 한 쌍으로 된 소를 봉헌하는 것은 제주의 가축 무리가 번식함을 암시한다던가, 신격화된 닥시나 여신이 야즈나(Yajña, Sacrifice)신과 하나가 됨으로써 인드라Indra를 얻었다던가 하는 예[11]를 언급하면서도 닥시나의 어원 해석에 관해서는 필자가 앞 장에서 소개한 닥시나는 닥스DAKṢ의 사역형(dakṣayati, 활력을 불어넣다)에 유래한다는 설[12]에 따르지 않는다. 하지만 이러한 해석을 의사어원설(擬似語源說, pseudo-etymology)로서 피하면서도, 그는 닥시나의 출산력성의 개념이 '활력을 불어 넣는다'는 어원 해석과 결합될 경우, 닥시나로 귀착될 힘에 활기를 불어넣을 사신(捨身, the life-giving)의 배경으로 생각할 수 있을지도 모르겠다고 서술한다.

필자는 이러한 그의 견해에 어느 정도 공감한다. 그는 닥시나의 어원 해석에 관해서는 동사 기원설을 피할 뿐만 아니라, 베르게느Bergaigne의 설에 의지하여 논문 말미에서 적극적으로 닥시나가 본래 '오른손right hand'이라는 어의에 유래한다는 견해를 표명하다.[13] 이러한 견해의 근거로 히스테르만이 제시하는 문헌은 『리그 베다』 제3편 제39장 제6송과 제6편 제54장 제10송, 제10편 제47장 제1송인데,[14] 이들에 관해 언급한 후에 그는 이렇게 서술한다.[15]

베르게느가, 신의 선물이 인간인 제주의 선물의 원형이었다고 결론내린 것은 의심할 여지없이 옳다. 그럼에도 불구하고 제식에서는 오른손이 수여 행위에 도움을 주고 있는 것도 표현되지 않고, 닥시나와 오른손과의 관계 역시 표현되지 않는다. 필시 이 사실은 제식 우주론의 '탈인격화'로 귀착될지도 모른다. 그 탈인격화는 모든 활동을 비인격적이고 자동적으로 움직이는 과정이라고 간주하기 쉬우며, 거기서는 신의 영웅적인 활동이나 이에 이어지는 너그러운 태도가 프라자파티Prajāpati의 순환적인 탈통합(脫統合, disintegration)과 재통합reintegration에 의해 교체되고 있는 것이다.

일본의 '폐백(幣帛, 미테구라)' 역시 '오른손'이라고까지는 할 수 없어도 '손'과 관계가 있는 것 같으므로, '오른손'과 연관시키는 히스테르만의 견해는 예로부터 내려오는 일본 제식에 있어 '미테구라'의 역할을 상기시킨다. 이 '미테구라'라는 말의 어의에 관해 야나기다 쿠니오柳田國男는 『日本の祭』에서 다음과 같은 견해를 피력하고 있다. 여기서 반드시 언급해야 할 부분은 아니지만 중요하다고 생각되므로 비교적 긴 한 구절을 그대로 인용해둔다.[16]

미테구라의 미테는 손으로, 이것을 손에 잡고 이동하는 것에서 그 이름이 생겨난 것은 앞의 '손에 잡으시고'라는 노래로부터도 상상할 수 있다. 이에 비해 이동하지 않는 것, 정해진 장소에 세워 두거나 혹은 천연의 나무에 의지하여 마련된 쿠라는 무엇이라고 부를까? 이에 대해서는 명확한 총칭이 전해지지 않지만, 필시 쿠라라고 해도 원래 통했을 것이다. 현재는 쿠라시시·쿠라츠츠지 등 오로지 산속의 바위, 즉 암창岩倉에만 이 이름이 남아 있지만, 본래 신이 내려와야 할 모든 장소가 쿠라였던 것이 나중에는 그것을 손에 잡고 이동해 드리는 것이 주가 되어 미테구라라는 이름만 오래도록 전해졌을 것으로 생각된다. 여하튼 신앙의 의식이 세상과 더불어 조금씩 변한 것이다. 예전에 정해진 하나의 큰 나무

밑에서 신을 계속 모시는 토지는 증가하지 않는데 비해, 이것을 차례로 이동할 수 있는 형태로 바꾸고 새로운 토지에 권청하는 경우는 점차 많아진 것이다. 그리하여 이에 동반하여 그 미테구라를 손에 쥔 자가 신의 지령을 받은 자, 제사에 봉사하는 가장 주요한 역할이라는 사고방식이 한층 강해진 것도 분명하다.

야나기다는 '미테구라'의 어의를 위와 같이 추정한다. 그런데 이 말이 일본의 고대 율령 국가에서 실제로 어떻게 기능했는지, 이 점에 관해서는 요시에 아키오義江彰夫가 다음과 같이 서술하고 있다.[17]

신기관神祇官은 대보율령大寶律令이 정해진 701년(大寶 원년) 이래, 예로부터 지방에서 전해 내려오는 제사를 토대로 수렴收斂·변용하는 형태로 설정된 기년제祈年祭(풍년 기원)·월차제月次祭(계절의 순조로운 운행 기원)·신상제新嘗祭(수확제) 등의 제사를 집행하기에 앞서 조정이 공인한 전국의 축부祝部들을 신기관으로 모집하여, 신들에게 공양물(미테구라)을 앞에 하고, 신기관 관리인 중신中臣이 신들에게 감사와 가호의 축사를 낭독한다. 이것이 끝나면 죽 늘어앉은 축부들에게 같은 관리인 기부忌部가 이 미테구라를 나누어준다. 신기령에는 다음과 같이 규정되어 있다.

그 기년祈年·월차月次의 제사에는 백관, 신기관에게 모여라. 중신은 축사를 말하라. 기부는 미테구라를 나누어주라.

여기서 규정되고 있는 미테구라의 분배가 고대인도로 말하자면 닥시나의 분배에 해당할 것이다. 이러한 분배 규정이 『마누 스므리티』에도 보인다는 점은 이미 앞 장에서도 서술한 바와 같다.[18] 또한 닥시나와도 밀접한 관계를 갖는 선업이나 공덕의 분할 배분에 관해서는 C논문에서도 매우 중요한 문제로서 다루어지고 있으며, 이 외에 닥시나의 시수施受(授) 문제는 이미 『리그베다』에서도 일대 관심사였다.[19]

그런데 여기서 A논문으로 돌아가 보면, 히스테르만은 마치 '미테구라'로부터 '손'이라는 어감이 잊혀져갔듯이, 닥시나로부터 '오른손'의 의미가 말소되어버린 이유를 제식 우주관의 '탈인격화'에서 찾고 있다. 또한 그는 그 탈인격화의 전개를 앞에서 서술한 닥시나의 두 가지 특질, 즉 닥시나의 결합력binding force과 닥시나의 생산성productivity 및 그 양자의 상호관계interrelation에서 찾는다. 그 탐구는 A논문의 중심을 이루고 있는데, 이에 앞서 히스테르만은 양자의 상호관계를 다음과 같이 공식화하고 있다.[20]

> 닥시나라는 선물은 시여하는 무리[一團]와 수령하는 무리와의 생성적 결연a generative alliance을 확립하거나 혹은 나타낸다.

그리고 히스테르만은 이 공식 가운데 '결연'을 '혼인의 유대 관계a marital bond'로도 간주하여, 다시 구체적으로 다음과 같이 말한다.[21]

> 제주가 닥시나를 줄 때에 기대하는 보답은 시자giver와 수자donee 간의 결합의 출산력성procreativeness에 유래한다. 이 관계에서 제주가 닥시나와 함께 자신의 딸을 사제자 중 한 사람에게 시집보내도록 하는 한편, [제식에 관한 고명한 저자] 아파스탄바에 의해 마사(馬祠, aśvamedha)의 제주는 닥시나로서 자신의 처를 주요한 사제에게 주어야 한다고 기술하고 있는 것은 의미 깊은 점이라고 생각된다. 나에게는 이 특징이 제사의 후원자와 기도승brāhman 사이의 유대 관계의 혼인적 성격을 명시하고 있는 것

처럼 생각된다.

이렇게 해서 히스테르만은 이러한 '혼인의 유대 관계'에 의해 연결되고 있는 제사에 우주의 순환적 율동the cyclical rhythm of the cosmos의 양극으로서의 생과 사, 상승과 하강, 결집과 발산이 집약되어 있다고 하여, 그 우주의 추이the course of the universe가 프라자파티Prajāpati를 원형으로 한 제주로부터 발생하는 닥시나의 존재 방식 속에서 알 수 있다고 한다. 예를 들면, 3일 간 이루어지는 소마제의 일종인 가르갸 트리라트라gārgya trirātra제에서 닥시나로 주어진 천 마리의 암소는 근본이 되는 한 마리와 셋으로 나뉜 그룹으로 이루어지는데, 그들에 대한 세 가지 설명[22]을 보아도 명확하듯이 "닥시나는 스스로를 분배하는 것에 의해 프라자파티의 우주생성론적 역할을 다하는 제주 자신을 상징한다.[23]"고 한다. 여기서 333×3+1이 되는, 그 천 번째 암소는 나머지 암소를 합한 것만큼의 젖을 생산함과 동시에 천 마리의 암소를 재출산한다고도 하는데, 이 천 번째 암소에 관해 히스테르만은 이렇게도 말한다.[24]

> 이 암소는 처음에 타르프야tārpya라 불리는 의류로 덮여 있으면서 닥시나의 길을 따라 북쪽으로 안내된다. 이 타르프야라는 의류는 천 마리 암소의 요니(yoni, 자궁)라고 생각되고, 이렇게 해서 그것은 천 마리째 암소의 출산력성procreativeness를 명시한다.

그런데 이 천 마리의 암소는 원래 인드라Indra가 브리트라Vṛtra로부터 빼앗은 것을 상징하는 것 같은데,[25] 그 닥시나의 배경을 이루는 신화의 인드라로부터 프라자파티로의 추이에 관해 히스테르만은 다음과 같이 지적한다.[26]

하지만 그 약탈의 동기는 인드라 신화의 영웅적인 국면에 속하는 것인데, 이 신화는 제식의 사변이 전개하는 과정에서 프라자파티에 의해 배후로 밀려나고 말았다. 제주는 브라흐마나 문헌에서는 아직 종종 인드라와 함께 하지만, 그 주의主意는 제사의 신the god-sacrifice인 프라자파티에 집중되고 있다. 그리고 이 프라자파티의 성격은 원초의 제사나 제주, 희생을 하나의 이미지로 결합시킴으로써 브라흐마나 문헌의 제식 우주론을 위해 적절하게 구체화를 도모하는 중핵적인 장소를 제공한다.

이런 식으로 닥시나를 프라자파티와 밀접하게 관련짓는 것에 대해 이 분야의 전문가 사이에서는 이론이 있을 수도 있지만, 불교의 '악업불식 의식'을 고찰하려는 필자의 입장에서 본다면, 불교가 성립하기 이전인 브라흐마나 문헌의 단계에서 프라자파티와 밀접하게 결합한 닥시나의 출산력성에 얽힌 신비로운 영력이 불교와 무관하게 통인도적인 제사로 정착하고 있었다는 점이 명확해졌다면 그것으로 충분하다.[27]

이제 B논문을 보자. 본 논문은 공간公刊된 시간적 순서로 볼 때 당연히 A논문의 존재를 알고 있었을 것으로 생각되며, 실제로 언급도 하고 있다. 하지만, 구체적으로 A논문을 비판하지는 않는다.[28] 다만 오귀베닌Oguibenine이 닥시나에 관한 기존의 연구가 제사 후원자(patrons du sacrifice[29]=제주)와 제관과의 상호 작용 속에서만 고찰되어온 점에 불만을 갖고 있는 것으로 보아, 필시 A논문의 이러한 측면에 대해서도 비판하고 있는 것으로 생각된다. 따라서 B논문의 고찰의 출발점은 『리그 베다』 제10편 제107장 제3송 중 "daivī pūrtir dakṣiṇā deva-yajyā[30](보수는 신들에게 향해진 증여이며, 신들에게 만들어진 제사이다)"라는 표현에 주목하고, 닥시나가 단지 제주와 제관이라는 인간끼리의 관계와만 관련된 것이 아닌, 어디까지나 신들을 향해 제시된 것이라는 점을 중시하는 데 놓여 있다. 이런 관점에서 오귀베닌은 베다의 제사 행위의 참된 성질은 제사 후원자들이 그 급부(給付, prestation)로 제관들에게 은혜를 주게 한다고 할 때에는 부분적으로 밖에 표현되지 않지만, 정확히 『리그베다』의 상기의 제3송 중의 문구처럼 신들이 그와 같은 급부, 즉 닥시나에 의해 받들어진다고 할 때는 그 성질이 완전하게 표출된다고 한다. 게다가 그 닥시나는 어디까지나 제사 후원자의 이익을 위해 완수될 봉사의 대상(代償 récompense)으로서 제관에게 바쳐진 것이라는 점에도 유의하며, 이들 고찰로부터 다음과 같은 결과를 얻을 수 있다고 한다.[31]

(1) 신들, 제사의 후원자, 제관이라는 [삼자의] 복합적인 상호 작용은 그 완전성plénitude에 있어 제사 행위의 최상의 것을 표출한다.
(2) 제사 과정의 복합성과 완전성은 [제사] 참가자들의 세 그룹의 연대성 solidarité 속에서 그 표현을 발견한다.

그런데 제사라는 장치le dispositif sacrificiel는 인간에게 실로 제도상의 가치를 주기 위해 신들의 결여(먹거리 등) 혹은 인간의 결여(자연의 혜택 등)라는 규칙으로부터 출발하는 것이므로, 그 결여를 보충해야 할 세 그룹은 대립하면서도 상호 보완적으로 기능한다고 한다. 그 일련의 형식상의 대립은 제관 : 신들 : 제사 후원자(=제주)가 되는데, 이 일련의 대립은 (1)제관 : 신들, (2)신들 : 제사 후원자, (3)제사 후원자 : 제관으로 분해되고, 이들 대립을 말하는 것은 그 세 그룹 간에 적절한 수단을 채용함으로써 각 그룹에 고유한 결여를 보전하는 데 도움이 될 상호 작용이 있는 듯한, [제사] 참가자들의 그룹을, 그 대립된 용어가 지시하고 있는 것을 알게 하기 위해서라고 오귀베닌은 지적한다.[32] 그리고 이러한 삼자의 관계에서 인간의 은혜le bénéfice humain

는 제사 과정이 성취될 수 있기 위해, 또한 새로운 제사가 인간과 신들 사이의 부단한 상호작용을 갱신할 수 있기 위해, 제사 후원자의 은혜 및 제관의 은혜에서 닥시나로서 실현되지 않으면 안 되는 것이라고 하며, 제사 후원자는 『리그 베다』의 제7편 제19장 제6송에서 "vyantu brahmāṇi … vājam[33]([나의] 진언이 강렬하게 [당신]에게 이르기를)"이라고 설해지고 있는 것으로 보아 『리그 베다』 제10편 제107장 제5장에서 "yaḥ prathamo dakṣiṇām āvivāya[34](무릇 누구라도 처음 보수에 다가간 자)"라고 설해지고 있듯이 제관에 대해 보수에 다가가는ā-vī 것에 의해 그때에 그 제사 행위l'acte sacrificiel를 완성한다고도 서술하여 여기서 사용되고 있는 두 개의 동사, 아-비(ā-vī, 다가간다)와 비(vī, 이른다)가 두 개의 방향성, 즉 (1)받는 자에게 향하는 것l'un vers celui qui reçoit과, 반대로 (2)닥시나를 받는 것을 예기하고 있는 것으로부터 발하는 다른 것l'autre venant de celui qui espère recevoir sa dakṣiṇā을 각각 제시하고 있다는 점에 주목한다.[35]

B논문은 베다 문헌을 중심으로 다루는 전반과, 불교문헌이나 의례를 다루는 후반으로 크게 나뉘는데, 전반의 고찰을 마무리 짓는 단계에서 베다 문헌에서의 닥시나의 성격에 관해 일단 다음과 같이 결론짓는다. 이하, 그 구절을 제시하면 다음과 같다.[36]

> 베다의 닥시나란 결론적으로 말하자면, 신들이 인간들의 성향에 따라 내려놓은 여러 이익biens과는 질적으로 다른 일종의 이익un bien이며, 또한 제삼자처럼 보이는 시인제관들les poètes officiants이 원래 인간 일반에게 충당된 급부prestation를 우회적으로par le dètour 획득하는 것이다.

그런데 오귀베닌은 이 인용문 중 우회와 관련하여 무시할 수 없는 유사

현상이 있다며, 그 현상을 다음과 같이 서술한다.[37]

> 얼핏 보면 신들에게 충당된 시인제관의 말은 같은 우회le même détournement에 의해 닥시나보다 훨씬 더 변화가 심한 이익을 보증하기 위해 제사 후원자의 봉사에 놓여진다.

그리고 이 두 인용문과 관련하여 두 가지 우회를 '두 개의 전환les deux déviations'이라는 말로 바꾸어 다음과 같이 설명한다.[38]

> ① 제관과 신들과의 관계의 구상적인, 하지만 실제로는 제사 후원자에 대해서와 마찬가지로 신들에게도 충당된 표출인(그 때문에 반드시 제삼자를 위한 분배에 바쳐지는) 말의 전환la déviation de la parole과, ② 인간 일반에게 충당되면서, 하지만 신들과 인간과의 관계를 구상화하는 것에 의해 재산richesses이 인간에게 도달한 순간에 분할되는 재산의 전환la déviation des richessess과의 그들 [두 개]는 그 때문에 같은 제삼자를 위한 분배에 바쳐지는 것이다.

이렇게 해서 베다의 제사에서 닥시나가 갖는 의미에 '두 개의 전환' 구조가 있음을 인정한 오귀베닌은 그것을 조사照射하는 듯한 예가 대승불교와 마찬가지로 고대불교에도 알려져 있던 '공덕의 회향(patti-dāna=puñña-dāna, "transfert de mérite ou de bénéfice")이라며,[39] 이후 후반에서는 오로지 이 방향으로 고찰을 진행한다. 원래 그는 양자가 완전히 같다고 말하고 있는 것은 아니며, 차이의 측면에 관해 다음과 같이 서술한다.[40]

하지만 그럼에도 불구하고 무시할 수 없는 약간의 차이는 있다. 베다의 제사 행위 가운데 [제사] 참가자들의 세 그룹 간에 전체적 관계가 있음을 알게 되었는데, 그 전체는 그들 기능적인 관계가 제관과 신들 간, 신들과 제사 후원자 간, 최종적으로는 제사 후원자와 제관 간에 확립되고 있다는 것을 증명한 덕택에 베다의 제사에서 관찰되는 일관성을 보증하는 것에 그 존재 이유가 있다. 이에 반해 불교의 귀의 행위는 그 전망 속에 놓여 다소 달리 이해된 관계에 근거하고 있다. 어떤 증여 후에 그 분배attribution를 획득한 공덕은 어떤 경우에는(사실은 친족의 관계 혹은 그 상황에서 형성된 관계에 의해 보증되는) 자발적 행위이며, 어떤 경우에는 말의 명령une injonction verbale에 의해 시사되는 행위이다.

B논문은 이 후에도 불교문헌에 있어 닥시나의 의미를 상세히 검토하고, 그것을 베다 문헌과 비교하면서 추진해가는데, 그 중핵을 이루는 '공덕의 회향' 문제는 다음 장에서 다룰 '작선주의'[41]와도 밀접하게 얽혀있다. 따라서 언급할 필요가 있는 그의 견해는 다음 장에서 언급하기로 하고, 여기서는 그가 불교의 '공덕 회향'과 관련하여 주목한 『디비야 아바다나』 한 구절[42]의 원문을 번역과 함께 제시해둔다.

jāto me syān nāvajātaḥ, kṛtyāni me kuryād bhṛtaḥ pratibhared dāyâdyaṃ pratipadyeta kula-vaṃśo me cira-sthitikaḥ syād, asmākaṃ câtyatītaṃ kālagatānām uddiśya dānāni dattvā puṇyāni kṛtvā nāmnā dakṣiṇām ādiśed

나에게 신생아가 태어나기를. 그 [아이]가 나를 위해 의무를 다하기를. 그 [아이]가 하인으로서 선물이나 먹거리를 주어 실행하기를. 나의 가계가 영원히 존속하기를. 그리고 그 [아이]는 오래도록 죽은 우리들의 명의로 보시를 베풀고, 복업을 짓고, 가리켜 닥시나를 지명하기를.

마지막으로 하라 미노루의 C논문을 보자. 이 논문은 기본적으로 불교문헌에 관한 것은 아니지만, B논문의 후반과 마찬가지로 '공덕의 회향'이라는 문제를 중심으로 다루고 있다. 따라서 이 역시 B논문과 마찬가지로 문제가 되는 부분은 다음 장에서 언급하기로 하고, 여기서는 개요만 간단히 소개하는데 그치고자 한다.

C논문에서는 주로 『마하바라타』를 중심으로, 『마누 스므리티』 등의 관련 문헌을 추가하여 고전 인도기의 힌두 문헌을 다루는데, 고찰에 앞서 하라는 그 전제로서 두 가지 문제점을 지적한다. 첫째, 인도 윤리 사상에서는 소위 '자업의 자득성'이 철칙이었지만, 그 철칙을 부수는 선악업의 이행이라는 개념이 이미 나타나고 있었다고 한다. 둘째, 그 선악업의 이행에는 그 일부 혹은 전부를 다른 사람에게 주듯이, 행위의 결과인 업이 분할 가능한 것으로서 실체화되고 있었다는 점이라고 한다.[43] 이 중 첫 번째 문제는 앞 장에서 사쿠라베 하지메의 논문을 들어 다루었던 '자업의 자득성'과 '복업의 전이성' 문제와 거의 중복된다.[44] 그 '자업의 자득성'에 관해 하라가 전거로 제시하는 『마누 스므리티』의 한 구절[45]은 다음과 같다.

> (a) 사람이 죽었을 때 따라가는 친구는 오로지 선업 하나뿐. 실로 다른 모든 것은 신체와 함께 소멸한다.
>
> (b) 필시 저 세상에는 부모도 처자도 친족도 동반하지 않는다. 선업만 동반자가 될 뿐이다. 태어날 때도 혼자, 죽을 때도 혼자. 생류는 홀로 선업을 누리고, 홀로 악업을 누린다.

이와 같은 문제를 전제로 C논문의 제1절에서는 이행 가능한 것으로 노년jarā, 수명āyus, 기력tejas을 다룬다.[46] 이어 제2절에서는 악업을 나타내는 두스크리티duṣkṛta, 아다르마adharma, 파파pāpa 등과 대립해서 사용되는, 선업을 나타내는 수크리티sukṛta, 다르마dharma, 푼야puṇya 등을 역시 이행 가능한 것으로 여러 예화와 더불어 논한다. 여기서 그들 선업이 실체시되고 분수적分數的으로 표현되고, 이러한 분수적 표현과 '수령한다prati-GRAH'를 의미하는 동사가 결합된 문장도 예를 들어 지적하고 있다.[47] 제3절에서는 '공덕의 회향the transfer of merit'과 관련된 중요한 표현이 의무의 수행the prescription of one's duty이나 악행의 응보the retribution of evil deeds, 맹서의 말the formulation of an oath을 다룬 문맥에서 나타난다는 점을 중시하며, 주로 『마누 스므리티』를 자료로 이들 용례를 검토하고 있다.[48]

제4절에서는 시바교 수주파(獸主派, the Pāśupata Śaivites)의 교의를 요약하고 있는데, 이는 종교상의 최종 목표, 즉 윤회로부터 최종 해탈에 도달하기 위해 '공덕의 회향' 과정을 가장 유효하게 이용한 것이 시바교 수주파였다고 생각하기 때문이다.[49] 여기서는 그 교의의 일부를 보여주기 위해, C논문의 인용[50]에 따라 『파슈파타 수트라*Pāśupata-sūtra*』의 한 구절 및 이와 관련된 한 게송의 원문과 번역을 제시해둔다.

> avamataḥ(3) sarva-bhūteṣu(4) paribhūyamānaś caret(5) apahata-pāpmā(6) pareṣāṃ parivādāt(7) pāpaṃ ca tebhyo dadāti(8) sukṛtam ca teṣām ādatte(9)
> 모든 생류들 속에서 경시되며, 더러워지며 가야 한다. 그는 죄장罪障이 소멸한다. 타인의 비난에 의해 그는 스스로 악업을 그들에게 주고, 그들의 선업을 받는다.
> ākrośamāno nâkrośen manyur eva titikṣataḥ/ sa teṣāṃ duṣkṛtaṃ dattvā sukṛtaṃ câsya vindati//
> [타인]에게 비난받으면서도 [타인을] 비난하지 말라. 인내하는 자의 아만

은 그들에게 악업을 주고, 선업을 그에게서 발견한다.

제5절에서는 수주파의 경멸 탐구seeking of dishonour와 『산다르마 푼다리카(*Saddharma-puṇḍarīka*, 법화경)』 제19장에서 설해지는 상불경(常不輕, Sadāparibhūta)보살의 행行과의 유사성이 문제가 되는데, 전자의 행이 타인의 잘못을 기회로 선업을 약탈하려는 책략yantra인데 비해, 상불경보살의 그것은 이타의 보살행이었다는 점이 지적되고 있다.[51] 또한 불교의 보살행이 보다 이타적이라는 증거로 이 제5절 말미에서 대승불교 관련 비문이 소개되고 있는데,[52] 이는 이미 본서의 제2부 제8장에서 검토한 바와 같다. 따라서 여기서는 그 대신에 하라가 C논문의 주기에서 언급하고 있는 『마드얀타비바가 바사*Madhyāntavibhāga-bhāṣya*』의 사본에 기록된 콜로폰의 원문을 필자의 번역과 함께 거론해두고자 한다.[53]

> // vyākhyām imām upanibadhya yad asti puṇyaṃ puṇyôdayāya mahato jagatas tad astu/ jñānôdayāya ca yato 'bhyudayam mahāntaṃ bodhi-trayaṃ ca na cirāj jagad aśnuvīta//
>
> 이 해설을 논술한 결과, 여기에 있는 모든 공덕이 큰 세상 사람들의 복덕의 생기를 위한 것이 되기를. 또한 지혜의 생기를 위해 그것에 의해 세상 사람들이 머지않아 큰 번영과 삼보리를 얻을 수 있기를.

이상으로 A논문, B논문, C논문의 개요를 소개함과 동시에 필자의 닥시나에 관한 보유적인 메모도 여기저기서 기술해왔는데, B논문의 후반이나 C논문에서 논해지는 '공덕의 회향' 문제는 베다 문헌이나 브라흐마나 문헌에서 설해지는 닥시나의 문제와는 또 다른, 의식에 관한 사고방식이 보다 후대에 어떻게 전개되었는지 그 과정과 더불어 고찰해야 할 문제라고 생각되므로 다음 장에서 '작선주의'와 함께 필요에 따라 다루려 한다. 지금, 위에서 인용한 콜로폰에서 대비적으로 서술되고 있는 복덕의 생기puṇyôdaya와 지혜의 생기jñānôdaya 역시 '작선주의'의 성립과 무관하지 않다.

1 이들 정보를 준 연구자들에 관해서는 이미 본서 제2부 제10장 주3)에서 언급한 바와 같다.

2 이하 다루게 될 세 편의 논문을 입수하게 된 경위를 말하자면, 다음과 같다. A논문은 J. W. de Jong이 필자에게 보낸 1997년 4월 10일자 편지를 통해 알게 되었다. B논문은 하라 미노루가 필자에게 보낸 1997년 4월 9일자 편지를 통해 알게 되었으며, C논문은 이 편지와 더불어 그가 직접 보내준 것이다. 또한 같은 기회에 하라는 Minoru Hara, "A Note on the Sādhīna Jātaka", *Zeitschrift der Deutschen Morgenländischen Gesellschaft*, Supplemant VI (XXII. Deutscher Orientalistentag, vom 21. bis 25. März 1983 in Tübingen, Stuttgart, 1985), pp.308-314의 별쇄본을 보내주었으며, 더불어 1997년 1월 北海道대학 강연에서 사용한 C논문의 일본어 요약문 원고와 박사 자신의 연구 논문 일람을 다른 연구자들의 관련 업적과 더불어 받을 수 있었다. 여기서 드 용 박사와 하라 박사의 이름을 밝히며 감사의 마음을 전한다. 또한 본서 제2부 제10장에 관해서는 이 외에도 몇몇 분으로부터 정보나 감상을 들었다. 특히 渡邊重朗로부터는 한 장의 엽서이지만 많은 정보가 담긴 가르침을 1997년 4월 4일자로 받았다. 능력의 부족으로 모처럼 알려주신 정보를 충분히 살리지는 못했지만, 필자 나름대로 최선은 다했다고 생각한다.

3 이 건에 관해서는 본서 제2부 제10장 주9)를 참조하기 바란다.

4 이상은 A논문, pp.241-242에 의한다. 또한 *Śatapatha-brāhmaṇa*에 관해서는 그 전거가 Mādhyandina본에 따라 4, 3, 4, 5라고 적혀 있지만, 이것은 Kāṇva본에 의하면 5, 4, 1, 4이며, 그 서두에는 "ṛtvijām eva dakṣiṇā nânṛtvijām(보수는 제관ṛtvij들에게만 속하며, 제관이 아닌 자들에게는 그렇지 않다)"라고 되어 있다. 덧붙이자면, A논문의 원래 영문에서는 본문에 보이는 '자기ātman'와 '공물āhuti'에 단 괄호 안의, 차례대로 ātman과 āhuti는 표시되고 있지 않지만, 그들은 『샤타파타 브라흐마나』의 상기 부분으로부터 보충한 것이다. 그런데 베다 문헌이나 브라흐마나 문헌을 인용할 때는 문장은 물론이거니와 단어의 경우에도 당연히 강조 기호를 붙여야 하는데, 본고의 제10장에서 이를 하지 않아 渡邊重朗(앞의 주2))로부터 이와 관련하여 충고를 들었다. 본 제11장의 경우 제10장보다 그런 종류의 문헌을 인용하는 일이 많기 때문에 당연히 와타나베의 충고에 따라야겠지만, 인쇄 기술상의 문제도 있고, 일을 서두르다 보니 안 그래도 오자가 많은 졸고에 더 많은 오자를 만들 수도 있다는 두려움에 이번에는 강조 기호를 달지 않았다. 연구자가 취할 태도는 아니라고 생각하지만, 앞으로 만일 베다 문헌이나 브라흐마나 문헌을 중심으로 논할 기회가 있다면 반영하도록 하겠다. 와타나베 박사의 충고를 헛되게 한 것 같아 죄송하다. 이 자리를 빌려 용서를 구할 따름이다.

5 이상은 A논문, pp.242-243에 의한다. 또한 시자가 수자에게 자신을 베푼다고 하는 기술의 전거는 이 논문에 의하면, *Āpastamba-śrauta-sūtra*, 13, 6, 4-6, *Hiraṇyakeśi-śrauta-sūtra*, 10, 15, *Jaiminīya-brāhmaṇa*, 2, 54라고 되어 있다.

6 불교의 捨身 공양과 관련하여 특히 유명한 것은 ①'捨身救鴿', ②'捨身聞偈', ③'捨身飼虎'이다. ①의 호칭은 필자가 지은 것으로, 필자는 이들을 '3대 사신담'이라고 불러도 좋다고 생각한다. 전거는 ①은 『賢愚經』(대정장 4, pp.351c-352b), 『대지도론』(대정장 25, pp.87c-88c), ②는 『대반열반경』(北本, 대정장 12, pp.450a-451b, 南本, 同, pp.692a-693b), ③은 『금광명경』(대정장 16, pp.450c-454b 등), 『현우경』(대정장 4, pp.352c-353a)이다. 또한 사신공양의 문제에 관해서는 일찍이 졸고, 「自然批判としての佛教」, 『駒澤大學佛教學部論集』 21, 1990, p.395에서도 논한 적이 있다. 이 책 제2부의 주제로 다시 논해보고 싶다.

7 purohita라는 말의 의미와 관련하여 일찍이 필자는 본서 제2부 제3장, p.246의 '追記'에서 片山一良의 '主祭官'이라는 역어에 이의를 제기하며 '帝師'라는 역어를 제시하였다. 그런데 이제 와서 생각해보면 가타야마의 번역이 맞으며, 필자가 제시한 '제사'는 그 부분의 역어로는 명확한 오류인 것 같다. 철회한다는 점을 명기하며, 용서를 구한다. 히스테르만도 시사하고 있는 바와 같이, 제사yajña를 중시한 고대 사회에서는 왕과 首相의 관계도 제사상의 영력과 연결된 신비로운 것이었다고 생각되며, 기존의 주요 사전에서도 푸로히타를 제사 집행자의 의미로 해석하고 있기 때문이다. 덧붙이자면, Childers의 사전, p.395에서는 "A brahmin who is a king's domestic chaplain"이라고 설명하며, 최근에 간행된 雲井昭善, 『パーリ語佛教辭典』, 東京: 山喜房佛書林, 1997, p.639에 따라 참조하게 된 H. Grassman, *Wörterbuch zum Rig-veda*, Leipzig, 1873, Repr., Wiesbaden, 1976, p.835에서는 세 번째 의미로 'Hauspriester'를 거론하며, 『리그 베다』에 보이는 용례도 많이 지적하고 있다. 이러한 점들을 참조했을 때 필자가 제시한 번역어는 적합하지 않은 것 같아, 여기서는 푸로히타를 '宮廷祭官'이라고 번역하였다. 또한 이 용어에 의문을 갖는 계기를 제공해준 팔리 성전의 Kūṭadanta-sutta(Dīgha-Nikāya, PTS, Vol.I)에서는 dakkhiṇā=dakṣiṇā는 아직 나타나지 않지만, 제사(yañña=yajña)가 중요한 주제가 되고 있다. 그리고 궁정제관이 제주인 왕에게 수령자(paṭiggāhaka=pratigrāhaka)들에 대한 후회를 배제하기 위해 가르침을 주고 있는데(본서 제2부 제3장, pp.225-226의 인용 부분을 참조. 거기서 '수납자'라고 번역한 것이 지금의 '수령자'라는 번역에 해당하는 점에 유의), 어떻게 후회를 배제할 수 있는가 하면, 그 경우 제사(=공희)의 '수령자(paṭiggāhaka=pratigrāhaka)'는 십선업을 실천하고 있어 청정하기 때문이다. 이를 앞의 제10장, p.430에서 고찰한 구조에 의해 설명하자면, 이 '수령자'는 십선업의 결과로 ②=K의 닥키나를 수령할 만한 닥키넷야가 되어 있으므로 왕의 제사

에 의한 닥키나가 아무 쓸모없이 끝날 위험이 사라진다. 따라서 왕에게 후회가 사라진다는 것을 의미한다고 생각된다. 나아가 '수령'과 관련된 약간의 문제에 관해서는 다음 주47)도 참조하기 바란다.

8 이상은 A논문, pp.243-244에 의한다. 그중 '새롭게 관정 받은 왕'으로 소개한 부분의 원래 영역은 'the newly anointed king'인데, 여기서 서술되고 있는 왕족의 습관이나 의례가 엄밀하게 어느 시대의 것인지, 필자는 정확히 모르겠다. 하지만 논술 상으로는 불교 성립 이전의 인도 고대의 일이어야 한다. 그러한 고대의 일과 어느 정도로 유사한 일이 실행되고 있었는지 모르겠지만, '새롭게 관정 받은 왕'이란 *ĀryÂkāśagabha-sūtra*(『聖虛空藏經』) 속의 '관정 받은 크샤트리아kṣatriya-mūrdhâbhiṣikta-' (본서 제2부 제2장, p.207 인용의 경문을 참조)라는 말을 연상시킨다.

9 A논문, p.244를 참조. 그 두 게송의 요점은 ll.5-7에서 서술되고 있다.

10 산스크리트 원문은 다음과 같다. 인용은 *Ṛgveda-saṃhitā with the Commentary of Sāyaṇācārya*, Published by Vaidika Saṃśodhana Maṇḍala, Poona, 2nd ed., 1972에 의한다. 또한 이하의 인용 부분은 ibid., Vol.I, pp.795-796이다.

upa kṣaranti sindhavo mayo-bhuva ījānaṃ ca yakṣyamāṇaṃ ca dhenavaḥ/
pṛṇantaṃ ca papuriṃ ca śravasyavo ghṛtasya dhārā upa yanti viśvataḥ//
nākasya pṛṣṭhe adhi tiṣṭhati śrito yaḥ pṛṇāti sa ha deveṣu gacchati/
tasmā āpo ghṛtam arṣanti sindhavas tasmā iyaṃ dakṣiṇā pinvate sadā//
dakṣiṇāvatām id imāni citrā dakṣiṇāvatāṃ divi sūryāsaḥ/
dakṣiṇāvanto amṛtaṃ bhajante dakṣiṇāvantaḥ pra tiranta āyuḥ//

이 부분을 번역할 때 Ralph T. H. Griffith, *The Hymns of the Rigveda, Translated with a Popular Commentary* (Third Ed., 1920), Vol.I, pp.173-174, 辻直四郎, 『リグ・ヴェーダ讃歌』, 東京: 岩波文庫, p.277을 참조하였다. 정평이 나있는 F. Geldner, *Der Rig-Veda aus dem Sanskrit ins Deutsche übersetzt mit einem laufenden Kommentar versehen*은 駒澤대학 도서관에 없어서 이번에는 참조하지 못하였다. 번역할 때 문제의 닥시나는 번역하지 않는 편이 좋을까라고도 생각했지만, 일단 이전부터 사용한 '보수'라는 번역어로 통일해두었다. 특별히 이를 고집할 이유는 없다. 또한 제6송의 제2구 "dakṣiṇāvatāṃ divi sūryāsaḥ"에 대한 영역은 "for those who give rich meeds suns shine in heaven"인데, 츠지는 이 구를 번역하지 않고 있다. 이 구절 가운데 sūryāsaḥ는 일단 sūrya(태양)와 āsa(자리)라고 번역해서 읽었지만, 명확한 의미는 잘 모르겠다. 제1구에 있는 id는 주석에 따라 eva의 의미로 해석하였으며, 마찬가지로 주석에 따라 제2구 가운데 dakṣiṇāvatāṃ을 수식하는 것으로 해석하였다.

11 A논문, p.244를 참조. 두 가지 예 가운데 전자에 관해서는 *Maitrāyaṇī-saṃhitā*, 1, 6,

4, *Kāṭhaka-saṃhitā*, 8, 8, 후자에 관해서는 *Taittirīya-saṃhitā*, 6, 1, 3, 6, *Maitrāyaṇī-saṃhitā*, 3, 6, 8, *Kāṭhaka-saṃhitā*, 23, 4를 참조하라고 한다.

12 dakṣiṇā의 이 어원 해석에 관해서는 본서 제2부 제10장 주6)의 기술을 참조하기 바란다. 거기서도 인용한 *Śatapatha-brāhmaṇa*, 4, 3, 4, 2의 설은 히스테르만에 따르면, 擬似語源說이 된다.

13 A논문, p.256을 참조. 전거로는 Bergaigne, *Religion Védique*, I, p.127을 제시하고 있다. 필자가 아무런 학문적 근거도 없이 닥시나의 어원 해석으로 dakṣiṇa (오른쪽)의 의미에 집착하고 있었던 점에 대해서는 본서 제2부 제9장 주20) 및 제10장 주6)을 참조하기 바란다. 또한 닥시나의 어원에 관해서는 渡邊重朗(앞의 주2)를 참조)로부터 Manfred Mayrhofer, *Kurzgefaßtes etymologisches Wörterbuch des Altindischen/ A Concise Etymological Sanskrit Dictionary*(Heidelberg, 1963), *s. v.*와 *do.*, *Etymologisches Wörterbuch des Altindoarischen*, I, Lief. 9 (1991), *s. v.* (=DAKṢ, pp.689-690, dákṣiṇa, adj., pp.690-691), 특히 후자 가운데 Wackernagel, *Altindische Grammatik*, II 2, 351을 참조하는 것이 가장 중요하다는 정보를 얻었지만, 모처럼의 호의에도 불구하고 본고의 초고를 쓰기 직전에야 확인 작업에 들어가다 보니 駒澤대학 도서관에 있는 전자는 참조했지만, 없던 후자는 참조하지 못했다. 전자, Vol.II, p.10을 보면, dákṣiṇaḥ는 "recht, rechtsseitig, südlich, tüchtig, geschickt/ right, southern, able, dexterous" 등으로 되어 있으며, dákṣati는 "macht es einem recht, wirkt zur Zufriedenheit/ acts to the satisfaction of" 등이라고 한다. 따라서 '오른쪽'이라는 해석이 우세하다고 생각된다. 또한 앞의 주7)에서 기술한 푸로히타와 관련하여 참조한 H. Grassman, *op. cit.*, p.571, *s. v.*도 중요하다. 거기서 dákṣiṇa는 그리이스어 dexios와 같다고 하여, 원의는 tüchtig, geschickt이며, 첫 번째 의미는 '오른쪽의rechte', 두 번째 의미는 '오른손rechte Hand', 여덟 번째 의미는 '공희 보수Opferlohn'라고 한다.

14 앞의 주10)에서 지적한 산스크리트 교정본과 영역에 근거하여, 이상의 3송을 열거해보면 다음과 같다.

indro madhu saṃbhṛtam usriyāyāṃ padvad viveda śaphavan name goḥ/
guhā hitaṃ guhyaṃ gūlham apsu haste dadhe dakṣiṇe dakṣinävān//
(Indra found meath collected in the milch-cow, by foot and hoof, in the cow's place of pasture. That which lay secret, hidden in the waters, he held in his right hand, the rich rewarder.)
pari pūṣā parastād dhastaṃ dadhātu dakṣiṇam/ punar no naṣṭam ājatu//
(From out the distance, far and wide, may pûshan strech his right hand forth, And drive our lost again to us.)

jagṛbhmā te dakṣiṇam indra hastaṃ vasūyavo vasu-pate vasūnām/
vidmā hi tvā go-patiṃ śūra gonām asmabhyaṃ citraṃ vṛṣaṇaṃ rayiṃ dāḥ//
(Thy right hand have we grasped in ours, O Indra, longing for treasure, Treasure-Lord of treasures! Because we know thee, Hero, Lord of cattle: vouchsafe us mighty and resplendent riches.)

15 A논문, p.257.

16 柳田國男, 『日本の祭』, 定本柳田國男集 10, 東京: 筑摩書房, 1962, p.204.

17 義江彰夫, 『神佛習合』, 東京: 岩波新書, 1996, pp.31-32. 고대 일본이나 중세의 닥시나에 대한 필자의 관심은 본서 제2부 제10장 주21)에서 표명해두었다.

18 본서 제2부 제10장, p.419에서 인용한 『마누 스므리티』 제8장 제207송 및 제209송, 그리고 그 전후의 기술을 참조하기 바란다.

19 C논문에서 다루는 이 문제에 관해서는 다음 주47)을 참조하기 바란다. 『리그 베다』에서 닥시나의 施受(授) 문제는 『리그 베다』 1, 126. 1-5 및 10, 107. 7이 참고가 된다고 생각된다. 여하튼 辻, 앞의 번역서, (앞의 주10))에서 역출되고 있으므로 츠지 역도 참조하기 바란다. 전자의 제2송과 제5송에서는 제주인 왕으로부터 시인제관이 [닥시나를] 받는 것을 ā-DĀ(수령하다)로 표현하고, 후자 제7송에서는 실제의 주어는 닥시나이지만, [제주가 닥시나를] 주는 것을 DĀ(授與하다)로 표현한다. 또한 전자 제5송에서는 "[시인 제관인] 나는 당신들을 위해 이전의 증여를 수령하였다(pūrvām anuprayatim ā dade vas)"라고 말하고 있는데, 제관이 증여를 수령하는 것이 왜 '당신들을 위한vas' 것이 되는가 하면, 제관은 영력이 뛰어나므로 증여(anuprayati=dakṣiṇā)를 결코 헛되게 하지 않는다는 의미가 담겨 있기 때문이다. 이러한 생각이 나중에는 불교에도 도입되어, 예를 들면 본서 제2부 제10장, p.430에서 인용한 『화엄경』 「입법계품」의 "tathāgata-sattva-dakṣiṇā-pratigraha(유정의 보수를 수령할 [자격이 있는] 여래)"라는 표현으로 나타나게 된다. 이것은 여래가 보수dakṣiṇā를 헛되게 하지 않는 덕 있는 자로서 제관과 동등한 영력을 가지고 있는 것을 의미한다. 또한 '수령한다pratigraha'와 관련된 '수령자(paṭiggāhaka=pratigrāhaka)'에 관해서는 앞의 주7)을 참조하기 바란다.

20 A논문, p.245.

21 위와 같음. 이 기술의 전거로 *Āpastamba-śrauta-sūtra*, 20, 10, 2, *Śatapatha-brāhmaṇa*, 13, 5, 4, 27이 제시되고 있다.

22 이 세 가지 설명에 관해서는 A논문, pp.246-247을 참조하기 바란다. 여기에 그 셋을 요약하여 제시하면 다음과 같다. (1)인드라와 비쉬누가 천 마리의 암소를 브리

트라에게서 빼앗아 삼등분한 후, 삼분의 이는 인드라에게, 삼분의 일은 비쉬누에게 할당되었다. (2)소마에게 통고한 후에 인드라는 자신의 하인인 마르트로부터 천 마리의 암소를 빼앗아, 분할할 때에는 인드라와 소마 외에 나중에 야마도 더하여 천 마리 암소 중에서 특별한 한 마리를 분별해낸다. (3)천 마리의 암소는 프라자파티의 창조적 전개의 결과이다. 프라자파티는 먼저 바스와 루드라와 아디티야의 세 신을 낳고, 다음으로 그 세 신이 낳은 한 마리의 암소가 세 신의 각 그룹을 위해 333×3=999마리의 암소를 낳았다. 이 세 가지 설명은 인드라가 프라자파티로 대체되어가는 과정을 보여준다는 것이 히스테르만의 견해이다.

23 A논문, p.247.

24 위와 같음. 이 기술의 전거로 *Pañcaviṃśa-brāhmaṇa*, 21, 1, 10, *Jaiminīya-brāhmaṇa*, 2, 251이 제시되고 있다.

25 앞의 주22)와 관련하여, 특히 세 설명 중 (1)을 참조하기 바란다.

26 A논문, p.250.

27 베다 신화에서 프라자파티의 역할 등에 관해 필자가 참고한 것은 中村元, 「神話と傳說」, 『印度』, 南方民俗誌叢書 5, 東京: 偕成社, 1943, pp.242-246이다. 또한 이 논문을 통해 알게 된 *Ṛg-veda*, 10 72, 4에는 "아디티로부터 닥샤가 닥샤로부터 아디티가 발생했다(aditer dakṣo ajāyata dakṣād … aditiḥ)"라고 되어 있으며, 同 10. 121. 8에는 "그(히란냐가르바)는 닥샤를 잉태하고 제사를 낳으면서(yaś … dakṣaṃ dadhānā janayantīr yajñaṃ)"라고 되어 있고, 同 10. 121. 10에는 위의 제8송을 포함한 전 9송을 이어받는 듯한 형태로 "프라자파티여, 이 일체 만물을 包持하는 것은 너 외에 달리 존재하지 않는다(prajāpate na tvad etāny anyo viśvā jātāni pari tā babhūva)"라고 하여 차례로 프라자파티가 만물의 창조자가 되어 가는 과정을 읽을 수 있다. 또한 위의 인용에서 닥샤Dakṣa라 불리는 것이 닥샤의 어의로, 본고에서 문제시하고 있는 닥시나와 완전히 같은 것이라는 점에 주의하기 바란다. 이러한 과정을 거쳐 필시 Prajāpati와 dakṣiṇā는 밀접한 관계를 형성해갔을 것으로 생각되는데, 그 점은 본서 제2부 제10장, p.417에서 인용한 후대의 문헌 『마누 스므리티』 제6장 제38송에서도 역력하게 계승되고 있다고 생각된다.

28 B논문, p.393을 참조하기 바란다. 지금까지 여러 혼란을 일으켜온 닥시나의 개념에 대해 언급하면서, 특히 곤다와 히스테르만의 설명이 찬성과 더불어 비판도 받아왔다는 점을 서술해 두었을 뿐이다.

29 이 프랑스어에 대한 일반적인 산스크리트 용어로 오귀베닌은 yajamāna를 보충하고 있다(p.394). 이로부터 판단하면 그가 빈번하게 사용하는 patrons du sacrifice란

A논문에서 말하자면 sacrificer(제주)에 해당하는데, 그의 의향을 중시하여 '제주'가 아닌 '제사의 후원자'라고 직역해서 제시하기로 했다. 이해해주기 바란다.

30 B논문, p.394를 참조하기 바란다. 이것에 대한 오귀베닌의 프랑스어 번역은 "la dakṣiṇā est un bon adressé aux dieux, c'est un sacrifice fait aux dieux"이다. 이 전후의 게송을 포함한 한 단락의 번역으로는 辻, 앞의 번역서, (앞의 주10)), pp.279-280을 참조하기 바란다.

31 B논문, p.395.

32 B논문, p.397을 참조하기 바란다.

33 오귀베닌의 번역은 "puissent mes formules de récitation se diriger vers le prix de compétition"(p.398)이다. 이 구절은 Sāyaṇācārya의 주석에서는 "brahmāṇi asmadīyāni stotrāṇi vājaṇ balinaṃ tvāṃ vyantu gacchantu/ (우리들의 찬미의 辭가 유력한 당신의 곁에 이르기를)"이라고 설명되고 있는데, 필자는 이를 참조하여 번역하였다. 여기서 오귀베닌이 문제시하는 VĪ는 GAM으로 대체되어 설명되고 있다.

34 오귀베닌의 번역은 "dakṣiṇām āvivāya"를 "dirigeant la dakṣiṇā"라고 한다. 이 부분을 포함한 제4구는 Sāyaṇācārya의 주석에서는 "prathamaḥ yaḥ janānāṃ dakṣiṇām āvivāya āgamayati/(무릇 누구라도 최초로 인간들의 보수에 다가가게 하는 자)"라고 하여 ā-VĪ는 ā-GAM으로 대체되고 있는데, 그 정확한 의미는 잘 모르겠다. 앞의 주33)에서 제시한 게송의 의미는 제관이 찬가를 신들에게 보내는(VĪ) 것이었는데, 이것은 제주가 제관에게 보수를 다가가게 하는(ā-VĪ) 것을 의미하고 있는 것일까.

35 B논문, p.398을 참조하기 바란다.

36 B논문, p.401.

37 위와 같음.

38 위와 같음. 인용 가운데 붙여진 ①②는 필자가 보충한 것이다

39 B논문, p.402를 참조. 또한 patti-dāna의 patti가 puñña(=Skt. puṇya)와 같은 의미로 사용되고 있는 점에 관해서는 이미 오래전에 Childers, *A Dictionary of the Pali Language*, London, 1875, pp.372-373에서 상세히 설명하고 있다. 매우 중요하다고 생각되므로, 좀 길지만 여기서 인용해둔다. "Patti is sometimes used for the merit, gain, advantage or prospective reward of a good action, and this merit may be transferred by supererogation to another by an excercise of the will. The foll. are instances of this use of the word: (중략) He says it is also called *pattidānaṃ*; and

quotes from a comment, *attanā katvā iminā dānādinā mayā upacitaṃ puññaṃ ahaṃ tumhākaṃ dammi tumhe anumodantu iti matassa vā jīvantassa vā yassaci puññadānaṃ,* it is the transference to any one, living or dead, of merit wrought by oneself, saying, 'I give to you the merit laid up or acquired by me by this act of almsgiving, etc., may you reap the benefit of it.'" 또한 patti-dāna=puñña-dāna에 관해서는 C논문, p.127, n.1을 참조하기 바란다.

40 B논문, p.406.

41 당초의 계획은, 본 장에서의 고찰을 근거로 다음 제12장에서 「悪業払拭の儀式と作善主義」라는 제목 하에 '복업의 전이성' 문제를 '작선주의'의 도입을 통해 논하는 것이었다. 그런데 시간적 여유가 없어 [제12장에서의 고찰은] 다음 기회로 미룰 수밖에 없었다. 여기서는 '작선주의'를 중심으로 필자의 의도를 약간 서술해 두는데 그친다. 필자는 본서 제2부 제9장, p.384 및 p.401, 주1)의 단계까지 사용했던 '정신주의'라는 용어를 '除穢主義'라고 바꿀 것을 좋고, 「成佛と往生」, 『駒澤短期大學佛敎論集』 3, 1997, p.108 및 p.123의 주39)에서 제안했는데, 그 직후 同, p.128의 「追記」에서는 阿満利麿, 『法然の衝撃』, 京都: 人文書院, 1989에서 힌트를 얻어 '제예주의'를 '작선주의'로 바꾼다고 선언하지 않을 수 없는 상황이 되었다. 그리고 가능한 한 빨리 '악업불식의 의식'을 '작선주의'를 통해 설명하고 싶다는 생각을 갖고 본 장에 임했는데, 시간의 부족은 어쩔 수 없어 결국 현재의 상황은 위에서 말한 바와 같기 때문에 제11장으로 중단하지 않을 수 없다. 그런데 그 '작선주의'와 직접적인 관련이 있는 것은 아니지만, B논문에서 다룬 ⓐ제주(=제사 후원자), ⓑ제관, ⓒ신들과의 삼극 구조와 이들 간의 유대 관계인 닥시나를 앞서 필자가 지적한 본서 제2부 제10장, p.430-431의 ①②③④의 표에 대응시켜보면, 거의 ⓐ=①, ⓑ=②, ⓒ=③, dakṣiṇā=④라는 대응을 볼 수 있을 것이다. 이러한 구조도 포함하여 다음 제12장을 집필할 때에는 '작선주의'를 논해보고 싶다.

42 E. B. Cowell and R. A. Neil (ed.), *The Divyāvadāna, A Collection of Early Buddhist Legends, Cambridge,* 1886, Repr, Delhi/ Varanasi, 1987, p.99, ll.4-8. 이 프랑스 역에 관해서는 B논문, p.403을 참조하기 바란다. 본문에서 제시한 필자의 번역은 오귀베닌의 번역을 따른 것은 아니다. 또한 오귀베닌이 그 출전의 행을 6-8로 하는 것은 필시 오류일 것이다.

43 이상에 관해서는 C논문, pp.103-105를 참조하기 바란다. 또한 본 논문을 요약하는데 있어, 앞서 언급한(앞의 주2)), 하라 자신에 의한 일본어 요약문을 끊임없이 참조하였다.

44 본서 제2부 제10장, pp.421-426 및 p.440의 주36)을 참조하기 바란다. 또한 그때에

『대반열반경』『자설경』『대품』, 이 삼자에서 공통적으로 제시되고 있는 게송을 다루고, 同, p.366의 주32)에서는 中村元 역에 중요한 오역이 있음을 지적했다. 그 부분은 이미 渡邊照宏 역주, 『涅槃への道 -佛陀の入滅-』, 渡邊照宏 저작집 2, 東京: 筑摩書房, 1983, p.40 (初出은 1974년 9월부터 1977년 7월까지로 p.40 해당 부분의 초출은 그 위치로부터 볼 때 1974년 9월에 가까울 것이다)에서 올바르게 번역되고 있는 것을 渡邊重朗의 지적 (앞의 주2))을 통해 알 수 있었다. 또한 이 저작집은 출판과 동시에 기증받았던 것이었던 만큼, 참조를 게을리한 필자의 불찰임을 알게 되었다. 이 역주는 나카무라 하지메의 번역보다 훨씬 정확하다. 팔리 『대반열반경』을 읽는 분들에게 권장한다. 본인의 불찰에 대한 부끄러움과 함께 용서를 구한다.

45 C논문, p.104에 의한다. (a)는 *Manusmṛti*, 8, 17, (b)는 *ibid.*, 4, 239-240이다. 이하 그 원문을 제시해둔다.

(a) eka eva suhṛd dharmo nidhane 'py anuyāti yaḥ/
śarīreṇa samaṃ nāśaṃ sarvam anyad dhi gacchati//
(b) nâmutra hi sahāyârthaṃ pitā mātā ca tiṣṭhataḥ/
na putra-dārā na jñātir dharmas tiṣṭhati kevalaḥ//
ekaḥ prajāyate jantur eka eva pralīyate/
eko 'nubhuṅkte sukṛtam eka eva ca duṣkṛtam//

본문의 번역은 하라 자신의 일본어 요약문에서 차용한 것이다. 또한 C논문에 실린 *Manusmṛti*, 8. 17의 제3구부터 "nāśaṃ"이 탈락하고 있는데 보충되어야 한다. 그런데 道元이 이와 흡사한 사고방식을 12권본 『正法眼藏』에서 "무릇 무상이 순식간에 이르면 국왕·대신·親昵·하인·처자·珍寶 도와주는 일 없이 그저 홀로 황천으로 향할 뿐이다. 자신을 따라 가는 것은 단지 이 선악업 등일 뿐이다."(大久保本, p.616)라고 기술하며, 이것이 『修證義』에서도 인용되고 있다는 점은 잘 알려져 있다. 하지만 이러한 '자업의 자득성'은 불교의 전매특허라고 하기 보다는 오히려 통인도적인 사고방식이라는 점을 위와 같은 『마누 스므리티』의 한 구절로부터 알아두는 것도 결코 헛되지는 않을 것이다. 덧붙이자면, 이 도겐의 사고와 흡사한 표현을 水野弘元, 『修證義講話』, 東京: 曹洞宗宗務廳, 1968, p.84에서는 *Dhammapada*, 288게에서 찾고 있다. 그 원문을 미즈노의 번역과 더불어 제시해둔다.

na santi puttā tāṇāya na pitā na pi bandhavā
antakenâdhipannassa n'atthi ñātīsu tāṇatā.

死神에게 사로잡힌 자에게는 친족들 간에도 의지할 만한 것은 없으며, 아들들도 의지가 되지 못하고, 아버지도 친척들도 [의지]가 되지 못한다.

46 이상에 관해서는 C논문, pp.105-109를 참조.

47 이상에 관해서는 C논문, pp.110-113을 참조. 그런데 하라는 자신의 일본어 요약문에서 "여기서 공덕은 dharma, puṇya, tapas, kratu-phala라는 말로 표현되는데, 2분의 1, 8분의 1 등의 분수적 표현 및 '수령'의 동사(pratigrah-)가 나타난다는 점에 주목해야 한다."라고 한다. 이처럼 동사 prati-GRAH의 사용을 설명에서 강조하는 것은 원래의 영역에서는 없었던 것 같지만, 선업이나 닥시나에 해당하는 것을 수령하는 것이 동사 prati-GRAH로 제시된다는 지적은 중요하다고 생각된다. 이 말의 명사형의 사용 예에 관해서는 앞의 주7)이나 19)에서 비교적 상세히 설명했는데, 공덕이나 이에 해당하는 것은 그것을 '수령하는' 자체가 훌륭하며 확실해야 무의미하지 않게 된다. 전통불교교단의 기진물의 '수령pratigraha'을 기록한 비문에 관해서는 平川彰, 『初期大乘佛教の研究』, 東京: 春秋社, 1968, pp.664-667 [平川彰저작집 4, p.321-323]을 참조하기 바란다.

48 이상에 관해서는 C논문, pp.113-119를 참조.

49 C논문, p.120을 참조하기 바란다. 또한 필자의 생각으로는 이 시바교 수주파와 같은 종교 사상의 본질을 비판적으로 연구하는 것은, 예를 들면 옴진리교와 같은 미개하고 야만적인 고대적 종교를 현대에 발생시키지 않기 위해서도 반드시 필요한 것 같다.

50 C논문, pp.124-125에 의한다. 또한 번역은 앞과 마찬가지로 하라 자신에 의한 일본어 요약문에 근거했다. 단, 거기서는 "paribhūyamānaś caret (5)"에 해당하는 번역이 빠져 있으므로 '더러워지면서 가야 한다'라는 것은 필자가 보충한 것이다.

51 C논문, p.126을 참조하기 바란다.

52 C논문, p.127을 참조. 이 비문은 *ibid.*, p.132, n.137에서도 양해를 구한 바와 같이 쇼펜이 Johnston을 모방하여 '통대승적 명문a common Mahāyāna formula'이라고 부른 것이다. 이 쇼펜의 연구에 관해서는 본서 제2부 제8장, pp.363-368을 참조하기 바란다.

53 이하의 산스크리트 원문은 Gadjin M, Nagao (ed.), *Madhyāntavibhāga-bhāṣya: A Buddhist Philosophical Treatise edited for the first time from a Sanskrit Manuscript*, Tokyo, 1964, p.77에 근거하여 제시하였다. 하라의 지적에 자극받아 여기서 이를 제시한 것은 본서 제2부 제8장의 주15)에서 주목한 콜로폰 중 하나를 이 기회에 구체적으로 보여주기 위해서이다. 또한 인용한 원문에서 밑줄 친 asti는 이런 종류의 비문이나 콜로폰에서 일반적으로 사용하고 있는 표현에 따르자면 atra로 정정해야 할 것 같다.

[부기] 본고를 탈고한 직후에 실은 본고의 주13)에서 고마자와 대학 도서관에 소장되어 있지 않다고 했던 Manfred Mayrhofer, *Etymologisches Wörterbuch des Altindoarischen*, Indogermanische Bibliothek II. Reihe · Wörterbücher, Carl Winter· Universitätsverlag, Heidelberg가 소장되어 있음을 알게 되었다. 카드가 아닌 컴퓨터에만 입고도서가 기록되는 시기 이후에 구입한 책이라는 점을 미처 생각하지 못하여 발생한 실수이다. 대학도서관의 명예를 위해 여기서 밝히며, 필자의 부주의에 대해 용서를 빌 따름이다. 본서를 곧바로 확인한 후에 보다 명확해진 점도 있지만, 현 시점에서는 이미 기술한 것 이상으로 나온 것은 별로 없기 때문에, 여기서는 사실 오인에 대한 용서만을 구하는 데 그친다. (1998년 2월 17일)

[연구 보충 메모] 본 장에서 주42)가 달린 본문에서 제시한 『디비야 아바다나』의 한 구절에 대한 필자의 번역 가운데 보이는 오역에 관해서는 제13장의 주 끝에서 제시한 「부기」에서 정정해두었으므로 참고하기 바란다. 본 장의 주6)에서 기술한 '三大捨身譚' 가운데 ①은 본래 '捨身救鷹'라고 되어 있었는데, 이번에 이것을 '捨身救鴿'으로 고친 것에 관해서는 졸고, 「菩薩成佛論と捨身二譚」, 『駒澤短期大學研究紀要』 28, 2000, p.329의 주3)을 참조하기 바란다. 본 장의 주27)에서 언급한 dakṣa에 관해서는 久保田力, 「マナス(こころ)の原風景 <下> -『リグ·ヴェーダ』·トリックスターの誕生-」, 『東北藝術工科大學紀要』 1, 1993, pp.53-59도 참조하기 바란다.

12/ 악업불식의 의식과 작선주의

'작선주의'라는 용어 자체는 아마 토시마로阿滿利麿의 연구에서 차용하였다. 이 점에 관해서는 이미 언급했다.[1] 하지만 이는 어디까지나 힌트를 얻었을 뿐, 인도불교사의 전개 과정에서 필자가 '작선주의'를 어떻게 규정하는가에 대해서는 스스로 책임감을 갖고 이하 서술해야 할 것이다. 그런데 필자가 말하려는 '작선주의'는 인도불교사의 전개뿐만 아니라, 그것을 크게 둘러싸고 있는 인도종교사상사 전체 속에서 파악해볼 필요가 있다. 따라서 '작선주의'의 개념 규정에 앞서 먼저 인도종교사상사 전체의 전개를 그림으로 제시해보기로 한다.[2]

아리야인의 침입 이후, 태고의 먼 옛날부터 현대에 이르기까지 인도의 습관이나 사상, 종교는 영혼(ātman, puruṣa 등)의 실재와 그 해방을 주장하는 '해탈사상'이 근저에서 지탱하고 있다는 점에 의문의 여지는 없다. 그런데 이 주장에 대해 영혼 부정설인 '무아설anātma-vāda'을 주창하여 '해탈사상'을 이론적으로 정면에서 부정한 것은 불교뿐이었다. 이런 의미에서 본다면, 인도에서 불교가 성립한 것은 인도의 습관을 지탱하고 있던 것에 대한 전면 부정이다. 그림 속의 하얀 부분은 이를 보여주며, 시대의 추이와 더불어 그 부분이 작아지고 있는 것은 점차 인도의 습관이 불교로 침식해들어가는 상황을 보여준다. 한편, 그 인도의 습관을 지탱하는 '해탈사상'[3]이 해당 영혼을 어떻게 해방하는가 라는 그 수단에 의해, 그림 속에서 왼쪽에서 오른쪽으로 쓴 것처럼 제식주의→고행주의→작선주의→비밀주의로 전개해갔다고 생각된다.

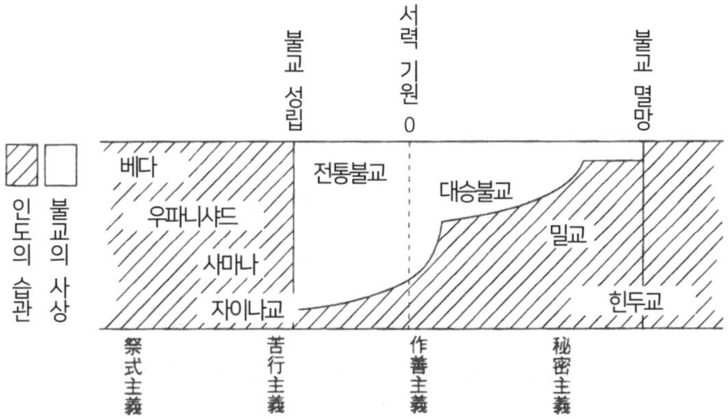

제식주의란 최고의 종교적 권위자인 바라문(brāhmaṇa, 사제자)만이 지배하는 바라문 지상주의적인 폐쇄적 고대 인도사회에서 바라문 없이는 왕이라 해도 신들에 의한 해방을 기대할 수 없었던 제식만능주의를 말하며, 이는 예를 들어 『아이타레야 브라흐마나*Aitareya-brāhmaṇa*』에서 다음과 같이 서술하고 있는 바와 같다.[4]

> na ha vā apurohitasya rājño devā annam adanti tasmād rājā yakṣyamāṇo brāhmaṇaṃ puro dadhīta devā me 'nnam adann iti

실로 궁정제관이 없는 왕의 먹거리를 신들은 먹지 않는다. 그 때문에 제사를 하려는 왕은 신들이 나의 먹거리를 먹기를 바라며 바라문을 [자신의] 앞에 [궁정제관으로] 배치해야 한다.

하지만 바라문을 정점으로 한 침입자 아리야인이 차례로 동진하여 갠지스강 중류 지역에 정착하면서, 이와 동시에 도시가 형성되고 상공업이 발전하고 기존의 폐쇄적인 바라문 지상주의적 사회는 일변한다. 도시의 형성이나 상공업의 발전에 의해 도시를 지키는 크샤트리아(kṣatriya, khattiya)와, 상공업에 종사하는 상인 회장(śreṣṭhin, seṭṭhin), 그리고 조합장(pramukha, pamukha)을 중심으로 한 바이슈아(vaiśya, vessa)가 실질적인 권리를 장악하고, 특히 후자의 계층화가 진전해갔기 때문이다.[5] 이렇게 해서 기존의 바라문 지상주의적 속박에서 비교적 해방된, 이 새로운 시대에 배출된 자유로운 종교가가 '사마나(samaṇa, śramaṇa, 沙門, 桑門)'라 불리는 자들이었다. 그들은 대부분 '제식yajña'이 아닌 '고행tapas'에 의해 영혼ātman의 해방을 지향했기 때문에, 그런 의미에서 본다면 고행주의에 근거한 고행자tapasvin였다고 생각할 수 있다. 불교가 성립한 기원전 5, 6세기의 인도는 바로 그러한 '사마나'가 배출된 시대이며, 그들은 특히 갠지스강 중류 지역의 마가다를 중심으로 각 도시에서 활약하고 있었다. 불교의 개조 역시 당초에는 이러한 '사마나' 일군에 몸을 던진 듯한 모습이었지만, 결국에는 고행주의에 근거한 영혼 해방으로서의 '해탈사상'을 부정하기에 이르고, 영혼 부정의 '무아설anātma-vāda'하에 '연기(paṭiccasamuppāda, pratītyasamutpāda)'[6]를 '생각하는 것(manasikāra, manaskāra, 作意)'을 강조하고, 생각하는 대상으로서의 사물의 성질을 분석하는(dharma-pravicaya, 擇法) 지성prajñā을 중시하는 사상 전통[7]의 기초를 다졌다.

하지만 그럼에도 불구하고 그 당시의 불교를 반영한 팔리의 남전 니카야에서는 명실공이 고행주의를 대표하는 자이나교의 고층 경전과 더불어 '사문문학' 혹은 '고행자문학Ascetic Literature'의 쌍벽으로 생각하여 '바라문문학Brahmanical Literature'과 대치시키는 경우가 있다.[8] 이 시점은 상술한 바와 같은 인도의 역사적 전개에 있어 제식주의로부터 고행주의로의 변화 및 양자의 차이를 논할 경우에는 매우 유효한 것이라고 생각된다. 하지만 지나치게 이 시점을 강조하면 불교의 사상이 '고행자문학' 속에 매몰되어 '고행'을 부정한 불교사상을 '고행자문학'으로부터 구별하는 것이 오히려 곤란해지는 폐해도 발생하게 된다. 역으로 말하자면, 불교문헌은 고행을 부정한 불교 사상을 명확히 추출해내는 것을 어렵게 만들 정도로 '고행자문학'적 요소에 침식당한 측면도 가지고 있다. 이는 또한 성립 이후 불교를 둘러싸고 있던 인도적 습관이 불교 측에 반영된 사실을 보여주는 것이기도 하다.

그 사실이란 당시 바라문 지상주의적 속박에서 해방되어 정치나 상공업에 종사하게 된 크샤트리야나 바이슈야가 바라문적 전통과는 별도의 고행자 찬미의 종교적 습관을 불교의 출가자나 교단에게도 요구하고, 불교 측 역시 서서히 이에 응해 갔음을 의미한다. 예를 들면, 이미 본 바와 같이,[9] 고행자처럼 오사를 실행해야 한다고 주장한 데바닷타의 주장을 거부한 석존을 개조로 모신 불교교단도 점차 오사를 포함한 십이두타(dhuta, dhūta)행을 용인하게 되었으며, 초인적 경지인 상인법(上人法, uttari-manussa-dhamma)을 얻었다고 하면 기근 때라도 비구가 충분한 시여를 받을 수 있는 인도적 환경이 항상 불교교단을 둘러싸고 지탱해갔다. 이러한 환경하에 고행을 부정한 불교도 서서히 십이두타행이나 범행brahma-carya을 실천하는 고행자를 비구의 이상으로 삼게 되었다.

그런데 이러한 것을 고행자 비구에게 요구했던 권력이나 재산이 많은 유력한 크샤트리야, 바이슈야가 재가보살이라 일컬어지게 된 한편, 그에 걸맞게 전자 역시 출가보살이라 불리기 위해서는 사회 경제의 발전과 더불어 사원의 대규모화가 필수 요건이었다. 그 요건을 채운 시대가 앞서 제시한 그림 중, 대승불교가 흥기한 기원직후의 시기이며, 작선주의가 그 시대의 종교적 통념을 지탱하게 되었다고 생각된다. 게다가 이 경우에 필자가 '작선주의'라는 용어에서 '선'에 대응하는 인도어로 추정하는 것은 쿠살라kusala/ 쿠샬라kuśala가 아닌, 푼냐puñña/ puṇya이다. 후자 쪽이 통인도적인 의미에서 파파pāpa에 대치하는 말로 더 통속적이며 보다 일반적이라고 생각되기 때문이다.[10] 그리고 필자는 이 파파와 푼냐로 서로 대치하는 두 말을 지금까지 차례대로 '악업'과 '복업'이라 하여 '업'이라는 말을 보충하여 번역해왔으며, 푼냐는 특히 '공덕'이라고도 번역해왔다. 하지만 여기서는 학술용어로서 어색하지 않도록 이미 사용하고 있던 호칭에 따라 '작선주의'를 채용하고, 그중 '선'에 대해서는 역어의 예가 없기는 하지만 푼냐를 대응시켰다고 이해해주면 매우 고맙겠다.[11]

그런데 작선주의에 선행하는 고행주의는 고행에 근거한 영혼의 해방을 지향한다는 의미에서의 '해탈사상'이다. 이는 앞서 서술한 것처럼, 최종 목표는 윤회saṃsāra로부터의 해탈mokṣa이다. 고행자는 이른바 그 목표로부터 가장 근거리에 있는, 예전에 바라문처럼 숭배된 사람들을 말한다. 재속在俗의 유력한 크샤트리야나 바이슈야는 재속의 신분이므로 스스로의 힘만으로는 도저히 해탈을 지향할 수 없다. 따라서 자신들이 저지른 악업pāpa으로부터의 해방을, 그들 고행자나 혹은 그들이 따르는 영장靈場에 선업puṇya을 지음으로써 설사 윤회로부터 해탈하지는 못한다 해도 적어도 지옥에는 떨어지지 않고 선취善趣에 태어나기를 빌었음이 틀림없다. 그리고 지은 선업의 과보가 돌아온다는 사고를 보증하는 것이 바로 고행에 근거한 신비로운 영력이라고 믿었다. 게다가 그 체계화된 이론이 앞 장에서 다룬, 특히 B논문이나 C논문에서 거론된 '공덕의 회향(patti-dāna=puñña-dāna, *puṇya-pariṇāmanā)이라는 당시 인도에서 널리 인정되고 있던 것이었다. 그리고 불교에 있어 그것은 이러한 통인도적인 현상의 투영일 뿐이며, 결코 그 반대일 수는 없다는 점에 세심한 주의를 기울여야 한다.

'공덕의 회향'이라고 바꾸어 불러도 좋을 듯한 이 작선주의가 인도에서 성과를 내며 정착하기 위해서는, 앞서 잠시 언급한 바와 같이, 신비로운 영력을 갖추고 있다고 믿어지고 있던 고행자나 이들에 준하는 영장이 필요하며, 그것은 이른바 태고의 바라문제관이나 제관들이 맡았던 신성한 제장에 걸맞는 것이어야만 했다. 그런 의미에서 작선주의란 고행주의를 경유한 제식주의의 부활이라고 할 만한 것으로, 이 시대에는 이미 소수의 바라문제관에게 소수의 권력자가 대응하는 것이 아닌, 바라문 지상주의적 속박으로부터 해방된 많은 고행자와 재속 사회에서 실질적 권한을 장악하고 있던 계층화된 다양한 크샤트리야나 바이슈야가 사회의 주류를 이루고 있었다는 점에 주목해야 한다. 당연한 일이지만, 거기서 작선주의를 성립시키는 의식은 이들을 충분히 맞아들일 수 있는 대사원에서 실행되어야만 했다. 나카무라 하지메는 당시의 불교나 자이나교 사원과 관련하여, 왕후王侯로부터 광대한 토지의 기진을 받은 사원에서는 장원화가 이루어지고, 왕의 관사官使도 그곳에 자유롭게 들어갈 수 없으며, 기진된 다대한 금전은 상인의 조합에 대출되어 이익도 얻게 되었다고 지적한다.[12] 지금까지 필자가 시도해온 고찰에 근거하면, 이러한 대사원saṃghārāma의 탑지를 무대로 바이야브리트야카라(관리인) 등의 사원 소속 하급 비구의 준비하에 출가고행자로서의 출가보살이 작선주의에 근거한 의식을 집행하고, 그 영력에 의존하며 기진을 한 대부호의 재가보살이 그 의식에 참가했을 것으로 추측된다.[13] 그 국면이 바로 세상에서 '대승불교'라고 칭하는 현상이며, 이 또한 태고의 제식주의의 부활로 볼 수 있는 면을 갖고 있는 이상, 재가보살이 출가보살에게 주는 보시가 베다나 우파니샤드의 그 옛날에 제주가 제관에게 낸 닥시나(보수)와 같은 이름으로 불렸다 해도[14] 이상할 것은 없을 것이다. 닥시나 및 이에 유래하는 닥시니야가 대승경전에서도 많이 사용되고 있는 점에 관해서는 나중에 다시 언급하겠지만, 대승경전의 최고층最古層 중 하나로 『삼품경*Triskandhaka*』이 있다고 한 히라카와 아키라의 지적은 매우 중요한 것이었다.[15] 필시 작선주의의 근본적인 성격은 『삼품경』의 시점에서 성립했을 것으로 생각되기 때문이다. 『삼품경』은 현존하지 않지만, 이를 전하는 『식샤사뭇차야*Śikṣāsamuccaya*』에 의하면, '삼품tri-skandha'은 '악업의 참회pāpa-deśanā'와 '복업의 수희(隨喜, puṇyânumodanā)'와 '제불의 권청buddhâdhyeṣaṇā'이며, 이들은 '복덕(복업, 선)의 집합이므로puṇya-rāśitvāt' '품(品, skandha, 집합=rāśi, 축적)'이라고 일컬어진다고 한다.[16] 아마 사원의 탑지를 무대로 출가고행자(출가보살)를 중심으로 제불의 권청이 이루어지고, 시주로서 거기에 참가하고 있는 대부호의 재가자(재가보살)는 스스로 한 보시 등의 복업(작선)에 수희하며 자신의 악업을 참회했을 것이다. 이것이 본 제2부에서 추구해온 '악업불식의 의식'이므로 '악업불식의 의식'이란 실은 '작선주의'에 근거한 의식이라고 보아도 좋다. 그 『삼품경』의 독송을 권장하는, 마찬가지로 오래된 한역 『법경경』의 이역인 『우그라닷타 파리프릿차*Ugradattaparipṛcchā*』는 승원(gtsug lag khang, vihāra)을 중심으로 '재가보살(gṛhī bodhisattvaḥ, byang chub sems dpa' khyim pa, 開士居家)'과 '출가보살(pravrajito bodhisattvaḥ, byang chub sems dpa' rab tu byung ba, 開士去家)'이 지향해야 할 모습에 대해 상세히 논술하고 있다.[17] 그런데 그

'승원vihāra'은 『법경경』에서 '묘廟'라고 한역되고 있다. 이 때문에 히라카와 아키라는 그 원초 형태는 비하라가 아닌 스투파나 차이티야였을지도 모른다는 가정하에 그러한 장소가 전통적 불교교단과 완전히 별개의 재가불교운동인 대승불교의 거점이어야만 한다고 생각했다.[18] 하지만 지금껏 검토해온 바와 같이 현 시점에서 '작선주의'에 근거한 의식이라고 바꾸어 불러도 좋을 듯한 '악업불식의 의식'에 필수적인 조건은, 먼저 인도인의 종교적 통념에 부합하는 신성한 장소를 매개로 한 출가 고행자와 재가 기진자의 엄격한 역할 분담이다. 그리고 그 위에서 전자의 신비로운 영력을 종교적 권위로 후자의 보시 등의 작선을 강조하고 있는 이상, 후자가 전자 없이 마음대로 집단을 구성하여 '악업불식'을 실행하는 것과 같은 일은 생각할 수 없다. 후자는 반드시 전자를 필요로 하며, 게다가 전자는 그것이 묘라 불리든 비하라라 불리든 전통적 불교사원saṃghārāma 안에 거주하고 있었던 것이다.[19]

이미 히라카와 아키라나 시즈타니 마사오가 지적하며 고찰하고 있듯이, 이 사원 안에 거주했던 '출가보살'의 비구(bhikṣu, dge slong, 除饉)를 『우그라닷타 파리프릿차』의 한역 『법경경』, 『욱가라월문보살행경郁迦羅越問菩薩行經』, 『대보적경』 「욱가장자회」, 티베트역 닥슐첸기슈페레우Drag shul can gyis zhus pa'i le'u에서는 차례대로 12종, 14종, 15종, 17종 열거하고 있다.[20] 필자의 생각으로는 이들 비구의 명칭은 전통적인 불교 구성원의 호칭인 '칠중sapta nikāyāḥ' 등에는 포함될 수 없었던, 불교 사원 안에 거주하는 비구들의 분화한 역할에 기인하는 명칭이다. 따라서 동본이역의 경전이라도 후대가 될수록 명칭이 늘어나게 된 것이다. 또한 동일 계통의 문헌은 아니지만, 예를 들어 상당히 후대의 『요가차라 브후미』에서는 '64 유정의 부류'라는 리스트 가운데 불교사원 소속 관계자의 역할명이 (35)~(55)의 총 21종으로 열거되고 있는 것도 전통적 불교사원 내부에서 출가비구의 역할이 시대가 흐르며 계층화하였음을 보여주고 있을 뿐이라고 생각된다. 단, 이 『요가차라 브후미』의 리스트에 관해서는 이미 다루었고[21] 또 여기서 특별히 관련 지워 서술할 필요도 없다고 생각되므로, 다시 『우그라닷타 파리프릿차』의 동본이역 경전의 기술로 돌아가 '재가보살'과 '출가보살'의 관계를 고려할 경우에 중요하다고 생각되는 다르마 카티카dharma-kathika, 다르마 카티카dhārmakathika, 다르카 바나카dharma-bhāṇaka, 티베트역에서 말하는 최마와chos smra ba, 최독파chos sgrog(s) pa, 최죄파chos brjod pa에 관해 이하 약간 검토해보고자 한다. 또한 여기서 열거한 티베트역을 포함한 여러 말에 관해서는 어형의 차이는 물론이거니와 의미의 차이도 있다고 생각할지 모르지만, 앞으로 서서히 제시하는 바와 같이, 꼭 그렇지는 않다. 만약 어형의 차이나 의미의 차이가 있다면, 그것은 시대의 추이를 반영한 것에 불과하며, 그것들은 기본적으로 불교사원 소속의 비구로 법의 전지에 종사하는 소임자를 가리키는 말이었다고 생각해도 문제 없다고 생각한다.[22] 그런데 이 말을 포함한 『우그라닷타 파리프릿차』의 이하의 한 구절은[23] '재가보살'이 해야 할 삼귀의 중 하나인 법귀의에 관해 서술한 것이다.

> 티베트역: khyim bdag gzhan yang byang chub sems dpa' khyim pa chos bzhi dang ldan na chos la skyabs su song ba yin te/ bzhi gang zhe na <u>chos smra ba</u>'i gang zag rnams la brten cing bsnyen te/ bsnyen bkur byed cing/ bsti stang du byas nas/ chos nyan pa dang/ chos thos nas tshul bzhin so sor rtog pa dang/ ji ltar thos pa'i chos rnams dang/ ji ltar khong du chud pa rnams gzhan dag la yang ston cing yang dag par rab tu 'chad pa dang/ chos kyi sbyin pa las byung ba'i dge ba'i rtsa ba de bla na med pa yang dag par rdzogs pa'i byung chub tu yongs su sngo ba ste/ khyim bdag byang chub sems dpa'

khyim pa chos bzhi de dag dang ldan na chos la skyabs su song ba yin no//
거사gṛha-pati여, 또한 재가보살gṛhī bodhisattvaḥ이 네 가지 법을 갖춘다면 [그는] 법에 귀의한 자이다. 네 가지란 무엇인가? (1)설법사(dharma-kathika, dharma-bhāṇaka)인 사람pudgala들에게 의존하고 친근하여 공경하고 경의를 표한 후에 법을 듣는 것dharma-śravaṇa, (2)법을 들은 후에 규범대로 개별적으로 생각하는 것pratyavekṣaṇa, (3)들은 대로의 법과 이해한 대로의 것을 다른 사람들에게도 제시하여 올바르고 명확하게 하는 것prakāśana, (4)그 법시dharma-dāna로부터 발생한 선근kuśala-mūla을 무상정등각으로 회향하는 것pariṇāmanā이다.

안현安玄 역『법경경』: 又復 理家 修治四法 爲自歸於法 何謂四 一曰 諸法言之士 以承事追隨之 二曰 所聞法 以恭敬之 三曰 已聞法本 末思惟之 四曰 如其所聞法 隨其 能爲人 分別說之 是爲四法 開士居家者 自歸於法 爲如是也

축법호 역『욱가라월문보살행경』: 復次 長者 居家菩薩 有四法行 歸命法 何等爲四 一者 與正士法人 相隨相習 稽首敬從 受其教勅 二者 一心聽法 三者 如所聞法 爲人講說 四者 以是所施功德 願求無上正眞之道 是 爲四居家菩薩 爲歸命法

강승개 역「욱가장자회」: 長者 在家菩薩 成就四法 歸依於法 何等四 (1)於法師人 親近依附 聽聞法 (2)已善思念之 (3)如所聞法 爲人演說 (4)以此說法功德 迴向無上正眞之道 長者 是名 在家菩薩 成就四法 歸依於法

여기서 밑줄 친 말이 지금 문제 삼고 있는, 사원에 거주하며 법을 전지하는 소임을 맡고 있던 비구를 가리킨다. 산스크리트어로는 모두 다르마 카티카dharma-kathika나 다르마 바나카dharma-bhāṇaka라고 불리고 있었을 것으로 예상된다. 이들이 '재가보살'이 귀의할 만한 '출가보살'로 생각되고 있었다는 점은 분명하다. 그런 의미에서 이 소임자 비구는 동일한 경전의 여러 역에서 열거되고 있는, 앞서 나온[24] 사원vihāra에 거주하는 '출가보살' 중 『법경경』 12종의 제2 '명경자明經者', 『욱가라월문보살행경』 14종 중의 제2 '해법자解法者', 「욱가장자회」 15종 중의 제2 '설법', 티베트역 17종 중의 제2 '최죄파chos brjod pa'와 실질적으로 같은 것이라고 생각해도 좋을 것이다. 다만 이들 네 번역 중 『법경경』 이외의 다른 셋의 경우에는 다르마 카티카 혹은 이와 유사한 말을 쉽게 가정해볼 수 있지만,[25] 가장 오래된 『법경경』의 '명경자'는 다르마 카티카보다 오히려 수트라 다라sūtra-dhara를 연상시킨다. 하지만 그러한 경우라도 다르마 카티카와 수트라 다라는 법의 전지라는 점에서 역할 상 서로 겹치는 부분은 있었다고 생각된다.

그런데 위에서 소개한 여러 번역들 간에는 동종의 말을 둘러싸고도 다양한 차이를 볼 수 있는데, 여기서는 일단 대표적인 예로 다르마 카티카를 보기로 한다. 그중 먼저 티베트역을 보면 '재가보살'은 법귀의를 할 경우에 특히 '출가보살' 가운데 다르마 카티카를 숭배하고 그로부터 (1)법을 듣고dharma-śravaṇa, 그 법을 (2)개별적으로 생각하고pratyavekṣaṇa, 그 법을 타인에게도 (3)명확히 하고prakāśana, 그 법시에 의한 선근을 (4)회향한다pariṇāmanā고 하는 4종의 작선[26]에 의해 악업pāpa을 불식하고 영혼의 정화를 도모한다고 생각되고 있었음이 틀림없다. 그렇다고 한다면, 숭배하는 것만으로 '재가보살'에게 그러한 결과를 초래할 수 있는 '출가보살'로서의 다르마 카티카에게는 단지 불교의 교설에 정통한 학자라기보다는 다르마를 타인에게 전파시킬 수 있는 신비로운 영력이 풍부한 고행자적인 이미지가 있다고 믿어지고 있었던 것은 아닐까 생각된다. 그렇기 때문에 그를 숭배하는 '재가보살'은 '재가보살'인 채로 타인에게 그 다르마를 전할 수 있으며, 그 법시dharma-dāna에 의해 회향도 가능하다고 생각되고 있었을 것이다.

그런데 그 '재가보살'은 거사gṛha-pati라고 불리는 것으로부터도 알 수 있듯이, 당시 거대한 저택에 사는 신흥 대부호이며, 또한 같은 경전에서도 묘사되고 있듯이,[27] '노비나 하인karma-kara이나 날품팔이꾼pauruṣeya'의 소유자이기도 하다. 이러한 보살에게는 실천해야 할 중요한 작선으로 보시dāna가 요청되는 일이 많은데, 그것은 소위 '대승불교'라 불리는 것이 일어난 전후부터, 그 후 훨씬 후대에 이르러서도 계속 변하지 않았던 면이라고 할 수 있을 것이다. 예를 들어 그다지 후대의 일은 아닌데, 굽타기의 문헌인 『보디삿트바 브후미』의 「시품(施品, Dāna-paṭala)」에서도 역시 보시바라밀이 요구되는 '(재가)보살'은 마찬가지로 '노비나 하인이나 날품팔이꾼(dāsī-dāsa-karmakara-pauruṣeya)'을 소유한 거사이거나,[28] '관정 받은 왕rājā mūrdhâbhiṣiktaḥ'[29]으로 묘사되고 있다.

게다가 대승경전에 등장하는 '보살'은 특별히 출가고행자로서의 '출가보살'에 한정되지 않는 이상, 대개의 경우 위에서 '선남자kula-putra'나 '선여인kula-duhitṛ'이라 불리는 것처럼 '재가보살'을 가리킨다고 생각해야 한다. 이러한 '재가보살'이 자기들끼리 완전히 별개의 재가불교교단을 구성한다 해도 종교적으로는 의미가 없었을 것이다. 사실 그들은 『우그라닷타 파리프릿차』에서 묘사하듯이, 그들의 통념에 걸맞는 종교적 권위를 구하여 전통적 불교 사원에 간 것이며, 거기서 종교적 권위로서 사원 내의 승원vihāra에 거주하게 된 고행자적 '출가보살'에게 귀의하고, 그 신비로운 영력에 의지하려 한 것이다. 그러므로 승원에 가는 '재가보살'의 기분을 같은 『우그라닷타 파리프릿차』는 고역古譯 『법경경』을 포함하여 다음과 같이[30] 묘사하고 있다고 생각해야 한다.

이 [승원]은 선정자(禪定者, bsam gtan pa, dhyāyin)들의 주처이며, 모든 주처를 단절해버린 사람들의 주처이다. 이것은 올바르게 떠난 사람yang dag par song pa들이나 올바르게 실천하고 있는 사람(yang dag par zhugs pa, samyak-pratipanna)들의 주처이다. 나 역시 먼지의 주처인 저택 살이(khyim gyi gnas, gṛhâvāsa)로부터 물러나 언제쯤이면 이런 것을 실천할 수 있을까? 나 역시 언제쯤이면 그 교단의 의식(dge 'dun gyi las, saṃgha-karman)이나 포살의 의식(gso sbyong gi las, uposatha/ poṣadha-karman)이나 자자의 의식(dgag dbye'i las, pravāraṇa-karman)이나 화경의 의식('dud pa'i las, sāmīcī[31]-karman)에 참가할 수 있을까? 이렇게 생각하여 그는 이와 같이 출가자(rab tu 'byung ba, pravrajita)의 마음에 생각을 맡겨야 한다.

이 인용문에 나타나는 선정자dhyāyin는 『아카샤가르바 수트라*Ākāśagarbha-sūtra*』에서는 '멋진 복전sukṣetra'이라고 생각되고 있다. 수크셰트라란 말 그대로 '복전puṇya-kṣetra'을 가리키며, 그것은 이미 고찰한 바와 같이 닥시나(보수)를 받을 만한 가치가 있는 것으로서 닥시니야(보시를 받을 만한 가치가 있는 사람)라 불리는 것과 같기 때문에[32] 거기에 참예參詣하는 '재가보살'은 이러한 신비로운 영력을 가진 고행자로서의 '출가보살'이 거주하는 전통적 승원을 필요로 하고 있었다고 생각해야만 한다. 게다가 그 승원에서 이루어지는 포살 의식이나 자자 의식이 그들의 갈앙渴仰의 대상이었던 것은 위에서 인용한 기술로부터도 알 수 있다. 왜 갈앙의 대상이었는가 하면, 이들 의식이 그들의 영혼ātman에 부착한 악업을 불식할 수 있는 영력으로 가득 찬 것이라는, 불교라기보다는 오히려 통인도적인 종교관에 걸맞는 것이었기 때문이다.

그런데 그런 것도 어떤 의미에서는 당연한 일이다. 애초에 포살 의식(uposatha/ poṣadha-karman) 자체가 본래 불교 의식은 아니다. 주지하는 바와 같이,

원래는 소마soma제와 관련된 바라문 제식의 일환이었던 우파바사타upavasatha가 불교에 도입되어 변용된 것이라고 한다.[33] 이로 인해 불전에 나타나는 우포사타나 포사다poṣadha의 사용법에도 의미 있는 차이가 있다고 한다. 팔리 문헌을 중심으로 용례를 검토한 사사키 시즈카는 우포사타에 uposathaṃ upavasati(齋日을 보낸다)라는 의미에서의 우포사타齋日와 uposathaṃ karoti(포살 의식을 한다)라는 의미에서는 우포사타(포살)가 있다는 점을 엄밀하게 구별한 후, 불교교단 내부의 전개에 있어 설계(說戒, pātimokkhuddesa) → 포살이라는 흐름이 명확히 확인된다고 하며, 다음과 같이 서술한다.[34]

> 설계란 보름에 한 번 파티목카pātimokkha가 설시되는 것을 듣고 그것을 기억하는 것이며, 죄를 범한 자는 참가할 수 없다. 따라서 당연한 일이지만 멸죄 정화를 위한 의식은 아니었다. 한편 포살은 죄의 고백·멸죄를 목적으로 하는 정화 의식이다. 이 차이야말로 바로 설계에서 포살로의 질적 변화를 보여주고 있다. 우포사타라는 말이 본래 청정의 개념과 연결되고 있었음을 생각하면, 일종의 학습회였던 설계가 정화 의식으로 바뀐 단계에서 포살이라 불리게 된 것은 이치에 부합한다. 필시 그것은 처음에 '재일에 가야 할 행사uposathakamma'라고 불리며 '재일 행사를 한다uposatha-kammaṃ karoti'라는 의미로 사용되었을 것이다. … 보름에 3회의 재일uposatha에 신흥 종교의 교주들은 일반인을 위해 법을 설한다. 거기에는 출가자나 재가신자의 구별 없이 다양한 사람이 찾아와서 교설을 듣는다. 불교의 경우, 그 가르침을 듣고 신심을 일으킨 사람은 특정한 의식(예를 들어, 오계의 수여)에 의해 재가신자가 되거나 혹은 출가해서 승단원이 되거나 한다. 이렇게 해서 교단은 그 인원을 확대 혹은 유지하고 있었다. 이 습관은 필시 기원후에도 계속 이어졌을 것이다. 한편, 이것과

> 는 완전히 별도로 설계pātimokkhuddesa라는, 출가자를 위한 의식이 있었다. 이것은 보름에 한번, 14일이나 15일째의 재일에 파티목카(혹은 sikkhāpada)가 창송되는 것을 듣고 기억하고, 올바른 출가생활의 규범으로 삼는 것이다. 이 의식은 율장의 원초형이 생길 무렵까지 이어졌는데, 드디어 어떤 사정에 의해 정화 의식으로 변화했다. 그리고 정화 작용이 있는 의식이라는 점에서 우포사타(uposathakamma)라고도 불리게 된 것이다.

필시 이 사사키 시즈카의 지적은 올바르다고 생각된다. 이렇게 해서 확립된 불교교단의 우포사타uposatha/ 포사다poṣadha에 참가하게 된 '재가보살'이야말로 전통적으로 말하자면 우파바사(upavāsa, 近住)에 다름 아니며, 그 우파바사나 이와 관련된 우파바사 삼바라(upavāsa-saṃvara, 近住律儀)는 굽타기의 불교문헌인『아비다르마코샤바샤Abhidharmakośabhāṣya』에도 상당히 상세하게 기술되고 있다.[35] 그런데 사사키가 다른 논문에서 언급한『마하승기율』「명위의법」중 한 구절에는[36] 출가비구가 포살을 하는 방법이 서술되고 있다. 그 한 구절에 의하면, 포살을 시작하기에 앞서 누군가에게 지시하여 사원 안을 청소하고, 꽃을 뿌리고, 재가신자는 설사 사원에 머물 것을 희망한 경우라도 포살 회장會場인 승원에서 내쫓기고, 출가자끼리만 포살을 실행해야 한다고 한다. 필자의 생각으로는 그때 지시받고 사원 안을 청소하거나, 꽃을 뿌리거나, 혹은 재가신자가 나가도록 하는 사람이야말로 바이야브리트야카라라고 불렸던 비구는 아니었을까 생각된다.[37] 또한 사원에 머물 것을 희망하지만, 출가자가 모인 직접적인 회장에서 내쫓긴 재가자는 회장 근처에 머물며 그 신비로운 의식의 영력에 의존한 것은 아니었을까 생각된다. 그리고 필시 '대승불교' 성립 전후에는 '재가보살'이라 불리고 있었을 그러한 재가자도 출가자들만의 의식이 아닌, 같은 사원의 탑지 안에 있는 차이티야나 스투파를 중심으로 개최되는 의식에 시주로서 '출가보살'들과 함께 참가하고 있었을 것이다.[38] 이러한 의식에서 '출가보살'인 비구는 어떻게 존재해야 하는가에 관해, 일찍이 히라카와 아키라는 『마하승기율』의 다음 한 구절에 주목하고 있다.[39]

> 若四月八日及大會供養時 金銀塔菩薩像及幢幡蓋供養具一切 有金銀塗者 比丘不得自手捉 使淨人捉

이미 고찰한 바와 같이, 필자는 이 '정인'을 바이야브리트야카라 혹은 그에 준하는 자라고 생각하며,[40] 출가 교단 내부에서 그들의 지위는 비구이기는 하지만, 결코 높지는 않다. 세속사회에서 거사gṛha-pati나 그 인적 소유로서 '노예나 하인이나 날품팔이꾼'의 계층화가 발전하듯이, 출가사회에서도 이를 반영한 계층화가 진전하고 있었던 것이다.[41] 그리고 그 양쪽 사회를 대표하는 '재가보살'과 '출가보살'이, 예를 들어 앞서 인용한 『마하승기율』을 소유한 대중부Mahāsāṃghika 사원을 매개로, 전자의 보시나 악업의 참회pāpa-deśanā 등의 '작선'에 응하는 후자의 고행적 영력에 의한 전자의 영혼의 정화라는 작선주의 의식에서 마주하고 있던 것은, 그 이외의 부파, 대표적으로는 설일체유부Sarvāstivāda 사원에서도 실행되고 있었다. 그리고 '대승불교'라 불리는 종교 운동이라 해도 이러한 전통적 불교사원 밖에서는 일어날 수 없었다고 말할 수밖에 없다. 대승경전에 빈출하는 가무음곡의 묘사도 기본적으로 전통적 불교 사원 이외를 무대로 하고 있지 않다는 점은 말할 필요도 없다. 사사키 시즈카의 연구에 의하면, 이 시기의 부파의 율장 문헌은 불타 공양을 위해서라면 기악관상도 허용된다는 특례를 마련하도록 변화하고 있었다고 한다.[42] 게다가 '재가보살'이라 불리는 노비 등을 소유한 대부호의 재가 기진자는 그 고가의 기진이 헛되지 않도록 하기 위해서라도 영험이 분명한 출가고행자를 확보하고, 화려한 의식도 가능한 전통적인 대불교사원에 기진하려 했을 것이라고 생각된다. 따라서 이러한 기진을 전통적 부파 교단 혹은 거기에 속한 비구들이 수령하는pratigraha 것은 당연하다. 예를 들어, 그 전형적인 명문으로 "설일체유부의 아사리들의 수령을 위해. 이 기진이 일체유정의 이익과 안락을 위한 것이 되기를acaryana sarvastivadina pratigrahe/ deya-dharme/ sarva-satvana hita-suhartha bhavatu."[43]을 들 수 있다.

그런데 이상의 고찰을 포함하여 요약적으로 확인해 두자면, 작선주의란 '재가보살'과 '출가보살'이라는 차별적 역할 분담에 근거하여 후자의 고행에 의한 영혼ātman 지배의 힘을 암묵적 전제로 엄정한 종교적 의식이 집행되는 장소에서 전자가 보시나 참회 등의 선업puṇya을 지음으로써 그 악업pāpa이 불식되고 영혼의 해방도 어느 정도 가능하다는 사고방식이라고 생각할 수 있을 것이다. 그런 의미에서 시종일관 인도에서 압도적이었던 '해탈사상'의 전개 속에서 작선주의를 이해한다면, 고행주의를 경유한 제식주의가 어느 정도 해방된 사람들의 계층화된 차별사회에서 부활한 것이라고 말할 수도 있을 것이다.[44] 그리고 또한 그러한 의미에서 말한다면 작선주의란 결코 불교 '사상'에 의해 초래된 것은 아니라는 인식이 중요한 시점이 되어야 할 것이다. 따라서 이하 이미 고찰한 베다 이래의 닥시나의 의의[45]도 고려하면서 작선주의에 의한 악업불식의 의식을 '작선주의의 그림'으로 먼저 제시한다.

그림 속의 ①②③은 본 제2부 제10장 말미에서 사용한 기호[46]와 같은 의미를 갖는데, 거기서 사용한 ④는 여기서 사용하지 않고 닥시나 혹은 다나dāna를 의미하는 d.로 바꾸어 제시하였다. 덧붙여 말하자면, 이해의 편의를 위해 다소 변경은 했지만, ①②③의 의미를 다시 제시해보면 다음과 같다.

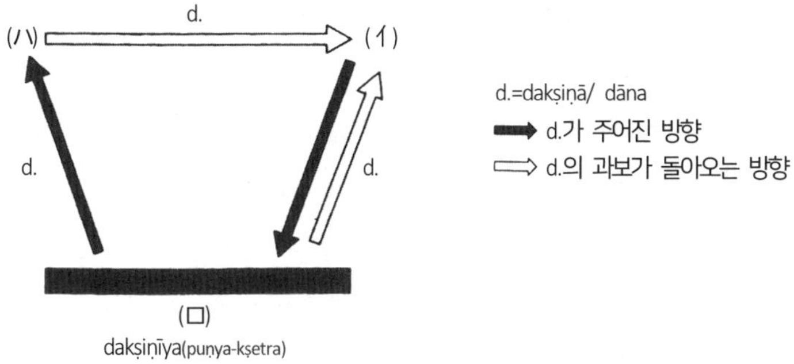

①: 재가보살gṛhī bodhisattvaḥ, 즉 gṛha-pati, rājā mūrdhâbhiṣiktaḥ 등

②: 출가보살pravrajito bodhisattvaḥ; caitya, stūpa 등, 사원, 여래[47]

③: 프레타preta, 데바deva, 죽은 부모 등; sukha-hita, bodhi 등

위의 그림에서 흑선 ①② 방향의 d. 아래에 '복전'인 ②의 사람이나 영장에 대해 ①이 푼냐(puṇya, 선, 복업)를 지으면, 푼야가 ②에서 증대하고, 흑선 ②③의 방향으로 파리나마나(pariṇāmanā, 회향)가 이루어지고, 증대된 푼야가 흰 선 ②①, 흰 선 ③① 방향에서 ①로 돌아와 파파(pāpa, 악업)의 불식이 이루어진다고 생각된 것이 '작선주의'라고 필자는 가정하고 있다. 그 경우에 d.가 헛되게 끝나지 않기 위해서는 참된 '복전(puṇya-kṣetra, dakṣiṇīya)'인 ②의 사람이나 영장에게 '수령pratigraha'해 받을 필요가 있는데, ②의 차이티야나 스투파는 사람이 아니기 때문에 그 수령을 꺼리는 목소리도 인도에서는 뿌리 깊게 존재했다. 이 점은 『아비다르마코샤바샤』의 다음 기술[48]로부터 알 수 있다.

puṇyaṃ tyāgânvayaṃ ······ paribhogânvayaṃ ca ······ caitye [dakṣiṇā] tyāgânvayaṃ puṇyaṃ paribhogânvayaṃ puṇyaṃ nâsti/ kathaṃ tatrâpratigṛhṇati kasmiṃścit puṇyam/ …… yathā maitry-ādiṣv antareṇâpi pratigrāhakaṃ parânugrahaṃ vā puṇyaṃ bhavati sva-citta-prabhavaṃ tathā

복덕은 방사放捨에 유래하는 것과 …… 수용에 유래하는 것이 있다. 차이티야에 대한 [닥시나(보수, 보수)]는 방사에 유래하는 복덕이며, 수용에 유래하는 복덕은 아니다. 그 [방사의] 경우에는 누구도 수용하는 일이 없는데 어찌하여 복덕인가? …… 마치 자慈 등에 있어서는 수령자pratigrāhaka 혹은 타자에 대한 원조parânugraha 없이도 자심自心의 위력에 근거한 복덕이 있는 것과 같다.

하지만 그렇다 해도 실제로는 앞서 본 명문처럼 닥시나를 확실시하기 위해서라도 수령자의 이름을 기록하고 타자에 대한 원조를 '일체유정의 이익과 안락을 위해'라고 기록할 필요는 있었다고 생각된다. 그렇지 않을 경우에는 자심自心의 위력sva-citta-prabhava에 근거한 순연한 방사tyāga가 요구되었음이 틀림없으므로, 그것이 닥시나로서의 사신 강조로 나타났을지도 모른다. 이 점에 대해서는 다음 장에서 언급한다. 여하튼 이렇게 보면, '작선주의'는 결코 불교로부터 발생한 것은 아니며, 앞 장에서 본 C논문에서도 고찰되고 있던 '공덕의 회향(the transfer of merit, *puṇya-dāna)'처럼 완전히 통인도적 종교 통념으로 완성되어 있던 관념이 불교 측에 투영된 것으로 파악해야 한다는 점을 알 수 있다. 그런 의미에서 볼 때, 앞 장에서 본 B논문이 베다의 제사 행위와 불교의 귀의 행위를 비교하여 후자의 자발적 행위에 주목한 차이점[49]은 결코 베다와 불교의 차이로 파악해야 할 것은 아니다. 고행주의를 경유하여 어느 정도 사람들이 해방되고 그 계층화도 진전된 시대에 부활한 제식주의가 작선주의라고 생각할 수 있다면, 그 차이점은 단지 제식주의와 작선주의와의 차이를 의미하는 데 불과하다고 이해해야 할 것이다.

1 본서 제2부 제11장 주41)에서 양해를 구한 바와 같이 阿滿利麿, 『法然の衝擊』, 京都: 人文書院, 1989에 근거한다. 특히 이 책, pp.67-91에서는 호넨의 혁명적인 존재방식이 '고행주의와의 결별'과 '작선주의와의 결별'이라는 시점에서 이해되고 있는데, 그중 후자는 필자가 본고를 고찰하는데 있어 힌트가 되었다. 아마는 호넨 불교의 특징을 '초월적 종교의 발견'에서 찾고 있다. 필자는 이 의견에 대해 크게 공감한다. 하지만 그가 淸澤滿之 등을 높이 평가하는 점에 대해서는 적지 않은 의문을 느끼고 있기 때문에, 필자는 이 책의 내용 전체에 찬성하는 것은 아니다. 또한 그 개념을 불교사의 전개 속에서 인도까지 더듬고 있는 것도 아니므로, 말 그대로 이 책은 필자에게 어디까지나 힌트가 되었을 뿐이다. 하지만 좋은 계기를 제공해주었다는 점에서 감사하게 생각한다. 한편, 아마가 자주 참조하는 『歎異抄』에 보이는 "자신의 힘으로 선을 행하는 사람은 오로지 타력을 바라는 마음가짐이 없다면 미타의 본원이 아니다."(岩波文庫版, p.40)라는 구절은 이미 잘 알려져 있다고 생각된다.

2 또한 이와 거의 같은 그림을 본서 제2부 제9장, p.383에서도 제시해 두었다. [그러나 거기서 양해를 구한 바와 같이, 이번에 앞의 그림은 생략하였다.] 다만, 본 그림은 앞의 그림에 '제식주의'라는 말을 추가하고, 위의 주1)에서 제시한 아마의 생각을 힌트로 삼아 앞의 그림에서 '정신주의'라고 하였던 것을 '작선주의'라는 말로 변경한 것이다. 또한 이 건에 관해서는 본 그림을 처음 제시한 졸서, 『法然と明惠 -日本佛教思想史序說-』, 東京: 大藏出版, 1998, pp.16-23 및 35의 주27)도 참조하기 바란다. 이 책의 p.21에서 필자가 제시했던 '비밀주의'에 대한 간단한 설명을 다시 제시하면 다음과 같다. "비밀주의 역시 해탈사상이기는 하지만, 이것은 영혼을 해방하는 수단을 진언(만트라) 등의 통상의 언어 이해를 초월한 비밀스러운 힘에서 발견하는 일종의 신비주의를 가리킨다. 구체적으로 말하자면, 밀교가 이에 해당하는데 논리(말)에 의한 명확한 '사상' 표명을 스스로 방기해버린 비밀주의의 밀교는 이미 불교일 수 없으며, 따라서 당연한 일이겠지만 13세기 이후에는 힌두교 속에 매몰되어 버린다." 또한 이 '비밀주의'에 관해서는 津田眞一, 『反密教學』, 東京: リブロポート, 1987, 특히 pp.114-115에서 '自心의 本初不生rang gi sems ni gzod ma nas ma skyes pa'과 '최초의 보리심byang chub kyi sems dang po'이라는 『大日經』의 말을 중심으로 거의 명확해졌다고 생각하므로 참조하기 바란다.

3 이 '해탈사상'의 본질에 대한 명확한 분석과 '해탈사상'의 불교에의 침투를 말해주는 '열반'이라는 어의 내용의 분석에 관해서는 松本史朗, 『緣起と空 -如來藏思想批判-』, 東京: 大藏出版, 1989, pp.191-224, 「解脫と涅槃 -この非佛教的なもの-」를 꼭 참조하기 바란다.

4 Kāśīnāthaśāstrī (ed.), *Aitareyabrāhmaṇam*, Ānandāśramasaṃskṛtagranthāvali, 32, Pt. 2, Poona, 1977, p.956, ll. 2-4. 또한 이 한 구절을 포함하여, 바라문의 주력에 관한 문헌을 고찰한 것으로는 中村元, 『インド史』I (中村元選集 [결정판] 5, 東京: 春秋社, 1997), pp.192-195를 참조하기 바란다. 또한 이 한 구절에서 예상되고 있는 푸로히타를 '宮廷祭官'이라고 번역한 것에 관해서는 지금까지 푸로히타의 원의를 명확히 하지 못한 점을 사과함과 동시에 본서 제2부 제11장 주7)을 참고하기 바란다.

5 이 전후로 기술한 인도의 사회적 변화에 관해서는 中村元, 앞의 책, 1997, pp.261-517, 「제3편 도시의 성립 -불교 흥기의 사회적 기반-」을 참조하기 바란다.

6 필자가 여기서 말하고자 하는 불교 본래의 '연기'의 사상적 의의에 관해서는 松本, 앞의 책, (앞의 주3)), pp.11-97, 「연기에 관하여 -나의 여래장 사상 비판-」을 꼭 참고하기 바란다.

7 Pradhan (ed.), *Abhidharmakośabhāṣya of Vasubandhu*, Patna, 1967, p.2, l.4, "prajñā dharma-pravicayaḥ (지성이란 성질의 분석이다.)"에 의한다. 또한 이에 선행하는 pañña/ prajñā, dhamma-vicaya, sammādiṭṭhi 등의 약간의 용례에 관해서는 졸고, 「場所(topos)としての眞如(發表資料篇) -「場所の哲學」批判-」, 『駒澤大學佛教學部硏究紀要』 48호, 1990, pp.184-181을 참조.

8 M. Winternitz가 제창한 이상의 두 Literature(문학, 문헌)군에 관해서는 本庄良文, 「南傳ニカーヤの思想」, 『インド佛教』 2, 岩波講座·東洋思想 9, 東京: 岩波書店, 1988, pp.43-54에서 깔끔하게 논하고 있으므로 참조하기 바란다.

9 예전에 언급한 적이 있는 이하의 여러 특징에 관해서는 본서 제2부 제3장, pp.232-238; 同, 제4장, pp.250-253, pp.263-265, p.272, 주36)을 참조하기 바란다.

10 통인도적인 의미에서 pāpa에 대치하여 사용되는 puṇya의 통속적 어의에 관해서는 原實, 『古典インドの苦行』, 東京: 春秋社, 1979 및 田村芳朗, 「善惡一如」, 『惡』, 佛教思想 2, 京都: 平樂寺書店, 1976, pp.158-174를 참조. kuśala에 비해 puṇya가 보다 일반적이고 통속적이라는 것은 예를 들어 kuśalâkuśalâvyākṛta(善不善無記)라는 용법에 puṇyâpuṇyâneñjya(福非福不動)라는 용법을 대비시켜 보면 좋을지도 모르겠다. *Abhidharmakośabhāṣya*(Pradhan, op. cit. (앞의 주7)), p.227, l.13-p.228, l.2)에서는 "욕계에서의 선업(śubhaṃ karma=kuśalaṃ karma)이 복(puṇya)이며, …… 색과 무색계와 관련된 선업이 부동āneñjya이다."라고 한다. 또한 "그런데 비복apuṇya업은 불선akuśala이라고 세간에서 일반적으로 승인되고 있으며, 또한 세간적으로 그 의미가 일반적으로 승인되고 있는 듯한 것에 관해서는 굳이 애쓸 필요가 없다."라고도 기술하고 있다. 반대로 kuśalâkuśalâvyākṛta의 kuśala가 논리적인 의미에서의 '올바름'을 나타낼 경우의 아비다르마적 용례로는 sūtra-piṭaka와 abhidharma-piṭaka

를 kuśala라고 생각하고, vinaya-piṭaka를 avyākṛta라고 생각하는 『발지론』이나 『대비바사론』의 예를 들 수 있다. 이에 관해서는 앞에서 든 졸서(앞의 주2)), pp.394-395를 참조하기 바란다. 그런데 쿠샬라도 파파와 대치하여 사용될 경우에는 매우 통속적인 의미가 되는 점에 관해서는 소위 '칠불통계게'가 참조되어야 할 것이다. 이 점은 졸고, 「七佛通戒偈ノート」, 『駒澤短期大學佛教論集』 1, 1995, pp.224-181에서 논하였다. 한편, 이렇게 보면 푼냐든 쿠샬라든 통속적인 용법은 있지만, 푼야가 '작선주의'의 '선'에 해당한다고 필자가 생각하는 이유는 나중에도 검토하는 바와 같이, 푼냐에는 닥시나와 마찬가지로 그 자체 증폭해가는 듯한 신비로운 영력이 깃들어 있다고 생각되고 있었던 것 같지만, 쿠샬라에는 그 측면이 결여되어 있기 때문이다. 또한 '작선' 중 대표적인 푼냐의 실천으로 보시(dakṣiṇā/ dāna)가 생각되는데, 이러한 측면에서 보아도 dakṣiṇā/ dāna와 오버랩하는 듯한 기능을 갖는 푼냐가 '작선'의 '선'에 최적일 것이다. 또한 puñña/ puṇya가 증폭한다는 의미를 갖는 용례로 *Saṃyutta-Nikāya*, I, p.33,I. 5. 7, Vanaropa의 다음과 같은 게송(밑줄 친 선에 주목)이 있다.

arāma-ropā vana-ropā// ye janā setu-kārakā// papañ ca udapānañ ca// ye dadanti upassayaṃ//

tesaṃ divā ca ratto ca// sadā <u>puññaṃ pavaḍḍhati</u>// dhammaṭṭhā sīla-sampannā// te janā sagga-gāmino//

이에 대응하는 한역문에 관해서는 中村元, 『インド史』II, 中村元選集[결정판] 6, 東京: 春秋社, 1997, p.196, 주7)의 지적에 따라 대정장 1, p.14b(「유행경」); 同, 2, p.261b (『잡아함경』 제997경); 同, 22, p.798b(『사분율』); 同, p.261a (『마하승기율』)을 참조하기 바란다.

11 puñña/ puṇya를 원어로 가정했을 때, 이로부터 이끌어낼 수 있는 용어는 '作福주의'이겠지만, 그렇게 하지 않고 '작선주의'를 그대로 사용하는 점에 일단 양해를 구한다는 의미이다. 한역에서 puñña/ puṇya는 '복', kusala/ kuśala는 '선'이라고 하여 상당히 명확하게 구별되고 있음에도 불구하고, 굳이 阿滿로부터 차용한 '작선주의'를 사용하는 점 이해 바란다. 일본어로도 '선근kuśala-mūla'을 쌓는다라고 말할 때의 '선'은 '복의 의미로 사용되는 것 같다. 덧붙이자면, 앞의 주에서 제시한 Vanaropa의 게송 가운데 밑줄 친 부분에 대한 나카무라 하지메의 번역은 "선(puñña, 공덕)은 …… 증대한다."(앞의 책, p.193)이다.

12 中村元, 『インド史』 III, 中村元選集[결정판] 7, 東京: 춘추사, 1998, pp.189-198, pp.349-384를 참조하기 바란다.

13 본서 제2부 제9장을 참조하기 바란다.

14 본서 제2부 제10장과 제11장을 참조하기 바란다.

15 平川彰, 『初期大乘佛教の研究』, 東京: 春秋社, 1968, pp.123-127 : 平川彰著作集 3, 東京: 春秋社, 1989, pp.217-220을 참조. 또한 이 점에 관해서는 본서 제2부 제2장, pp.199-210에서도 다루었다. 참조하기 바란다.

16 본서 제2부 제2장, p.200-201에서 번역으로 인용한 부분을 참조하기 바란다.

17 P. ed., No.760-19, Zhi, 298a6ff., 『법경경』, 대정장 12권, p.15c5행 이하를 참조. '재가보살'에 대한 gṛhī bodhisattvaḥ와 '출가보살'에 대한 pravrajito bodhisattvaḥ는 『요가차라 브후미』의 '64 유정의 부류' 리스트(이하, 주21)에 나오는 졸고를 참조) 가운데 (16)과 (17)의 산스크리트로부터 차례대로 회수한 것이다. 또한 이 경의 티베트역에 대한 현대어역에 관해서는 櫻部建 역, 「郁伽長者所問經(ウグラ居士の問い)」, 『寶積部經典』, 대승불전 9, 東京: 中央公論社, 1974, pp.231-313을 참조하기 바란다.

18 平川彰, 앞의 책, (앞의 주15)) 전체를 참조하기 바란다.

19 특히 본서 제2부 제4장, pp.250-257에서 히라카와 아키라의 견해를 비판적으로 검토했다고 생각한다. 참조 바란다. 또한 앞의 주17)에서 기술한 『요가차라 브후미』의 용례에 근거하여 '재가보살'의 산스크리트 원어가 gṛhī bodhisattvaḥ라는 점을 알 수 있다. 따라서 본서 제2부 제2장, p.212, 9행의 번역 '가장gṛhin으로 저택에 살고 있는gṛha-stha 보살'은 '저택에 살고 있는 재가보살gṛha-stho gṛhī bodhisattvaḥ'로 정정되어야 하며, 본서 제2부 제4장, p.256, 14행의 '재가보살gṛhastha-bodhisattva'은 '재가보살gṛhī bodhisattvaḥ'로 同, p.268, 주13)의 '저택에 살고 있는 보살'은 '저택에 살고 있는 재가보살'로 바꾸어야 한다.

20 平川彰, 앞의 책, (앞의 주15)), pp.531-532, pp.130-131; 靜谷正雄, 『初期大乘佛教の成立過程』, 京都: 百華苑, 1974, pp.368-369를 참조. 또한 櫻部建, 앞의 번역서, (앞의 주17))에서는 p.278이 이 부분에 해당한다. 또한 여기서 열거된 일부 비구의 역할에 관해서는 본서 제2부 제3장, pp.236-238과 제5장, pp.288-290에서도 검토하고 있다.

21 졸고, 「Yogācārabhūmiにおける64種の有情分類リストについて」, 『駒澤短期大學研究紀要』 27, pp.139-172(橫)를 참조.

22 필자의 이러한 견해와 가장 대립하는 것은 시즈타니 마사오의 주장이다. 靜谷正雄, 앞의 책, (앞의 주20)), pp.43-44, p.49, p.63, p.111, p.152, pp.286-290, pp.303-307, pp.369-370 등에서 명확한 바와 같이 시즈타니는 dharma-kathika와 dharma-bhāṇaka를 구별하고, 전자를 부파의 비구, 후자를 '대승'의 '법사'로서 후자야말로 대승 운동의 創唱者였다고 본다. 하지만 시즈타니가 이렇게 구별할 경우의 전제 중 하나는 티베트역 chos smra ba는 산스크리트어의 dharma-bhāṇaka에 대응하며, 마찬

가지로 chos sgrog(s) pa는 dharma-kathika에 대응한다는 점이다. 그런데 이 전제는 예를 들어 Y. Ejima *et al.*, *Index to the Saddharmapuṇḍarīkasūtra*, Fascicle V, Tokyo, 1988, p.512의 dharma-kathika 항을 보면, 티베트역은 반드시 고정된 것이 아니다. 또한 본서 제2부 제13장, 주50)의 본문에서 인용한 『아비다르마코샤바샤』의 게송 가운데 dhārmakathika에 대한 티베트역이 chos smra ba라고 되어 있으며, 또한 닥시나를 받을 만한 가치가 있는 대상이라고 되어 있다. 따라서 이들로부터 판단한다면, 지지하기 어려운 의견이다. dharma-kathika와 dharma-bhāṇaka의 사용법에 전통적 불교의 부파 간의 차이가 반영되고 있다는 것은 충분히 생각할 수 있는데, 그 차이가 '소승'과 '대승'을 나누는 것이 아니라는 점은 본 제2부에 의해 대승교단이 별도로 존재하지 않았다는 점을 알았다면, 역시 당연한 귀결이다.

23 이하의 인용 부분에 관해서는 티베트역, P. ed., No. 760-19, Zhi, 299b6-8; 『법경경』 대정장 12, pp.16a17-22; 『욱가라월문보살행경』 대정장 12, pp.23c17-21; 「욱가장자회」 대정장 11, pp.473a12-16.

24 이하의 네 번역에 관해서는 앞의 주20)에서 지적한 문헌의 표를 참조하기 바란다.

25 이 경우에 관해서도 시즈타니가 dharma-bhāṇaka를 배정하는 것은 静谷正雄, 앞의 책, (앞의 주20)), p.289를 통해 알 수 있다. 그것은 이 경우의 티베트역 chos smra ba로부터는 오히려 당연한 가정이지만, 이 티베트역과 사원에 거주하는 17종의 비구 가운데 제2를 가리키는 티베트역 chos brjod pa가 내용적으로 같은 것이라면, 후자로부터 가정되는 dharma-kathika와 dharma-bhāṇaka는 특히 다른 대상을 가리키는 것이 아닐 수도 있다. 또한 이 두 말 가운데 전자와 거의 같은 말인 dhārmakathika는 본서 제2부 제13장, 주50)이 달린 본문에서 인용한 단락에서 제시한 바와 같이, *Abhidharmadīpa*에서는 dharma-dātṛ (法施者)로 바뀌고 있는데, 이것은 직전의 본문에서 인용한 『우그라닷타 파리프릿차』의 (4) dharma-dāna(法施)를 동작자 명사로 표현한 것으로 생각할 수 있다. 게다가 지금 (4)의 경우에는 '재가보살'이 행한 것인데 비해, 『아비다르마 디파』의 경우에는 '출가보살'을 가리키고 있으므로 dāna의 방향은 반대가 된다. 어떤 경우이든 다르마에 담긴 푼냐의 힘을 가리킨다는 점에서는 같은 것이라고 생각한다.

26 4종으로 작선을 헤아리는 방법은 네 번역 사이에 미묘하게 다르며, 마지막 pariṇāmanā에 해당하는 것은 『법경경』에는 보이지 않는다. 平川彰, 앞의 책, (앞의 주15))에서 지적하고 있으며, 静谷正雄, 앞의 책, (앞의 주20))이 追認하는 「三品」의 중시로부터 추측해보면, pariṇāmanā와 유사한 생각은 『법경경』이 성립할 시점에도 있었다고 보아도 좋을 것 같다.

27 본서 제2부 제2장, p.212에서 인용한 경문을 참조. 또한 古譯 『법경경』에는 '奴客侍

者'라고 되어 있는데, 의미상 지금 지적한 문장에 해당할 것이다.

28 Wogihara (ed.), *Bodhisattvabhūmi*, Tokyo, 1930-1936, repr. Tokyo, 1971, p.119, l.11을 참조하기 바란다.

29 앞의 논문, (앞의 주21))의 주40)에서 인용한 문장 예 (c)를 참조하기 바란다.

30 P. ed., No. 760-19, Zhi, 313b5-8. 또한『범경경』의 이 부분은 대정장 12, p.19a15-20에 해당하는데, 일일이 대응시키는 것은 상당히 어렵다. 또한 이 직후에 다른 역에는 없는 재가에 대비시켜 출가의 이점을 설하는 티베트역의 거의 一葉에 해당하는 문장이『범경경』에는 없다는 점에 주의해야 한다. 하지만 그럼에도 불구하고 전통적 불교교단에서 중요한 의식인 uposatha/ poṣadha-karman이나 pravāraṇa-karman은『범경경』에서도 '齋戒罪遒禁制制(遒得禁制)'라고 적혀 있다고 생각해도 좋을 것 같다.

31 티베트역 'dud pa로부터 sāmīcī를 추정한 것은 *Mvyut.* no.1768에 근거해서인데, sāmīcī/ sāmīci에 관해서는 F. Edgerton, *Buddhist Hybrid Sanskrit Dictionary*, Yale, 1953, repr. Rinsen, Kyoto, 1985, p.592의 해당 항목을 참조하기 바란다. 또한 팔리어 sāmīci-kamman에 관해서는 *Cūllavagga*, Vinaya Piṭaka, Vol.II, p.162, l.20을 참조. 또한 Childers, *A Dictionary of the Pali Language*, London, 1875, p.432에 의하면, Minayeff 교정, St. Petersburg, 1869판의 *Prātimokṣa Sūtra* xxix에 "sabbaṃ cetiya-vandanâdi-sāmīci-kammaṃ niṭṭhapetvā (체티야 예배 등 모든 화경 의식을 마치고)"라고 되어 있다고 한다.

32 *Ākāśagarbha-sūtra*의 sukṣetra에 관해서는 앞의 졸고, (앞의 주21))의 주49), 50하에 제시한 경문을 참조하기 바란다. dakṣiṇā, dakṣinīya에 관해서는 본서 제2부 제10장, pp.412-445를 중심으로 이미 논한 것을 가리킨다.

33 Louis Renou, "Le jeûne du créancier dans l'Inde ancienne", *Journal Asiatique*, ccxxxiv (1943-1945), pp.117-130, note addition-nelle, Sukumar Dutt, *Buddhist Monks and Monasteries of India*, 1962, pp.72-74, 沖本克己,「布薩について」,『印佛研』23-2, 1975, pp.259-265를 참조. 또한 이 정보는 佐々木閑,「uposathaとpātimokkhuddesa」,『佛教史學研究』30-1, 1987, p.21의 주1)에 의한다.

34 佐々木閑, 위의 논문, 1987, pp.1-22(橫)을 참조. 이하의 인용은 p.19와 20에 근거한다. 필자는 사사키의 이 논문을 최근에 알았기 때문에 앞의 졸고(앞의 주10))를 집필할 당시에는 그 존재를 몰랐다. 이로 인해 지금 생각해보면 표현 등에서 부족한 부분도 있지만, pātimokkhuddesa/ prātimokṣôddeśa의 권위화한 의식화의 전형이 '칠불통계게'라는 필자의 견해에 관해서는 그 졸고를 참조하기 바란다. 또한

이 '칠불통계게' 부분에 관해서는 범문 근본유부계경 사본에 근거하여, 이미 출판된 것의 정정 등을 중심으로 발표한 최근 논문에 松村恒, 「波羅提木叉末尾偈について」, 『西日本宗教學雜誌』 20, 1998, pp.23-36이 있으므로 참조 바란다.

35 Pradhan, op. cit. (앞의 주7)), p.213, l.10-p.216, l.11을 참조. 또한 번역으로는 舟橋一哉, 『俱舍論の原典解明 業品』, 京都: 法藏館, 1987, pp.164-179를 참조하기 바란다.

36 대정장 22, p.499b를 참조. 또한 이 한 구절을 중심으로 고찰한 것이 Shizuka Sasaki, "Buddhist Sects in the Aśoka Period (5) -Presenting a Hypothesis-", 『佛教硏究』 24, 1995, pp.165-225이다.

37 특히 본서 제2부 제6장, pp.305-307에서 인용한 유부의 *Vinayavibhaṅga*, pārājika 제3조에 관한 기술을 참조하기 바란다. 또한 바이야브리티야카라에 관해서는 본서 제2부 제9장도 포함하여 참조하기 바란다.

38 이 건에 관해서는 앞의 주31)에서 제시한 "sabbaṃ cetiya-vandanâdi-sāmīci-kammaṃ niṭṭhapetvā" 등과 관련하여 sāmīci-kamman/ sāmīcī-karman의 내용도 검토해볼 필요가 있다고 생각하는데, 지금은 그럴 여유가 없어 유감이다. 원래 이러한 sāmīci-kamman에 관한 규정이 엄격한 출가비구만을 위한 규정이며, 후대가 되어서도 조금도 변경되지 않았다면, 그러한 의식에 재가자가 참가하는 일은 있을 수 없었을 것이다. 하지만 다음 주42)에서 보는 것처럼 율장에서 가무음곡을 허용하는 변화 등이 있었다고 가정해본다면, 이와 관련된 변경도 크게 있을 수 있었던 것은 아닐까, 필자는 추측하고 있다. 필자가 앞의 주35)에서 언급한 *Abhidharmakośa-bhāṣya*의 기술에 주목하는 것도 그러한 예측 때문이다.

39 대정장 22권, p.312b. 이 한 구절에 대한 히라카와의 언급에 관해서는 平川彰, 앞의 책, (앞의 주15)), pp.649-650: 平川彰著作集 4, 東京: 春秋社, 1990, pp.303-304를 참조.

40 본서 제2부 제4장, pp.257-261을 참조.

41 본서 제2부 제9장, 특히 pp.385-388을 참조.

42 佐々木閑, 「比丘と伎樂」, 『佛教史學硏究』 34-1, 1991, pp.1-24를 참조. 본문에서 간단하게 요약할 수밖에 없었던 율장 문헌의 변화란 사사키 시즈카의 단계설에 의하면 제3단계에 해당한다. 이 점에 대해 사사키는 다음과 같이 기술한다. "제3단계의 기술을 읽고 느끼는 것이지만, 기악공양의 주체는 어디까지나 재가자이며, 출가자는 뒤에서 그것을 도와주고 있던 것처럼 묘사되고 있다. 히라카와 설에 따라 재가의 불탑 숭배 운동을 대승불교의 기원이라고 생각한다면, 제3단계는 출가자가 자신들과 무관하게 널리 사회 운동으로 퍼져 있던 대승 의례를 나중에 도입해 간 흔적이라고 할 수 있다. 이렇게 보면 기악공양의 주체가 재가자라는 것도 잘

설명이 된다. 하지만 필자는 다음과 같은 가능성도 있지 않을까 생각한다. '분명히 불탑 숭배는 재가를 중심으로 성행하게 된 것이겠지만, 그에 대응하여 출가자 내부에서 대승적 교의(재가와 출가를 불문하고 누구라도 보살도를 통해 부처가 될 수 있다.)를 설하는 자가 나타나, 이 대승 재가와 대승 출가가 함께 대승 집단을 형성하였다.'"(같은 논문, p.20) 매우 중요한 지적이기는 하지만, 이 시점에서는 아직 히라카와 설을 전면적으로 부정하지 않고 있다. 이를 완수한 것이 佐々木閑, 「大乘佛教在家起源說の問題點」, 『花園大學文學部硏究紀要』 27, 1995, pp.29-62이다. 이 후의 고찰 결과를 보면, 사사키의 가무음곡에 대한 생각은 필자가 본문에서 서술한 바와 같이 전통적 불교 사원에서 점차 가무음곡이 실행되도록 변화했다고 생각해도 좋을 것 같다.

43 이른바 '카니시카 사리 용기'의 명문에서 인용한 것이지만, 필자의 인용은 최근에 새로운 해독을 제기한 定方晟, 「カニシカ舍利容器銘文解讀の試み」, 『春秋』 No.401, 1998, p.29에 근거하였다[단, 통일을 위해 '수납'이라고 되어 있는 것을 '수령'이라고 하였다]. 또한 Sten Konow, *Kharoṣṭhī Inscriptions with the exception of those of Aśoka*, Culcutta, 1929, p.137, No.72 외에, 平川彰, 앞의 책, (앞의 주15)), pp.664-667; 靜谷正雄, 앞의 책, (앞의 주20)), pp.236-246도 참조하기 바란다. 그런데 이 '카니시카 사리 용기'의 명문뿐만 아니라, 다른 경우에도 곧잘 나타나는 pratigrahe는 현대 학자들이 거의 예외 없이 dative(여격)로 해석하지만, 필자는 nominative(주격)로 해석하여 '(x의) 수령'이라고 읽고 싶은데 무리일까? 또한 필자는 이 '(x의) 수령'에 있어 x에 기진하는 사람을 이 경우에는 원칙적으로 '재가보살'이라고 생각하고 있지만, 시대가 경과해가면 기진자가 쇼펜이 지적한(본서 제2부 제8장, pp.363-368을 참조) 바와 같이 출가비구이기도 했다는 사실을 부정하는 것은 아니라고 생각한다.

44 제식주의 부활의 징조는 팔리 *Dīgha Nikāya*, I의 Kūṭadanta-sutta에도 이미 나타나고 있다고 생각한다. 이 경은 yañña의 올바른 존재방식을 보여주는 경전인데, 그 전반에서 세존은 쿠타단타라는 바라문에게 과거세 이야기를 한다. 거기에 등장하는 저명한 기진자 Mahāvijita왕의 purohita(궁정제관)가 실은 현재의 세존이라며 과거세 이야기의 결말(p.143, ll.26-27)로 고해진다. 이런 의미에서 세존은 푸로히타로서의 부활자인 것이다. 또한 *Aitareyabrāhmaṇa*에 그려지는 푸로히타의 역할에 관해서는 앞의 주4)를 참조하기 바란다.

45 본서 제2부 제10장 및 제11장을 참조.

46 본서 제2부 제10장, pp.430-431을 참조.

47 여래가 ②라고 하는 전형적인 예는 본서 제2부 제13장에서 주28)을 단 본문에서

인용한 『화엄경』「菩薩明難品」의 게송이다. 그러한 경우에는 여래가 ②의 닥시니야라는 것은 너무나도 명백하지만, 졸고, 「初期大乘佛教運動における『法華經』-uddiśyaの用例を中心として-」, 『勝呂信靜博士古稀記念論文集』, 同刊行會, 1996, pp.235-250에서 고찰한 바와 같은 "tathāgatam uddiśya stūpaḥ/ caityaḥ kārāpitaḥ(여래의 명의로 stūpa/ caitya가 만들어진다)"와 같은 표현에서 tathāgata는 ③인 것 같기도 하다. 그리고 그렇게 생각한 적도 있지만, 여기서는 특별한 논증 없이 그 생각을 바꾸어 『법화경』의 이상과 같은 표현 가운데 tathāgata도 stūpa/ caitya와 마찬가지로 닥시니야로 믿어지고 있었다고 생각해 두기로 한다.

48 Pradhan, op. cit. (앞의 주7)), p.272, ll.6-13, 티베트역, P. ed., No.5591, Gu, 261b8-262a5, 현장 역, 대정장 29, p.97a. 또한 舟橋一哉, 앞의 책, (앞의 주35)), pp.511-512를 참조.

49 본서 제2부 제11장, pp.459-460을 참조

[연구 보충 메모] 본 장의 주36) 및 그 본문에서 언급한 『마하승기율』「명위의법」은 그 후 佐々木閑, 『インド佛教變移論 -なぜ佛教は多様化したのか-』, 東京: 大藏出版, 2000, pp.171-173, pp.377-378, 주5)에서도 재차 다루어졌는데, 이 한 단락을 포함한 *Abhisamācārika-dharma*에 근거한 역주와 고찰은 본서 제1부 제5장, pp.151-158에서도 하고 있으므로 참조하기 바란다. 이 부분에서는 본 제2부 제12장을 집필할 시점에는 명확히 하지 못했던 주38)이 달린 직전의 기술 가운데 '직접적인 會場으로부터는 내쫓긴 재가자'의 모습에 관해서도 그 후의 고찰을 통해 조금이나마 가정할 수 있었던 것 같다. 또한 본 장 주42)의 후반에서 보여준 佐々木閑, 「大乘佛教在家起源說の問題點」은 그 후 佐々木閑, 위의 책, 2000, pp.307-334에서 '부론 2'로 수록하고 있으므로 현 시점에서는 이쪽을 참고하는 것이 좋을 것 같다. 본 장 주43)에서 언급한 '카니시카 사리용기'의 명문에 관해서는 塚本啓祥, 『インド佛教碑銘の研究』 I, 京都: 平樂寺書店, 1996, pp.993-994, "Shāh-jī-kī Ḍherī 1"도 참조하기 바란다.

13/ 대승경전에서 닥시나와 작선주의

앞 장 말미에서 『아비다르마코샤바샤*Abhidharmakośabhāṣya*』의 한 구절과 관련하여 수령자pratigrāhaka나 타자에 대한 원조parânugraha를 전혀 고려하지 않아도 좋은, 자심自心의 위력sva-citta-prabhava에만 의지하는 순연한 방사(放捨, tyāga)가 요구되면, 그것은 닥시나로서의 사신捨身의 강조로 나타날지 모른다고 기술하였다. 필자가 '3대 사신담'이라 부르는 것 중 하나인 『대반열반경』의 「사신문게捨身聞偈」라는 말은[1] 이러한 의미에서의 사신을 보여준다고 생각한다.

그런데 자심의 위력에만 의지하는 순연한 방사란 '작선'이라기보다는 오히려 '고행tapas'이라고 불러야만 하는데, 사실 그 「사신문게」의 이야기에서 후세에 「설산동자」로 유명해진 수행자는 문자 그대로 '고행자tapasvin'로 묘사된다. 그 '고행자'란 석존의 전생이며, 그는 그가 참된 '고행자'인지 아닌지를 시험하기 위해 나찰의 모습으로 나타난 샤크라신(śakro devānām Indraḥ, 釋提桓因)으로부터 '무상게'[2] 후반을 듣는 것을 '사신'으로 보상하려 하는데, 그것은 '捨不堅身 以易堅身'이나 '捨不堅身 得金剛身'[3]이라고 하는, 필시 '자심의 위력'을 위한 것이다. 분명 그는 '爲欲利益一切衆生故 捨此身'과 이타를 말하기는 하지만, 그의 진정한 바람은 다음과 같이 서술되고 있는 점에 있다.[4]

> 願 令一切慳惜之人 悉來見我捨離此身 若有少施起貢高者 亦令得見 我爲一偈 捨此身命 如棄草木

단 하나의 게송을 위해 '사신'조차 꺼리지 않는 자신의 순연한 방사를 인색한 자가 보았으면 하는 것이 '고행자'의 진짜 바람이며, 게다가 그것을 실행했기 때문에 샤크라신은 그를 참된 '고행자'이며 참된 '보살'이라고 인정한 것이다. 그 샤크라신의 말은 다음과 같다.[5]

> 善哉 善哉 眞是菩薩 能大利益無量衆生 欲於無明黑闇之中然(燃)大法炬 由我愛惜如來大法故 相嬈惱 唯願聽我懺悔罪咎 汝於未來 必定成就阿耨多羅三藐三菩提 願見濟度

이것은 샤크라신(①)이 닥시니야dakṣiṇīya인 '보살(②)'의 면전에서 참회하는 것에 의해, 보디bodhi(③)는 명시되지 않지만 암시되면서 장래의 구제를 바란다는 점에서 '작선주의'를 제시한 것이다. 경전은 이후 이 '고행자'가 현세에 있어 석존이라는 것을 밝히는데, 그런 의미에서의 석존은 '불견신不堅身'을 버리고 '견신'이나 '금강신'을 얻은 최종 해탈자가 아니면 안 될 것이다. 게다가 그 최종 해탈인 '반열반parinirvāṇa'을 보여주는 것이 『대반열반경』의 영원한 주제이며,[6] 이 부분도 그것을 석존이 가섭보살에게 고하고 끝난다. 그런데 그때도 석존이 가섭을 부르는 호칭은 '재가보살gṛhī bodhisattvaḥ'에 대한 것과 같은 '선남자kula-putra'라는 점에 주의해 두어야 한다. 『대반열반경』 전체 역시

‘재가보살’에 대한 ‘작선주의’의 권유로 설해지고 있기 때문이다. 덧붙이자면, 이 ‘사신문게’ 부분을 시작하며 해당 『대반열반경』을 서사하고 유포시킨 공덕의 광대함을 보여주는 한 구절에서 다음과 같이 설한다.[7]

> 世尊 我於今者 實能堪忍 剝皮爲紙 刺血爲墨 以髓爲水 折骨爲筆 書寫如是大涅槃經 書已 讀誦令其通利 然後 爲人廣說其義

경전에서 이 말을 하는 것은 가섭보살이다. 그는 ‘선남자’라 불리는 ‘재가보살’일 것으로 생각되는데, 이 장면은 ‘재가보살(①)’이 ‘출가보살’이 궁극적으로 지향하는 최종 해탈자인 석존(②)의 면전에서 ‘위인광설爲人廣說’이라는 타인의 수카 히타sukha-hita(③)를 위해 ‘사신’과도 통하는 가혹한 사경寫經이라는 ‘작선’을 닥시나로 제공했다고 하는 작선주의를 말하고 있다. 이러한 의미에서 ‘재가보살’이 해야 할 보시바라밀다dāna-pāramitā에 관해서는 『보디삿트바 브후미』의 「시품(施品, Dāna-paṭala)」에서도 ‘자신의 육체를 줌sva-deham anuprayacchati’ 경우에는 ‘다른 사람의 지배하에 들어가 복종해야 할 영혼을 준다pareṣāṃ vaśyaṃ vidheyam ātmānam anuprayacchati.’는 것 외에 실질적으로 ‘손, 발, 눈, 머리, 팔다리, 뼈마디를 구하는 자들이나, 살, 피, 근육을 구하는 자들이나, 내지 골수를 구하는 자들에게는 [손부터 시작하여] 내지 골수에 이르기까지의 것을 준다kara-caraṇa-nayana-śiro'ṃga-pratyaṃgâbhyarthināṃ māṃsa-rudhira-snāyv-arthināṃ yāvan majjârthināṃ yāvan majjānam anuprayacchati.’라고 기술되어 있다.[8]

하지만 ‘재가보살’이면서 스스로 ‘출가보살’처럼 고행자로서 ‘사신’을 행한 유명한 보살이 앞의 『대반열반경』의 ‘사신문게’의 이야기와 쌍벽을 이루는 『수바르나 프라바사 수트라(*Suvarṇaprabhāsa-sūtra*, 금광명경)』의 ‘사신사호捨身飼虎’ 이야기에 등장하는 마하삿트바(Mahāsattva, 摩訶薩埵) 왕자이다. 이 이야기는 본

경의 「사신품Vyāgrī-parivarta」에서 서술되며,[9] 그 중심 주제는 '사리공양śarīra-pūjā'이다. 그런데 이 주제 속에서의 「사신품」의 '작선주의'의 구조를 지적하면, 왕자 마하삿트바가 '재가보살'(①), 막 새끼를 출산한, 고의적으로 '고행녀tapasvinī'라고 칭해지고 있는 굶주린 암컷 호랑이vyāgrī가 ②, '세상 사람의 이익을 위해 무상의 깨달음을 깨닫고jagato hitârtham anuttarāṃ bodhiṃ vibudhya'라고 왕자에 의해 맹서되고 있는 '세상사람jagat의 이익hita' 혹은 '깨달음bodhi'이 ③이라고 할 수 있을 것이다. 이 구조에서 ①이 ②에 대해 '영혼을 방사하는 것ātma-pratyāga'이 소위 '사신'인데, 이것은 '견고하지 않은 거품과 같은 육체niḥsāraṃ phena-kalpaṃ tanum'를 버리고 '매우 청정한 법신suśuddhaṃ dharma-kāyam'을 얻는 것에 의해 '영혼ātman'이 본래의 견고한sāra 진신眞身인 '사리śarīra'로서 확립된pratiṣṭhāpita 것을 보여주고 있는 것이다.[10]

게다가 이 품의 말미에서 그 마하삿트바 왕자야말로 현세의 석존에 다름 아니라는 점이 명확해지는데,[11] 그 '사리'를 불탑stūpa으로 공양하는 왕자의 부모의 모습을 경전에서 읽거나 듣는 현실의 '재가보살'에게 있어서는 앞의 '작선주의'도 또 다른 의미를 갖고 수용되고 있음이 틀림없다. 즉, 이번에는 그 이야기를 안 자신이 '재가보살'(①)이며, 그 때문에 현재는 마하삿트바 왕자를 모방하여 자신이 '사신'에 준하는 닥시나(보시)를 최종 해탈을 얻은 석존의 '사리'(②)에게 베풀고, 그것을 일체 유정의 이익이나 안락 혹은 깨달음(③)을 위해 회향하는 것에 의해 닥시나 혹은 푼냐의 보답으로 하는 구조인 것이다. 그리고 이 구조는 앞의 『대반열반경』의 '사신문게'의 경우에도 해당할 것이다. 게다가 이런 의미에서 양자에 공통하는 닥시니야 혹은 푼냐크세트라puṇya-kṣetra로서의 ②를 일반화해서 말하자면, '사신문게'의 경우의 '고행자'로서의 보살로서 현세의 석존인 사람의 '견신堅身'이나 '금강신' 혹은 '사신사호'의 경우의 마하삿트바 왕자로 현세의 석존인 사람의 '사리'는 요컨대 '불사리buddha-śarīra'에 다름 아니다. 그 때문에 그런 의미의 '사리'를 보살의 단계에서 기술한 『수바르나 프라바사 수트라Suvarṇaprabhāsa-sūtra』의 한 구절은[12] 석존으로 하여금 다음과 같이 말하게 한다.

> vandata bhikṣavo bodhisattva-śarīrāṇi śīla-guṇa-vāsitāni parama-durlabhadarśanāni puṇya-kṣetra-bhūtāni/
> 비구들아, 습관의 공덕에 삼투滲透되어 최고로 얻기 어렵고 보기 어려운 진실한 복전인 보살의 사리를 예배하는 것이 좋다.
> 담무참 역: 汝等 今 可禮是舍利 此舍利者 是戒定慧之所熏修 甚難可得 最上福田

현행 산스크리트 본에 의하면, '사리예배śarīra-vandanā'를 권유받고 있는 것은 비구인 '출가보살'인데, 경전의 변천을 고려한다면 이는 처음부터 '출가보살' 이었던 것은 아니며, 오히려 처음에는 '재가보살'이었다가 나중에 '출가보살'로 변한 흔적이 농후하다.[13] 이 점 역시 보다 엄밀하게 음미해볼 필요가 있는 중요한 문제이지만, 일단 당면 문제인 '작선주의'에 초점을 둔다면 본질은 '사리예배'의 장려라는 측면에 응축되어 있다고 보아야 할 것이다. 왜냐하면 '사신'에 의한 '작선주의'는 실제로 '사신'이 이루어낸 죽음을 목적으로 하는 것은 아니며, 그 영력에 의존하는 것을 목적으로 한 신비로운 의식 그 자체여야 하기 때문이다. 게다가 그 신비로운 의식의 중심은 직전에 인용한 문장 가운데 푼냐 크셰트라라고 불렸던 '사리śarīra'에 있다.[14] 이러한 영력을 갖춘 '사리'의 의미는 통속적인 토착적 영혼관과도 합치하기 쉽기 때문에 비교적 유포도 빨라 7세기 전반 경에는 이미 일본에서도 명백한 형태로 수용되고 있었다고 생각된다. 니시다 히사토요石田尚豊의 연구에 의하면,[15] 7세기 전반경까지는 제작되었을 것으로 추정되는 옥충주자玉虫厨子에는 대좌(臺座, 須彌座)의 오른쪽에는 『금광명경』의 '사신사호' 그림이, 왼쪽에는 『대반열반경』의 '사신문게' 그림이, 정면에는 '사리공양'의 그림이 그려져 있는데, 특히 '사리공양'의 그림에는 신비로운 영기靈氣가 약동하는 듯한 구도의 그림이 그려져 있다고 하기 때문이다.

그렇다면 신비로운 의식 자체를 본질로 삼고 있었다고 생각되는 '작선주의'가 무엇 때문에 '사신'을 중시해야만 했는가. 그것은 앞서 지적한 바와 같이, 인도에서 '작선주의'는 '고행주의'를 경유한 바라문의 '제식주의'의 부활이라고 생각할 수 있는 요소가 농후한 것과 밀접하게 관련이 있을 것이다. 게다가 앞서 본 A논문에서는, 그 '제식주의'의 공희에서 제주가 제관인 바라문에게 주는 닥시나(보수)는 본래 '사신'이어야 하는데, 이를 대신해서 이루어졌다는 점이 지적되고 있었다.[16] 여기서는 이 지적에 따라 『아파스탐바 슈라우타 수트라*Āpastamba-śrauta-sūtra*』의 관련 부분[17]의 원문과 그 번역을 제시해본다.

> aṅgāni dattvā tena tena yathā-liṅgaṃ niṣkrīṇīte yad dāsyan syāt/ 4 / hotar vācaṃ te dadāmi tāṃ te 'nena niṣkrīṇāmîti / 5 / evaṃ brahmaṇe manaḥ/ adhvaryave prāṇam/ udgātre cakṣuḥ/ hotrakebhyaḥ śrotram/ camasâdhvaryubhyo 'ṅgāni/ prasarpakebhyo lomāni/ sadasyāyâtmānam/ 6 /
>
> [제주는 목소리 등의 보수dakṣiṇā의] 여러 부분을 주고, 각각[의 보수의 부분]마다 그 특질에 따라 주어야 할 것을 바친다niṣkrīṇīte. /4/ '권청승hotṛ'이여, 나는 너를 위해 목소리vāc를 준다, 나는 그것을 너를 위해 이 [보수의 부분]에 의해 바친다.]라고 말하고 /5/ [그는] 마찬가지로 기도승brahman을 위해서는 의(意, manas)를, 제공승(祭供僧, adhvaryu)을 위해서는 호흡(息,

prāṇa)을, 영가승(詠歌僧, udgātṛ)을 위해서는 눈cakṣus을, 권청조력승(勸請助力僧, hotraka)를 위해서는 귀śrotra를, 지배제공승(持杯祭供僧, camasâdhvarya(?))을 위해서는 [사]지를, 참예인(參詣人, prasarpaka)을 위해서는 체모loman를, 참예승sadasya을 위해서는 동체(胴體, ātman)를 [주어 바친다]. /6/

'주고 바친다dattvā niṣkrīṇīte'는 말의 정확한 의미를 필자는 잘 모르겠지만, 필시 제주가 닥시니야(보시를 받을 만한 가치가 있는 사람)인 바라문 제관에게 육체의 각 부분을 대신하는 닥시나를 주는 것에 의해 그 닥시니야 혹은 푼냐 크셰트라의 영력에서 증폭된 닥시나나 푼냐가 제주에게 돌아오는 것을 닥시나를 '되산다niṣkrīṇīte'라고 비유적으로 말한 것이라고 생각된다. 게다가 이와 동일한 용례는 매우 인도적이며 통속적인 이야기를 집성한 자타카에도 보인다. 보시왕으로 이름 높은 벳산타라Vessantara보살 이야기에서 그가 바라문에게 준 두 명의 아이를, 그 아버지이며 아이들의 조부인 산자야가 '되산다nikkiṇāti'고 하는 장면에서 사용되는[18] 팔리어 닉키나티nikkiṇāti는 앞에서 언급한 『아파스탐바 슈라우타 수트라』에서 사용되는 산스크리트어 니스크리나티niṣkriṇāti와 완전히 같다는 점에 주의해야 한다. 이 벳산타라보살 이야기는 닥키넷야dakkhiṇeyya=닥시니야dakṣiṇīya(보시를 받을 만한 가치가 있는 사람)에 대한 '과도한 보시atidāna'를 찬미하는 것인데, 자타카에서 항상 나타나듯이 마지막에는 그 벳산타라보살이 현세에서 석존이라는 점이 밝혀짐으로써 아티다나의 실행자인 그 자신이 닥키넷야라는 점이 시사되고 있다는 점은 말할 필요도 없다. 게다가 이 아티다나는 나중에 같은 팔리불교의 『밀린다팡하』에서도 문제가 되는데, 이것에 관해서는 팔리불교에서 십복업사十福業事 등의 문제와 함께 나니와 노부아키浪花宣明가 검토하고 있으므로[19] 여기서는 이 이상 상세히 언급하는 것은 피한다.

그런데 아티다나 찬미가 일찍이 이러한 통속적 이야기에서 생생하게 전승되고 있다는 것은 남전불교에서조차 이러한 보살관은 통속적인 토착적 영혼관과 친숙해지기 쉬운 것이었다고 말할 수 있을 것이다. 그리고 마치 벳산타라보살이 앞의 '사신사호'나 '사신문게'의 '사리'(②)에 해당하는 닥키넷야/닥시니야 혹은 푼냐 켓타puññа-kkhetta/ 푼냐 크셰트라puṇya-kṣetra처럼 되어 있으므로, 이 보살에게 영력이 담겨 있다고 믿어 스스로 고행을 하는 것이 아닌, 단지 이것을 공양하고 예배하여 보시 등의 선행을 하는 사람(①)에게 있어서는 ②가 '사신'도 싫어하지 않는 '과도한 보시'의 실행자, 즉 '고행자'이면 일수록 ②의 영력이 높다고 통속적으로 믿어지고 있었음을 이 이야기는 보여주고 있다. 게다가 그 속신俗信을 지탱하는 자야말로 베다나 우파니샤드의 시대에도 통하는 '사신'이었으므로, 남전불교에서도 제식주의가 고행주의를 경유하여 작선주의로 부활하고 있었다고 볼 수 있을 것이다.

따라서 대승불교라고 칭해진 그 작선주의의 현재화顯在化란 전통불교에 밀어닥친 통인도적 관념인 닥시나/ 푼냐 혹은 그에 연유하는 닥시니야/ 푼냐 크셰트라의 영력을 의식화에 의해 종교적으로 권위지우는 것이었다고도 파악할 수 있을 것이다. 그리고 그것이 위에서 본 『금광명경』의 '사신사호' 및 『대반열반경』의 '사신문게'의 ②로서의 '사리'에 대한 공양이라는 의식화가 되어 나타났다고 말할 수도 있는데, 그 두 경전은 일반적으로 중기대승경전에 포함되므로,[20] 그 현상은 반드시 초기의 대승경전 무렵부터 있었던 것은 아니라고 하는 의혹이 제시될 지도 모른다. 하지만 필자는 그렇게 생각하지 않으므로, 이하, 소위 초기대승경전이라고 불리는 것을 중심으로 닥시나와 닥시니야에 관련된 기술이나 문례文例를 들어 고찰해보고자 하자.

필자는 앞 장에서 히라카와 아키라에 의해 대승경전 중 최고층에 속한다고 생각되는 『삼품경(三品經, Triskandhaka)』의 시점에서 이미 작선주의의 근본적 성격은 성립하고 있었다고 생각한다는 점을 서술했다. 이 경전은 현존하지 않기 때문에, 어디까지나 경명인 '삼품tri-skandha'으로부터의 추측일 뿐이었다. 하지만 한편으로 그것을 염두에 두고 초기대승경전을 닥시나/ 푼냐나 닥시니야/ 푼냐 크셰트라 등의 용례를 중심으로 섭렵해가면, 서서히 그 상황 증거를 견고히 해갈 수 있지 않을까 생각한다. 게다가 그때 필자 등이 느낀 가장 곤란한 점은 초기대승경전이라 불리는 것을 형성하고 있는 개개의 경전의 편찬 형성사의 자취를 명확히 더듬을 수 없다는 것이었다. 특히 지금 문제 삼고 있는 용례는 『화엄경*Buddhāvataṃsaka*』에서 상당히 정리된 내용을 발견할 수 있는데, 『화엄경』을 구성하는 각 품의 전후 성립관계, 혹은 각 품 내부에서의 증광 발전의 확정 등은 상당히 곤란한 문제라고 생각된다. 그 문제를 불문에 부치고 필요한 용례만을 다루는 것은 물론 엄밀한 태도는 아니지만, 여기서는 이 점 미리 양해를 구하고 논지를 전개해가고자 한다.

『화엄경』에서 지금 문제와 관련하여 가장 주의해야 할 큰 품은 그 일부가 『바즈라드흐바자 수트라*Vajradhvaja-sūtra*』 혹은 『바즈라드흐바자 파리나마나*Vajradhvaja-pariṇāmanā*』로서 『식샤사뭇차야*Śikṣāsamuccaya*』에서 인용되고 있다는 점이 이미 알려져 있는[21] 「금강당보살십회향품金剛幢菩薩十迴向品」 혹은 「십회향품」이다.[22] 이 품의 문헌학적인 연구에 관해서는 어차피 따로 검토해보고 싶다고 생각하므로, 본 제2부에서는 필요 최소한으로 언급할 뿐이다. 그 전에 이 품 이외의 부분에서 알게된 『화엄경』의 중요한 용례를 언급하면 다음과 같다.

우선 본 제2부 제10장 말미에서도 다른 「입법계품」 서두의 한 구절에 관해[23] 그 후의 고찰도 포함하여 약간의 설명을 추가해둔다. 그때에 다룬 한 구절은 세존의 밑으로 모인 보살과 성문과 제천諸天이 바라는 말 속에 있는데, 설명을 쉽게 하기 위해 산스크리트 원문만 다시 제시하고, 그때 제시하지 않았던 번역도 여기서 제시해둔다.

> tathāgata-[sarva-][24]sattva-dakṣiṇā-pratigrahāṃś ca saṃdarśayet/ tathāgata-sarva-sattva-puṇya-dakṣiṇā-deśanā-prātihāryāṇy api saṃdarśayet/
> [세존은 필시] 모든 유정의 보수를 수령해주시는 여래임을 또한 명확하게 보여주실 것이며, 모든 유정의 복덕과 보수를 보여주는 기적을 행하는 여래라는 것 역시 명확하게 제시하실 것이다.

여기서 여래가 닥시나(보수)를 수령해주시는 분이라고 불리고 있는 것은 여래야말로 완전한 ②이기 때문이며, 그 때문에 여래가 닥시나를 수령하는 것은 틀림없이 완전히 닥시나가 증폭되어 시주에게 돌아오는 것을 의미한다. 따라서 한역에서도 이 닥시나 프라티그라하dakṣiṇā-pratigraha가 '복전puṇya-kṣetra=dakṣiṇīya'으로 번역될 수도 있다. 필시 지금 이 한 구절에는 ①인 모든 유정이 ②인 여래에게 닥시나 혹은 푼냐를 주는 것에 의해dattvā 다시 그것을 틀림없이 되 살수niṣkrīṇāti 있을 정도로 여래는 완벽한 ②, 즉 푼냐 크셰트라이며 닥시니야라는 점이 의도되고 있는 것 같다. '복덕과 보수를 보여주는 기적을 행한다'고 번역한 puṇya-dakṣiṇā-deśanā-prātihārya의 구체적인 의미는 알 수 없지만, 푼냐와 닥시나는 다른 역을 보아도 알 수 있듯이, 동격의 병렬 관계를 제시하고 있을 가능성이 높다고 한다면[25] 그 가운데 푼냐는 일방적으로 제공되는 단순한 '선업'만은 아니며, 닥시나와 마찬가지로 멋진 '복전'에 베풀면 증폭해서 돌아오는 영력을 갖춘 것이라고 생각되고 있었음을 시사하고 있을 것이다. 그리하여 여래에게는 푼냐나 닥시나의 이러한 영력을 불러 깨울

기적적인 힘이 있다는 것이 지금 문제의 한 구절이 의미하는 바일지도 모른다. 한편, 이러한 여러 구절에 담긴 바람을 가지고 보살이나 성문이나 제천이 세존에게로 모여드는 장소가 슈라바스티(Śrāvastī, 사위성)의 제타바나 아나타핀다다스야 아라마(Jetavana Anāthapiṇḍadasyârāma, 기수급고독원, 기원정사)에 있는 중각강당kūṭāgāra이다.[26] 이는 이러한 전통적인 불교사원이야말로 '재가보살'과 '출가보살'이 한 당堂에서 만나 신비로운 작선주의의 의식을 집행할 수 있는 가장 유력한 장소로 여기고 있었음을 보여주는 것으로 생각된다.

그런데 이상과 같은 장면으로 시작하는 「입법계품」은 주지하는 바와 같이 상인 회장의 아들śreṣṭhi-dāraka인 수다나(Sudhana, 善財)가 난행을 구하여 그 장소를 떠나 남쪽으로 여행간 후에 52명의 선우kalyāṇa-mitra와 만나 결국 사만타바드라(Samantabhadra, 普賢) 보살과 만나는 것으로 끝난다. 사만타바드라 보살이 자신이 얼마나 많은 고행을 쌓아왔는가를 수다나에게 말하는 내용의 일부를 제시하면 다음과 같다.[27]

> ahaṃ kula-putrânabhilāpyânabhilāpya-buddha-kṣetra-paramāṇu-rajaḥ-samān kalpān vicaritaḥ sarva-jñatā-cittam abhilaṣamāṇaḥ/ ekaikasmiṃś ca mahā-kalpe 'nabhilāpyânabhilāpya-buddha-kṣetra-paramāṇu-rajaḥ-samās· …… bodhi-cittaṃ pariśodhayatā/ ekaikasmiṃś (ca) mahā-kalpe sarva-tyāga-samāyuktāḥ sarva-loka-vighuṣṭā mahāyajñā yaṣṭāḥ/ …… putra-duhitṛ-bhāryāḥ parityaktāḥ/ sva-śarīra-māṃsāni parityaktāni, sva-kāyebhyo rudhiraṃ yācanakebhyaḥ parityaktam asthi-majjāḥ parityaktāḥ/ aṅga-pratyaṅgāni parityaktāni(/) karṇa-nāsāḥ parityaktāḥ(/) cakṣūṃṣi parityaktāni(/)
>
> 선남자여, 나는 불가설不可說하고도 불가설인 불국토의 극미진과도 같은 겁에 걸쳐 실천하며, 일체지성의 마음을 희구해왔다. 또한 각각의 대겁

에 있어 불가설하고도 불가설인 불국토의 극미진과도 같은 … 보리심을 청정히 한 [나]에 의해, 또한 각각의 대겁에 있어 모든 방사放捨에 적합한, 전세계에 울려 퍼지는 대제사mahā-yajña가 거행되고, …… 아들이나 딸이나 처가 방사되고, 자신의 뼈나 살이 방사되고, 자신의 몸에서 피가 애원자들을 위해 방사되고, 뼈나 골수가 방사되고, 관절이 방사되고, 귀나 코가 방사되고, 눈이 방사되었다.

왜 사만타바드라 보살이 자신의 과거세의 고행을 말하며 '사신'에 대해 언급할 수밖에 없었는지를 이해하기 위해서는 태고의 바라문의 제사에 있어 '사신'과 동일한 가치를 지닌 닥시나라는 존재를 가정할 필요가 있지만, 실제로 경전 역시 사만타바드라 보살이 과거세에 복수複數의 대제사mahā-yajña를 실행한 것을 명기하고 있다.

이렇게 고행주의를 경유함으로써 의식이 아닌 실제로 '사신'으로서의 닥시나를 과거에 실행했다고 믿는 사람은 작선주의에서는 고행과 같은 '사신'의 결과, 그 사람 자신이 닥시나를 수령할 만한 가치가 있는 닥시니야 혹은 푼냐를 받고 그것을 증폭시킬 수 있는 푼냐 크셰트라라고 생각되기에 이른 것이다. 『화엄경』의 「보살명난품菩薩明難品(菩薩問明品)」에는 여래에게 부촉하여 이러한 닥시니야 혹은 푼냐 크셰트라를 모두 찬미하는 부분이 있다.[28] 이하 그 일부를 제시한다.

만쥬슈리('Jam dpal, Mañjuśrī)보살이 차크슈흐슈리(Mig gi dpal, Cakṣuḥśrī)[29]보살에게 다음과 같이 말하였다. "아, 승자의 아들(rgyal ba'i sras, jina-putra, 佛子)이여, 여래에게 있어 선(dge ba, kuśala)을 일으키는 것은 하나라 할지라도 여래에게 있어 선근(dge ba'i rtsa ba, kuśala-mūla)을 불러일으키는 유정들은

모습(gzugs, rūpa)이 다양하며, 색(kha dog, varṇa)이 다양하며, 계급(rigs, jāti)이 다양하며, 능력(dbang po, indriya)이 다양하며, 재산(longs spyod, bhoga)이 다양하며,[30] 동반자('khor, parivāra)가 다양하며, 공덕(yon tan, guṇa)이 다양하며, 빈부의 차(phyug dbul)가 다양하며, 지성(shes rab, prajñā)이 다양하게 나타난다. 여래가 누구에 대해서도 불평등(mi mnyam pa, asama) 혹은 차이의 기분을 조금도 갖지 않는다면, 이것은 도대체 무엇일까요?" 그러자 차크슈흐슈리보살은 만쥬슈리보살에게 게송으로 답하였다.

"마치 물은 한 가지 맛이라도 용기의 존재 방식에 따라 변화하듯이, 마찬가지로 복전(yon phul ba[31], dakṣiṇīya)인 부처님은 [유정의] 상속(rgyud, saṃtāna)에 있어 변화한다."

여기서 여래는 과거세의 오랜 겁에 걸친 '사신'으로 대표되는 '보살'의 고행의 완성자로서 최종 해탈에 도달한 모든 것을 포괄할 수 있는 최고의 '복전(yon phul ba, dakṣiṇīya)'으로 그려지며 찬미되고 있다. 따라서 이러한 '복전'인 여래는 어떠한 차별도 느끼지 않고 모든 것을 구별하지 않고 수령할 수 있는 참된 자이다. 하지만 그로부터 돌아올 닥시나나 푼냐의 과보는 천차만별이며, 그것은 유정의 경우에 따라 응하고 있을 뿐이므로 차별은 온존溫存된 상태임이 틀림없다.[32] 그렇다고 해도 닥시나나 푼냐가 '복전'에 바쳐져 '악업불식의 의식'이 실행되면 유정의 각 경우에 따라 악업은 해방되었다고 믿어졌기 때문에, 이것은 오히려 작선주의 의식의 신비롭고도 위험한 측면을 말하고 있다고 생각된다.

이러한 작선주의를 대대적으로 설한 것이 바로 『화엄경』「(금강당보살)십회향품」이다. 앞서 서술한 바와 같이, 이 품은 『바즈라드흐바자 수트라』 혹은 『바즈라드흐바자 파리나마나』라고 불리는 것을 보면, 단독 경전으로 유포하고 있었을 가능성도 농후하다. 이 품에서 듣는 역할을 맡은 주인공은 바즈라드흐바자(Vajradhvaja, 금강당)보살인데, 기묘하게도 그에게 법을 설하는 제불여래 역시 동일한 이름이다. 아마도 '출가보살'의 극치인 제불여래와 동명화함으로써 후자와의 동질성을 약속받고 있는 것으로 생각된다. 이 양자의 관계에서 후자로부터 전자에게 제시되는 것이 이 한 품의 주제인 '십회향daśa pariṇāmanāḥ'이다. '십회향'은 고역古譯 불타발타라[33] 역으로 제시하면 ①救護一切衆生難衆生相廻向, ②不壞廻向, ③等一切佛廻向, ④至一切處廻向, ⑤無盡功德藏廻向, ⑥隨順平等善根廻向, ⑦隨順等觀一切衆生廻向, ⑧如相廻向, ⑨無縛無著解脫廻向, ⑩法界無量廻向이다. 이 중 ⑥隨順平等善根廻向(dge ba'i rtsa ba thams cad dang mnyam pa nyid kyi rjes su song ba zhes bya ba yongs su bsngo ba, sarva-kuśala-mūla-samatânugata-nāma-pariṇāmanā)에 관한 기술 가운데 '사신'과 관련된 중요한 부분이 많다고 생각되므로, 이하 그 서두 부분[34]의 불타발타라 역을 제시하고, 중요한 말에 관해서는 티베트역 및 그로부터 추정되는 산스크리트어를 일부 보충해 두기로 한다.

> 佛子(rgyal ba'i sras dag, jina-putrāḥ) 何等爲菩薩摩訶薩第六隨順一切堅固善根廻向[35] 此菩薩摩訶薩 若爲王時 得勝國土 安隱豐樂 降伏怨敵 治以正道 如法敎化 功蓋天下 德覆十方 萬國歸順 無敢違命 兵杖不用 自然泰平[36] 以四攝法 善攝衆生 轉輪聖王七寶成就 此菩薩摩訶薩 堅固安住自在功德 眷屬和睦不可沮壞 端正第一 觀者無厭 離一切惡 功德具足 相好成滿 顏容殊特 身體肢節端嚴周備 鮮潔明淨 見者歡喜 體力堅固 不可毁壞 攝取天帝那羅延身 離諸業障 得淸淨業 具足修行一切布施 若施 飮食 種種美味 諸乘衣服 衆妙華鬘 雜香塗香 床座住處 房舍燈明 湯藥寶器 莊嚴寶車 象馬寶王 衆妙寶座 諸蓋幢幡 種種雜寶 妙莊嚴具 淸淨天冠 髻中明珠 若見獄囚受諸楚毒 起大悲心 捨諸庫藏妻子眷屬 以身處獄 救苦衆生 見送獄囚

趣於死地 自捨己身(bdag gi lus dang srog yongs su btang, sva-śarīra-jīvita-parityāga) 以代彼命 若有人乞連膚頂髮髻中明珠眼耳鼻根牙齒舌根頭頂手足 壞身出血髓肉及心腸腎肝肺肢節諸骨厚皮薄皮或手足指連肉指爪 爲求正法 投身火坑 爲求法故 擧身具受無量衆苦 爲法難得故(chos tshol zhing chos kyi tshig dang yi ge 'bru gcig gi phyir) 能捨大地四海國土(rgya mtsho mthar thug pa'i sa chen po) 大小諸城村邑丘聚國土豐樂人民熾盛園林浴池華果繁茂無量莊嚴天下太平無諸怨敵金銀寶藏妻子眷屬 自在法王 斷除一切屠殺惡業 普施無畏 若見有人毀壞畜類及以人根令身殘闕起大慈悲而救度之 以大音聲普告一切令聞佛名(de bzhin gshegs pa mngon par sangs rgyas par 'jig rten thams cad du sgrog) 或施大地起佛殿堂造僧房舍(gtsug lag khang dang pho brang gi longs spyod kyi phyir sa dang khams yongs su gtong ba) 安處菩薩聖衆福田 或建尊廟 隨應一切 或施僮使(bran dang las byed pa'i mi, dāsa-karmakara-manuṣya) 供給三尊父母知識一切福田 以身布施一切給使(slong ba la rim gro bya ba'i phyir bdag nyid 'bul ba) 復以自身普覆諸佛(rang gi lus kyis de bzhin gshegs pa rim gro byed pa) 以自身施一切衆生(bdag nyid sems can thams cad gtong ba) 常以己身奉給諸佛(sangs rgyas thams cad la rim gro bya ba) 布施國土及王京都嚴飾大城(rgal srid yongs su gtong ba…… grong khyer dang rgyal po'i pho brang ngam rgyan thams cad kyis brgyan pa yongs su gtong ba) 又施寶女侍人眷屬妻妾男女(bu dang bu mo dang chung ma, putra-duhitṛ-dāra) 或施以家種種莊嚴遊戲園林 或設無數大衆施會(mchod sbyin, yajña) 遠離諸惡 淨衆生故 悉捨一切資生之具 心不貪著 不求果報 悉能捨離 若諸衆生 人與非人 貧賤富貴 或善或惡 種種福田 遠近諸方 一切悉來 或自來求 或不來求 一切悉施 無所慳吝 作如是念 「攝取隨順一切堅固善根迴向(yongs su bsngo zhing dge ba'i rtsa ba thams cad kyi snying po'i rjes su song ba, pariṇāmayan sarva-kuśala-mūla-sāram anugacchan)[37] 攝取善色 隨順一切堅固善根迴向 攝取善受想行識 隨順一切堅固善根迴向 攝取國土 隨順一切堅固善根迴向 攝取勝人 隨順一切堅固善根迴向 攝取眷屬 隨順一切堅固善根迴向 攝取財利 隨順一切堅固善根迴向 攝取一切惠施

隨順一切堅固善根迴向」 (중략) 如是等無量衆華(me tog, puṣpa) 菩薩摩訶薩 悉以供養現在十方一切諸佛(sangs rgyas bcom ldan 'das mngon du gyur pa, buddhā bhagavanto 'bhimukhībhūtāḥ) 及滅度後(yongs su mya ngan las 'das pa, parinirvṛta) 供養塔廟(mchod rten, stūpa) 諸法施者(chos dkon mchog la mchod par byed pa, dharma-ratna-pūjana) 比丘僧寶(dge 'dun dkon mchog, saṃgha-ratna) 一切菩薩諸善知識(dge ba'i bshes gnyen byang chub sems dpa', kalyāṇa-mitrā bodhisattvāḥ) 聲聞(nyan thos, śrāvaka) 緣覺(rang sangs rgyas, pratyekabuddha) 父母(pha dang ma, mātā-pitṛ) 親族乃至自身(bdag gi lus, sva-deha) 下及貧賤(bkres pa 'phongs pa, bubhūkṣā-daridra) 菩薩摩訶薩 布施華時 如是迴向[38]

인용이 길어졌지만, 이 품 전체에서 본다면 일부분에 불과하다. 이상과 같이 '십회향' 중 ⑥에 관한 서두 부분의 일부만 보아도 『화엄경』의 이 부분이 성립하는 단계에서 이미 작선주의에 의한 의식은 거의 완전한 형태로 완성되고 있음을 알 수 있을 것이다. 먼저 복수형으로 부르고 있는 '불자(佛子, jina-putra)'는 틀림없이 '재가보살'이다. 이야기의 흐름상 알 수 있듯이, 그들은 국왕이 되어 광대한 영토를 지배해도 이상할 것 없는 크샤트리야나 대부호 바이슈야이며, '작선주의 그림' 중 ①을 구성한다. "施大地起佛殿堂造僧房舍"라고 기술되고 있는 이상, 이들이 전통적 불교 대사원에 참배하고 있던 것은 명확하며, 거기에 모셔진 불보佛寶나 법보, '탑묘stūpa' 그 자체 내지는 거기에 거주하고 있는 "菩薩諸善知識聲聞緣覺"[39]이라 불리는 '출가보살'이 ②였던 것은 틀림없을 것이다, 그들 ①이 이들 ②에게 '爲求正法' '爲求法故' '爲法難得故'라고 서술되고 있는 ③을 위해 위의 인용에서 제시되고 있는 듯한 호화스러운 금품을 기진한 것이다. 이와 관련된 대부분의 기술에서 '사신'을 의미하는 신체나 그 일부 방사放捨에 얽힌 표현이 빈출한다. 죽음을 의미하는 듯한 실질적 '사신'이 아님에도 불구하고 이것이 즐겨 사용되는 것은, '사신'이 태고의 바라문 제사에서 닥시나를 상기시킬 수 있다면 충분할 만큼 작선주의가 제식주의의 부활로서 완전한 의식화를 의미하기 때문이라고 생각된다. 그러한 관점에서 볼 때, '재가보살'들이 무수한 야즈냐(yajña, 大衆施會)를 개최하는 것처럼 기술되고 있는 위의 인용문에 주목할 필요가 있다. 그리고 그들 '재가보살'이 마련한 야즈냐에는 왕년의 푸로히타를 대신할 '출가보살'이 필요했을 것이므로,[40] 야즈냐는 전통적 대사원에서 개최되거나, 왕궁 등 그 이외의 장소라면 '출가보살'이 초대된 자리에서 이루어졌을 것이다. 게다가 어떤 야즈냐든 그것을 관계자로서 지휘한 것도 일단 신분은 낮지만 역시 '출가보살'로서의 바이야브리트야카라들이었을 것으로 추측된다.

『반야경』의 닥시나와 관련된 용례에 관해서는 이미 간단히 다룬 적이 있다.[41] 여기서도 그 이상 고찰의 범위를 넓힐 생각은 없지만, 『반야경』의 고층일수록 닥시나에 관한 용례가 적은 것은 사실이다. 하지만 그 『반야경』에서조차 이미 가지야마 유이치가 논증한 바와 같이 '회향pariṇāmanā' 사상을 중심으로 B(種子)+K(田)⊃P(果)의 논리를 볼 수 있으며, 그것은 '작선주의(의 그림)'에서도 교체 가능하므로 『반야경』 역시 '작선주의'를 반영한 대승경전이라는 점은 분명하다. 다만 일찍이 필자가 가지야마의 논증에 관해 지적한 바와 같이,[42] 이 '작선주의'의 논리는 '공사상에 근거했을 때만 가능'해지는 것은 아니라고 생각한다. 만약 가지야마의 논증대로라면, '공사상'에 의해 근본적으로 채색되고 있는 『반야경』에 닥시나에 관한 용례가 『화엄경』보다 압도적으로 많아야겠지만, 사실은 완전히 반대이기 때문이다.

색인[43]을 보는 한 『법화경』에서는 닥시나에 관한 용례를 전혀 찾아볼 수 없다. 또한 푼냐는 많지만, 푼냐 크셰트라는 없다. 게다가 '회향'에 관한 파리나마야트pariṇāmayat는 한 가지 예가 보이지만, 실명사實名詞로서의 파리나마나 pariṇāmanā는 사용되지 않는 것 같다. 하지만 『법화경』에도 ②인 타타가타 tathāgata나 스투파에 대한 ①의 푸자pūjā를 ③의 삼약삼보디samyaksaṃbodhi를 위해 한다는 생각은 명료하게 나타나므로 『법화경』이 작선주의의 영향하에 편집 증광되어간 것은 틀림없다.[44] 『법화경』의 본질이 당시 해방되고 있던 다양한 계층의 사람들에게 똑같이 가르칠 수 있는 올바른 불교는 하나밖에 없다는 것을 '사상'적으로 주장하는 것에 있었다고 한다면,[45] 『법화경』에 태고의 바라문의 제사 이래의 '습관'과는 본질적으로 맞지 않는 면이 있었다 해도 당연하다.

그러나 그러한 『법화경』에도 작선주의의 영향이 농후하게 미치고, 원래 그러했던 『화엄경』은 말할 것도 없이 『반야경』 역시 후대의 증광 부분이 되면 될수록 작선주의의 색채를 강하게 띠며, 이러한 증광 과정과 평행하여 『우그라닷타 파리프릿차』나 『우팔리 파리프릿차』, 『라트나라쉬 수트라』, 『아카샤가르바 수트라』 등의 다양한 대승경전의 제작도 이어져, 결국에는 『대반열반경』이나 『금광명경Suvarṇaprabhāsa-sūtra』 등이 등장하기에 이르렀다고 생각된다. 게다가 대승경전의 제작자도 불교 논서의 저술자도 같은 불교교단에 속하며 같은 사원에 거주하고 있었다고 생각되는 이상, 전자뿐만 아니라 후자에 의해서도 당연히 인식되고 있었을 것이다. 『대비바사론』에 있어서의 그러한 예에 관해서는 이미 검토한 적이 있으므로,[46] 여기서는 『대비바사론』보다 후대에 성립한 『성실론*Satyasiddhi-prakaraṇa*』과 『아비다르마코샤바사阿毘達磨俱舍論』에 관해 간단히 보기로 한다.

『성실론』에는 「복전품」[47]이라는 비교적 짧은 품이 있는데, 이 경우 '복전'에 해당하는 원어가 푼냐 크세트라인지 닥시니야인지 결정할 수 없지만,[48]

그것이 '보시를 받을 만한 가치가 있는 사람'을 의미한다는 점은, 그 말이 사향사과의 유학인무학인만을 가리키고 있는 점에서 볼 때 명확하다. 따라서 품명의 '복전'으로서는 닥시나야가 보다 적절할 것으로 생각되는데, 명명命名을 한 이유에 대한 설명도[49] '해탈 사상'만을 서술하고 있다고 생각된다. 또한 작선주의를 명확히 보여준다고 생각되는 문언을 제시하자면, 다음과 같다.

於僧中施 必當成就 若二若三 一切善人 皆因衆僧 增益功德 然後隨意 回向菩提

'(중)승'이 ②, '선인'이 ①, '보리'가 ③인 것은 새삼 지적할 것도 없을 것이다. 다음으로 『아비다르마코샤바샤』에서는 닥시나에 관한 다음과 같은 게송을 볼 수 있다. 또한 『아비다르마디파*Abhidharmadīpa*』에도 내용적으로 이와 평행하는 게송이 있다는 점이 알려져 있으므로, 이하 그것들을 순서대로 (a)(b)로 제시한다.[50]

(a) mātṛ-pitṛ-glāna-dhārmakathikebhyo 'ntya-janmane/ bodhisattvāya câmeyā anāryebhyo 'pi dakṣiṇā//
(b) dharma-dātre 'pi bālāya pitre mātre 'tha rogiṇe/ ameyaṃ bodhisattvāya dānam anya-bhavāya ca//

엄밀한 의미에서 아직 명확하지 않은 점도 있지만, 요컨대 게송 가운데 거론되고 있는 ②인 5종의 사람에 대한 닥시나/ 다나는 설사 그 사람들이 성인이 아니라도 무량하다고 긍정되고 있는 것만은 분명하다.

이상, 전통적인 불교 부파의 논서에서 작선주의가 어떻게 다루어지고 있는

지 간단히 제시했다. 대승불교의 동향을 정면에서 긍정한 대승 논서에서 작선주의에 근거한 '악업불식의 의식'을 긍정적으로 기술하고 있다 해도 특별히 놀랄 일은 아니다. 따라서 이러한 예를, 이하 『입대승론』으로부터 한 구절만 들어 둔다.[51]

> 若有衆生誹謗正法 如般若經及法花中廣説 其謗法過逆罪 若能受持信解大乘 乃至五無間等 皆悉消盡 如佛所説偈
>
> 所作重惡業 能深自悔責 敬信大乘法 拔除諸罪根

이상으로 본 제2부에서는 '악업불식의 의식'과 관련하여 여러 경전문헌을 검토하고, 이와 밀접한 관계를 갖는 대승불교의 성립에 관해서도 새로운 해석을 제시해보았다. 아직 다루어 논할 문제가 많지만, 일단 『입대승론』의 위의 인용문으로 마무리하며 글을 마친다.

1 北本, 대정장 12, pp.449a15-451b5; 南本, 대정장 12, pp.691a9-693b6을 참조. 또한 한역으로부터의 重譯이므로 제1차 자료라고는 할 수 없지만, 참고상 티베트역을 거론해두자면 P. ed., No.787, Ju, 239a4-245b2가 해당 부분이다. 또한 현대어역으로는 田上太秀, 『ブッダ臨終の說法·完譯大般涅槃經』 2, 東京: 大藏出版, 1996, pp.163-175가 있다. 그리고 본 경에 대한 경전성립사적 연구로 주목해야 할 최근의 업적으로 下田正弘, 『涅槃經の硏究 -大乘經典の硏究方法試論』, 東京: 春秋社, 1997이 있다. 이 책은 본 경의 주제이기도 한 '열반'의 어의에 관해 다음 주6)에서 지적하는 바와 같이, 松本史朗의 중요한 연구 성과에 대해 언급하지 않고 있다. 이는 이 책의 명예를 위해서도 아쉬운 일이라고는 생각하지만, 대승불교의 성립에 관해 풍부한 문제제기가 이루어지고 있어 주목할 만하다. 그런 의미에서 본 제2부와 겹치는 문제에 관해서는 이 책의 간행이 이루어진 이상, 필자도 당연히 본문에서 이에 대해 언급해야 한다고 생각하지만, 지금은 그렇게 할 수 없는 점 유감으로 생각한다. 이 책의 간행 이전에 이미 발표한 필자의 본 제2부의 일부에 대해서라도 시모다가 언급해주었다면 필자 역시 어떤 의견을 제시하기 쉬웠을까 싶다. 지금으로서는 잠시 시간을 두고 언젠가 서로 언급할 수 있는 기회가 있기를 바랄 뿐이다. 그러던 중 최근(1998년) 11월 11일(수)에 고마자와단기대학 불교학과 주최로 실행된 시모다 마사히로의 공개강연 '佛이란 무엇인가'를 기회로 시모다와 만나 서로의 입장을 확인할 수 있었다. 적어도 본서에 대해서도 의견을 나눌 수 있는 기회가 오기를 기대한다.

2 한역(대정장 12, p.450a, 451a; 692a, 493a)과, 회수할 수 있는 산스크리트 원문(*Udānavarga*, I-3)을 제시해둔다.

諸行無常 是生滅法 生滅滅已 寂滅爲樂

anityā bata saṃskārā utpāda-vyaya-dharmiṇaḥ/ utpadya hi nirudhyante teṣāṃ vyupaśamaḥ sukham//

3 北本, 대정장 12, p.450c; 南本, 대정장 12, p.692c. 또한 이 이전에 설해진 "譬如 眞金 三種試已 乃知其眞 謂 燒打磨 試彼苦行者 亦當如是"의 3종의 방법인 '燒(tāpa)' '打(cheda)' '磨(nikaṣa)'에 관해서는 *Tattvasaṃgraha*, 제3587송으로부터 회수되는 아슈바고샤의 *Buddhacarita*, 제25장 제45송에서 다음과 같이 말해진다.

tāpāc chedāc ca nikaṣāt suvarṇam iva paṇḍitaiḥ/ parīkṣya bhikṣavo grāhyaṃ mad-vaco na tu gauravāt//

이 경위 등에 관해서는 졸고, 「『維摩經』批判資料」, 『駒澤大學佛敎學部硏究紀要』 46, 1988, pp.288-286, 同, 「選別學派と典據學派の無表論爭」, 『駒澤短期大學硏究紀要』 23, 1995, pp.48-50을 참조하기 바란다. 또한 위에서 인용한 『붓다 차리타』의 게송이

아슈바고샤 이전에는 없었던 그의 독창적인 창작에 의한 것이라고 한다면, 적어도 이를 알고 있던 『열반경』의 이 부분은 아슈바고샤 이후에 성립한 것이라고 하는 것이 될 것이며, 아슈바고샤와도 無緣의 것은 아니었다고 해야 할 것이다.

4 北本, 대정장 12, p.451a; 南本, 대정장 12, p.693a.

5 北本, 대정장 12, p.451a; 南本, 대정장 12, p.693a. 티베트역은 P. ed., No.787, Ju, 245a3-6인데, '唯願' 이하 '願見濟度'까지는 "저는 여래의 위대한 법을 지키기 위해 당신의 마음을 산란하게 상처 입히게 된 것을 후회하며 인정합니다. 당신은 미래에 반드시 무상정등각을 現等覺하실텐데, 그때 저희들도 또한 해탈하도록 부탁드립니다."라는 의미로 번역되고 있다.

6 원시불전인 *Mahā-parinibbāna-suttanta*이든 대승불전인 *Mahā-parinirvāṇa-sūtra*이든, 거기서 공통된 주제는 parinibbāna/ parinirvāṇa인데, 그 핵심이라고도 할 만한 nibbāna/ nirvāṇa의 어의 확정에 관해서는 松本史朗, 『緣起と空 -如來藏思想批判-』, 東京: 大藏出版, 1989, pp.191-224를 결코 잊어서는 안 된다. 거기서 마츠모토는 nibbāna/ nirvāṇa의 원의를 nir-√VṚ(덮개를 제거하다)에 유래하는 '離脫'이나 '解放'이라고 하며, nibbāna/ nirvāa의 사고방식은 'A(아트만)의 B(非아트만)로부터의 이탈 혹은 해방'을 이상으로 하는 참된 아트만사상, 즉 '해탈사상'에 다름 아니라는 것을 명확히 하였다. 나아가 마츠모토는 원시불전인 *Mahā-parinibbāna-suttanta*에서의 이 사상을 그대로 계승한 대승불전으로서의 *Mahā-parinirvāṇa-sūtra*에 관해서도, 그 후의 논문 「『涅槃經』とアートマン」, 『前田專學博士還曆記念論集 『<我>の思想』, 東京: 春秋社, 1991, pp.139-153에서 논하고, 후자인 법신상주 사상이 'A의 B로부터의 이탈'이라는 아트만 사상에 다름 아니라는 것을 논증하였다. 따라서 두 경전에 공통되는 주제로서, 그 nibbāna/ nirvāṇa에 전접사 pari-(완전하게)를 붙였을 뿐인 parinibbāna/ parinirvāṇa 역시 공통적으로 육체(B)의 완전한 죽음에 의한 아트만(A)의 완전한 불사를 의미하는 것이 된다. parinibbāna/ parinirvāṇa의 의미가 이렇게 명확하게 규정된 이상, 후속 연구는 찬반양론을 포함하여 마츠모토의 이런 업적에 대해 언급해야만 한다고 생각한다. 下田正弘, 앞의 책, (앞의 주1))은 대승의 『열반경』에 관한 뛰어난 연구인만큼 이 부분이 빠진 점, 더 아쉽게 느껴진다. 필자도 이 주를 다는 단계에서 마츠모토의 「『涅槃經』とアートマン」을 다시 읽을 기회를 얻어 기술해 둘 수 있었던 점 다행이라고 생각한다. 이번에 필자는 본문에서 『열반경』의 '捨身聞偈' 이야기와 『금광명경』의 '捨身飼虎' 이야기를 다루었는데, 후자에 관해서는 마츠모토의 위 논문에서 상당히 상세하게 언급하고 있음을 알았다. 간행 당시 읽었음에도 불구하고 완전히 잊어버리고 있었던 것이다. 기억하고 있었다면 본문에서 좀 더 짧게 기술했을지도 모르겠다. 다만, 필자가 여기서 제시한 '작선주의'는 특히 닥시니야나 푼냐 크셰트라를 중심으로 한

것이며, 본질적으로는 마츠모토의 그것과 밀접하게 연관되지만, 약간 다른 시점에서 다루고 있다는 이유로 고치지는 않았다. 이 점 이해 바란다. 다만 이번에 이것을 알았을 때에 한순간 긴장했던 것은 이 '捨身飼虎'와 마치 한 쌍을 이루는 듯한 관계에 있는 '捨身聞偈'에 관련하여, 일찍이 필자가 그 '사신'을 마츠모토의 위의 연구에 근거하여 자기부정일 수 없는 '我說'이라고 지적한 졸고, 「自然批判としての佛教」, 『駒澤大學佛教學部論集』 21, 1990, pp.380-403(문제의 부분은 p.395)와 마츠모토의 앞 논문과의 전후 관계였다. 필자는 '사신'은 '아설'이라는 것이 자신의 생각일 것으로 여겼지만, 만약 그 전에 마츠모토의 위의 논문을 알고 있었다면 무단으로 차용한 것이 되어 버린다. 이 때문에 조사하여 보니, 졸고의 탈고일은 1990년 7월 23일, 마츠모토의 그것은 1990년 10월 8일이었다. 따라서 필자가 차용했을 가능성은 없어 일단 안심할 수 있었다. 하지만 '사신'에 관해 마츠모토의 위의 논문과 같은 명확한 고찰이 이루어진 이상, 그 후 졸서, 『法然と明惠 -日本佛教思想史序說-』, 東京: 大藏出版, 1998, p.25의 '사신' 기술에서는 이 논문에 대해 언급해 두었어야 하는데 하지 않았던 점, 반성한다.

7 南本, 대정장 12권, p.449a; 北本, 대정장 12, p.691a. 또한 '선남자' '선여인'의 재가적 성격에 관해서는 平川彰, 『初期大乘佛教の研究』, 東京: 春秋社, 1968, pp.243-262: 平川彰著作集 3, 東京: 春秋社, 1989, pp.356-375를 참조. '고행자'로 유명한 가섭보살을 곧바로 '재가보살'이라고 단정하는 점에는 문제가 있을지 모르지만, 원시불전에서의 '고행자'의 이미지가 저절로 변화해간 것은 아닐까 생각한다.

8 이상에 관해서는 Wogihara (ed.), *Bodhisattvabhūmi*, Tokyo, 1930-1936, repr. Tokyo, 1971, p.115, ll.3-14를 참조하기 바란다.

9 S. Bagchi (ed.), *Suvarṇaprabhāsa-sūtra*, Buddhist Sanskrit Texts No.8, Darbhanga, 1967, pp.106-122, 티베트역, P. ed., No.176, Pha, 54b2-61b4, 대정장 16, pp.353c-356c, 396c-399c, 450c-454b를 참조. 또한 산스크리트 원전이나 티베트역에서 품명 Vyāgrī-parivarta는 사신을 받는 암컷 호랑이(vyāgrī)를 주로 하며, 한역 「捨身品」은 그 내용을 주로 한 命名이라고 생각된다. 티베트역은 위의 번역을 포함하여 한역으로부터의 중역 등 총 3점이 있다. 푸톤 목록(西岡 Nos.209-210)에서는 모두 "諸種의 대승경전(theg pa chen po'i mdo sde sna tshogs)"에 포함되지만, 현행 대장경에서는 「비밀부」에 담겨 있다. 이 점에 주의할 필요가 있다. 또한 일본어 번역으로는 泉芳璟, 『梵漢對照新譯金光明經』, 東京: 大雄閣, 1933, pp.168-199; 阿滿得壽, 『梵文和譯金光明最勝王經』, 光壽會, 1934, pp.146-169가 있다. 이 중 후자는 그 「序」에서 간행 목적이 "光壽會總裁大谷光瑞猊下ガ滿州光壽會員ノタメニ御講演ノ講本ニ提供シタモノ(광수회의 총재 大谷光瑞 예하가 만주 광수회원을 위해 강연 강본으로 제공한 것)"이며, 그 "滿州新帝國に於テ猊下ノ御講演ハ誠ニ此上モナイ相應シイ御企(만주 신

제국에서 예하의 강연은 실로 더할 나위 없이 적합한 시도)"라고 서술되고 있는 것은 어떤 의미에서 본 경전의 본질을 보여준다. 또한 松本史朗, 앞의 논문, (앞의 주6)), pp.144-146에서는 이 품의 사상을 정확하게 지적하고 있으므로 참조하기 바란다.

10 이상 제시한 산스크리트 문장은 Bagchi, *op. cit.*, p.109, ll.11-20에서 적당히 발췌한 것이다.

11 Bagchi, *op. cit.*, p.114, ll.5-6에서는 "ahaṃ sa tena kālena tena samayena Mahāsattvo nāma rāja-kumāro 'bhūt/"이며, p.122, ll.1-3에서는 "ahaṃ ca sa Śākyamunis tathāgataḥ pūrvaṃ Mahāsattva-varo babhūva/ putraś ca rājño hi Mahārathasya"이다.

12 Bagchi, *op. cit.*, p.107, ll.4-5, 曇無讖 역, 대정장 16, p.354a. 여기서 bhūta를 '진실한'이라고 번역한 것은 본 제2부 제8장, pp.358-360에서 다룬 쇼펜의 A논문의 고찰 결과에 따른 것이다. 또한 이와 완전히 같은 경문이 松本史朗, 앞의 논문, (앞의 주6)), p.144에서 인용, 고찰되고 있으므로 참조하기 바란다.

13 앞서 주12)를 단 본문에서 인용한 담무참 역에 대응하는 다른 한역을 여기서 지적해 두자면, 合部는 대정장 16, p.397a, 의정 역은 대정장 16, p.451a이다. 이들 여러 번역에서 세존이 호칭하여 "사리 예배"를 권유하는 것은 담무참 역과 합부에서는 *汝等*=(一切)大衆, 의정 역에서는 *汝等苾芻*=諸苾芻(及諸大衆), 산스크리트 원전 및 티베트역, No.176, Pha, 55b1-2에서는 비구(bhikṣu, dge slong)들 뿐이다. 이것만 보고 판단한다면, 세존이 부른 상대는 단지 '대중'뿐이었다가 '대중'을 포함한 '필추'가 되고, 최종적으로는 '비구'만이 되었다고 볼 수 있을 것이다. 이 대고중의 문제는 앞의 주7)의 '선남자' '선여인'의 문제와도 관련된다고 생각하는데, 현재 필자로서는 이 문제에 대해 명확한 견해를 제시할 수 없다. 이 점 양해를 구한다. 덧붙이자면, 「사신품」 서두의 대고중은 kuladevatā이다. 또한 본서 제2부 제12장, pp.491-492, p.504의 주43)도 참조하기 바란다.

14 예를 들면, 石田尚豊, 『聖德太子と玉蟲厨子』, 東京: 東京美術, 1998, pp.38-56에서 명확히 한 玉蟲厨子에서의 '사신공양도'는 신비로운 의식 그 자체가 그려져 있는 것으로 보아 보는 것 자체에 의미가 놓여져 있었음이 틀림없다. 이 玉蟲厨子 전체를 당시의 귀인이 어떻게 보고 있었는가에 관해서는 같은 책, pp.239-247에서 다루고 있으므로 참조하기 바란다.

15 石田尚豊의 앞의 책, 같은 부분 외에 pp.5-37, pp.57-105를 참조. 또한 서두에는 권두화로서 컬러도판은 아니지만, 비교적 잘 繪圖를 알 수 있는 도판이 추가되어 있어 편리하다. 그리고 玉蟲厨子의 제작 시대에 관해서는 같은 책, pp.244-246을 참조하기 바란다.

16 본서 제2부 제11장, pp.448-450, p.466, 주5)를 참조하기 바란다.

17 Richard Garbe (ed.), *The Śrauta Sūtra of Āpastamba Belonging to the Taittirīya Saṃhitā with the Commentary of Rudradatta*, Vol.II, Calcutta, 1882-1902, Second ed., Munshiram Manoharlal Publishers, New Delhi, 1983, p.470, l.10-p.471, l.6, XIII.6.4-6. 또한 *Hiraṇyakeśiśrautasūtra*, X. 15=*Satyāṣāḍhāviracitaṃ Śrautasūtram* ed. by Kāśīnātha Śāstrī, Ānandāśramasaṃskṛtagranthā-vali, 53, Poona, 1908, p.1009, ll.14-21, W. Caland, *Das Jaiminīya-Brāhmana in Auswahl: Text, Übersetzung, Indices*, pp.137-138을 참조. 상기 문헌 중 별로 도움이 되지 않았던 가장 마지막에 든 책 외에는 모두 遠藤의 도움으로 입수할 수 있었다. 나고야에 있던 엔도우와 올해(1998년) 7월 22일에 만난 것을 계기로, 이후 7월 29일에 문서로 상기 문헌의 입수를 부탁했다. 그러자 프랑스 여행 직전의 다망한 시기임에도 불구하고 곧바로 여러 교시와 더불어 위의 두 문헌의 복사본을 보내주었고, 필자는 이를 8월 3일에 수령하였다. 이 자리를 빌려 깊은 감사의 마음을 전한다. 또한 본문에서 제시한 *Āpastamba-śrauta-sūtra*의 해당 부분의 일본어 역에 관해서는 일단 Rudradatta의 주석은 참조했지만, 그 전후의 맥락을 거의 이해하고 있지 않기 때문에 자신은 없다. prasarpaka를 '參詣人', sadasya를 '參詣僧', ātman을 '胴體'라고 번역한 것도 엄밀한 근거나 구별이 있어서는 아니다. [그 후의 정정에 관해서는 본 장 말미의 [연구 보충 메모]의 서두를 참조할 것]

18 *Vessantarajātaka*, The Jātaka, P.T.S., Vol.VI, p.576, l.29, "nikkiṇissāma", p.577, l.13, "nikkayaṁ", p.577, l.29, "nikkiṇitvā" 등을 참조. 현대어 역으로는 辛島靜志 역, 『ジャータカ全集』 10, 東京: 春秋社, 1988, 제547화, pp.240-241이 있다.

19 浪花宣明, 『在家佛教の硏究』, 京都: 法藏館, 1987, pp.125-140, 특히 pp.132-134를 참조. 또한 *Milindapañha*에 관해서는 V. Trenckner (ed.), The Milindapañho, P.T.S., 1986, pp.274-284: 中村元・早島鏡正 역, 『ミリンダ王の問い』 3, 東洋文庫 28, 東京: 平凡社 , 1964, pp.33-47을 참조하기 바란다.

20 平川彰, 『インド佛教史』 하권, 東京: 春秋社, 1979, pp.64-91을 참조. 이 두 경전 중 특히 『대반열반경』의 경우, 전체를 중기대승경전에 포함시킬 수 없는 단계에 이르렀다. 그 형성사에 관해서는 下田正弘, 앞의 책, (앞의 주1)), pp.153-235, 특히 163-171을 참조. 시모다는 이 연구에서 비교적 오래된 법현 역과 거의 이에 상응하는 北本(40권본) 「一切大衆所問品」까지의 10권을 고찰 대상으로 삼아, 이를 제1류와 제2류로 크게 나눈 후에 전자를 중심으로 <원시대승열반경>을 설정해가는 방향에서 검토를 진행하고 있다. 그 <원시대승열반경>의 고층과 원시불전의 『대반열반경(*Mahā-parinibbāna-suttanta/ Mahā-parinirvāṇa-sūtra*)』의 새로운 층 사이에

는, 앞의 주6)과 같은 시점을 도입해가면 의외로 깊은 곳에서 연결되고 있을 가능성도 크다고 생각된다. 본 장에서 다룬 「사신문게」의 이야기를 포함하는 「聖行品」은 위와 같은 형성사로부터도 크게 벗어나 늦게 성립한 부분에 속한다. 그래도 그로부터 상정되는 '복전' 사상은 다시 오래된 층으로 거슬러 올라갈 수 있다. 시모다는 제1류에 속하는 법현 역 「장자순타품」의 보시에 관해 다음과 같이 지적한다. "보시의 성취와 佛의 상주는 밀접한 관계에 있다. 왜냐하면 순타품에서의 보시는 佛에 대해 행해지는 것이며, 만약 거기서 佛이 무상한 존재라면, 그 보시의 과보 자체도 무상해진다. 따라서 그러한 보시의 대상인 佛은 상주해야 한다. 佛이 영원한 복전이기 때문에 보시가 의미를 갖는 것이다."(같은 책, p.199) 시모다는 이 책에서 '복전'사상을 따로 정리하여 고찰하고 있지는 않지만, 이 '복전 puṇya-kṣetra/ dakṣiṇīya' 사상을 필자는 불교에 유입된 명확한 바라문사상이라고 생각하고 있다.

21 山田龍城, 『梵語佛典の諸文獻』, 京都: 平樂寺書店, 1959, p.92, 주4)를 참조하기 바란다.

22 60권본, 대정장 9권, pp.488a-535c; 80권본, 대정장 10, pp.124a-178b; 티베트역, P. ed., No.7761, Ri, 134b1-Li, 49a5를 참조하기 바란다.

23 본서 제2부 제10장, p.431을 참조하기 바란다.

24 앞의 주23)의 단계에서는 교정본대로 인용했지만, 티베트역뿐만 아니라 한역 세 개와 비교해도 sarva는 보충하는 편이 좋다고 판단하여 이번에 추가하였다.

25 앞의 주23)에서 지적한 부분을 참조하기 바란다. puṇya-dakṣiṇā의 복합어 부분에 대한 다른 역만 제시하면, 'bsod nams dang yon', '功德達嚫', '布施功德', '施功德'이다. 티베트역은 분명히 드반드바(dvaṃdva, 병렬 복합어)이며, '功德達嚫' 역시 이에 가깝다. 나머지 두 한역 역시 이렇게 이해해도 좋을 것 같은데, 엄밀하게 말한다면 반드시 그렇다고 단언할 수도 없다. 'dakṣiṇā인 puṇya' 'puṇya이자 dakṣiṇā'처럼 카르마다라야(karmadhāraya, 동격한정복합어)로 해석할 가능성이 없는 것도 아니기 때문이다. 사실 필자는 본 장을 쓰면서 후자로 해석하는 것이 좋지 않을까 생각하게 되었다.

26 kūṭāgāra는 바이샬리에 있는 건물의 고유명사라고도 하는데, 여기서는 슈라바스티에 있는 건물 양식을 일컫는 말로 해석해둔다. 尖端이 있는 층을 이룬 건축물을 보통명사로 kūṭāgāra라고 부르는 것 같은데, 필시 상당히 큰 건물일 것으로 생각된다. 이런 의미에서의 kūṭāgāra에 관해서는 *Mahā-sudassana-suttanta*, Dīgha Nikāya, II, p.182, E. Waldschmidt (ed.), *Das Mahāparinirvāṇa-sūtra*, Berlin, 1950, pp.326-327을 참조하기 바란다.

27 Suzuki and Idzumi (ed.), *The Gandavyuha Sutra*, Pt. IV, Kyoto, 1949, p.538, l.23-p.539, l.9; Vaidya (ed.), *Gaṇḍavyūhasūtra*, Buddhist Sanskrit Texts, No.5, Darbhanga, 1960, p.425, l.28-p.426, l.6; 티베트역, P. ed., No.761, Hi, 245b6- 246a5; 60권본, 대정장 9, p.785a-b; 80권본, 대정장 10, p.441b; 40권본, 대정장 10, p.840c.

28 티베트역, P. ed., No.761, Yi, 222a2-b4; 60권본, 대정장 9, p.428a24-b20; 80권본, 대정장 10, p.67b17-c13. 그 일부로 게송 부분에 관해서는 제2송만 인용하였다.

29 티베트역, Mig gi dpal로부터는 다양한 산스크리트語名이 예측 가능하지만, 일단 인도명의 符牒으로서 가장 쉽게 추측할 수 있는 Cakṣuḥśrī를 잠정적으로 적용시켜 둔다.

30 이 후에 "dbang po sna tshogs dang/"가 하나 더 반복되고 있지만 衍字로 보아 생략하였다.

31 티베트역의 yon phul ba의 phul ba는 아랫사람이 윗사람에게 주는 것을 의미하는 말로, 전체를 직역하면 '보수(dakṣiṇā=yon)를 바치는 듯한 존경 방법'이라는 것이 될 것이다. 필자는 다른 문헌에서 티베트어의 yon phul ba와 산스크리트어의 실제 대응을 확인하지는 못했지만, 필시 티베트어의 직역적인 의미로 보아도 닥시니야(보수/ 보시를 받을 만한 가치가 있는 사람)와 정확히 합치한다고 판단하여 yon phul ba의 원어는 닥시니야가 거의 확실하다고 추정하였다. 덧붙이자면 한역에서 일치하는 '복전'에 닥시니야가 대응하는 예는 상당히 많이 확인할 수 있지 않을까 생각한다.

32 여기서 볼 수 있는 차별주의는 힌두이즘의, 예를 들어 『바가바드기타』 등에서 볼 수 있는 것과 완전히 같은 구조의 것이다. 이것에 관한 중요한 고찰로는 Shiro Matsumoto, "Buddha-nature as the Principle of Discrimination", 『駒澤大學佛教學部論集』 27호, 1996, pp.328-296이 있으므로 참조하기 바란다.

33 60권본, 대정장 9, p.488b-c를 참조. 또한 티베트역에 관해서는 P. ed., No. 761, Ri, 136a1-6; 80권본에 관해서는 대정장 10, p.124c를 참조하기 바란다.

34 60권본, 대정장 9, pp.499c-500c. 티베트역, P. ed., No.761, Ri, 170a7-174a3; 80권본, 대정장 10, pp.135b-136b를 참조하기 바란다.

35 이 '隨順一切堅固善根迴向'은 순서대로 말하자면 이 품의 서두에 열거된 ⑥「隨順平等善根迴向」과 같아야겠지만, 실제로는 일치하지 않는다. 이 사정은 80권본에서도 같다. 단, 티베트역에서는 이러한 불일치를 볼 수 없다. 한편, 이러한 불일치가 발생한 원인을 추측해보면, ⑥의 실제 내용 가운데 이하 본문에서 인용한 주37)을 단 전후로 볼 수 있는 願文에서는 견고sāra한 것에 따르려 맹서하는 내용이므

로, 이 내용이 ⑥의 廻向名에 투영된 결과가 되었을지도 모르겠다.

36 ‘安隱豐樂’ 이하 이 ‘自然泰平’에 이르기까지의 문장은 왕권에 의해 지배된 국가의 평안을 묘사하는 것인데, 예를 들어, 본서 제2부 제9장의 주45)에서 지적한 바와 같은 표현과도 유사하다. 개인적 인상으로는 이러한 종류의 표현을 여기저기서 본 것 같기도 하다. 불교와 왕권을 장악할 수 있는 크샤트리야와의 관계로부터 볼 때도, 앞으로 이러한 표현에 주목할 필요가 있을 것 같다.

37 티베트역, 위와 같음, 172a1-3에 의하면 “회향하면서 일체 선근의 心髓(sāra=堅固)에 수순하는 것에 의해 色rūpa을 명확히 攝取하고, 일체 선근의 심수에 수순하는 것에 의해 受vedanā를 명확히 섭취하고, …… 일체 선근의 심수에 수순하는 것에 의해 識vijñāna을 명확히 섭취하고”라고 되어 있는데, 한역에 대한 구독점은 이에 따라 붙일 수는 없으므로 일단 한역의 흐름에 따라 가능하다고 생각한 것을 추가해두었다.

38 ‘중략’이라고 한 부분에서 이하 여기까지 한역에 해당하는 티베트역(위와 같은, 174a1-3)에 의하면, 그 의미는 다음과 같다. “이와 같은 종류의 꽃들을 현전하는 불세존과 반열반하신 여래의 불탑stūpa에 헌상하고, 법보dharma-ratna에 공양하고, 승보saṃgha-ratna에 헌상하고, 선지식인 보살에게 헌상하고, 성문과 독각과 아버지와 어머니에게 보시를 할 때에, 최소한 자신의 육체와 그렇지 않은 다른 굶주린 가난한 자나 여러 애원하는 수령자들에게 그것들을 보시해야 할 때에 그들 선근을 다음과 같이 회향해서” 후반의 의미는 명확하지 않은 부분도 있지만, 전반에서는 분명 삼보에 대한 대사원에서의 헌화를 서술하고 있다.

39 앞에서 주38)을 단 본문 가운데 인용 주 번호 직전의 한역 및 앞의 주38)에서 번역하여 제시한 티베트역을 참조하기 바란다.

40 푸로히타가 왜 필요한가에 관해서는 앞 장 주4)에서 인용한 『아이타레야 브라흐마나』의 한 문장 및 이에 관한 연구를 참조하기 바란다.

41 본서 제2부 제10장, p.431 및 p.443의 주 52)를 참조하기 바란다.

42 본서 제2부 제10장, pp.425-427을 참조하기 바란다.

43 Y. Ejima *et al.*, *Index to the Saddharmapuṇḍarīkasūtra*, Fascicles V, VI, The Reiyukai, Tokyo, 1988-1989에서 각각 관련 항목을 참조하기 바란다.

44 平川彰, 앞의 책, (앞의 주7)), pp.569-573: 平川彰著作集 4, 東京: 春秋社, 1990, pp.204-213을 참조하기 바란다.

45 이러한 『법화경』의 본질을 보여주는 말이 “śraddadhādhvaṃ me Śāriputra

pattīyatâvakalpayata/ na hi Śāriputra tathāgatānāṃ mṛṣā-vādaḥ saṃvidyate/ ekam evêdaṃ Śāriputra yānaṃ yad idaṃ buddha-yānam// (Kern and Nanjio ed., p.44, ll.3-4)" 라고 생각한다. 이에 대한 일본어 역 및 약간의 의견에 관해서는 졸서, 『批判佛教』, 東京: 大藏出版, 1990을 참조하기 바란다. 또한 이러한 본질을 『법화경』의 증광 부분이 차례로 덮어버렸다고 하는 형성사관에 선 주목할 만한 연구로는 松本史朗, 「『法華經』の思想 -「方便品」と「譬喩品」-」, 『駒澤大學大學院佛教學年報』 28, 1995, pp.1-27이 있다.

46 본서 제2부 제7장을 참조하기 바란다.

47 대정장 32, pp.246c-247b를 참조하기 바란다.

48 하지만 이 「복전품」에서 인용되는 경전이 『중아함경』 제127경 「복전경」: Aṅguttara Nikāya, II, 4.4, *Dakkhiṇeyya*(赤沼智善, 『漢巴四部四阿含互照錄』, 京都: 法藏館, 1985 복간, p.17을 참조)라는 점이 증명된다면, 그 대응하는 팔리경전의 이름으로부터 이 품명에 보이는 '복전'도 닥시니야였을 가능성이 매우 농후해질 것이다.

49 단적으로 말해, 이 품의 전반에서 왜 '복전'인가에 대해 설명하고 있는데, 그 이유 중 두 가지를 제시하면 다음과 같다. "斷貪恚等諸煩惱盡, 故名福田" "能斷除五種心縛心得清淨 故名福田" 또한 본문에서 이 이하 제시한 인용은 대정장 32, p.247a에 의한다.

50 (a)는 Pradhan (ed.), *Abhidharmakośabhāṣya of Vasubandhu*, Patna, 1967, p.271, ll.1-2, (b)는 S. Jaini (ed.), *Abhidharmadīpa with Vibhāṣāprabhāvṛtti*, Tibetan Sanskrit Works Series, Vol.IV, Patna, 1959, p.213, ll.14-15. 또한 후자에 관해서는 게송 직후에 "ebhyaḥ pañcebhyaḥ pṛthagjanebhyo 'pi dānam aprameyaṃ bhavati (설사 異生들이라 해도 이들 5명에 대한 보시는 무량한 것이 된다.)"라는 간단한 주석이 붙어 있다. 전자에 대한 일본어 역으로는 그 주석 부분도 포함하여 舟橋一哉, 『俱舍論の原典解明業品』, 京都: 法藏館, 1987, pp.503-505(닥시나는 '보시'라고 번역되어 있다)를, 후자 문헌의 사상적 자리매김에 관해서는 吉元信行, 『アビダルマ思想』, 京都: 法藏館, 1982, pp.38-82를 참조. 또한 (a)의 티베트역(P. ed., No.5591, Gu, 260b7-8)을 제시하면 다음과 같다.

'phags pa min yang pha ma dang// nad pa dang ni chos smra dang//
skye mtha'i byang chub sems dpa' la// yon ni gzhal du med pa yin//
(설사 성인이 아니라 할지라도 아버지와 어머니와 병자와 설법자와 最後生의 보살에 대한 닥시나는 무량하다.)

닥시나/ 다나의 대상인 5명을 (a) (b)로 대조해보면 다음과 같다.

(a) mātṛ	pitṛ	glāna	dhārmakathika	antya-jamman-bodhisattava-
(b) mātṛ	pitṛ	rogin	dharma-dātṛ	anya-bhava-bodhisattva-

51 대정장 32권, p.49a-b. 『입대승론』에 관해서는 宇井伯壽, 『寶性論硏究』, 東京: 岩波書店, 1959, 1979 재간, pp.407-429; 『佛書解說大辭典』 8, pp.352-353(坂本幸男 집필)을 참조.

[부기] 초교 원고를 기다리는 동안 보충할 필요성을 느낀 것들을 이하 기술해둔다. '사신'이 어떤 의미를 가지며, 그것이 왜 대승경전에서 중시되었는가 하는 점에 관해 본 장을 중심으로 서술했는데, 이 방면의 연구 자료로 중요한 것은 『護國尊者所問經*Rāṣṭrapālaparipṛcchā*』라는 것을 杉本卓洲, 「本生菩薩の大乘化」, 『菩薩觀』, 日本佛教學會 편, 京都: 平樂寺書店, 1986, pp.15-27을 보고 알게 되었다. 櫻部建가 본 경을 해설한(『寶積部經典』, 大乘佛典 9, 東京: 中央公論社, p.345) 것에 의하면, 축법호 역의 『德光太子經』은 이 古譯에 해당한다고 하므로, 이 연구를 매개로 '사신'의 오래된 뿌리 깊은 흔적을 한층 잘 확인할 수 있을지도 모르겠다. 또한 『대지도론』 제34권까지 인용된 약 100개 정도의 자타카 가운데, 보살의 '사신'을 서술한 이야기가 40개나 있다는 점이 加藤純章, 「大智度論の世界」, 『般若思想』 講座·大乘佛教2, 東京: 春秋社, p.173에서 지적되고 있다. 또한 '사신'에 관한 이러한 자료 중 하나로, 본 장에서는 『간다브유하』에 대해서도 언급했는데, 이 현대어 역으로는 梶山雄一 감수, 『さとりへの遍歷』 上下, 東京: 中央公論社, 1994가 있다. 지금까지 이 연구가 있는 것을 몰랐다. 그래서 본 제2부에서도 언급하지 않았는데, 이 점 여기서 사과하며 보충해둔다. 또한 본 장에서 언급한 『성실론』에 관해서는 이 부기를 쓰기 직전에 平井俊榮·荒井裕明·池田道浩 역주, 『成實論』 I, 新國譯大藏經インド撰述部, 東京: 大藏出版이 간행되었다. 「복전품」은 그중 pp.76-78에 해당하므로 참조하기 바란다. 다음으로 본서 제12장, 주36)에서 언급한 「明威儀法」 중 한 구절에 관해 말하자면, 그 한역의 「명위의법」 전체에 해당하는 산스크리트 사본의 영인판이 이 역시 아주 최근에 大正大學綜合佛教硏究所比丘威儀法硏究會 편, 『大衆部說出世部律·比丘威儀法』으로 간행되었다. 또한 그 全7바르가varga 중 제4바르가까지는 영인판과 더불어 공개된 입문서에서 로마나이즈로 轉寫되고 있다. 본서 제2부 제12장의 주36)에서 언급한 사사키 시즈카의 논문에서 다루고 있는 한역 부분은 이 전사본으로 말하자면, p.44, l.7-p.45, l.18에 해당한다. 이 산스크리트본을 보면, 포살 때 출가 비구 중에서 재가자가 '보수를 지명하는(dakṣiṇām ā-DIŚ-)' 역할을 하는 자가 있었음을 알 수 있다. 또한 이 dakṣiṇām ā-DIŚ-라는 표현도 포함한 『디비야 아바다나』의 한 구절에 대해서는 본서 제11장의 주42)에서도 언급했지만, 이 한 구절과 거의 같은 문장을 갖는 懺悔譚의 정형구가 『디비야 아바다나』보다 오래된 *Avadānaśataka*

(Speyer ed., I, pp.14,l.11-15,l.2; pp.196,l.10-197,l.4; pp.276,l.13-pp.277,l.3; II, p.73,ll.5-12; p.180,ll.9-15)에도 出本充代의 학위논문(京都대학 제출)에서 지적되고 있다는 점을 그 친구인 사사키 시즈카의 작년 4월 14일자 편지로 알게 되었다. 또한 데모토가 그 논문에서 한 번역을 보면, "그 [아이는] 하인으로서 선물이나 먹거리를 주어 실행하기를"은 "양육한 대신 부양해주기를. 유산을 상속해주기를."이라고 바꾸어야 한다고 생각한다. 본래 본문에 넣어야 하는데 깜박한 점 사죄하며, 두 사람에게 깊은 감사의 뜻을 표한다. 본서 제12장의 주31)의 부분에서 언급한 sāmīcī-karman에 관해서는 졸고, 「Yogācārabhūmiにおける64種の有情分類リストについて」, 『駒澤短期大學硏究紀要』 27, 1999, pp.139-172의 주62)를 지적했어야 하는데 미처 생각을 못했다. 여기서 보충해둔다. 본 장 주50)에서 제시한 『아비다르마 디파』의 게송 제4구의 anya-bhavāya는 손을 대지 않고 두었었지만, antya-bhavāya로 정정해야 한다. 이 역시 여기서 보충해둔다. (1999년 2월 19일 記)

[연구 보충 메모] 본 장 주17)이 달린 본문에서 인용한 『아파스탐바 슈라우타 수트라』의 제4-6절 가운데 제5절은 榎本文雄의 교시에 따른 것이며, 이미 졸고, 「菩薩成佛論と捨身二譚」, 『駒澤短期大學硏究紀要』 28, 2000, p.337의 주45)에서 기술한 바와 같이 정정하고 있다. 본 장 주18)이 달린 본문에서 '과도한 보시'와 관련하여 玉蟲厨子의 '사신'에 대해서도 언급했는데, 필시 그 '사신' 사상에 근거하였을 '慧可斷臂' 이야기나 '사신'의 궁극에 있다고 믿어졌던 '佛'로부터 '성불'의 수기를 얻지 못하고 '낙담의 포즈'를 취하게 된 보살상의 사상 배경에 관해서는 졸고, 「彌勒菩薩半跏思惟像考」, 木村清孝博士還暦記念, 『東アジア佛教の形成』, 東京: 春秋社, 2002를 참조하기 바란다. 본 장 주21)이 달린 직전의 본문 중, 『화엄경』 고찰 도입부에서 언급한 『삼품경』과 '삼품tri-skandha'과 관련한 최근의 연구 성과로 中御門敬教, 「三品の再解釋 -大乘佛教文獻を中心にして-」, 『印佛硏』 49-1, 2000, pp.428-425가 있다. 필자도 이 문제와 관련하여 중요한 선행 업적을 최근까지 모르고 있었다는 점은 본서 제1부 제4장의 주11) 및 그 본문에서 기술한 바와 같다. 木村高尉의 도움을 통해 입수하게 된 그의 「梵文三品經について」라는 논문을 기반으로 한, 이 문제에 관한 필자의 최근 견해에 관해서는 同, 주11)을 참조하기 바란다. 본 장 주22)가 달린 본문에서 가까운 시일 내에 「십회향품」에 관한 문헌학적 연구를 시도해보고 싶다고 기술했지만, 아직 예정은 없다. 본 장 주28)이 달린 본문에서 인용한 「보살명난품」의 한 구절 가운데 여래가 "불평등 혹은 차이의 기분을 조금도 갖지 않는다."라고 한 것은 결코 '평등사상'은 아니며, 본서 제1부 제3장 주25)나 제5장 주35)에서 제시한 '도끼와 栴檀의 법칙'에 따랐을 뿐인 '怨親平等'이라는 점에 주의하기 바란다. 본 장 주36)이 달린 「십회향품」의 한 문장과 관련하여 그 주36)에서 기술한 인상은 그 후에 확실한 것임을 확인하였다. 이 한 문장은 본서 제2부

제9장의 주45)에서 언급한 것과 같다. 그 때문에 그 [연구 보충 메모]에서 지적한 바와 같이 Feer의 분류에 의한 '상투구 10'에 해당한다. 또한 본 장 주1)에서 가능한 한 빨리 下田正弘의 저서에 언급할 기회를 갖고 싶다고 기술했었는데, 본격적인 것은 아니지만, 그 일단으로 졸고, 「icchantika(一闡提)の意味とlābha-satkāra」, 『佛教學セミナー』 74, 2001pp.20-34가 있으므로 참조하기 바란다.

본서 집필에 사용된 졸고

제1부

새롭게 쓴 부분

제2부

제1장, 제2장 : 「惡業」(I) 1991.12.10. 탈고, 『駒佛紀』 50, 1992.3, pp.274-247

제3장 : 「惡業」(II) 1992.7.18. 탈고, 『駒佛論』 23, 1992.10, pp.442-423

제4장, 제5장 : 「惡業」(III) 1992.12.31. 탈고, 『駒佛紀』 51, 1993.3, pp.337-298

제6장 : 「惡業」(IV) 1993.7.23. 탈고, 『駒佛論』 24, 1993.10, pp.434-413

제7장, 제8장 : 「惡業」(V) 1994.10.30. 탈고, 『駒短紀』 23, 1995.3, pp.95-127

제9장 : 「惡業」(VI) 1995.12.3. 탈고, 『駒短紀』 24, 1996.3, pp.95-127

제10장 : 「惡業」(VII) 1996.12.2. 탈고, 『駒短紀』 25, 1997.3, pp.107-132

제11장 : 「惡業」(VIII) 1997.12.2. 탈고, 『駒短紀』 26, 1998.3, pp.91-113

제12장 : 「惡業」(IX) 1998.11.16. 탈고, 『駒短紀』 27, 1999.3, pp.173-222

약호

「惡業」 = 「惡業拂拭の儀式關聯經典雜考」

『駒佛紀』 = 『駒澤大學佛教學部研究紀要』

『駒佛論』 = 『駒澤大學佛教學部論集』

『駒短紀』 = 『駒澤短期大學研究紀要』

후기

오오쿠라大藏출판사의 이노우에 토시미츠井上敏光의 도움을 받아 『유식사상논고唯識思想論考』를 출판한 지 1년도 채 지나지 않았다. 작년 7월 18일자로 '후기'를 작성하며 말미에서 다음에는 『불교교단사서佛教教團史序』를 써보고 싶다고 기술했다. 구체적인 계획이 있었던 것은 아니며, 그저 자신에게 그러한 과제를 주제로 골라서 글을 쓰도록 일종의 압력을 가하고 싶었던 것 같다. 그리고 만약 기회가 된다면, 이전에 발표한 「惡業拂拭の儀式關聯經典雜考」를 중심으로 몇 편 관련 원고를 고르면 되겠지라고 막연하게 생각하고 있었다.

하지만 이노우에는 그렇게 생각하지 않았던 것 같다. 『유식사상논고』의 출판이 일단락되고 가을이 되었을 무렵, 그 이야기는 어떻게 되었는가, 꼭 진행하시기 바란다며 공세를 개시하였다. 마침 그 무렵 마찬가지로 『유식사상논고』의 '후기'를 보았는지, 다른 출판사로부터도 교단사 관계의 책을 꼭 출판하고 싶다는 요청이 왔다. 필자는 당황하여 선약이 있다고 일단 거절하였다. 그런데 이쪽에서는 전문서가 아닌 일반서를 원하여 둘 다 출판한다면, 아무래도 전문서 쪽을 먼저 내는 것이 좋을 듯 싶었다. 필자는 타율적이지만, 점차 이노우에의 권유에 적극적으로 임하게 되었다. 하지만 필자가 간신히 일을 시작한 것은 작년 11월 16일(금)이며, 이 날 이노우에 씨를 만나 건넨 것은 앞서 언급한 바와 같은 막연한 생각을 앞에 한 관련 구고舊稿의 복사본뿐이었다.

그런데 그렇게 된 이후, 이노우에의 대응은 항상 그렇듯이 적확하고 발빠르다. 4일 후에는 아마도 복사본의 구 원고를 모두 읽은 후에 전화를 한 것 같은데, 구체적인 내용 상담을 위한 다음 일정의 타진이 있었고, 약속은 11월 30일(금)로 정해졌다. 그날 이노우에는 구 원고를 모두 편집하여 예정 쪽수를 산출한 표를 지참하고, 400쪽 전후의 책으로 하고 싶다며 목차 식으로 된 자신도 안案도 제시하였다. 필자의 막연한 생각대로 구 원고를 하나의 책으로 망라하면 상당한 쪽수가 될 것이라는 점은 한눈에도 명료했다. 필자 역시 이번에는 400쪽 전후 정도의 책이 적당하다고 생각하고 있었으므로, 이노우에의 제안을 가능한 한 살리는 방향으로 검토해볼 것을 약속하였다. 그런데 필자는 이 시점에서는 일단 공적으로 밝힌 『불교교단사서』라는 제목을 고집하고 싶었는데, 이노우에의 말 한마디 한마디에서 구 원고에 서론을 붙인 정도의 원고가 아닌, 대승불교를 중심으로 새롭게 논한 부분도 추가해 주기를 바라는 어감을 느끼고 있던 것 역시 사실이다.

그리하여 필자는 연말부터 정월에 걸쳐 『불교교단사론佛教教團史論』이라는 새로운 제목하에 새롭게 쓸 부분을 구상하는 데 집중하였다. 구 원고인 「惡業拂拭の儀式關聯經典雜考」만은 무슨 일이 있어도 수록하기로 결정했기 때문에 다른 관련 구 원고를 어떻게 할까가 마지막까지 남은 문제였다. 그런데 어떤 것을 선택해도 결국은 어중간하게 될 수밖에 없다는 것을 깨달아 「惡業拂拭の儀式關聯經典雜考」를 제외하고는 모두 새롭게 쓰겠다고 결심했다. 그러자 갑자기 기분이 가벼워졌다. 정월에는 새롭게 쓴 부분을 제1부로 한 내용을 목차 식으로 구성하고, 연초(올해 1월 11일 금)에 이노우에와 만났을 때 보여주고 동의를 받았다.

하지만 항상 순조롭게만 일이 진행된 것은 아니다. 대략 그 목차에 따라 진행하면서 세부적인 것을 생각해가는 가운데 아무래도 집필 전에 구와야마

쇼신桑山正進 박사의 『カーピシー・ガンダーラ史研究』를 읽지 않으면 안 될 것 같은 생각이 들었다. 입수가 의외로 어려워 도중에 어찌할 바를 몰라 당황하기도 했지만, 본서 제1부 제1장 주2)에서도 기술한 바와 같이 구와야마 박사 본인의 호의에 의해 첫 번째 난관은 돌파할 수 있었다. 여기서 재차 감사의 마음을 전할 따름이다. 그 당시의 상황은 지금 돌이켜보아도 생생하다. 빨리 원고를 써야 한다고 생각하며, 제1부의 구상에 너무 신경을 많이 쓴 탓인지 1월 27, 28, 29일의 3일 동안은 40도에 가까운 열로 일어나지도 못했다. 게다가 구와야마 박사가 인문과학연구소에 책을 준비했다는 엽서를 받은 것은 바로 그 중간쯤인 28일이었다. 그리고 이 연구소로부터 실제로 책을 수령한 것은 열이 내려 평상시로 돌아온 1월 30일이었다.

이렇게 시작한 후에도 여러 가지 일이 있었지만, 그때마다 신기하게도 많은 분들의 도움으로 이겨낼 수 있었다. 그 모든 분들의 이름을 본서에서 다 언급하지는 못한 것 같다. 혹시라도 잊고 이름을 언급하지 못한 분들에 대한 용서를 구함과 동시에 감사의 뜻도 전하고 싶다.

덕분에 원고 자체는 예정보다 약간 늦어지기는 했지만 비교적 순조롭게 완성되었다. 제1부의 원고를 이노우에에게 모두 건넨 것은 3월 25일의 졸업식 날이다. 제2부에 「惡業拂拭の儀式と作善主義の考察」이라고 제목을 바꾸어 넣게 된 구 원고 「惡業拂拭の儀式關聯經典雜考」의 점검은 그 직후부터 시작하여 4월 1일에 끝났다. ‘서문’에서 기술한 바와 같이, 그 전날 히라카와 아키라平川彰 박사는 작고하였다. 필자가 점검을 마친 제2부의 구 원고를 이노우에에게 건넨 것은 박사의 장례식 다음 날인 4월 5일의 일이었다.

오늘이 6월 3일이므로 그날부터 오늘까지, 엄밀히 말하자면 아직 2개월이 채 지나지 않았다. 하지만 마치 거짓말처럼 아주 길게 느껴진다. 여러 가지 일이 있었던 2개월이지만, 한 권의 책을 완성하는 실제 기간으로는 짧다. 그것을 가능하게 한 것은 신속하면서도 적확한 이노우에의 판단과 능력 덕택이다. 최선을 다하는 그의 모습을 생각하면 어떤 감사의 말을 전해도 평범한 표현이 되는 것 같다. 지금 이렇게 그동안의 경위를 상세히 기술하는 것도 가능한 평범함을 피하여 감사의 뜻을 표하고 싶었기 때문이다.

이노우에는 본서의 내용 구축뿐만 아니라 편집 체재에 대해서도 세심하게 신경 써 주었다. 물론 그 최종 책임이 필자에게 있는 것은 말할 필요도 없지만, 대부분의 것에 관해 필자는 그의 적절한 교시에 따랐다. 예를 들어, 필자의 표현이나 발음에 어색한 부분이 있으면 지적하고 교정해주었다. 때로는 아주 심한 어구 변경의 예도 있다. 수적으로 그렇게 많은 것은 아니지만, 필자의 문장이 조금이라도 격조가 높아졌다면 그것은 모두 이노우에 덕분이다.

본서는 불교의 '철학'이나 '사상'의 측면에서 '교단사'를 논한 것이다. 만일 이것에 의해 '전 교단'적 관점에서 '철학'이나 '사상'상의 논쟁이 더욱 더 잘 소통된다면, 저자로서 이 이상 행복한 일은 없을 것이라고 '머리말'에서도 기술했는데, 필자 자신도 그렇게 살아가기를 바란다. 본서에서 충분히 논하지 못했던 문제는 본서에서도 기술한 바와 같이 가능하면 『율장설화연구律藏說話研究』에서 검토해보고 싶다. 또한 '불교교단사'를 논하기 위해서는 전통적 불교교단에서 실제로 전개된 '대승비불설'을 엄밀하게 재고찰해볼 필요가 있다고 생각하며, 또한 이러한 고찰을 기반으로 '대승불교' 그 자체를 비판적으로 연구해볼 필요성도 느낀다. 이를 실행하면 『대승비불설론大乘非仏說論』이나 『대승불교비판大乘仏教批判』도 써야 할지 모르겠다. 한편 '철학'이나 '사상'의 측면에서의 '교단사' 연구뿐만 아니라, 불교의 '철학'이나 '사상' 그 자체에 대한 연구도 병행하지 않는다면, 필자 자신의 '생활'이나 '습관'에 매몰될지도 모르겠다. 이를 피하기 위해 다소의 곤란은 각오하고 『불교철학사상仏教哲学思想』을 논해야 한다고 생각한다. 하지만 너무 내년의 일만 말하다 보니, 꿈도 야무지다는 생각이 든다. 이노우에는 비웃지 말고 언제까지라도 옆에서 함께 해주시기를 바라며, 여기서는 본서의 출간에 있어 그가 보여준 노력에 감사의 뜻을 전할 뿐이다.

2002년 6월 3일

저자

역자 후기

본서는 하카마야 노리아키袴谷憲昭의 『불교교단사론佛教教團史論』(2002, 大藏出版)을 번역한 것이다. 인도불교와 티베트불교를 전공한 하카마야 교수는 2006년까지 고마자와駒澤대학에서 근무하였다. 퇴임 후에도 왕성한 연구를 지속하고 있는 그는 『비판불교批判佛教』(1990, 大藏出版)와 『本覚思想批判』(1990, 大藏出版)이라는 저서로 이미 우리에게도 낯설지 않은 학자이다. 주로 유식사상과 관련하여 탁월한 연구 성과를 내어왔고, 일본불교에 관한 업적도 상당하다. 이번 기회에 하카마야 교수의 또 하나의 역작인 본서를 부족한 번역이지만 한국 불교학계에 소개하게 되어 기쁘고 감사하다.

이 책은 저자의 '대승불교출가교단기원설'을 논증하는 내용으로 구성되어 있다. 기원전후로 인도에서 출현한 대승불교는 그 기원을 둘러싸고 종래에 학계에서 다양한 가설이 제기되어왔다. 그중 대표적인 것은 히라카와 아키라平川彰의 '재가불탑기원설'이다. 하카마야는 이를 '대승불교재가교단기원설'이라고 부르는데, 이는 히라카와가 대승의 원류로 '재가교단'을 지목한 것과 달리, 본인은 '출가교단'이라고 생각한다는 점을 강조하기 위해서인 것 같다. 히라카와는 1964년에 발표한 『初期大乘佛教の研究』(1968, 春秋社)에서 대승불교가 기존의 부파교단과 병렬적으로 존재한, 즉 불탑을 중심으로 신앙 활동을 하던 재가불교의 흐름이 발달하여 성립한 교단에 의해 출현했다는 주장을 펼쳤다. 율장 연구에 근거하여 대승불교도와 부파교단 소속의 출가자가 공주共住 불가능하다는 점을 지적하고, 나아가 불탑 공양 및 불탑에 대한 가무공양이나 금은화만金銀華鬘 등 대승경전에서 흔히 나타나는 행위들이 출가자에게 금지되고 있었다는 점 등을 근거로 대승불교의 원류가 재가에 있음을 논증해보였다. 이 설은 발표 이후 오랫동안 대승불교의 기원을 설명하는 유력한 설로 자리 잡게 된다.

한편, 그레고리 쇼펜Gregory Schopen은 1975년에 발표한 "The Phrase 'sa pṛthivīpradeśaś caityabhūto bhavet' in the Vajracchedikā: Notes on the Cult of the Book in Mahāyāna"라는 논문에서 『바즈랏체디카 프라즈냐파라미타 수트라(Vajracchedikā Prajñāpāramitā-sūtra, 能斷金剛般若經)』에 나타나는 "sa pṛthivī-pradeśaś caitya-bhūto bhavet"의 용례를 고찰의 발단으로 삼아 차이티야 브후타caitya-bhūta라는 복합어를 분석, 대승불교는 '불탑 숭배'가 아닌 '경권經卷 숭배'에서 비롯되었다는 점을 논증한다. 그리고 이를 근거로 히라카와의 '대승불교재가교단기원설'을 비판하고, 경권 숭배의 중심지인 프리티비 프라데사pṛthivīpradeśa를 대승경전의 발상지로 본다. 이곳은 경권이 유포하고 있는 지역, 즉 경권을 모시고 있는 지역으로, 쇼펜은 기존의 불교 정통설(성문설)에 비판적이었던 초기대승경전이 일반적인 승원에서 가르침을 주고받거나 보존되는 것은 불가능하다는 입장을 취한다. 하카마야는 대승불교가 전통적 불교교단으로부터 완전히 독립된 지역에서 발생했다는 쇼펜의 이러한 설을 '대승불교주변지역기원설'이라고 부른다.

하카마야는 위의 두 설에 비판적인 입장을 취하며, 대승불교를 포함한 모든 불교는 반드시 전통적 출가불교교단을 중심으로 전개된다는 확고한 입장하에 '대승불교출가교단기원설'을 주장한다. 근년의 대승불교 기원 연구가 대부분 대승의 출가교단 기원설을 주장하는 것과 동일한 입장이지만, 이 책에서는 대승불교를 포함하여 이를 전후로 한 불교사가 왜 전통적인 불교교단만을 무대로 전개 가능했는가, 그 구체적인 과정을 사상과 습관의 대립, 그리고 타협의 양상이라는 점에 초점을 두고 고찰하는 점에 특징이 있다. 즉, 불교가 인도적 습관을 받아들인 형태로 확립한 작선주의作善主義의 기본적인 구조를 고찰하여, 이 작선주의가 전통적 불교교단 내에서 악업불식의 의식으로 확립된 것이 곧 대승불교라는 시점을 명확히 밝혀 간다. 불교는 원래 인도적 통념을 부정하는 것에서 시작했지만, 왕족이나 부호 등의 막대한 보시를 얻게 되면서 승원은 엄청난 규모로 발전하게 되고, 이때 불교의 '사상'과 인도적 '습관'이 대립과 타협을 거듭하며 그 와중에 재가신자도 포함한 '작선주의'의 구조를 확립해가게 되었다는 것이다. 저자는 이러한 사정을 교단의 운영과 관련된 규범이나 바이야브리트야카라vaiyavṛtyakara라 불리는 승가 내부의 집사인執事人 그리고 대승경전에 나오는 관련 규정을 세심하게 분석하고 있다. 근년에 대승불교의 기원 문제는 인도불교사 연구에서 뜨거운 감자이다. 이 책은 대승불교의 기원에 관한 또 하나의 새로운 설을 제시한다는 점에서도 의의가 크지만, 기존에 발표된 대승불교의 기원에 관한 다양한 설이나 연구 결과도 폭넓게 분석하며 소개하고 있다는 점에서, 이 주제에 관한 폭넓은 시각을 확보하는 데 있어서도 많은 도움을 줄 수 있을 것으로 기대된다.

이 책이 나오기까지 많은 분들의 도움이 있었다. 2011년도 정부(교육과학기술부)의 재원으로 한국연구재단의 지원을 받아(NRF-2011-361-A00008) 번역 작업이 이루어진 본서의 출판을 기꺼이 승낙해주신 씨아이알의 김성배 사장님을 비롯하여 출판 작업이 이루어지는 내내 꼼꼼하고도 친절하게 교정 작업을 해주신 최장미 대리님, 그리고 역자들을 도와 성의 있게 교정 작업에 참여해준 동국대학교 불교학술원 한문불전번역학과 박사과정에 재학 중인

김미란·유형석 씨, 이 모든 분들에게 깊이 감사의 마음을 전한다. 그리고 이 책에는 일반 전문학술서와 달리 색인이 없다. 그 이유는 저자 자신 서문에서 밝히고 있는 바와 같이 독자가 색인을 통해 필요한 부분만 발췌하여 읽지 않고 처음부터 끝까지 차례대로 읽어주었으면 하는 의도를 담고 있기 때문이다. 저자의 이런 의도를 존중하여 번역서도 색인은 만들지 않았다. 이 점 양해를 구한다.

2021년 3월 30일

이자랑·양경인

지은이 **하카마야 노리아키 袴谷憲昭**

코마자와대학교 불교학부 불교학과 졸업(1966)
도쿄대학교 대학원 석사과정(인도철학) 수료(1969)
현 코마자와대학교 불교학과 교수

옮긴이 **이자랑**

동국대학교 인도철학과 및 同 대학원 석사과정 수료
도쿄대학교 대학원 인도철학·불교학 전공 박사학위 취득(2001)
현 동국대학교 불교학술원 HK교수

양경인

동국대학교 일반대학원 인도철학 박사과정 수료
현 동국대학교 예술대학 미술학부 강사

佛教教團史論

불교교단사론

초판 인쇄 | 2021년 5월 14일
초판 발행 | 2021년 5월 28일

지은이 | 하카마야 노리아키(袴谷憲昭)
옮긴이 | 이자랑, 양경인
펴낸이 | 김성배
펴낸곳 | 도서출판 씨아이알

편집장 | 박영지
책임편집 | 최장미
디자인 | 쿠담디자인, 윤미경
제작책임 | 김문갑

등록번호 | 제2-3285호
등록일 | 2001년 3월 19일
주소 | (04626) 서울특별시 중구 필동로8길 43(예장동 1-151)
전화번호 | 02-2275-8603(대표)
팩스번호 | 02-2265-9394
홈페이지 | www.circom.co.kr

ISBN | 979-11-5610-952-5 (93220)
정가 | 28,000원